淮安年鉴

淮安市人民政府　主办　　　淮安市志办公室　编

HUAI AN YEARBOOK

2016

方志出版社
Publishing House of Local Records

图书在版编目（C I P）数据

淮安年鉴. 2016 / 淮安市志办公室编.--北京：方志出版社，2016.11
ISBN 978-7-5144-2194-1

Ⅰ.①淮… Ⅱ.①淮… Ⅲ.①淮安—2016—年鉴
Ⅳ.①Z525.34

中国版本图书馆CIP数据核字（2016）第282046号

淮安年鉴（2016）

编　　者：淮安市志办公室
责任编辑：陈　菁
出 版 人：冀祥德
出 版 者：方 志 出 版 社
地址　北京市朝阳区潘家园东里9号（国家方志馆四层）
邮编　100021
网址　http://www.fzph.org
发　　行：方志出版社发行中心
（010）67110500
经　　销：各地新华书店
印　　刷：南京凯德印刷有限公司
开　　本：889×1194　1/16
印　　张：30.5
字　　数：801千字
版　　次：2016年11月第1版　2016年11月第1次印刷
印　　数：0001~2000册
ISBN 978-7-5144-2194-1　定价：280.00元

基本市情

土地面积 10030 平方千米 **2015 年末常住人口** 487.2 万人

城市荣誉

全国历史文化名城
全国卫生城市
国家园林城市
国家环保模范城市
中国优秀旅游城市
全国双拥模范城
江苏省文明城市

淮安名人

开国总理周恩来
军事家韩信
《西游记》作者吴承恩
汉赋大家枚乘、枚皋
巾帼英雄梁红玉
民族英雄关天培
《老残游记》作者刘鹗
《温病条辨》作者吴鞠通
经学大师阎若璩
作家陈白尘、吴强、陈登科、张贤亮
京剧表演艺术家王瑶卿、周信芳

新时期淮安精神

包容天下 崛起江淮

河流湖泊

主要河流：京杭大运河、淮河、淮河入江水道、苏北灌溉总渠、淮河入海水道、盐河、废黄河、六塘河、淮沭新河

主要湖泊：洪泽湖、白马湖、高邮湖、宝应湖

下辖县区

清江浦、淮阴、淮安、洪泽四区和涟水、盱眙、金湖三县

AAAAA级景区

周恩来故里

AAAA级景区

铁山寺国家森林公园
明祖陵文管处
第一山公园
黄花塘新四军军部纪念馆
古淮河文化生态景区
淮安市博物馆
淮安府署
漕运博物馆
吴承恩故居
里运河文化长廊景区
新四军刘老庄连纪念园
洪泽湖古堰景区

全国文化品牌

中国书法之乡
中国农民画之乡
中国秧歌之乡
中国锣鼓之乡
淮海琴书之乡
中华诗词之市
运河之都
淮扬菜之乡
国家级非物质文化遗产项目十番锣鼓、淮海戏、京剧、淮剧传承基地
国家级非物质文化遗产项目代表性传承人杨秀英（淮海戏）、宋长荣（京剧）

2016年9月28日，中国共产党淮安市第七次代表大会召开。（管伟法　谭鑫　摄）

新当选的市委常委：姚晓东（左六）、惠建林（右五）、练月琴（左五）、张彤（右四）、戚寿余（左四）、陈涛（右三）、张正军（左三）、李晓雷（右二）、唐道伦（左二）、赵洪权（右一）、李森（左一）

（管伟法 谭 鑫 摄）

中国共产党
淮安市第七届委员会
书记、副书记、常委名单

书　记：姚晓东

副书记：惠建林　练月琴（女）

常　委：姚晓东　惠建林　练月琴（女）　张　彤（女）　戚寿余　陈　涛　张正军　李晓雷　唐道伦　赵洪权　李　森

中国共产党淮安市
纪律检查委员会
书记、副书记、常委名单

书　记：李晓雷

副书记：陈　灼　王连权　叶　蓓（女）

常　委：李晓雷　陈　灼　王连权　叶蓓（女）　陈旭东　陈孝红　庄护林　孙登涛　江　迈

时政要闻

2016年10月8日，清江浦区成立大会召开。（谭鑫 摄）

经国务院批准，撤销清河区、清浦区，成立清江浦区，以原清河区、清浦区行政区域为清江浦区的行政区域，清江浦区人民政府驻城南街道淮海南路268号。

2016年10月8日，洪泽区成立大会召开。 （谭 鑫 摄）

经国务院批准，撤销洪泽县，成立洪泽区，以原洪泽县行政区域为洪泽区的行政区域，洪泽区人民政府驻洪泽湖大道26号。

地区生产总值

单位：亿元

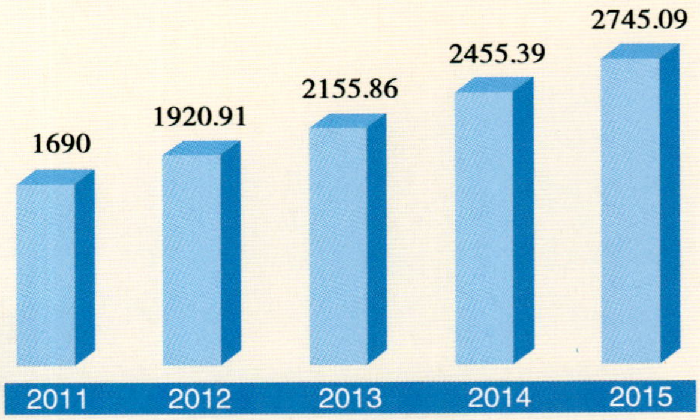

人均生产总值

单位：元

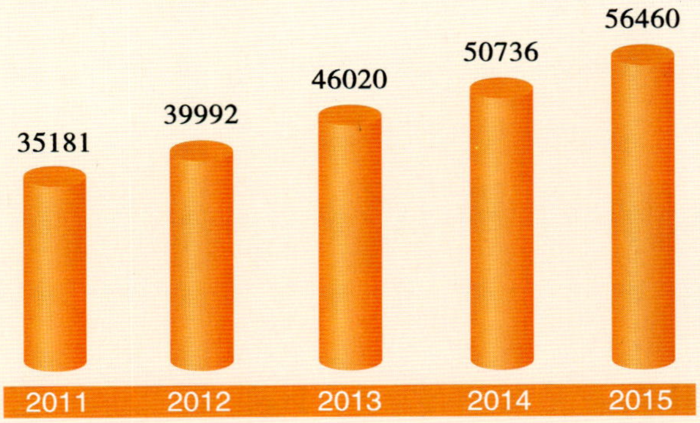

财政总收入

单位：亿元

公共财政预算收入

单位：亿元

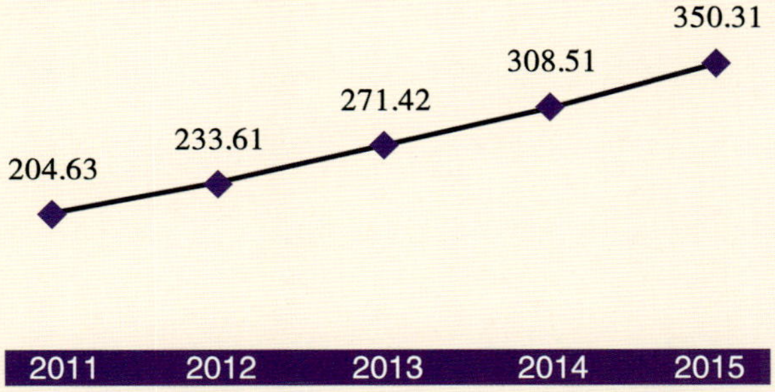

规模以上固定资产投资

单位：亿元

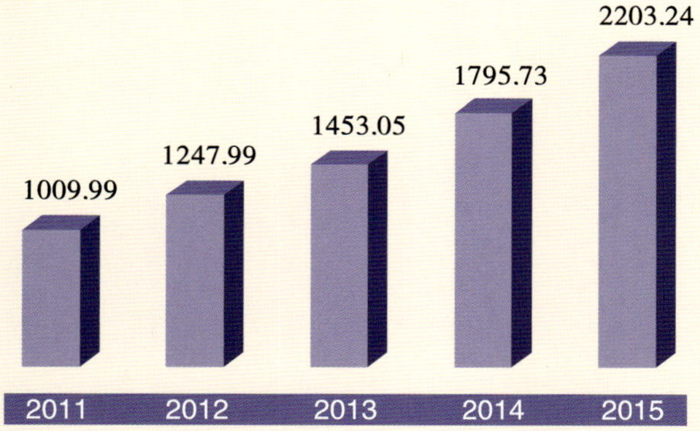

社会消费品零售总额

单位：亿元

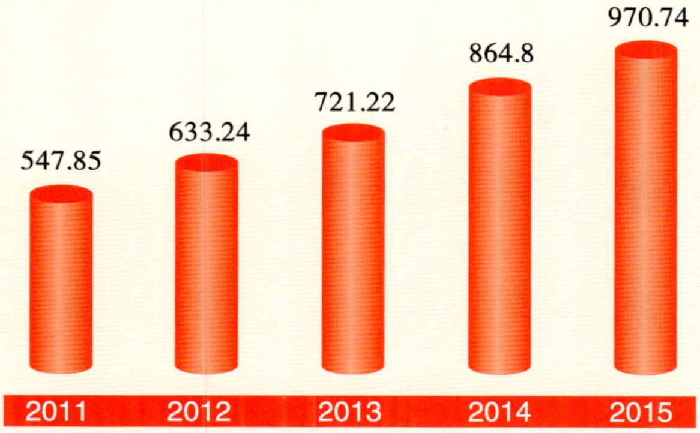

城镇人均可支配收入 / 农村人均纯收入

单位：元

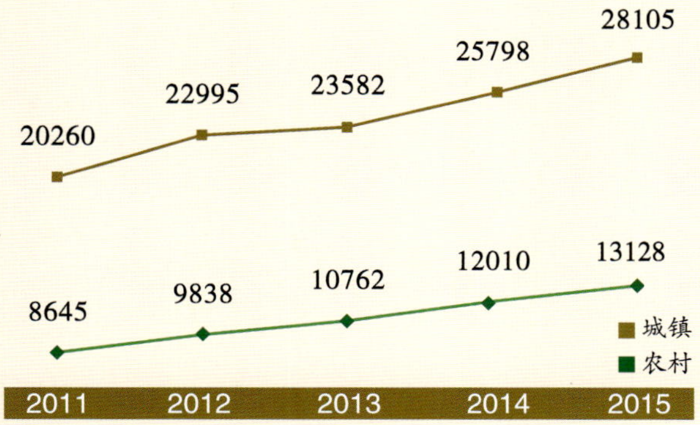

进出口总额

单位：亿元

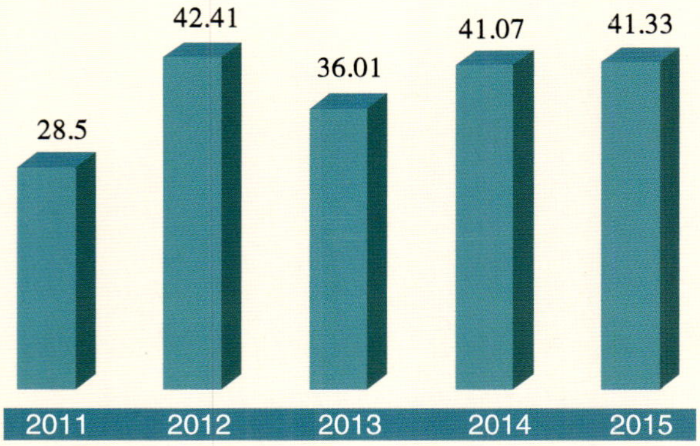

中共江苏省委文件

苏发〔2011〕23号

★

中共江苏省委　江苏省人民政府
关于加快淮安苏北重要中心城市建设的意见

（2011年8月20日）

为深入贯彻落实科学发展观，大力实施区域协调发展战略，进一步增强淮安的发展动力和活力，促进苏北地区又好又快跨越发展，现就加快淮安苏北重要中心城市建设提出如下意见。

一、加快淮安苏北重要中心城市建设的重要意义

近年来，在省委、省政府的正确领导下，淮安市委、市政府团结带领全市人民，深入贯彻落实科学发展观，抢

2011年8月，中共江苏省委、江苏省人民政府下发《关于加快推进淮安苏北重要中心城市建设的意见》，提出从产业发展、基础设施建设、生产要素供给、县域经济发展、社会事业发展、人才队伍建设等方面，对淮安给予支持。

2013年淮安市总体达到省定2003版全面小康社会标准

全面小康社会进程监测是省委确保江苏实现“两个率先”而实施的一项重要统计监测。该监测用量化的指标体系反映江苏各市、县（区）全面建成小康社会进程状况。全面小康监测体系主要包含经济发展、人民生活、社会进步、生态环境等四大类18项25个指标，监测结果是对各地科学发展、率先发展、和谐发展，加快推进“两个率先”的综合检验。

2006年以后，按照市委市政府要求，市统计局牵头组织开展全市小康监测，按年搜集整理和汇总上报全市监测数据，分析数据情况，撰写监测报告，全面反映全市小康社会进程状况。2013年，根据省核定反馈，淮安以市为单位总体达到省定2003版全面小康社会标准，小康建设取得重大突破，为迈向更高水平全面小康社会奠定坚实基础。按照省有关规定，自2014年起，淮安市开始实施省定2013版全面小康社会进程监测。

2013年淮安市全面建设小康社会进程监测表

指标名称	代码	单位	目标值	2013年实现值
一、经济发展				
1、人均地区生产总值	1	元	≥24000	44774
2、二、三产业增加值占GDP比重	2	%	≥92	87.4
3、城市化水平	3	%	55	55.1
4、城镇登记失业率	4	%	<5	2.2
二、生活水平				
5、居民收入				
（1）城镇居民人均可支配收入	5	元	≥16000	23107
（2）农村居民人均纯收入	6	元	≥8000	11045
6、居民住房				
（1）城镇人均住房建筑面积	7	m²	30	37.1
（2）农村人均钢筋、砖木结构住房面积	8	m²	40	46.4
7、居民出行				
（1）农村行政村通灰黑公路（或航道）比重	9	%	100	100
（2）城镇人均拥有道路面积	10	m²	12	18.7
8、居民信息化普及程度				
（1）百户家庭电话拥有量	11	部	200	300.4
（2）百户家庭电脑拥有量	12	台	40	72.2
9、居民文教娱乐服务支出占家庭消费支出比重	13	%	18	19.0
10、恩格尔系数	14	%	<40	35.3
三、社会发展				
11、R&D经费支出点GDP比重	15	%	≥1.5	1.5
12、高中阶段教育毛入学率	16	%	≥90	98.0
13、卫生服务体系健全率	17	%	≥90	100.0
14、社会保障				
（1）城镇劳动保障三大保险各自覆盖面	18	%	≥95	95.5
（2）新型农村合作医疗覆盖面	19	%	≥85	100.0
15、人民群众对社会治安的满意率	20	%	90	97.2
16、城乡村（居）民依法自治				
（1）城镇社区居委会依法自治达标率	21	%	90	95.5
（2）农村村委会依法自治达标率	22	%	95	95.7
四、生态环境				
17、绿化水平				
（1）城市绿化覆盖率	23	%	40	40.8
（2）森林覆盖率	24	%	20	24.0
18、环境质量综合指数	25	%	80	89.8

2011年8月28~31日，中国共产党淮安市第六次代表大会和中国共产党淮安市六届一次全体会议召开。（谭长谷 田晶 摄）

2012年6月26日，淮安市第七届人民代表大会第一次会议召开。（谭长谷 摄）

2012年6月25日，中国人民政治协商会议淮安市第七届委员会第一次会议召开。（程钢 摄）

2014年3月26日，省委组织全省百名县(市、区)委书记走进淮安实境课堂，部署开展**"学习恩来精神，践行群众路线"**专题活动。

2012年6月14日，淮安市召开领导干部**"三解三促""三进三帮"**活动推进会，并正式启用网络管理服务平台。

2015年，淮安市组织开展**"三严三实"专题教育活动**。

2014年4月5日，淮安市在新四军刘老庄连纪念园举行公祭活动。

（陈光晰　摄）

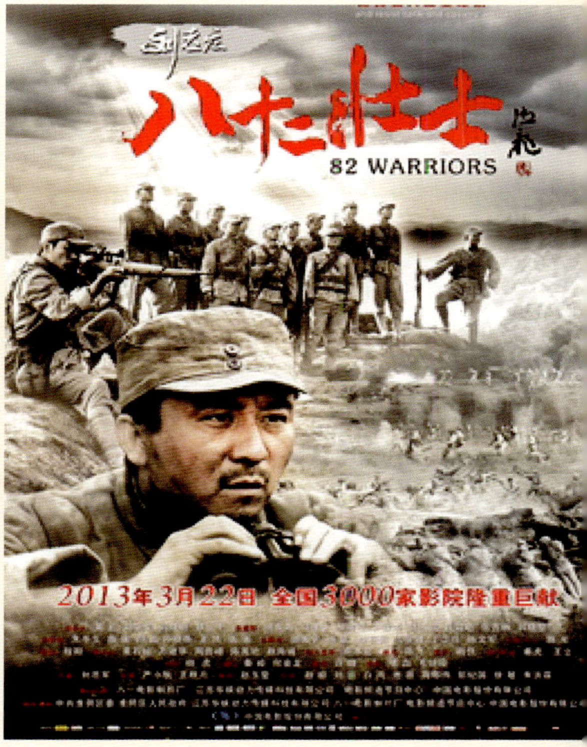

2013年3月18日，在刘老庄82烈士为国捐躯70周年纪念日当天，由八一电影制片厂、中国电影股份有限公司和淮阴区联合出品的电影《刘老庄八十二壮士》在淮安首映。图为电影海报。

2014年8月25日，淮安市举行纪念三桥战役胜利70周年活动。　（葛华　摄）

公路

公路总里程

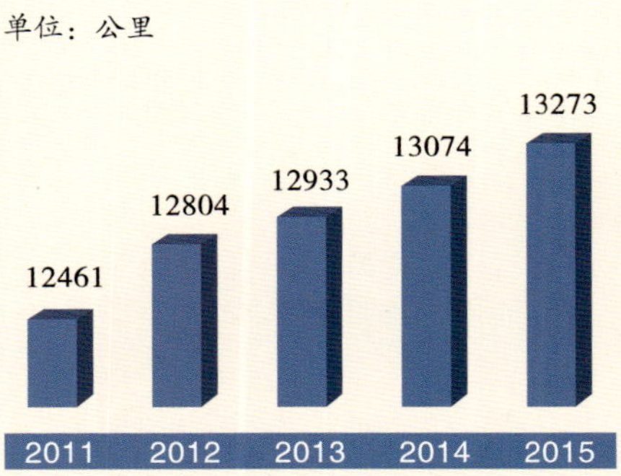

公路客运量

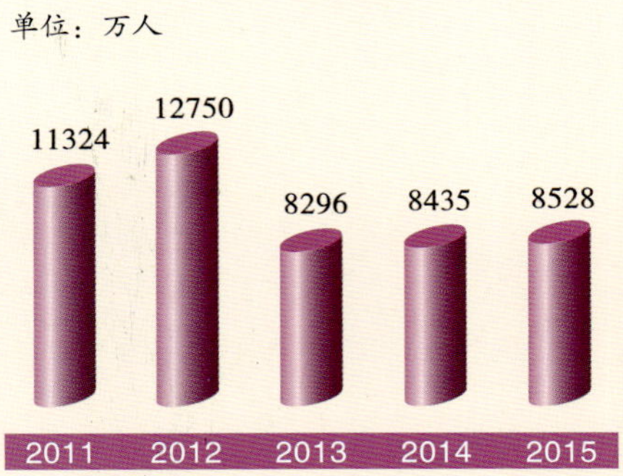

公路货运量

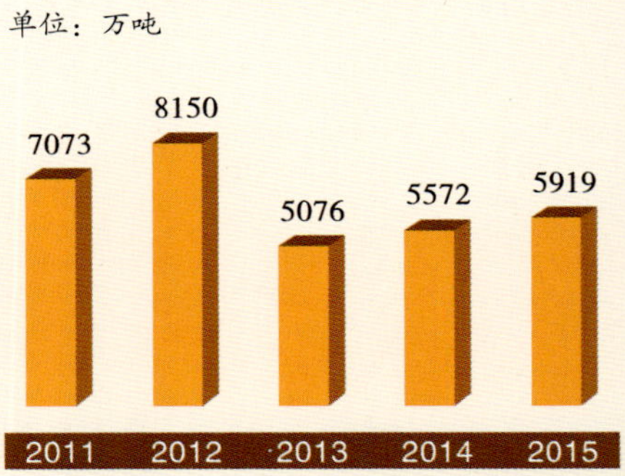

十二五回眸

淮安高速南互通 （陈光晰　摄）

金马高速通车，淮安实现县县通高速 2013年12月28日，全长23.35公里的金马高速公路正式通车，结束了金湖境内无高速公路的历史，实现了淮安“县县通高速”。 （李成宏　摄）

2011年11月，淮安新汽车北站建成启用，该站为国家二级汽车客运站。 （李宇舟　摄）

整修后的江苏省121省道盱马段 （市交通运输局　供图）

2014年6月6日，205国道淮安西绕城公路全线竣工。 （市交通运输局 供图）

2011年8月10日，淮金公路跨淮河入江水道大桥建成通车。 （市交通运输局 供图）

铁路

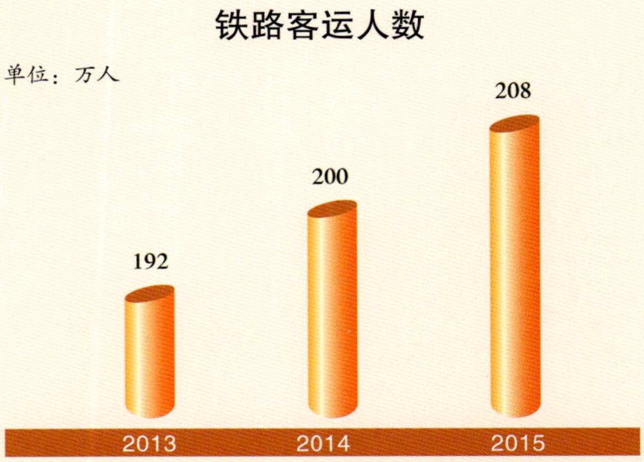

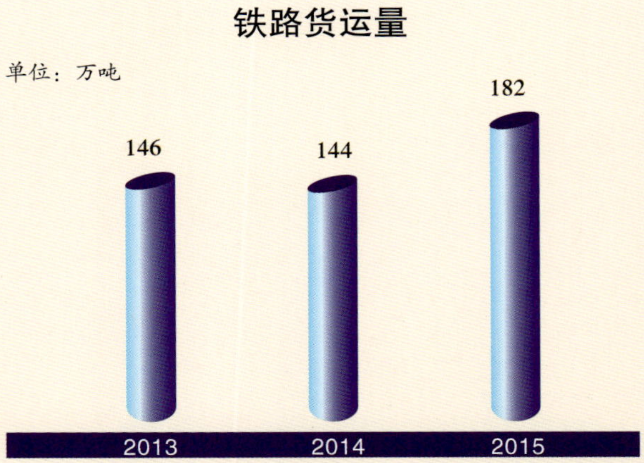

十二五回眸

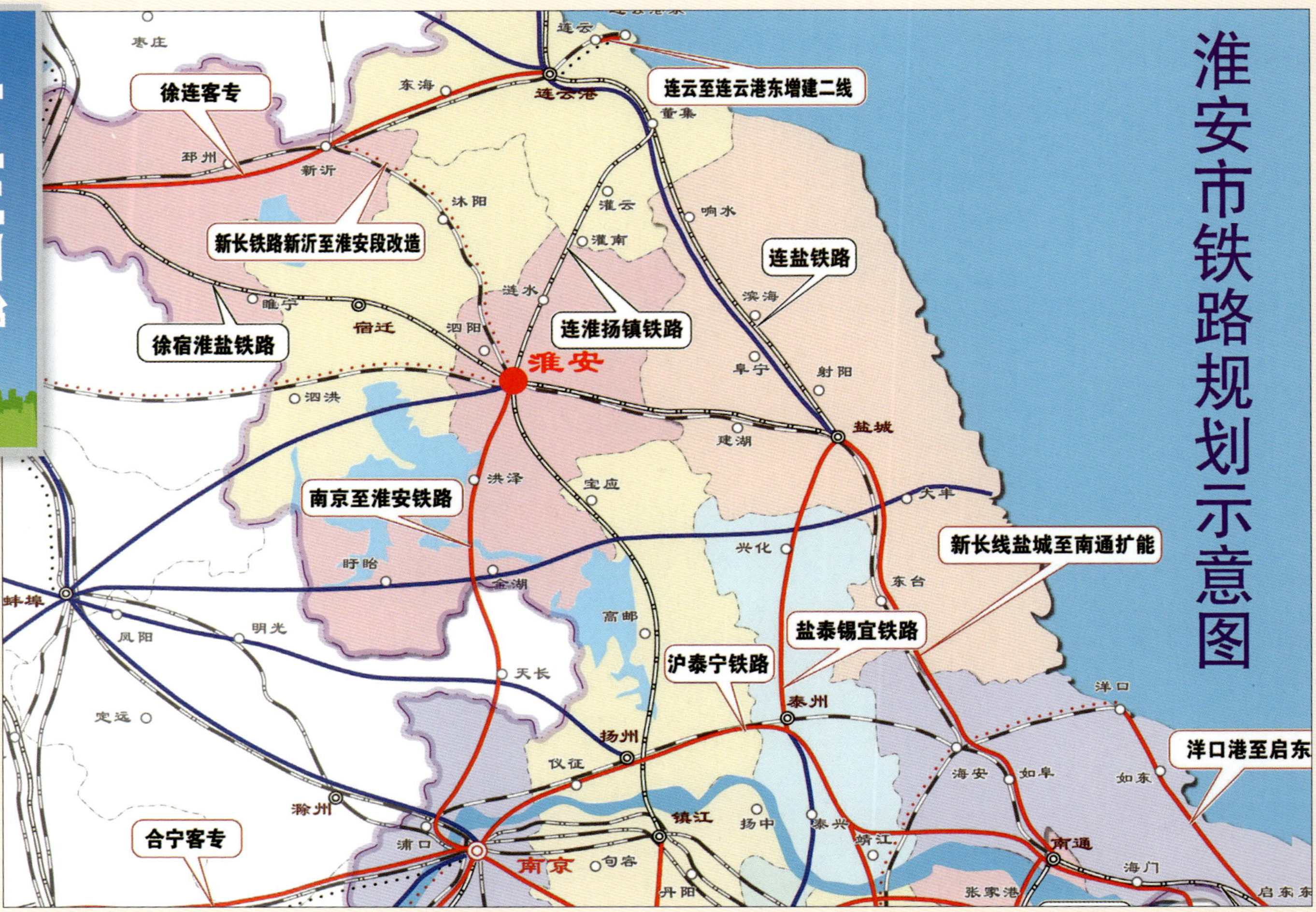

“十二五”期间，淮安市完成多条铁路规划，连淮扬镇铁路全线开工，徐宿淮盐铁路开工建设，宁淮铁路被江苏省列为“十三五”开工项目，进入“十三五”规划。临（沂）淮高铁被国家定位为京沪高铁第二通道，合淮（青）高铁被定位高铁主骨架连接线，列入国家铁路规划。淮安铁路物流中心被列为全国二级区域物流中心，进入国家铁路部门规划。淮安被定位为6条铁路交汇、8个方向辐射的区域铁路枢纽。

宿淮铁路

2014年12月10日，宿淮铁路开通客运列车。该铁路是国家实施“西煤东运、北煤南运”能源战略的重要交通运输通道，西起安徽宿州，东至淮安，全长210公里，以货运为主、兼顾客运。

2014年12月28日，连淮扬镇铁路开工建设。（陈光晰　摄）

航空

十二五回眸

2015年4月，淮安机场开通至韩国首尔国际航线，这是淮安机场开通的**首条国际航线**，标志着淮安机场正式成为国际开放机场。
（市机场办　供图）

2015年11月，淮安直航台北航线正式开通。（市机场办　供图）

淮安机场

（陶淮华　摄）

航运

十二五回眸

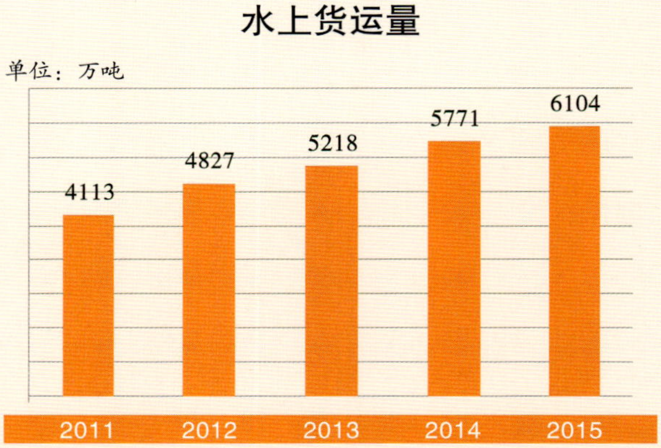

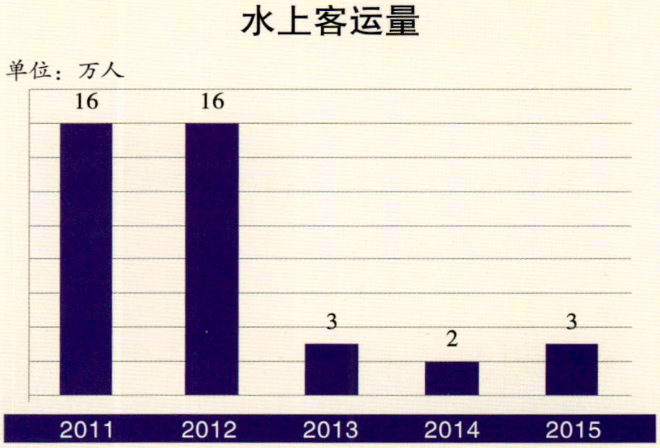

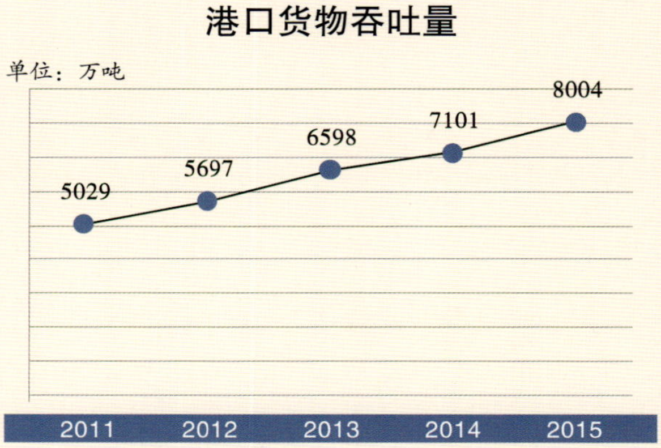

2012年12月，盐河航道整治工程交工通航。 （李宇舟　摄）

淮安东港　　　　（陶淮华　摄）

淮安新港
（市交通运输局　供图）

2015年7月，淮安——连云港海河联运首航成功。
（市交通运输局　供图）

淮安港五年吞吐32400万吨货物

“十二五”期间，淮安港完成港口货物吞吐量32400万吨，集装箱吞吐量41.5万标箱，年均增长率分别为13%和30%。港口集装箱运输发展迅猛，2015年，激增至13.5万标箱，同比增长31%。

2015年，市开发区怡园路桥建成通车。（陈光晰　摄）

改造后的淮海北路
（宗　俊　摄）

2015年1月19日，承德路京杭运河大桥提前6个月建成通车。 （市交通运输局　供图）

整治后的天津路 （宗　俊　摄）

2015年6月26日，南马厂大道北延工程主体建成通车。 （市交通运输局　供图）

公共交通

十二五回眸

2015年12月28日，淮安市现代有轨电车开通载客试运营。（陈光晰　摄）

2013年11月，市区80辆节能环保LNG公交车投入运营。
（市交通运输局　供图）

2013年，市区新增260辆出租车投入使用。　（市交通运输局　供图）

2013年12月，淮安市公共自行车一期工程投入使用，此后又相继建成二期和三期工程，共投入公共自行车9400辆，网点多，车辆多，方便了民众环保出行。
（市经信委　供图）

园林景观

十二五回眸

2012年9月16日，淮安市老动物园关闭搬迁至新动物园。9月30日，新动物园正式对外开放。动物园与柳树湾湿地公园、黄河故道相邻相融，占地24公顷，是老动物园的7倍。

（李宇舟　摄）

金湖县三河滩　　（李成宏　摄）

2014年底，韩信广场全面建成开放。（陈光晰　摄）

“十二五”期间，“里运河文化长廊建设工程”是全市重点打造的十项重点工程之一。图为里运河文化长廊夜景。

（陈光晰　摄）

整治后的勺湖公园　　（陈光晰　摄）

古淮河晨曦　　（王 勇　摄）

城市小公园

十二五回眸

黄河广场　　（宗俊 摄）

（市月季园 供图）

（明珠园林公司　供图）

（明珠园林公司　供图）

（明珠园林公司　供图）

淮安生态新城

2008年，市委、市政府依据新一轮城市总体规划，启动淮安生态新城建设，将其定位为苏北重要中心城市的主体功能区、特色城市化的展示区、长三角北部现代服务业集聚区。生态新城北依主城区，南接淮安区古城，处于城市几何中心位置，范围为新长铁路、宁连一级公路、经一路及延长线围合区域，占地29.8平方公里，规划人口30万人。2012年8月，生态新城党工委、管委会正式挂牌成立，2013年9月完成行政管辖权调整工作。户籍人口达4.5万人，常住人口超过6万人。2015年5月，淮安市行政中心入驻新城。2015年12月，市委、市政府将淮安高铁新区核心区11平方公里管辖权划归生态新城。

鸟瞰淮安生态新城 （市新城办 供图）

新城大运河风光 （市新城办 供图）

新城公园 （市新城办 供图）

水利

十二五回眸

2014年，南水北调金宝航道工程通过验收。（张亚成 摄）

2014年，里运河堂子巷防洪控制工程竣工。（秦志贵 摄）

2014年12月，古黄河水利枢纽工程建成。（市水利局 供图）

经过水环境集中整治后的里运河（市水利局 供图）

粮食总产量

农业生产总值

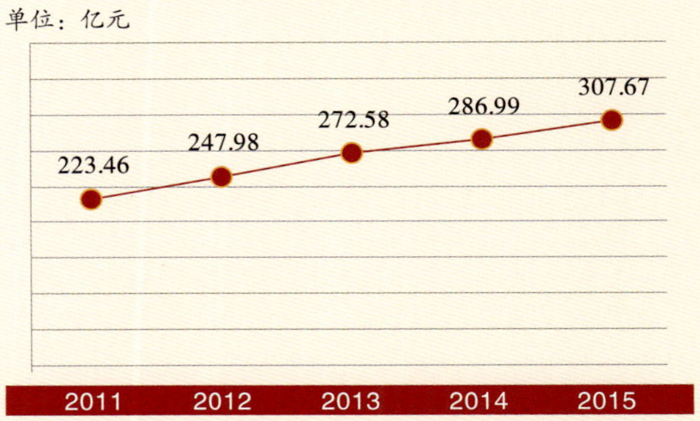

农林牧渔总产值

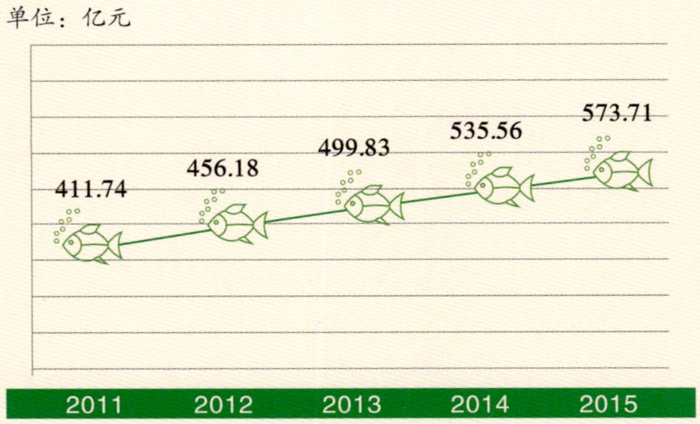

2012年12月，第十一届中国优质稻米博览交易会在淮安召开。淮安优质稻米和中国驰名商标“淮安大米”在全国产生了较高知名度。（谭长谷 摄）

淮安国家级农业科技园区获批建设 2013年9月，国家科技部正式下文，批准淮安市建设淮安国家农业科技园区，标志着淮安市跻身国家"一城两区百园"结盟协同创新战略计划，与北京国家现代农业科技城、陕西杨凌现代农业科技示范区等国内农业科技高端载体共享发展成果。园区的"核心区"位于淮阴区码头镇，主要建设现代农业科技创新和展示平台、农业高科技企业孵化器、龙头企业集聚区、海峡两岸农业合作区、休闲观光农业示范区、园区公共服务中心、新农村建设示范区、农产品物流区等8个功能区，是淮安集聚优质资源、推进农业科技创新的重要平台。（淮安国家农科园　供图）

农机竞赛场面（市农机局　供图）

淮安市农业综合机械化水平位居苏北首位 "十二五"期间，淮安市农机系统坚持上水平、创新和科技支撑。截至2015年底，全市农业综合机械化水平达到82.5%，比"十一五"末提高15.5个百分点，位列苏北五市第一。

农业

十二五回眸

淮安市农作物新技术新品种示范基地　　（市农委　供图）

2015年，**淮安市地理标志产品商标数量位居全国地级市首位。**
图为淮安红椒收获场景。　　（沈　勇　摄）

淮阴台湾农民创业园内蝴蝶兰种植基地

淮安现代农业产业园数字化温室大棚生产区　　（陈光晰　摄）

江苏共创人造草坪有限公司厂区　　（陈光晰　摄）

（农创园　供图）

古清口生态农庄　（明珠园林公司　供图）

淮阴区渔沟袁庄葡萄园　（王开武　摄）

淮阴区农业生态观光园　（汪佳欣　摄）

日月洲观光农业园　（沈　勇　摄）

水产养殖

十二五回眸

城南生态养殖区 （朱亚硕 摄）

盱眙县满江红龙虾养殖基地 （盱眙县志办 供图）

市现代渔业科技示范园养鱼工厂 （市农委　供图）

高效渔业喜获丰收 （汤红尉　摄）

工业总产值

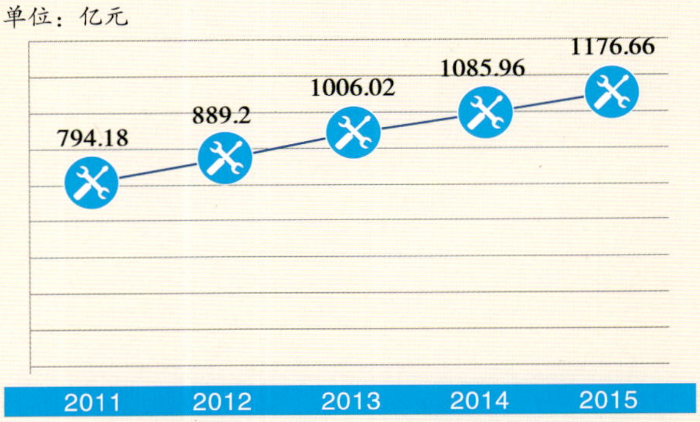

工业利税图表

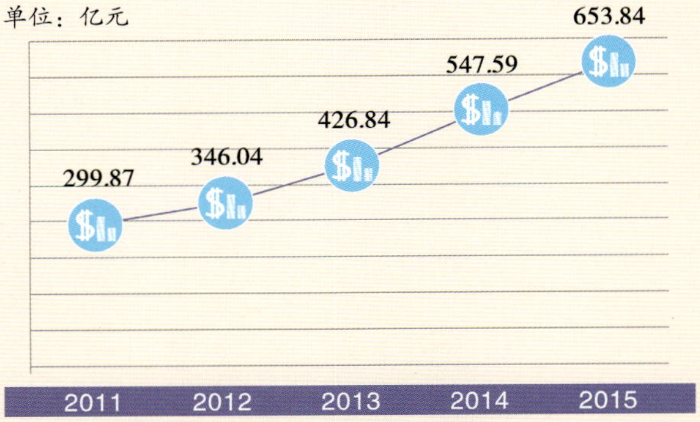

建筑业总产值

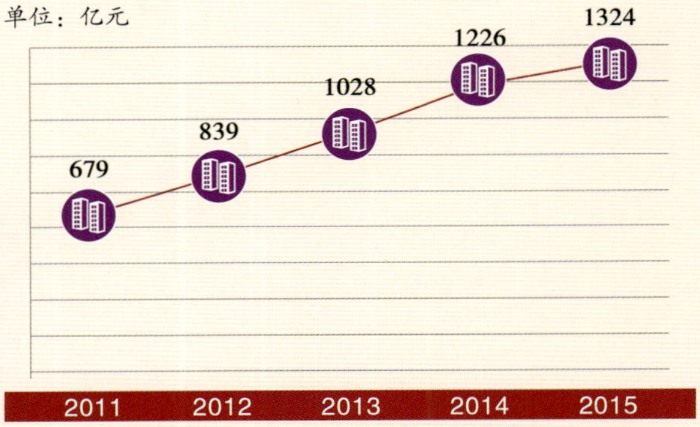

2013年，淮安市建筑业总产值超千亿元。

今世缘在上海证券交易所上市

江苏今世缘酒业有限公司，总部位于江苏省淮安市，是中国名优酒酿造骨干企业，全国“五一”劳动奖状获得者、全国“守合同，重信用”企业、全国企业文化建设先进单位、全国模范劳动关系和谐企业、全国工业旅游示范点、江苏省文明单位标兵、淮安市食品工业排头兵企业。

今世缘酒业有“今世缘”“国缘”“高沟”3个著名品牌，年产白酒3万余吨。

2014年7月3日，今世缘酒业有限公司在上海证券交易所主板上市。 （今世缘公司　供图）

江苏今世缘酒业有限公司厂区 （孙迎祥　摄）

2013年，淮安市成立中共淮安市委盐化新材料产业园区工作委员会和管委会。省政府出台39号、61号会议纪要和扶持政策。成功申报国家盐化工特色产业基地，省盐化工新材料产业研究院加快建设。签约落户亿元以上工业项目39个，累计完成工业投入105亿元，建成投产企业14家。乙烯利、邻氯苯胺、香芹酮产能世界第一，元明粉、一硝基甲苯、六氯环戊二烯产能世界第二；制盐、纯碱等行业工艺和装备水平达到国内领先、国际先进水平。

国家盐化工产品质量监督检验中心 （市盐化产业园 供图）

2015年12月，**井神股份在上海证券交易所主板上市。**

（井神公司 供图）

2013年9月24日，实联化工（江苏）有限公司竣工投产，中国国民党荣誉主席连战（前排右六）、海协会原会长陈云林（前排右五）等出席典礼。
（杭卫东　摄）

实联化工厂区和水上办公区　　（陈光晰　摄）

富士康淮安科技城　　（开发区党政办　供图）

2015年，淮安市电子信息产业总产值过千亿元，成为全市第一个超千亿元的工业产业。

达方电子生产车间　　（陈光晰　摄）

淮安达方电子有限公司 （陈光晰 摄）

2014年，江苏省金象传动设备股份有限公司在新三板挂牌上市，公司商标被认定为“中国驰名商标”。公司数项产品技术性能处于国际先进水平。公司产品广泛应用于国家重点工程、尖端科技领域。（金象公司　供图）

江苏金石机械集团有限公司生产车间　　（陈光晰　摄）

江苏双环齿轮有限公司生产车间
（陈光晰　摄）

新能源·新材料

十二五回眸

中国凹土科技园　　（科技园管委会　供图）

2015年1月8日，盱眙凹土特色产业基地被认定为**国家火炬特色产业基地**。

实联长宜淮安科技有限公司生产车间　　（陈光晰　摄）

江苏理士电池有限公司生产车间

江苏敏安汽车有限公司机器人生产线　　（陈光晰　摄）

（陈光晰　摄）

淮安澳洋顺昌光电技术有限公司生产车间　　（陈光晰　摄）

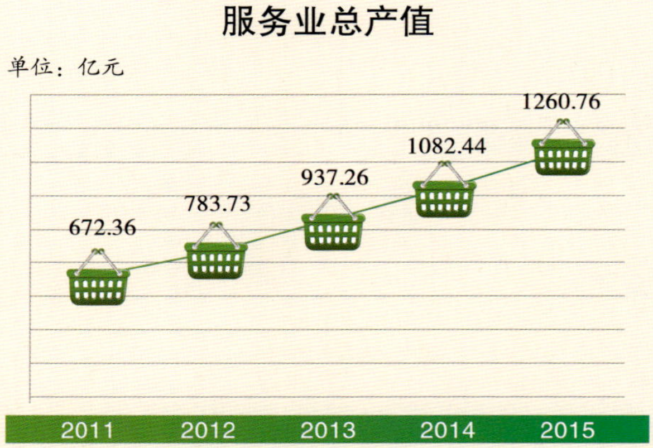

淮安综合大市场

位于淮安新北城，规划面积12.65平方公里。计划到2020年，实现"南有义乌、北有临沂、中有淮安"的构想，年交易额突破600亿元，成为长三角地区重要的物流枢纽和贸易中心。至2015年，开工建设淮安电商创业孵化中心等亿元以上项目4个，建成商业面积20.38万平方米，完成固定资产投资15.27亿元。创达电商城建成营业，淮安婚纱礼品电子商务创业园部分商业竣工营业，大宁百货商城高层部分主体竣工，淮安电商创业孵化中心、国华广场和淮安现代物流园正在建设中。建成电商创业孵化面积40万平方米，创业孵化企业近百家；与淮阴师范学院合作，成立淮安电商学院综合大市场实训基地，全年培训电商创业人士3200人次、培育电商创业商户100多户。

创达淮安电子商务城效果图

2011年1月7日，淮安万达广场开业。

2013年9月，麦德龙淮安商场开业。

“十二五”期间，淮安市区建成3家大润发超市。

（陈光晰　摄）

2015年，举办淮安市"盱眙龙虾杯"电子商务创业大赛。（市商务局　供图）

2015年7月17日，"每鲜加"农产品电商体验馆在淮阴区正式营业。（市农委　供图）

宇培（淮安）物流园　　　　（陈光晰　摄）

淮安日日顺物流基地库区　　　　（陈光晰　摄）

淮安市金融中心

2012年，淮安市启动金融中心建设。该项目位于水渡口核心区，整个地块分东、中、西三个片区，由金融办公、商业配套、高端住宅、服务性公寓及会议酒店等业态组成，总用地37.47公顷。计划总投资超过100亿元，建筑面积140万平方米。

金融中心效果图

2014年10月，中国民生银行淮安分行开业。 （罗 志 摄）

2013年6月，苏州银行淮安分行正式开业。 （贺敬华 摄）

中国淮扬菜文化博物馆　　（淮扬菜博物馆　供图）

淮安御码头美食街夜市（陈光晰 摄）

旅游景区

AAAAA级景区——周恩来故里 2015年10月，周恩来故里景区被评为国家AAAAA级旅游景区，成为全市首家AAAAA级景区。周恩来故里景区主要包括周恩来纪念馆、周恩来故居、驸马巷历史街区和河下古镇景点等。

周恩来纪念馆全景 （陈光晰 摄）

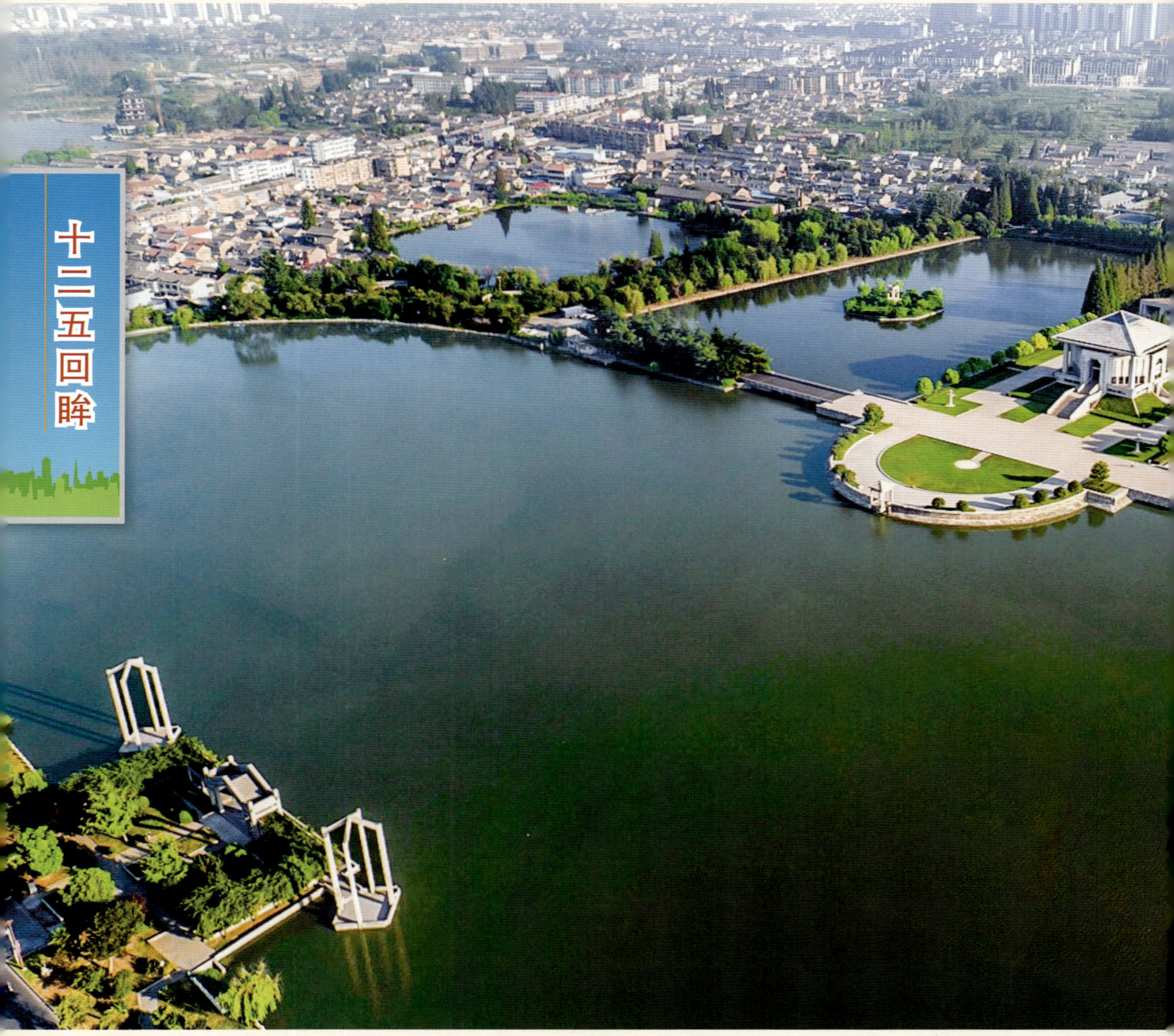

十二五回眸

千年古镇河下　　　　（淮安区旅游局　供图）

周恩来故居　　　　（淮安区旅游局　供图）

旅游景区

十二五回眸

2011年1月，古淮河文化生态景区获批国家AAAA级旅游景区。　　　（陈光晰　摄）

2011年，淮安府署被批准为国家AAAA级旅游景区。图为府衙仪门。　　（淮安区旅游局　供图）

淮安府署内景　　（淮安区旅游局　供图）

十二五回眸

2012年12月，中国漕运博物馆被批准为国家AAAA级旅游景区。 （淮安区旅游局　供图）

2014年5月，里运河文化长廊景区被批准为国家AAAA级旅游景区。（淮安区旅游局　供图）

里运河景区夜景（陈光晰　摄）

2014年5月，吴承恩故居被批准为国家AAAA级旅游景区。　（淮安区旅游局　供图）

吴承恩故居后花园　（淮安区旅游局　供图）

2015年1月，新四军刘老庄连纪念园获批国家AAAA级旅游景区。（刘老庄连纪念园　供图）

八十二烈士纪念馆（刘老庄连纪念园　供图）

旅游景区

十二五回眸

2015年12月，洪泽湖古堰景区获批国家AAAA级旅游景区。（洪泽区旅游局　供图）

洪泽湖湖滨浴场（洪泽区旅游局　供图）

盱眙天泉湖风光　　（陈光晰　摄）

龙宫大白鲸世界

（西游记文化园　供图）

2014年下半年，淮安市启动西游记文化体验园项目建设。　　（西游记文化园　供图）

进出口总额

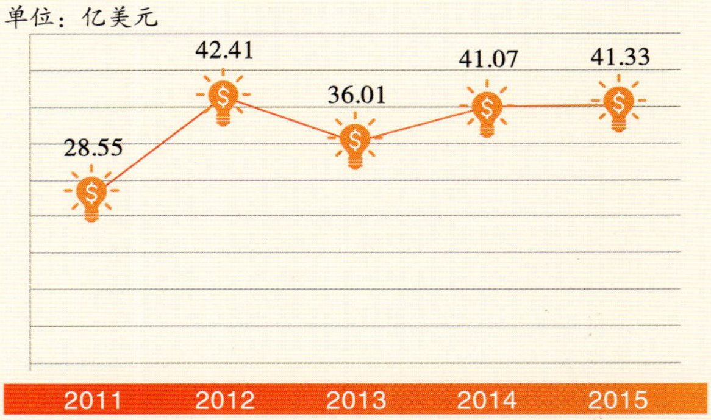

实际到账外资

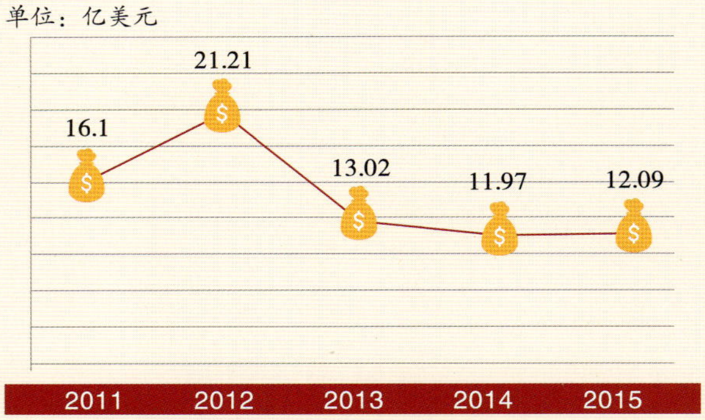

2015年9月，第十届台商论坛在淮安市开幕。“十二五”期间，淮安市每年都举办台商论坛，该论坛成为与台商合作交流的重要平台。
（市经济开发区党政办　供图）

2015年9月，中华青年菁英创业论坛在淮安举办。（团市委　供图）

2015年9月，两岸新能源汽车产业发展论坛在淮安举办。

（市经济开发区党政办　供图）

淮安经济技术开发区

（市经济开发区党政办　供图）

2012年7月19日，国务院批准设立4.92平方公里的淮安综合保税区。 （市经济开发区党政办 供图）

留学人员创业园 （市经济开发区党政办 供图）

2012年6月15日，江苏省编委下文同意成立空港产业发展办公室，为国家级淮安经济技术开发区派出机构。
（市经济开发区党政办　供图）

创业孵化空间　（市生态新城办　供图）

2015年，宁淮现代服务业集聚区建成投入使用。（陈光晰　摄）

2014年12月，浙大网新淮安科技园举行启动运营仪式。（市科技局　供图）

2015年9月，海峡两岸首个信息家电产业园在淮安揭牌。（市经济开发区党政办 供图）

专利申请受理量

单位：件

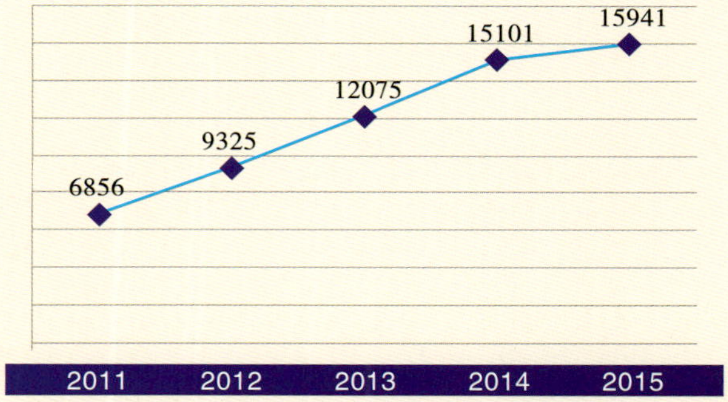

科技发明数量

单位：件

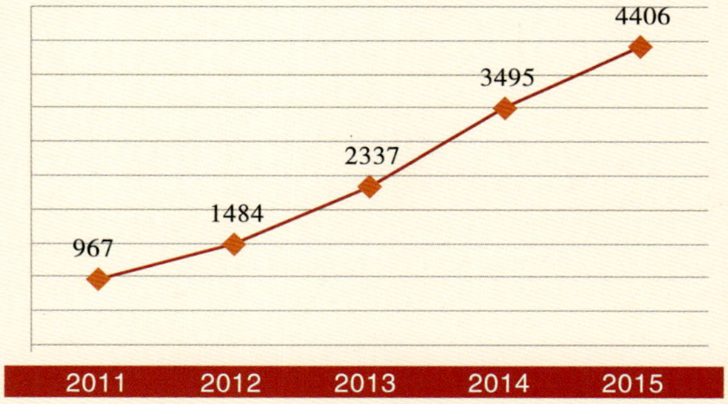

十二五回眸

江苏淮安软件园　　（王连兵　摄）

2013年，淮安市启动淮安科技产业园（智慧谷）建设，规划面积173.3公顷。　　（市科教产业园　供图）

2014年5月，淮安新能源材料技术研究院揭牌。（市科技局　供图）

2015年12月，淮安市引进高校院所设立研发机构集中签约仪式举行。（朱小柱　供图）

2015年4月，上海交通大学苏北研究院落户淮安。（罗 志 摄）

2014年5月13日，淮安市第四届大学生科技创业大赛决赛现场。（市科技局 供图）

淮安大学城

淮阴师范学院北校区　　　　（师院校办　供图）

（市科教产业园　供图）

淮阴工学院大学城校区　　（工学院校办　供图）

“十二五”期间建成的南京林业大学南方学院淮安校区 （院办　供图）

2012年，淮安市高等职业技术学校新校区正式启用，图为校园一角。（校办　供图）

2014年，正式建立江苏护理职业学院。（院办　供图）

2015年6月，淮安市开放大学揭牌。（市高职校校办　供图）

2011年3月，江苏省清河中学被评为江苏省四星级高中。 （校办 供图）

2011年3月，江苏省淮海中学被评为江苏省四星级高中。 （校办 供图）

2011年8月，淮阴中学新城校区启用。　　　　（校办　供图）

2013年8月，淮安市实验小学新城校区启用。　　　　（校办　供图）

文化

十二五回眸

2015年5月，淮安“四馆”中的规划馆正式对外开放，图书馆、文化馆、美术馆处于建设中。（陈光晰　摄）

2015年底，淮安大剧院落成。 （陈光晰　摄）

洪泽湖大堤

中国大运河申遗成功

2014年6月24日，中国大运河被列入《世界遗产名录》。

大运河申遗涉及沿线8个省市27座城市的31个遗产区。

淮安位于大运河与淮河交汇处，在大运河的发展史上有着特别重要的地位，是大运河申遗的主要城市之一。

淮安涉及申报的遗产区共有清口枢纽、漕运总督部院遗址2个部分，包含1段河道和5处遗产点。河道是淮扬运河淮安段，全长46千米，含里运河、里运河故道、古黄河、中运河和张福河；遗产点为清口枢纽、双金闸、清江大闸、洪泽湖大堤、总督漕运公署遗址。遗产数量较多，组成复杂。申报的遗产区面积为3979公顷，缓冲区面积为6289公顷，申报面积总计10268公顷。

2014年1月，举办清江浦文庙庙会。 （李宇舟　摄）

2014年7月，第28届金湖荷花展览会在金湖举行。图为开幕式群众文艺表演。（李 玲 摄）

文化

十二五回眸

2012年9月，东方母爱文化博物馆开馆。
（陈光晰　摄）

盱眙龙虾节　　　　　　　　　　　　（郑　健　摄）

2012年10月，中国淮阴·韩国固城非遗文化交流展演出在淮阴区举行。 （市文广新局　供图）

2012年11月，淮安市举办民乐戏曲演唱周活动。 （市文广新局　供图）

2013年4月，淮剧《鸡村蛋事》获首届江苏文华奖优秀剧目展演奖。（市文广新局　供图）

2014年10月，新编京剧《如姬》参加第七届中国京剧艺术节。（市文广新局　供图）

淮安视听网网络春晚现场形成“草根化、网络化、平民化”的独特风格，图为2014年网络春晚现场。（朱　峰　供图）

2015年2月，淮安市举办第二届周信芳戏剧节。（市文广新局　供图）

2015年5月，淮阴区文化剧团编排的《马灯舞》在香港、澳门地区展演。 （市文广新局　供图）

2012年4月~11月，淮安市举办2012年周恩来读书节活动。“十二五”期间，该活动每年举办一届。 （市文广新局　供图）

卫生事业财政支出

单位：万元

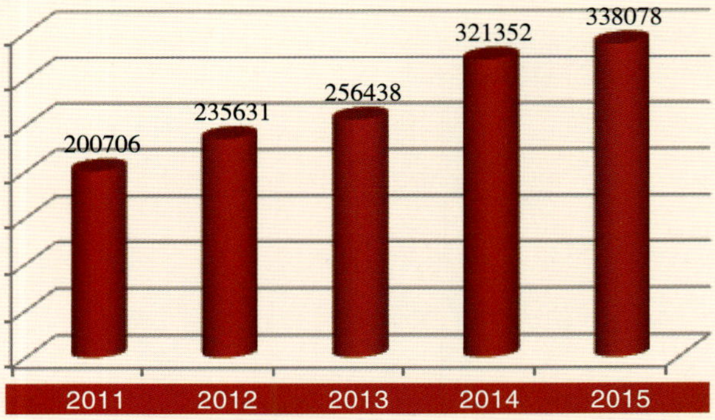

淮医品牌建设 淮安市自2009年举办中国淮医文化节，启动淮医品牌建设，每年举办多项活动，主要有：百万农村老人健康体检、千名淮医进社区、中国淮医院士论坛、中国淮医国际论坛、中国淮医中医药论坛、赴沪宁等地开展合作等。

2013年7月23日，市领导姚晓东、张彤、戚寿余、王红红出席沪淮合作淮医人才与跨越发展上海签约会。复旦大学卫生发展战略研究中心主任郝模与市卫生局局长吉文桥代表双方签订沪淮医疗卫生发展合作协议。

（市卫计委　供图）

2014年，淮安市举行第六届淮医惠民大行动，图为淮医国际化招商引资签约会暨第三届中国淮医金牌奖颁奖仪式。

（市卫计委　供图）

2014年第六届淮医文化节开幕式
（市卫计委　供图）

2012年6月16日，淮安市首发全国第一张具有金融功能的居民健康卡，并正式投入使用。
（市卫计委　供图）

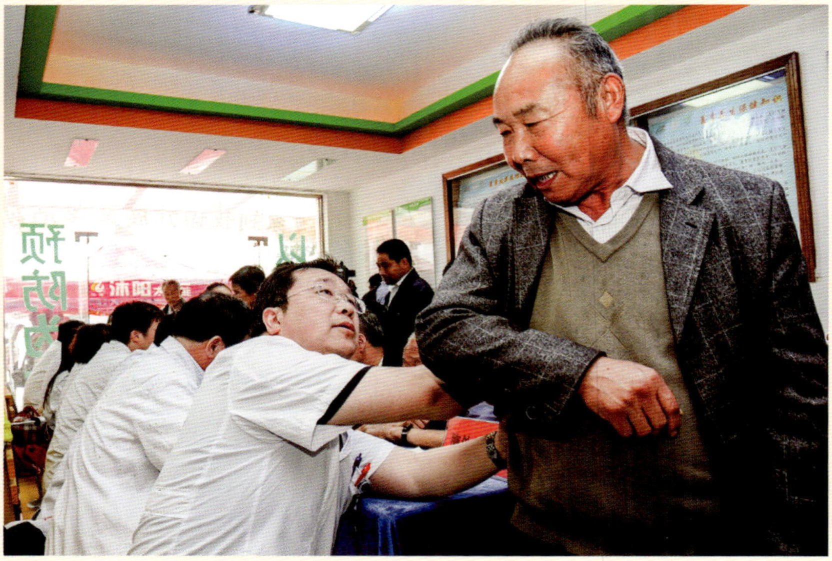

2013年第五届中国淮医惠民大行动期间，淮安市开展为农村百万60岁以上老人十项免费健康体检活动。
（市卫计委　供图）

2015年，淮安市第一人民医院新门急诊内科大楼投入使用。（陈光晰 摄）

新建成的市生态新城福地路社区卫生服务中心（罗 志 摄）

涟水县南集镇码头村社区卫生服务站

2014年，淮安市第二人民医院被确定为2011年新标准实施后首批三级甲等综合医院。（张晓若　摄）

（王烟临　摄）

2014年，淮阴区渔沟中心卫生院等11所医院被评为首批"全国满意的乡镇卫生院"，淮安市获评数量占全省五分之一。（市卫计委　供图）

淮安市体育中心位于淮安市生态新城西片区，总占地面积43.3万平方米，主要建筑为“一场两馆”（30000人体育场、6000人体育馆、1500人游泳馆），同时配套建设综合训练馆、网球中心、指挥中心、室外训练场、运动员接待中心等。项目于2010年6月开工建设，2014年完工。

（陈光晰　摄）

江苏省第十八届运动会

2014年，江苏省第十八届运动会在淮安市和徐州市举行。开幕式于9月19日晚在徐州市举行，闭幕式于9月26日晚在淮安市举行。运动会设青少年部、高校部和职工部比赛。比赛于4月8日开始，分3个阶段进行，共有22940余名运动参加比赛。

2014年8月8日，淮安市举行体育代表团出征仪式。 （蒋海明 摄）

2014年6月29日，淮安市举办省运会倒计时三个月健步走活动。 （蒋海明 摄）

2014年9月26日，第十八届省运会在淮安闭幕。 （王 鑫 摄）

职工部游泳比赛 （蒋海明 摄）

青少部摔跤比赛 （鲍 勋 摄）

青少部排球男甲比赛 （蒋海明 摄）

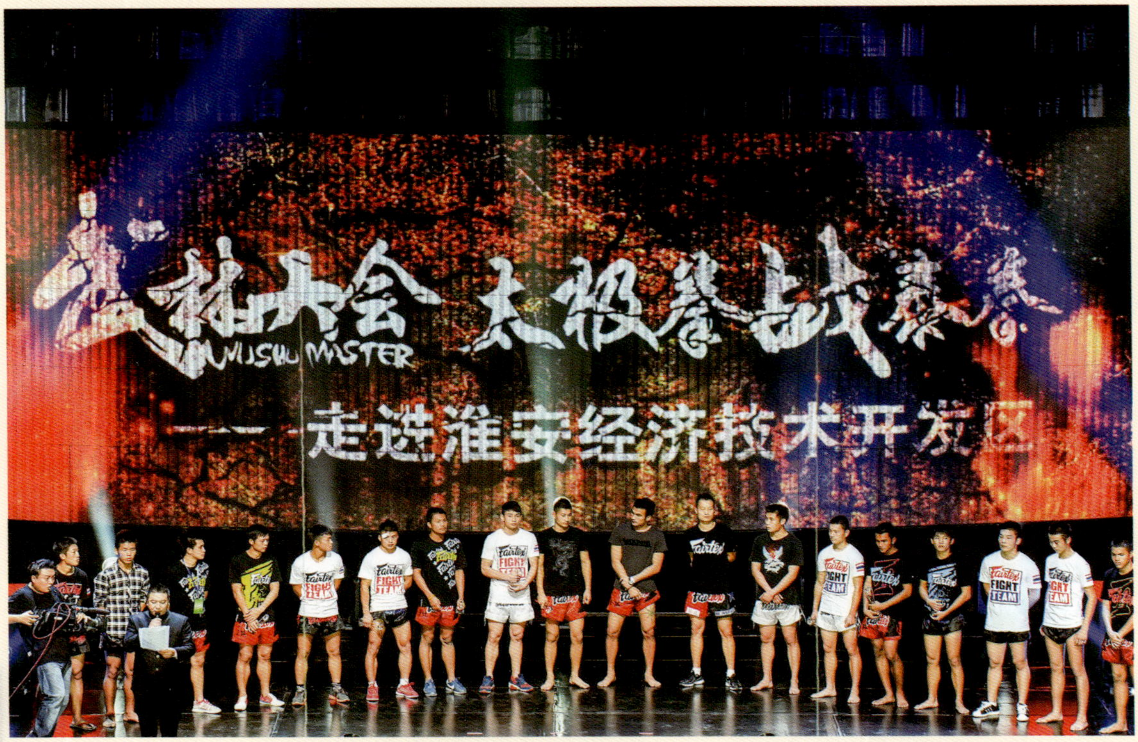

2011年、2012年、2014年，CCTV5“武林大会”三次走进淮安经济技术开发区。图为2014年“武林大会”现场。

（蒋海明　摄）

2014年5月，淮安举办中国、美国、德国、澳大利亚四国男篮邀请赛。

（卜健民　摄）

2013年，江苏省青少年自行车锦标赛在涟水县举行。

（涟水县体育局　供图）

2012年5月4日，江苏省第六届全民健身运动会在淮安开幕。（蒋海明　摄）

2015年9月，全国武术套路冠军赛在淮安举办。（蒋海明　摄）

古淮楼晨曲　　（王　萍　摄）

夏夜大舞台全民健身展示活动　　（徐力游　摄）

抖动风云　　（王　萍　摄）

微型马拉松户外活动（陈光晰　摄）

洪泽湖大堤竞技（孙淮滨　摄）

安居乐业（水采田　摄）

社会保障和就业支出

单位：万元

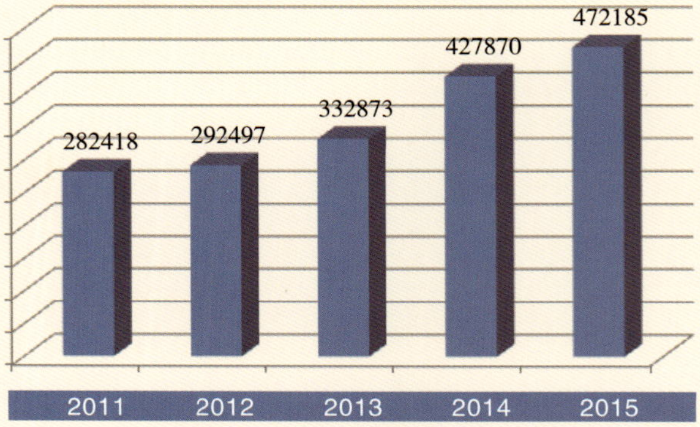

“十二五”期间建成的淮阴区刘老庄乡刘老庄村综合服务中心 （李 玲 摄）

淮阴区丁集镇农民健身点 （市体育局 供图）

2013年，淮安市建立农村老年关爱驿站。 （程 才 供图）

2015年，淮安市建成1740个城乡综合便民服务点。 （市人社局　供图）

“十二五”期间建成的保障性住房——市康居花园 （市住建局　供图）

2011年6月，环洪泽湖生态区农业面源污染控制项目启动。　　（市环保局　供图）

2015年，景域集团与白马湖办签订战略合作协议。　　（白马湖办　供图）

2014年3月18日，举办洪泽湖放鱼活动。“十二五”期间，每年3月都开展此项活动。 （陈亮 摄）

湿地鸟类监测保护 （茹丹维 摄）

第一山国家森林公园　　（孙中元　摄）

铁山寺国家森林公园　　（陈光晰　摄）

十二五回眸

白马湖国家级湿地公园（陈光晰 摄）

洪泽湖东部湿地自然保护区　　（汤红尉　摄）

生态建设

十二五回眸

涟水涟漪湖黄嘴白鹭自然保护区

（孙迎祥　摄）

十二五回眸

金湖万亩水杉林 （陈光晰　摄）

古淮河湿地
（宗　俊　摄）

古运河畔美丽乡村　　（陈光晰　摄）

《淮安年鉴》(2016)编纂委员会

编者: 淮安市志办公室

地址: 淮安市翔宇南道1号

邮编: 223001

电话: (0517)83605585

出版: 方志出版社

编 辑 说 明

1.《淮安年鉴》是淮安市人民政府主办、淮安市志办公室编纂的综合性年鉴，1995年出版首卷。它逐年记载全市自然、政治、经济、文化、社会等各方面的发展变化情况，充分反映淮安地方特色和时代特色，为各级党政领导科学决策提供可靠依据，为国内外各界人士了解淮安提供翔实资料，为全市经济、政治、文化、社会、生态文明建设服务。

2.《淮安年鉴》主要内容按市政府要求，经编纂委员会研究确定，多由市各部门、单位和县（区）人民政府指定专人撰写并经主管领导审核，力求保证所提供的事实、资料、数据的准确性、权威性。

3.《淮安年鉴》（2016）设特载、文献、运河之都、生态家园、基础设施、产业经济、公共服务、社会保障、公共管理、法治军事、地方组织机构、县（区）概况、人物、大事记、附录15个部分。体例为条目式，分为类目、分目（含部分二级分目）、条目，以条目为基本记述层次。整部年鉴详尽记述全市各行各业2015年发展状况，充分展示淮安人民为实现民族复兴的“中国梦”和崛起江淮的“淮安梦”而奋力拼搏的精神风貌。领导人物内容截至2016年10月底。

4.《淮安年鉴》（2016）由市各部门和县（区）供稿，文中所用数字，由于统计的来源、口径、方式、方法或时间的不同而可能有差异。请读者引用时以市统计局提供的统计资料为准。

统计数据均使用法定计量单位，为保持文献原貌，“文献”所刊报告中数据的量与单位均不作变动。地图由淮安市测绘研究院编制，并经省测绘管理部门审核。

5. 为便于读者阅读检索，卷首设中、英文目录，卷末置“索引”。

2009卷以后《淮安年鉴》各卷的主体内容，已上传至淮安市志办公室网站，网址为：http://szb.huaian.gov.cn/szb/index.jsp，欢迎查阅。

编 者

2016年10月

目　录
MU LU

生态家园

基础设施

产业经济

公共服务

社会保障

公共管理

法治 军事

地方组织机构

县（区）概况

人　物

大事记

附　录

索　引

CATALOGUE

淮安市“十二五”发展成就

“十二五”期间，是淮安发展史上综合实力提升最快、城乡面貌变化最大、人民群众得到实惠最多的时期之一。面对错综复杂的宏观经济环境和艰巨繁重的改革发展任务，全市上下紧紧围绕“两大目标”，深入实施“六大战略”，全力主攻“五大突破”，胜利完成“十二五”规划确定的主要目标和任务，创造了淮安发展又一个黄金期，为全面建成小康社会和基本确立苏北重要中心城市地位奠定坚实基础。

综合实力实现新的跨越。主要经济指标增幅连续10年位居全省前列，经济总量较“十一五”末翻番，以县为单位达到省定2003版全面小康标准，实现人均GDP超全国的历史跨越，三次产业比重实现由“二三一”到“三二一”的历史性转变，结构比为11.2∶42.9∶45.9。2015年，实现GDP2745亿元、一般公共预算收入350.31亿元，分别是“十一五”末的2倍和2.5倍；人均GDP9065美元，基本达到中等收入国家或地区的水平。规模以上固定资产投资2203亿元，社会消费品零售总额971亿元，分别是“十一五”末的2.4倍和2倍。

现代产业不断发展壮大。具有淮安特色的现代产业体系初步形成。“4+2”优势特色产业加速集聚发展，实现产值3902亿元，占规模以上工业比重达58%，电子信息产业产值率先突破千亿元，获批国家火炬计划盐化工特色产业基地和盱眙凹土特色产业基地、省新型工业化电子信息产业示范基地和新能源汽车先进制造业基地。“4+3”特色服务业快速发展，物流、电子商务等新兴服务业异军突起，服务业增加值占比年均提高1个百分点，服务业税收占地方税收比重达73.5%，第三产业增加值占GDP比重首次超过第二产业。“4+1”现代农业产业加快培育，新增省级以上龙头企业28家，获批6家国字号农业载体，农产品地理标志证明商标数量全国地级市第一，农业综合机械化和粮食收储现代化水平跃居苏北首位，粮食生产实现十二连增，农业现代化工程发展指数苏北领先。

创新能力显著提升。产学研协同创新步伐加快，建成智慧谷一期工程，落户18家高校院所研发机构，引进国家“千人计划”专家89名，入选省“双创人才”62名，建立校企联盟300家，创成国家级大学科技园区。全社会研发投入占GDP比重达1.7%，国家级高新技术企业增加到246家，是2010年的5.8倍，累计实施3000万元以上工业技改项目500项，高新技术产业产值占比26%，科技进步贡献率51%，5年分别提高6.7个和9个百分点，科技创新成为引领产业升级的重要支撑。

城乡统筹发展持续优化提升。国家新型城镇化综合试点全面展开，“一主四副多点网络化”新型城镇化格局初步形成，常住人口城镇化率58%。中心城市功能显著增强，“一廊四区多片”重点功能片区建设加快，累计投入3891亿元、实施4150多个城建重点项目，建成区面积155平方公里、人口增至140万人，苏北重要中心城市框架业已形成。万达广场、体育中心、“四馆”、大剧院等一批重大功能性项目和地标性建筑落成，道路通达、绿色小客厅、老旧小区改造、农贸市场提升等城市环境综合整治项目连续实施，中心城市品位和形象进一步提升。城乡建设步伐加快，四座县城特色不断彰显，10个省级重点中心镇综合功能得到增强，一批特色镇加快培育，村庄布点规划全面开展，在苏北率先以市为单位完成村庄环境整治并通过省级验收，完成新一轮区域供水工程，保障了119万人饮用

鸟瞰淮安生态新城　　　　生态新城管委会　供图

水安全。

重点领域改革深入推进。以行政审批制度改革为突破口，以土地使用制度改革和金融改革为重点，统筹推进新型城镇化综合配套等各项改革，形成富有淮安特色的改革体系，共有10项改革列入国家试点。简政放权加快推进，在全国率先开展先照后证工商登记制度改革，全面推进行政审批"三集中、三到位"、投资建设项目"四联合"并联审批，在全省首家公布行政权责等5张清单，成为全国行政审批事项最少的地级市之一，盱眙县相对集中行政许可权改革试点成为全国样本。土地使用制度改革成效显现，首批启动实施5个功能片区土地规划，开展土地综合整治等12项配套工程，同步推进农村土地确权登记颁证、土地资源市场化配置等改革，用地保障能力和农地规模经营水平进一步提升。金融改革不断深化，今世缘酒业、井神盐化成功在A股主板上市，累计有32户企业登陆多层次资本市场，新引进股份制银行及城商行多家，农村信用社全部组建为农村商业银行，农村金融综合服务站实现行政村全覆盖，农村承包土地经营权抵押贷款试点稳步推进。新型城镇化综合配套改革扎实推进，"全域规划、多规合一"工作积极开展，共有产权房改革再推货币化补贴新举措，金湖县全域城镇化改革和马坝镇强镇扩权试点取得明显成效。教育、文化、科技等领域改革统筹推进。

开放水平明显提高。台资高地加速崛起，台资项目倍增、交流平台扩展和101%服务升级三大计划稳步实施，获批大陆唯一台资企业产业转移集聚服务示范区，成立全省首家台商学院，设立大陆首个两岸信息家电产业园，连续4年获评台商投资极力推荐城市。新批台资项目428个，台资企业总数近1200家，实际利用台资33.2亿美元。招商引资成效明显，在巩固闽浙、港台传统招商阵地的基础上，着力突破北上广深、环渤海湾和欧美日韩招商，累计引进投资超亿元内资项目1050个、超3000万美元外资项目141个。累计实际利用外资57.5亿美元，总量居苏北第二，创成省级利用外资转型发展示范区。对外贸易年均增长13.6%，高于全省10.5个百分点。新缔结国际友好城和友好交流城市25对，实现对外合作交流遍及五大洲。园区承载力明显提高，淮安经济技术开发区综合实力跃居全省前20强，建成12个省级特色产业园区，规划建设8个台资产业园和7个重点国别园区。

基础设施体系日趋完善。连淮扬镇、徐宿淮盐高速铁路开工建设，宁淮铁路前期工作稳步推进，奠定了区域综合交通枢纽地位。现代有轨电车一期工程建成营运。金马高速建成通车，高速公路里程403公里，公路总里程1.3万公里。淮安机场成为国家开放机场，先后开通至香港、台湾等地区航线和韩国等国际航线。二类水路开放口岸通过省验收，淮河入海水道二期同步实施二级航道工程获国家主管部门同意。盐河航道"五改三"工程顺利竣工，淮安港内河集装箱年吞吐量突破13.5万标准箱，占全省内河总吞吐量的80%以上。完成水利投资160亿元，流域防洪标准全面达到100年一遇，南水北调东线一期工程全线建成通水。智慧城市建设全面启动，成功入选国家信息惠民试点城市和中欧绿色智慧城市中方试点城市。能源供给实现绿色清洁发展，各类新能源发电装机规模达788.8兆瓦，占全市总装机23.3%。

生态文明建设成效显著。在全省率先编制实施主体功能区规划、苏北率先建成省级生态市，获批国家低碳试点城市、新能源示范市、可再生能源建筑应用示范市、生态文明先行示范区和水生态文明试点市。生态保护和环境污染防治持续推进，城市绿化覆盖率达41%。全面实施生态红线保护规划，生态红线区域占国土面积比重达到21.14%。白马湖国家湿地公园获批建设。地表水国控断面优于III类水质的比例达80%，PM2.5浓度降幅位居全省前列。单位GDP能耗较2010年下降23%，获全国节能先进集体称号。

民生幸福底色更加鲜亮。坚持把新增财力的四分之三以上用于保障和改善民生，每年办好民生十件实事。社会保障水平逐年提高，城乡基本养老保险、医疗保险和失业保险参保覆盖面均达95%以上，城乡低保标准分别从300元、160元提高到490元、370元，城镇居民医保年度最高支付限额调整到25万元。共有产权住房制度列入全国试点，新建保障性住房803万平方米，公租房、廉租房补贴发放实现全覆盖，累计发放住房公积金贷款89.6亿元。在全国首创建设"关爱驿站"，城乡社区居家养老服务中心覆盖率分别达到100%和80%。创建"阳光慈善"品牌，建立"一门受理、协同办理"的社会救助工作机制。就业创业实现城乡统筹，新增就业33.9万人，扶持创业7.9万人，成为省级创业型城市。全面完成人均年收入低于4000元人口脱贫任务。2015年，城乡居民人均可支配收

1月19日，承德路京杭运河大桥提前6个月建成通车。　市交通局　供图

入分别达28105元、13128元，是“十一五”末的1.6倍和1.8倍。社会事业协调发展，学前三年教育毛入园率提高到98.8%，农村中小学全部达到省教育现代化装备标准，在苏北率先通过义务教育发展基本均衡国家督导认定，实现区域教育基本现代化。文化建设工程发展指数居全省首位，大运河成功入选《世界文化遗产名录》，周恩来故里旅游景区创成苏北首批国家AAAAA级景区，获得全国优秀儿童文学奖、全国戏剧梅花奖等多项大奖，实现乡镇文化站、村居文化室、农家书屋全覆盖。成功承办第十八届省运会，创成江苏省体育强市、省级公共体育服务体系示范区。“三甲”医院达到5家，建成国家级“群众满意乡镇卫生院”11个、示范社区卫生服务中心3个，人均期望寿命由76.75岁增长到78.16岁。全国计划生育优质服务先进县（区）在苏北率先实现全覆盖。援疆工作走在全疆、全省前列，累计投入5.6亿元实施50个项目。

社会治理创新步伐加快。全面启动“六位一体”社会治理体系建设，“一委一居一站一办”新型社区服务管理体制实现全覆盖，顺利通过“六五”普法验收，社会管理创新工程发展指数跃居全省第一。推行城区“网格化”、农村“一公里警务圈”社区警务模式，阳光警务在全省首家推出网上交通安全综合服务，群众安全感、满意率保持在95%以上。“阳光信访”“1+3”安全生产监控模式、透明食药监等经验在全国推广，“一案三制”应急管理体系进一步完善，全市食品安全合格率达97.8%。

10项重点工程

铁路规划建设

连淮扬镇铁路全线开工，徐宿淮盐铁路年内开工建设。在连淮扬镇铁路沿线4市中率先完成征地拆迁调查、红线放设、交地等工作，完成征地工程的78%，完成拆迁工程的96%。徐宿淮盐铁路率先完成征拆调查所有工作，具备全面征地拆迁条件。宁淮铁路被江苏省列为“十三五”开工项目，进入“十三五”规划。临（沂）淮高铁被国家定位为京沪高铁第二通道，合淮（青）高铁被定位高铁主骨架连接线，列入国家铁路规划。完成淮安高铁综合客运枢纽规划方案优化及评审，实现与城市快速路网规划、轨道交通规划、高铁新区规划多规合一。完成铁路物流规划、铁路物流中心（铁路物流园核心区）规划研究，淮安铁路物流中心规划被列为全国二级区域物流中心，进入国家铁路部门规划。

里运河文化长廊建设

计划实施项目54个，追加项目5个，实际实施项目59个，完成投资42.6亿元。清江浦景区建设初见成效，堂子巷节制闸、长虹桥、越河桥、清安河改道一期工程建成使用。建成淮安区河下状元府第等沿城河街项目，实施河下古镇影视基地、萧湖景区提升、文博城、清江浦1415等工程建设。全线慢行系统和人文自然景观工程、北门桥控制工程、清安河改道二期等项目加快建设。中国漕运城、山阳湖景区方案基本确定，建成山阳湖游客中心主体，入口广场开工建设。

西游记文化体验园建设

完成项目总投资5亿元。建成生态停车场，投资0.8亿元，占地18公顷。建成游客服务中心，投资0.6亿元，建筑面积0.6万平方米，分为西游游客中心和西游文化中心。建成漕埠商业街，投资1.2亿元，建筑面积0.85万平方米。龙宫大白鲸欢乐世界建成，项目占地4.67公顷，完成投资0.9亿元；9月27日，开始运营，单日最高游客量超5000人次，累计营业额350万元。完成龙宫大白鲸嬉水世界建设中管桩施工，建筑面积4.2万平方米，计划投资3.5亿元；启动西游记乐园项目，一期建筑面积7.5万平方米，计划投资12亿元。

白马湖保护与开发

白马湖片区经国土资源部批准列入生态功能片区土地利用改革试点，首批争取批获400公顷土地规划指标。白马湖投资发展有限公司洽谈融资10.7亿元、到账5.99亿元，生态环境保护项目争取资金6.48亿元。

实施24个项目。投资1148万元，环湖大道三期工程完成并通车；投资1400万元，大荡河北岸堤顶道路具备通车条件；投资1000万元，前锋段环湖大道及避风港工程具备通车条件。投资1540万元，完成草泽河生态修复及景观提升工程；投资4004万元，完成入湖口生态修复工程；投资6192万元，完成生态修复一期工程；投资2400万元，完成花河入湖口清淤工程；投资3982万元，完成退圩还湖和清淤二期工程。湖区水质长期保持在III类水，核心区达到II类水。完成南入口工程、八方路景观绿化工程、淮金线西侧亮化工程，分别投入860万元、492万元、422万元。森林公园核心区工程、生态涵养林二期工程、湿地公园核心区圩堤平毁工程、湿地公园生态渔业体验区工程完成年度建设任务，分别投入8871万元、3002万元、562万元、7250万元。完成李庄乡村旅游点规划、白马湖专项规划。

金融中心规划建设

完成包括土地、拆迁、建设等多项投资16.93亿元。B组团30万平方米项目全面启动。中央商务区东地块启动桩基工程，风情街地块完成拆迁和形象围墙砌筑，江苏银行业务楼完成主楼19层和裙楼3层建设。完成中央商务区西总承包单位、桩基施工单位、监理单位、幕墙设计与施工单位等各项招投标程序。与工商银行、农业银行、中国银行、建设银行等金融机构达成入驻意向。与中国人寿等4家保险公司签订入驻协议。与新奥（中国）燃气投资有限公司达成合作共识，在金融中心成立合资公司，注册资本5亿元，首批资金到账。

盐化新材料产业发展

12月9日，淮安单体投资最大工业项目——总投资200亿元的江苏富强新材料产业园开工建设。安麦道农药项目完成投资2亿元，完成5栋2万平方米厂房及仓库主体建设，购进设备价值5000万元。国信热电项目基础工程完成，全面开展主体工程建设，累计投入约15亿元。实联医药用盐项目完成土建任务60%，部分主要设备调试安装到位，加快建设其他主要装置、仓库、构筑物等。禾裕泰项目一期16栋厂房、仓库、构筑物等土建工程6万平方米建设完成，部分车间进入试生产阶段。方圆化工项目一期土建工程完成，设备安装调试结束，新增投资2000万元、设备1500万，基本建成2栋主厂房8000平方米，仓库4000平方米。

中心城市道路通达工程

实施五大类23个项目，计划投资15.33亿元，实际完成投资15.42亿元。全年缓解拥堵路段6个，改造瓶颈路段5个，打通堵头路段5个，实施片区交通连接项目5个，新建停车场2个。至年底，淮安现代有轨电车一期、南马厂大道跨古黄河桥北接线、开发大道跨古黄河桥北接线、工农路路面维修、小营广场改造、主城区交通节点渠化改造、公共自行车三期等13个项目竣工或完成主体；京杭大运河黄码大桥及接线、宁连路南门立交改造工程完成年度任务；西安路改造提升、环城东路建设、淮阴区银川路建设、康马路古淮河大桥及接线、淮安区城西干道二期建设等8个项目列入2016年中心城市建设计划。

淮安智慧谷规划建设

投入资金近15亿元，推进一期工程18.5万平方米研发载体及生活设施建设，4万平方米科研实验楼投入使用；14.5万平方米载体外部装饰和内部公共部位装修进入施工扫尾；内部研发办公场所个性化装修完成70%；白云河、广场、中央水景等室外配套工程完成。引进上海交通大学苏北研究院、西华大学淮安研究中心等15家研发机构，签约高校院所34家，招引淮安安福科技公司、江苏兰大星源高新技术发展公司、科技广场等8个科技项目。获批纵向科技项目34项，其中省级及以上项目16个；开展横向科技合作63项，其中科技成果转化交易31项、技术服务28项、产业化项目4项。新增研发中心5个、高层次人才39名。

西南化工片区搬迁

制定《西南化工片区居民搬迁扫尾工程实施计划》，市国联集团筹集资金8500万元，全部用于该地块居民搬迁。协调保障安置房529套、面积4.97万平方米，用于大运河南地块项目安置。其中，南浦家园66套，面积0.82万平方米；淮钢二期51套，面积0.37万平方米；淮钢三期412套，面积3.78万平方米。与韩泰轮胎公司进行多轮谈判，初步制定韩泰轮胎公司西厂区搬迁补偿方案。

淮安综合大市场建设

开工建设淮安电商创业孵化中心等亿元以上项目4个，建成商业面积20.38万平方米，完成固定资产投资15.27亿元。创达电商城建成营业，淮安婚纱礼品电子商务创业园部分商业竣工营业，大宁百货商城高层部分主体竣工，淮安电商创业孵化中心1、2号楼进行基础和地下室施工，国华广场完成场地平整和试桩，淮安现代物流园开工建设。建成电商创业孵化面积40万平方米，创业孵化企业近百家；与淮阴师范学院合作，成立淮安电商学院综合大市场实训基地，全年培训电商创业人士3200人次、培育电商创业商户100多户。

10件民生实事

优化市民出行环境

淮海南北路交通改善二期工程路面改造工程完工，主城区交通节点改造完成，完成环宇路断头路改造。市区新增停车泊位2724个。淮安现代有轨电车一期工程实现载客试运营。全年新辟公交线路4条，优化调整12条，市区城市公交客运量1.92亿人次，市区城市居民公共交通出行分担率20.01%。建成并开通运营公共自行车站点89个，移建复建站点11个，投放新型公共自行车2700辆。增设交通指示标志50块，安装交通宣传标志200块，施划道路交通标线3万平方米、停车指示箭头6300个，更新交通隔离护栏2300米。抽调警力2.3万人次，出动警车1.2万辆次，查处各类交通违法行为34.1万起。

改善农村生产生活

全年投资7.2亿元，铺设供水干管559千米，通达乡镇42个。投入2.7亿元，完成农村60.08万人饮水安全建设任务，超省定计划2.96万人，铺设管道2812千米。投入农村公路提档升级建设资金4.46亿元，新改建农村公路572公里、桥梁68座，分别为年度任务的190.7%、170%。开展村庄环境全域整治，清运积存垃圾1717万吨，建立保洁队伍11119人，配备垃圾桶25万个、垃圾车2647辆，创建省三星级康居乡村34个。疏浚县乡河道359条1286公里，整治村庄河塘1986个。完成农村改厕30260座，超额260座。

保障困难群体住房

全年新增发放住房租赁补贴151户，对符合保障条件申请租赁补贴的家庭应保尽保；新开工租赁住房1160套，完成年度任务的102.65%。市本级通过政府集中采购方式收购370套普通商品住房作为公租房。争取中央财政城镇保障性安居工程专项资金和省级保障性住房建设引导资金计1.95亿元，棚户区改造工程配套基础设施中央预算内计划投资1.08亿元，均用于棚户区改造。清河区、清浦区、淮安区、淮阴区启动棚户区改造项目10个，其中8个项目完成房屋征收工作，2个项目基本完成房屋征收。

提升基层办学条件

全市投资7.48亿元，完成校舍改造32.53万平方米。全市消除589幢15.1万平方米D级校舍，其中拆除、重建、资产置换327栋8.54万平方米，封存262幢6.56万平方米。完成80所农村中小学装备提升任务，并通过市级检查验收。投入资金7300多万元，建成初中数字化理科实验室、史地教室及小学标本模型陈列室、数字化科学探究实验室160口，建成录播教室、劳技教师、心理咨询室、数学实验室、创新实验室等各类功能室169口，配置图书40多万册、计算机3200台、多媒体教学系统320套。

升级改造农贸市场

原计划建设改造农贸市场18个，全部完成；后新增建设改造农贸市场任务11个，完成10个，剩余1个主体工程完成。改造后的农贸市场做到出入口装饰、管理制度标牌、功能分区、设施效果、招牌广告“五统一”，实行干湿分离、生熟隔离、功能配套、整洁美观。同时完成健康东路等15个市场家禽区、水产区、公厕等重点区域标准化改造，完成清江蔬菜等10个市场的整合迁转。

优化创业就业服务

苏北毕业生人才市场（淮安市人才市场）挂牌，招聘大厅面积800平方米，装配标准信息化摊位60个。全市实现城镇新增就业6.67万人，完成目标的111.17%。核发职业资格证书50366人次，完成目标任务的142%。实现下岗失业人员再就业3.59万人，年末城镇登记失业率2.2%，帮扶零就业家庭中244人实现再就业。落实社会保险补贴资金3000万元，受惠就业困难人员7796人。市级人力资源市场举办招聘活动372场次，提供岗位16.1万个。开展创业培训2.92万人次，发放创业担保贷款1.42亿元；落实创业引导资金4592.03万元。

关心帮助特殊群体

城乡低保标准分别由每人每月450元、330元提高到490元、370元；城乡低保保障金人均月补差分别为254.19元、172.34元。全市低保对象7.6万户、15.76万人，发放保障金3.83亿元。确认兑现24.23万户0~14周岁独生子女家庭提标奖励金，各级财政投入资金2648.1万元。建成标准化社区居家养老服务中心52个，投入资金1025.95万元；为3209名困难家庭老年人购买养老服务，支出357.63万元；完成10个关爱驿站建设。为68886名残疾人购买意外伤害保险，托养服务残疾人340名，完成目标任务的113%。

整治提升城区环境

完成69个老旧小区300万平方米整治任务，投入资金1.67亿元。修整屋墙面渗漏20万平方米、落水管10万米、道路15万平方米，疏通污水管道8万米、补植绿化14万平方米、新增停车位近3000个、新装路灯1100盏、安装监控1500个。在主城区人口密集区域新增城市绿色小客厅10个，计7.62万平方米。在中心城区新建公共厕所20座，改造升级公共厕所30座。整治改善后街背巷52条，整治城市河道6条。

完善便民服务设施

建成城乡综合服务点1740个，其中服务站37个，示范点136个，覆盖行政村1326个。村民在村里就可办理社保、就业、金融、邮政等事项。服务店累计交易量353万笔，交易额20亿元，惠及城乡居民191万人，为农民提供就业创业咨询服务2.05万人次。完成137个城市社区“10分钟体育健身圈”提档升级，新建健身步道70.5千米，社区有健身团队530个，举办活动680次，参与人数近百万。每个社区有4个以上健身团队或俱乐部、3个以上经备案的晨晚练健身点。市区承德路（黄河桥—延安路）、淮安南北路（水门桥—清安河、水门桥—古黄河桥）完成无障碍设施建设。

建设居民小区视频监控联网系统

接入城区居民小区150个，汇聚视频监控图像近7000路，搭建监控平台，组建视频监控中心。有效增强小区视频监控完好度和通畅率，及时将治安安全隐患推送给社区民警，提升小区安全防范水平。对治安、刑侦民警合理授权，案发后一个平台一键下载，大大提高办案效率。

丰富群众文化生活

开展“四送”活动，全年送展览128场，送演出1064场，送电影19089场，送图书112725场。部分县（区）还举办书法笔会、文化讲座等形式多样的活动。市直文化院团与各县（区）演出团队进行交流演出，让老百姓看到不同文化表演形式。

地理标志商标数全国地级市第一

“十二五”期间，淮安市把地理标志培育作为富农兴市重点工作，科学规划和指导，放大效应，地理标志商标成为引领淮安农民致富的“金字招牌”。2015年底，淮安市有地理标志商标101件，居全国地级市第一，涵盖粮食、水产、畜禽、蔬菜水果等。其中，“盱眙龙虾”品牌价值166.8亿元，居国内淡水水产品品牌首位；“淮安红椒”入选消费者最喜爱的中国农产品区域公用品牌；“淮安茶馓”为省非物质文化遗产；“淮安大米”获选2013年“我最喜爱的江苏商标”。

2011年，淮安市制定出台《淮安市关于深入实施商标战略的意见》，把地理标志商标发展目标列入“十二五”期间县（区）经济社会发展总体规划。市、县（区）两级政府全部成立商标战略办公室，建立商标战略联席会议制度，地理标志和农产品商标工作由部门行为上升到政府工作。市工商管理部门与市农业委员会、市地方志办公室、市质量技术监督局、市检验检疫局等部门联合开展工作。2012年，出台《关于加强农产品地理标志商标保护与注册工作的指导意见》，对具有地方特色特别是具有原产地特征的“名、特、优、稀”农副产品进行梳理，建立地理标志资源目录库。相继开展“一镇一品”和“一所一标”工程，引导乡镇站所和农业大户成立行业协会，确定地理标志申报主体。组织开展商标设计大赛，向社会公开征集地理标志形象标志。市政府设立100万元的商标战略实施基金。同年4月，淮安市制作的“洪泽湖螃蟹”和“金湖大米”纪录片，入选中央电视台10集纪录片《走进中国地理标志》。2013年，市政府设立地理标志商标扶持资金，每年不低于20万元。淮安区专门成立地理标志商标申报工作小组，并拨付20万元经费；淮阴区、清河区实行以奖代补，每成功注册一件地理标志商标给予相关申报主体10万元奖励。2013～2015年，市、县（区）两级发放地理标志商标以奖代补资金计200余万元。其间，“洪泽青虾”“金湖莲子”等91件地理标志商标注册成功，“金湖蒿茶”“淮阴山药”等95件地理标志完成申报。“淮阴黑猪”“盱眙龙虾”申请涉外注册，延伸到23个国家。组织“淮安红椒”“洪泽湖螃蟹”“淮安大米”“淮阴黑猪”等产品参加中国（重庆）国际食品博览会、中国中部投资贸易博览会（长沙）、中国（大连）地理标志精品博览会。在第11届中国优质稻米博览会上设置地标农产品展示专区，推动淮安农副产品走出江苏、走向全国。

2015年9月，举办“中国淮安·首届江淮广告节”，开展品牌创意设计大赛，邀请全国知名专家、学者和企业家就“互联网+优特农产品”现场交流，搭建品牌展示墙，对地标企业进行集中展示、包装宣传，提高全市地标品牌知名度。同年，“盱眙龙虾”“淮安红椒”“淮阴黑猪”3件地理标志商标入围“2014年江苏农产品和地理标志商标20强”。“盱眙龙虾”等3件商标获选“2015富有竞争力的江苏地理标志品牌”。至年底，“淮安大米”实行产业联盟，淮安大米品牌整合企业37家，品牌共建企业9家，产业链合作企业20余家，建立核心示范基地666.7公顷，年销量76万吨，带动农民增收3亿元以上。“洪泽湖螃蟹”协会建立电子商务信息平台，推动“蟹超对接”，螃蟹养殖面积突破6666.7公顷，从业人员突破1万人，年销售突破30亿元。在“淮安红椒”产业，推广“协会+合作社+农户+市场”的产业化模式，“淮安红椒”栽培面积超6666.7公顷，从业人员2万余人，椒农年人均收入近2万元，成为当地农民致富增收的主导产业。

表1　淮安市地理标志商标名录

序号	商标名称	注册人	注册号	核定商品	商标类型	申请时间	审定时间
1	盱眙龙虾	江苏省盱眙龙虾协会	3739968	龙虾（活）	证明商标	2003/9/30	2004/9/28
2	淮安大米	淮安市粮食行业协会	4970201	未加工的稻	证明商标	2005/10/31	2007/5/7
3	淮安大米	淮安市粮食行业协会	4970200	米	证明商标	2005/10/31	2007/5/7
4	金湖大米	金湖县米业协会	6748052	米	集体商标	2008/5/27	2009/11/20
5	淮安红椒	淮安市辣椒协会	7267333	辣椒（新鲜蔬菜）	证明商标	2009/3/20	2009/12/27
6	洪泽湖螃蟹	洪泽县洪泽湖大闸蟹协会	7026934	螃蟹（活的）	证明商标	2008/10/29	2009/2/20
7	金湖芡实	金湖县农副产品营销协会	10154869	加工过的干芡实	集体商标	2011/11/7	2012/9/6
8	金湖荷藕	金湖县农副产品营销协会	10154868	鲜藕	集体商标	2011/11/7	2012/9/6
9	金湖螃蟹	金湖县农副产品营销协会	10154872	螃蟹（活的）	集体商标	2011/11/7	2012/9/6
10	金湖甲鱼	金湖县农副产品营销协会	10154871	甲鱼（活的）	集体商标	2011/11/7	2012/9/6
11	金湖泥鳅	金湖县农副产品营销协会	10154870	泥鳅（活的）	集体商标	2011/11/7	2012/9/6
12	金湖白鹅	金湖县农副产品营销协会	10154867	白鹅（活的）	集体商标	2011/11/7	2012/9/6
13	淮阴黑猪	淮安市淮阴区畜禽产业协会	11332459	活猪	证明商标	2012/8/10	2012/12/20
14	淮阴黑猪	淮安市淮阴区畜禽产业协会	11332460	猪肉（加工过的）	证明商标	2012/8/10	2013/2/13
15	洪泽白鹅	洪泽县洪泽湖农产品协会	11186037	鹅（活）	集体商标	2012/7/10	2013/3/20
16	洪泽大米	洪泽县洪泽湖农产品协会	11186027	大米	证明商标	2012/7/10	2013/3/27
17	西顺河红衣小花生	洪泽县洪泽湖农产品协会	11186032	新鲜花生	集体商标	2012/7/10	2013/3/27
18	洪泽河蚬	洪泽县洪泽湖农产品协会	11186034	河蚬（活的）	集体商标	2012/7/10	2013/3/27
19	洪泽河蚬	洪泽县洪泽湖农产品协会	11186035	河蚬（非活）	集体商标	2012/7/10	2013/3/27
20	洪泽银鱼	洪泽县洪泽湖农产品协会	11186036	银鱼（活的）	集体商标	2012/7/10	2013/3/27
21	洪泽芡实	洪泽县洪泽湖农产品协会	11186030	新鲜芡实	集体商标	2012/7/10	2013/5/27
22	洪泽芡实	洪泽县洪泽湖农产品协会	11186031	干芡实	集体商标	2012/7/10	2013/5/27
23	淮安茶馓	淮安市淮安区茶馓行业协会	12461037	茶馓（糕点）	证明商标	2013/4/22	2013/10/20
24	淮安茶馓	淮安市淮安区茶馓行业协会	12461038	茶馓（糕点）	证明商标	2013/4/22	2013/10/20
25	淮安茶馓	淮安市淮安区茶馓行业协会	10461039	茶馓（糕点）	证明商标	2013/4/22	2013/10/20
26	淮安茶馓	淮安市淮安区茶馓行业协会	10461043	茶馓（糕点）	证明商标	2013/4/22	2013/10/20
27	金湖甲鱼	金湖县农副产品营销协会	12414733	甲鱼（非活）	集体商标	2013/4/12	2013/10/27
28	金湖螃蟹	金湖县农副产品营销协会	12414734	螃蟹（非活）	集体商标	2013/4/12	2013/10/27
29	金湖泥鳅	金湖县农副产品营销协会	12414735	泥鳅（非活）	集体商标	2013/4/12	2013/10/27
30	金湖白鹅	金湖县农副产品营销协会	12414736	白鹅（非活）	集体商标	2013/4/12	2013/10/27

续表1

序号	商标名称	注册人	注册号	核定商品	商标类型	申请时间	审定时间
31	金湖芡实	金湖县农副产品营销协会	12414737	芡实（新鲜芡实）	集体商标	2013/4/12	2013/10/27
32	金湖荷藕	金湖县农副产品营销协会	12414738	荷藕（加工过的荷藕）	集体商标	2013/4/12	2013/10/27
33	淮安蒲菜	淮安市淮安区农副产品协会	11953708	新鲜蒲菜	证明商标	2012/12/26	2013/10/27
34	淮安蒲菜	淮安市淮安区农副产品协会	11953710	新鲜蒲菜	证明商标	2012/12/26	2013/10/27
35	淮安蒲菜	淮安市淮安区农副产品协会	11953707	蒲菜（加工过的熟蒲菜）	证明商标	2012/12/26	2013/11/13
36	淮安蒲菜	淮安市淮安区农副产品协会	11953709	蒲菜（加工过的熟蒲菜）	证明商标	2012/12/26	2013/11/13
37	涟水鸡糕	涟水县农副产品营销协会	12414723	肉糜（鸡肉制品）	证明商标	2013/4/12	2013/11/27
38	涟水鸡糕	涟水县农副产品营销协会	12414724	肉糜（鸡肉制品）	证明商标	2013/4/12	2013/11/27
39	涟水捆蹄	涟水县农副产品营销协会	12414725	捆蹄（猪肉食品）	证明商标	2013/4/12	2013/11/27
40	涟水捆蹄	涟水县农副产品营销协会	12414726	捆蹄（猪肉食品）	证明商标	2013/4/12	2013/11/27
41	涟水荷藕	涟水县农副产品营销协会	12414727	加工过的荷藕	证明商标	2013/4/12	2013/11/27
42	涟水荷藕	涟水县农副产品营销协会	12414728	新鲜荷藕	证明商标	2013/4/12	2013/11/27
43	涟水萝卜干	涟水县农副产品营销协会	12414730	萝卜干	证明商标	2013/4/12	2013/11/27
44	涟水萝卜干	涟水县农副产品营销协会	12414731	萝卜干	证明商标	2013/4/12	2013/11/27
45	涟水千张	涟水县农副产品营销协会	12414732	千张（豆腐制品）	证明商标	2013/4/12	2013/11/27
46	涟水千张	涟水县农副产品营销协会	12414729	千张（豆腐制品）	证明商标	2013/4/12	2013/11/27
47	淮阴黄鸡	淮安市淮阴区畜禽产业协会	13283846	鸡（非活）	证明商标	2013/9/25	2014/5/13
48	淮阴黄鸡	淮安市淮阴区畜禽产业协会	13283847	鸡（非活）	证明商标	2013/9/25	2014/5/13
49	淮阴黄鸡	淮安市淮阴区畜禽产业协会	13283848	鸡（非活）	证明商标	2013/9/25	2014/5/13
50	淮阴黄鸡蛋	淮安市淮阴区畜禽产业协会	13283854	鸡蛋	证明商标	2013/9/25	2014/5/13
51	淮阴红薯粉丝	淮安市淮阴区畜禽产业协会	13283845	粉丝	证明商标	2013/9/25	2014/5/13
52	淮阴红薯粉丝	淮安市淮阴区畜禽产业协会	13283852	粉丝	证明商标	2013/9/25	2014/5/13
53	淮阴红薯粉丝	淮安市淮阴区畜禽产业协会	13283853	粉丝	证明商标	2013/9/25	2014/5/13
54	淮阴红薯粉丝	淮安市淮阴区畜禽产业协会	13283864	粉丝	证明商标	2013/9/25	2014/5/13
55	淮阴黄鸡	淮安市淮阴区畜禽产业协会	13283851	活鸡	证明商标	2013/9/25	2014/5/13
56	淮阴黄鸡	淮安市淮阴区畜禽产业协会	13283859	活鸡	证明商标	2013/9/25	2014/5/13
57	淮阴大白菜	淮安市淮阴区畜禽产业协会	13283849	腌制大白菜	证明商标	2013/9/25	2014/5/27
58	淮阴黄瓜	淮安市淮阴区畜禽产业协会	13283856	腌制黄瓜	证明商标	2013/9/25	2014/5/27
59	淮阴黄瓜	淮安市淮阴区畜禽产业协会	13283857	腌制黄瓜	证明商标	2013/9/25	2014/5/27
60	淮阴西瓜	淮安市淮阴区畜禽产业协会	13283850	西瓜	证明商标	2013/9/25	2014/6/6
61	淮阴黄瓜	淮安市淮阴区畜禽产业协会	13283855	新鲜黄瓜	证明商标	2013/9/25	2014/6/6
62	淮阴黄瓜	淮安市淮阴区畜禽产业协会	13283858	新鲜黄瓜	证明商标	2013/9/25	2014/6/6
63	淮阴大白菜	淮安市淮阴区畜禽产业协会	13283860	新鲜大白菜	证明商标	2013/9/25	2014/6/6
64	淮阴大白菜	淮安市淮阴区畜禽产业协会	13283861	新鲜大白菜	证明商标	2013/9/25	2014/6/6
65	淮阴西瓜	淮安市淮阴区畜禽产业协会	13283862	西瓜	证明商标	2013/9/25	2014/6/6
66	淮阴西瓜	淮安市淮阴区畜禽产业协会	13283863	西瓜	证明商标	2013/9/25	2014/6/6
67	盱眙龙虾	江苏省盱眙龙虾协会	12584774	龙虾（非活）	证明商标	2013/5/15	2014/9/20
68	涟水荷藕	涟水县农副产品营销协会	13731257	新鲜荷藕	证明商标	2013/12/16	2014/10/6
69	涟水荷藕	涟水县农副产品营销协会	13731258	加工过的荷藕	证明商标	2013/12/16	2014/10/6
70	涟水萝卜干	涟水县农副产品营销协会	13731259	萝卜干	证明商标	2013/12/16	2014/10/27

续表2

序号	商标名称	注册人	注册号	核定商品	商标类型	申请时间	审定时间
71	涟水萝卜干	涟水县农副产品营销协会	13731260	萝卜干	证明商标	2013/12/16	2014/10/27
72	涟水鸡糕	涟水县农副产品营销协会	13731251	肉糜(鸡肉制品)	证明商标	2013/12/16	2015/2/20
73	涟水鸡糕	涟水县农副产品营销协会	13731252	肉糜(鸡肉制品)	证明商标	2013/12/16	2015/2/20
74	涟水捆蹄	涟水县农副产品营销协会	13731253	捆蹄(猪肉食品)	证明商标	2013/12/16	2015/3/20
75	涟水捆蹄	涟水县农副产品营销协会	13731254	捆蹄(猪肉食品)	证明商标	2013/12/16	2015/3/20
76	涟水千张	涟水县农副产品营销协会	13731255	千张(豆腐制品)	证明商标	2013/12/16	2015/3/20
77	涟水千张	涟水县农副产品营销协会	13731256	千张(豆腐制品)	证明商标	2013/12/16	2015/3/20
78	金湖莲子	金湖县县农副产品营销协会	14738768	加工过的莲子	集体商标	2014/7/16	2015/4/20
79	金湖银鱼	金湖县县农副产品营销协会	14738769	银鱼(非活)	集体商标	2014/7/16	2015/4/20
80	金湖龙虾	金湖县县农副产品营销协会	14738770	龙虾(活的)	集体商标	2014/7/16	2015/4/27
81	金湖龙虾	金湖县县农副产品营销协会	14738767	龙虾(活的)	集体商标	2014/7/16	2015/4/27
82	金湖龙虾	金湖县县农副产品营销协会	14738766	龙虾(非活)	集体商标	2014/7/16	2015/9/6
83	金湖龙虾	金湖县县农副产品营销协会	14738771	龙虾(非活)	集体商标	2014/7/16	2015/9/6
84	淮阴黑蚬	淮安市淮阴区畜禽产业协会	15376177	黑蚬(非活贝壳类动物)	证明商标	2014/9/19	2015/9/20
85	淮阴葡萄	淮安市淮阴区畜禽产业协会	15376178	新鲜葡萄	证明商标	2014/9/19	2015/9/20
86	淮阴花生	淮安市淮阴区畜禽产业协会	15376179	加工过的花生	证明商标	2014/9/19	2015/9/20
87	淮阴杏鲍菇	淮安市淮阴区畜禽产业协会	15376180	杏鲍菇(新鲜蘑菇)	证明商标	2014/9/19	2015/9/20
88	淮阴冬枣	淮安市淮阴区畜禽产业协会	15376181	冬枣(鲜枣)	证明商标	2014/9/19	2015/9/20
89	淮阴大米	淮安市淮阴区畜禽产业协会	15376182	米	证明商标	2014/9/19	2015/9/20
90	洪泽白鱼	洪泽县洪泽湖农产品协会	15854803	白鱼(非活)	集体商标	2014/12/4	21015-9-27
91	洪泽白鱼	洪泽县洪泽湖农产品协会	15854804	白鱼(活的)	集体商标	2014/12/4	2015/10/6
92	洪泽青虾	洪泽县洪泽湖农产品协会	15854805	青虾(活的)	集体商标	2014/12/4	2015/10/6
93	洪泽青虾	洪泽县洪泽湖农产品协会	15854806	青虾(非活)	集体商标	2014/12/4	2015/10/6
94	洪泽菱角	洪泽县洪泽湖农产品协会	15854807	新鲜菱角	集体商标	2014/12/4	2015/10/13
95	洪泽菱角	洪泽县洪泽湖农产品协会	15854808	加工过的菱角仁	集体商标	2014/12/4	2015/10/13
96	洪泽草鸡	洪泽县洪泽湖农产品协会	15854809	鸡(非活)	集体商标	2014/12/4	2015/10/13
97	洪泽平菇	洪泽县洪泽湖农产品协会	15854810	平菇;平菇(鲜食用菌);平菇(新鲜块菌)	集体商标	2014/12/4	2015/10/13
98	洪泽平菇	洪泽县洪泽湖农产品协会	15854811	平菇(干食用菌)	集体商标	2014/12/4	2015/10/13
99	洪泽草鸡	洪泽县洪泽湖农产品协会	15854812	鸡(活的)	集体商标	2014/12/4	2015/10/13
100	洪泽荷藕	洪泽县洪泽湖农产品协会	15854813	加工过的荷藕	集体商标	2014/12/4	2015/10/27
101	洪泽荷藕	洪泽县洪泽湖农产品协会	15854814	新鲜荷藕	集体商标	2014/12/4	2015/11/6

(市工商管理局)

打造增长极 共筑崛起梦 向着更高层次科学跨越发展奋力迈进

——在中国共产党淮安市第六次代表大会第五次会议上的报告（摘要）

中共淮安市委书记 姚晓东

一、立足新的历史起点回顾过去，成绩令人鼓舞，我们要在高度自信中昂首走进科学跨越发展崭新征程

“十二五”是淮安应对重大挑战、经受重大考验、取得重大成就的五年，也是淮安综合实力提升最快、城乡面貌变化最大、人民群众得到实惠最多的时期之一。五年来，我们在省委、省政府坚强领导下，团结带领全市人民开拓创新、砥砺奋进，实现“十二五”胜利收官，创造了又一个发展黄金期。特别是市委六届三次全会以来，我们以习总书记“把周总理的家乡建设好，很有象征意义”嘱托要求为动力，紧紧围绕“两大目标”，深入实施“六大战略”，全力主攻“五大突破”，滚动推进“十项重点工程”，统筹抓好稳增长、调结构、促改革、惠民生、防风险等各项工作，在“一年打基础、两年求突破”基础上，今年顺利实现了“三年上水平”的新跨越发展目标。

——综合经济实力实现质的飞跃。主要经济指标增幅连续十年保持全省前列，全年预计实现地区生产总值2700亿元、公共财政预算收入350亿元，分别增长10%和14%，是“十一五”末的2倍和2.5倍；人均地区生产总值近9000美元，超过全国平均水平；规上固定资产投资、工业投资增幅连续三年保持22%和25%以上。转型升级取得突破，“4+2”优势特色产业产值占规上工业比重两年增长9个百分点，电子信息产业率先过千亿，我市工业史上单体投资最大项目富强新材料顺利开工；三次产业占比实现从“二三一”到“三二一”的历史性跨越，淮安电子商务现代物流园、顺丰电子商务产业园分别获批国家级和省级电子商务示范基地；农业现代化工程发展指数苏北领先，农产品地理标志证明商标数量升至全国地级市第一，农业综合机械化水平居于苏北首位。开放优势更加凸显，到账外资总量居苏北第二，获批3家省级跨国公司功能性机构、总数苏北领先，“一带一路”沿线国家友好交流城市数量全省领先，淮台实现直航，大陆首个两岸信息家电产业园顺利落户，涟水经济开发区创建国家级开发区、淮安高新区创建国家级高新区获省同意并上报国家审批。科技创新支撑显著增强，74家企业获国家高新技术企业认定公示，省级示范智能车间数量苏北第一，专利申请量和授权量增幅分别为全省第一和第二，全社会研发投入占地区生产总值比重达1.7%。

——重点领域改革取得喜人硕果。坚持蹄疾步稳、重点突破，推出一批有质量、有特色的改革举措，改革成果加速落地。简政放权力度加大，建成全省功能最全、规模最大的市级政务服务中心，在全省首家公布行政权责“五张清单”，率先建成“1+7”事中事后监管体系，市级公共资源交易体制机制改革模式全国先进；盱眙县成立全国首家县级行政审批局，相对集中行政许可权试点改革成为全国样本。商事制度改革持续推进，“三证合一”、“一照一码”全面推行。土地使用制度改革不断深化，启动实施五大功能片区土地利用规划，开展土地综合整治等12项配套工程，洪泽县成为全省首家建设用地“双减量”试点县。新型城镇化综合改革稳步实施，户籍制度改革意见正式出台，共有产权房改革再推货币化补贴新举措，金湖县全域城镇化改革和马坝镇强镇扩权试点取得明显成效。农村改革按下快进键，集体资产确权登记颁证基本完成，土地承包经营权确权登记颁证整体推进，在全省率先实现涉农县（区）农村产权流转交易市场全覆盖。金融改革创新再创佳绩，井神盐化、宇天港玻IPO即将挂牌，全市20家企业顺利登陆多层次资本市场。

——城乡统筹发展持续优化提升。突出规划引领，启动新一轮城市总规修编和“多规合一”空间信息平台建设，完成高铁新区等44项重大规划。围绕提升中心城市功能，加快“一廊四区多片”重点功能片区建设，金融中心一期全面施工，周恩来故里旅游景区在苏北首批晋升AAAAA级，古淮河西游记文化旅游区部分运营并启动AAAAA级创建，“南有秦淮河、北有里运河”水上旅游品牌靓丽呈现，金湖荷花荡晋级国家级水利风景区，白马湖生态环境保护工程成为江苏样板，现代有轨电车将于元旦前载客试运行，连淮扬镇铁路淮安段全面开工，徐宿淮盐铁路即将开工，淮安机场成为国家开放机场，二类水路口岸通过省验收，争取淮河入海水道二期同步实施二级航道工程实现重大突破。市县（区）联动推进重点中心镇建设，码头镇入选全国第三批特色景观旅游镇。深入开展“四城”同创，创成苏北首家省级生态市、国家生态市即将迎来环保部技术评估，顺利通过创模复核省级评估、国家卫生城市复审，完成全国文明城市首轮年度测评，村庄环境整治和区域供水实现全覆盖、苏北领先，全国可再生能源建筑应用示范市高分通过验收，生态新城通过全国首家国家级绿色园区示范工程验收。

——民生幸福底色变得更加鲜亮。为民十件实事进展顺利，城乡低保和居民基础养老金提标扩面，企业退休人员基本养老保险金标准以及政策范围内居民医疗保险报销比例上调，城镇登记失业率保持较低水平，创业培训实现城乡全覆盖。“十二五”脱贫攻坚任务顺利完成，城乡居民收入分别是“十一五”末的1.6倍和1.8倍。统筹发展社会事业，实现区域教育基本现代化，在苏北率先通过义务教育基本均衡国家督导认定，成为全国八个义务教育学校管理标准实验区之一；分级诊疗制度建设、城市公立医院综合改革得到国务院和省肯定，新创11个国家级群众满意乡镇卫生院、数量全省第一；文化建设工程发展指数居全省首位，公共数字文化综合服务平台获国家级创建资格，2家文化银行成功挂牌，创成省级首批公共体育服务体系示范区；全国双拥模范城有望实现“四连冠”。社会管理创新工程发展指数跃居全省第一，城乡社区网格化治理体系更加完善，县乡村联通共享的综治信息化系统全面建成，阳光信访、阳光警务、阳光慈善影响力持续扩大，大维权、两网融合、执法监督“百百千”工程、互联网交通安全综合服务等做法在全省推广，透明安全饮食荣获2015年度中国十大社会治理创新奖；司法体制改革迈出实质性步伐，“六五”普法通过省验收，县乡村实现法治文化阵地全覆盖，建成7个国家级、545个省级民主法治示范村（社区），周恩来法治思想研究填补了国内该研究领域的空白。

——全面从严治党展现新的气象。以“学习周恩来，做‘三严三实’好干部”为引领，高标准严要求开展专题教育，创新提升恩来干部学院，打造好干部教育馆等党性教育平台，《周恩来的严与实》专题片获中组部评选一等奖并被确定为全省专题教育必学教材，领导干部立家规活动试点工作受到省委肯定。创设“理论村村通”三大课堂，市民讲坛微课堂入选紫金讲坛联盟首批成员单位，淮安成为全国第三个拥有城市精神专用邮资图的城市。全面实行领导干部实绩跟踪纪实和干部德的专项考核，运用干部选任管理大数据系统加强常态化综合研判，深化干部选拔任用全要素审查和“组审合作”监督机制；省市集中互派金融干部挂职做法在全省推广，引进国家“千人计划”21名，实现省双创团队零的突破。率先出台分类考核意见、创新建立“四单”压实书记抓党建第一责任，设立社区为民服务专项资金，在全省率先建立村书记市县乡三级共管机制。创新派发“季度工单”，深入开展“两会三述”，初步形成“派发工单—巡查考核—质询点评—问责追责”的落实主体责任链条。扎实推进为官不为、为官乱为整治，开展“101%流动红旗”优质服务竞赛活动，力促干部担当作为。“五德”教育馆登陆中央纪委网站“网上展馆”首页，在全国率先出台县（区）党政正职重点权力制约监督若干规定，纪律审查结构更加优化。

一路走来，我们真切感到，创业没有平坦路，成功总在风雨后，兼程跋涉既磨炼了意志、升华了境界，更积累了宝贵经验；阔步前行，我们更要牢记，成功没有终点，奋斗才是永远，必须以百倍的耕耘收获更大的成果，继往开来把淮安各项事业不断推向前进。

二、置身新的历史方位审视未来，机遇大于挑战，我们要在运筹帷幄中精心描绘科学跨越发展美好画卷

“十三五”是淮安全面建成小康社会的决胜阶段，也是奠定苏北重要中心城市地位的决战阶段。纵观大势，现实性机遇叠加，淮安大有可为。世界经济曲折复苏，新一轮技术革命和产业革命蓄势待发，“互联网+”对经济社会发展催化作用日益彰显；国家深入实施一系列重大发展战略和举措，新的经济增长点、增长极不断涌现，结构性改革红利持续释放；“一带一路”、长江经济带等众多国家战略在江苏密集实施，省委、省政府更大力度推动苏北振兴，将淮安纳入沿海开发和沿东陇海经济带建设；特别是淮河入海水道二期同步实施二级航道工程即将获批，推动淮河生态经济带上升为国家战略的前置条件更加成熟，这些都为我们谋求更高层次跨越开辟了广阔空间、注入了强劲动力。分析现状，基础性优势扎实，淮安理应有为。经过几年来的奋斗，我市综合实力和发展水平有了较大提升，新的增长动力加速形成，发展空间不断优化、路径更加清晰，特别是形成了诸多独特优势，如区域综合交通枢纽的区位优势、台资快速集聚的开放优势、宜居宜业宜游的生态优势、特质鲜明的文化优势、101%优质服务的环境优势等，这些都为我们谋求更高层次跨越奠定了坚实基础、提供了现实可能。面对重任，内源性动力充足，淮安必有作为。近年来，我们通过深入开展新时期淮安精神大讨论、党的群众路线教育实践活动和“三严三实”专题教育，完善科学跨越发展目标考核体系和督查推进机制，营造了心更热、火更旺、水更活的发展氛围和风清气正的政治生态，这是我们谋求更高层次跨越的动力之源和底气所在。回首过去，我们有理由自豪，但绝不能自满；展望未来，我们有理由自信，但绝不能自大。我们要清醒地看到，淮安在跨越崛起的道路上还有许多难要克、坎要过、关要闯，制约发展的深层次矛盾和问题还比较突出，特别是与苏北兄弟市相比还存在一定差距，如在主导产业上我市虽然实现了千亿产业突破，但徐州已培育六大千亿产业，盐城汽车产业正朝着三个千亿目标迈进；在龙头企业上我市规模企业、上市企业数均少于其他四市，特别是今年有近60%列统企业开票下降，形势十分严峻；在载体平台上我市仅有一家国家级开发区，而苏北其他四市均有两个以上国家级开发区或高新区；在县域发展上我市仍没有实现全国百强县零的突破等等，这些都需要在今后的工作中切实加以解决。特别是在共同的新机遇叠加下，如果我们不能抢抓用好，就会成为盲区，错过发展时代快车；在共性的新常态挑战下，如果我们不能有效应对，就会掉队落伍，拉大发展现实差距。全市上下一定要以更加鲜明的发展导向、强烈的忧患意识、突出的争先精神，因势而动、顺势而为、乘势而上，奋力开启一个新的火红发展年代。未来五年发展，我们必须坚持“三个紧扣”、“三个引领”：

——紧扣“牢记总书记嘱托，建好周总理家乡”政治责任，以新的使命引领新的发展。

2018年是周恩来总理诞辰120周年，以落实习总书记“把周总理的家乡建设好，很有象征意义”嘱托要求为引领，对于淮安“十三五”发展有着更加特殊的意义。要突出在两个方面展示“象征意义”：一是谱写好实现中华民族伟大复兴中国梦的淮安章节。“四个全面”战略布局指明了中国梦的实现路径。要牢牢把握“四个全面”总体框架和部署要求，增强坚决贯彻、协调推进、特色打造的理性自觉，确保“四个全面”在淮安落地生根、开花结果，为全省全国提供有益探索。二是谱写好“迈上新台阶，建设新江苏”的淮安篇章。围绕习总书记视察江苏重要讲话精神，认真对照“经济强、百姓富、环境美、社会文明程度高”新江苏目标和“五个迈上新台阶”要求，找准细化的载体和抓手，一步一步把总书记为江苏描绘的蓝图在淮安变为现实。

——紧扣“创新、协调、绿色、开放、共享”发展重要遵循，以新的理念引领新的发展。

十八届五中全会提出的“五大发展理念”，是谋篇“十三五”的灵魂主线，是引领未来的发展旗帜。我们要深刻领会其思想精髓，并根据省“七大战略”和发展阶段变化，与时俱进丰富拓展我市“六大战略”：要在实施创新驱动战略中增强动力，加快形成以技术、品牌、质量为核心的区域创新优势，打造苏北自主创新高地、人才高地和成果转化高地，到“十三五”末全社会研发投入占地区生产总值比重达2.5%，科技进步贡献率达60%，基本建成国家创新型城市。要在实施工业强市战略中筑牢根基，坚持新型工业化第一方略，打造“4+2”优势特色产业升级版，并注重现代服务业和先进制造业深度融合、“四化同步”提升现代农业，到“十三五”末实现工业总产值过万亿、四大主导产业产值均过千亿、战略性新兴产业产值翻一番，成为长三角北部先进制造业基地。要在实施开放引领战略中扩大空间，主动融入国家和省大开放格局，在进一步打响淮台经济合作品牌的同时增创更多的开放型经济发展优势，“十三五”期间实际利用台资占外资比重保持40%以上，新引进欧美日韩项目150个以上，新创成2~3个国家级开发区、高新区。要在实施全民创业战略中激发活力，深入实施“全民创业，淮商崛起”行动，形成更加有利于创业的体制机制、平台载体和发展环境，实现市场主体大幅增长、淮商品牌显著提升，到“十三五”末私营企业数、个体工商户数分别达8万和25万。要在实施城乡一体化战略中增进协调，以“多规合一”为引领，以中心城市极化辐射为带动，以“三集中”为基本路径，加快推进新型城镇化建设，实现生产力布局和城镇空间布局同步优化，到“十三五”末中心城市人口达165万，建成区面积达210平方公里，城市化水平超过62%。要在实施绿色发展战略中追求永续，坚持生产和生活两头入手、治理和保护两手齐抓、约束和激励两端发力，加快形成节约资源和保护环境的空间格局、产业结构、生产生活方式，公众对生态环境满意率不断提高。

——紧扣“打造增长极，共筑崛起梦”宏伟追求，以新的方向引领新的发展。

省委、省政府在全省城镇化“三圈一极”空间布局中，明确了淮安重要增长极的城市定位，这既是对淮安苏北重要中心城市定位的战略擢升，也是淮安实现崛起江淮梦想的重要支撑。我们要坚持在“打造增长极，共筑崛起梦”方向引领下，在加快建设苏北重要中心城市基础上，按照带状拓展、极核提升的要求，全力推进淮河生态经济带开放发展引领区、沿运河城镇轴绿色发展示范区建设，使淮安成为苏北乃至更大区域的重要增长极。要把“两大目标”作为“打造增长极，共筑崛起梦”的阶段性重大任务：全面小康社会建设要注重提升标杆。时间上要确保与全省同步，按照省定标准力争提前一到两年，为全省“第一个率先”大局多作贡献；质量上要坚持以人为本和问题导向，在聚焦攻坚关键指标尤其是薄弱指标的基础上做强优势指标，在确保绝对数的基础上兼顾大多数、关照极少数，真正经得起实践检验和群众认可。苏北重要中心城市建设要注重拓展内涵。按照省委罗书记提出的提升交通支撑力、城市带动力、产业竞争力、文化引领力要求，在打造游购食学医居“六在淮安”、增强集聚辐射功能上下功夫，在发展枢纽经济、扩大经济地理空间上求突破，到“十三五”末基本确立苏北重要中心城市地位，为打造增长极奠定坚实基础。

三、投身新的历史实践聚焦明年，开局至关重要，我们要在强劲突破中迅速掀起科学跨越发展蓬勃热潮

伴随着日渐走近的新年脚步，我们即将全面拉开“十三五”发展的帷幕。能否在开局之年旗开得胜，直接决定着未来五年发展的态势，也直接影响着干部群众做好工作的信心。明年工作的总体要求是：全面贯彻党的十八届五中全会、省委十二届十一次全会和中央、省经济工作会议精神，牢牢把握稳中求进总基调，积极适应引领经济新常态，全力推动更高质量、更有效率、更加公平、更可持续发展，统筹推进经济、政治、文化、社会、生态文明建设和党的建设，努力把各项工作提高到一个新的水平，在开局之年形成蓬勃发展的强劲突破势头。要保持健康较快增长之势，进一步坚定跨越崛起之志，确保主要经济指标增幅继续保持全省前列，实现地区生产总值增长10%左右，规上工业增加值增长11.5%，公共财政预算收入增长11%左右，规上固定资产投资增长20%左右，社会消费品零售总额增长12%左右，注册外资实际到账增长5%，城乡居民收入分别增长9%和10%，完成省下达节能减排刚性指标。要形成协调并进发展之势，进一步增强统筹发展意识，更加注重处理好发展中的重大关系，推动城乡、区域、经济和社会、物质文明和精神文明等各个环节、各个方面更为协调发展。

要催发特色亮点纷呈之势，进一步强化改革创新思维，以更高的目标追求创造性开展工作，培育打造更多在全国有亮点、全省有位置的特色品牌，着力提升淮安的影响力和美誉度。

（一）把握转型升级大趋势，在构建现代产业体系上实现更大突破。

产业是区域发展的根本支撑。特别是在新常态下，更要把产业转型升级作为稳增长的根本之策，全力推动产业向集聚化布局、规模化发展、中高端迈进。一要在壮大规模实力上下功夫。产业只有具备了一定的规模实力，调结构、转方式才有基础和空间。要持续推进“4+2”优势特色产业做大做强，重点抓好省“双百”、市“四百”重点项目工程和10亿元以上工业重大项目，加快富强新材料、华昌新材料、臻鼎科技、敏安新能源汽车、澳洋顺昌集成电路等建设，确保新开工亿元以上项目150个、新竣工设备投资超千万元项目100个；运用新理念新技术优化提升纺织、建筑等传统产业，以妙手嫁接春风、让老树抽出新枝；积极培育县（区）特色产业集群，加大首批10个市级特色工业园创建力度，力争全年开票销售总额突破150亿元。深入推进“4+3”特色服务业加速发展，加快综合大市场、电子商务现代物流园、养老养生产业园、传化公路港等建设，加强市场布局整合，推动服务业企业规模集聚和产业集群发展，力争特色服务业增加值占服务业比重达到76%以上。扎实推进“4+1”现代农业提质增效，加快国家农业科技园区、国家现代农业示范区等产业园区和农产品物流园、紫山食用菌产业园等重点项目建设，扎实推进基本实现农业机械化，加大对农业产业化经营项目扶持力度，力争实现年销售超50亿元企业零的突破。二要在提升结构形态上下功夫。当前产业边界日益模糊，经济版图不断刷新。要积极策应“中国制造2025”、“互联网+”行动计划，启动国家级质量强市示范市创建，大力促进工业智能改造升级、新型工业化与信息化深度融合，深入开展“百企示范”活动，加快特钢产业与高端装备制造融合发展、医药产业向健康医药方向提升。大力推动服务业和制造业互相融合、信息化和城市化互动并进，促进生产性服务业向专业化和价值链高端延伸、生活性服务业向精细化和高品质转变，全面推进智慧淮安建设，争创信息惠民国家示范城市，加快构建以现代金融、电子商务、现代物流等为主体的现代服务业体系。大力推进现代农业“接二连三”，实施一批农产品精深加工、休闲观光农业项目，打造一批乡村旅游区和精品旅游线路，扶持一批有竞争力的企业和农产品“上网”拓展市场，培育一批网上网下多方式销售的涉农电商企业，争创10个省级农产品电子商务示范基地。三要在强化科技创新上下功夫。转方式、调结构关键在于以创新加快发展动力转换。要强化企业创新主体地位，深入实施创新主体培育和创新能力提升工程，重点培育创新型领军企业15家、省级高新技术企业300家以上，实现高新技术企业占规上工业企业总数达8%。加快建立企业主导技术创新激励机制，引导企业加大创新投入，实现企业研发投入占全社会研发投入比重达85%。完善科技创新平台体系，精心打造中兴智慧产业园、市科技广场等科技创新孵化和服务平台，加快建设盐化工新材料产业研究院等10个重大产业研发机构，支持企业加强创新机构建设，累计建成“两站三中心”850家以上。四要在优化企业服务上下功夫。企业是产业的细胞，企业活则产业兴。要放大工业“六大服务平台”功能，推进政策落实，保障要素供给，对重点成长性企业实行“一企一策”扶持，开展降低实体经济成本行动，促进企业健康发展。加大金融对企业支持力度，创设首期100亿元工业投资基金，加快组建市金融控股集团，做大优化中小企业统贷、过桥资金等平台，探索设立大宗商品交易市场，年内挂牌上市公司累计突破40家。

（二）打好深化改革攻坚战，在激发区域发展活力上增创更多优势。

改革是发展的开路先锋，改革力度越大，发展道路就越宽。要进一步增强定力和决心，深入推进重点领域改革，充分释放发展新动能。一要打通政府职能转变“关隘”。政府职能转变是施政方式“蝶变”的重要关口。要树立“简政放权仍在路上”意识，建立政府权力清单动态调整机制，加强社会组织培育发展，推进政府职能向社会组织转移，用政府权力减法换取市场活力加法。加快构建集中审批、审管分离新机制，推行相对集中行政许可权改革，组建市、县（区）两级行政审批局，实现“一枚公章管审批”；编制事中事后监管责任清单，探索“双公开”“双随机”监管办法，把该管的事情管起来管到位。突出“互联网+政务服务”，深入开展网上并联审批，进一步规范涉审中介服务，完善服务管理网络，让群众获得更加舒适的办事体验。深入推进市场综合监管和综合执法改革，加快公共卫生、安全生产、资源环境等重点领域执法力量整合，逐步构建“一个部门管市场、5—7支执法队伍管城市”格局。二要拓宽市场主体发展空间。充满活力的市场主体是保证经济活跃度的基石。要积极顺应供给侧改革方向，开放市场主体发展空间，让合法的主体都能顺畅供给。主动服务创新创业大潮，降低市场准入门槛，建立市场准入“负面清单”制度，开展全程电子化登记试点，让有创业愿望的人都能顺利拿到“入场券”。深化国企国资改革，推进国有企业整合重组和混合所有制改造，加快平台公司实体化经营转型，推动国有资本聚集重点行业和关键领域，培养2—3家行业影响力、战略引导力强的国有大企业大集团。加快建设统一开放、竞争有序的市场体系，促进人才、资金、科研成果等在城乡、企业、高校、科研机构间有序流动。三要推进新型城镇化体制机制创新。作为全省新型城镇化综合配套改革试点市，淮安应责无旁贷探好路。要深化户籍制度改革，强化居住证制度配套措施，加快实现基本公共服务常住人口全覆盖，让农业转移人口进得了城、待得下去。深化土地使用制度改革，以五大类功能片区为载体，全面开展功能片区土地利用规划编制与实施，配套开展同一乡镇范围内村庄建设用地布局调整、适度规模农村土地综合整治、建设用地“双减量”等试点工程，实施不动产统一登记，以土地利用方式转变促进经济发展方式转变。深化住房制度改革，采用货币化保障和共有产权住房等方式，让老百姓有所居更宜居。深化投融资机制创新，实行财政转移支付同农业转移人口市民化挂钩，积极运用PPP、市政债、投资资产债券化等融资模式，形成多元化投入渠道。深化行政管理体制改革，稳步实施乡镇行政区划调整，加快推进强镇扩权试点，着力破解“小马拉大车”问题。坚持将房地产去库存与推进农民工市民化结合起来，支持和引导农业转移人口举家进城购房落户，促进房地产市场健康发展。四要激活农村发展内生动力。内生式发展是解决农村问题的根本途径。要认真落实中央农村改革综合性方案，推广放大试点经验，让星星之火形成燎原之势。深化农村产权制度这项基础性改革，加快农村土地承包经营权确权登记颁证，稳妥推进集体资产股份合作制改革。积极构建现代农业经营体系，尊重农民意愿引导土地有序流转，探索以承包经营权入股、以家庭农场入社、以村支两委牵头领办设立综合服务社。推广涟水农田水利规划委员会做法，探索推进洪泽农田水利设施产权制度改革和创新运行管护机制。推广金湖土地承包经营权抵押贷款模式，扩大新型农业经营主体融资规模，完善农业保险制度，建立土地流转用途监管制度和风险防控机制，加强纠纷调处机制建设，切实保障种粮大户、新型职业农民利益。

（三）融入扩大开放总格局，在聚合跨越崛起动力上积蓄更强能量。

以开放促改革、促发展，是我国改革发展的重要法宝和成功经验。要积极应对外部环境变化，深化全方位对内对外开放，发展更高层次开放型经济。一要战略化融入开放大局。胸怀有多广，格局就有多大。要按照“东融西拓、南联北接”思路，推动向东向西双向开放、向南向北全面对接，形成东西互济、南北互通、多向开放的新格局。东融就是全域融入沿海开发，进一步加强与连云港、盐城、南通等沿海城市联系，加快实现河湖海联运、海港内移、借港出海，全面对接21世纪海上丝绸之路建设和江苏沿海开发战略；西拓就是加强与河南、安徽两省的淮河沿线城市合作，加快推进淮河生态经济带建设，争取成为国家战略，增强淮安在淮河流域的极核城市地位；南联就是抢抓长江经济带建设、苏南现代化建设示范区和南京江北新区规划建设机遇，加强与长三角地区、南京都市圈紧密联动、深度合作，主动承接经济辐射和产业转移；北接就是加速对接丝绸之路经济带、沿东陇海线经济带和徐州都市圈，进一步密切与徐州、山东临沂等北方近邻城市连接，实现淮安与新亚欧大陆桥经济走廊的有效联动。二要高端化提升开放层次。开放的层次决定发展的层次。要加快开放型经济转型升级，加速集聚境外资金、先进技术、优质资源，大力引进在国内外产业链、价值链中处于中高端的产业，站在巨人的肩膀上推动发展。深入实施淮台合作“三大计划”，放大台资企业产业转移集聚服务示范区品牌效应，全力争取省政府出台专项支持政策，高水平规划建设两岸信息家电产业园，助推台资企业转型升级。坚持争先进位抓外资，全力拓宽欧美日韩及港澳招商，积极拓展新兴经济体外资来源地，全面提升外资项目数量、规模和水平，各县（区）要分别引进欧美日韩项目3个、新批1个以上超亿美元外资项目，淮安经济技术开发区要分别达5个以上。强化外资招商组织推动，整合提升市级层面外资招商专业机构，加强县（区）外资专业招商队伍建设，完善奖惩并举的考核办法，创新形式、提高频次开展外资专题招商。同时，积极鼓励淮安企业发展境外投资和对外贸易，参与“一带一路”沿线国家基础设施建设，推动优势产业和富余产能开展对外合作，促进淮安企业加速国际化。三要优质化搭建开放载体。引凤还需先筑巢。要着力推动各类园区“二次创业”转型升级，淮安经济技术开发区要加快迈向全国50强，涟水经济开发区、淮安高新区要力争创成国家级，其他各省级经济开发区也要积极争创国家级开发区，国家农业科技园区要确保通过验收，盐化新材料产业园区、淮安工业园区、薛行循环经济产业园等要进一步提升产业集聚度，各类符合条件的园区也要积极创建省级开发区、高新区。突出园区对外开放主体功能，淮安经济技术开发区利用外资要占全市1/3以上，各县（区）开发区利用外资要占当地50%以上。探索中外合作建设开发园区，深化宁淮交流合作，加快宁淮现代服务业集聚区、新兴产业科技园区等建设，借力提升园区水平。放大淮安（涟水）空港产业园、综保区、留创园等平台功能，争取开通涟水机场国际货运业务，加强开发园区、海关特殊监管区域等载体整合优化和体制机制创新，巩固和扩大区域通关一体化、复制上海自贸区海关创新监管措施等改革成果。

（四）聚焦中心城市新定位，在促进城乡统筹发展上迈出更快步伐。

淮安城市发展的一个最重要特征，就是以中心城市引领带动新型城镇化和城乡发展一体化。要根据城市发展新定位，精心谋划城市布局、功能配套等问题，带动城乡发展水平整体提升。一要形成科学合理的空间格局。科学合理布局城市结构，直接关系到新型城镇化健康持续推进。要加强城市转型发展顶层设计，抓好城市总规修编和“多规合一”空间信息平台建设，完成乡镇片区规划、重点中心镇总规和新一轮镇村布局规划。切实加强中心城市发展平台整合，积极稳妥实施新一轮区划调整，推进清河、清浦合并设立清江浦区和洪泽撤县设区，推动淮阴区产城融合，展现好淮安区古城风貌，加快涟水融“市”入“海”、盱眙撤县建市步伐，着力彰显金湖水乡园林城市韵味，高水准建设生态新城、高铁新区，不断优化城水相依、组团相间、生态相连、文脉相融的城市形态。完善“一县一题”帮扶机制，赋予县（区）更大自主权，充分激发县域发展活力，尽快实现全国百强、苏北十强突破。分类推动小城镇发展，扎实推进10个省级重点中心镇和特色小城镇建设，进一步强化产业支撑、完善公共服务、推进精细管理、促进人口集中。二要增强中心城市的综合功能。中心城市的“中心”，不仅是区位概念，更体现在功能上。要坚持滚动实施“十项重点工程”，着力增强“六大核心功能”。围绕构建区域综合交通枢纽，开工建设涟水机场二期工程，加快连淮扬镇、徐宿淮盐高铁和客运枢纽以及干线公路、港航工程等建设，争取淮河入海水道二期同步实施二级航道工程立项建设，着力构建立体化交通运输体系，积极发展枢纽经济。围绕打造区域商业商务中心，提升淮海中心商业区、水渡口中央商务区“两大核心商圈”，加快金融中心、中国移动呼叫中心等重大功能性项目建设，不断增强商业商务集聚辐射力。围绕城建惠民，加大周恩来童年读书处、文庙等重点片区改造和老旧小区综合整治力度，实施京杭运河黄码大桥、宁连路南门立交、淮海路大运河桥和古淮河桥等城区交通改善工程，加强农贸市场、公共停车场等便民设施以及控源截污、海绵城市、应急避难场所等建设，研究推进御码头地上地下以及淮海东路、北路地下空间开发。三要打造诗意栖居的美好家园。新型城镇化说到底就是要让城乡更加宜居宜业。要突出彰显水韵美，加快洪泽湖、白马湖纳湖入城，进一步提升四河八岸滨水景观，充分展示淮安水城灵性。突出彰显文化美，深入挖掘红色文化、大运河文化、西游记文化等珍贵资源，加快古淮河西游记文旅区、里运河文化长廊等重大文旅项目建设，积极创建博物馆城市，让淮安处处散发记忆乡愁的迷人芬芳。突出彰显生态美，加强水环境整治、大气污染防治、节能降耗减排，加快推进环保部白马湖良好湖泊保护工程，全面启动白马湖国家公园试点申报，加快规划建设天泉湖等养老示范基地，加强沿淮流域矿山地质环境生态治理修复，全力创建国家生态文明示范市，展示“白天深呼吸，晚上数星星”的城市魅力。突出彰显村庄美，加大环境综合整治力度，加快建设一批康居村、美丽村、整洁村，使一个个盆景连成一道道风景、形成一片片风光。突出彰显心灵美，深入开展全国文明城市创建，积极践行社会主义核心价值观，大力弘扬“包容天下、崛起江淮”新时期淮安精神，不断提升市民文明素养、城市文明程度。

（五）增强广大群众获得感，在推动民生事业发展上跨上更高台阶。

保障和改善民生，是践行共享发展理念的必然要求。要坚持把民生需求作为根本导向，全面对标“七个更”要求，精心组织实施十件为民实事，形成更加公平可持续的社会保障制度和更加健全完善的基本公共服务体系，让淮安发展更有温度、群众幸福更有质感。一要持续增加居民收入。就业是民生之本、稳定之基，要坚持兜底保障就业，鼓励更多企业吸纳困难大学生就业，实现离校未就业高校毕业生实名登记率和接受服务率两个100%，确保城镇零就业、农村零转移家庭动态清零。大众创业、万众创新既是经济发展的强盛之道，也是群众的致富之策，要加大创业培训和扶持力度，加强众创、众包、众扶、众筹等支撑平台建设，建立大学生创业园10个以上，着力提高双创成活率、成功率。新一轮扶贫开发的号角已经吹响，要继续保持啃硬骨头、攻城拔寨的劲头，进一步强化精准扶贫、精准脱贫措施，积极构建全社会参与的大扶贫格局，大力推进教育扶贫、健康扶贫、保障扶贫，积极与省有关部门对接抓紧编制涟沭结合部等三个重点扶贫开发片区整体帮扶规划，争取更多项目和资金支持，让全市人民共同走进小康。二要提升社会保障水平。完善的社会保障体系，不仅可以解决群众的后顾之忧，还能改善群众消费预期、促进经济平稳增长。要积极稳妥推进机关事业单位养老保险制度改革，着力推动社会保险扩面，大力实施全民参保登记计划，深入开展特困群体养老保险助保工程，确保职工养老、医疗、失业保险综合覆盖面稳定在95%以上。扎实推进医保支付方式改革，完善病种分值结算办法和居民医保大病保险政策，提高医保基金使用效率，减轻群众看病负担。进一步提高城乡低保标准和孤儿、特困供养人员供养标准，完善“一门受理、协同办理”大救助机制，积极推广面对农村留守人员的“关爱驿站”，充分发挥慈善在民生保障中的重要补充作用，不断提升残疾人保障和服务水平。三要均衡发展社会事业。社会事业是群众共建共享改革发展成果的基本标志。要深化教育领域综合改革，全力打造教育现代化升级版，大力实施幼儿园新扩建工程，推进义务教育学校标准化，加快生态新城高级中学、南外淮安分校等建设，建成淮安开放大学和教师发展学院。深化城市公立医院综合改革，加快构建现代医疗卫生服务体系，实施5000名基层医学人才培养工程，完善分级诊疗制度，进一步扩大淮医影响力。深入开展幸福家庭创建，落实全面两孩政策。扎实推进文化“四力三美”建设，加快构建现代公共文化服务体系，强化全民阅读阵地建设，提升公共文化服务标准化、均等化、一体化水平，促进文化事业、文化产业协调发展，让城乡居民浸润在健康向上的文化氛围中。加强城乡全民健身设施建设，精心举办市第八届运动会，推动各县（区）完成省级公共体育服务体系示范区创建任务，积极引进和培育品牌赛事活动。

（六）提升治理能力现代化，在促进社会和谐稳定上营造更好氛围。

治理能力是衡量一个国家和地区文明层级的重要指标。要加快推进社会治理体系和治理能力现代化，不断提高科学执政、民主执政、依法执政水平，营造安定团结、和谐有序的发展氛围。一要提升依法治市水平。深入推进新一轮法治城市、法治县（区）创建，全面加快法治化进程。坚持不抵触、有特色、可操作，着力提高地方立法水平。健全完善党委依法决策机制，加强法治政府建设，完善执法监督机制，进一步规范行政决策和执法行为。深入开展司法体制改革试点，加强司法活动监督检查，完善执法监督“百百千”听评机制，推进公正廉洁司法。深化法治宣传教育，不断提升干部队伍运用法治思维思考问题、运用法治方式解决问题的能力，引导群众依法合理表达利益诉求、维护自身权益，形成人人尊法、人人守法的社会风尚。坚持依法管网治网，深入推进“指尖上的引导”网络空间清朗行动，提升应对引导网络舆情水平，用法治撑起网络的蓝天。二要推进社会治理创新。积极探索末端化、个性化、数据化、制度化的淮安社会治理实践，加快投入运行“六位一体”市级社会治理服务中心，深化基层社会治理两网融合，积极推动稳评工作向基层延伸，健全社会矛盾排查预警和调处化解综合机制，切实增强各类风险防控能力。结合智慧城市建设，在更高起点上统筹创新完善立体化、现代化的社会治安防控体系，增强系统性、整体性和协同性，不断提升群众安全感。深化信访制度改革，深入推进信访法治化建设，推动法定途径分类处理信访投诉请求，加大信访积案化解力度，打造阳光信访升级版。牢固树立安全发展观念，严格落实安全责任，加快提升安全生产法治化水平，着力构建事故风险防控长效机制，推进透明食药监管体系建设，积极创建食品安全城市、药品安全示范区。三要加强民主政治建设。支持人大及其常委会围绕全市改革发展大局依法履行职能，强化工作监督和法律监督，行使重大事项决定权。支持人民政协围绕团结和民主两大主题行使职能，充分发挥协商民主重要渠道和专门协商机构作用。以落实中央和省、市委统战工作会议精神和有关文件为契机巩固发展最广泛爱国统一战线，重视发挥民主党派、工商联、无党派人士的优势作用，深化季季谈、季季看，扎实做好新形势下民族、宗教、外事、侨务和对台工作。认真落实中央和省群团工作会议精神，进一步增强工青妇等群团组织的政治性、先进性、群众性，更好发挥其桥梁纽带作用。加强党管武装，强化全民国防教育和后备力量建设，推动军民融合深度发展。

四、肩负新的历史使命认清责任，关键在于担当，我们要在从严治党中持续强化科学跨越发展根本保障

顺利实现明年和“十三五”规划目标任务，党的领导是根本，干部队伍是关键。要认真落实全面从严治党要求，扎实推进党的建设和反腐败斗争，为推动更高层次科学跨越发展提供坚强保障。

一要强化对党忠诚、坚贞不渝的信仰执着。忠诚是党员之魂、从政之本。忠诚不是一句空洞的口号，必须真正融入到思想中、体现在行动上，任何时候任何情况下都不能有丝毫动摇。要坚定理想信念。推进恩来干部学院核心区建设，健全完善领导干部上讲台制度，深入开展“三学三跟进”活动，推动党员干部把系统掌握马克思主义基本理论和中国特色社会主义理论体系作为看家本领，把学习贯彻习总书记系列重要讲话和十八届五中全会精神作为最重要的政治任务，真正做到学而信、学而用、学而行，切实将学习成果转化为对理想信念的坚守。要强化党性锤炼。把严格党内政治生活作为锤炼党性的重要平台，旗帜鲜明地反对政治自由主义，特别是在传播生态发生深刻变革的自媒体时代，更要积极探索党性教育新路径。积极运用谈心谈话、党建述职、批评与自我批评等方式，将党章党规党纪纳入干部教育内容，教育党员干部增强在党意识、站稳政治立场，严守党的政治纪律和政治规矩，始终与党中央保持高度一致，自觉做到对党忠诚不改初衷、无怨无悔。要守住浩然正气。开展优秀传统思想文化教育，以筹备周恩来诞辰120周年纪念活动为契机持续深化“五德”教育，教育引导党员干部特别是领导干部牢固树立正确的是非观、公私观、义利观，争做社会主义道德示范者、诚信风尚引领者、公平正义维护者，以实际行动彰显共产党人的人格力量。

二要树立能者当之、有为有位的鲜明导向。市委用人导向一直非常鲜明，就是重用担当之人、有为之人、有德之人。要深化干部人事制度改革，健全完善干部考核激励机制，让想干事、会干事、干成事、不出事的干部有更多机会、更广舞台。要突出选贤用能。抓住市县乡党委换届契机，坚持好干部标准和“三严三实”要求，把牢政治方向和具体环节，用好“能上能下”指挥棒，常态化、近距离、多维度考准考实干部德才表现，注重发挥干部选任大数据系统支撑作用，真正把敢担当、重落实、善创新的干部选出来、用起来。强化干部教育培训和实践锻炼，实施“1632”年度培训计划，继续推进年轻干部素质培优工程和“三大交流”“三个一线”培养锻炼计划，促进干部队伍提升素质、增强本领。深化完善新一轮“淮上英才计划”、“533英才工程”，推动宁淮人才工作一体化建设，健全人才引进培养、创新创业激励以及多元化投入机制，做到寻觅人才求贤若渴、发现人才如获至宝、使用人才各尽其能。要突出基层基础。积极构建农村农合组织党建“三转双融”工作机制，完善社区“1+4”组团服务模式，创新非公企业党组织书记“一诺三评”管理机制和“1+3+X”培育孵化平台，深入开展机关与社会组织党建工作“四联四强”活动，不断提升基层党组织活力。认真抓好村（社区）换届选举和干部分级分类教育培训，严格落实村（社区）书记基本报酬，面向优秀村书记提名符合条件的参加乡镇党委换届选举，定向招录公务员和事业单位人员，充分激发“头雁”活力。从严教育管理基层党员队伍，积极推广发展党员“三同步”做法，扎实开展党员组织关系排查，从源头上治理空挂、失联等现象。完善以财政投入为主的经费投入保障机制，用好社区为民服务专项资金，提高村级干部待遇及组织保障水平，深化“一主多辅”模式提升村级综合服务中心功能，推动建设非公企业综合党委服务中心。要突出从严监管。深化领导干部个人有关事项报告制度、拟提拔干部财产公示制度和“组审合作”干部监管模式，将市直单位五项重点权力事项和县（区）党政正职重点权力制约监督延伸到县（区）机关和乡镇街道，构建核查无死角、审计监督全覆盖的权力监督体系和横向到边、上下贯通的监督制约网络。升级完善阳光纪检网络平台，扩大勤廉第三方民意调查范围，畅通民意反馈和监督渠道。针对权力集中、资金密集等重点领域开展专项巡查，及时查处违规使用资金、滥用职权等问题，严肃追究失职渎职行为。

三要锤炼勤勉有加、严实相济的过硬作风。作风建设如逆水行舟，一篙不可松。要始终把作风建设放在突出位置，常抓不懈，久久为功。要大力弘扬追求卓越的奋进之风。倡导实干争先的价值追求，提高工作标杆，主动置身全省全国找对手、寻标兵，持续掀起比学赶超、创先争优热潮。深化“101%服务流动红旗”优质服务竞赛活动，开展“护航实体经济发展”专项行动，推动各级干部在发展一线比身手、比作为、比贡献。要大力弘扬舍我其谁的担当之风。牢记责任重于泰山，面对任务不推不让，面对矛盾挺身而出，该做的事、该负的责顶着压力也要干、也要担。树立正确的政绩观，以“功成不必在我”的胸怀多做一些谋长远、打基础的事情，一任接着一任干，一锤接着一锤敲，创造实实在在的发展业绩。扎实开展作风建设“防隐身防变异防反弹”专项行动，坚决问责乱作为、不作为、慢作为的人和事，严惩“只要不出事、宁可不干事”等廉而不勤、懒政怠政行为，促进干部在位一天、赶考一天。要大力弘扬雷厉风行的落实之风。持续提升一抓到底的执行力，对市委、市政府的决策部署狠抓落实、快速推进，对承担的工作任务一着不让、紧张快干，对遇到的困难问题想方设法、全力破解，做到定了干、干必成。各级领导干部既要身先士卒，站在前面、冲在一线，又要做好压力传递，调动广大干群积极性，营造同心同向、众志成城的干事氛围。

四要保持有腐必惩、有贪必肃的高压态势。当前，反腐败斗争形势依然严峻复杂，必须保持零容忍态度不变、严厉惩处尺度不松。要严格责任。坚持将党风廉政建设列入各级领导班子、领导干部目标管理，统一部署实施、检查考核。全面落实主体责任“季度工单”和“三项清单”，推动责任落实向乡镇街道、村居延伸，做到全覆盖、无缝隙。严格执行一案双查、责任倒查、多案追查“三查机制”，对责任不落实导致顶风违纪问题突出、重大腐败案件多发、腐败蔓延势头长期得不到遏制的地方、部门和单位，既追究当事人责任，也追究相关领导责任和纪委监督责任。要严肃党纪。坚持纪严于法、挺纪在前，突出抓早抓小、动辄则咎，深化“三清”指数评价预警，准确运用监督执纪“四种形态”，对党员干部的苗头性、倾向性问题，通过函询、诫勉谈话等方式及时棒喝、加以警醒，让咬耳扯袖、红脸出汗成为常态，让轻处分和组织处理成为纪律审查的大多数。深入学习贯彻新修订的《准则》和《条例》，切实用好纪律处分这把戒尺，使党的纪律真正成为带电的高压线。要严惩腐败。坚持重拳出击，对腐败问题发现一起查处一起、发现多少查处多少。重点查处“三类人”，实施“1+5”审查方式，创新建设“两库三平台”，实现反腐败精准打击。狠抓“小五长”整治，严查群众身边“四风”和腐败问题。广大党员干部要更加自觉践行“三严三实”，做到在谋发展上有副“望远镜”，着眼大局干事创业；在惠民生上有副“显微镜”，细致入微关爱群众；在作风建设上有副“放大镜”，绝不沾染半点尘埃。

同志们，陈毅元帅在经过洪泽湖时曾豪迈写道：“岸边古堰显春意，堤旁老城展新貌。眼前美景道不完，诗人心情逐浪高”。当前淮安正呈现出春意更盎然、美景不胜收、发展逐浪高、面貌日日新的崛起之势，让我们更加紧密地团结在以习近平同志为总书记的党中央周围，以勇立潮头的激情、坚韧不拔的意志、攀登新高的追求，创新实干，担当作为，为推动淮安更高层次科学跨越发展和打造增长极、共筑崛起梦而努力奋斗！

政府工作报告

——在淮安市第七届人民代表大会第五次会议上（摘要）

淮安市人民政府代市长 惠建林

一、“十二五”发展回顾

过去五年，面对错综复杂的宏观环境和艰巨繁重的改革发展稳定任务，我们牢记习近平总书记“把周总理家乡建设好，很有象征意义”的殷切嘱托，在省委、省政府和市委的正确领导下，紧紧围绕建设全面小康社会和苏北重要中心城市两大目标，积极适应经济发展新常态，认真贯彻稳中求进总基调，统筹推进稳增长、调结构、促改革、惠民生、重生态等各项工作，以县为单位达到省定2003版全面小康标准，实现了三次产业比重由“二三一”到“三二一”的历史性转变，实现了人均GDP、城镇化率超全国的重大跨越，胜利完成“十二五”目标任务，为“十三五”乃至更长时期的发展奠定了坚实基础。

五年来，坚持以转型升级为主线，提升了经济发展水平。面对经济新常态，主攻快上重大项目，加速集聚高端要素，顶住经济下行压力，保持了稳中有进、进中趋好的强劲势头。经济总量实现翻番。预计2015年，实现地区生产总值2700亿元，是2010年的1.95倍，人均近9000美元，达到中等收入国家或地区水平；一般公共预算收入350亿元，是2010年的2.5倍；规模以上固定资产投资2203亿元、工业投资1295亿元，分别是2010年的2.4倍和3.2倍；社会消费品零售总额971亿元，是2010年的2倍。优势特色产业发展壮大。“4+2”先进制造业集聚发展，实现产值3500亿元，占比达58%，电子信息产业产值率先超千亿元。“4+3”特色服务业快速发展，物流、电子商务等新兴服务业异军突起，服务业增加值占比年均提高1个百分点，服务业税收占地方税收比重达73.5%。“4+1”现代农业产业加快培育，新增省级以上龙头企业28家，获批6个国家级农业载体，农产品地理标志证明商标数量全国第一，农业综合机械化和粮食收储现代化水平跃居苏北首位，粮食生产实现“十二连增”，农业现代化工程发展指数苏北领先。创新能力显著提升。加快产学研协同创新步伐，建成智慧谷一期工程，签约34家、落户18家著名高校院所研发机构；引进国家“千人计划”专家89名，入选省“双创人才”62名，获批国家级博士后科研工作站5家，建立校企联盟300家，创成国家级大学科技园区。国家级高新技术企业增加到246家，是2010年的5.8倍，高新技术产业产值占比达26%，全社会研发投入占GDP比重达1.7%，科技进步贡献率达51%，科技创新成为产业升级的重要支撑。

五年来，坚持以中心城市为引领，加快了新型城镇化步伐。积极构建“一主四副多点网络化”的新型城镇体系，不断优化城乡空间形态，实现了工业化和城镇化互动并进、产业与人口同步集聚。中心城市品质显著提升。突出规划引领，滚动实施“十项重点工程”，加快推进“一廊四区多片”建设，累计投入3891亿元、实施了4150个城建重点项目，中心城市框架业已形成，“六大功能”全面提升，建成区面积达155平方公里、人口增至140万人。开工建设连淮扬镇、徐宿淮盐两条铁路，奠定了区域综合交通枢纽地位。建成万达广场、体育中心、“四馆”、大剧院等一批重大功能性项目和地标性建筑，完成南水北调东线一期、盐河航道“五改三”、入江水道整治和淮金公路等重大基础设施工程，实现了县县通高速。深入开展城市环境综合整治，连续实施道路通达、绿色小客厅、老旧小区改造、农贸市场提升等项目，积极推进智慧城市建设，顺利通过国家卫生城市复审，文明城市创建取得重要进展，城市品位进一步提升。城乡统筹步伐加快。四座县城功能不断增强，10个省级重点中心镇建设取得突破，一批特色镇加快培育，常住人口城镇化率达58%，五年提高7.4个百分点，实现了常住人口止跌回升的重大转折。优化乡村布局规划，加快重点村和特色村建设，在苏北率先以市为单位完成村庄环境整治；实施新一轮区域供水工程，解决了119万农村居民饮用水安全问题；推进农村公路建设，实现行政村客运班车、乡镇垃圾转运和污水处理设施全覆盖。生态文明特色彰显。在全省率先编制实施主体功能区规划，加强生态环境保护和污染防治，城市绿化覆盖率达41%，获批全国生态文明先行示范区和水生态文明试点市，创成苏北首个省级生态市、即将迎来国家技术评估。积极推进绿色低碳循环发展，获批国家低碳试点城市、新能源示范市、可再生能源建筑应用示范市。单位GDP二氧化碳排放五年下降23%，市区PM2.5浓度均值与2013年相比下降26.6%，绿色生态已经成为淮安最靓丽的城市名片。

五年来，坚持以台资高地为特色，拓展了开放合作空间。不断扩大视野、拓宽领域、提升层次，开放工作实现了逆势攀升、跨越突破。台资高地加速崛起。创新实施“台资项目倍增、交流平台扩展、101%服务升级”三大计划，获批全国台资企业产业转移集聚服务示范区，落户大陆首个两岸信息家电产业园，连续四年获评台商投资“极力推荐城市”。新批台资项目428个，台企总数近1200户，实际利用台资33.2亿美元，一批台资龙头项目成为产业集聚发展的重要支撑。对内对外开放质态不断提升。淮安出口加工区升级为国家级综保区，淮安机场一类航空口岸获批开放，增创了开放合作新优势。强化产业链招商、专业招商和驻点招商，累计引进投资超3000万美元外资项目141个，其中投资超1亿美元项目36个，实际利用外资57.5亿美元，总量居苏北第二，创成省级利用外资转型发展示范区；累计引进投资超亿元内资项目1050个，其中投资超10亿元项目142个。对外贸易年均增长13.6%，高于全省10.5个百分点。新缔结国际友城和友好交流城市25对，对外合作交流遍及五大洲。区域合作全面深化，省级以上开发区实现南北共建园区全覆盖，实施了宁淮现代服务业集聚区、新兴科技产业园等合作项目。园区承载能力明显提高。淮安经济技术开发区综合实力进入全省20强，建成12个省级特色产业园区，规划建设了8个台资产业园和7个重点国别园区。全市省级以上开发园区集聚规模以上工业企业1600多户，成为产业发展的主阵地。

五年来，坚持以重点领域改革为先导，增强了经济社会发展活力。共有10项改革列入国家试点，14项改革列入省级试点，形成了富有淮安特色的改革体系。行政审批制度改革走在前列。在全国率先开展“先照后证”工商登记制度改革，在全省首家公布政府部门权责等5张清单，建立“1+7”事中事后监管体系，盱眙相对集中行政许可权改革试点成为全国样本，政务服务工作全省领先、全国一流。改革有效激发了“全民创业、淮商崛起”的活力，全市私营企业、个体工商户分别达6.4万户和22万户，是2010年的2倍和1.4倍。土地使用制度改革取得突破。改革方案得到了国土资源部、省政府和省国土资源厅的大力支持，编制实施了首批5个功能片区土地利用规划，洪泽成为全省首家建设用地“双减量”试点县。去年用地指标比上年增加了12.5%，土地流转、规模经营面积比重分别比上年提高了10个和9个百分点。金融改革不断深化。今世缘酒业、井神盐化成功在A股主板上市，累计有32户企业登陆多层次资本市场，共引进金融机构39个，农村金融综合服务站实现行政村全覆盖，探索开展农村承包土地经营权抵押贷款试点。2015年末，金融机构人民币存贷款余额分别达2329亿元和1865亿元，是2010年末的2倍和2.2倍。新型城镇化综合配套改革扎实推进。积极开展“多规合一”试点，实施金湖全域城镇化、淮阴区产镇融合和马坝镇强镇扩权改革，出台实施户籍制度改革意见，积极稳妥推进洪泽等地乡镇行政区划调整，促进了产业和人口向城镇集聚。进一步深化医药卫生体制改革，城市公立医院全部实行药品零差率销售，全面推开分级诊疗试点。统筹推进教育、文化、科技、国企、农业农村等领域改革。

五年来，坚持以改善民生为根本，提高了人民群众的幸福指数。坚持把新增财力的四分之三以上用于改善民生，持续实施“十件实事”等民生幸福工程，城乡居民收入分别达28120元和13210元，是2010年的1.6倍和1.8倍。社会事业协调发展。学前三年教育毛入园率提高到98.8%，在苏北率先通过义务教育发展基本均衡国家督导认定，高考二本以上录取率连续六年保持苏北第一，全面实现教育基本现代化，构建了现代职业教育体系。建成国家级群众满意乡镇卫生院11个，三甲医院达到5所，人均期望寿命由76.75岁增长到78.16岁，成为全国创建幸福家庭活动试点市。大运河成功入选《世界文化遗产名录》，获得全国优秀儿童文学奖、全国戏剧梅花奖等多项大奖，实现乡镇文化站、村居文化室、农家书屋全覆盖；成功承办第十八届省运会，建成省公共体育服务体系示范区。社会保障水平稳步提高。基本养老保险、医疗保险和失业保险参保覆盖面均达95%以上，城乡低保标准分别从300元、160元提高到490元、370元，城镇居民医保年度最高支付限额调整到25万元。多渠道解决群众住房困难，共有产权住房制度列入全国试点，新建保障性住房803万平方米，累计发放住房公积金贷款89.6亿元。在全国首创建设“关爱驿站”，城乡社区居家养老服务中心覆盖率分别达到100%和80%。创建“阳光慈善”品牌，建立一门受理、协同办理的社会救助工作机制。就业创业实现城乡统筹，新增就业33.9万人，扶持创业7.9万人，成为省级创业型城市。全面完成人均年收入低于4000元人口脱贫任务。社会治理创新不断加强。建立健全“一委一居一站一办”新型社区服务管理体制，城乡社区网格化治理体系更加完善，县乡村联通共享的综治信息化系统全面建成，社会管理创新工程发展指数全省第一。全面启动“六位一体”社会治理体系建设，推行城区“网格化”、农村“一公里警务圈”社区警务模式，“阳光警务”在全省首家推出网上交通安全综合服务，群众安全感、满意率保持在95%以上。“阳光信访”、“1+3”安全生产监控模式、透明食药监等经验在全国推广，“一案三制”应急管理体系进一步完善，社会总体保持和谐稳定。其他各项工作协调推进。军民融合发展不断深化，圆满完成征兵任务，有望实现全国双拥模范城市“四连冠”。援疆工作走在全疆、全省前列，累计投入5.6亿元实施援建项目50个。统计、物价、供销、质监、海关、检验检疫、机关事务等工作取得了新成绩，广播电视、民防、气象、地震、邮政、仲裁、档案、地方志、民族宗教、老龄、妇女儿童、青少年、残疾人、关心下一代、红十字等事业实现了新发展。

五年来，坚持以人民满意为追求，提高了政府执行力和公信力。与时俱进加强政府自身建设，以担当的精神、过硬的本领、务实的作风更好地引领和推动发展。注重统筹谋划。加强对全局性、长远性问题的研究谋划，努力提高工作的系统性、前瞻性和指导性。充分发挥规划的引领作用，先后编制了主体功能区、盐化新材料产业园、里运河文化长廊等44项综合性和专项规划，切实以科学规划提升决策水平、增强投资信心、引领跨越发展。突出创新作为。在优势特色产业培育、新型城镇化、重点领域改革和生态文明建设等方面建立了新体系，在优化投资环境、推动全民创业、促进土地集约节约利用等方面出台了新政策，在推进县域经济跨越崛起、提高招商效率、集聚创新资源、促进园区提档升级等方面推出了新举措，增创了优势、破解了难题、激发了活力。坚持依法行政。构建了法治政府建设制度体系，完善重大行政决策程序，健全政府法律顾问制度，加强行政执法规范化建设，强化行政复议应诉工作，深化政务公开，全面推行行政权力网上公开透明运行，顺利通过“六五”普法考核验收。自觉接受市人大的法律监督、工作监督和市政协的民主监督，开通“代表委员直通车”，人大代表建议和政协提案办理满意率均达99%以上。持续改进作风。认真落实中央“八项规定”精神，深入开展党的群众路线教育实践活动和“三严三实”专题教育，完善公开承诺、首问负责和挂钩帮扶等机制，扎实推进“两为”专项整治，加大行政问责力度，提高了行政服务效能。严格落实党风廉政建设“两个责任”和“一岗双责”，全面推进惩治和预防腐败体系建设，切实加强行政监察和审计监督，坚决惩治腐败问题，努力形成风清气正的政风新常态。

各位代表，刚刚过去的2015年，我们牢牢把握“上水平”工作主线，迎难而上，奋力拼搏，克服了超出预期的挑战，全面完成市七届人大四次会议确定的各项任务，为收官“十二五”画上了圆满的句号。经济发展稳中趋好。预计GDP、规模以上固定资产投资、一般公共预算收入、城镇和农村居民人均可支配收入同比分别增长10%、22.7%、13.5%、9%和10%，投资、消费、收入等支撑性指标增幅在全省位次不断前移，高新技术产业产值增速快于工业增速4个百分点，技改投入占工业投资比重提高了10个百分点，财政收入结构持续优化。项目建设势头强劲。呈现了数量多于上年、体量大于上年、开工率高于上年、进度好于预期的特点，淮安工业史上单体投资最大的富强新材料以及中兴智慧产业园、臻鼎科技等一批重大项目开工建设，纳沛斯等一批重大项目竣工投产，现代有轨电车一期工程建成运营，古淮河西游记文旅区、里运河文化长廊部分景区建成开放，白马湖国家湿地公园获批建设，基本完成西南化工区居民搬迁。重点工作亮点纷呈。淮河入海水道二期同步实施二级航道工程获国家主管部门同意，淮台直航正式开通，二类水路口岸通过省验收，立体式对内对外开放通道正在加快形成。周恩来故里旅游景区创成苏北首批国家5A级景区，获批国家电子商务示范基地、省新能源汽车产业基地，发展平台的集聚力不断增强。着眼“十三五”规划发展，精心编排了60多个重大事项，加大向上争取力度，其中淮河生态经济带上升为国家战略、融入江苏沿海开发战略、建设宁淮铁路等重大事项，得到了上级支持、列入了相关规划，将极大拓展淮安未来的发展空间。

回顾“十二五”的发展历程，成绩来之不易，经验弥足珍贵。在科学跨越发展实践中，我们始终保持定力勇担当。面对淮安发展不足的问题，紧抓发展第一要务不动摇，咬定各项目标不放松，坚持谋在高处、干在实处、抓在关键处，保持了主要经济指标增幅连续10年位居全省前列，开创了科学发展的新局面。我们坚持深化改革增优势。面对复杂严峻的发展环境，奏响改革最强音，一系列改革列入国家和省级试点，创造了许多生动鲜活的淮安经验，拓展了后发地区跨越赶超的新空间。我们突出主攻项目强支撑。面对产业层次不高、制约瓶颈较多的实际，牢固树立“项目为王”理念，以锲而不舍的盯劲向上争取项目，以百折不挠的韧劲对外招引项目，一个又一个重大突破让梦想变成现实，一个又一个重大项目落地由不可能变成可能，增强了稳增长、调结构的新动能。我们牢记发展为民增福祉。面对群众不断增长的新期盼、新诉求，倾尽全力做好富民、惠民、安民、乐民之事，努力以干部的辛苦指数换取群众的幸福指数，提高了人民群众的获得感。

各位代表，“十二五”淮安发展取得了令人鼓舞的辉煌成就，这是省委、省政府和市委正确领导的结果，是市人大、市政协监督支持的结果，是全市人民团结奋斗的结果，也得益于历届领导班子打下的良好基础。在此，我谨代表市人民政府，向广大干部群众，向人大代表、政协委员和离退休老同志，向市各民主党派、工商联、无党派人士和各人民团体，向驻淮部队、武警官兵和部省驻淮单位，向来淮投资创业者，向所有关心和支持淮安发展的海内外朋友，表示衷心的感谢并致以崇高的敬意！

在肯定成绩的同时，我们也清醒地认识到，在加快经济发展中还面临一些严峻的挑战，在加强自身建设中还存在一些突出的问题。主要表现在：经济下行压力持续加大，企业运行困难增多，有效投入还不足，稳增长、保前列的任务十分艰巨；制约发展瓶颈还比较多，新兴产业竞争力不强，促改革、调结构仍需大力攻坚；城乡居民增收难度加大，基本公共服务均等化水平有待提升，社会矛盾和安全隐患仍然较多，惠民生、促和谐与群众的期盼还有差距。面对这些挑战，需要我们积极应对、创新作为，不断加以克服。引领新常态的能力还不强，不敢为、不善为甚至乱作为现象仍然存在，服务发展的效能还不高，依法行政能力有待进一步增强。针对这些问题，我们将高度重视，采取有效措施，切实予以解决。

二、“十三五”主要任务

各位代表，“十三五”是淮安全面建成小康社会的决胜阶段，也是奠定苏北重要中心城市地位的决战阶段，必将是令人期待、催人奋进、大有可为的又一发展黄金期。面对新形势、新任务，我们要在适应新常态中把握大趋势，在应对新挑战中争取主动权，在发挥新优势中谋求新跨越，不断拓展新空间、开创新局面。根据《中共淮安市委关于制定淮安市国民经济和社会发展第十三个五年规划的建议》，市政府制定了“十三五”总体规划纲要（草案），提请大会审议。纲要（草案）全面提出了我市“十三五”时期经济社会发展的指导思想、总体目标、主要任务和重大举措，经本次大会审议批准后，市政府将作为施政依据，认真付诸实施。

“十三五”时期，我们将高举中国特色社会主义伟大旗帜，深入贯彻落实党的十八大、十八届三中四中五中全会和习近平总书记系列重要讲话精神，秉持创新、协调、绿色、开放、共享发展理念，以“牢记总书记嘱托，建好周总理家乡”为引领，以“打造增长极，共筑崛起梦”为统揽，以提高发展质量和效益为中心，以保障和改善民生为根本，大力实施创新驱动、工业强市、开放引领、全民创业、城乡一体化、绿色发展战略，向着更高层次科学跨越发展奋力迈进，谱写好“中国梦”的淮安篇章。

“十三五”时期的奋斗目标是：全面建成小康社会，奠定苏北重要中心城市地位，打造江苏发展新兴增长极。经济实力强，到2020年，地区生产总值年均增长10%左右，力争人均达到9万元，初步达到中等发达国家或地区水平；一般公共预算收入年均增长10%；工业增加值和社会消费品零售总额年均增长11%左右，三次产业比重进一步调整为9：43：48，全社会研发投入占GDP比重达2.3%，科技进步贡献率达60%，经济发展质量显著提升。百姓生活富，城乡居民收入年均分别增长8%和8.5%左右，城镇登记失业率控制在4%以内，城乡基本社会保险覆盖率达97%，常住人口城镇化率达63%，基本公共服务水平全面提升，群众获得感和幸福感明显增强。生态环境美，建成全国生态文明先行示范区，单位GDP能耗、水耗下降和二氧化碳、主要污染物减排完成省定指标，林木覆盖率稳定在26%，村庄环境整治达标率为100%，城乡形态不断优化，人居环境显著改善。社会文明程度高，法治政府基本建成，民主法制更加健全，社会治理全面加强，社会主义核心价值观深入人心，公民思想道德和科学文化素质明显提高，社会文明程度测评指数达90%，努力创成全国文明城市，社会更加和谐稳定。

实现“十三五”的发展蓝图，将在八个方面求突破：建设淮安都市区。从战略和全局的高度，优化中心城市空间布局，实现“纳湖入城”；坚持片区联动、组团相间、产城融合，推进“一核五区”建设，不断增强集聚功能；加快东融西拓、南联北接步伐，成为国家战略的一个重要节点城市；突出中心城市引领带动，加快形成城乡一体化发展新格局。完善现代产业体系。打造“4+2”先进制造业升级版，四大主导产业产值均过千亿，两大战略性新兴产业产值实现翻番，成为长三角北部先进制造业基地；推进“4+3”特色服务业高端化发展，加快建设长三角知名旅游目的地城市、区域性物流中心城市、国家电子商务示范城市和长三角北部滨湖休闲养生基地，构筑苏北现代服务业高地，为经济转型升级提供动能；推进“4+1”现代农业提质增效，建设国家现代农业示范区，基本实现农业现代化。建成综合交通枢纽。以两条高速铁路和淮河入海水道二级航道建设为契机，构建以高速铁路为骨干、国际空港为优势、高等级公路为支撑、内河航运为特色的现代综合交通体系，加快建设空港产业园、高铁新区、港口物流园，大力发展枢纽经济。提升对外开放水平。全面推进国家级台资企业产业转移集聚服务示范区建设，积极拓展欧美日韩等外资招商领域，深化宁淮、淮河沿线等区域合作，优化面向国际国内的开放环境和平台，形成全方位、多层次、宽领域的开放新格局。成为重点领域改革示范区。以列入国家和省试点的重点领域改革为引领，勇于先行先试，营造浓厚的改革创新氛围，推动更多的改革开花结果，创造出更多的淮安特色经验，释放出更大的改革红利。打造“双创”高地。实施“互联网+”行动计划，推进大众创业、万众创新，加快品牌建设，加速淮商崛起，全面提升民营经济发展水平，积极构建具有淮安特色的区域创新体系，创建国家创新型城市，使淮安成为区域性创新创业高地。做优生态文化品牌。深化生态文明体制改革，加快建设全国生态文明先行示范区、国家低碳城市和国家水生态文明城市，大力发展绿色循环经济，努力使绿水青山变成金山银山；发挥文化的引领力和感召力，加强文化遗存保护，健全现代公共文化服务体系，推进文化产业发展，努力让良好生态和特色文化成为淮安最响亮的品牌。增强人民群众获得感。紧紧围绕“七个更”目标，千方百计促进就业，形成更加公平可持续的社会保障制度，健全基本公共服务体系，打好新一轮脱贫攻坚战，使广大人民群众共享全面小康社会建设成果。

三、2016年重点工作

今年是实施“十三五”规划的开局之年。我们将认真贯彻党的十八届五中全会、省委十二届十一次全会和中央、省经济工作会议精神，按照市委的总体部署，把握稳中求进总基调，适应经济新常态，注重供给侧结构性改革，突出去产能、去库存、去杠杆、降成本、补短板五大任务，心无旁骛谋发展，全力以赴抓落实，为实现“十三五”发展目标开好局、起好步。

今年全市经济社会发展主要预期目标是：地区生产总值增长10%左右，规模以上工业增加值增长11%，一般公共预算收入增长11%左右，规模以上固定资产投资和工业投资分别增长18%左右和20%，社会消费品零售总额增长11%左右，注册外资实际到账增长5%，城乡居民人均可支配收入分别增长8.5%和9.5%，城镇登记失业率控制在4%以内，居民消费价格指数不超过全省平均水平，节能减排完成省定任务。

围绕上述目标任务，将突出抓好以下六个方面：

（一）千方百计稳增长，保持经济健康发展。坚持项目为王、企业为主，着力优化投资、扩大消费和提升外贸，协同拉动经济平稳健康发展。

发挥投资关键作用。突出项目主抓手，扩大有效投资，完成规模以上固定资产投资2580亿元，为稳增长提供持续动力。落实“一考二报三单五制”推进机制，加快实施220个重大项目，全年完成投资1072亿元。强化财政资金撬动功能和金融信贷保障作用，整合充实产业引导资金，大力推广PPP模式，带动更多社会资本参与投资。

发挥消费基础作用。强化政策引导，培育新的消费热点，推动消费升级，扶持发展旅游、健康养生等新兴业态，鼓励发展分享经济，消费对经济增长的贡献率提高到52%。挖掘传统消费潜力，引导传统商贸企业发展连锁经营，积极拓展农村消费市场，培育一批餐饮精品名店，做实淮扬菜品牌。实施住房保障货币化补贴、棚户区改造货币化安置，促进房地产去库存。引导市场转型升级，探索设立大宗商品交易市场，争取列入全省进口商品交易中心试点。规划建设特色商业街区，满足群众多层次的消费需求。

发挥外贸拉动作用。引导企业开辟国际市场，实现进出口总额增长5%。实施外贸“双百工程”，大力扶持成长型外贸企业，新培育进出口企业100户、进出口超亿美元企业2户。深入挖掘农产品、食品等特色产业出口潜力，农产品出口增长18%以上。优化外贸结构，推动加工贸易转型升级，积极发展一般贸易和服务贸易，拓展保税物流、保税加工业务，提高外贸进出口贡献份额。大力发展跨境电商业务，充分发挥外贸综合服务平台和进口代理平台作用，拓宽外贸营销渠道。

发挥企业支撑作用。按照提升重点企业、扶持成长型企业、鼓励发展小微企业的思路，强化挂钩帮扶、政策支持和要素保障，帮助企业解决实际困难。积极提升重点企业运行质态，对100户骨干企业落实一企一策帮扶机制，实行一户企业一个工作组、一张服务清单，支持企业实施技术改造和战略重组，力争销售超10亿元企业达50户。发挥“六大服务平台”作用，促进中小企业降成本、增效益，新增销售超亿元企业30户。大力推进大众创业、万众创新，全年新增私营企业1.15万户、个体工商户2.7万户，让淮安成为创客群涌、企业群聚的新高地。

（二）坚定不移调结构，加快产业转型升级。突出科技创新驱动，健全现代产业体系，强化主导产业支撑，促进经济保持中高速增长、产业迈向中高端水平。

强化科技创新驱动。坚持把科技创新作为产业升级的主引擎，设立产业创新发展基金，突出企业主体地位，加快产业技术协同创新联盟建设，重点培育创新型领军企业10户、省级以上高新技术企业280户，高新技术产业产值占比达27.5%，万人发明专利拥有量超过3件，进入国家创新型试点城市行列。做强园区创新平台，推动淮安高新区申创国家级高新区、盐化新区申创省级高新区。强化人才支撑，新引进国家“千人计划”人才项目20个、省“双创”人才项目15个。

加快发展先进制造业。顺应互联网等新技术和产业变革新趋势，引导制造业朝着分工细化、协作紧密方向发展。新开工投资超亿元项目150个，新竣工设备投资超千万元项目100个，培育省市“两化融合”示范试点企业60户。重点推动“4+2”产业建链强链补链，力争全年产值突破4000亿元。加快建设富强新材料、华昌新材料、澳洋顺昌集成电路和清浦生物医药产业园等一批重大项目，力争竣工实联化工医药用盐、臻鼎科技等项目，加速产业集群集聚发展。发挥资源和品牌优势，提升今世缘酒业、旺旺食品、双汇食品等龙头企业整体竞争力，食品产业产值超千亿元。全力扶持敏安电动汽车整车生产项目实施，打造全国重要的新能源汽车研发、生产基地。

培育壮大特色服务业。围绕打造“六在淮安”品牌，完善“4+3”特色服务业产业发展规划，制定实施意见，进一步整合优化全产业链，加快宁淮现代服务业集聚区等重点园区建设，提升服务业发展水平。依托综合交通优势，加快建设传化物流港等项目，大力发展商贸、快递、港口、保税和仓储等物流业态。放大生态文化优势和淮扬美食特色，统筹推进里运河、古淮河和白马湖、洪泽湖“两河两湖”板块建设，加快发展旅游、健康养生和文化创意产业，打响淮安文旅品牌。加快淮安电子商务现代物流园等平台建设，促进传统产业与电子商务深度融合，创建国家电子商务示范城市。

做优做特现代农业。聚焦“4+1”现代农业产业提质增效，推进“接二连三”发展。提升项目带动力，引进实施投资超亿元农业产业化项目10个、超3000万元农产品加工项目35个，新增家庭农场400个，每个县（区）建设2—3个升级版乡村旅游点和农产品电商示范点。提升园区承载力，重点加快3个国家级、10个省级农业园区建设，推进淮金路、黄河故道沿线、环白马湖等重点区域串点成线和扩面成带。提升基础设施保障力，完成分淮入沂整治、黄河故道综合开发等工程，不断完善农田水利基础设施，集中连片推进高标准农田建设。提升科技服务支撑力，建成高分子水稻选育基地等一批重点项目，加快“淮安大米”产业发展，推动农机装备结构优化升级，大力发展就近就地粮食烘干中心，提高气象为农服务水平。

（三）深化改革促开放，增强发展内在活力。推进重点领域改革落地生根，扩大对内对外开放领域，最大限度地释放改革红利，增创开放新优势。

推进新型城镇化综合试点。探索完善新型城镇化和城乡发展一体化的有效路径，突出试点重点，努力打造全国新型城镇化建设示范区。深化“多规合一”改革，加快空间信息管理平台建设，建立全市统一的空间规划体系，提升产城融合水平。实施新一轮行政区划调整，积极推进洪泽撤县设区、清河和清浦合并设立清江浦区，稳妥开展乡镇布局调整，不断优化市域城镇空间形态。扎实开展涟水、洪泽、金湖、盱眙马坝等国家新型城镇化综合试点工作，有序推进农业转移人口市民化，逐步将进城落户务工人员纳入城镇社保体系和住房公积金覆盖范围，切实让他们能够落下户、生活好。

放大特色改革试点效应。按照总结经验、扩大试点、健全机制的总体要求，推动改革全面开花结果。纵深推进行政审批制度改革，总结推广盱眙经验，组建市县两级行政审批局，全面实施行政许可权相对集中，优化再造建设项目审批流程，探索试点“互联网+政务服务”；加大综合行政执法改革力度，完善市场综合监管体系。扩大土地使用制度改革试点范围，扎实推进五个功能片区试点，有序开展其他功能片区土地利用规划编制和实施工作；加快农村土地产权确权发证，基本完成承包经营权确权登记颁证，新增土地股份合作社100个以上。深化金融改革，支持企业对接资本市场，力争8户企业挂牌上市；推动银行间市场直接债务融资，力争融资100亿元以上，有针对性地发展融资担保业，完成金融控股集团组建工作；加大金融机构引进力度，推动南京银行淮安分行尽快开业，有序发展小贷公司。协调推进城市公立医院、供销社、国有粮食企业、物价体制等改革，完成公共交通和小型水利工程管理体制改革。

扩大对内对外开放。围绕打造台资高地升级版，继续实施台资项目倍增等“三大计划”，编制实施台资企业产业转移集聚服务示范区总体规划和行动方案，积极争取省出台专项支持政策。用好用足中韩、中澳等自贸区政策，拓展招商领域，创新招商方式，主攻产业链项目招引，强化外资招商组织和考核，各县（区）分别引进欧美日韩项目3个、新批1个以上超亿美元外资项目，淮安经济技术开发区分别引进5个以上，力争在10亿美元以上重大项目招引上取得新突破；新引进投资超亿元内资项目180个以上，其中超10亿元重大项目10个。完善开发园区产业配套功能，引进和打造一批设计、研发、检测等公共服务平台。支持涟水、盱眙和淮安区创建国家级经济技术开发区，推动清河新区、施河现代教育装备产业园等申创省级开发区，重点打造1–2个中外合作园区。鼓励企业开展境外投资，加快淮安企业国际化步伐。推进国际友城拓展工程，不断优化对外开放环境。

大力发展枢纽经济。充分利用逐步凸显的区域性综合交通枢纽优势，加快各类要素资本集聚。启动建设高铁新区，统筹推进站场基础设施建设、产业规划编制和重大项目招引，加快打造高铁商务商业圈。依托空港产业园建设，发展航空航运枢纽经济，推动航空运输、航空制造等重点产业集聚，加快淮安电子口岸建设，开通国际航空货运业务。围绕内河航运和高等级公路网络体系，推进沿河港口产业园和沿路现代物流产业园建设，大力发展集散分拨、仓储配送等高附加值产业。

（四）一着不让抓统筹，促进城乡共建共享。强化规划引领，加快重点工程项目建设，推动中心城市强功能、县域发展上水平、重点城镇见形象。

增强中心城市功能。围绕提升“四个力”，完成新一轮城市总体规划修编，投资660亿元，实施780个城建重点项目。重抓“十项重点工程”建设，里运河文化长廊开工建设中国漕运城、老坝口历史风貌区等一批重点项目，古淮河西游记文旅区建成龙宫大白鲸嬉水世界主体工程，淮安综合大市场开工建设现代物流园项目，白马湖森林公园基本建成菊花园、红叶谷等核心区工程，金融中心一期工程部分主体竣工，完善智慧谷一期功能配套，推动已入驻机构发挥功效。继续推进重点功能片区规划建设，提升里运河文化长廊的整体影响力，提高淮海中心商业区、水渡口中央商务区、河下文旅开发区、生态新城绿色低碳示范区的容纳能力，加快“纳湖入城”步伐。更加注重城市形象打造，推进精细化管理，启动省级人居环境奖创建，加强控源截污、地下管廊、海绵城市等建设，继续开展棚户区、老旧小区改造和后街背巷整治，推进智慧城市建设和全国文明城市创建。

加快重大基础设施建设。全面推进连淮扬镇、徐宿淮盐高铁建设，启动建设高铁客运枢纽；推进淮安机场二期扩建工程，积极开辟国际航线；加快348省道等工程建设，完善国省干线公路网络；实施淮河出海航道整治和新港二期等项目，加强与沿江沿海港口的互联互动，提升二类水路口岸的辐射力。实施城市道路通达工程，渠化改造韩侯大道、黄河东西路；规划建设城市快速交通系统，努力打造一刻钟城市通勤圈。实施河湖连通工程，健全水安全保障体系，不断强化水利对区域经济社会发展的支撑作用。

推动县域经济加速发展。抓好片区规划建设，推动基础设施共建共享，促进人口和产业集聚。重抓10个重点中心镇建设，基本建成“十个一”工程项目，按照“一镇一品”要求扶持建设一批特色名镇，加强连接县域重要经济节点、港口、旅游景区道路建设。突出产业支撑，坚持精准定位、错位发展，充分挖掘淮安区古城历史文化底蕴和区位优势，发展物流、电子商务和文化创意等业态，促进淮阴区“一区五园”产城融合互动发展，积极支持涟水融“市”入“海”、盱眙撤县建市，进一步彰显洪泽魅力湖滨新城、金湖水乡园林城市韵味，加快发展健康养生等新兴服务业。深化“一县一策、一县一题”专项扶持，进一步完善帮扶机制，加大工作力度，推动县域经济加速突破。发挥特色工业园区发展基金引导作用，力争首批10个市级特色工业园开票销售总额超150亿元。

（五）持之以恒重生态，扎实推进绿色发展。把生态文明建设融入经济社会发展全过程，坚持源头严防、过程严管、后果严惩，坚决呵护好淮安人民的美好生活家园。

加强生态文明建设。以建设全国生态文明先行示范区为主线，强化生态红线刚性约束，推进生态约束与多规融合相衔接，严格环评审批和“三同时”制度，不断提高生态文明建设水平。加大重点领域环保力度，加强城乡治污设施和生活垃圾收运处置体系建设，规范农贸市场管理，严格固体废弃物安全处置；加快建设低碳交通、低碳园区和低碳社区，提升百户重点用能企业能效。

重抓水气污染防治。贯彻落实国家“水十条”，合理划分地表水生态环境功能区，实行排污许可管理，健全环境影响评价等制度，重点推进洪泽湖、白马湖水质良好湖泊保护，确保白马湖保护项目通过国家环保部考核验收。加强大气污染防治，实施火电行业超低排放、非电力行业脱硫脱硝和除尘改造工程，综合治理燃煤小锅炉、挥发性有机物、扬尘污染和机动车船尾气，推广应用新能源汽车，确保PM2.5浓度下降、良好天气增加。

着力打造宜居家园。完成全市镇村布局规划，实施重点村和特色村建设示范工程，促进“美丽乡村”建设提标升级，打造市级康居乡村30个。继续实施农村公路提档升级工程，新改建道路300公里、桥梁45座。按照新型社区标准，提升基础设施配套和公共服务保障水平。健全村庄环境整治长效管护机制，全面推进秸秆禁烧和综合利用，让群众享有天蓝水净、地绿山青的生态自然环境。

（六）加大投入惠民生，不断增进群众福祉。突出全覆盖、保基本、多层次、可持续，加大社会事业和民生投入，完成投资55.6亿元，兴办民生十件实事，促进社会和谐稳定。

协调发展社会事业。加大教育现代化建设力度，促进各级各类教育优质均衡发展，新扩建一批省优质幼儿园，推动淮阴商校等中职校升格，加快建设恩来干部学院核心区，完成淮安开放大学主体工程。推进“健康淮安”建设，深化医药卫生体制改革，积极构建现代医疗卫生体系，实施5000名基层医学人才培养工程，完善分级诊疗制度，积极扩展妇产儿童医疗资源，落实全面两孩政策，促进人口均衡发展。加快建设国家级公共文化数字服务平台、省级公共文化服务体系示范区、县（区）文化“三馆”，举办第二届百姓文化艺术节，力争推出一批具有全国影响的文艺名家名作。广泛开展全民健身运动，促进教体融合，办好市第八届运动会。做好国防教育和双拥工作，加强基层人防机构和队伍建设，推进军民融合深度发展。

完善社会保障体系。健全促进就业创业体制机制，继续将高校毕业生就业放在首位，坚持兜底保障就业，实现新增就业6万人。大力实施全民参保登记计划，加快建立城乡统一的居民基本养老和医疗保险制度，稳妥推进机关事业单位养老保险制度改革，完善被征地农民刚性进入社会保险机制和城乡居民基本养老保险参保缴费激励机制。健全大病保险制度，减轻大病患者医疗费用负担。持续实施精准扶贫，统筹安排帮扶项目和资金，促进帮扶对象形成可持续脱贫能力。建立“救急难”预警机制，建成“大救助平台”，落实残疾人补贴政策，普及推广农村“关爱驿站”，加快建设多层次养老服务体系。打造透明放心菜市场、透明安全餐饮，创建食品安全城市。

维护社会和谐稳定。切实加强新一轮平安淮安、法治淮安建设，推动“六大中心”规范化运行，拓展“阳光警务”内涵，构建立体化现代化社会治安防控体系。推进社会治理精细化发展，完善三级综合管理服务平台，深化城乡社会治理“两网融合”，促进稳评工作向基层延伸，全面开展社会治安综合保险工作，健全社会矛盾排查预警和调处化解综合机制。启动实施“七五”普法教育，增强群众法律意识，保护群众合法权益。推进城乡和谐社区建设，鼓励支持社会组织参与社会治理，完成第六届社区委员会、第十一届村委会换届选举工作。严格落实安全生产责任制，探索建立公共安全源头管理机制，进一步健全事故灾难、暴力恐怖活动预警预防和应急处置体系，提升防范管控各类风险能力。

各位代表，“天下难事必作于易，天下大事必作于细。”开启“十三五”新征程，使命光荣，任务艰巨。我们将以实现好、维护好、发展好人民群众的根本利益为出发点，以提高新常态下的履职能力为着力点，切实加强自身建设，努力打造服务型、效能型、法治型政府。坚持科学施政，营造求新、求快、求优的工作导向。围绕既定目标，突出重要领域、重大项目和重点工程，以新思路、新举措、新机制，打好改革创新“组合拳”，破解发展中的困难挑战和瓶颈制约。大力弘扬“马上就办”的作风，做到雷厉风行、立说立行，在紧张快干中抢占先机、赢得主动。以敢为天下先的勇气和永不满足的精神，推动各项工作快中求好、好中求优，确保在新一轮的区域发展中进位争先。坚持务实理政，健全会办、帮办、督办的推进机制。强化实干为先理念，进一步健全定期会办和联席会议等制度，加大重点工作统筹协调力度。进一步完善领导干部挂钩帮扶、责任包干制度，形成以上率下、齐抓共管的工作机制和责任体系。进一步强化效能监察，加大行政问责力度，营造争先恐后抓落实的浓厚氛围，不断提高政府的执行力和公信力。坚持依法行政，打造公开、公平、公正的政务环境。完善依法行政制度体系，加强政府规章和规范性文件制定工作，提高依法办事能力，严格规范公正文明执法，让群众感受到法治的力量、正义的温暖。落实各类权责清单，健全决策、执行、监督机制，自觉接受人大法律监督、政协民主监督和社会舆论监督，保证权力运行规则公开、程序公开、过程公开、结果公开。坚持从严治政，树立清正、清廉、清明的政府形象。严守政治纪律和政治规矩，认真落实党风廉政建设责任制，严格履行“一岗双责”，全面贯彻《廉洁自律准则》和《纪律处分条例》。秉持勤勉奉献、厉行节约，严控“三公”经费，守住廉洁底线，以零容忍无禁区全覆盖的态度严惩腐败，切实遏制不正之风和腐败问题，努力实现干部清正、政府清廉、政治清明。

运河之都

YUNHE ZHIDU

（张小云　摄）

地　理

资　源

气　候

历史沿革

文　化

区　划

人　口

风景名胜

淮安美食

国民经济和社会发展

地　理

【位置面积】 淮安市地处江苏省北部中心地域，淮河下游。位于北纬32°43′00″~34°06′00″、东经118°12′00″~119°36′30″之间。北接连云港市，东毗盐城市，南连扬州市和安徽省滁州市，西邻宿迁市。东西最大直线距离132千米，南北最大直线距离150千米，面积10030平方千米。

【地形地貌】 淮安市地形西高东低，除市境西南部的盱眙县有丘陵岗地外，全市以平原为主体，地势平坦。境内河湖交错，水网纵横，京杭运河、淮沭河、苏北灌溉总渠、淮河入江水道、淮河入海水道、古黄河、六塘河、盐河、淮河干流9条河流纵贯横穿，全国五大淡水湖之一的洪泽湖大部分位于市境内，还有白马湖、高邮湖、宝应湖等中小型湖泊镶嵌其间。淮安市的平原面积占总面积的69.39%，湖泊面积占总面积的11.39%，丘陵岗地面积占总面积的18.32%。

【土壤条件】 淮安市属黄淮和江淮冲积平原。土壤主要为水稻土类、潮土类、砂姜黑土类、黄棕壤土类、基性岩土类、石灰岩土类。有里下河土壤、古淮河土壤、环洪泽湖土壤、丘陵土壤等4种类型。有机质含量低，一般不足0.2%，pH值在7~8之间。（周　平）

资　源

【土地资源】 淮安市属黄淮平原和江淮平原，陆地总面积为89.2万公顷，耕地和水域面积较大。截至2010年年末，全市实有耕地面积39.97万公顷。其中，水田27.58万公顷，旱田12.39万公顷。此外，全市还有可供开发的黄河故道和其他河湖滩地近7万公顷，水域面积31.26万公顷。

【水资源】 淮安市水资源条件较好，平均水资源总量32.64亿立方米。市境地处淮河流域中下游，境内河湖众多，水网密布，南水北调工程初具规模。境内年平均降雨径流深在199.0~262.5毫米之间。总体上地表水资源较为贫乏，年际变化较大，年内分配不均，而地下水资源储量丰富，过境水量较多。

表2　　2015年淮安市及各县（区）土地面积表

单位：平方千米

地区	土地面积	地区	土地面积
全　市	10030	经济技术开发区	133
清河区	32	涟水县	1678
淮安区	1452	洪泽县	1273
淮阴区	1307	盱眙	2497
清浦区	277	金湖县	1378

表3　　淮安市多年平均水资源总量表

年降雨量（毫米）	912.9
地表水资源（亿立方米）	23.92
地下水资源（亿立方米）	12.54
重复计算量（亿立方米）	4.68
总水资源（亿立方米）	31.78

【矿产资源】 淮安市矿产资源分布相对集中。能源矿产资源有金湖县、洪泽县的石油和天然气，洪泽县老子山的地热。非金属矿产资源丰富，品种多，有盱眙县的凹凸棒石黏土、玄武岩、白云岩，淮安区、清浦区、淮阴区的岩盐，洪泽县、淮阴区的芒硝等。据1988年地质普查报告，淮安盐盆247平方千米内含岩盐1036亿吨，洪泽盐盆85平方千米内含岩盐270.48亿吨、芒硝14.3亿吨。截至2005年年末，全市主要矿产探明储量为：无水芒硝矿石量2.58亿吨，硫酸钠（Na_2SO_4）量1.85亿吨；岩盐矿石量75亿吨，氯化钠（NaCl）量44亿吨；凹凸棒石黏土7267万吨。

【生物资源】 淮安市地域广阔，气候适宜，生物资源丰富。全市有高等植物1500多种，其中，木本植物234种，隶属34科146属，其中属国家重点保护植物的有11种。野生动物有鸟类321种，经济鱼类83种，爬行动物48种，哺乳动物49种，其中属国家一级保护动物9种、二级保护动物43种。洪泽湖的水生和湿地生物资源有水生高等植物81种、鱼类67种、底栖动物76种、鸟类194种，其中属国家一类重点保护的有4种、二类重点保护的有26种。　（周　平）

【林业资源】 淮安市树种分布兼有南北气候带的过渡性特征，适生树种较多，林业资源丰富。2015年底，全市国家特别规定灌木林地面积0.56万公顷，四旁树折算面积2.04万公顷，森林覆盖面积21.59万公顷，林木覆盖率25.02%。位居全省前列。

（周　平）

【物产】 淮安市地处北亚热带和南暖温带之间的过渡气候带，温、光、水、土等自然资源极为丰富，生产条件优越，适宜多种农作物的栽培和动物的饲养，是著名的“鱼米之乡”和全国重要的绿色农副产品生产基地。淮安市盛产优质稻麦、棉花、油料、林木、水果、畜禽、鱼虾、鳖蟹、珍珠等。至2015年末，淮安市成功申创“盱眙龙虾”“淮安大米”“淮安黑猪”“淮安红椒”“金湖大米”“淮安黄瓜”“洪

泽湖螃蟹”“洪泽银鱼”“洪泽芡实”等101件地理标志证明商标，数量居全国地级市第一。（周　平）

气　候

【概况】 淮安市地处南暖温带和北亚热带的过渡地区，兼具南北气候特征，光、热、水整体配合较好。市境属典型的季风气候，自然降水丰富但分布不均，年平均降水量913~1030毫米，夏季降水量占全年降水量50%以上。全市气候温暖而又较为湿润，四季分明，雨热同季，气候资源十分丰富，光照充足。但气候年际间的稳定性较差，变幅较大，旱、涝、风、雹、冻等气象灾害较频繁。全市分为两大气候区。淮南亚热带偏湿农业气候区：苏北灌溉总渠以南的盱眙、金湖两县全部，洪泽县、淮安区大部。废黄河沿岸过渡带农业气候区：苏北灌溉总渠以北的清河区、清浦区、淮阴区、涟水县全部和淮安区、洪泽县部分地区。

【2015年气候】 年平均气温较常年略偏高，年降水量与常年相比偏多，年日照时数较常年偏少。主要灾害性天气有暴雨、雾霾、台风以及强对流天气等。

暴雨　全市年降水量在1123.2~1332.9毫米，明显偏多。全市出现9次暴雨过程。6月25日、7月31日~8月1日、8月10日3次暴雨过程影响最为严重，都出现区域性大暴雨。6月25日，大部地区降水量超过100毫米，全市最大雨量232.5毫米，出现在淮安区泾口镇。

雾霾　全市大雾日数49~127天；霾日147~209天，明显多于常年。雾霾主要发生在冬春季节，12月出现区域性持续霾天气，导致该月14、21、24、25、30日空气质量达重度污染，多次启动重污染天气大气污染源强制性减排方案橙色预警。市气象台发布大雾预警信号31次，霾预警信号7次。

梅雨　梅雨期为6月24日~7月13日，入梅偏晚，出梅略迟。全市梅雨期各站累计降水量208.9~337.8毫米，淮安区三堡最多达412.0毫米。与常年梅雨量相比明显偏多，其中北部偏多5~7成，中部偏多1.0~1.2倍，南部地区偏多3~5成。

强对流天气　多次出现强对流天气过程，以雷雨大风为主。4月27~28日，出现雷暴、大风、短时强降水、冰雹等强对流天气，其中4月27日淮安国家基准观测站观测到8毫米直径冰雹，全市出现7级大风。8月6日中午12时左右，盱眙县出现短时雷暴大风天气。12时24分，盱眙满江红站出现35米/秒瞬时大风，达12级飓风标准。

台风　13号台风“苏迪罗”对淮安影响较大。8月9日后期到10日夜里，淮安市普降暴雨，其中金湖、盱眙、洪泽县为大暴雨。最大降雨量出现在洪泽县黄集，为179.6毫米。洪泽县老子山出现7~9级偏东大风，最大风速27米/秒。

连阴雨　11月出现连阴雨，月雨量异常偏多，达到95.1~93.3毫米，南部偏多近1倍，中北部偏多2.6~4.8倍；日照时数63.9~91.7小时，偏少4~6成。对秋收秋种造成不利影响。（何　悦）

历史沿革

【概况】 国家历史文化名城淮安，早在五六千年前就有先民们活动的踪迹，并留下载入史册的“青莲岗文化”。

夏商周时期，市境为“淮夷”“徐夷”聚居地。春秋战国时期，既有吴王夫差开凿的邗沟（即淮扬运河）沟通江、淮，又有陆上干道——善道通达南北。《淮系年表·序言》称，包括市境在内的古淮河中下游地区“交通灌溉之利甲于全国”，成为列强争夺的重要地区，先后为吴、越、楚国所有。

秦统一六国后，推行郡县制。市境分属泗水郡和东海郡，始置县邑有淮阴（治今淮阴区码头镇）、盱眙（治今盱眙县城东北）、东阳（治今盱眙县马坝东南）。西汉年间，市境大体属临淮郡，又增置淮浦（治今涟水县西）、射阳（治今淮安区东南）、富陵（治今洪泽湖中）等县。东汉分属下邳国和广陵郡。

魏晋南北朝时期，市境长期处于战争和对峙的前沿，建置紊乱，隶属多变，今市区码头镇、淮城镇其时均为军事要塞，多设州郡治所，为边帅驻节之地。长年战乱带来的是“江淮之间，赤地千里”的凄惨景象，经济和文化遭到严重破坏。南齐永明七年（489），割直渎破釜以东，淮阴镇下流杂100户置淮安县，“淮安”之名始见。

隋唐五代时期，境内长期处于安定的环境，建置也较稳定，大抵淮北属泗州（治今盱眙县城北淮河对岸），淮南属楚州（治今淮安区淮城镇），经济得以持续发展和重新繁荣。楚州、泗州成为运河沿线的两座全国性名城，楚州更被白居易誉为“淮水东南第一州”。

北宋年间，境内较为太平，市境先属淮南路，分属楚州、泗州；后分淮南路为淮南东、西路，市境属淮南东路。南宋和金、元对峙时期，市境再度成为前线，为双方反复争夺，建置亦复紊乱多变。

元代，境内先后置淮东安抚司、淮东总管府、淮安路（治今淮安区淮城镇）。淮安路辖境包括今苏北地区大部和皖北一部分。

明清时期，境内置淮安府。明代淮安府辖山阳、清河、安东、盐城、桃源、宿迁、沭阳、睢宁、赣榆、邳州、海州，共9县2州，范围包括今苏北五市绝大部分地域。其间，还有漕运总督、南河总督驻节淮安。漕运总督还经常兼巡抚江淮，节制淮（安）、扬（州）、庐（州）、凤（阳）四府及徐（州）、滁（州）、和（州）三州，管辖范围包括今江苏、安徽二省的长江以北广大地区。清末，一度设立江淮行省，淮安是江淮巡抚驻节之所，即省会所在地。

民国元年（1912），淮安府撤销，市境大部始属淮扬道（道署设今清浦区），后属淮阴行政督察区、第七行政督察区。抗日战争和解放战争时期，境内成为重要的根据地和解放区，中共中央华中局、新四军军部、中共中央华中分局、华中军区、苏皖边区政府等都曾驻节境内。由于处在敌后环境，根据地和解放区的政区变化很大，头绪繁多，大抵分属淮海区、盐阜区、淮南区、淮北区。抗战胜利后至1946年9月的一年间，淮安是华中解放区的中心、苏皖边区的首府，时苏皖边区南界长江、北界陇海铁路、东至黄海、西至裕溪口一线，横跨苏皖豫鲁四省之境，辖53个旧县。1948年12月，市境全部解放。1949年5月，成立淮阴专区。

新中国成立后，淮阴专区先属苏北行政区，后属江苏省。经过1950年6月、1954年8月、1954年12月、1971年3月的几次区划调整，今市境始全属淮阴专区。1983年，淮阴地区改为淮阴市，辖宿迁、沭阳、灌南、泗洪、泗阳、涟水、淮阴、淮安、洪泽、盱眙、金湖11个县和清河、清浦两区，原辖县灌云划归连云港市。1987年，辖县淮安、宿迁改为县级市。1996年8月，宿迁、泗阳、沭阳、泗洪4县（市）从淮阴市析出，成立地级宿迁市，同时灌南县划归连云港市。2001年2月，淮阴市更名为淮安市，原县级淮安市改为淮安市楚州区，原淮阴县改为淮安市淮阴区。2012年2月23日，楚州区更名为淮安区。

（荀德麟　周　平）

文　化

【概况】 淮安历史文化悠久，底蕴深厚，南北兼容，尤以运河文化为魂，形成开放包容心理和合作共赢的行为方式。

6000~7000年前，在淮安青莲岗等地区就居住着氏族部落。他们会用石头、兽骨制作捕猎和生活用具，还学会烧制陶器，有的红陶钵内壁还绘上彩色图案，这种文化形态被称为“青莲岗文化”，是江淮地区母系氏族社会繁荣阶段的文化典型代表。5000年前左右，在洪泽县的共和、盱眙县的管镇、涟水县的笪巷等地的母系氏族公社演变到父系氏族公社，制陶技术有了较大进步，男子在财产和家庭中处于支配地位，该文化形态与大汶口晚期文化相近。4000多年前，境内先民进入“龙山文化”时期。盱眙县的范家岗和涟水县的杨庄遗址显示，当时陶器普遍采用轮制，器壁厚薄均匀，造型优美，以黑陶为主。氏族成员内部出现明显贫富分化。

淮安民间文艺源远流长，战国刻文铜器中的击磬音乐、舞蹈，汉代画像石刻的吹箫、宴饮乐舞、百戏、杂技和铜戏俑及说书木俑等各种艺术形象，反映古代淮安文化艺术的灿烂。民间演唱艺术历史久远、形式多样，有秧田锣鼓、淮红调、淮海锣鼓、琴书、大鼓、清淮小曲、三括调、渔鼓、评书、评词、花船、花车、高跷、龙灯、跑驴、花鼓、花灯、抬（架）阁、莲花落、评话等。公元五、六世纪至清末民初，先后形成多个地方剧种。文学、书法、绘画、雕塑等历代都有名人佳作。

淮安地区，人杰地灵，英才辈出。河下古镇在明清两朝，曾出过56名进士、160多名举人和贡生，河下“三鼎甲”更是成为传奇。历代主要名人有：韩信、枚乘、枚皋、梁红玉、龚开、吴承恩、吴鞠通、关天培、刘鹗、周恩来等。

【文学】 西汉淮阴人枚乘是汉大赋的开山鼻祖，被后人推崇为“文章领袖”。枚乘之子枚皋所作辞赋甚多，比较可读者120篇。东汉末“建安七子”之一的陈琳，善为诗赋，《饮马长城窟行》为代表作之一。晚唐著名诗人赵嘏长于七律，有《渭南诗集》传世。北宋淮阴人张耒为“苏门四学士”之一，善诗文，存有诗集《柯山集》等。明代吴承恩创作神话小说《西游记》，为中国古代四大古典小说之一。清代大学者阎若璩长于诗文，曾一个晚上创作七言绝句百首，名为《陇右倡和诗》。著名古文家鲁一同，其诗“气象雄阔“，今存《通甫诗存》。光绪年间，寓居淮安的刘鹗，创作《老残游记》，为晚清四大谴责小说之一。当代著名作家有：陈白尘、吴强、陈登科、袁鹰、司马中原、张贤亮等。

【戏剧】 早在公元前206~25年，淮安地区就有表演艺人活动。后经长期发展，逐渐形成诸多地方戏曲剧种，先后有僮戏、泗州戏、淮海戏、淮剧、淮红戏、小调剧以及外地流入的京剧、吕剧、黄梅戏、越剧、扬剧等多个剧种。自清代起，民间戏班在淮安地区出现。至咸丰年间，清江浦观剧风气已大盛。清末民初，淮安地区各地方剧种民间班社日益增多，演出活动频繁，表演形式、唱腔等不断丰富。著名戏剧表演艺术家有：王瑶卿、周信芳、宋长荣、杨秀英等。

【歌舞曲艺】 早在古代，淮安民间举行大傩时，就跳傩舞，傩舞在秦汉时期盛行。迄今洪泽湖区尚流传独特的渔家傩舞——渔傩。长期以来，每逢佛事道场，巫人祭神弄鬼，均有以娱神为目的的歌舞。淮安说唱艺术历史悠久，盱眙东阳曾出土有汉末新莽时期的说书木俑。唐元和年间，淮阴有曲艺女艺人刘彩春演唱甚佳。明代中叶以后，以两淮民歌为主要形式的清淮小曲在清江、淮安民间兴起。光绪年间，清淮小曲发展极盛，多流行于酒楼茶馆。清代中后期，琴书和淮海锣鼓艺术开始形成。清末民初，诸多曲种得到发展，淮海锣鼓分为郯门等四大门派。主要曲种有：淮海锣鼓、琴书、清淮小曲、苏北大鼓、扬州评话等。

【非物质文化遗产】 淮安市历史悠久，地当京杭大运河与淮河交汇处，历史上有“南船北马”“九省通衢”之称，南北文化在此交汇融合，在长期的历史发展进程中，形成独具特色的地域文化，留下丰富的非物质文化遗产。至2015年底，淮安市入选国家级非物质文化遗产名录6项，其中，传统音乐2项：楚州十番锣鼓、金湖秧歌，传统歌舞1项：洪泽湖渔鼓，传统戏剧3项：淮海戏、京剧、淮剧。入选省级非物质文化遗产名录19项，其中，民间文学3项，传统音乐1项，传统舞蹈2项，传统戏剧1项，曲艺2项，传统美术1项，传统技艺7项，传统医药1项，民俗1项。列入市级非物质文化遗产名录175项，其中，民间文学35项，传统音乐13项，传统舞蹈17项，传统戏剧6项，传统体育、游艺与杂技7项，曲艺5项，传统美术22项，传统技艺47项，传统医药13项，民俗10项。（周永达）

【方言】 淮安方言属江淮方言。淮安市区自古以来，就是运河沿线上的交通重镇，人文荟萃，商贾云集，南北方言交汇，因此，境内方言兼有南方方言和北方方言的特点，尤其在语音方面，具有南北方言的过渡性。境内各县（区）方言差异不大。

淮安方言与普通话相比，在语音方面，主要特点有三个。声调方面，普通话声调有四个，阴平、阳平、上声、去声。淮安方言声调比普通话多一个，保留了古入声。入声声调带有明显的喉塞音。声母方面，舌边音“l”和鼻音“n”不分。鼻音“n”声母字，大都读成舌边音“l”声母；舌尖音“z”“c”“s”和舌根音“zh”“ch”“sh”不分。舌根音“zh”“ch”“sh”声母字，大都读成舌尖音声母。韵母方面，主要是舌尖音“en”“in”和舌根音“eng”“ing”不分。只有舌尖音，没有舌根音。舌根音韵母字大都读成舌尖音韵母。还有，普通话中的复元音韵母，在本方言中有单元音化的趋势。淮安方言，在词汇和语法方面，虽然跟普通话差异不大，但也有其自身的一些特点。比如，亲属称谓，普通话称“父亲”叫“爹”，而淮安方言称“父亲”叫“爷”“爸”“大”，称“祖父”才叫“爹”。普通话讲，“我非去不可”，淮安方言通常都说成“我非去”。普通话说“给我一本书”，淮安方言说成“给本书我”。由于地域性的关系，淮安方言各县（区）之间乃至县（区）内部东南西北之间都存在着一定的差异。（杨义春）

区　划

【概况】 淮安市是江苏省省辖市，下辖清河、清浦、淮阴、淮安4区和涟水、洪泽、盱眙、金湖4县。此外，淮安经济技术开发区、淮安工业园区计划单列，统计单独列统。至2015年末，全市有85个镇、22个乡、17个街道（办事处），1381个行政村、309个居委会。

【区划调整】 2015年，淮安市稳妥开展乡镇行政区划调整，盱眙县将原有的19个乡镇调整为3个街道办和17个乡镇，金湖县将银集与涂沟两镇合并设立银涂镇，淮安区政府驻地镇改设街道办方案得到省政府批复。

（市统计局）

人　口

【概况】 截至2015年末，淮安市户籍总人口564.45万人，比上年增加4.2万人，增长1.3%。城镇人口299.08万人、农村人口265.37万人；男性289.91万人、女性274.54万人；0~17岁者107.58万人、18~34岁者137.32万人、35~59岁者216.49万人、60岁以上者103.05万人。年末常住总人口487.2万人，比上年增加1.99万人，增长0.4%。城镇常住人口283.31万人，农村常住人口203.89万人。常住人口出生率11.5‰，死亡率7.51‰，自然增长率3.99‰。

表4　2015年淮安市区划表

	乡镇（个）	乡	镇	街道办事处（个）
全　市	107	22	85	17
清河区	—	—	—	7
淮安区	26	5	21	—
淮阴区	21	7	14	—
清浦区	5	2	3	4
开发区	3	3	—	—
涟水县	19	2	17	—
洪泽县	6	—	6	3
盱眙县	17	3	14	3
金湖县	10	—	10	—

表5　2015年淮安市户籍人口表

地区	年末总户数（万人）	年末户籍人口（万人）	男	女	出生人口（万人）	死亡人口（万人）
全　市	162.87	564.45	289.91	274.54	7.69	2.68
市　区	86.76	293.61	151.18	142.44	3.85	1.21
清河区	7.73	25.17	12.61	12.56	0.32	0.07
淮安区	33.05	118.94	61.79	57.15	1.42	0.62
淮阴区	28.24	93.32	48.46	44.86	1.29	0.24
清浦区	9.81	30.01	15.16	14.85	0.37	0.17
开发区	5.11	16.90	8.55	8.35	0.32	0.08
工业园区	0.51	2.28	1.12	1.16	0.03	0.01
生态新城	1.64	1.64	2.16	−0.52	0.08	0.02
盐化新区	0.66	2.69	1.34	1.35	0.03	0.01
涟水县	29.54	114.97	59.81	55.17	2.15	0.56
洪泽县	12.18	39.65	19.95	19.70	0.41	0.14
盱眙县	21.62	80.25	41.00	39.25	0.96	0.50
金湖县	12.77	35.96	17.98	17.98	0.33	0.27

表6 2015年淮安市常住人口表

地区	年末常住人口（万人）	城镇人口	乡村人口	出生率（‰）	死亡率（‰）	人口自然增长率（‰）	城镇化率（%）
全　市	487.2	283.31	203.89	11.50	7.51	3.99	58.15
市　区	270.41	174.31	96.1	11.75	7.49	4.26	64.46
清河区	33.73	33.73	—	9.28	6.43	2.85	100.00
淮安区	98.74	49.30	49.44	12.89	8.03	4.86	49.93
淮阴区	78.04	38.88	39.16	12.76	7.74	5.02	49.82
清浦区	33.41	25.90	7.51	9.34	7.55	1.79	77.52
开发区	24.28	24.28	—	10.76	6.05	4.71	100.00
工业园区	2.21	2.21	—	10.39	5.36	5.03	100.0
涟水县	84.68	42.17	42.51	12.98	7.87	5.11	49.80
洪泽县	33.76	17.11	16.65	9.04	6.99	2.05	50.68
盱眙县	65.25	32.88	32.37	11.17	7.53	3.64	50.39
金湖县	33.10	16.84	16.26	8.62	7.16	1.46	50.88

（市统计局）

【民族】 根据淮安市2010年第六次全国人口普查的数据，全市有42个民族，其中汉族占总人口的99.8%。全市41个少数民族有0.89万人，其中回族人口最多，占少数民族总人口的63.9%。其他少数民族中，百人以上的民族有7个，分别为苗族、彝族、壮族、布依族、满族、土家族、哈尼族；百人以下的民族有33个，分别为蒙古族、藏族、维吾尔族、朝鲜族、侗族、瑶族、白族、哈萨克族、傣族、黎族、傈僳族、佤族、畲族、高山族、拉祜族、水族、东乡族、纳西族、景颇族、土族、达斡尔族、仫佬族、羌族、布朗族、撒拉族、仡佬族、锡伯族、阿昌族、普米族、怒族、鄂温克族、保安族、独龙族。除回族属早期迁居外，其他少数民族大都是改革开放后婚嫁到淮安市。

（市统计局）

风景名胜

国家AAAAA级旅游景区

【概况】 2015年10月15日，全国旅游资源规划开发质量评定委员会正式发布公告，淮安市周恩来故里旅游景区达到国家AAAAA级旅游景区标准，被批准为国家AAAAA级旅游景区。周恩来故里景区成为苏北地区第一家国家AAAAA级旅游景区。该景区主要包括周恩来纪念馆、周恩来故居、河下古镇景点等。

【周恩来纪念馆】 位于淮安区北门外桃花垠，1992年1月16日落成，邓小平题写馆名。1998年增建仿北京中南海西花厅和周恩来铜像广场，铜像上“周恩来同志”5字由江泽民题写。2008年增建周恩来生平业绩陈列馆和西花苑碑园。纪念馆四面环水，馆区总面积40余万平方米，其中70%为水面，建筑面积1.5万平方米。在纪念馆南北800米长的中轴线上，依次有瞻仰台、纪念馆主馆和附馆、周恩来铜像和仿北京中南海西花厅等纪念性建筑。此外，还有岚山诗碑、海棠林、海棠路、樱花路、五龙亭、怀恩亭、西厅观鱼等景点。1992年开馆至2015年，接待海内外瞻仰观众2500万人次，其中包括习近平、胡锦涛等党和国家重要领导34人、省部级领导500多人。

【周恩来故居】 位于淮安区驸马巷内，由东西相连的两个宅院组成。1979年3月5日，正式对外开放。1984年12月11日，邓小平题写“周恩来同志故居”匾额。1988年1月，被国务院公布为全国重点文物保护单位。1996年，被国家教委、民政部、文化部、文物局、共青团中央、解放军总政治部命名为“全国中小学爱国主义教育基地”。2005年，被列入全国百家红色旅游经典景区。

【河下古镇】 有2500年以上的历史，曾诞生巾帼英雄梁红玉、大文学家吴承恩等历史名人。明清两代这里曾出过67名进士，有“进士之乡”之称，文化底蕴深厚。整个街区仍保持明清时建筑风格，80%以上的民居系民国以前的砖木结构，清代以前的建筑占

周恩来纪念馆主馆

70%以上，石板路面占90%，历史风貌基本保存完好。具有代表性的街、巷、桥有湖嘴大街、估衣街、花巷、茶巷、罗家桥等。河下镇内还有一批文物保护单位和一批保存完好的古迹，有吴承恩故居、左忠壮公祠、清真寺古文楼等。另有一批保存较完好的明清风格的名人故居和传统民居及会馆，如汪廷珍故居、吴鞠通故居、夏曰瑚宅等。

明祖陵风景区

国家AAAA级旅游景区

【概况】 至2015年底，淮安市有国家AAAA级旅游景区12家，分别是铁山寺国家森林公园、明祖陵、第一山公园、黄花塘新四军军部纪念馆、古淮河文化生态景区、淮安市博物馆、淮安府署、漕运博物馆、里运河文化长廊景区、吴承恩故居、新四军刘老庄连纪念园、洪泽湖古堰景区。

【铁山寺国家森林公园】 位于苏皖交界处，是江苏省保存最好、面积最大的野生动、植物王国。61.58平方千米的次生林海和群山环抱、水质纯净、9平方千米的天泉湖，构成了极其独特的小气候环境。铁山寺国家森林公园繁衍生息着40多种野生动物、170多种鸟类、280多种高等植物、800多种中草药，其中绝大多数为南北地域边缘物种，是天然的动植物基因库。区域内山、林、泉、湖、石、洞自然造化，佳景天成。公园内有建于东汉末年、毁于战火，后经修复的铁山禅寺，还建有中科院紫金山天文台观测基地和天文科普园、侏罗纪乐园、孔雀国际俱乐部、学生素质教育基地，适合休闲旅游和开展科普主题旅游和实践教学。

【明祖陵】 明祖陵是明朝开国皇帝明太祖朱元璋之高祖、曾祖、祖父的衣冠冢及其祖父的实际葬地，位于盱眙县明祖陵镇，距盱眙县城20千米左右。明祖陵有殿庑、金门、玉桥、厨库、井亭、宰牲所、拜斋、宿直房、铺舍、碑亭、仪从等，栽植柏树万株，神道全长250多米，两侧立望柱2对、石像19对，并有祭田149顷，规模宏大，气势不凡。明祖陵坐落在洪泽湖西畔的淮河入湖处，泗州城被湖水淹没时，明祖陵也一起被吞没于湖水之中。1964年春旱时露出水面，1996年被国务院公布为第四批全国重点文物保护单位。

铁山寺国家森林公园

【第一山公园】 位于盱眙县城，原名南山，因盛产都梁香草，又名都梁山。北宋年间，书画家米芾行至此处，忽见秀山，欣然赋诗《第一山怀古》："京洛风尘千里还，船头出汴翠屏间。莫论横霍撞星斗，且是东南第一山"，并大书"第一山"三个大字，从此南山易名第一山。第一山景色秀美，以一山占河山之奇秀，有林、泉、亭、宇之玲珑，融儒、佛、道于一体。它还是一座历史文化名山，早在汉朝，孔子的后裔孔安国为临淮太守时，就在此创立崇圣书院，历朝历代文人墨客都极为推崇。宋元以来，众多的文人墨客、翰林学士、官府政要都慕名而到，留下大量的碑刻和碑碣，其中不乏苏轼、陆游、杨万里、米芾等名家之作。园内"第一山题刻"为全国重点文物保护单位，有极高的历史价值与艺术价值。园内现存建筑包括大成殿、淮山堂、翠屏堂、春昼亭、玻璃泉亭、明伦堂、摩崖石刻保护廊等。

【黄花塘新四军军部纪念馆】 位于盱眙县黄花塘镇，占地6000平方米。黄花塘原来只是一个默默无闻的小村庄，但它在波澜壮阔的中国革命史上写下了辉煌篇章。1943年初到1945年初，在全国抗日战争由相持转入反攻的关键阶段，新四军军部移驻黄花塘。陈毅、张云逸、饶漱石、罗炳辉、赖传珠、曾山等人在艰苦卓绝的条件

黄花塘新四军军部纪念馆

下，运筹帷幄，指挥抗日，粉碎了日伪军的“扫荡”“清乡”和国民党顽固派的进攻，在苏、皖、浙、鄂、豫5省开辟8个敌后抗日根据地，在日军统治心脏地区插上一把尖刀，使华中地区成为对敌斗争主战场。

【古淮河文化生态景区】 位于淮安市清河新区内，2006年开工建设，2008年6月整合启动。景区围绕生态和休闲主题，通过对滨河绿地系统开发与改造，挖掘古淮河生态、景观、娱乐、休闲等方面潜能与优势，为广大市民打造一个集运动、休闲、旅游、观光和娱乐为一体的景区。景区占地面积112.3公顷，由青龙湖公园、白鹭湖山庄、清河生态园、净潭广场、农家乐、清河城市馆、中国西游记博物馆、长荣大剧院、红娘广场、清河文化馆、古淮楼、中国淮扬菜美食文化博物馆、古淮河生态公园等组成。

【淮安市博物馆】 创建于1959年，是一座综合性历史博物馆，是文物收藏、陈列和考古研究中心。馆藏文物丰富，分陶瓷器、玉石器、青铜器、钱币、书画等诸多门类。其中，尤以1978年高庄战国墓出土的刻纹青铜器、青铜马车饰件、双囱原始瓷带盖熏炉等战国重器，2004年运河村战国墓出土的木雕鼓车，1984年徐伯璞捐赠的近现代名家书画为馆藏特色。新馆于2006年改扩建完工，总建筑面积1.2万平方米。

【淮安府署】 位于淮安区东门大街，始建于南宋，初为五通庙，元代为沂郯万户府，明初改建为府署，清咸丰初遭火灾后修建。府署占地1万多平方米，有房屋300余间。大堂体量为全国之最。淮安府署是中国保存较为完好的两座知府衙门之一，为研究中国古代衙门文化提供了重要实物标本。

【漕运博物馆】 京杭大运河是明清时期国家经济大动脉，漕运是当时交通运输、物资流通、经济往来的主要形式，国家管理漕运的最高机构——漕运总督署就设在淮安区。淮安漕运总督署遗址是2002年中国重大考古发现之一。2011年4月，中国漕运博物馆与漕运总督署遗址完成整合建设，总建筑面积6300平方米。馆内集中陈列古代漕运（运河水上运输）工具及附属遗留物品，漕运总督府内工作与生活用品，曾经担任漕运总督及其他漕运官员的信函、书札、墨迹及生活用品，以及历代有关漕粮流通的记录、证券、量具、代用品，向世人完整展现漕运古迹和历史。

【里运河文化长廊景区】 位于淮安市区古运河段清江浦大闸口历史文化风貌区，含里运河中洲岛以及清江闸以东的航道及两岸地区，占地面积16.2公顷，是一个具有浓厚运河文化特征、浓烈地方文化气息、浓郁生态园林特点的综合性景区，主要用于运河文化、戏曲文化、名人文化、楹联文化及城市规划的陈列展示。

【吴承恩故居】 位于淮安区河下古镇打铜巷内，是全球首部立体电视剧《吴承恩与西游记》的拍摄基地。故居由故居本体、吴承恩生平陈列厅、玄奘纪念堂、美猴王世家艺术馆、六小龄童工作室5个部分组成，是国内唯一综合展示西游记文化和纪念吴承恩的场所。故居占地面积1.5公顷，建筑面积3800平方米，为明代风格的古典建筑群。

【新四军刘老庄连纪念园】 2015年1月，新四军刘老庄连纪念园获批国家AAAA级旅游景区。纪念园始建于1955年，为纪念1943年3月新四军三师七旅十九团二营四连八十二名英勇牺牲的指战员。纪念园坐落在淮阴区刘老庄乡境内，占地32公顷，绿化覆盖率75%，主要纪念设施有八十二烈士墓、八十二烈士纪念馆、壮志亭、八十二烈士纪念碑及广场、碑廊、廊

中国漕运博物馆

柱、八十二棵青松、红星广场、浴血刘老庄主题战壕、张芳久烈士纪念碑、无名烈士墓、淮阴散葬烈士集中安葬区(慰烈工程)、刘皮街阻击战纪念亭、刘老庄八十二烈士纪念林等。是国家级抗战纪念设施、国家级国防教育示范基地、全国红色旅游经典景区,省级烈士纪念建筑物保护单位、省级文物保护单位、省级爱国主义教育基地,年均接待参观游客50万人次以上。

【洪泽湖古堰景区】 2015年12月30日,洪泽湖古堰景区通过江苏省旅游资源规划开发评定委员会评定,成为国家AAAA级旅游景区。该景区位于中国第四大淡水湖——洪泽湖畔。景区主要包括洪泽湖大堤、水釜城、渔人湾、欢乐园四大旅游片区,是融文化体验、养生休闲、大湖观光、森林探秘、现代游乐于一体的综合性生态文化旅游景区。至年底,景区内建成水釜城、中国印博物馆、中国掼蛋乐园、防震减灾体验馆、一公里长古堰梅堤等景点;提升洪泽湖碑、周桥大塘、信坝遗址等景点品质,推进洪泽湖渔文化博物馆、城市立体公园等新建项目进程。 (方宏伟)

全国重点文物保护单位

【概况】 至2015年底,淮安市有全国重点文物保护单位11处,分别是泗州城遗址、文通塔、苏皖边区政府旧址、洪泽湖大堤、青莲岗遗址、月塔、京杭大运河·淮安段以及周恩来故居、明祖陵、第一山题刻和淮安府署(最后四单位介绍见"国家AAAAA级旅游景区"和"国家AAAA级旅游景区")。

【泗州城遗址】 位于盱眙县淮河镇境内。泗州州治所在,成为历史上淮河下游的一座重要都市,因此城自唐开元二十三年(735)至清初一直是扼南北大运河由淮河入汴河的口岸,而具有突出的战略、交通和经济地位。南宋以后,此城长期受黄河夺淮洪水侵袭。清康熙十九年(1680),终遭灭顶之灾。至康熙三十五年(1696),全城彻底被泥沙埋没。2012年南京博物院考古队曾做过考古发掘,因保护经费、技术等问题,对此遗址又进行了回填。

【文通塔】 位于淮安区古城西北隅勺湖公园内,西临运河。原名尊胜塔,始建于唐景龙二年(708),明崇祯二年(1629)重修时因其旁有文通寺而改名为文通塔,此后又曾多次重修。清康熙七年(1668)郯城大地震时,文通塔仅余2层,后来重建时只修了7层。塔系砖结构,无梁柱,高30.5米,七层八角,外形为黄身青檐。1982年被列为江苏省文物保护单位。2013年被列为全国重点文物保护单位。

【苏皖边区政府旧址】 位于淮安市淮海南路30号。苏皖边区政府是中国共产党领导的苏中、苏北、淮南、淮北四大解放区的民主联合政府,1945年11月1日在淮阴城成立。边区政府成立后,为华中和全国解放做出巨大贡献。旧址现存两个院落,占地面积6700平方米,保存砖木结构、古色古香的房屋48间。

文通塔

苏皖边区政府旧址

【洪泽湖大堤】 古称高家堰、捍淮堰,始建于东汉建安五年(200),完工于明、清时期,现存堤长70.4千米,是中国水利史上沿用时间最长、修建时间最长的水利设施之一。洪泽湖大堤自建堤后,防洪排涝功能始终居于重要地位,是淮河中下游地区10多座城市防洪排涝的安全屏障,被誉为"水上长城"。

【青莲岗遗址】 位于淮安区宋集乡。青莲岗文化是江淮流域距今六七千年的新石器文化类型,属于母系氏族向父系氏族社会过渡的阶段,因20世纪50年代首先发现于淮安区宋集乡青莲岗而得名。遗址中发掘出大量石器工具、陶器、陶片、炭化后的籼稻粒、兽骨、带纹芦席等物品,说明祖先已过着定居生活并有着相当进步的手工制造技术。

【月塔】 位于涟水县唐集乡月塔村,又称缺塔、橛塔、薛塔、法济塔。在法济寺门外,高七级,有门可登。月塔为仿木结构砖塔,高约16米,塔下

月塔

有0.45米高的台基。该塔被鉴定为宋塔。

【京杭大运河·淮安段】 2014年6月24日，中国大运河被列入《世界遗产名录》。淮安位于大运河和淮河交汇处，在大运河发展史上有着特别重要的地位，是大运河申遗的主要城市之一。淮安涉及申报的遗产有清口枢纽和漕运总督遗址，包含一段河道和五处遗产点。河道是淮扬运河淮安段，全长46千米，含里运河、里运河故道、古黄河、中运河和张福河；遗产点为清口枢纽、双金闸、清江大闸、洪泽湖大堤、总督漕运公署遗址。申报遗产面积3979公顷，缓冲区面积6289公顷，总计10268公顷。（方宏伟）

淮安美食

【概况】 淮安与扬州同为淮扬菜的主要发源地，淮安菜（淮菜）是淮扬菜的主要分支。2002年9月，淮安市被中国烹饪协会命名为"淮扬菜之乡"。淮安地处淮河下游，江淮腹地，东临黄海，境内湖泊众多，原野广袤，四季分明，气候温和，古来就是鱼米之乡，《尚书·禹贡》云"淮夷蠙珠暨鱼"。水土物产为淮安人创制美味佳肴提供了物质基础。淮安美食历史源远流长，其始于春秋，兴于隋唐。西汉时，汉赋大家枚乘在《七发》中有笋蒲脍制小牛腹腴等淮地精美菜肴的描述。唐代的酒焖黄鸡、宋代的清蒸淮白鱼等佳肴在李白、苏轼、杨万里等文人雅士的诗文中也有赞誉。明、清时期，漕运总督、河道总督、户部分司、工部分司、淮北盐运分司和淮关监督驻节淮安，官署林立，豪商云集，大大推高了淮安的消费水平，促进了淮菜的创新发展。明万历《淮安府志》载："淮安饮食华侈，制度精巧，市肆百品，夸视江表。"清康熙《淮安府志》则云："涉江以北，宴会珍错之盛，淮安为最。"《清稗类钞》也云："肴馔之有特色者，为京师、山东、四川、广东、福建、江宁、苏州、镇江、扬州、淮安"。并记载了淮安名庖创制的"全羊席""全鳝席"。因淮安、扬州两地相邻，菜肴风格口味相近，又经长期相互渗透、交流、融合，逐渐形成统一的风味流派。清末民初，国人名之为"淮扬菜"，成为与鲁菜、川菜、粤菜齐名的四大菜系之一。

为了传承光大淮扬菜文化，振兴淮扬菜产业，2002~2013年，淮安市连续举办12届中国淮扬菜美食文化节。2009年10月，中国淮扬菜文化博物馆建成开馆，是全国最大的以菜为主题的文化博物馆。2010年10月，淮安市淮扬菜美食文化研究会成立。2011年年底，成立全国唯一以八大菜系名称命名的"国字号"集团——中国淮扬菜集团股份有限公司。2012年5月，成立淮安市振兴淮扬菜文化产业工作委员会；8月，建设淮扬菜文化产业园，作为淮扬菜产业发展的平台和基础。

【淮菜特点】 淮菜特点是和、精、清、新。和，就地取材，以淮产烹淮菜，不伤天和；崇尚养生，组配谐和；口感适中，南北咸宜，味众至和。精，讲究选料、前期加工和刀工技法；善用火候，因料而异，炖、焖、煨、焐、蒸、烧、炒皆长；菜品形态精致，滋味醇和，百味各异。清，崇尚本味，原汁原味；崇尚本色，以味取胜；崇尚清淡爽洁，"浓厚而不油腻"，"清鲜而不淡薄"；崇尚"一席半斋"，简朴而不粗陋，精洁而不奢华。新，选料注重鲜活，菜依月令，时鲜野蔬，清爽宜人；传承创新，博采众长。

【名菜名点】 淮菜现存名菜有：软兜长鱼、炝虎尾、生炒蝴蝶片、叉烤长鱼方、白煨脐门、大烧马鞍桥、码头汤羊肉、黄集炖羔羊、雪冬野鸭、淮杞炖乳鸽、虾蟹狮子头、钦工肉圆、涟水鸡糕、高沟捆蹄、河蚌咸肉、清蒸白鱼、生熏白鱼、风白鱼、酸汤鱼圆、萝卜丝鲫鱼汤、洪泽烧鹅、文楼涨蛋、清炖马蹄鳖、白煮淮鲇、乌龙鳜鱼、盱眙十三香龙虾、金湖蒜泥龙虾、洪泽小鱼锅贴、水晶虾饼、江淮一品盅、白炮虾仁、樱桃肉、香葱扒鸭、凤还巢、朱桥甲鱼羹、平桥豆腐羹、虾仁翡翠羹、鸡油菇心、开洋扒蒲菜、鸡油烩蒲菜、淮山药羹、大煮干丝等。名点有文楼汤包、淮饺、烫面饺、淮安茶馓、盖浇面、阳春面、蒲菜三鲜饺、八宝烧卖、四喜春饼、淮点三春等。（周　平）

国民经济和社会发展

【概况】 2015年，淮安市实现地区生产总值2745.09亿元，比上年增长10.3%。其中，第一产业增加值增长3.6%，第二产业增加值增长10.9%，第三产业增加值增长11.3%。三次产业结构比由11.7∶44.2∶44.1调整到11.2∶42.9∶45.9，实现产业结构"二三一"到"三二一"历史性转变。

人均地区生产总值56460元,按当年平均汇率折算为9065美元。全年居民消费价格指数比上年上涨1.5%。食品类涨1.0%,烟酒类涨1.7%,衣着类涨3.7%,家庭设备用品及维修服务类涨2.8%,医疗保健和个人用品类涨2.6%,娱乐教育文化用品及服务类涨2.7%,居住类涨0.8%,交通和通信类跌0.4%。全年城镇新增就业6.67万人,下岗失业人员再就业3.59万人,其中困难群体再就业6546人。年末,城镇登记失业率2.2%。新增转移农村劳动力2.16万人,城乡劳动者职业技能培训2.75万人。全市常住人口城镇化率58.2%,比上年提升1.7个百分点。

【法人单位情况】 截至2015年12月31日,淮安市有法人单位64786户,其中第一产业3821户,第二产业18813户,第三产业42006户。按单位类型分:企业49420户、事业单位3688户、机关1125户、社会团体1764户、民办非企业单位1047户、基金会18户、居委会490户、村委会1471户、其他组织机构5288户。按行业门类分:农林牧渔业3821户、采矿业94户、制造业14630户、电力和燃气及水生产和供应业287户、建筑业3802户、批发和零售业14900户、交通运输和仓储及邮政业1875、住宿和餐饮业829、信息传输和软件及信息技术服务业1205户、金融业403户、房地产业2033户、租赁和商务服务业5683户、科学研究和技术服务业2822户、水利环境和公共设施管理业553户、居民服务和修理及其他服务业1210户、教育1489户、卫生和社会工作953户、文化体育和娱乐业860户、公共组织社会保障和社会组织7191户,没有国际组织。

新增企业法人单位14292户,按地区分:清河区2043户、淮安区1845户、淮阴区1979户、清浦区867户、涟水县2000户、洪泽县816户、盱眙县1128户、金湖县1495户、淮安经济技术开发区2052户、淮安工业园区15户、淮安盐化新材料产业园52户。

【农林牧渔】 2015年,淮安市粮食生产连续12年丰收,全年粮食总产量467.22万吨,比上年增加0.03万吨。其中夏粮177.37万吨,下降1.1%;秋粮289.85万吨,增长0.7%。全年粮食种植面积987.36万亩,减少0.43万亩。油料面积44.70万亩,减少2.43万亩,蔬菜面积144.74万亩,增加2.84万亩。完成造林面积2120公顷。肉类总产量30.48万吨,下降2.6%,其中猪牛羊肉产量19.42万吨,下降4.5%;禽肉产量11.00万吨,增长1.0%。禽蛋总产量13.27万吨,增长2.0%。牛奶总产量3.76万吨,增长4.5%。全年水产品总产量26.35万吨,增长1.0%。年末农业机械总动力620.2万千瓦,增长9.1%。

【水利建设】 2015年,淮安市完成水利建设投资31.2亿元。淮河入江水道整治、洪泽湖大堤加固、分淮入沂整治等治淮工程基本完成;黄河故道水利综合治理全面启动。古黄河水利枢纽、堂子巷枢纽建成使用,北门桥控制交通桥工程实现通车。10条计32千米城市河道疏浚整治任务完成,东风泵站、月湖泵站等23个中心城市建设项目相继建成投入使用。兴建各类小型田间建筑物9472座,新建防渗渠道896千米;整治村庄河塘1986个,改造农桥624座,解决农村饮水不安全人口60.08万人。金湖县荷花荡获批国家级水利风景区,国家水生态文明城市、节水型城市、水情教育基地创建全面启动,北京路水厂废黄河水源地达标建设通过省级验收。

【工业和建筑业】 2015年,淮安市完成规模以上工业增加值1483.25亿元,比上年增长11.5%。其中国有工业增加值121.33亿元,增长4.1%;集体工业增加值4.65亿元,增长5%;股份制工业增加值902.83亿元,增长12.6%;外商及港澳台投资工业增加值375.33亿元,增长10.2%。大中型工业企业增加值658.77亿元,增长6.8%。轻工业企业增加值653.59亿元,增长9.9%;重工业企业增加值829.67亿元,增长12.8%。

优势特色产业实现产值3902.80亿元,比上年增长17.9%,占全市规模以上工业比重58%,比上年提高2.8个百分点。其中,盐化新材料、特钢、电子信息、食品四大主导产业实现产值3452.80亿元,增长17.4%,占全部规模以上工业企业产值比重51.3%。高端装备制造、新能源汽车及零部件两大战略性新兴产业实现销售450亿元,增长21.5%。节能降耗成效明显,单位地区生产总值能耗下降率6.84%,完成省定目标。

全市有规模以上工业企业2511户,全年实现主营业务收入6608.73亿元,比上年增长16.6%;利税653.66亿元,增长21.2%;利润384.60亿元,增长27%。其中销售100亿元以上企业4户,50亿元以上企业8户,10亿元以上企业70户。全市百户重点企业销售、利税、利润占全市比重分别为30.9%、34.5%和39.4%。

全市具有资质等级的总承包和专业承包建筑企业586户。全年完成建筑业增加值191.50亿元,比上年增长4.6%。完成建筑业总产值1323.70亿元,增长7.9%,其中建筑工程产值1276.48亿元,增长7.4%。

【固定资产投资】 2015年,淮安市完成规模以上固定资产投资2203.24亿元,比上年增长22.7%。其中工业投资1295.11亿元,增长28.3%;房地产开发投资283.69亿元,下降20.7%。民间投资1544.23亿元,增长40.8%,占全市规模以上投资70.1%。全市在建亿元项目725个,计划总投资2062.04亿元,比上年增长28.6%;完成投资1179.69亿元,增长21.5%。新开工亿元以上项目456个,其中超10亿元重特大项目4个,5亿元以上项目12个。江苏富强新材料、中兴智慧产业园等一批重大项目开工建设,淮河入海水道二级航道建设获得国家批准。

【国内贸易】 2015年,淮安市实现社会消费品零售总额970.7亿元,比上年增长12.3%。按经营单位所在地统计,城镇消费品零售额865.77亿元,增长12.1%;乡村消费品零售额104.97亿元,增长13.1%。按消费形态统计,批发零售业完成零售额874.2亿元,增长12.3%;住宿餐饮业实现零售额96.5亿元,增长11.4%。

限额以上单位实现社会消费品零售额494.83亿元，比上年增长14.7%。其中粮油、食品类增长7.4%，烟酒类增长18.6%，化妆品类增长12.2%，金银珠宝类增长11%，电子出版物及音像制品类增长9.8%，五金电料类增长21.7%，家具类增长21%，石油及制品类增长11.8%，建筑及装潢材料类增长20%，机电产品及设备类增长23.4%，汽车类增长18.4%。

【开放型经济】 2015年，淮安市新批外资项目167个，协议外资21.7亿美元，比上年增长3.4%；注册外资实际到账12.1亿美元，增长5.1%。新设立总投资超3000万美元项目46个，其中1亿美元以上项目13个。敏安电动汽车、爱美森木业、大量科技等一批重大项目落户。新开工外资项目104个，新竣工外资项目81个。开工项目到账外资11亿美元，占到账外资比重84.7%，比上年提高4.7个百分点。全年到账台资3.6亿美元，比上年增长6.2%。第十届台商论坛集中签约台资项目58个，总投资15.1亿美元。

累计完成进出口总额41.3亿美元，比上年增长0.6%。其中，出口30.1亿美元，下降4.8%；进口11.2亿美元，增长18.7%。全市实现加工贸易进出口额17.7亿美元，增长23.5%；一般贸易进出口20.2亿美元，下降20.5%；其他贸易方式累计进出口3.4亿美元，增长1.6倍。全市机电、高新技术产品分别出口11.1亿美元、4.9亿美元，分别增长23.9%、302.8%。其中，电子信息产品出口5.1亿美元，增长1.4倍，为全市最大出口产品类别。全年累计完成外经营业额1.05亿美元，增长11%；完成外经合同额3217万美元，增长20.2%。全年新签对外承包工程项目4个。新批境外投资企业5家，增长25%，中方协议投资额3458万美元，增长12.6%。

开发园区新批外资项目79个，其中3000万美元以上项目26个。注册外资实际到账8.9亿美元，增长1.6%，占全市比重73.4%；进出口总额35.8亿美元，下降3.4%，占全市比重86.7%。

【交通运输】 2015年，淮安市完成交通基础设施建设投资42.3亿元。现代有轨电车一期工程、高良涧船闸扩容工程建成投入使用。南马厂大道、开发大道北接线建成通车，京杭运河黄码大桥半幅通车，连淮扬镇铁路、徐宿淮盐铁路、503省道机场连接线、235和346省道涟水绕城段、348省道洪泽南环段、南门立交、淮海路古淮河桥改造等重点项目开工建设，宿扬高速、235国道盱眙段、新港二期等在建工程快速推进。年末公路总里程13272.8公里，比上年增加198.6公里，其中高速公路里程403.4公里，一级公路里程620.1公里。完成公路、水路客运量8531万人次、周转量47.15亿人公里，分别比上年增长1.1%和1.8%；货运总量12023万吨、周转量362.06亿吨公里，分别增长6%和7.5%；完成港口集装箱吞吐量13.50万标箱，增长31%；港口货物吞吐量8004万吨，增长12.7%；完成航空旅客吞吐量50.5万人次，完成航空货邮吞吐量3754吨，比上年增长9.8%。淮安—台湾实现直航，季节性旅游航线、经停航线和航空快递等加快发展。

【邮电通信】 2015年，淮安市邮电业务收入35.95亿元，比上年增长3.4%。其中，电信业务收入25.56亿元，下降5.2%；邮政业务收入10.39亿元，增长33.1%。全市年末固定电话用户67.97万户，下降16.6%。全年移动电话用户368.57万户，下降0.6%；年末互联网注册用户76.11万户，增长5.7%。

【旅游业】 2015年，淮安市实现旅游收入266.87亿元，比上年增长13.2%。接待国内旅游人数2323.79万人次，增长11.2%；实现国内旅游收入264.02亿元，增长14%。接待入境过夜游客1.47万人次，比上年增长7.8%；其中，外国人7902人次，港澳台同胞6773人次。全年旅游外汇收入1558.15万美元，比上年增长18.7%。全市共有国家A级旅游景区41家，其中淮安市周恩来故里旅游景区获批为国家AAAAA级旅游景区，AAAA级景区12家；省星级乡村旅游区41家，省级自驾游基地3家，省级旅游度假区2家，省级生态旅游区2家。星级旅游饭店48家，其中五星级旅游饭店1家。旅行社109家，其中四星级旅行社2家、出境社2家。持证导游4176人。里运河文化旅游区、白马湖生态旅游度假区入选全国优选旅游项目，西游记文化体验园入选储备项目。

【财政】 2015年，淮安市财政总收入510.13亿元，比上年增长10.1%。其中，上划中央四税收入159.82亿元，增长3.1%；一般公共预算收入308.51亿元，增长13.5%。一般公共预算支出513.41亿元，增长19.0%，其中市级完成一般公共预算支出117.07亿元，比上年增长26.8%；县（区）级完成一般公共预算支出396.34亿元，增长16.9%。全市政府性基金支出147.42亿元，增长13.7%。

【金融】 2015年末，淮安市金融机构本外币存款余额2356.91亿元，比年初增加319.04亿元，增长15.7%。其中住户存款1187.73亿元，比年初增加128.89亿元，增长12.2%。年末金融机构本外币贷款余额1879.29亿元，比年初增加243.70亿元，增长14.9%。全年保险公司保费收入62.24亿元，比上年增长7.5%。其中财险收入21.35亿元，增长18.1%；寿险收入40.89亿元，增长2.7%；健康险和意外伤害险收入2.40亿元，增长21.9%。保险赔款和给付支出21.87亿元，其中财产险11.93亿元，寿险9.9亿元，健康险和意外伤害险1.19亿元。

【科学技术】 2015年，淮安市研究与试验发展（R&D）经费支出45亿元，比上年增长12.5%。实现高新技术产业产值1687.22亿元，增长14.5%。完成专利申请15941件，增长5.6%，其中发明专利申请4406件，增长26.1%。专利授权9365件，增长40.6%。新增国家高新技术企业74家，新认定市级高新技术企业89家、市创新型领军企业10家，省民营科技企业累计达320家。

上海交大、兰州大学、钢铁研究总

院华东分院等知名高校院所新来淮设立研究机构14个；新获批省级工程技术研究中心12家、省级企业研究生工作站12个，新建市级工程技术研究中心100家、企业院士工作站2家、企业重点实验室1家，市级以上企业"两站三中心"累计达804家。盱眙凹土科技产业园获批省产学研协同创新基地，清城创意谷获批省级众创空间，金湖青年众创集聚区获批省级众创集聚区，新认定市级众创空间10家，全市省级以上孵化器孵化面积累计达88万平方米。

【教育】 2015年，淮安市拥有各类各级学校982所，在校生86.24万人，教职工6.67万人。其中，幼儿园485所，在园幼儿17.21万人；小学282所，在校生34.43万人；初中150所，在校生13.68万人；普通高中29所，在校生7.50万人；中等职业学校22所，在校生6.53万人；特殊教育学校7所，在校生0.10万人；普通高校7所，在校生6.79万人。

【文化】 2015年，淮安市万人拥有公共文化设施面积1553平方米，公共文化服务设施覆盖率92.8%，人均公共图书馆总藏量0.914册。有线电视总户数151.89万户，比上年增长3.5%；新增农村有线电视用户4.40万户，农村有线电视入户率93%，有线电视村民小组接通率100%。京剧《如姬》获第二届江苏文华大奖；版画《祈福千年船坞我家》获第二届文华美术奖。淮安软件园被国家版权局授予"全国版权示范园区（基地）"。市公共数字文化综合服务平台项目获得国家级创建资格，盱眙县入围第三批省级公共文化服务体系示范区创建名单。

【卫生】 2015年，淮安市拥有各类卫生计生机构（不含村卫生室）800个。其中，疾病预防控制机构9个，卫生监督机构10个，综合医院35个，专科医院13个，中医院6个，中西医结合医院1个，妇幼卫生保健机构9个，卫生院129个，社区卫生服务中心（站）79个，计划生育技术服务机构119个。各类卫生计生机构实有病床25966张，其中医院病床数16654张，卫生院病床数7301张；卫生技术人员3.05万人，其中执业（助理）医师12037人，注册护士13503人；疾病预防控制机构卫生技术人员448人，卫生监督机构卫生技术人员188人；妇幼卫生保健机构卫生技术人员1105人，计划生育技术服务机构卫生技术人员165人。分级诊疗深入推进，创成11个国家级"群众满意的乡镇卫生院"，通过国家卫生城市复审。

【体育】 2015年，淮安市成功创建首批省级公共体育服务体系示范区。全市137个城市社区全面建设"10分钟体育健身圈"，新建健身步道70.5公里。各县（区）场地器材等硬件条件提升，城市社区均达到或超过"二室一场一路径"标准。成功举办全市第八届万人自行车环市行、"舞动幸福·最美淮安"妇女广场舞比赛、第六届省健身气功交流比赛、"全民健身日"等系列全民健身活动。承办全国男子排球冠军赛、全国武术套路冠军赛等国家级赛事7项，江苏省青少年田径锦标赛和游泳锦标赛等省级赛事14项。

【环境保护】 2015年，淮安市建成苏北首个省级生态市，国家生态市创建即将迎来环保部组织的技术评估。累计投入13.9亿元，完成京杭运河清浦段清淤疏浚与生态修复等23个国家淮河流域项目。全市设立自然保护区5个，其中省级自然保护区2个，自然保护区面积7.09万公顷。市区空气质量优良天数246天，优良率67.4%；城市水域功能区水质优良率81.6%，集中式饮用水源地水质达标率100%；市区区域环境噪声平均等效声级54.1分贝，声环境质量等级较好；市区交通噪声平均等效声级64.8分贝，声环境质量等级为好。化学需氧量和二氧化硫排放量分别比上年削减1791.48吨和3099.75吨。金湖县、清浦区在苏北率先获得国家生态县（区）命名，洪泽县通过国家生态县考核验收，盱眙县、淮安区和淮阴区通过国家生态县（区）技术评估。

【居民收支】 2015年，淮安市全体常住居民人均可支配收入20840元，比上年增长9.1%；人均生活消费支出12349元，增长8.6%。按常住地划分，城镇居民人均可支配收入28105元，增长8.9%，人均生活消费支出15867元，增长7.9%；农村居民人均可支配收入13128元，增长9.3%，人均生活消费支出8615元，增长9.9%。城镇常住居民人均住房面积43.8平方米，农村常住居民人均住房面积50.7平方米。

【社会保障】 2015年，淮安市参加城乡居民基本养老保险人数120.62万人，参保率99.5%。参加企业养老保险职工人数88.90万人，比上年增加2.60万人，其中农民工参保人数6.80万人，个体灵活就业人员参保人数37.10万人。参加城镇职工基本医疗保险、工伤保险、生育保险、失业保险人数分别为84.01万人、51.16万人、46.87万人和63.3万人，分别比上年增加1.08万人、4.90万人、4.81万人和1.10万人。企业离退休人员养老金按时足额100%社会化发放，全年支付24.40万名企业离退休人员养老金52.5亿元。全年共征缴当期养老保险费47.80亿元，清理企业往年欠缴养老保险费6184万元。全市24.30万名企业退休人员纳入社区管理服务，管理率达100%。组织12.94万名企业退休人员参加第四轮免费体检。累计为1.5万人次特困人员办理贷款，发放贷款资金1.1亿元。

（市统计局）

生态家园

SHENGTAI JIAYUAN

（任精和　摄）

土地资源管理

环境保护

节能减排

水资源保护

园林绿化

生态区建设

土地资源管理

【概况】2015年，淮安市获批各类建设用地1513.33公顷；出让土地1033.33公顷，合同出让金179.51亿元；收储土地1000公顷，争取融资规模53.9亿元；盘活存量土地733.33公顷；争取省以上投资土地整治项目7个，预算资金2.6亿元；安排市投土地整治项目10个，投入资金5420万元；推进占补平衡和城乡挂钩项目建设，新增耕地1666.67公顷。

【土地改革】2015年，淮安市探索建立土地资源管理新机制，片区规划编制取得突破。《功能片区土地利用规划试点工作方案》获省国土资源厅批复，《规划编制技术指南》通过省级专家论证，白马湖生态保护、淮阴区国家农业科技园、涟水县高沟小城市等首批片区土地利用规划获省政府批准。试点配套工程见效。洪泽县成为全省首家建设用地“双减量”（城乡建设用地近期减增量、远期减总量）试点县；推进淮阴区、淮安区、盱眙县同一乡镇村庄建设用地布局调整；金湖县出台《农村宅基地有偿退出试点办法》；在盱眙县旧铺镇开展零散基本农田归并整合试点；淮阴区古寨乡适度规模土地整治进展顺利；淮安市工矿废弃地复垦试点进展较快；淮阴区、淮安工业园区开展工业用地弹性出让试点，市政府出台指导意见。市政府印发《关于开展全市国有建设用地使用权网上交易有关事项的通知》《关于试行土地指标市场配置制度的通知》《关于进一步加强耕地保护工作的实施意见》《关于加快推进工业用地供应方式改革试点工作的指导意见》，丰富和完善支撑改革的政策体系。

【发展用地保障】2015年，淮安市完成“四县一区”规划实施评估，争取规划流量指标4280公顷，为重点产业、重点项目拓展用地空间。出台《关于进一步提升国土资源保障能力积极服务稳增长促转型的实施意见》；争取用地计划2186.67公顷，其中国家计划833.33公顷、独立选址计划325.07公顷、重大产业支持计划87.73公顷、城乡挂钩计划606.67公顷；市场化配置用地指标29.93公顷，成交金额8980万元。制定出台《关于进一步规范市区国有建设用地全程管理工作的通知》，推进建设用地全程阳光管理，率先在全省实现国有建设用地使用权网上交易全覆盖。开展低效工业用地、批而未供及闲置土地清理处置，全年盘活土地733.33公顷。单位地区生产总值建设用地占用率下降10.5%。

【资源红线守护】2015年，淮安市政府与各县（区）签订耕地保护责任状，开展耕地保护责任目标履行情况专项检查，各级政府和相关部门耕地保护共同责任有效落实。加大重点保护区域项目资金投入力度，运用经济手段鼓励各地保护资源，全年安排市投土地整治项目10个，投入资金5420万元；累计完成土地整治项目6个，建设规模5953.33公顷；争取省以上投资项目7个，预算资金2.6亿元。划定并永久保护基本农田，基本农田全部上图入库，建立数据库，设立标志牌，开展城市周边永久基本农田划定；建成高标准基本农田4.18万公顷。在全省率先汇交高标准农田上图入库成果。加强采矿权、探矿权年检工作，足额征收矿产资源补偿费，完成矿山储量年报和开发利用统计，矿山储量及钻井监管系统建设通过初步验收。出台《关于进一步健全土地执法监管共同责任机制的通知》；完善土地执法内控机制，加大违法用地查处整改力度，土地卫片执法检查实现“零约谈、零问责”目标；例行督察和预警督察通过验收；启动“慧眼守土”工程建设，“互联网+土地执法”监管新模式初步建成。

【法治国土建设】2015年，淮安市开展依法行政和“六五”普法考核检查，加强行政复议和应诉工作，推进行政权力网上运行。金湖县国土资源局被评为“全国国土资源依法行政先进单位”。规范土地征收管理，执行征地工作程序和“两公告一登记”（征用土地公告，征地补偿、安置方案公告和补偿登记）、征地补偿费预存等制度，全年获批各类建设用地1513.33公顷。出台《关于进一步规范土地征收工作的意见》，全面落实征地社会稳定风险评估。严格执行省政府93号令，维护被征地农民合法权益。构建“大信访”工作平台，建立健全涉土信访属地管理、分级负责、案件包案制度。加强地质灾害防治。开展地质灾害项目治理，加强淮安盐盆、洪泽盐盆地面沉陷监测，全面排查地质灾害隐患点、危险点，严格执行汛期巡查值班和报告等制度，保障人民群众生命财产安全。

【业务能力建设】2015年，淮安市在全省率先完成不动产登记职责整合，

2015年，省国土资源厅厅长李侃桢赴淮阴区调研土地整治项目。周翔 供图

房屋登记交易职责整合到位，市、县两级分别成立不动产登记局，组建不动产登记交易中心。涟水县颁发全市第一本不动产权证书。减政放权，优化流程，审批事项由9项减至5项，总办理时限减少20个工作日，申报材料数量减少27%。地籍管理更加规范，土地变更调查成果通过国土资源部验收，完成耕地后备资源调查评价，农村集体建设用地、宅基地使用权调查成果通过验收。推进国土资源“一张图”（遥感监测与行政监管共同构建综合监管平台）建设，建成“一库三平台”（“一张图”基础数据库、电子政务平台、综合监管平台、公共服务平台），基本实现业务全覆盖。完成“数字淮安”地理空间框架项目建设，通过省级验收；实施地理国情普查，地理信息系统建设全面启动。开展土地和矿产资源两个领域专项治理，健全完善管理机制，从源头堵塞漏洞。加强土地专项审计整改，严格执行预算、核算。健全完善档案管理制度，推动档案信息化建设，淮安国土分局率先创成省AAAAA级数字档案室。

（周　翔）

环境保护

【概况】 2015年，淮安市区空气质量优良率67.4%；城市水域功能区水质优良率81.6%，集中式饮用水源地水质达标率100%；市区区域环境噪声平均等效声级54.1分贝，声环境质量等级较好；市区交通噪声平均等效声级64.8分贝，声环境质量等级为好。化学需氧量和二氧化硫排放量分别比上年削减1791.48吨和3099.75吨。推进农村环境综合整治，7个涉农县（区）全部完成2013~2014年度工程项目，建成城乡污水处理厂96个、垃圾中转站120个，盱眙县在苏北地区率先通过省级考核。

【大气污染防治】 2015年，淮安市全面完成省下达的大气污染防治年度任务。市区PM2.5浓度均值比2013年下降26.6%，降幅在全省排名第二位，被省政府表彰为2015年度大气污染防治工作“优秀城市”。空气优良天数246天，比2014年增加22天，优良率上升6%。完成省定脱硫、脱硝、除尘、挥发性有机物治理、燃煤小锅炉整治以及老旧机动车和黄标车淘汰等任务。层层落实秸秆禁烧禁抛工作责任，加大秸秆综合利用力度，全年省以上通报火点4个。

【水污染防治】 2015年，淮安市投入13.9亿元，完成金湖县城市污水处理厂扩建及管网配套工程、京杭运河清浦段清淤疏浚及生态修复工程等23个国家淮河流域项目。白马湖保护与开发工程获国家良好湖泊中央支持资金6.48亿元。开展饮用水水源地和地下水调查评估，饮用水源水质各项指标均达标。全市污水日处理能力累计58.5万吨，市区生活污水集中处理率85%。38个河流监测断面中，水质优良断面30个，占总数的78.9%，水质功能区达标率94.7%；洪泽湖和白马湖除总磷外均达地表水III类标准。

【固废和辐射污染防治】 2015年，淮安市推进危险废物规范化管理整治，安全处置淮安博泰化工有限公司危险废物异地倒卖、淮阴区二河堆非法处置危险废物等案件，对放射源、射线装置使用单位严格审查，检查率100%，实现辐射安全零事故。把好辐射建设项目环评审批、许可证申领和环保竣工验收关，审批核技术应用项目环评83个，完成竣工环保验收21个，审批辐射各类许可104家次，新上项目实现环评执行率、许可证发证率和环保竣工验收率100%。

【环境监管执法】 2015年，淮安市开展环保大检查和严厉打击恶意环境违法犯罪行为专项行动，出动执法检查13450人次，检查企业5104家；排查发现违法违规建设项目3239件，查处违法排污企业97家，责令停止建设21家、停产85家、限期整改348家，关停取缔违法企业15家；对209家违法企业实施行政处罚，罚款金额1010.86万元。

【服务发展】 2015年，淮安市把总量指标削减作为技改、扩建项目环评审批的前置条件，执行项目环评与规划环评审批联动机制，审批各类环境影响评价文件109个，组织环保设施“三同时”（建设项目中防治污染的设施，应当与主体工程同时设计、同时施工、同时投产使用）竣工验收50项，否决高耗能、高污染项目45个。完成30家重点行业企业强制性和7家企业自愿性清洁生产审核，重点行业清洁生产审核与技术改造率100%，对1591家企事业单位2014年度环境信用进行等级评定，评出绿色企业23家、蓝色企业1504家、黄色企业48家、红色企业12家、黑色企业4家，并将企业环保信用等级与银行信贷挂钩。

2015年，淮安市开展节水型城市宣传，图为宣传现场。　金立甫　供图

表7 2015年淮安市环境保护情况表

	单位	全市	市区						涟水县	洪泽县	盱眙县	金湖县
				清河区	淮安区	淮阴区	清浦区	开发区				
绿地面积	公顷	12753	6856	—	—	—	—	—	2240	1001	1650	1005
公园绿地面积	公顷	3012	2022	—	—	—	—	—	376	175	299	140
生活垃圾无害化处理率	%	90.5	98.5	—	—	—	—	—	100.0	100.0	100	100.0
自然保护区面积	公顷	70906	300	—	—	—	—	—	3433	39100	22273	5800
工业废水排放量	万吨	6984	3502	82	1670	533	424	618	613	2071	611	187
工业二氧化硫产生量	吨	113037	98745	—	9552	34133	39512	3301	2300	8042	2599	1351
工业二氧化硫排放量	吨	68540	40810	4409	12626	13393	4971	3952	9419	5513	9576	3222
工业烟（粉）尘产生量	吨	2104539	2005899	—	175069	1008507	511060	53075	13401	50176	13783	21280
工业烟（粉）尘排放量	吨	17152	12289	—	2057	5719	2642	1559	764	1315	1685	1099
一般工业固体废物综合利用率	%	97.3	—	82.8	99.9	100.0	99.9	46.7	98.3	95.7	100.0	99.8
空气质量达到及好于二级的天数	天	277	—	243	238	241	238	204	243	310	293	301

【环保宣传】 2015年，淮安市先后开通“淮安环保”政务微博和微信公众号，策划开展“带着微信看环保”“环保人平凡的一天”等专题宣传活动，推送图文信息300余条，转发超过5000余次，“淮安环保”粉丝42000余人。组织开展“六五”世界环境日、“助力生态环保 淮商在行动”环保知识竞赛、“走进环保人”“筑梦环保、聆听自然”江南乐府民乐团公益演奏会等10多项丰富多彩的社会宣传活动。

（市环保局办公室）

节能减排

【概况】 2015年，淮安市单位地区生产总值能耗为0.57吨标准煤／万元，比上年下降3%，“十二五”期间累计下降18%，超额完成省下达年度下降2.9%的目标任务和“十二五”节能目标任务。化学需氧量、氨氮、二氧化硫、氮氧化物排放总量分别为68539.78吨、8873.49吨、44192.28吨、58901.78吨，分别比2010年削减14.62%、9.86%、9.21%、19.95%， 完成“十二五”减排任务，其中化学需氧量、二氧化硫、氮氧化物超额完成减排任务。

【结构调整节能】 2015年，淮安市围绕“4+2”特色优势产业，推动盐化工、特钢、电子信息、食品四大主导产业，高端装备制造、新能源汽车及零部件两大战略新兴产业发展。全年实现销售收入超500亿元，推动工业结构转型升级。坚决淘汰落后产能，“十二五”期间，淘汰落后水泥生产能力94万吨、造纸4.2万吨、金属制品2万吨、纺织1000万米、精纺毛纱0.43万吨、铅蓄电池290万千伏安时、单晶硅3000万片。年内，全市9686辆营运黄标车全部淘汰，提前完成省政府交办任务。淮安市2431辆出租汽车全部使用油气双燃料。

【技改节能】 2015年，淮安市组织实施30余项节能重点工程，以节能技改推动企业能效持续提升。重点用能企业实施节能与发展循环经济项目40多个，实现节能量10万吨标准煤。将清洁生产工作纳入市对县（区）年度目标考核体系，开展清洁生产先进企业创建活动，提升企业节能降耗水平。

【能源计量审查】 2015年，淮安市开展“绿色计量进企业”活动，对54家低碳行动企事业单位开展能源计量审查，实施新投用锅炉能耗审查，完成锅炉能效测试37台。413家企业通过环境管理体系认证，淮安清江石油化工有限公司被确定为省能源计量示范单位。

【督查检查】 2015年，淮安市按月公告工业能耗指标，按季公告单位GDP能耗指标，对节能目标完成进度滞后的地区及时预警。加强节能执法，严格规范受理、立案、审批和处罚程序，深入开展节能执法专项行动，对20户主要产品能耗限额标准涉及企业、8户水泥生产企业，16户燃煤锅炉使用企业和10户非工业企业。30户年综合能耗2000~3000吨标准煤企业实施专项监察审计，对能耗超限额标准企业实施惩罚性电价，倒逼用能单位提升能效。 （市经信委 市环保局）

水资源保护

【概况】 2015年，淮安市建立健全最严格水资源管理制度考核体系，进一步明确水行政主管部门以及相关部门职责，组织开展全市水资源保护规划编制，开展市盐化新材料产业园区水资源规划论证编制；严格取水许可管理，强化取水许可后监督管理，开展河湖健康评估等。印发《关于加强水资源费征收管理的通知》，督促县（区）及时调价到位，对各县（区）落实文件情况进行专项督查，加强水资源费的征收和管理；完成《淮安市饮用水源地保护办法》评估工作，修订《淮安市地下水资源管理暂行办法》，起草《淮安市古淮河保护条例》，出台《关于进一步加强计划用水管理工作的通知》。将水资源管理信息系统维护进行外包，信息系统在线率和数据录入率保持在90%以上。启动“淮安节水管理系统软件”开发研制和“十三五”水资源规划编制工作，按照“智慧水利”要求推进水资源管理方式的转变。

【水生态文明试点创建】 2015年，淮安市修订完善《淮安市水生态文明建设试点市实施方案》，获省政府批准实施。5月上旬，召开全市水生态文明建设试点动员会。5月下旬，对会议贯彻落实情况进行督查，筹建水生态文明建设创建办公室，分解并落实工作责任。编制《淮安市水资源管理现代化建设实施方案》，推进各项重点工程和项目实施，对全市水资源管理现代化建设进行自评估，并报省水利厅申请验收。

【水源地建设保护】 2015年，淮安市完成全市饮用水源达标建设。涟水县废黄河水源地、盱眙县龙王山水库水源地分别于10月28日和29日通过省级验收。4~7月，起草市区饮用水源地集中整治方案，开展市区水源地集中整治“铁拳行动”。洪泽县洪泽湖水源地、金湖县入江水道水源地、市区北京路水厂废黄河水源地、淮阴区废黄河水源地全部完成达标建设任务并申请省级验收。12月18日，省验收组对该市其余4个水源地进行验收，淮安市8个水源地全部完成验收。开展白马湖第二水源地规划建设。10月28日，《淮安市白马湖第二水资源地设置论证报告书》通过专家组审查。12月4日，《白马湖第二水源地隔离防护工程实施方案》通过审查获市发展改革委批复，工程概算508.2万元。加大饮用水源地监管力度。建立健全饮用水源地巡查组织网络体系，落实巡查人员、明确巡查责任，每天对二河、古黄河市区饮用水源地开展巡查，及时制止影响饮水安全行为。开通巡查微信群，安装监视探头，开展无人机巡查，提高监管水平。在原有监测站网基础上拓展范围，按旬检测分析饮用水源地水质评价结果，做到早监测、早发现、早报告、早处理，杜绝影响饮用水源水质事件发生。强化水污染应急管理能力建设，开展饮用水源地水污染事件水利系统应急演练，提高突发性水污染事件应急反应能力，保障饮用水源地安全。秋、冬两季，成功处置两起藻类生长威胁供水安全事件。

【地下水资源保护】 2015年，淮安市加强地下水资源保护。编制完成《淮安市地下水压采方案》，6月1日批准实施。对全市2014年度封填的40眼深井进行核查，并对照省水利厅要求进行整改，将封井资料整理成档，形成清单上报省水利厅，将封井验收信息录入省地下水井压采验收数据库，10月通过省水利厅验收。按照省下达的封井任务及《淮安市地下水压采方案》，分解部署2015年度地下水井封填任务，对压采进度进行督查，地下超采和水位下降问题初步得到控制。

2015年，淮安市开展节水型城市创建。 金立甫 供图

【节水型社会建设】 2015年，淮安市加大国家级节水型城市创建力度，印发《创建任务分解的通知》，明确33项具体创建任务。5月8日，市政府召开国家级水生态文明城市和节水型城市创建动员大会，向全市发出“2016年必须创成国家级节水型城市”的号召。出台《关于进一步加强计划用水管理工作的通知》，规范全市非居民用水户的用水计划制定和监管；出台《关于印发节水载体评价标准的通知》，解决现行节水载体创建考评标准不适应节水型城市新标准问题。举行各类节水宣传活动，完成涟水县河网中学等5所省级节水型学校验收，指导江苏食品药品职业技术学院等单位新上节水示范项目7个，完成淮安区实验中学16所市级节水型学校验收，完成华都名邸小区等10个节水型社区验收，完成市住房和城乡建设局等10家节水型机关验收，完成实联化工江苏有限公司、民生大厦等5家节水型企业（单位）验收，完成清河区白鹭湖学校等23家单位水平衡测试验收，完成今世缘酒业有限公司等59家节水型载体复查。淮安市被授予“江苏省节水型城市”称号，清河区被省水利厅授予“省级节水型社会建设示范区”称号，博里中学以满分通过省水利厅组织的省级节水型学校验收。

（曾庆祝 金立甫）

园林绿化

【概况】 2015年，淮安市实施园林绿化项目107个，完成投资14.03亿元。其中，中心城区实施项目79个，完成投资12.2亿元。绿化覆盖率、绿地率和人均公园绿地面积分别达到41.3%、38.1%、13.79平方米，新增绿地面积245万平方米。

清河区漕运路游园　　市园林局　供图

【县(区)园区绿化】 2015年，淮安市各县(区)及园区完成多项绿化工程。清河区重点打造漕运西路游园等2项工程，清浦区实施清浦开明中学绿化等7项工程，淮安区打造经十路绿化建设等5项工程，淮阴区实施盐河风光带绿化建设等6项工程，淮安经济技术开发区、淮安生态新城及淮安工业园区重点建设应急避难场所，淮安盐化工新区实施实联大道东路绿化等7项工程，涟水县重点实施连水路绿化等5项工程，洪泽县实施砚临河风光二期等10项工程，金湖县实施黎农河西岸景观改造等11项工程，盱眙县实施山水大道景观绿化提升等5项工程。

【重点园林绿化工程】 2015年，淮安市重点实施新建道路(海天路、合肥路、漕运路)绿化、“城市绿色小客厅”、城市花道、公园深度开放、世界(北京)月季洲际大会淮安展园、第九届省园博会淮安展园、病虫害统防统治等14个园林绿化项目。其中，中心城区新建10个“绿色小客厅”游园，总面积约5万平方米，在6个小游园中增加健身设施。白马湖森林公园美国红枫彩叶花道、里运河文化长廊(水门桥至承德路桥)紫藤花廊、军营西路二乔玉兰花道、益兴名人湾小区粉团蔷薇花道、钵池山公园早樱花道以及楚秀园海棠花道等18条花道建设完成。

【绿化管理】 2015年，淮安市政府出台《城市建设工程树木移植和绿地占用论证程序暂行规定》，针对绿化改造提升工程，启动“绿评”论证程序，保护城市绿地。市人大拟定《淮安市永久性绿地保护条例》(草案)，并列入首批地方性法规进行审议。病虫害统防统治工作中首次对市区2万余株行道树使用喷式生物涂白剂，提高作业效率；针对检疫性害虫美国白蛾开展3轮有效防治，发布预警信息12期，公园绿地试点应用绿色杀虫灯76盏。多次邀请专家为全市园林企业、物业公司、乡镇部门等从业人员讲授防治知识。把好园林绿化审批关，保护绿化存量，全年接受永久、临时占用绿地申请41件，批准25件；接受城市树木砍伐、移植、修剪申请36件，批准11件。审查绿色图章方案33件，审批绿化企业三级资质17件。全市有园林绿化一级企业4家、二级企业23家、三级企业114家。

【公园建设管理】 2015年，淮安市推进公园深度开放，实施柳树湾景区、楚秀园、月季园监控语音系统和亮化配套建设，布置中洲岛绿化梳理和有轨电车沿线花箱，景观效果提升明显。市动物园创建苏北首家野生动物保护中心，被评为省生态文明教育示范基地。生态园引进栽植自衍花卉新品种打造特色小花境。钵池山景区新增山体内部照明。楚秀园提升12个景观节点花境。各公园(景区)围绕踏青赏花、社会公益、特色园林等主题，精心策划组织郁金香展、桃梨风光赏花节、“格桑印象”和相亲会等20多项主题游园活动。年内，淮安市北京路景观绿化提升等4个项目获评省优工程，盐河桥—淮安西路高速路收费站景观工程等11个项目获评市优工程。在中国(南阳)月季展上，淮安市盆栽精品月季获特等奖1项、银奖1项，盆景月季获金奖1项。

(市园林局)

生态区建设

【概况】 2015年，淮安市严守生态红线，生态红线区域总面积2120.74平方千米，占全市面积的21.14%。金湖县、清浦区在苏北地区率先获国家生态县(区)命名，洪泽县通过国家生态县考核验收，盱眙县、淮安区和淮阴区通过国家生态县(区)技术评估，涟水县通过省级生态县考核验收；淮安市建成苏北地区首个省级生态市，国家环保模范城市复核通过省级评估。金湖县通过全国绿化模范单位实地核验，淮安市淮阴区码头镇码头村被授予“全国生态文化村”称号，淮安市动物园被命名为“江苏省国家级生态文明教育基地创建试点单位”。

(市环保局办公室)

【再生资源回收体系试点项目建设】 2015年，淮安市推动再生资源回收体系试点项目建设，建成大型交易市场2个，建设各类分拣中心12个，改造回收站点352个。在全国地级市首家开展公共机构废旧商品回收利用工作，覆盖全市104家单位。

【湿地保护】 2015年，淮安市投入13.9亿元，完成京杭运河清浦段清淤疏浚与生态修复等23个国家淮河流域项目。全年湿地恢复面积400公顷，位列全省第一；有自然湿地11.9万公顷，受保护面积5.92万公顷，自然湿地保护率49.5%。有省级自然保护区2个，分别是洪泽湖东部和涟漪湖黄嘴白鹭省级自然湿地保护区。有省级湿地公园1个，即盱眙天泉湖省级湿地公园。有湿地保护小区5个，分别是淮阴区古黄河湿地保护小区、涟水县古黄河湿地保护小区、盱眙县清荷滩湿地保护小区、洪泽县入江水道湿地保护小区、淮安区白马湖湿地保护小区。9月，白马湖国家湿地公园创建通过国家林业局考察评估，被列入国家湿地公园建设试点名单。

2015年，淮安市与南京农业大学签订合作协议。　市白马湖办　供图

【白马湖生态环境保护】 2015年，财政部正式下发《关于下达2015年水污染防治专项资金(第一批)湖泊生态环境保护预算(拨款)的通知》，批准下达淮安市2015年中央水污染防治专项资金预算指标6.48亿元，用于白马湖生态环境保护。白马湖生态环境保护项目三年累计获中央财政专项资金8.98亿元。11月26日，市政府召开白马湖生态环境保护项目推进会。加快白马湖生态环境保护项目实施，把白马湖生态环境保护工程打造成为全省乃至全国样板。完成白马湖沿湖及入湖河道生态修复一期工程2K3+000~2K9+350堤防加固及清淤分部工程、白马湖生态修复工程、岔河段迎水面清淤工程、四圩段环湖道路改造工程、白马湖四圩段环湖道路改造工程水下工程、白马湖沿湖及入湖河道生态修复一期工程合同工程、白马湖岔河段迎水面清淤工程改造验收工作。洪泽县尾水收集处理再利用二期工程及清涧污水处理厂二期扩建及配套管网工程建设有序推进。完成白马湖"退渔还湖"二期工程，所涉及退渔区域全部停止养殖，清退养殖安置面积1704公顷，纳入社会保障体系专业渔民927户2922人，支出11847.3万元。　(市白马湖办)

第一山公园

基础设施

JICHU SHESHI

交　通

水　利

城乡建设与管理

交 通

综 述

【概况】 2015年，淮安市综合交通线网总里程1.48万公里，县与县之间通一级公路，县与乡之间二级以上公路全覆盖。公路有国道、省道1218千米，公路密度131.75千米/百平方千米、27.35千米/万人。等级公路比重升至93.3%，路网人口密度全省第一。境内有G2京沪、G25长深、G2513淮徐、S18盐淮、S49新扬、S92金马6条高速公路。全市有港区7个，千吨级泊位50个，国家水路二类口岸作业区3个。有一级汽车客运站8个，一级汽车客运站、百万吨以上港区建设实现县（区）全覆盖。交通基础设施建设完成投资41亿元，其中中心城建交通项目完成投资21.8亿元，占计划的179%。全市中心城市建设重点项目14个，其中现代有轨电车一期工程投入载客试运营，黄码大桥北半幅桥梁、承德路大桥、开发大道、南马厂大道跨古黄河桥北接线建成通车，淮河出海航道整治工程高良涧船闸建成通航，宁连路南门立交改造工程主体贯通，连淮扬镇铁路、新港二期、宁连路南门立交等项目有序推进。

完成盐河航道整治工程，全市航道总里程1483公里，其中三级以上航道231公里，港口总吞吐能力超过8000万吨。工业园区通用码头、城西作业区、杨庄、朱码二线船闸等一批重点港航项目建成投入使用。初步形成"公、铁、水、空、管"统筹发展、有效衔接的综合交通运输体系，区域综合交通枢纽地位基本确立。全年公路、水路货运量、周转量分别增长5.99%、7.55%。全市清洁能源客车、货车、公交车总量超过1100辆，出租汽车全部使用油气双燃料。部分运输企业获交通运输部节能减排专项资金，4个项目获省级节能减排专项资金。淘汰9686辆营运黄标车。36家客运企业（含客运站）、6家货运企业、68家汽车维修企业、8所驾校、12家汽车出租企业获评省级信誉企业。

【交通工程质量管理】 2015年，印发《淮安市公路工程"路面质量提升年"活动方案》《关于开展全市交通工程沥青拌合站标准化建设活动的通知》《关于在交竣工验收会增加路面芯样评价环节的通知》《关于科学安排工程工期的通知》《关于贯彻<公路路面基层施工技术细则>的通知》等管理性文件，制定"淮安市公路工程沥青拌和站建设标准"和"沥青混凝土拌和站标准化建设考核标准"。在日常监督检查中严格落实各项管理措施和要求，重点整治基层、面层质量通病，检测沥青老化指标，提升沥青路面工程质量和耐久性。开展年度交通工程"路面工程质量提升年"活动考核评比，邀请路面专家对所取基层和面层全部芯样、日常检测数据和施工、监理单位质保体系检查结果进行全面考核，并印发考核通报。基本消除公路工程水稳基层不成型现象，保证基层和面层原材料和生产工艺质量，首次监督抽检集料合格率由91%提高到97%，基层成型合格率由72%提升到95%，路面渗水合格率由83%提升到94%。

2015年，宿扬高速公路淮安段加快建设。 市交通局 供图

制定《淮安市公路工程路基路面施工技术指导意见》，从原材料、施工工序、施工工艺和技术、质量检验等方面对不同路基、路面工程施工进行标准化、规范化管理。出台《淮安市公路水运工程"平安工地"标准化指南》，以通俗易懂的文字和图表化样式对"平安工地"建设和考核标准进行解析，提高全市交通工程施工质量和"平安工地"建设水平。

【运输行业管理】 2015年，淮安市整合提升市区出租汽车电召平台，建成驾培智能化管理与服务系统、公路协同巡查系统、质量监督检查现场视频实时传输系统等信息化应用平台。制定部级节能减排项目专项资金管理办法，加快低碳交通区域性试点建设，建成港口岸电系统144套，新增清洁能源和新能源运输车辆383辆。完成内河船型标准化船舶拆解改造493艘，安装内河船舶生活污水处理装置460套，数量均居全省前列。举办洪泽湖突发风灾事故应急处置演习，苏北运河首艘大型专业打捞船建成投入运行。在全省率先完成"两客一危"（从事旅游的包车、三类以上班线客车和运输危险化学品、烟花爆竹、民用爆炸物品的道路专用车辆）道路运输企业和港口危化企业安全生产标准化工作考评。市区公交体制改革取得进展，淮安市高分通过"十二五"全国干线公路养护管理检查。 （王冰研）

【现代有轨电车】 2015年12月28日，淮安市举行现代有轨电车一期工程载客试运营开通仪式，淮安迈入城市轨道交通时代。淮安现代有轨电车是国内首条进入城市核心区的有轨电车线路，车辆采用德国西门子技术平台，采用超级电容供电方式，利用停站时间进行充电，列车制动时可回收动能，更加节能。该项目于2014年3月开工，2015年12月通过工程

表8　　　　2015年淮安市交通运输情况表

	单位	全市	市区	清河区	淮安区	淮阴区	清浦区	开发区	涟水县	洪泽县	盱眙县	金湖县
公路里程	公里	13273	5015	223	2150	2144	497	—	2550	1523	2704	1481
等级公路	公里	12407	4676	223	2039	1916	497	—	2296	1416	2704	1315
高速公路	公里	403	202	—	81	91	31	—	41	34	117	8
一级公路	公里	620	302	43	90	102	67	—	124	51	60	83
公路客运量	万人	8528	4593	—	1402	1098	—	—	1403	632	1189	711
公路货运量	万吨	5919	2615	—	575	942	—	—	1431	260	214	1399
内河港口货物吞吐量	万吨	8004	—	—	—	—	—	—	—	—	—	—
水上客运量	万人	3.23	1.25	—	—	—	—	—	—	1.98	—	—
水上货运量	万吨	6104	3154	—	2287	221	—	—	455	1950	260	285
公路客运周转量	亿人公里	47.14	25.39	—	7.75	6.07	—	—	7.75	3.49	6.57	3.93
公路货运周转量	亿吨公里	172.02	76.00	—	16.70	27.37	—	—	41.59	7.54	40.67	6.22
水上客运周转量	万人公里	51.79	19.50	—	—	—	—	—	—	33.29	—	—
水上货运周转量	亿吨公里	190.04	98.20	—	71.20	6.87	—	—	14.17	60.71	8.88	8.08
民用汽车拥有量	辆	393600	253524	56360	61745	67454	39916	26721	60294	20291	37101	22390
私人汽车拥有量	辆	344400	222824	48526	56640	61643	33962	20934	54207	17504	30794	19071

竣工验收,创造国内外有轨电车建设的"淮安速度"。北京、上海、武汉、青岛、宁波等30多个城市代表到淮安考察调研有过电车建设情况。

【交通工程品牌创建】 2015年,淮安市黄码大桥等4个项目获年度省级"示范工地"称号。235国道盱眙北段改扩建工程等6个项目申请挂牌创建"江苏省优质工程奖"。237省道淮阴区段、205国道淮安西绕城段2个项目接受省优工程终检。205国道淮安西绕城公路建设工程等3个项目申请"江苏省优质工程奖"复查。326、235省道高沟至涟水段改扩建工程,205国道后六塘河至丁集段工程分别获2014、2015年度省优质工程奖"扬子杯"。 (王　浩)

公　路

【概况】 2015年,淮安市公路总里程1.33万公里,高速公路通车里程403公里,在苏北地区率先形成城市高速公路环;全市一级公路总里程620公里,新改建农村公路超过1万公里,提前实现四级路"村村通"目标。有汽车客运南站、北站、总站、东站以及盱眙、涟水、洪泽、金湖等8个一级客运站,有淮安经济技术开发区客运汽车站1个二级客运站。全市有载货车辆3.56万辆、百辆车以上道路货运企业27家。接受"十二五"全国干线公路养护管理检查,"感知公路"、G205示范公路、云计算数据中心、养护机械化、公路文化、科技创新,特别是"公路文化与区域文化的深度融合"项目受到检查组高度评价,实现"零缺陷、零扣分",为江苏迎检全国夺冠做出贡献。

【路网升级】 2015年,淮安市完成公路建设投资15.1亿元。503省道淮安机场连接线、348省道洪泽县城段等开工建设,235国道盱眙绕城段、武黄线京杭运河黄码大桥续建工程达到序时进度。G205丁集互通段、235及346省道涟水绕城段、S327淮涟段、S237淮阴区段、S247淮安清浦至金湖公路、S428马甸连接段、S237淮安区段等7个项目通过竣工验收。全市农村公路提档升级工程完成投资4.46亿元,道路完工572公里,桥梁完工68座,分别为省下达计划的190.7%和170%。8个撤渡建桥项目开工建设。

【路况品质提升】 2015年,淮安市树立全面养护、科学养护、精细养护理念,开展公路养护综合整治,建成养护示范路段360公里,处置沥青路面龟裂8.4万平方米,完成沥青路面灌缝6.9万平方米,绿化补植路段130公里。投资1.6亿元,完成养护大中修工程8项69.6公里。投资3458万元,完成331省道军民河桥、121省道维西桥、淮河大桥维修加固以及328省道船闸桥改造工程。205国道里运河—京杭运河特大桥监测示范工程建成并投入运行。推进机械化养护,一级公路机械清扫率100%,二级公路机械清扫率60%以上,一级、二级公路小修作业机械化率100%。全市国、省干线公路优良路率96%。

【依法治路】 2015年,淮安市按照《全市干线公路环境专项整治活动方案》和《市政府办公室关于集中交办"十二五"全国干线公路养护管理检查涉及地方重点难点问题的通知》,联合地方政府和沿线乡镇、村组,采取现场交办、持续跟踪、突出长效的方式，开展路域环境整治，封闭中分带、侧分带道口99处，封闭非法道口70处，取缔马路市场4处，修剪遮挡标牌路树630余棵，清除障碍物1.62万立方米，清理违规摊点4100个、非标悬挂物1820块、边坡种植5.2万平方米。依托全市7个超限检测站和4套不停车检测系统，开展"迎国检，保畅通"百日治超和淮安、宿迁区域协作治超等专项行动，查处超限运输违法车辆1961辆次，境内普通国、省干线公路平均超限率降至2.8%，低于省定指标。（郭长华）

【公路与公路运输管理】2015年，淮安市公路管理部门贯彻新《中华人民共和国安全生产法》，严格落实安全生产责任制，开展"平安工地"创建和标准化建设等活动，及时排查治理安全隐患。完成7条省道、352公里路段安保工程建设。开展服务品牌创建活动，制定《淮安公路服务品牌建设管理办法》，推进"畅行淮安"子品牌建设。行政审批事项由原来的9项整合为1项，审批时限由法定的20天缩短为4天。实施"负面清单""权力清单"管理模式，对清单事项进行动态管理。开展柔性执法活动，实行行政辅导、行政建议、行政提示、行政警示、行政指导和案后帮扶62次，采取多种形式发布路网信息3000多条。完成327省道涟水收费站移址建设，开通2条ETC专用通道。

按期完成交通IC卡一卡通工程建设，交通IC卡正式发行使用。建成客运联网售票淮安分中心，联网售票系统实现切换应用。驾培智能化管理与服务系统投入试运行。"96520"叫车电话正式投入使用。掌上公交、巴士管家、自助检票、微信售票等系统在城市客运、道路客运行业投入应用。淮安物流信息公共服务平台与上海市公司合作，完成重组。建成市级"一车三方"（交通、公安、安监三方）安全监管平台，全市31家道路客运、17家城市客运、33家危货运输企业全部完成安全生产标准化达标工作。

【淮安汽车运输集团有限公司】2015年，淮安汽车运输集团有限公司开通假日南京仙林大学城校园直通车；客运公司、淮楚公司完成11条班线公司化改造任务；淮涟、淮洪专线等短途班线根据客流变化规律，调整首末班次发班时刻。与省长运定制客运公司合作，投资组建省定制客运淮安公司。依托"巴士管家"线上服务平台，推出手机购票业务，在淮汽微信平台上研创微信购票业务，进入技术对接阶段；提供道路客运信息实时查询、线上购票、在线支付、个性化定制等服务。在"站到站"基础上，为公众提供"站到门""门到门"等多样化、多层次出行服务。首批订购7座奔驰商务车投入试运行，同时开展"巴士管家"APP推广。拓展包车业务，为第十届台商论坛、国家男子曲棍球队训练比赛、苏酒集团10年典藏大典等大型活动提供用车服务。淮汽快客、淮宁高速、淮楚公司、淮安快鹿等单位完成122台"江苏快客"品牌班车评审验收。完成省联网售票系统升级，筹备成立淮安联网售票数据中心，统筹各县（区）客运站售票服务。加快旅客自助设备投入，新安装5台自助售票机、8台自助检票机、10台自助取票机。检测站争取车辆安检资质许可，完成经营项目工商注册变更、场地建设及系统升级，取得安检资质许可证书和计量认证复评审证书，完成检测人员安检资质培训及考核。淮汽集团出租公司连续三年被评为"江苏省出租企业服务质量信誉考核AAA级企业"。

2015年，淮安推进农村公路建设，图为建成后的农村公路。 市交通局 供图

【城市公共交通】2015年，淮安市区建有大型公交场站13个，公交首末站144处，拥有公交线路72条、公交车853辆、从业人员1507人，公共交通出行分担率19.9%，万人拥有公交车9.4标台，全年城市公交客运量1.92亿人次。新增10个乡镇开通镇村公交，至年底，全市47个乡镇开通镇村公交，开通率40.86%。1381个行政村开通农村客运班车，除不具备通行条件的岛屿村外，行政村客运班车通达率100%。落实市政府"优化市民出行环境"项目，有轨电车投入试运营。全市新辟公交线路9条、优化调整公交线路16条，新购新能源公交车辆139辆。完成公共自行车三期建设工程，建成并开通运营89个新站点，移建复建11个站点，投放新型公共自行车2700辆。完成市区公交改革、常规公交与有轨电车协调衔接、预约出租车与传统出租车和谐发展等课题研究，推进市区公交体制改制。公交IC卡一卡通实现全省互联互通。启动"互联网+道路客运"试点工作，全市城乡客运一体化总体水平达AAA级。推进"十三五"城市交通规划编制、市区公交规划修编。完成市区出租汽车更新扫尾工作，全市更新出租汽车158辆。（储海进）

铁 路

【概 况】2015年，淮安市以"围绕一个目标、完成两项任务、实现三个一流、遵循四条路径"为重点开展

铁路建设。“一个目标”是构建淮安“米”字形铁路网，为建设区域性综合交通枢纽奠定基础；“两项任务”是“十三五”期间，确保连淮扬镇、徐宿淮盐两条高铁建成通车，确保宁淮铁路和临（沂）淮铁路列入国家规划；“三个一流”是积极打造一流的枢纽站场，提供一流的功能服务，建设一流的高铁新区；“四条路径”是坚持规划争取与铁路建设同步推进，坚持高铁建设与综合交通枢纽建设同步推进，坚持站场建设与新区建设同步推进，坚持新区建设与枢纽经济同步推进，放大“高铁+”综合效应，为苏北重要中心城市和全面小康社会建设提供支撑。年内，全市铁路加快建设，铁路通车里程100.5公里，铁路客运通达国内30多个大中城市，新长铁路并入全国干线铁路网，宿淮铁路建成投运，连淮扬镇铁路开工建设。

【连淮扬镇铁路淮安段开工建设】 2015年，连淮扬镇铁路淮安段全面开工建设。8月31日，淮安市在全线率先启动连淮扬镇铁路调查摸底，并于9月27日完成该项工作。10月，施工单位进场，开展征地拆迁和清表、桩基施工等工作。12月19日，提前12天完成省定年度目标任务，为全线唯一完成任务的地级市。至年底，淮安市完成工程建设投资4.1亿元，市境内的2标、3标工程进度在全线排名靠前。连淮扬镇铁路全长305公里，其中淮安境内线路长约82公里，途经涟水县、淮阴区、淮安经济技术开发区和淮安区。

【徐宿淮盐铁路开工建设】 2015年12月28日，徐宿淮盐铁路开工建设。2月，徐宿淮盐铁路项目立项获得国家发展改革委批复。7月，初步设计提前通过审查。8月，可研报告获批。12月，徐宿淮盐铁路项目全线开工。徐宿淮盐铁路是国家规划建设的京沪铁路大通道重要组成部分，也是江苏省“三纵四横”快速铁路网的重要“一横”。徐宿淮盐铁路西起徐州东站，经睢宁县、宿迁市、泗阳县、淮安市、阜宁县、建湖县，终点为盐城站，全长314公里，估算投资430亿元，设计时速为250公里。

【铁路运输】 2015年，新长铁路在淮安市境内长81千米，自北向南设有袁北站（货站）、淮安站（客站）、淮安南站（客货站）、淮安东站（货运站，已停运）。淮宿铁路淮安段19.5公里，设袁北站。另有专用线路16.85公里。连淮扬镇铁路、徐宿淮铁路两条铁路在淮安高铁客运枢纽交汇。该枢纽规划打造为铁路客运、公路客运、城乡客运、城市公交、有轨电车、出租、航空候机等多种运输方式“零换乘”的综合交通枢纽。（王 贺）

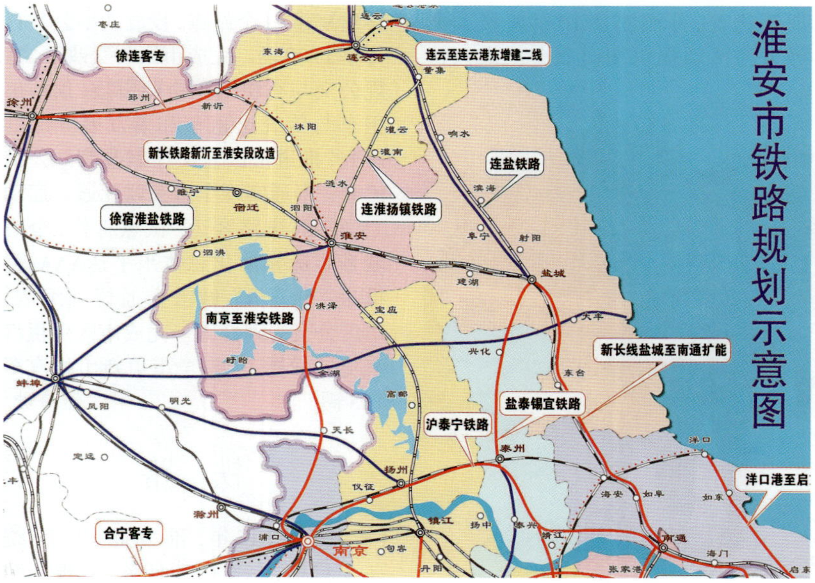

淮安市铁路规划示意图

航 道

【概况】 京杭大运河、盐河、淮河、苏北灌溉总渠和洪泽湖等重要航道在淮安市境内交汇，境内干线航道常年可通行1000吨级船舶，形成通江入海、连城达港的内河航道网络。2015年，淮安市提档升级航道，开展京杭运河两淮段和盐河航道整治，全市航道总里程1483公里。淮安港有港区7个、码头122座、泊位390个，最大靠泊能力2000吨。完成《淮安航道“十三五”发展规划》和《淮安市航道网规划》（修编）。全年征收过闸费5675.6万元，占年计划4800万元的118.24%，同比增长8.01%。二类水路口岸开放通过省级验收，为淮安市外向型企业打开通江达海便捷通道，与连云港港、龙潭港、江阴港、太仓港等实现直通，实现由“运河经济”向“海河经济”的转变。

【工程建设】 2015年，淮安市开展高良涧船闸扩容工程建设，克服防洪标准高、施工场地小、安全压力大、结构形式多、拆迁标准低等困难，通过开展劳动竞赛，推行“优质优价、优监优酬”激励机制，提前14个月完工并实现通航。淮河出海航道（红山头—京杭运河段）整治工程可行性研究报告获得批复，初步设计通过审查。新港二期基本完成征地拆迁，推进地基处理和水工结构、土方开挖等施工。淮河入海水道二期工程按二级标准同步实施航道工程项目获交通运输部批复同意。淮海路跨京杭运河大桥桥型设计方案确定。

【安全监管】 2015年，淮安市排除航道安全隐患59处，开展安全应急演练4次，培训44次、978人次。抓好枯水期航闸保畅，全年巡航3.31万公里，扫床1834.17公里，检查维护航标3031座次，干、支线航道通航率分别在99%和90%以上，航标正常率99%以上。推进跨河桥梁、管道和港口等应设标志专项整治，发函至24家单位、部门要求整改，优化通航环境。开展《中华人民共和国航道法》宣传贯彻，分期分批组织200余人次参加交通运输部举办的《航道法》培训。

2015年，淮安—连云港海河联运收航成功。 王业建 供图

依法惩处危害航道安全的违法行为，收取航道补偿费288万元。

【科技创新】 2015年，高良涧船闸扩容工程采用的单跨36.44米的GFRP（玻璃钢）桁架桥是国内最大的全复合材料轻载机动车工作桥，“纤维增强复合材料GFRP桁架桥结构性能与建造关键技术研究”通过省科技成果鉴定验收，成果总体达国际先进水平。“双拼式矮塔斜拉桥的研发与应用”获淮安市科学技术进步三等奖。朱码船闸开发的二维码扫描登记系统在全省推广。“洪泽湖E站”和高良涧船闸扩容工程土建项目质量管理机构分别获“全国优秀质量管理小组”和“全国工程建设优秀质量管理小组”称号。江苏省船舶便捷过闸系统（水上ETC）在高良涧、杨庄、朱码船闸成功启用，实现船舶“零停靠”快捷过闸，淮安航道迈入智能化过闸时代。

【水路运输】 2015年，淮安港货物吞吐量8004万吨，内河集装箱吞吐量13.5万标准箱，同比分别增长12.7%和31%，占全省内河吞吐量的80%，均创历史之最。有货运船舶3097艘，国内水路货运企业84家。吸引南京港注资合作成立淮安新港集装箱公司，与沿江沿海港口深度融合。建成盐河航道杨庄、朱码两个水上服务区。年内，淮安市政府与连云港市政府共同举办“大力拓展海河联运、携手共建一带一路”推介活动，签订战略合作框架协议，两地港口管理部门初步形成定期联席会议制度。成功试行公铁水联运，将山西省大同市的精煤由铁路运至淮安市，再通过水路集装箱中转至福建省福清市，实现长距离的集装箱公铁水联运；正式开通运行淮安市至连云港市集装箱航线，实现“海河联运”；推动淮安港二类水路口岸通过省口岸办验收。年内，淮安新港二类水路口岸开放通过省级验收，新开通至连云港市燕尾港的海河联运集装箱航线。 （王业建）

航　空

【概况】 2015年，淮安涟水机场保障各类飞行10048架次，其中运输航班5009架次，本场训练4912架次，其他飞行127架次。机场整体安全形势平稳，连续5年实现持续安全。季节性旅游航线、经停航线和航空快递等加快发展，完成货邮吞吐量3754吨，同比增长9.8%，完成旅客吞吐量50.5万人次。在全年运输起降架次下降21.56%的情况下，旅客吞吐量仅下降2.19%，在机型由小换大的情况下，航班客座率仍增长0.85个百分点。全年经营收入3658.91万元，同比增长21.04%，上缴税金88.77万元。固定资产原值66971.89万元，净值48559.91万元。年内，淮安涟水机场二期扩建工程可研报告通过专家评审和民航华东局行业审查。

1月6日，淮安涟水机场一类航空口岸通过国家验收。4月23日，开通淮安至韩国首尔首条国际航线。7月，淮安涟水机场被列为两岸客运定期航点。11月7日，淮安至台北直达航线正式开通。11月19日，国家质检总局考核组受世界卫生组织委托，对淮安机场航空口岸卫生核心能力进行达标验收，考评内容包括口岸沟通协调、常规核心、应急核心三项能力，最终淮安涟水机场口岸核心能力建设以92.72分通过考核。 （市机场办）

港口建设与管理

【概况】 2015年，淮安市筹划将淮安港打造成为区域性内河中转枢纽港、淮河流域对外门户港和苏北地区江海河联运中心，将淮安港定位为“长三角”地区重要内河集装箱中转港，提出建设“亿吨大港”宏伟目标。全年全市完成港口基础设施投资1.1亿元，盐化工码头正式建成投产，新港二期、淮阴城东作业区一期、许渡作业区等一批重点港口项目加快建设。建成全市港口安全监管与应急管理系统，在全市危货及重点港口安装监控设施，实现对重点区域动态监管。至年底，全市危货码头视频监控全部建成并接入辖区内港口管理部门，实现市、县、企三级联网。

【港口规划】 2015年，为对接“一带一路”等国家战略，推动地区经济社会发展，招引重大产业项目，淮安市开展淮安港总体规划优化调整，《淮安港总体规划专项调整方案》报省政府待批。开展"淮安构筑内河枢纽港‘长江经济带’战略下淮安港口发展策略”等课题研究，提出发挥多条干线航道在淮安境内交汇的天然优势，以“港产融合、港城联动”为方向，形成沿运河连接太仓港、上海港，经盐河对接连云港，通过淮河出海航道通达盐城港的三大出海通道。

【港口安全管理】 2015年，淮安市吸取天津港“8·12”事故深刻教训，开展全市危货港口安全专项整治活动，制定全市港口事故应急预案，制定发

集装箱专用码头——新港二期施工现场。 赵婧 供图

2015年，淮安市推广使用绿色港口建设—港口岸电。 赵娟 供图

生危货泄漏、自然灾害和重大事故下的应对措施，港口行业安全生产形势平稳。开展港口建设与经营行为专项整治，全市危险货物港口持证率和干线航道上港口持证率100%，全市港口经营许可证持证率90%，科学制定全市港政执法基地建设规划并组织实施，完成涟水执法基地、市港口局执法艇等项目建设，金湖、盱眙执法基地基本建成，完善港口执法设施装备。开展港口企业安全标准化建设，有19家企业完成创建，9家通过省级达标验收，走在全省内河港口前列。

【绿色港口建设】 2015年，淮安市以港口岸电建设为突破口，推进绿色港口建设。港口部门与市供电公司签订“关于港口岸电工程建设项目的合作框架协议”，出台《淮安市港口岸电建设规范（试行）》，推进港口岸电、节能光源建设和应用。全市完成61个港口、144个岸电箱、300多个输出接口建设，覆盖率50%，在全省内河处于领先地位。以港口岸电代替传统柴油发电，二氧化碳等污染气体减排97%，基本实现零污染，能源消耗费用降低近90%，为运输船舶节约费用100余万元。7家港口企业在油气回收、除尘装置以及散货仓储覆盖等环保方面投入1000余万元。（赵 娟）

京杭运河苏北航务管理

【概况】 2015年，苏北运河十个梯级船闸累计开放闸次33.3万次，放行船队12.8万个，放行货轮89.7万艘，累计船舶通过量21.2亿吨，货物通过量13.4亿吨，周转量538亿吨公里。通过运量2.95亿吨，其中煤炭运量7430万吨、黄砂运量9556万吨。通过苏北运河集装箱8.8万标准箱，同比增长19.5%。邵伯船闸连续四届获评“全国文明单位”，皂河船闸获评“全国交通运输行业文明示范窗口单位”，施桥船闸、宝应航道站被表彰为“全省交通运输行业文明单位”，邵伯航道站、邳州航道站、徐州航道站被表彰为“全省交通运输行业示范窗口单位”。14个基层单位保持“市级文明单位”称号，12个基层单位保持“省级文明单位”称号。

【通航保障】 2015年，京杭运河苏北航务处推进综合检测标准制定，实行养护改善工程“首件认可制”；对苏北运河养护现代化项目进行技术攻关研究，对养护管理进行流程再造。全处开展船闸大修改造工程8项，船闸中修工程55项，航道日常养护工程21项，航闸设施改造专项工程14项，验收工程优良率100%。全年完成各类抢修44次，完成航道扫床1580.8公里。全线航闸安全畅通，28座船闸因设备故障造成停航时间累计29.3小时，通航保证率99.98%。全线451公里航道维护良好，通航保证率100%。

【航务科技创新】 2015年，京杭运河苏北航务处率先在全国内河启动“互联网+航运”模式，打通苏北运河信息服务“最后一公里盲区”，组织研发并逐步在全线推广苏北运河“船讯通”，实现服务船员零距离。有“船讯通”用户7271个，免费为船员安装苏北运河“船讯通”程序，该做法被江苏省交通运输厅推广，并列入十件为民办实事项目。建设苏北运河航闸智能运行系统，有效提升闸室利用率，提高船闸通过量，缩短船舶待闸时间，减少船证不符现象，降低职工劳动强度，减少职工自由裁量权。实现“智能运行系统”对苏北运河10个梯级28座船闸全覆盖运行。完成省航道局下达水上ETC（不停船收费系统）推广和船载OBU（不停船收费）安装任务，全年安装船载OBU1400台。

【依法行政】 2015年，京杭运河苏北航务处对执法内设机构进行调整，设置12个航政管理大队，各航道站加强执法队伍建设。全处车船巡航2501天次，巡查航道里程15.74万公里，查处航道违法案件143起。审批临跨过河建筑物16处。完善船舶计费基数复核长效机制，加大复核力度，全年复核船队483个。落实太仓港集装箱运输船舶免征过闸费政策，定期核对到港情况。（马 薇）

海 事

【概况】 2015年，淮安市海事工作围绕辖区水上监管和“项目化管理”“严格执法推进年”主线，实施积分制督查，全年编排完成五大门类29项项目化工作，实现“安全防控、综合管理和队伍保障”三个能力提升。组织与辖区水运公司面对面“再评议”活动，提高服务水平。利用江苏省撤渡建桥奖励政策，完成撤渡11道、停渡19道。在省内率先开展“水上交通安全知识进校园”活动14次，并配套开展“进场站”和“进社区”活动。

【海事业务】 2015年，淮安海事工作严格执行船舶法定检验质量管理体系要求，完成船舶检验3147艘次、产品检验159台套、附加检验854次、审查图纸168套。建立并运行船员质量管理体系，举办78期船员培训班，培训考试船员4236人次，发放船舶登记证书6439本。在全省率先全面完成内河船舶生活污水防污设备改造，改造船舶460艘。全年征收规费3346万元，超额完成年度征收计划。

【监管保障能力】 2015年，淮安市投资1000万元，建成150吨级综合救捞船，建造2艘执法趸船和海巡艇，添置20万元应急救援设备。制定安全检查、水上巡航、危化品运输船舶管理和显性水上违法行为视频监控证据采集工作规范。完成京杭运河淮安段视频监控系统加密，建成淮安区水上交通安全监管中心，对五汊河全动态航道智能管制中心系统集成功能进行升级。成功组织洪泽湖突发风灾事故应急处置演习，高效检验洪泽湖海事综合监管系统监管模式和多部门协同搜救体系有效性。

【船舶进出港报告制度】 2015年，在京杭运河淮安市区段试点运行船舶进出港报告制度，充分运用信息化手段进行报港登记，通过AIS（船舶自动识别系统）和VITS（定位传感器）设备确认船舶位置后即可进入指定水域，由海巡艇到达现场办理签证等业务。充分运用视频监控系统检查船舶显性违章行为。加大海巡艇现场巡查频度，查处不报港及乱停乱靠等违章行为，保证辖区大型码头货物有序周转，减少船员往返执勤点，避免“黄牛”介入。 （杨　非）

水　利

综　述

【概况】 2015年，淮安市有流域性河道10条，总长545千米；区域性骨干河道50条，总长1220千米。有中型水库5座、小（一）型水库40座、小（二）型水库81座，总库容3.5亿立方米，设计灌溉面积4.87万公顷，实际灌溉面积3.4万公顷。全年完成水利投资32亿元，超额完成年度任务。建成万亩以上灌区24个、小型圩区513个，配套中小沟级建筑物15.2万座，新开沟渠6.8万多条，兴建固定泵站3815座、塘坝2462座。重点实施流域性防洪、黄河故道水利综合治理、区域治理、大中型病险闸站加固、农村水利、城市防洪控制等十大类75项重点水利工程项目。境内南水北调一期工程全面完成，入江水道整治、洪泽湖大堤加固、分淮入沂整治等治淮工程主体基本完成。16条中小河流治理被列入全国治理建设规划。黄河故道综合治理启动，开展南水北调二、三期等一批重大项目前期工作。淮河入海水道二期同步实施二级航道工程立项审批取得进展。全市水利现代化考核位列全省第一方阵。金湖县河道管理所获“第七届全国水利系统文明单位”称号。

【水利工程管理】 2015年，淮安市创成17个省、市级水利工程管理单位和6个省级小型水库规范化管理单位。盱眙县开展小型水库工程管理体制改革，为江苏省小型水库工程管理体制改革提供样板。加大涉河建设项目后续监管，保证涉河建设项目各项补偿措施落实到位。开展省管湖泊巡查和河湖专项执法活动。成立淮安市湖泊管理处，推进洪泽湖退圩还湖规划文本报批。完成市境内河湖和水利工程划界确权情况调查，出台《淮安市河湖和水利工程管理范围划定工作指导意见》。完成金湖、洪泽、涟水、盱眙、清浦、淮阴6个县（区）和市直及淮安经济技术开发区等水利工程实施方案符合性审查。出台《关于进一步深化淮安市河道管理“河长制”工作意见的通知》，完善“河长制”工作机制。

【水政执法】 2015年，淮安市继续在全市范围内实施水事违法行为四级巡防机制，查处各类水事违法行为16起，其中立案查处2起，开展行政指导5起，结案率94%。开展饮用水源地专项整治“铁拳行动”，排查各类影响水源地安全隐患。对饮用水源地部分河段进行实时监控，在二河主要节点的和平北站、武墩大桥中段、明远路大桥东堤等处设立7个监控探头，通过互联网专线接入淮安移动公司“千里眼”平台，市、县（区）两级巡查人员通过远程终端，实现对饮用水源地部分河段实时监控。

【水利科技】 2015年，淮安市开展水利课题研究，上报20个科技课题参与省水利项目立项，获立项7个，其中5项课题获省水利厅130万元补助。“小型水闸一体化结构”“基于柔性输送的全液压控制可移动土方成套设备”研究项目获得国家专利授权。“江苏省水生态文明灌区建设模式研究及应用——以淮安市为例”科技项目获省水利科技进步三等奖。开展“智慧水利”规划设计前期调研，编写完成《淮安市智慧水利建设规划思路》。

11月24日，副省长徐鸣在市委书记姚晓东陪同下观摩水利工程现场。
金立甫　供图

【水利改革】 2015年，淮安市在全省率先全面推广水利工程建设集中监理、工程质量百分之百第三方检测做法，该淮安经验得到省水利系统认可，为全省水利建设与管理提供借鉴。筛选11家涉水中介机构组建“中介超市”，白马湖保护与开发项目首次采取PPP（公私合营）模式融资。

洪泽县推进全国农村改革试验区农田水利设施产权制度改革与创新运行管护机制试点，将小型水利工程、农村环卫保洁、农村交通设施、农村公共绿化设施、农村公共活动场所等五方面人员、项目、资金、事项整合到一起，建立“五位一体”管护模式。洪泽县管护人员从4150人减至550人，管护费从3820万元减至1650万元。该模式被评为中国改革年度十大案例之一，省内外41批500余人次到洪泽县考察学习，中共江苏省委《改革简报》专刊予以推介，《新华日报》头版头条、《中国水利报》整版予以报道。

【水文化建设】 2015年，开展首届淮安市“最美水利人”评选活动，分别评选10名“最美水利人”和10个提名奖。金湖县荷花荡景区晋级国家级水利风景区。全市有国家级水利风景区8家，另外7家是：淮安水利枢纽风景区、三河闸水利风景区、清晏园水利风景区、古运河水利风景区、樱花园水利风景区、天泉湖水利风景区、古淮河水利风景区。有省级水利风景区3家：洪金灌区水利风景区、盱眙龙泉湖水利风景区、二河闸水利风景区。编印《淮安水故事》《淮安市中小学生水情教育简明读本》，免费向社会各界发放。“世界水日”“中国水周”期间，多次开展市民、媒体记者、人大代表、政协委员等“看水利”活动，打造具有淮安特色的水文化品牌。

农村水利

【概况】 2015年，淮安市农村水利投入11.65亿元，重点实施农村河道疏浚、农村饮水安全、大型灌区节水改造、小型农田水利工程等项目。出动机械19.28万个台班，投入工时134.38万个，完成土方6358万立方米。投入2.4亿元，完成涟西、洪金、清水坝、竹络坝和淮涟5个灌区节水改造工程。

【农村河道疏浚工程】 2015年，淮安市投入资金1.04亿元，疏浚县乡河道359条1286公里，完成土方1558万立方米；整治299个村的村庄河塘1986个，完成土方1415万立方米。改善灌溉面积1.27万公顷，改善排涝面积2.2万公顷，增加旱涝保收田8000公顷，复垦土地93.33公顷，发展水产养殖173.33公顷。总投资9500万元，完成7个县（区）624座农桥改造。

【小型农田水利工程】 2015年，淮安市投入资金2亿元，实施7个县（区）小型农田水利工程，兴建各类小型田间建筑物9472座，新建防渗渠道896千米，新建改造泵站306座。实施盱眙、淮阴2个县（区）中央统筹资金项目，总投资2000万元；实施淮安、金湖、涟水3个县（区）千亿斤粮食项目，总投资4500万元。

【农村饮水安全工程】 2015年，淮安市投资7.2亿元，铺设供水干管559千米，通达乡镇42个。省下达淮安市农村居民饮水安全建设任务57.12万人，实际投入资金2.7亿元，铺设管道2812千米，完成农村60.08万人饮水安全建设任务，超省定计划2.96万人。

【小型水利工程管理体制改革】 2015年，淮安市在全市推广洪泽县小型水利工程管理体制改革“五位一体”管护模式。清浦区、洪泽县、金湖县和盱眙县整体推进，其他县（区）1/3乡镇整体推进，未整体推进的乡镇选择2个以上点开展试点。全市有104个乡镇（办）1058个村推进该项改革，其中78个乡镇897个村整体推进，涉及耕地面积35.73万公顷，投入经费4417万元，落实管护人员4001名。全市小型水利工程管理初步实现产权有归属、管理有载体、经费有保障、运行有机制、工程有效益的“五有”目标，呈现出农田灌排费用、工程管理成本、管护矛盾发生率降低和工程完好率、水资源利用率和群众满意度提升的“三降三升”现象。

城市水利

【概况】 2015年，淮安市城市水利投资首次超过10亿元，达10.7亿元；完成23个中心城市建设项目以及列入市政府民生实事的10条河道整治等任务。河道总督署（清晏园）入选全国首批水情教育基地，里运河北门桥控制工地被水利部评为淮安市首个治淮建设文明工地，清浦老城区除涝综合整治等工程被评为市中心城市建设优秀建设项目。

【城区防汛】 2015年，淮安市积极排查防汛隐患，落实防汛责任，做好防汛应急和指挥调度，保证主城区防汛排涝安全。3月初，开展主城区防汛检查督查。4月，结合汛前检查“回头看”，用图片和影像形式记录各地防汛隐患，采用专题片形式对存在问题进行通报，并下发整改交办单。5月下旬，对交办的隐患整改落实情况进行检查督办。下达2批次45.36万元泵站维修经费，以政府购买服务方式投入27万元对城区泵站电气设备进行预防性试验。重新明确各区、各成员单位防汛责任人，责任细化落实到城区每个河段、路段、泵站、易积易涝点和下沉式通道。修订完善《淮安市城市防洪预案》《淮安市城市突发性强降雨应急排涝抢险预案》，明确城区防汛应急措施和工作重点。实施淮安市城区防汛应急能力提升工程——“智慧城防”。完善防汛信息采集及监视、通信网络，完善数据中心建设，视频监控点由97个增加至122个，水情遥测点由27个增加至40个，雨量计由17个增加至25个，扩大防汛指挥系统覆盖范围。

【城市水利工程】 2015年，淮安市完成城市水利投资10.7亿元，完成城市河道治理、城市闸站建设以及城市水利环境提升等工程。黄河故道水利综合整治项目14.3公里长上段工程完工，102公里长下段工程展开；里运河河道护岸、北四支（江苏财经职

2015年，改造后的里运河文化长廊。　　金立甫　供图

业技术学院段）综合治理、板闸干渠（京沪高速至开发大道）改造等工程完工；圩河、外城河、清安河等10条河道完成清淤，河道水质、两岸环境得到提升。里运河堂子巷控制工程、古黄河水利枢纽工程主体竣工，里运河北门桥控制工程实现通车；东风、月湖、板闸泵站等工程完工并投入使用；杨庙泵站更新改造工程完成南站主站身和主电机安装，城南泵站工程完成站身基础施工。白马湖退圩还湖及清淤二期工程、白马湖堤防护应急工程完工并正式移交；推进清浦老城区除涝综合整治、樱花园环境与服务提升工程。市政府印发《关于协调城市水利项目有关问题的会议纪要》，为工程建设提供资金保障，争取到中央水生态文明建设河湖水系连通补助700万元、省补市县资金510万元。试点集中设计和集中监理招标制度，推行代建制度等。

【城市水利管理】 2015年，淮安市实施城市水利长效综合管理，实行管养分离、委托管理等机制，维护良好水事秩序。结合地方立法权下放，草拟《淮安市城市河道管理办法》，规范承恩大道茭陵站引河桥梁拓宽和月季花园圩河桥梁建设审批。为江苏淮钢特钢有限公司技改项目实施提供政策和建设方案咨询服务，帮助协调解决周边企业矛盾。对城市河道管理范围内违规行为及时查处和制止，查处8起水事违法事件。以政府购买服务方式，在东风泵站试点市场化管理，委托专业化公司进行管护，效果较传统泵站管理有明显提升。争取河道轮浚年度预算经费200万元、城市防汛应急经费50万元、河道保洁经费20万元。城区泵站运行管理340万元经费中，预算内资金由100万元增加为200万元，保障能力增强。

防汛防旱

【概况】 2015年，淮安市多次召开防汛防旱工作专题会议，以责任清单形式交办任务，落实市级储备物资近1000万元，县（区）级储备物资1000万元以上。重新修订完善《淮安市突发险情灾情报告管理暂行规定》等16项制度和预案。强调上下联动，成功应对多轮强降雨与多次台风。强降雨及抗台风期间，组织人员深夜巡堤检查，开启闸泵、抢排积水，市区没有出现严重积涝现象。

【防汛防旱责任制落实】 2015年，淮安市调整充实防汛防旱指挥部（简称防指挥）成员，落实以行政首长负责制为中心的各项防汛责任制，落实重要堤段、涵闸、泵站、水库、蓄滞洪区的行政责任人和技术责任人，做到定人员、定岗位、定职责。3月开始，各地和各单位开展两轮防汛检查，淮安市防汛防旱指挥部派出检查组对全市流域性河湖堤防、水库、涵闸、泵站、城市防洪工程及区域性防洪工程等重点险工地段进行实地检查，对检查中发现的问题按责任范围形成一览表，制定任务书，开出交办单。4月8日，副市长赵洪权到市防指专题调研全市汛前检查及准备情况；4月10日，到分淮入沂整治、防汛物资仓库、抢险演练基地等防汛重点工程、部位实地检查。4月14日，中共淮安市委副书记练月琴到市防指检查防汛防旱工作准备情况，就做好防汛防旱工作提出要求。4月30日，中共淮安市委书记姚晓东视察防汛工作，部署防汛工作。5月7日，召开全市防汛防旱工作会议，市防指与各县（区）签订防汛责任状，在《淮安日报》等媒体上公示各级防汛责任人，接受社会监督。

【防汛防旱制度建设】 2015年，重新修订出台《淮安市防汛防旱检查工作规定 》《淮安市防汛防旱值班工作制度》《淮安市防汛防旱信息报送制度》《淮安市突发险情灾情报告管理暂行规定》《淮安市水旱灾害统计报表制度》等制度，根据水情、工情变化及市政府应急预案管理要求，重新修订《淮安市防汛防旱应急预案》《淮安市抗旱预案》《淮安市防御洪水预案》《淮安市防御台风预案》《淮安市城市防洪应急预案》《淮安市城市突发性强降雨应急排涝抢险预案》等10个预案，并与防汛责任状、问题交办单等汇编成册，印发各地。健全市、县、乡镇三级防汛防旱指挥体系。继续开展“城市突发性暴雨洪水模拟研究”，启动“智慧城防”系统建设，完成全市视频会议设备更新升级和国家防汛指挥系统二期工程建设，完成县（区）级防汛指挥系统方案设计，提高防汛防旱信息化水平。

【安全度汛】 2015年，淮安市严查汛期险情，科学处置，有效遏制险情扩大。7月1日，金湖县防指发现入江水道南堤衡阳圩22K处背水面约15平方米青坎有渗清水现象。险情发生后，市防汛指挥部办公室（简称防办）组织工程技术人员到该渗水险段检查，金湖县采取反滤围井处置，加大渗流量观测密度，做好数据记录、分析和研判，险情未继续扩大。7月2日，洪泽县防指发现总渠右堤0.7–0.9K段背水坡脚有3处渗漏点渗漏清水，市防指获悉后第一时间上报省防指，并派出人员会同市水利勘测设计研究院人员到现场实地查看险情，研究应急处置措施；7月3日下午，省防办派出专家到现场，要求洪泽县立即在渗水点抢做反滤围井控制险情发展，对渗漏点渗水量及上下游水位、水温定时观测，现场储备必要的应急抢险物资等。经过省、市、县三级防指及时处置和后续严密巡查，工程险情没有扩大。

【防汛准备】 2015年，淮安市安排200万元专项经费用于市级防汛物资增储。市防办春节前完成物资采购方案编制，按照政府采购程序组织招标，4月7日完成招标并落实供应商，5月10日完成物资采购、入库等。汛前，市防指编制《淮安市防汛物资管理细则》，下发各地，要求各地检查清点防汛物资储备情况，补充防汛抢险必备器材物料，确保“调得出、用得上、出效益”。5月30日，举办全市防汛抢险培训演练活动，培训抢险队员200人次，其中市直、各县（区）160人次，淮安军分区预备役部队40人次。6月4日，举办全市县乡级防汛指挥长培训班，培训各级防汛指挥长70多人。各县（区）分别组织各类防汛抢险培训演练400多人次，提高应急抢险实战能力以及基层干部防汛抗旱实际操作能力。

【台风应对】 2015年，淮安市先后遭遇第9号台风“灿鸿”和第13号台风“苏迪罗”，全市落实责任，积极应对，确保台风安全过境。7月9日和8月8日，市气象部门分别预报“灿鸿”和“苏迪罗”台风影响路径后，市委、市政府专门召开全市及城区紧急工作会商会议，专题部署防台风防汛工作。8月8日，市防指下发《关于做好第13号强台风“苏迪罗”防御工作的紧急通知》，各县（区）和部门主要防汛责任人全部在岗在位。8月9日15时起，启动全市防御台风应对强暴雨Ⅲ级应急响应，市防指会同气象、水文等部门加强测报，加密测报频次，做出滚动分析预报。提前通过电视、广播、互联网、短信平台等，广覆盖、高密度地发布预警信息。市防指派出7个工作组深入一线指挥督查，重点督查防台预案落实、工程调度、河湖库巡查防守、城区排涝泵站运行等重点防台防汛工作。8月8日，关闭所有灌溉引水口门流量，开启排涝涵闸、泵站，预排预降河湖库水位；抢降水库塘坝水位，留足防洪库容。

（曾庆祝　金立甫）

水文水质监测

【水情测报】 2015年，淮安市落实水情测报方案，加强雨水情监测分析与预测预报，《水文年鉴》复刊工作通过阶段性成果审查。通过水文短信平台向市、县党委、政府、防办和水利局负责领导发布实时水雨情信息及水源地水质信息，全年拍发水情电报3964份、水雨情短信4.5万余条，向市、县（区）防办发布《水情简报》153期，水源地水质信息36期。全年无漏测、缺测、迟报、漏报、错报现象。坚持主汛期水情汇商制度，编制水雨情分析8期，为防汛调度提供决策依据。完成全站区11处基本水位站、25处浅层地下水监测站基本水准点水准复测和考证。完成淮安水文分局国家水文数据库数据源统计，补充和核对测站信息，完善国家水文数据库信息。

【水文应急监测】 2015年，淮安市开展应急水文测验，开展水污染事故应急监测，完成南水北调通水量质监测。梅雨季节期间，淮河流域普降大到暴雨，淮河干流盱眙断面流量达5000立方米/秒以上，三河闸流量加大到6000立方米/秒。按照大洪水应急预案，在淮河干流盱眙断面开展洪水测验，采用走航式ADCP（声学多普勒流速剖面仪）、H — ADCP（水平声学多普勒流速剖面仪）、水文缆道等方法进行测流和试验研究，取得淮河干流盱眙3个断面分流比系数、缆道测流垂线精简分析成果和H — ADCP流量实时在线监测率定分析资料。6月28日至7月13日，在入江水道高邮湖至三河闸河段布设6处水位断面、2处流量断面，开展洪水测验，收集到入江水道整治后第一场较大洪水资料，水位比整治前同流量级水位下降8厘米。

春节期间，洪泽县、金湖县及淮安市区饮用水源地受洪泽湖硅藻急剧繁殖影响，发生水质异常情况，水文监测人员在洪泽湖、入江水道、二河、废黄河上开展监测工作，及时为各级政府提供水文信息。4月、10月南水北调通水期间，开展跟踪水文监测，做好防范水源污染工作，为水利工程调试提供及时信息。9月中下旬，洪泽湖成子湖区域、二河沿线出现蓝藻积聚现象，水文监测人员及时开展跟踪监测调查，为水利工程调度提供技术支撑。

【水质监测】 2015年，淮安市在开展常规水环境监测基础上，做好地下水监测、湖泊生态监测、污水处理厂监督监测。完成38个水功能区81个站点、25个饮用水源地、21眼深层地下水、6眼浅层地下水以及洪泽湖、骆马湖17个站点浮游藻类，40余个城镇入河排污口常规监测，完成长江流域饮用水有机项目监测。在洪泽湖、白马湖开展微生物、浮游植物等六大类水生态监测。注重对地下水超采区水位监测，优化地下水水质监测点，对省控26处地下水站进行全覆盖监测。开展典型污染地下水水质监测，做好淮安市首个浅层地下水遥测系统运行维护比对。每旬一次对淮安经济技术开发区污水处理厂进、出水口水质进行监督监测。全年编制水功能区水质通报12期、水源地水质旬报36期、湖泊浮游藻类简报12期、深层地下水动态报告4期，完成《淮安市水资源公报》、水污染事故跟踪调查报告等。

【水文基础建设】 2015年，淮安市全面完成中小河流水文工程，一期钱集闸上下游水位台工程，二期维桥河闸、唐响河闸、一帆河闸、金湖水文设施建设工程全部完工。淮河盱眙风光带“十五水资源项目”水位台建成使用，完成溜子河省界测流断面水文设施建设及站房改造，完成盱眙水文站站房改造工程，完成鲍集圩滞洪区、废黄河涟水枢纽水雨情监测系统建设。国家地下水监测工程开工建设，基本站达标建设项目完成初步设计，编制完成水环境分中心达标建设项目建议书。

【水文科技】 2015年，淮安市加强水文遥测系统管理，保证遥测正常运行。全站区198个水文要素采集站全部实现遥测，监测中心每月定时巡查，水情分中心发现问题立即检修。建立机房、遥测系统检查日志台账，编制水位、雨量检查表及过程线图等。实现遥测在线率、入库率100%。水文站和重要水位站全部安装视频监控系统，实现双遥测双系统互备份，盱眙县、金湖县以及洪泽县老子山镇、涟水县朱码镇等地水文要素采集站实现有人看管无人值守。向省水利厅申报“淮安市涟水地下水超采区控制研究”“江苏省省管湖泊藻类环境及对供水安全影响研究”课题。完成“南水北调东线洪泽湖和骆马湖藻类调查研究”课题，通过国务院南水北调办组织的专家验收。开展淮安市主要河湖防汛防旱特征水位研究。

（许兆平）

灌溉总渠·淮河入海水道工程管理

【概况】 2015年，灌溉总渠·淮河入海水道工程管理处（下简称管理处）加强水情动态监测分析和工程调度方案、防汛应急预案完善细化。灌溉总渠沿线、高宝湖一带平均降水量1150毫米，比正常年份偏多两成。管理处编发各类水情报文11500多份，遥测编发报文30多万份，实测流量178个测次。全年泵站抽水161天，抽水32.2亿立方米，涵闸泄水97.7亿立方米。完成向淮北地区调水灌溉、向骆马湖应急补水任务，完成白马湖、宝应湖排泄涝水等重点防汛防旱任务。1名职工获得“第九届全国水利技术能手”称号，2个项目获得实用新型专利，1个项目获2015年度江苏省水利科技进步三等奖。

【工程建设管理】 2015年，管理处完成维修养护、防汛急办项目65个，投入经费1622万元。推进工程精细化管理，编制完成《水闸精细化管理》《泵站精细化管理》文件。选择运东闸管理所、淮安抽水二站管理所作为试点，推动安全管理标准化建设。淮河入海水道工程管理处通过国家级水管单位复核验收，淮安二站管理所通过省一级水管单位验收。完成5100万元年度投资计划。淮安二站加固工程通过完工验收。沙庄引江闸、运西分水闸、宝应湖退水闸除险加固工程，总渠沿线小水电站增效扩容改造工程完成并通过验收。高良涧闸加固工程通过水下工程验收，并开闸泄水，管理用房土建工程完成。淮安三站改造工程开工建设，完成投资942万元。跨总渠交通桥完成施工图设计。

【综合经营】 2015年，管理处实现综合经营净收入2026万元，其中船闸收入534万元，水电收入182万元。在做好南水北调工程委托管理同时，维修养护中心、淮阴抽水站、淮安站变电所、运东闸管理所等单位（部门）参与做好南通开发区城市排泄泵站、苏州石湖调水泵站、淮安城区排涝泵站等的委托管理。全年签订经营合同111份，完成金额2189万元。

【水政水资源】 2015年，管理处将工程管理范围的划界确权作为重点，进一步复核界址坐标，完善界桩和告示牌，重新测图，开展地籍信息化建设，管理处水利工程管理范围划定实施方案通过省水利厅审查。加强科学监测与巡查。日常巡查、重点巡查和特别巡查相结合，湖泊巡查与水事执法相结合，湖泊退圩还湖状态监测与开展入海水道水域及滩地遥感监测相结合，加大巡查次数和巡查密度。从涉湖建设项目前期指导、防洪评价和后期监管等环节，加强涉湖建设项目管理。根据湖泊联席会议工作和发展需要，增加涉湖市、县（区）发展改革委、规划局、国土局为联席会议成员单位。

（卞金彪）

淮沭新河管理

【概况】 2015年，淮沭新河管理处管理的工程安全运行，全年下达调度指令550次，及时处理特殊水情3次。开展“防汛抗旱百日会战”活动，成立200人的防汛抢险突击队和技术、后勤保障分队，编印防汛抗旱减灾知识手册，开展水文遥测系统报汛故障、闸门事故抢修、泵站运行直流电源失电等应急演练。发送水情电报6.3万余条，编发水情信息400余条。获中国水周知识竞赛全省一等奖，获全国水利安全知识竞赛集体奖。1名职工获全省闸门运行工技能竞赛一等奖，1名职工获评江苏水利好青年。管理处和盐河北闸管理所保持“江苏省文明单位”称号，二河闸管理所获江苏省“工人先锋号”称号。

【工程建设管理】 2015年，淮沭新河管理处按期完成杨庄闸除险加固、淮涟闸除险加固、沭新退水闸拆建和沭阳闸除险加固4项工程，未出现任何质量问题和安全事故。完成善后新闸、烧香河闸、车轴河闸3座工程安全鉴定。编报车轴河闸除险加固工程可行性研究报告，获省发展改革委批准，批复经费2094万元，完成初步设计报告报批。编制并上报淮阴闸闸孔电站四期工程初步设计报告，通过省水利厅批复。编制完成沭新闸可行性研究报告和“十三五”期间农村小水电增效扩容改造工程规划方案报告。编制完成精细化管理办法和信息化发展规划，建成视频会商、远程监视系统。完成滨海抽水站省一级水管单位达标创建并通过验收，推进淮阴二站省级风景区创建。灌河法治水利文化园建成开园，成为省水利厅直属管理处首个法治水利文化园。成立安全生产监管中心，加强安全生产基础工作和宣传教育，全处安全生产形势平稳。

【补水供水】 2015年，淮沭新河管理处累计供排水180亿立方米，其中苏北供水总口门——二河闸供排水92亿立方米，连云港供水关键口门——沭新闸供排水13亿立方米，淮阴二站抗旱供水2.5亿立方米。及时调度运行二河闸、淮阴闸、沭新闸等相关水利工程，保障淮沭河沿线工农业生产及居民生活用水需要。为淮北地区农业用水储蓄水源，调度淮阴二站参加抗旱翻水,向骆马湖补水。10月9日~12月7日,淮阴二站开机翻水60天,运行2180台时,抽水2.5亿立方米。6月18日,蔷薇河地涵、沭新闸先后将闸门提出水面"亮板"运行,向下游地区补充急需水源,支持连云港地区水稻栽插大用水,基本保证受益范围内用水需求。

【综合经营】 2015年,淮沭新河管理处完善经营承包责任制,修订《过闸费征收管理办法》等3项制度,出台《过闸费征收稽查暂行办法》,统一经营工作请示件与合同签订有关规定,规范工作流程和制度,明确安全、纪律、监督、检查主体责任。在服务窗口设置意见箱、监督台和满意度评价器,为船民提供饮水、报纸等。首次开展"船闸电站经营创收百日竞赛"活动,激励收费人员工作积极性。全年实现经营净收入1266万元。

【水政水资源】 2015年,淮沭新河管理处定期开展水政巡查,现场处理水事违法行为11起,全年没有发生重大水事违法案件。建立区域分片负责、重点联合互巡查的综合巡查机制。开展常态化综合巡查以及汛前执法、河湖清障和水资源保护等专项执法检查,全年水行政执法巡查出动1000余人次,及时制止蔷薇河地涵、淮阴二站、沭阳闸等工程单位违法占地行为。开展水利工程管理范围划界及地籍信息化工作,推进新沂河海口控制工程确权划界,编制《水利工程管理与保护范围划定工作实施方案》送审稿,并通过符合性审查。完成连云港市境内通榆河、新沭河及11座省级大中型水库遥感监测阶段成果核查。

(肖怀前)

洪泽湖管理

【概况】 2015年,洪泽湖管理处修订《汛期工作制度》《防汛值班管理制度》,完善防汛防旱应急预案。三河闸启闭42次,安全开闸运行59天,其中亮板运行15天,泄洪151.1亿立方米,最大流量6280立方米/秒,受委托管理的南水北调金湖站排涝648.2万立方米。1个科技项目现场试验取得成功,1个科技项目通过省水利厅验收,2个科技项目获得实用新型专利证书。

【工程建设管理】 2015年,洪泽湖管理处完成三河闸启闭机系统更新及土建附属工程、石港泵站更新改造工程、洪泽湖大堤除险加固省管段工程、基层管理所饮用水改造工程,完成建设投资2482万元。在完成《三河船闸安全鉴定报告》《三河船闸除险加固工程可行性研究报告》基础上,做好金宝航线船闸运量预测专题研究报告,为三河船闸的扩容改造奠定基础;做好三河闸安全稳定专项研究,初步完成管理处"十三五"发展规划编制。建立健全安全保障体系,及时调整安全组织网络,修订《安全生产事故应急预案》。定期开展安全生产检查,排查和治理安全生产隐患,编制印发《全处重点场所消防安全专项治理实施方案》《2015年工程维修质量管理年活动方案》。三河管理所编制《三河闸养护标准化作业指导书》《河床断面测量作业指导书》。

【综合经营】 2015年,洪泽湖管理处拓展对外服务市场,水土资源利用有序推进。三河管理所承接山东枣庄二级坝、淮委通讯铁塔、三汊河、润扬河水闸工程喷锌和混凝土防碳化等6个项目的防腐工程。完成三汊河口闸、南水北调金湖站委托管理任务,签订2015年南京西水关船闸委托养护管理项目协议,参加北京南水北调七、八梯级泵站委托管理。完成洪泽高良涧水利工程管理处、宝应潼河管理所、润扬河水闸、盱眙县化农水库及山洪水库等水利工程达标创建技术咨询项目。完成南京市六合区山湖水库等5个水利工程观测项目。完成洪泽西顺河片区热电联产工程和省属工程管理单位饮水工程取水论证项目。按照《省管洪泽湖大堤水土资源开发利用和保护规划(2015—2024年)》要求,合理开发洪泽湖大堤护堤地及顺堤河。主动参与地方旅游开发,实施水电扩容改造,增加水力发电收入。

【水政水资源】 2015年,省政府批复成立洪泽湖管理委员会,并相应成立管理委员会办公室。组织6次大规模宣传活动,出动宣传车6次、巡查艇5艘,行程1800余千米,散发水法规宣传单4000余份、环保宣传袋4000余个,摆放宣传展牌56块次,参加群众2000余人次。编印4期《洪泽湖管理信息》和7期《洪泽湖非法圈圩养殖清除工作督查通报》。印发洪泽湖管理与保护监督联系卡,悬挂对外服务承诺公示牌。开展巡查(督查)90余次,总里程4万余千米,发现违法建设项目4起,非法圈圩32处。拟定《洪泽湖网格化管理实施方案》,划分洪泽湖管理单元,绘制洪泽湖网格化管理图,初步建立网格化管理模式,构建"人员入格、责任定格、格中有格、格格相扣"洪泽湖管理网络。为沿湖6县(区)增配3艘中型铁制巡查艇、9艘小型玻璃钢巡查艇,在湖

2015年,洪泽湖管理处完成三河闸启闭机系统更新等工程。 张亚成 摄

2015年，淮安市开展洪泽湖水上突发风灾演习。 盛蓉蓉 供图

区易发生非法圈圩和入湖要道处布置20个视频监视点。协助省水政监察总队，联合公安、海事、渔政等部门，开展“利剑行动”，打击非法采砂活动。参加各类打击非法采砂行动13次，参与执法行动80余人次，出动执法船20余艘次，捣毁非法采砂机具100余台套。 （盛蓉蓉）

城乡建设与管理

综 述

【概况】 2015年，淮安市中心城市建成区面积155平方千米，人口146.67万人。年内，完成30328个自然村庄环境整治，实现以市为单位的全域整治并通过省级验收。市区市政道路总长1764.8千米，面积2976.65万平方米，人均道路面积20.3平方米。10个重点中心镇167个项目开工，竣工144个，完成投资10.3亿元。淮阴区码头镇入选第三批全国特色景观旅游镇，成为全市首个全国特色景观旅游镇。全市区域供水实现全覆盖。落实共有产权房试点实施办法，放宽准入条件和购房范围，全市294户家庭受益，成为住建部“共有产权住房制度创新”样板。

【中心城市建设】 2015年，淮安市完成中心城市建设投资691亿元，实施城建重点项目873个。里运河文化长廊建设计划实施项目54个，追加项目5个，实际实施项目59个，完成投资42.6亿元。西游记文化体验园建设完成项目总投资5亿元，龙宫大白鲸欢乐世界建成运营。淮安生态新城行政、文化、体育中心基本建成，淮安大剧院、淮安广播电视发射塔建设进入扫尾阶段。淮海广场完成地面改造，苏宁电器广场正式运营，金融中心一期30万平方米工程全面启动，淮海中心商业区、水渡口中央商务区集聚功能增强。宁淮现代服务业集聚区、淮安盐化新材料产业园区、淮安空港产业园等初具规模。

【重点工程】 2015年，淮安市继续开展重点工程建设。白马湖片区经国土资源部批准列入生态功能片区土地利用改革试点，首批获批400公顷土地规划指标。淮安国际金融中心规划建设完成包括土地、拆迁、建设等多项投资16.93亿元。淮安智慧谷规划建设投入资金近15亿元，推进一期工程18.5万平方米研发载体及生活设施建设，建筑面积4万平方米科研实验楼投入使用。制定《西南化工片区居民搬迁扫尾工程实施计划》，市国联集团筹集资金8500万元，全部用于该地块居民搬迁。协调保障安置房529套、面积4.97万平方米，用于大运河南地块项目安置。淮安综合大市场开工建设淮安电商创业孵化中心等亿元以上项目4个，建成商业面积20.38万平方米，完成固定资产投资15.27亿元。全年市住房和城乡建设局负责实施59个项目，飞耀路跨古黄河大桥及接线、城市“绿色小客厅”、中国南北地理分界线标志园改善提升等32个项目竣工或主体建设基本完成。

（市住房和城乡建设局办公室）

【规费征收】 2015年，淮安市公开城建收费标准，规费征收透明化。建立收费公示制度，严格执行收费标准，实施“阳光收费”，保证收费数额准确、收费依据确凿、收费文件透明。累计收取城建规费2.85亿元，同比增加506.05万元，其中基础设施配套费1.5亿元，同比增加3593.68万元。 （马 莉）

淮安大剧院一景 生态新城管委会 供图

城乡规划

【总体规划】 新一轮总体规划中，淮安市城市定位为国家历史文化名城、生态旅游城市、长江三角洲北部地区重要中心城市、交通枢纽和先进制造业基地。淮安市成为江苏省新一轮城镇规划体系“一带两轴三圈一极”（沿江城市带，沿海和东陇海城镇轴，南京、徐州和苏锡常都市圈，淮安增长极）空间发展框架中的“新兴增长极”。到2020年，市域规划人口560万人，城镇人口335万人，中心城市城区建设用地规模204平方千米，城市人口170万人，城市化水平60%；到2030年，市域总人口585万人，城镇人口410万人，中心城市城区建设用地规模264平方千米，城市人口220万人，城市化水平70%。规划形成“一主四副多点网格化”空间结构，“一主”即淮安中心城市；“四副”即涟水、洪泽、盱眙、金湖县4个市域次中心城市；“多点”即其他城镇；“网格化”即以市、县域中心城市和重点镇为节点，构建开放的网络化空间格局。

【城市规划】 2015年，淮安市坚持“全域淮安”理念，启动新一轮城市总体规划修编，完成总规实施评估报告和新一轮总规纲要方案，重点就空间和综合交通提出方案与应对策略。组织完成里运河、古淮河两岸规划，多个历史街区规划等景观特色规划。编制养老设施布局规划、交通发展年度报告等，优化各类公共服务设施布局。完成宁淮服务业集聚区、淮安空港产业园等一批功能片区规划，践行“以产兴城、以城促产、宜居宜业、融合发展”的产城融合之路，完善中心城区功能。

【镇村规划】 2015年，淮安市加强城乡统筹发展，加快“1047”（10个省级重点中心镇、47个重点发展镇）小城镇体系构建，组织修编10个省级重点中心镇及12个片区空间发展规划，引导小城镇集聚发展。优化城乡空间布局，编制完成全市65个镇优化布局规划、50个重点村和20个特色村村庄规划。

【规划管理】 2015年，淮安市加大规划业务简政放权、重心下移力度，日常审查审批业务下移到分局。全年办理审批服务事项1871项，其中用地许可230项，涉及面积620万平方米；工程许可1106项，涉及面积800万平方米，各类管线、道路长度5800公里；规划核实535项，涉及面积622万平方米。所有审批事项均按时办结。及时将重大项目纳入绿色通道，加快淮安国际金融中心、里运河文化长廊、宁淮服务业集聚区等项目建设，协调推动500余项市级重点项目建设。

【规划监察】 2015年，淮安市规划工作坚持批管结合，对批准实施的各类规划和建设项目实施动态监测和监察，依法及时处理违法建设案件。全年实施批后监督管理67项，建筑单体366栋，总建筑面积365万平方米；处理违法建设案件6起，违法建筑面积3.99万平方米。

【阳光规划】 2015年，淮安市做好规划宣传和社会沟通，及时回应群众诉求。扩大信息公开范围，通过报纸、网站、微博、短信等平台，主动发布新闻、信息近500条。回应诉求、解读政策类信息1100余条，其中依申请公开60余件。创新项目公示制度，发布公示信息850余件次，按程序组织听证会19次。应对行政复议、诉讼案件10件次。接待来访9批62人次，办理人民来信750件。 （夏　征）

淮安生态新城

【概况】 2008年，淮安市围绕“东扩南连、三城融合、五区联动”城市发展战略，启动淮安生态新城建设，定位苏北重要中心城市主体功能区、特色城市化展示区、长三角北部现代服务业集聚区。淮安生态新城北依主城区，南接淮安区古城，处于城市几何中心位置，范围为新长铁路、宁连一级公路、经一路及延长线围合区域，占地29.8平方公里，规划人口30万人。2012年8月，生态新城党工委、管委会正式挂牌成立。2013年9月，完成行政管辖权调整工作。2015年12月，市委、市政府将淮安高铁新区核心区11平方公里管辖权划归淮安生态新城。年内，淮安生态新城实现一般公共预算收入6.78亿元，开工建设各类工程55项，投入资金60.15亿元。淮安生态新城绿色建筑示范创建区（核心区）成为全国第一个通过住房和城乡建设部建筑节能与科技司验收的绿色园区示范工程。年内，淮安市行政中心搬迁入驻生态新城。

【城市生态建设】 2015年，淮安生态新城完成海天路、里运河文化休闲生态绿地、里运河景区慢行系统等各类工程招标项目84项，总中标金额3.83亿元；淮安大剧院完工，文萃苑项目获全市“城市绿色小客厅”评比一等奖；完成道路建设8公里，新增绿化面积20万平方米；里运河文化长廊

美丽生态新城　　　　生态新城管委会　供图

项目完成3.5公里慢行系统和怡园路桥，里运河文化休闲生态绿地完成地形整理；7个建筑项目获“翔宇杯”优秀建筑工程称号，9个建筑工地被评为市级和省级文明标化工地。获得绿色建筑设计标识15个，绿色建筑面积157.66万平方米。翔宇大厦绿色施工被住房和城乡建设部评为科技示范项目，淮安市妇儿活动中心成为苏北地区第一个取得绿色建筑运营标识项目。开展建筑工地、农贸市场等整治项目69个，新增大型公益广告7780平方米，福地路创成市级示范路。“五城同创”（全国文明城市、国家生态市、国家环保模范城市、国家卫生城市、全国双拥模范城）通过考核验收，在全国文明城市创建迎检中，淮安生态新城实地测评点得分一直位列全市第一。1月8日、12月2日《新华日报》头版头条、头题，2015年《党的生活》第4期整页，分别以《低碳成淮安生态新城生命力》《锻造工程：“大练兵”提振精气神》和《“锻造工程”：让队伍有了新面貌》为题，报道生态新城生态低碳建设、全员素质提升等特色亮点工作。

【产业发展】 2015年，淮安生态新城完成投资近30亿元，实现税收4.37亿元，新增注册企业7家，注册资本1.8亿元。中兴智慧产业园、维也纳国际酒店、金奥拉特芳斯商业街、金奥国际中心商业综合体项目有序推进。研究制定“五九”双创产业园功能定位。与市国联集团、苏教国际交流服务中心、苏宁集团等企业、机构达成合作意向。获批中国银行间市场交易商协会非公开定向债务融资工具（PPN）7.5亿元、中期票据8亿元和深圳证券交易所20亿元公司债项目，开创全市同类产品先河。全年到账和获批融资项目金额95亿元。

【社会事业】 2015年，淮安生态新城中小学、幼儿园招生1880人，淮阴中学新城校区中考成绩再次位列全市前三名。引进北京大风车教育集团幼教资源，新城实验小学建设有序推进。实现新型农村合作医疗和城镇居民基本医疗保险参保全覆盖，争取上级补助、财政补贴资金900万元。推进淮安眼科医院、市一院新城分院等项目建设。新建公厕10座，投放垃圾箱380余个。出台居家养老办法，打造2个标准化社区居家养老中心。新增1227名被征地农民纳入城镇社保，养老金在全市率先“两连涨”。发放低保、特困供养、大病救助、尊老金、重残补助等资金300万元。完成村庄道路硬化、自来水改造、文化中心提升等10件民生实事。建成运南社区生活汇、富城村村部2个社区用房。建成悠园新村等安置小区112万平方米，新启动建设34万平方米，交付拱辰佳苑、山阳湾花园、中南世纪城、板闸家苑等小区4100套安置房。

（生态新城管委会）

市政公用事业

【概况】 2015年，淮安市建成一批基础性、功能性、生态性城市公用基础设施，市区道路、供水、供气、照明、排水、排污等事业健康发展。全社会用电量156.54亿千瓦时，同比增长3.31%；工业用电量108.89亿千瓦时，同比增长1.87%。市区路灯总量106900盏，路灯亮灯率99%，照明设施完好率95%，市政设施完好率95%，基本实现“道路平整无坑塘，路牙整齐无缺损，下水道畅通无漫溢”目标。下水道“郭玉凤班”被江苏省总工会授予“十佳模范职工小家”“工人先锋号”称号。

【市政重点项目建设】 2015年，淮海南北路改造工程达到序时进度，完成市区“十大堵点”改造，推进环宇路等断头路工程，解决交通“卡脖子”问题。开展易堵地段管道排查，完成南港路、大治路、西安路、北京路等下水道疏通，确保安全度汛。推进“十二五”主城区污水处理及再生利用设施项目建设，成功申请到位德国贷款2000万欧元，获淮河流域水污染防治中央补助资金6990万元，资金量居苏北地区第一。开展主城区控源截污调研，完成《淮安市主城区控源截污规划及实施方案》。

【供水】 2015年，淮安市市区有2家供水企业，分别是淮安自来水有限公司和淮安市淮阴自来水公司，日供水能力29万吨，用户48.9万户，供水普及率99%。有12座污水处理厂，日处理规模56.5万立方米，其中市区5座，城市污水集中处理率80.66%。全年投资7.2亿元，铺设供水干管559公里，通达乡镇42个，完成年初区域供水全覆盖目标任务。提前完成省政府要求的区域供水85%覆盖率目标。完成全市城市供水企业水质监督检测。

【供气】 2015年，淮安市新增各类中低压燃气管网43公里，新发展燃气用户3.35万户，天然气供应能力超过2亿立方米，燃气普及率99.7%，管道气占有率60%。出台《关于进一步加强城镇燃气安全管理工作的通知》，加强燃气管理，打击违法违规行为。开展燃气企业特许经营中期评估，及时发现问题并整改。启动“淮安燃气”微信公众号平台搭建，通过该平台进行燃气安全知识普及，提高全民安全意识。

【供电】 2015年，淮安市发电量132.69亿千瓦时，同比下降4.30%。用电最高负荷303.7万千瓦时，同比增长3.15%；平均用电负荷率85.96%，提高0.33个百分点。有火电、水电、燃气发电、生物质发电、光伏发电、风力发电等发电方式。至年底，全市电网有35千伏及以上变电站153座，变电容量1504.55万千伏安。其中，500千伏变电站3座、变电容量250万千伏安，220千伏变电站18座、变电容量551万千伏安，110千伏变电站70座、变电容量596.1万千伏安，35千伏变电站62座、变电容量107.45万千伏安。35千伏及以上输电线路403条、5376.68公里，有配电变压器31723台、容量944.08万千伏安。新能源装机容量787兆瓦。

【电力设施建设】 2015年，淮安市电网完成固定资产投资15.69亿元，投产110~220千伏线路266.7公里、变电容量42.3万千伏安。“十三五”电网规划获得市政府批复，电力部门与各县（区）政府签订“十三五”电网建设战略合作协议。国家重点工程1000千伏淮南—南京—上海特高压交流工程建设基本完成。6月29日，

表9　2015年淮安市供电情况表

	单位	全市	市区						涟水县	洪泽县	盱眙县	金湖县
				清河区	淮安区	淮阴区	清浦区	开发区				
全年用电量	万千瓦时	1565439	970705	—	189832	148932	—	—	152404	175926	159938	106466
#工业用电	万千瓦时	1088856	683777	14580	109719	81109	24031	145031	88845	144950	97975	73309
城乡居民生活用电	万千瓦时	250479	143722	—	48272	37406	—	—	39280	16879	32214	18384

2015年，淮安市环卫保洁机械化率进一步提高。　　万丰　供图

开工建设±800千伏晋北—江苏特高压直流工程，在盱眙县境内建设换流站1座，±800千伏线路长度37.2公里，220千伏梁庄、110千伏新站等16项输变电工程开工建设，220千伏范集、110千伏白马湖等15项输变电项目投产，4项110千伏及以下技改工程和17座110千伏单主变变电站主变扩建项目投产。新建、改造配农网项目9358个，全市城乡居民户均配变容量分别达4.9千瓦时、3千瓦时。完成“低电压”整改1992户、重载配变整治2337台。完成113条1285公里中压线路改造，实现市区城区全覆盖。　（何小闯）

【市政管理】 2015年，淮安市启动市政公用网格化管理系统建设，建立市政公用基础设施管理服务体系，整合市政公用行业单位管理资源，依靠信息化管理互动QQ工作平台，达到“信息共享、反应迅速、处理及时”目的，消除市政公用基础设施缺陷和盲点。修订和起草《淮安市翔宇杯（市政优质工程奖）评选办法》等3个办法，推动优质市政工程创建、优质养护片评选及污水设施优质管养评选。出台《淮安市市政公用事业管理局工程建设管理暂行规定》，规范市政公用工程基本建设程序，通过定位系统加大对参建主体违法违规行为查处力度，预

表10　2015年淮安市市政公用事业情况表

	单位	全市	市区	涟水县	洪泽县	盱眙县	金湖县
建成区面积	平方公里	266	155	35	18	35	23
供水综合生产能力（包括自备水源）	万吨/日	113	74	16	7	9	7
供水总量	万吨	25306	15917	2362	1975	2628	2425
售水量	万吨	12500	6843	1796	866	1535	1461
居民生活用水量	万吨	9290	5211	1587	587	1073	833
用水人口	万人	223	147	29	12	23	13
公共汽（电）车运营车辆数	辆	1278	868	149	98	94	69
公共汽（电）车客运总量	万人次	24226	19265	1511	696	1364	1389
出租汽车数	辆	2431	1373	265	100	546	147
液化石油气供气总量	吨	49509	28156	6120	681	9018	5534
家庭用量	吨	43128	23985	4500	625	9018	5000
液化石油气用气人口	万人	92	50	16	7	12	6
道路面积	万平方米	4277	2977	419	223	400	258
排水管道长度	公里	3200	2033	349	236	258	324

防质量安全事故和违纪违法行为。

（陈　扬）

城市管理

2015年，市城管局在全市行政执法单位首家举办“推进依法行政，建设法治城管”新闻发布会。　　万丰　供图

【概况】 2015年，淮安市区平均每天产生生活垃圾1185吨，通过焚烧发电方式进行资源再利用。市区有垃圾运输车142辆，主次干道有果壳箱4176只，垃圾桶689个；有高压冲洗、清扫、洗扫、护栏清洗等各类环卫机械化作业车111辆；有生活垃圾填埋场1座，最大处理量1100吨/天；有垃圾中转站111座，其中船舶垃圾收集中转站5座；有垃圾焚烧发电厂1座，日最大处理能力1500吨；有粪便处理场1座，日处理量150吨；有建筑垃圾处理场1座；有环卫公厕446座，全部免费。年内，举办“坚持依法行政、构建法治城管”新闻发布会，开办“法治城管”专题电视节目、“城管之声”专题电台节目，打造“法治城管”品牌。全市有5条道路被命名为“江苏省城市管理示范路”。通过快速发现、精确定责、及时处置各类问题，逐步形成齐抓共管、监督有效、群众满意的“大城管”工作格局。

【市容秩序管理】 2015年，淮安市按照“常态化严管、全天候巡查、周期性整治”要求，以车站、广场、商业区等区域为重点，设立城管24小时值班岗亭，组织10多次大规模集中整治，提升市容秩序，全年取缔流动摊点2300余个。加强市区违规大型广告清理，拆除淮安人民大会堂周边、市汽车总站等处违章广告1.5万平方米。开展城市长效综合管理，全年交办问题4000多个，建设精品亮点城管项目111个，19条道路、25个工地、10个市场、4个小区、21个游园、9个便民疏导点、4个城中村环境实现提档升级。全面落实管理责任，加大督查考核力度，各区拆除违法建设18.3万平方米。

【环境卫生管理】 2015年，淮安市提高环卫机械化作业率，机械化作业率80%。加大环卫保洁监管力度，提高督查频次，每月发1期环卫督查通报。加强对生活垃圾焚烧发电厂、卫生填埋场、垃圾中转站等环卫基础设施运行管理。规范垃圾中转站垃圾收贮、渗沥液处理，杜绝垃圾运输车辆抛撒滴漏。建立渣土运输企业和车辆准入规范机制，推进车辆密闭运输和导航系统定位管理，禁止不符合条件车辆上路运营。在8家工地安装无线视频监控，开展9次渣土运输专项整治“零点”行动。变处罚渣土运输公司为处罚建设单位，最高开出5万元罚单。

2015年，淮安市开展全市城管执法技能竞赛。　　万丰　供图

【民生实事项目】 2015年，淮安市完成城市管理类民生实事项目3个。市区新增停车泊位2724个，超额完成新增2200个泊位的任务；市区新建20座公厕、改造30座公厕，首个一类公厕投入使用；完成52条后街背巷整治任务，整治长度1.55万米，其中富强路打造成文明示范一条街，龙窝巷打造成历史文化特色街区。投资6000万元，新建清河区金马广场疏导点、淮阴区西坝疏导点、淮安区梁红玉小吃城等12个大型疏导点，面积48000平方米，新增摊位2000多个，实现入室经营、规范管理。全市实施“931”（即“九整治”“三规范”“一提升”，包括整治城郊结合部、整治城中村、整治棚户区、整治老旧小区、整治背街小巷、整治城市河道环境、整治低洼易淹易涝片区、整治建设工地、整治农贸市场，规范占道经营、规范车辆停放、规范户外广告设置，提升城市长效管理水平）城市环境综合整治项目1086个。其中，“九整治”项目344个，“三规范”项目742个。累计投入

2015年，淮安数字城管正式建成并投入运行。 万丰 供图

资金8.8亿元，完成率100%。

【数字城管平台】 2015年，淮安市投入2300万元，建成并运行数字城管系统。系统平台按照“一级监督、二级指挥、三级管理、四级网络”架构，覆盖中心城市建成区约200平方千米范围，以五大类城市管理部件和六大类管理事件为主要管理对象，涉及7个区以及市城管、住建、公安等25个部门和单位。8月，数字城管系统开始试运行，受理立案14517件，应结案数12785件，实际结案数10656件，结案率83.35%。（万 丰）

重点中心镇建设

【概况】 2015年，淮安市有省级重点中心镇10个，分别是：淮阴区渔沟镇、徐溜镇，淮安区车桥镇、钦工镇，涟水县高沟镇、红窑镇，洪泽县岔河镇，盱眙县马坝镇、旧铺镇，金湖县银涂镇。除盱眙县旧铺镇外，其他9个镇还是国家级重点中心镇。10个省级重点中心镇平均面积101.1平方千米，平均常住人口6万人，建成区平均面积3.2平方千米，建成区常住平均人口2.05万人，镇区绿化覆盖率29.1%，人均道路13.3平方米，城镇污水处理率69.4%，镇村生活垃圾无害化处理率86.7%，区域供水覆盖率30%。

【规划布局】 2015年，按照《淮安市城镇空间发展规划》中全域规划和片区发展理念，淮安市组织修编10个重点中心镇总体规划，全部形成初步成果，完成首轮汇报及初步论证。各镇以规划为指导，促进小城镇功能完善，服务水平和群众生活质量提升。高沟镇高起点编制完成《涟水县高沟镇总体规划（2014—2030）》和各种控制性详规；高沟小城市功能片区土地利用规划通过论证，报市政府审查；编制片区统筹规划、高沟新区·今世缘小镇发展规划、今世缘产业园布局规划等规划。红窑镇按照“全域规划、多规合一”思路，打造宜居宜业、产城融合、美丽和谐新型城镇，镇区“三横七纵”框架初步形成。车桥镇按照国家重点中心镇建设要求，聘请省城市规划设计院对片区规划和集镇总体规划进行编制，形成初步成果。钦工镇以集镇新区、工业集中区、特色农业区为蓝本，按照镇域人口8万人、集镇人口3万人目标，实施“多规合一”总体编制，打造集聚效应强的区域工业强镇、商贸流通发达的区域卫星镇和特色鲜明的生态农业镇。

【基础设施建设】 2015年，淮安市各重点中心镇按照城市标准建设基础设施，提升基础设施配套水平。至年底，10个省级重点中心镇生活污水处理设施全部开工建设。涟水县高沟镇、盱眙县旧铺镇等建成一批高标准道路，道路绿化标准与市区道路相当。金湖县银涂镇下水道设施坚持雨污分流，高标准建设。盱眙县马坝镇镇区道路全部实现黑色化；建成民防园、人民公园等多个市民公园，增加绿化5万平方米；加快实施污水管网、镇村公交、自来水管网改造等重点工程，建设污水管网9.6公里。

【基本公共服务】 2015年，淮安市各重点中心镇坚持精致建设，完善基本公共服务。开展市区优质学校与重点中心镇学校结对共建活动，签订《学校结对帮扶协议书》，制订结对计划。涟水县红窑镇实验学校、盱眙县马坝中学以现代化办学要求为标准，在教学硬件上缩短城乡差别。推进马坝镇文广服务中心、幼儿园、小学、医院等公共服务配套工程建设。涟水县高沟镇建设客运站、综合服务中心、医院、文化设施、集贸市场等公共服

2015年，全省村庄环境整治工作推进会上，市委常委、常务副市长戚寿余视察村庄环境整治现场。 市住建局 供图

务工程。徐溜镇投资350万元在镇内G205国道西侧启动农民文化广场及周边景观绿化建设，年内竣工。渔沟镇投入8000万元在渔沟卫生院建设建筑面积1.7万平方米的“淮阴区医养融合服务中心”，打造全国首家真正意义上的“医养融合”中心。

【产业发展】 2015年，淮安市各重点中心镇加快工业园区建设，聚焦企业、聚焦项目、聚焦产业，协调一、二、三产业发展，增强重点中心镇产业支撑力。马坝镇镇区东部沿宁连路重点发展物流、建材、家居产业，镇中心商业商贸区通过提档升级，重点打造品牌商贸服务业集聚区，西部开发区打造电子电器、机械加工和高新产业。高沟镇规划新建的今世缘产业园，引进5000万元以上项目10个。旧铺镇以承接宁淮新兴产业科技园为契机，加大产业招商力度，新引进亿元项目3个，其中投资5亿元的龙源风电项目四期、投资1.1亿元的金玉祥项目年内开工。至年底，旧铺镇工业集中区有企业20家，涉及机械制造、印刷、金属制品、纸制品、农副食品加工等行业。渔沟镇引进的投资1.2亿元服务业综合体家家福超市项目开工建设。渔沟、岔河、徐溜、钦工等镇加快土地流转，发展现代高效农业。渔沟镇新增土地流转1333.33公顷，累计流转2666.67公顷。徐溜镇流转土地666.67公顷，兴建徐溜农业产业园，实现部分农民向产业工人转变。岔河镇以胜伟食用菌公司为龙头，通过流转土地实施“强产壮村富民”工程，年内，在张马社区新建60栋菇房并实现投产出菇。钦工镇特色种植产业园占地150.67公顷，其中毅红奶牛场占地4.4公顷，存栏奶牛1200投，年产牛奶6500吨，成为苏北地区最大奶牛养殖基地。

【强镇扩权】 马坝镇是省级“强镇扩权”改革试点镇。2015年，淮安市在该镇有序开展行政管理体制综合改革试点。除省明确下放的724项权限外，又梳理该镇有承接能力且急需的权限53项，共下放777项县级权限给马坝镇。年内，各项权限衔接有序。金湖县结合行政区划调整，同步实施“并镇和扩权”试点，将银集镇与涂沟镇合并为银涂镇，镇政务服务中心、综合执法局正式运行，首批下放的182项县级审批权限承接到位。银涂镇在全市率先探索农村宅基地有偿退出机制，对全镇范围内13000多户居民进行调查统计，排查有意向退出宅基地农户2100户，首批193户宅基地退出户完成签约和置换城镇安置房。增加土地资源40公顷。 （周永达）

房地产开发与管理

【概况】 2015年，淮安市房地产施工面积2843.8万平方米，同比下降4.7%，其中住宅面积2195.8万平方米，下降3.6%；房屋竣工面积299.67万平方米，下降20.6%，其中住宅225.48万平方米；商品房销售面积703.99万平方米，增长14.6%，其中住宅608.19万平方米，增长13%；商品房销售额352.56亿元，增长16.6%，其中住宅280.69亿元，增长15.7%。市区有房地产开发企业339家。其中，主城区（清河区、清浦区、淮安经济技术开发区、淮安生态新城、淮安工业园区）210家，淮安区74家，淮阴区55家。市区批准预售商品房、商品住房、商业用房、办公楼分别为529.52万平方米、401.29万平方米、62.29万平方米、30.74万平方米。实施“以块为主，条块结合”的物管重心下移模式，将物业管理纳入社区管理服务，新建小区实行市场化物业服务，老旧小区推行基本物业服务，政府适当给与奖补。

【拆迁和旧城改造】 2015年，淮安市实施房屋征收拆迁12133户、131.17万平方米，其中市区实施房屋征收拆迁项目24个；全市改造棚户区11253户、123.25万平方米；棚户区改造安置住房新开工11689套，其中市区5491套；基本建成8904套，其中市区4486套。筹建房屋征收安置一体化管理系统，固化“十公开”（在房屋征收过程中，公开项目审批流程、房屋征收流程、法规政策、调查结果、补偿安置方案、安置房源及选房情况、评估结果、奖励和各类补偿标准、补偿结果、从业人员相关信息）制度，打造“亮底征收”（在房屋征收过程中将补偿安置结果彻底公开，将每户房屋征收补偿协议、旧房交割单、银行领款单等材料公示上墙的一种创新举措）升级版。坚持“先征后拆、先安后拆”，西南化工片区民房搬迁扫尾工作完成。将人民剧场片区项目录入2015年住房保障项目规划计划管理系统，清河区办理项目确认函，为申请政策性贷款提供依据。主动与国家开发银行、省住房和城乡建设厅对接，做好融资项目服务指导。起草《淮安市市区统购存量商品房操作办法》，消化存量房，推进货币化安置。

【绿色建筑】 2015年，淮安市新建建筑节能工程1096万平方米，完成既有

2015年，离退休老干部到清浦区清纤小区了解老旧小区改造和物业管理有关工作。

市住建局 供图

2015年，淮安市举办老小区基本物业服务培训暨工作推进会。
市住建局　供图

建筑改造24.6万平方米，完成新墙材建筑竣工面积568.9万平方米。涟水县红窑镇、盱眙县古桑乡两个“禁粘”试点乡镇通过省、市级考核验收。全年发展散装水泥367.88万吨，推广应用预拌混凝土1000.9万立方米，推广应用预拌砂浆23万吨。获得江苏省建设科技成果推广认定证书项目32项，向上争取建筑节能各类引导资金814万元。全票通过国家级可再生能源建筑应用示范市、县验收评估；淮安生态新城绿色建筑示范创建区（核心区）通过住房和城乡建设部验收，成为全国第一个通过验收的绿色园区示范工程；能耗监测平台建设通过省住房和城乡建设厅验收。新增绿色建筑设计标识项目17个，运行标识实现零的突破。开展《江苏省绿色建筑发展条例》宣传活动。

【物业管理】 2015年，淮安市新建小区物业服务覆盖面100%，主城区老旧小区实现基本物业服务全覆盖。市政府印发《加快老旧小区整治实施方案的通知》，明确三年整治目标，实现老旧小区整治全覆盖。将老旧小区整治列入市政府为城乡居民办十件实事项目，投入资金1.67亿元，完成69个小区、300万平方米老旧小区整治，惠及居民4万多户。至年底，清河区、清浦区、淮安生态新城归集维修资金11.27亿元，审核拨付维修资金5490万元。组织物管行业参与全国文明城、国家卫生城等“五城”同创，打造淮安城市品牌。在全省率先统筹维修资金，实现使用、增值“两不误”。建立全市统一的物业服务企业信用管理系统平台，将企业信用和评优、评先、招投标、资质升级挂钩，通过奖优罚劣，促进行业自律。

【工程质量管理】 2015年，淮安市开展工程质量治理两年行动和安全生产大检查，工程质监覆盖率98%，分户验收覆盖率100%。对市区建筑工地定位581人次，全市安装视频监控系统375个。施工图审查、白蚁防治、房屋安全鉴定分别为1068.3万平方米、842万平方米和10万平方米。建立健全工程质量创优激励机制，创国家级文明工地2个、省级文明工地71个；获国家级工法1个，推荐省级工法6个，获国家级质量控制成果3项。按照主体责任、图牌公示、围墙围挡、道路硬化、物料堆放、车辆冲洗、裸土覆盖、防尘网设置、垃圾清运、天气要求“十条标准”，以及工地围挡围起来、裸露土地盖起来、道路硬化硬起来、车辆冲洗冲起来、施工现场洒起来、现场气氛浓起来、各项措施管起来“七个起来”要求开展建筑工地扬尘整治。

【勘察设计与工程造价】 2015年，淮安市勘察设计企业中，有甲级设计资质单位7家、乙级设计资质单位8家，有甲级勘察资质单位4家、乙级勘察资质单位1家；有在册从业人员14986人。有工程造价咨询企业23家，其中甲级资质7家、乙级资质16家，具备全国建设工程造价员资格3261人，国家注册造价师394人。全市造价咨询企业完成咨询项目1053个，咨询标的额136.18亿元，其中工程结算审核666项，咨询标的额60.94亿元。节约投资9.96亿元，核减率16.35%。（赵运川）

表11　　2015年淮安市房地产开发投资完成情况表

单位：个、万元

	全 市	清河区	淮安区	淮阴区	清浦区	涟水县	洪泽县	盱眙县	金湖县	开发区
企业个数	369	46	30	40	27	61	42	36	49	38
一、计划总投资及本年完成投资										
计划总投资	21341853	4688997	1866379	2478645	1505112	4274115	1948043	908152	2577705	1094705
自开始建设累计完成投资	13697241	3211371	1431988	1530323	967327	2382816	1324175	682125	1350290	816826
房地产开发完成投资	2836904	635431	358312	353389	179215	382402	178715	171803	414516	163121
其中：国有经济控股	207530	5011	99671	35377	—	6153	12985	4931	41320	2082
二、项目规划情况										

续表

	全　市	清河区	淮安区	淮阴区	清浦区	涟水县	洪泽县	盱眙县	金湖县	开发区
项目规划占地面积	38200878	3387894	2231570	4476618	1790074	7084845	12125798	1433265	3189174	2481640
项目规划建筑面积	62749044	8998864	5600948	7840665	4861855	13687704	8350606	3403404	5330719	4674279
其中：住宅	45309773	6345193	3770039	5314235	3825316	10407040	6436475	2390434	3395700	3425341
商业营业用房	10033400	1326283	977422	1420606	380633	1386476	1362696	595044	1685515	898725
办公楼	744865	270211	68462	46678	32119	194969	45252	42133	12760	32281
其他	6661006	1057177	785025	1059146	623787	1699219	506183	375793	236744	317932
规划住宅套数	386498	49863	34954	50814	31819	81655	57632	22401	26529	30831
其中：90平方米以下	117266	18679	8939	17847	9433	23586	13203	7646	11271	6662
140平方米以上	28231	7076	720	1166	3433	9958	1997	407	2594	880
其中：别墅、高档公寓	6038	860	—	264	314	2035	460	1090	614	401
三、本年投资完成额按构成分										
建筑工程	1947222	322885	261284	237445	121791	281076	161453	154063	280757	126468
安装工程	212302	37175	38520	49662	8185	48413	8953	3818	17546	30
设备工器具购置	235583	195762	3170	1609	11724	6373	1001	4700	10921	323
其他费用	441797	79609	55338	64673	37515	46540	7308	9222	105292	36300
其中：土地购置费	326839	74900	36565	44532	28670	11747	2000	5380	97085	25960
四、本年投资完成额按用途分										
住宅投资	2001406	410015	262896	252259	162335	318712	147395	109554	221243	116997
其中：90平方米及以下	633003	40848	85107	125612	96164	131471	36504	33024	61480	22793
其中：140平方米以上	150510	66142	3038	13411	4082	35062	8377	2057	10291	8050
其中：别墅、高档公寓	15148	4132	—	1367	2240	3952	629	1980	—	848
办公楼	52489	17801	4657	2607	566	17541	2602	6322	168	225
商业营业用房	634448	185174	67406	63287	13522	27459	25584	47934	171460	32622
其他	148561	22441	23353	35236	2792	18690	3134	7993	21645	13277
本年新增固定资产	1062079	202139	131502	34762	10620	122108	10867	61395	364088	124598

表12　　2015年淮安市房地产销售情况表

单位：个、万元

	全　市	清河区	淮安区	淮阴区	清浦区	涟水县	洪泽县	盱眙县	金湖县	开发区
总计										
房屋施工面积	28437979	4285064	2891989	3220505	1649507	5613361	4276271	2223749	2525606	1751927
其中：新开工面积	5518968	668038	944696	699175	511074	970434	523022	180219	545370	476940
房屋竣工面积	2996721	447164	342343	78996	35112	316111	25848	213726	869936	667485
其中：不可销售面积	20323	—	467	193	—	2000	—	3000	14663	—
竣工房屋价值	814578	197738	85827	21912	10620	117606	3682	54899	211918	110376
出租房屋面积	2913	—	—	—	—	—	—	—	—	2913
商品房销售面积	7039913	1355268	693154	743314	305458	1255872	875651	462859	940650	407687
其中：现房销售面积	1094619	207485	75446	137484	9979	135867	41474	2352	362960	121572
其中：期房销售面积	5945294	1147783	617708	605830	295479	1120005	834177	460507	577690	286115
商品房销售额	3525610	832738	338422	344236	199595	569517	358615	182491	549039	150957
其中：现房销售额	695392	155514	38601	65338	7193	66688	17069	1172	288258	55559

续表1

	全 市	清河区	淮安区	淮阴区	清浦区	涟水县	洪泽县	盱眙县	金湖县	开发区
其中:期房销售额	2830218	677224	299821	278898	192402	502829	341546	181319	260781	95398
商品住宅销售套数										
待售面积	2346526	237451	199009	129247	148414	670388	82841	11857	695016	172303
其中:待售1-3年面积	1045653	40638	86899	116149	136754	285397	44042	11857	251827	72090
其中:待售3年以上面积	23454	896	13241	9317	—	—	—	—	—	—
按用途分										
(一)住宅										
房屋施工面积	21958038	3188738	2095968	2321988	1491550	4720553	3352535	1648932	1771624	1366150
其中:新开工面积	4282066	511444	612033	463893	458548	837813	438422	128226	420012	411675
房屋竣工面积	2254856	367985	254798	62369	33826	284453	15370	140945	538776	556334
其中:不可销售面积	14856	—	—	193	—	—	—	—	14663	—
商品住宅竣工套数	20522	3191	2562	453	260	2327	156	1357	4807	5409
竣工房屋价值	636811	160559	72822	18562	10100	113572	2339	36054	130532	92271
出租房屋面积										
商品房销售面积	6081956	1234778	621083	656695	294918	1182537	802793	372520	636974	279658
其中:现房销售面积	790745	170434	44322	106421	9077	119981	38421	691	263368	38030
其中:期房销售面积	5291211	1064344	576761	550274	285841	1062556	764372	371829	373606	241628
商品房销售额	2806946	682067	268969	285604	190822	542707	285598	128874	326258	96047
其中:现房销售额	444100	96914	18643	48978	6303	58827	14391	172	185008	14864
其中:期房销售额	2362846	585153	250326	236626	184519	483880	271207	128702	141250	81183
商品住宅销售套数	54551	9406	5918	6475	2886	10634	7262	3397	5975	2598
其中:现房销售套数	6704	1248	401	1103	69	903	395	5	2250	330
其中:期房销售套数	47847	8158	5517	5372	2817	9731	6867	3392	3725	2268
待售面积	1626634	209015	106993	82797	136707	579013	50729	2873	398554	59953
其中:待售1-3年面积	794603	31778	48481	70332	128684	255043	30938	2873	185413	41061
其中:待售3年以上面积	21472	896	11578	8998	—	—	—	—	—	—
其中:90平方米及以下住房										
房屋施工面积	5860472	258455	452169	850557	499876	1593736	981673	488348	516816	218842
其中:新开工面积	1013987	27676	170112	135100	157263	129837	218343	45662	117541	12453
房屋竣工面积	402038	31876	9864	10462	18000	21873	8800	31573	157151	112439
商品住宅竣工套数	4787	362	118	128	205	253	100	451	1780	1390
竣工房屋价值	101819	14017	1281	3098	5400	6686	1069	7550	43993	18725
商品房销售面积	890989	56050	70038	142541	99592	245389	43148	39302	165279	29650
其中:现房销售面积	156570	20964	10963	2301	1025	8920	622	—	109340	2435
其中:期房销售面积	734419	35086	59075	140240	98567	236469	42526	39302	55939	27215
商品房销售额	431416	29774	23893	56801	103929	117004	15689	13512	61491	9323
其中:现房销售额	60962	11936	2192	966	585	3973	242	—	40047	1021
其中:期房销售额	370454	17838	21701	55835	103344	113031	15447	13512	21444	8302
商品住宅销售套数	10631	648	801	1660	1262	2970	493	492	1899	406
其中:现房销售套数	1784	241	122	30	12	103	10	—	1238	28

续表2

	全 市	清河区	淮安区	淮阴区	清浦区	涟水县	洪泽县	盱眙县	金湖县	开发区
其中:期房销售套数	8847	407	679	1630	1250	2867	483	492	661	378
待售面积	362891	39678	3257	3284	37784	104405	401	2873	168129	3080
其中:待售1-3年面积	242673	500	3257	3121	37784	80138	—	2873	114256	744
其中:140平方米及以下住房										
房屋施工面积	2140633	650461	99428	186024	205189	402221	305719	37765	166847	86979
其中:新开工面积	309120	163556	—	25954	7195	58408	2520	15154	3000	33333
房屋竣工面积	183649	49692	982	28701	15826	14100	2460	8568	43000	20320
其中:不可销售面积	193	—	—	193	—	—	—	—	—	—
商品住宅竣工套数	1064	315	6	117	55	95	17	52	295	112
竣工房屋价值	55089	20284	294	8576	4700	4054	290	1235	12408	3198
商品房销售面积	474829	198293	15067	16905	18848	120088	4996	10118	86520	3994
其中:现房销售面积	183359	55944	1650	9408	4241	44881	145	577	64960	1553
其中:期房销售面积	291470	142349	13417	7497	14607	75207	4851	9541	21560	2441
商品房销售额	325382	115122	7289	8946	12372	61024	1480	3491	114172	1486
其中:现房销售额	173931	32760	845	4157	2888	25391	50	140	107030	670
其中:期房销售额	151451	82362	6444	4789	9484	35633	1430	3351	7142	816
商品住宅销售套数	2539	1053	100	95	82	662	32	59	439	17
其中:现房销售套数	903	303	11	55	13	215	1	4	292	9
其中:期房销售套数	1636	750	89	40	69	447	31	55	147	8
待售面积	248799	77496	5545	10898	24454	98780	1	—	26476	5149
其中:待售1-3年面积	124310	13064	5545	3074	24233	56763	—	—	18276	3355
其中:待售3年以上面积	5496	—	—	5496	—	—	—	—	—	—
其中:别墅、高档公寓										
房屋施工面积	636754	48254	13670	40109	63375	247064	158520	32412		33350
其中:新开工面积	54080	35754	13670	—	—	4656	—	—	—	—
房屋竣工面积	156282	9000	—	16046	—	121800	—	—	—	9436
商品住宅竣工套数	1118	54	—	48	—	976	—	—	—	40
竣工房屋价值	41069	4206	—	4812	—	30450	—	—	—	1601
商品房销售面积	165038	127743	—	3635	—	31180	—	—	—	2480
其中:现房销售面积	61934	29955	—	419	—	31180	—	—	—	380
其中:期房销售面积	103104	97788	—	3216	—	—	—	—	—	2100
商品房销售额	100679	78085	—	2481	—	19247	—	—	—	866
其中:现房销售额	40539	20840	—	255	—	19247	—	—	—	197
其中:期房销售额	60140	57245	—	2226	—	—	—	—	—	669
商品住宅销售套数	801	637	—	18	—	138	—	—	—	8
其中:现房销售套数	278	134	—	4	—	138	—	—	—	2
其中:期房销售套数	523	503	—	14	—	—	—	—	—	6
待售面积	96010	49448	—	1687	—	44297	—	—	—	578
其中:待售1-3年面积	24140	8732	—	1687	—	13143	—	—	—	578
其中:待售3年以上面积	613	613	—	—	—	—	—	—	—	—

续表3

	全 市	清河区	淮安区	淮阴区	清浦区	涟水县	洪泽县	盱眙县	金湖县	开发区
(二)办公楼										
房屋施工面积	335463	208965	23472	24277	1203	15414	38902	19277	2850	1103
其中:新开工面积	9653	6764	930	856	—	—	—	—	—	1103
房屋竣工面积	180	—	180	—	—	—	—	—	—	—
竣工房屋价值	54	—	54	—	—	—	—	—	—	—
商品房销售面积	5097	3198	1839	—	—	—	60	—	—	—
其中:现房销售面积	60	—	—	—	—	—	60	—	—	—
其中:期房销售面积	5037	3198	1839	—	—	—	—	—	—	—
商品房销售额	3740	2814	876	—	—	—	50	—	—	—
其中:现房销售额	50	—	—	—	—	—	50	—	—	—
其中:期房销售额	3690	2814	876	—	—	—	—	—	—	—
待售面积	40136	88	29380	—	—	2926	4676	—	—	3066
其中:待售1-3年面积	35113	88	29380	—	—	969	4676	—	—	—
(三)商业营业用房										
房屋施工面积	4341581	644921	436692	499530	74470	558936	692945	393224	736051	304812
其中:新开工面积	698936	71210	206131	107664	24206	42673	48517	43701	120893	33941
房屋竣工面积	615626	48281	68506	14357	1286	9656	10478	57459	331160	74443
竣工房屋价值	144215	19720	7326	2900	520	2371	1343	15359	81386	13290
出租房屋面积	2913	—	—	—	—	—	—	—	—	2913
商品房销售面积	889419	96736	70166	66193	9712	62019	72798	89858	303676	118261
其中:现房销售面积	284796	36297	31124	25950	902	8642	2993	1661	99592	77635
其中:期房销售面积	604623	60439	39042	40243	8810	53377	69805	88197	204084	40626
商品房销售额	688448	133549	68567	52686	8601	23573	72967	53146	222781	52578
其中:现房销售额	245133	58347	19958	14820	890	5148	2628	1000	103250	39092
其中:期房销售额	443315	75202	48609	37866	7711	18425	70339	52146	119531	13486

产业经济

CHANYE JINGJI

农　业

工业　建筑业

服务业

开放与合作

农 业

综 述

【概况】 2015年，淮安市贯彻落实各项支农惠农政策，推进农村制度创新和农业现代化工程，发展新型农业经营主体，加快推动村级集体经济发展，促进农村经济发展。引导土地规范有序流转，合理约定流转期限、流转价格和租金支付方式，使土地向新型农业经营主体集中，发展适度规模经营。村级集体经营性收入15.68亿元，村平均37.1万元，同比增长21.2%。粮食生产实现“十二连增”，全市粮食总产46.7亿公斤，调出粮食超25亿公斤。全年实现农林牧渔业增加值313.39亿元，同比增长3.6%。全市57万年收入4000元以下低收入人口全部脱贫。全市新农合、新医保、农村低保、被征地农民社会保障实现全覆盖。全市农民负担监督卡发放率95%以上，实现市及市以上涉农负担零信访。

【农业现代化】 2015年，淮安市农业现代化发展指数位列苏北地区第一、全省第三，农田水利现代化、农业综合机械化、粮食收储现代化水平分别为85%、82.5%、80.6%，均列苏北地区第一。农作物良种覆盖率稳定在98%以上，农业科技进步贡献率64.6%，高标准农田占比59%，高出省平均水平4个百分点。全市有3个国家级农业园区，分别是淮安（淮阴）国家农业科技园区、淮阴台湾农民创业园、洪泽县国家现代农业示范区；有省级现代农业产业园区10个，总数全省第二；有市级现代农业产业园区15个。有省级农业龙头企业47家，农产品加工总产值与农业总产值比上升到2.8∶1。有中国农产品区域公用品牌1个（淮安红椒），有盱眙龙虾、淮安大米等中国驰名商标6件，有农产品地理标志证明商标101件，居全国地级市第一。淮安区电子商务现代物流园创成国家级电商物流基地，洪泽县、盱眙县获批省级电子商务进农村示范县，创成省级电子商务示范村4个、农产品电子商务示范基地7个。

【农民收支】 2015年，淮安市农村常住居民人均可支配收入13128元，同比增长9.3%。其中人均工资性收入7329元，同比增长9.1%；人均经营净收入3167元，同比增长9.5%；人均财产净收入231元，同比增长9.4%；人均转移净收入2402元，同比增长9.7%。农村居民消费支出稳步增加。从消费构成来看，八大类消费均有所增长。其中，食品烟酒支出2731元，增长8.4%；衣着支出507元，增长9.2%；居住支出1485元，增长9.0%；生活用品及服务支出543元，增长9.0%；交通通信支出840元，增长11.1%；教育文化娱乐支出1532元，增长11.7%；医疗保健支出805元，增长13.4%；其他用品及服务支出172元，增长10.1%。

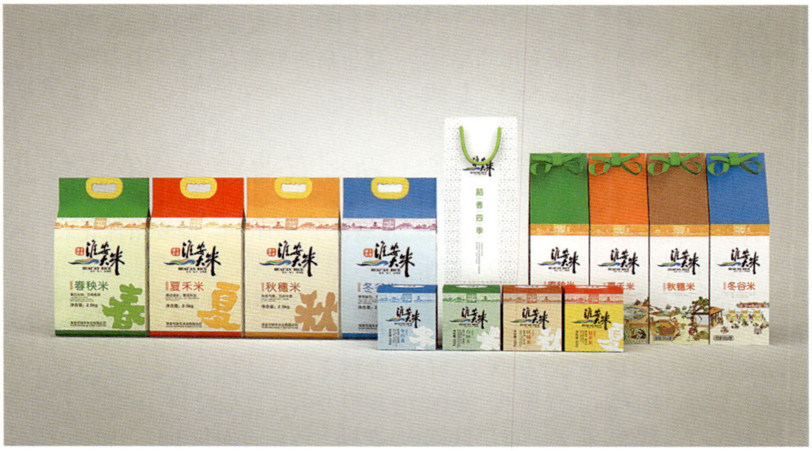

淮安大米“稻香四季”系列　　葛锐　供图

【农村环境】 2015年，淮安市乡镇实现省优标准幼儿园全覆盖，农村高中全部达到省三星级高中以上办学标准。完成农村危房改造4452户，其中修缮加固1319户，翻建新建3133户，获得国家和省农村危房改造补助资金4668.57万元，通过国家和省检查组验收。投入农村公路提档升级建设资金4.46亿元，新改建农村公路572公里、桥梁68座。至年底，全市开通47个乡镇镇村公交。完成所有自然村村庄环境整治，完成农村改厕30260座。清运积存垃圾1717万吨，建立保洁队伍11119人，配备垃圾桶25万个、垃圾车2647辆，创建省三星级康居乡村34个。完成全市8个“美丽乡村”验收，在15个村开展“美丽乡村”建设，争取省“美丽乡村”奖补资金3800万元。获批全国“美丽乡村”创建试点村2个、全省“美丽乡村”建设示范项目31个，洪泽县老子山镇被评为全国美丽宜居小镇。争取省一事一议财政奖补资金11884万元，支持551个村兴建村内公益项目662个，惠及136.75万农业人口；争取省以上公共服务运行维护机制试点资金9048万元，在全市1514个村开展农村公共服务运行维护。

【农村改革】 2015年，淮安市整市推进土地承包经营权确权登记颁证，全市有1381个村开展确权登记颁证，达应确权行政村总数的98.6%，累计争取中央和省级经费5070万元。围绕归属清晰、权责明确、保护严格、流转顺畅的农村集体产权制度改革目标，开展农村产权流转交易市场建设，规范农村产权流转交易行为。发放集体资产登记证1407本，7个涉农县（区）县级农村产权流转交易市场全部建成。通过农村产权交易信息平台成交项目570笔，成交金额10778万元，交易面积1506.8公顷。农村集体产权股份合作制改革试点扩大到47个村，涉农县（区）全部建成县级农村产权流转交易市场，涟水县农村产权交易额列全省县级第三位。

严格一事一议筹资筹劳，全市实行一事一议筹资预算的村752个，占总村数的49.2%，一事一议筹资预算总额3367.86万元；一事一议筹劳预

表13　　2015年淮安市农村组织和从业人员表

	乡镇政府（个）	镇个数	村民委员会（个）	村民小组（个）	乡村户数（万户）	乡村人口（万人）	劳动年龄内人口数（万人）	劳动年龄内上学的学生数	劳动年龄内丧失劳动能力的人数	超过劳动年龄而实际参加劳动的人数（万人）	乡村实有从业人员合计（万人）	男从业人员	女从业人员
全　市	107	85	1357	14127	100.02	394.8	215.21	14.91	7.64	23.28	212.5	112.74	99.76
淮安区	26	21	262	4043	21.7	84.52	44.63	2.92	2.12	4.42	43.7	22.64	21.06
淮阴区	21	14	248	2092	19.22	76.49	38.76	2.13	1.12	4.34	38.8	20.46	18.34
清浦区	5	3	28	576	2.95	12.8	7.38	0.81	0.37	1.05	7.16	3.61	3.55
开发区	3	—	36	195	1.6	9.33	6.78	0.35	0.17	0.24	6.1	3.6	2.5
工业园区	—	—	9	136	0.48	2.1	1.18	0.1	0.04	0.12	1.08	0.58	0.5
盐化工业园	—	—	24	255	0.75	3.11	1.72	0.1	0.06	0.12	1.64	0.86	0.78
涟水县	19	17	360	2612	22.29	94.16	50.68	3.92	1.88	6.54	50.14	26.72	23.42
洪泽县	6	6	85	710	7.55	27.48	16.71	1.38	0.41	1.92	16.84	8.74	8.1
盱眙县	17	14	207	2691	15.3	59.11	34.38	2.38	0.96	2.51	33.42	18.37	15.05
金湖县	10	10	98	817	8.18	25.7	12.99	0.82	0.51	2.02	13.62	7.16	6.46

算为169.01万个工日。争取省一事一议财政奖补资金1.19亿元，支持511个村兴建村内公益项目662个，惠及136.75万人。

洪泽县完成乡镇撤并，金湖县、盱眙县完成部分乡镇撤并，10个省级重点中心镇集聚带动能力显现。金湖县被确定为全国农村承包地经营权抵押贷款试点县、全国确权登记成果运用10个试点县之一，被列为全省农村综合改革试点县。洪泽县被国家确定为农田水利设施产权制度改革和创新运行管护机制试点县，小型水利工程管理体制改革被评为中国改革2015年度十大案例之一。

【村级集体经济】 2015年，淮安市全面开展农村清产核资，明晰集体资产产权，全市确权登记发证面95.3%。在此基础上，开展农村集体股份制改革，选择39个村居进行股份合作制试点。全市村平均集体经营性收入达到37.1万元以上，较上年增长20%以上，85%以上的村集体经营性收入达到或超过省定标准。清浦区、洪泽县、盱眙县通过省村级"四有一责"（有持续稳定的集体收入、有功能齐全的活动阵地、有先进适用的信息网络、有群众拥护的带头人以及强化村党组织领导责任）建设示范县（区）验收。在全省率先建立市级农村"三资"（集体资金、集体资产、集体资源）信息化监管平台，108个乡镇建立农村集体"三资"信息化监管平台，实行在线实时监管，建立村级新增债务申报制度、预警管理制度，探索化解债务有效途径。实施农村"三资"监管专项整治，查处问题30余个，问责处理7人，全市村级债务7.3亿元，同比下降11%。

【休闲农业】 2015年，淮安市新增休闲农业经营企业（园区）58家，总数498家，年接待游客542.7万人次，农业旅游收入8.12亿元。盱眙县获"全国休闲农业与乡村旅游示范县"称号。江苏三农生态园洪泽龙禹生态园获评全国休闲农业与乡村旅游示范创建四星企业（园区）、金湖县荷盛莲业有限公司获评全国休闲农业与乡村旅游示范创建三星级企业（园区）。盱眙县天泉湖、洪泽湖国蟹园获"全国休闲渔业示范基地"称号。淮阴区刘老庄村、淮阴区码头村、金湖县白马湖村、清浦区王元村、盱眙县新华村5个村获"江苏最具魅力乡村"称号。盱眙县陡山村获"首批江苏省农家乐集聚村示范村"称号。

【农业保险】 2015年，淮安市巩固主要种植业保险险种参保面。全市完成三麦承保24.54万公顷、水稻承保23万公顷，承保面分别达到98%和96%以上；农业保险总保费23043.15万元，其中高效设施农业保险保费10392.34万元，占比45.1%。试点拓展开办新险种，开办农业保险险种34个，其中高效险种31个，探索开展生猪价格指数等农业保险新险种。

（葛　锐）

新型农业经营和农民创业

【概况】 2015年，淮安市深化农村改革，引导和扶持新型农业经营主体发展，初步构建家庭农场、合作经营、集体经营和企业经营融合发展的现代农业体系。至年底，新型农业经营主体规模经营比重提高11个百分点，新增农村土地流转面积3.67万公顷，累计达18.33万公顷，占承包合同面积的

54%。新培育家庭农场1382家，新增土地股份合作社166家，新培育市级以上农民专业合作社示范社173个。有国家级粮食行业龙头企业3家，占全省的23%；省级粮食行业龙头企业24家，占全省的21%；市级粮食行业龙头企业27家。土地集中型和统一服务型农业适度规模经营面积累计38.93万公顷，占耕地面积的82%。全市农村人口381.13万人，农村实有从业人员211.47万人，已创业农民13.68万人，有创业意愿农民10.76万人，创业农民占农村人口、农村实有从业人员比例分别为3.59%、6.74%。

【家庭农场】 2015年，淮安市明确创办家庭农场的条件、程序和鼓励扶持政策，规范家庭农场发展，调动农民创办家庭农场积极性。市、县两级举办家庭农场主培训班，开展规范性家庭农场创建活动，加强家庭农场运行监测。市财政扶持家庭农场经费300万元。全年新发展家庭农场1152家，累计2242家，规模经营面积4.07万公顷。省、市级示范性家庭农场分别为27家和132家。

【农民专业合作社】 2015年，淮安市重视农民专业合作社发展，开展县（区）结对竞赛，加强督查考核，农民专业合作社稳定增加的同时，运行规范性和质量都得到提高。宣传和解读《中华人民共和国农民专业合作社法》，推广农民专业合作社先进典型。开展辅导培训和示范创建，对拟创建市级以上示范合作社的领办人、财务人员和辅导员进行集中培训，完善利益联结机制，增强服务带动能力。组织和推动合作社申报进入省名录管理。至年底，全市有农民专业合作社9432个，居全省领先行列。创成市级以上示范社532个，其中国家级35个、省级118个、市级370个。拥有合作社自主产品商标1309个，销售直营店76个，各类合作联社83个。

【农业集体经营】 2015年，淮安市积极实施以村级组织领办为主要形式的农业集体经营探索试点。组建土地股份合作社，农民以土地入股，实行统一经营，在兑付农户保底收益基础上，收益结余部分由村集体、农户和合作社理事按章程二次分红。全市土地股份合作社发展到380家，入社土地1.53万公顷。组建耕地服务社，淮阴区出台发展村级土地耕作服务社试行意见，在不流转土地情况下，对入社农户实行统一耕作、统一施肥、统一防治、统一收割、统一品牌的“五统一”服务。至年底，淮阴区村级耕地服务社发展到133个，统一服务面积6666.67公顷。

【农业企业经营】 2015年，淮安市组织开展农业招商引资，将工商资本、高新技术企业引入农业领域，向农业输入现代生产经营要素，改造传统农业，促进农业一、二、三产融合发展与链式发展，引领农业转型升级、提质增效。全年引进和新建投资超1000万元农业一、三产项目108个，投资超3000万元农产品加工项目116个，新增省级农业龙头企业16家。全市农业龙头企业累计1350家，其中国家、省、市级龙头企业分别为4家、47家、253家，产值655亿元。企业总量超省平均数，升至全省第七，产业化产值与企业数增量均居苏北地区第一。发展江苏卡帕特宠物用品有限公司、江苏润通公司、江苏丰禾食品有限公司、江苏淮安皇达花卉有限公司等出口企业41家，建成淮阴、洪泽等省级农产品出口示范基地5个，4家企业进入全省农产品出口百强。全市农产品进出口额3878万美元，升至全省第八位。江苏澳洁尔生态农业科技股份有限公司在纽约证券交易所挂牌上市，江苏世昌农牧股份有限公司、江苏圆绿捆蹄有限公司成功登陆新三板资本市场。

【农民创业群体结构】 2015年，淮安市有创业农民13.68万人。按身份分，农村富余劳动力4.84万人、退伍军人0.25万人、返乡大学生0.23万人、大学生村官0.02万人、失地农民1.2万人、返乡农民工7.14万人，分别占创业农民总数的35.9%、1.84%、1.65%、0.17%、8.76%、9.82%和52.18%。按年龄分，30岁以下1.12万人、30~40岁5.96万人、40~50岁4.43万人、50岁以上2.3万人，分别占创业农民总数的8.2%、43.6%、32.4%、16.8%。按文化素质分，小学及以下文化程度2.49万人、初中文

工厂化育苗　　　　葛锐　供图

化4.97万人、高中文化4.56万人、大专及以上文化1.66万人，分别占创业农民总数的18.2%、36.33%、33.33%和12.13%。具有初级职业技能的5.75万人、中级职业技能3.32万人、高级职业技能0.72万人、其他（未认定技能）3.89万人，分别占创业农民总数的42.03%、24.27%、5.26%和28.44%。

【农民创业模式】 2015年，淮安市鼓励农民创业，积极培育农民创业群体，推动农民创业从"能人引路""政策引导"向"全面开花"转变。全市13.68万创业农民中，从事一、二、三产业的人数分别为4.85万人、2.78万人、6.05万人，分别占创业人数的35.44%、20.34%、44.22%，年人均销售收入分别为10.35万元、52.84万元、46.16万元。创业农民中，个体工商经营户8.14万户、专业合作组织0.95万户、专业大户1.21万户、家庭农场0.16万户、农业龙头企业0.13万户、网络创业1.09万户、其他模式2万户，分别占创业总数的59.5%、6.49%、8.84%、1.16%、0.95%、7.96%和14.61%。创业农民中，年收入5万元以下的1.57万人、5~10万元的7.24万人、10万元以上的4.08万人，分别占总数的11.48%、38.3%、57.53%。

（周永达）

种植业

【概况】 2015年，淮安市粮食种植面积987.36万亩，单产473.2公斤/亩、总产467.22万吨，比2014年增加0.03万吨，实现十二连增。其中，小麦种植面积456.99万亩，单产384.96公斤/亩、总产175.92万吨；水稻种植面积438.89万亩，单产594.58公斤/亩、总产260.95万吨；玉米种植面积50.22万亩，单产367.37公斤/亩、总产18.45万吨；豆类种植面积27.48万亩，单产192.51公斤/亩、总产5.29万吨；油菜种植面积26.66万亩，单产173.8公斤/亩、总产4.63万吨；花生种植面积17.18万亩，单产242.6公斤/亩、总产4.17万吨。全年蔬菜瓜类种植面积10.3万公顷，总产量413.26万吨。全年新增设施农业面积4400公顷，累计设施农业面积7.97万公顷，占农业总面积的16.88%。水果种植面积9066.67公顷，总产量13.3万吨。洪泽县、淮阴区被省农委确定为"亩产吨粮县"。

农作物示范基地　　　葛锐　供图

【粮食生产】 2015年，淮安市有耕地保护面积50.14万公顷，其中基本农田保护面积42.23万公顷，有高标准农田27.93万公顷。粮食生产"夏减秋增"，全年总产持平略增。全市夏粮生产受低温阴雨天气影响，实现亩产384.2公斤，总产177.37万吨，分别较上年减少4.82公斤、2.06万吨，同比分别下降1.2%和1.1%；秋粮生产实现亩产551.31公斤，比上年增加4.81公斤，增长0.9%；秋粮总产289.85万吨，比上年增加2.09万吨，增长0.7%。

【高效园艺产业】 2015年，淮安市9个"菜篮子"工程蔬菜生产基地新建"菜篮子"基地1400公顷，累计建成"菜篮子"工程蔬菜生产基地8526.67公顷。全年蔬菜播种面积9.65万公顷，产量13.3万吨。果树种植面积9000公顷，产量13.3万吨，其中桃树2000公顷、梨树1866.67公顷、葡萄1400公顷。花木生产面积4.8万亩，主要品种有蝴蝶兰、女贞、广玉兰、红叶石楠等。按照规模化种植、标准化生产、商品化处理、品牌化销售、产业化经营以及100%生产资料统购统供、100%种苗统育统供、100%病虫害统防统治、100%产品商品化处理、100%品牌化销售、100%符合食品安全国家标准要求，开展12家省级园艺作物标准园创建。加快食用菌产业发展，淮安胜伟食用菌科技有限公司二期、江苏紫山食用菌硅谷产业园二期等食用菌企业扩建工程建成投产，清浦淮香食用菌产业园一期8万平方米厂房建成；洪泽县、淮阴区、淮安区等地香菇、蘑菇、草菇等大棚栽培面积扩大。园艺产业区域特色增强，蔬菜生产上形成盱眙县、淮阴区、淮安区的大白菜、苞菜等露地叶菜类，淮安红椒、淮安黄瓜等茄果类，金湖县、洪泽县的荷藕、芡实等水生蔬菜类以及淮安经济技术开发区南马厂、淮安区苏嘴、盱眙县观音寺、淮阴区棉花西甜瓜等瓜类为主导的特色区域。

【高产优良品种】 2015年，淮安市开展农业新品种、新技术、新模式研究，通过现场观摩和研讨会等方式，加快新技术推广步伐，全市农作物良种覆盖率稳定在98%以上。小麦主推良种为淮麦系统、郑麦9023、烟农19、宁麦13、济麦22、扬麦16等品种，水稻主推良种为淮稻5号、连粳6号、连粳7号、连粳9号、皖稻153、南粳9108、苏秀867、宁粳4号、Y两优系列，玉米主推良种为苏玉系列、郑单958等。全市园艺产业主推品种11个。

表14

2015年淮安市种植情况表（一）

	农作物总播种面积	粮食作物合计			夏收粮食			秋收粮食		
		播种面积	单产	总产量	播种面积	单产	总产量	播种面积	单产	总产量
全　市	1193.64	987.36	473.2	4672218	461.61	384.2	1773682	525.75	551.3	2898536
淮安区	210.14	190.74	485.1	925320	91.89	385.2	353937	98.85	578.0	571383
淮阴区	202.01	139.49	462.1	644546	69.70	387.7	270212	69.80	536.3	374334
清浦区	31.63	21.80	495.1	107913	10.26	383.7	39369	11.54	594.2	68544
开发区	10.10	6.79	482.0	32726	3.17	392.1	12410	3.63	560.4	20316
工业园区	4.98	4.68	491.2	22989	2.18	391.0	8505	2.51	578.2	14484
盐化新区	11.43	11.12	483.6	53752	6.48	391.4	25360	4.64	612.6	28392
涟水县	251.25	200.10	454.1	908685	93.03	374.9	348732	107.07	523.0	559953
洪泽县	103.37	86.60	508.0	439892	41.45	398.6	165209	45.15	608.4	274683
盱眙县	244.90	214.12	461.1	987211	92.43	377.3	348695	121.70	524.7	638516
金湖县	123.99	111.95	490.6	549184	51.05	394.3	201253	60.90	571.3	347931

表15

2015年淮安市种植情况表（二）

	油料合计			棉花			药材类播种面积"	蔬菜瓜类			其他农作物播种面积
	播种面积	单产	总产量	播种面积	单产	总产量		播种面积	单产	总产量	
全　市	44.75	198.5	88799	0.14	59.3	83	3.41	154.53	2674.3	4132624	3.45
淮安区	4.49	169.4	7605	—	—	—	—	14.91	3029.3	451668	—
淮阴区	8.75	224.1	19607	—	—	—	0.15	50.53	2761.5	1395381	3.09
清浦区	0.09	207.8	187	—	—	—	—	9.74	2881.6	280667	—
开发区	0.06	158.3	95	—	—	—	—	3.25	2321.0	75431	—
工业园区	0.12	180.0	216	—	—	—	—	0.18	2510.6	4519	—
盐化新区	0.05	193.3	87	—	—	—	—	0.27	1723.7	4654	—
涟水县	16.23	211.6	34336	—	—	—	—	34.78	2618.4	910664	—
洪泽县	1.66	195.1	3238	—	—	—	—	15.11	2528.4	382045	v
盱眙县	8.47	179.5	15206	0.14	59.3	83	3.26	18.67	2383.7	445040	0.24
金湖县	4.83	170.2	8222	—	—	—	—	7.09	2574.8	182555	0.12

（市统计局）

【高产种植技术集成推广】 2015年，淮安市农业科技进步贡献率64.6%。全市园艺产业主推技术（模式）在8项基础上，新推广蔬菜有机基质穴盘育苗、叶菜优质安全快速高效生产、葡萄设施避雨栽培3项技术。各类技术推广面积超过60万公顷。针对水稻、小麦生育期季季推迟情况，加强粮食高产技术研究推广，配套集成适宜本地区稻—麦茬口安排、品种搭配、种植方式的关键措施。加强机插水稻育秧技术研究集成，增强秧龄弹性，缓解茬口矛盾，主推水稻集中育供秧、水稻全程机械化生产、小麦机条（匀）播、小麦晚播独杆栽培和稻麦精确定量栽培、稻麦秸秆全量还田、稻麦病虫害综合防治等技术。

【绿色增产技术推广】 2015年，淮安市开展绿色防控与统防统治融合示范，推广种子处理，推进专业化统防统治，减少化学农药使用量。新增"五有五好"（有合法的组织机构、有健全的章程制度、有规范的服务行为、有专业的服务人员、有一定的服务能力和内部管理好、人员素质好、防治效果好、服务信誉好、经济效益好）植保服务组织10个。在淮阴区刘老庄乡郑河村建立66.67公顷绿色防控示范区，建立4个水稻绿色防控示范区，在示范区实行病虫害统防统治，化学农药使用量比周边自防农户减少10%以上，生物农药应用比例40%以上。实施化肥使用零增长行动，重点开展地力培肥、土壤改良、养分平衡、质量修复等，提升耕地内在质量和持续生产能力。全年全市在水稻、小麦、蔬菜种植中推广测土配方施肥面积3.55万公顷，推广配方肥料8.01万吨（折纯）。（葛　锐）

畜牧业

【概况】 2015年，淮安市畜牧业发展适度规模养殖，招商引资成效明显，养殖结构调整，畜牧业综合竞争实力提高。以畜牧企业示范创建活动为平台，引导发展标准化、生态化规模养殖，培育壮大畜牧业经营主体，巩固全市畜牧业综合生产能力。全市肉猪出栏257.65万头，肉禽出栏7100万羽；蛋禽存栏900万羽；奶牛存栏8700头，牛奶产量1.87万吨。全市生猪、肉禽、蛋禽和奶牛规模比重分别达到86%、91%、94%和99%。有饲料生产企业50家，年总产量144万吨，年产5万吨以上企业有12家。淮安温氏畜牧有限公司、淮安天参农牧水产有限公司、江苏淮阴正大有限公司、江苏安佑科技饲料有限公司、江苏天参有限公司等公司年饲料产量都在10万吨以上。

【规模养殖】 2015年，淮安市大中型规模养殖场的数量和产能比重进一步提高，主体地位巩固。全市生猪大中型规模养殖比重68%，同比增加6个百分点，超过省定目标4个百分点。建成万头猪场29个、年出栏50万只以上肉禽场14个、年存栏10万只以上蛋禽场3个。

【示范畜牧养殖场创建】 2015年，江苏康源慕德农业发展有限公司涟水分公司创建为农业部畜禽标准化示范场，全市有农业部畜禽标准化示范场12个。创建省级畜牧生态健康养殖示范场20个，全市共274个。示范场养殖类型增多，肉羊场创建比例增加到20%。设施设备升级，金湖顺嘉蛋鸡养殖场采用自动喂料、自动温控、自动捡蛋系统，单栋鸡舍及设备造价300万元，蛋鸡养殖设施化水平高。生态观念升级，各示范创建场重视粪污处理，投资建设污水三级沉淀池、堆粪场等基础设施，因地制宜发展农牧结合循环农业，与周边蔬菜种植户签订粪便购销协议。

【畜牧业招商】 2015年，淮安市完成畜牧业招商引资11.24亿元，其中内资项目2个8.7亿元，外资项目2个4000万美元。招引慕德有限公司、广东温氏食品等龙头企业继续在淮安市投资发展。广东温氏食品集团股份有限公司、慕德生技有限公司分别与淮阴区、淮安区、涟水县等地签订投资协议，4个单体项目总投资都超过亿元。温氏集团在淮阴区和淮安区分别设立子公司负责推进项目实施。

【畜牧业卫生技术人员队伍建设】 2015年，淮安市聘用村级防疫员1000多人，其劳务报酬由县（区）业务主管部门按考核实绩发放，省补助每村每年3500元左右，各县（区）再相应配套一部分。市、县两级每年对乡镇站及村级防疫人员、规模养殖场的技术员进行新技术培训，全年全市培训专业大户和技术人员5000多人次。

【动物疫病防控】 2015年，淮安市围绕重大动物疫病“力争不发生、确保不流行”总体目标，根据“政府保密度，部门保质量”工作要求，全面实施集中免疫、月月巡查、现场监管、定点联系四项制度，落实重大动物疫病强制免疫工作制度。组织实施春季集中免疫，夏季集中补免、消毒灭源，秋季集中免疫等三大防疫行动。全市高致病性禽流感、牲畜口蹄疫等重大动物疫病群体免疫密度维持在90%以上，其中应免畜禽免疫密度达到100%，免疫畜禽群体平均免疫合格率80%以上。

【“淮安黑猪”产业化开发】 2015年，淮安市为推动“淮安黑猪”品牌建设，在淮安黑猪终端销售环节引入新资本

表16　　2015年淮安市牧业生产情况表

	当年出栏					大牲畜年末存栏合计（万头）	猪年末存栏（万头）	羊年末存栏（万只）	家禽年末存栏（万只）	兔年末存栏（万只）
	大牲畜（万头）	猪（万头）	羊（万只）	家禽（万只）	兔（万只）					
全　市	2.16	257.65	36.81	7564.11	42.38	6.11	141.21	23.44	2628.7	22.16
淮安区	0.37	46.7	0.85	715.04	—	0.26	25.1	1.3	365.2	1.1
淮阴区	0.64	60.65	9.35	2162	16.5	2.51	30.6	3.8	436	3.93
清浦区	—	6.91	0.72	108.05	—	—	5.52	0.69	89.14	—
开发区	0.02	1.37	0.14	10.66	—	0.02	1.01	0.03	3.7	—
工业园区	—	0.49	—	4.34	—	—	0.58	—	2.11	—
盐化新区	—	1.196	0.17	208.02	—	—	0.491	0.17	115.55	—
涟水县	0.31	58.53	3.99	1454	18.2	1.62	32.2	2.7	620	10.2
洪泽县	—	21.83	6.39	718	5.9	—	16.12	4.92	323	5.5
盱眙县	0.82	47.06	14.8	1804	1.51	1.67	20.83	9.53	542	1.12
金湖县	—	12.91	0.4	380	0.27	0.03	8.76	0.3	132	0.31

（市统计局）

和成熟运营商入股淮黑猪业发展有限公司。和全国最大养殖龙头企业广东温氏食品集团股份有限公司签订淮安现代生猪产业项目投资意向书。达成苏淮猪试验养殖合作，引入250头苏淮猪。在公交1路、4路、16路等公交站台沿线和部分小区周边发布广告，宣传“淮安黑猪”，并进入超市实行专卖。江苏峻德科技公司整合提升原有“淮安黑猪”专卖店，实行统一装修、统一着装，市内专营店达10家。组织开展淮安黑猪产业发展座谈会，邀请南京农业大学畜牧业专家对“淮安黑猪”产业发展进行指导。

【世昌股份新三板挂牌】 5月14日，江苏世昌农牧股份有限公司股票正式在全国中小企业股份转让有限公司——北京新三板挂牌交易。世昌股份成为江苏省首家在资本市场挂牌的饲料企业，也是淮安市首家在资本市场挂牌的农业企业。江苏世昌农牧股份有限公司经营范围涵盖饲料研发与生产销售，在淮安及周边县(区)培育布点800名专业经销商，每一位经销商约为60个农户提供服务，约有近5万个农户成为世昌饲料用户，年消费饲料20万吨左右。（葛　锐）

【淮安温氏畜牧有限公司】 淮安温氏畜牧有限公司成立于2005年，是农业产业化国家重点龙头企业。是一家以养猪、养鸡业为主的现代化畜牧业企业，年上市优质猪肉69万头。2015年，公司有员工700人，其中本科生82人，博士生2人。有6个种猪场、4个养猪服务部、1个种鸡场、1个种鸭场、1个孵化场、1个养鸡服务部、1个养鸭服务部、2个饲料场。有合作养猪户700多户，合作养鸡户500户。出栏肉猪45万头，肉鸭1055万只，肉鸭80万只。全年实现营业收入11亿元，养殖户获利1.2亿元。（吴　倩）

水产业

【概况】 2015年，淮安市坚持生态持续、科技创新，发展高效设施渔业，推进渔业产业结构转型升级，全市渔业总量稳中有进，结构优化升级，产业质态向好。全市水产养殖面积50060公顷，水产品总产量26.35万吨，其中鱼17.1万吨、河蟹2.94万吨、虾类3.2万吨，比上年增长1%。渔业经济总产值113.6亿元，与上年持平。

【特种水产养殖】 2015年，淮安市发展龙虾、河蟹等主导特色品种，提高特种水产养殖比例。河蟹养殖面积2.07万公顷，比上年增加133.33公顷，亩均放苗量有所增加；龙虾养殖面积1.3万公顷，比上年增加400公顷，其中盱眙县龙虾养殖面积6966.67公顷，占总面积的54%。特种水产养殖面积3.65万公顷，占水产总面积的72.85%，其中青虾养殖面积533.33公顷，甲鱼养殖面积600公顷。大宗淡水鱼(青、草、鲢、鳙、鲤、鲫)产量15.36万吨，特色鱼虾蟹产量6.97万吨。

【产业化经营】 2015年，淮安市渔业生产实施连第二产业接第三产业的“接二连三”战略，引导企业产业化经营。全市淡水养殖面积居全省第四，渔业总产值113.59亿元，其中二、三产业产值占比51.15%，渔业一、二、三产的产值比2.9∶1∶2。至年底，全市有苗种生产单位21个，繁育各类淡水鱼苗种24亿尾。有水产品加工企业23家，年加工水产品突破7.2万吨，年产值超过4.9亿元。有渔业协会19个、渔民合作经济组织320个，养殖面积1.32万公顷。全市有休闲渔业单位82家，规模面积3066.67公顷。盱眙县天泉湖旅游风景区和洪泽湖国蟹园有限公司成功创建全国休闲渔业示范基地，总产值1.77亿元。

【渔业科技创新】 2015年，淮安市坚持科教兴渔战略，实施“科技入户”工程，鼓励渔业园区采用物联网、微孔增氧等新技术、新装备。淮安市现代渔业科技示范园建设基本完成，在原有知识产权——生态型工厂化循环水养鱼系统基础上，融合现代工厂化循环水处理技术及数字技术建设，完成现代养鱼工厂及现代渔业展示馆，为全市水产业发展起示范引领作用。盱眙现代渔业产业园区面积666.67公顷，建成标准化养殖池塘358个，配套微孔增氧管1.2万米，建成占地33.33公顷的种苗繁育实验基地及5000平方米的温室育苗中心。推广池塘工厂化生态养殖系统，全市建成水槽式集约化养殖模式面积2000余平方米，研发软体漂浮式集约化养殖装备并投入使用。

【渔业标准化建设】 2015年，淮安市组织实施高效设施渔业、三项工程、水产品质量控制、出口水产品基地建设等部省项目，将国家、省补项目资金向在建园区倾斜，加快转型升级，提升水产养殖标准化、现代化水平。完成高标准池塘改造4.4万公顷，新增高效设施渔业面积166.67公顷，累

淮安市现代渔业科技示范园养鱼工厂　　葛锐　供图

表17　　2015年淮安市渔业情况表

	内陆养殖水面面积（公顷）	淡水产品产量（吨）			在淡水产品产量中		
			捕捞产量	养殖产量	鱼类	虾类	蟹类
全　市	50060	263497	40162	223335	188498	39833	21541
淮阴区	7583	59778	5079	54699	51474	2283	3408
清浦区	5733	18436	2010	16426	15336	1840	1260
开发区	667	3980	430	3550	2303	1235	395
工业园区	390	775	—	775	775	—	—
盐化新区	5536	18741	1126	17615	17794	703	170
涟水县	6864	55912	16155	39757	40165	3465	4990
洪泽县	11807	57590	7960	49630	27073	24291	5468
盱眙县	11480	48285	7402	40883	33578	6016	5850

（市统计局）

计超1.18万公顷，占比超22%。全市有全国休闲渔业示范基地2个、省级现代渔业产业园区4个、省级现代渔业精品园1个、省级现代渔业示范场4个、农业部健康养殖示范场47个、省级菜篮子水产品基地17个、省级现代渔业特色产业基地2个。有国家级水产良种繁育场1个，省级水产良种繁育场4个，良种覆盖率90%以上。

【水产品质量安全】 2015年，淮安市渔业推广健康养殖，创建农业部水产健康养殖示范场3个，总数47个；认定无公害水产品15个，累计215个；建成省级无公害水产品生产基地5个，总数125个，总面积33380公顷，占全市水产养殖面积的66.7%。加大生产过程监控和监督抽查力度，洪泽县、金湖县、盱眙县、淮安区4个县（区）水生动物疫病防控中心（站）在重点乡镇、市场设立水产品药残快检室20个，年承担主省2000个样快检任务，合格率100%；盱眙县、洪泽县16个水产品质量安全追溯点有序运行，追溯面积2000公顷；农业部、省海洋与渔业局年度水产品质量安全例行抽检合格率99%以上。

【渔业资源保护】 2015年，淮安市开展内陆非法捕捞整治，市政府出台《淮安市打击电力捕鱼工作方案》，建立查处渔业非法捕捞联合执法机制。全市查处违法捕捞船104艘、电捕鱼案件85起，清理违规养殖面积33.33公顷，行政处罚29人次，罚金4.66万元。3月1日至5月31日为禁渔期，3月1日至6月30日为白马湖禁渔期。实施渔业资源增殖保护工程，春季在市区主河道人工放流，举办第五届“3·18”春季放鱼节，在里运河、废黄河、白马湖等地累计放流大规格鱼种、蟹种500万尾（只）。省、市两级年投入资金110万元用于渔业生态资源恢复，内陆水域养殖品质及产量明显提升，捕捞渔获量提高，全年全市淡水捕捞4万余吨，全省排名第二。

高效渔业喜获丰收　　葛锐　供图

【渔业品牌建设】 2015年，继续推广淮安水产品牌，“盱眙龙虾”成为全国首例活体动物地理标志证明商标并获得“中国名牌农产品”“中国驰名商标”称号，品牌价值达到168亿元，盱眙县成为全省龙虾产业第一县、全国最大的龙虾生态养殖基地和交易聚散中心，被中国烹饪协会授予“中国龙虾之都”称号。“洪泽湖大闸蟹”在获评地理标志证明商标、地理标志保护产品、江苏省著名商标的基础上，再获“江苏省名牌产品”称号。新批准农产品地理标志2个，分别是“洪泽湖青虾”“洪泽湖河蚬”，全市共有农产品地理标志4个，另外2个是“白马湖大闸蟹”和“白马湖青虾”。　（葛　锐）

林　业

【概况】 2015年，淮安市有国家特别规定灌木林地面积5609公顷，四旁树折算面积2.04万公顷。全市完成成片造林2122公顷，新建和完善林网7066.67公顷，新增林木一体化造林623.07公顷，创建绿色村庄87个，分别是目标任务的160%、106%、187%、174%。以森林抚育项目为依托，完成森林抚育9333.33公顷，其中国家投资项目4146.67公顷。有国有、集体及个人苗圃961家，育苗面积4180.93公顷，苗木产量2049.84万株。造林中注重林业科技作用，特别是树种选择，乡土树种繁育和杨树不飘絮品种得到推广，树种比例实现良性替代。完成成片造林等资源增长型指标，连续三年保持全省营造成片林实绩综合监测评分前两名。

2月26日，姚晓东、曲福田等市领导和干部群众、驻淮部队官兵到白马湖环湖大道李庄段植树点开展义务植树活动。 葛锐 供图

【古树名木】 2015年，淮安市有古树名木210株，隶属30科45属51种。其中，淮安经济技术开发区1株、清河区9株、清浦区3株、淮阴区5株、淮安区32株、涟水县5株、洪泽县7株、金湖县9株、盱眙县139株。国家一级古树（500年以上）6株、二级古树（300~499年）26株、三级古树（100~299年）169株，名木9株。主要树种有银杏、朴树、黄连木、桑树、桂花、国槐、棠梨、榆树、板栗、枫树、侧柏等。

【林业资源管理】 2015年，淮安市明确淮安经济技术开发区等园区的林政管理职责，申请追加新增公益林面积1341.27公顷，加强对全市3.8万公顷公益林管理。加强林地使用和林木采伐管理，全年办理征占用林地14件。严把林地征占用审核关，坚持占一补一，维护林业面积稳定。开展第九次森林资源调查工作，组织完成全市837个固定样地的复位调查，完成25个生态小样方调查，并通过国家和省林业局检查验收。

【林业灾害防控】 2015年，淮安市投入近40万元，在全省率先建成森林防火集群通系统，增强淮安市森林防火通信指挥能力。开展林业有害生物防控，市政府出台《关于加强林业有害生物防控工作的通知》。对美国白蛾、松材线虫和杨树食叶害虫等重大林业有害生物和突发虫情疫情，实施密集监测、动态掌握，及时发布虫情疫情警报或发生趋势预报。依法对林业植物及其产品实施检疫检查，对涉绿涉木企业实施检疫监管，对从疫区调入的林业植物及其产品和包装材料实施严格复检，禁止使用带有危险性有害生物的林业植物种子、苗木和其他繁殖材料进行育苗或者绿化造林，禁止违规收购和加工利用松材线虫病疫木。发现美国白蛾、松材线虫的，依法扣留，及时进行无害化处理。推行联防联治、统防统治，综合运用喷雾、营林、人工、物理、生物等防治技术。对美国白蛾开展第一代幼虫防治行动。将防治基础设施建设纳入林业和生态建设总体规划，与县（区）政府签订林业有害生物防控责任状，将林业有害生物成灾率以及美国白蛾、松材线虫和杨树食叶害虫等重大林业有害生物防控目标完成情况列入政府考核评价指标体系。全年全市松材线虫病防治完成目标任务，组织杨树食叶害虫联防联治，年内没有发生松材线虫病疫木外流、美国白蛾疫情的人为扩散事件。

【林政执法】 2015年，淮安市发生林政案件27起，查处27起，案件查处率100%。罚款24万元，补种树木2000余株，林业行政处罚18人次。加强对乱砍滥伐、违法征占用林地、违法运输木材等违法行为管理。盱眙县逐步将该县范围内采石企业关闭，擅自改变林地用途案件大幅下降。淮安区由专门人员负责林业行政案件查处，区林业、公安、检察部门联合开展乱砍滥伐行为查处、木材加工经营点整顿、非法猎捕鸟类野生动物等专项执法行动。金湖县对金湖大桥东违法经营野生动物行为进行集中整治。全市开展以“关注候鸟保护，守护绿色家园”为主题的第33个“爱鸟周”主题宣传活动，教育群众不乱捕、滥食野生鸟类等野生动物。

【理顺林业行政管理体系】 2015年，为解决淮安经济技术开发区及其他园区管理机构无林业执法主体资格的问题，淮安市在全省率先出台文件——《关于明确淮安经济技术开发区、工业园区、生态新城、盐化新材料产业园区及白马湖建管办林业资源管理职责有关问题的函》，破解淮安经济技术开发区及其他园区林业行政管理体制障碍，梳理林业行政处罚、行政许可、行政征收等林业行政管理职责，分类落实管理主体，实现林业行政管理无盲区。《江苏林业工作简报》及中国林业网对此进行报道。

【全民义务植树】 2015年，淮安市开展“双百”绿色行动和“三八”绿色工程示范基地创建活动，评选表彰淮安市绿化女能手10人，淮安市巾帼植绿护绿先进个人10人，建成省级和市级“三八”绿色工程示范基地各2个。全市共开展义务植树活动

表18　2015年淮安市林业情况表

	四旁植树（万株）	造林面积（公顷）	育苗面积（公顷）	农田林网面积（公顷）	年末实有林地面积（公顷）
全　市	573	2122	4182	7801	215867
淮阴区	150	453	260	1333	26387
清浦区	60	218	278	1000	29441
开发区	52	7	37	1067	7581
盐化新区	90	333	1000	1333	39537
涟水县	60	323	179	867	18637
洪泽县	99	359	2000	1334	65581
盱眙县	62	429	428	667	25918

（市统计局）

104场次，参加人数34520人次，植树15.16万株，建成义务植树基地20个，营造纪念林14个。　（葛　锐）

农业机械化

【概况】 2015年，淮安市农业综合机械化水平82.5%，位列苏北地区第一；农机装备总动力620万千瓦。全市新增农机合作社159个，组建农机合作联社12个。累计争取补贴资金2.29亿元，补贴各类机具1.34万台套，新增大中型拖拉机2907台、联合收割机2740台、秸秆还田及旋耕机5089台。完成农机获证奖补任务2656人，组织技能培训2.16万人次。

【农机科技推广】 2015年，淮安市引进高速插秧机、育秧流水线等关键设备，全市建成10亩以上规模育秧基地234个，高速插秧机新增量首次超过手扶式插秧，水稻机插面积突破220万公顷。抓好秸秆机械化还田利用，争取省市两级财政专项资金1.29亿元，重点支持各县（区）实施秸秆机械化还田及技术集成、试验示范、收集打捆等项目，全市稻麦秸秆还田率70%。发展区域性粮食烘干中心，组织技术骨干、合作社代表赴生产企业考察学习，举办烘干技术培训15期、现场观摩活动6次，全市新增粮食烘干机408台套。

【农机合作社】 2015年，淮安市将农机化项目资金向合作社倾斜，加强与金融机构合作联动，开展农机抵押、金融授信等信贷服务，化解合作社“融资难”问题。推动合作社与江苏清拖农业装备有限公司、太平洋保险公司淮安分公司等企业结对共建。全年实施省市农机维修服务体系项目41个，帮助20多家农机合作社新增贷款超过1500万元。推广“四联”（联耕、联种、联管、联营）农机服务新模式，推进农机产业链延伸，培育“双主体”（农机作业服务和农业生产经营）农机合作社，支持合作社创建服务品牌，全市从事粮食生产经营的合作社超过100家，建成作业服务面积200公顷以上“四联”合作社6个。全市有农机合作社860个，位列江苏省第一。有国家级农机示范合作社15个、省星级农机合作社81个，入社会员6万多人。拥有各类机具32万台套，服务农户70万户，流转土地总面积2.83万公顷。其中，流转土地1万亩以上的农机合作社2家，流转土地5000~10000亩的农机合作社4家，流转土地1000~5000亩的农机合作社96家。全年农机合作社经营服务收入超过9亿元，参与合作社的农机手收入3~5万元。全市70%以上的农机作业任务由农机合作社完成，重点区域的水稻机插秧、秸秆机械化还田以及重大农机化项目实施主要由农机合作社承担。全市167家农机合作社被评为省级示范社，全省第一。洪泽县三河镇祥发农机服务专业合作社、淮安区根本农机专业合作社入选第六届“精耕杯”全国50佳农机合作社名录。

从经营模式看，淮安市农机合作社有6种类型。一是土地流转服务模式，合作社以市场价格从农户手中转让耕地经营权或农户直接以土地入股，实行统一的机械化耕、种、收和田间管理，定期支付土地流转费用或分红。二是土地托管模式，合作社以合同形式，托管经营农户承包田，实行统一的机械化耕、种、收和田间管理，并按约定形式和标准支付土地使用费。三是作业订单服务模式，合作社按作业服务协议，为农户提供全程或部分环节机械化服务，合作社按市场价格收取作业服务费。四是服务收购结合模式，合作社有流转土地，也对

2015年，市农机局组织机关及农机合作社代表赴南京参观第八届中国（江苏）国际农业机械展览会。　市农机局　供图

表19　　2015年淮安市农业机械化情况表（一）

	机耕面积（公顷）	机播面积（公顷）	机电灌溉面积（公顷）	机械植保作业面积（公顷）	机械收获面积（公顷）	单项农机化作业		
						机械化免耕播种面积（公顷）	机械化秸秆还田面积（公顷）	精少量播种面积（公顷）
全　市	648550	506439	379240	552989	611869	10060	354306	126786
淮安区	11054	6355	7183	7092	10456	—	—	—
淮阴区	124504	106959	92300	98980	125540	3500	77500	8000
清浦区	81986	64850	50864	71056	82135	—	52066	19550
开发区	13800	10980	7000	13500	13740	—	8980	—
涟水县	127450	100710	75850	109500	111000	5800	73140	29500
洪泽县	64206	59065	48953	61095	63032	—	47100	25186
盱眙县	135500	88950	55870	101400	132350	—	53800	6050
金湖县	90050	68570	41220	90366	73616	760	41720	38500

表20　　2015年淮安市农业机械化情况表（二）

	机械脱粒粮食产量（吨）	农业机械总动力（千瓦）			
		合计	柴油发动机动力	汽油发动机动力	电动机动力
全　市	4344244	6202107	5129453	165922	906732
淮安区	16350	47600	28000	7100	12500
淮阴区	938448	988671	745941	24630	218100
清浦区	520358	854558	690121	20954	143483
开发区	110550	221965	198965	3710	19290
涟水县	1051000	1182217	1010176	19830	152211
洪泽县	396251	836460	678157	27872	130431
盱眙县	884037	1201175	1060421	29891	110863
金湖县	427250	869461	717672	31935	119854

（市统计局）

2015年9月，农业部农机化司副司长孔亮到淮安就农机驾驶人考试研究课题进行专题调研。
市农机局　供图

外提供作业服务，同时利用自身拥有烘干等机械设备，从粮食大户手中按市场价格收购粮食经营，赚取差价。五是产加销一体化经营模式，合作社产业化发展，除产前、产中服务外，向粮食加工销售拓展，并有注册商标。六是跨区作业服务模式，合作社以出市、出省开展机械化耕地、栽插、收割等作业服务为主，适当兼顾当地农机化生产。

【农机社会化服务】 2015年，淮安市抓好农机作业信息发布，开展青年志愿者服务，联合石化部门提前做好农机用油保供，全市农机跨区作业收入9.61亿元。探索“互联网+农机”发展路径，开展设施农业示范园区农机物联网技术应用试点，在全市布点安装北斗终端监控设备352台套，为实现农机精准作业和机具调度、面积统计、质量监控等综合管理服务提供实践经验。依托农机购置补贴政策，遵循“园区基地先行、关键环节提升”思路，组织赴山东寿光、省内常州观摩考察新技术、新机具，承办、举办省市技术应用培训班，提升农业机械推广应用水平。全市新增高效设施农业机械8112台，新建市级特色农机示范基地12个。

【农机安全法治建设】 2015年，淮安市落实农机安全生产责任，开展“打非治违”“集中整治”等专项行动，推行免费实地检验、送检上门、政策性保险等安全惠民措施，承担的省级“农机综合保险”和农业部“驾驶人考试”两个课题通过专家评审验收，全市拖拉机“三率”（持证率、挂牌率、检审率）80.7%，洪泽县获全国“平安农机”示范县称号。组织行政执法人员参加全市行政执法知识更新及考试、参加《江苏省农业机械安全监督管理条例》知识竞赛等专题活动，在《淮安日报》上以答记者问形式开展农机法规宣传，举办农机法制讲座等专题宣传10余次。参加“3·15消费者权益日”“5·18行政执法服务月”等全市性重大法制宣传活动，发放政策宣传资料、法律法规知识读本8600余份，现场接受法律咨询370多人次。充分发挥“平安农机通”平台作用，累计向入网农机手发送农机政策法规以及牌证办理须知、安全常识、执法检查等信息55万人次。

（市农机局办公室）

农业综合开发

【农业综合开发投入】 2015年，淮安市农业综合开发工作争取财政投资3.85亿元，完成全年计划的120.2%，同比增加1600万元，增长4%。其中高标准农田建设资金2.82亿元，产业化经营项目资金3860万元，产业化贷款贴息项目资金260万元，黄河故道农业综合开发项目资金4100万元，丘陵山区农业综合开发项目资金2030万元。省级以上财政投资位居全省第三位，远超苏北五市平均水平。

【农业开发产业化项目】 2015年，淮安市获批21个产业化财政补助项目，下达财政资金3860万元，其中中央财政资金1930万元，省级配套财政资金1544.75万元，市、县配套资金385.25万元。其中，金湖县江苏启尧粮食有限公司申报的5万吨优质大米加工改扩建及333.33公顷水稻种植基地改建项目获批，实现全市产业化试点项目零的突破。该项目总投资1840.73万元，财政补助资金800万元。

【高标准农田建设】 2015年，淮安市农业综合开发高标准农田建设项目总投资3.2亿元，其中财政投资3.13亿元，建设高标准农田面积1.57万公顷。新建改建排灌站198座，开挖疏浚渠道268.73公里，衬砌渠道406.71公里，配套渠系建筑物12464座，硬化干道330.9公里、支路6.09公里，营造农田防护林38.66公顷，技术培训5308人次，高标准农田示范推广2733.33公顷。

【区域特色农业资源开发】 2015年，淮安市大力推进黄河故道开发，以省级黄河故道开发项目为依托，加快黄河故道地区优势特色农业走廊建设。全年投入财政资金4100万元，持续改善黄河故道农业生态条件，重点扶持稻米、果蔬、花卉、畜禽、旅游观光等产业发展。围绕发展现代高效农业，开展省级丘陵山区开发项目，引导丘陵山区生态农业建设，发展农田稻虾养殖、林药及林果、林草间作套种，减少水土流失，改善丘陵山区农业生态环境。年内实现丘陵山区农业综合开发项目财政投资2030万元。

【项目区农民增收】 2015年，淮安市农业综合开发工作以促进农业开发项目区农民增收为核心，着力解决排灌、运输等突出问题。全年新建泵站136座，疏浚渠道682公里，新建渠系建筑物9167座、机耕路298公里，有效降低农田排灌和生产运输等经营成本。淮阴区、涟水县项目区通过新建改建排灌泵站和衬砌渠道，缩短灌水时间，降低灌溉成本；在项目区推广水稻高产精确栽培技术、无公害蔬菜标准化生产技术等适用新技术，为项目区农民增收提供技术支撑。全年项目区农民增收约5400万元。

（市农业资源开发局办公室）

工业 建筑业

综 述

【概况】 2015年，淮安市实施千亿投入、千亿产业、千企技改、千企帮扶“四千工程”。全年实现规模以上工业产值6726亿元，同比增长16.8%；规模以上工业增加值1483亿元，增长11.5%，增幅居全省第二。规模以上工业实现入库税收170.7亿元，占国税收入78%，提升2.7个百分点。实现利润总额384.6亿元，增长27%，高于产值增速10.2个百分点。企业主营业务收入利润率15.1%，比上年提高0.9个百分点。全市新增私营工业主体2431户，新增从业人员24103人，分别增长23.1%和32.8%。全市规模以上工业投资1295.1亿元，增长28.3%，增幅全省第二、苏北地区第一。主营业务收入、利税、利润增幅三项指标增幅全省第一。完成建筑业总产值1323.7亿元、增加值389亿元，分别增长7.9%、12.1%，占年度目

今世缘酒业集团全景图 今世缘公司 供图

标的100.1%、100%。新升一级建筑企业4家，完成全年任务的133%。

【工业特色产业】 2015年，淮安市“4+2”（盐化工新材料、特钢、电子信息、食品，加上高端技术装备制造、新能源汽车及零部件制造）优势特色产业加速集聚，占比攀升。实现产值3902.8亿元，同比增长17.9%，占全部规模工业的58%，比上年底提高2.8个百分点。在库企业961户，增加108户。电子信息产业成为首个产值突破千亿的产业，实现产值1210.6亿元，增幅21.3%，快于全市平均4.5个百分点。食品产业规模继续扩大，企业数271户，居六大产业之首，实现产值875.9亿元，增长16.8%。盐化新材料产业成为省市联动发展产业，获得省产业专项资金支持。淮安经济技术开发区获批省新能源汽车产业基地。全市高端装备制造、新能源汽车及零部件制造两大产业实现产值449.9亿元，同比增长21.5%，高于全市平均增幅4.7个百分点。其中，新能源汽车产业增速30.9%，快于全市平均14.1个百分点；高端装备制造业实现产值241.2亿元，增长14.4%。。

【企业转型升级】 2015年，淮安市新增省级企业技术中心4家、省级管理创新示范（优秀）企业5家、省级创新示范企业4家。获批省重点推广应用新技术新产品12个、省首台（套）重大装备及关键部件2个、省“专精特新”产品2件。江苏今世缘酒业股份有限公司被评为“江苏省自主工业品牌五十强”，淮安旺旺食品有限公司被评为“省级信用管理示范企业”。企业质量管理QC（质量控制）成果获省级特等奖3个、一等奖9个。新培育省级科技小巨人企业2户、五星级数字企业1户，累计数量苏北地区第一。

【民营经济】 2015年，淮安市践行“全民创业”战略，推动大众创业、万众创新。实现民营经济增加值1698.3亿元，同比增长11.2%，占全市生产总值的61.8%；民营工业企业实现增加值907.7亿元，增长14.3%，占民营经济增加值的52%。全市发展私营企业16386户，增长15.1%，累计6.4万户，其中私营工业企业2.1万户，占比32.8%；新发展个体工商户40496户，增长9.1%，累计22万户。规模以上民营中小工业企业2478户，实现销售收入4881.34亿元、利税406.9亿元、利润259.2亿元，分别增长18.9%、18.3%和18.7%，分别占全省总量的5.28%、4.04%和4.1%。

落实创业扶持政策，兑现省级创业示范基地、省级优秀大学生创业项目等奖补资金563.4万元。办理出口退（免）税10.5亿元，同比增长32%；小微企业税收减免1.6亿元，受益面100%。为中小微企业向上争取2亿多元扶持资金，下达市产业发展扶持资金8000多万元。打造创业新型平台，新创淮安电子商务现代物流园和江苏顺丰电子商务产业园2个省级电子商务示范基地，获批淮阴师范学院和淮安瀚唐信息技术有限公司2个省级电商人才培训基地。培育省级小企业创业基地37家，认定科创融银等市级众创空间10个。

【工业项目建设】 2015年，淮安市新开工亿元以上工业项目152个，新竣工设备投资超千万元项目103个。新招引亿元以上内资项目210个，其中10亿元以上项目28个。淮安工业史上单体投资最大的工业项目——总投资200亿元的富强新材料产业园开工建设，臻鼎科技多层挠性线路板、中兴4G智慧产业园等一批10亿元以上重大项目加快推进，纳沛斯晶圆级芯片封装、银珠化工硝盐联产等一批重大项目竣工投产。推进“千企技改”

表21　2015年淮安市年主营业务收入2000万元及以上工业企业主要指标表（一）

单位：个、万元

	企业单位数	亏损企业	工业总产值（当年价格）	工业销售产值（当年价格）	出口交货值	资产总计	流动资产合计	应收帐款	产成品
全　市	2647	183	65491640	64621936	1718501	29930942	11756139	2360395	785964
市　直	7	2	2663224	2674109	60286	2930501	1404722	273298	87046
清河区	28	1	857966	830706	1267	574426	327133	51622	15232
淮安区	374	20	7471920	7308807	174354	2217568	974513	170541	85818
淮阴区	435	13	12811734	12482278	34702	5089326	1289427	419272	134971
清浦区	120	—	2787052	2761448	79026	2139542	748366	70072	28348
开发区	185	37	11181866	11163897	514502	4334124	1781478	521154	125623
工业园区	13	1	74007	69205	5881	121021	49907	11152	610
涟水县	368	12	7294796	7216232	278897	2479972	1246786	160814	71237
洪泽县	333	45	6454671	6414216	83247	3760889	1112631	219528	68783
盱眙县	467	37	9125011	9025925	99203	3948636	1387556	242085	89156
金湖县	317	15	4769393	4675112	387137	2334937	1433620	220857	79142

表22　　2015年淮安市年主营业务收入2000万元及以上工业企业主要指标表（二）

单位：个、万元

	固定资产合计	负债合计		主营业务收入	主营业务成本	主营业务税金及附加	销售费用	管理费用
			应付账款					
全　市	14046652	12805580	3291178	65487491	56848613	1206225	1322006	1846604
市　直	837326	1192418	70064	2914497	1747384	838507	35297	86861
清河区	174960	223835	65661	779790	602365	4024	38814	35896
淮安区	1064284	1099531	291886	7346855	6451545	44551	220368	311758
淮阴区	3385996	1804491	553686	12618470	10542637	108725	420028	368201
清浦区	936272	460986	81553	2757887	2327849	17793	59298	100896
开发区	2113371	1912040	651027	11498670	10624218	8912	78560	160773
工业园区	68595	74004	22151	61839	53664	849	982	1745
涟水县	911055	1130515	224494	6997316	6266462	43867	125874	155322
洪泽县	2312321	1847541	298971	6352325	5680132	16741	83523	118260
盱眙县	1635758	1670581	421056	9430487	8268740	108507	178055	400019
金湖县	606715	1389640	610631	4729356	4283616	13748	81207	106875

表23　　2015年淮安市年主营业务收入2000万元及以上工业企业主要指标表（三）

单位：个、万元

	财务费用			利润总额	亏损企业亏损总额	应交增值税
		利息收入	利息支出			
全　市	607470	27604	474817	3833617	155625	1547088
市　直	13355	11085	25457	167814	61910	180412
清河区	−308	2995	2143	113630	2327	31387
淮安区	51775	676	36716	285322	9759	287496
淮阴区	270576	528	262278	906755	10016	222583
清浦区	11752	434	9285	283325	—	76681
开发区	44255	2807	33528	668248	36628	107621
工业园区	244	8	83	4368	95	383
涟水县	43341	3867	22964	368656	9539	174878
洪泽县	48846	2210	32662	429984	14329	203164
盱眙县	88761	1689	19670	389295	7537	184015
金湖县	34873	1305	30033	216221	3486	78471

工程，建立企业技改项目库，有1152户企业实施技术改造，完成工业技改投资553.2亿元，同比增长84.2%，增幅全省第一，技改投入占工业投资比重的41%，比上年同期提高12个百分点。实联化工、澳洋顺昌等11家企业获评省级示范智能车间、2个项目获评全省技改示范项目，数量居苏北地区第一。

【企业服务】 2015年，淮安市、县中小微企业低息统贷平台发放低息贷款11.04亿元，市、县（区）企业应急过桥资金办理企业转贷42.26亿元，BCG（银行、企业、担保）融资市场为553户中小微企业发放贷款30.52亿元。帮助企业开拓市场，提高企业产品市场知名度和市场占有率。分别组织25户中小企业参加镇江农业装备配套对接会、无锡环保产业对接会和广州中国国际中小企业博览会，参展企业洽谈项目85个，签订协议37份，签约金额2320万元，285个项目达成合作意向。加快中小企业服务体系建设提档升级，完善中小企业网站、数据库和融资服务市场电子服务系统，实现与省中心信息系统互联互通。研究制定《淮安市星级中小企业公共服务平台评定办法》，完成30家市星级中小企业公共服务平台（机构）培育。推进市、县（区）、乡（镇）三级服务中心和机构建设，全年培育省级重点基地3个、示范基地2个。全市有省三星级以上公共服务平台18个，其中五星级公共服务平台1个、四星级公共服务平台2个、三星级公共服务平台15个，有省重点培育小企业创业基地19个，省小企业创业示范基地20个。

【企业两化融合】 2015年，淮安市从市级产业发展引导资金中列出专项资金扶持两化融合（信息化和工业化高层次深度结合）项目，筛选17个项目，获得市级扶持资金385万元。全年申报34家省级两化融合示范试点企业，22家获评，同时评选41户市级两化融合示范试点企业。至年底，淮安市有省级两化融合示范试点企业139户，市级两化融合示范试点企业288户。江苏红光仪表厂有限公司的"基于工业过程无线控制技术的风力发电叶片气热除冰抗霜装置"项目获评2015年江苏省两化深度融合创新示范工程。开展"两化融合专家企业行"等活动，帮助企业争取资金扶持。江苏天士力帝益药业有限公司的"基于SAP的企业智能化系统开发与应用集成"等2个项目获得企业信息化提升项目支持，淮安九州通医药有限公司的"基于医药供应链流程再造的移动互联销售平台"等6个项目获得大中型企业电商平台建设项目支持，项目扶持资金累计310万元。

【乡镇工业集中区】 2015年，淮安市乡镇工业集中区实现规模以上工业开票销售收入730.5亿元，同比增长40.2%，快于全市工业增速，高于年度目标任务22.2个百分点；新增列统企业230户，占全市新增总数63.9%，列统企业总数1410户，占全市比重超过50%；新竣工投资额3000万元以上项目223个，超额完成全年200个的目标任务。其中，17个重点区域发展型、27个工业主导型乡镇新竣工项目177个。全市乡镇工业集中区新增开票销售超亿元企业99户，新竣工亿元项目59个。

起草《关于培育市级特色工业园的实施意见》，培育市级特色工业园。转变特色工业园区建设资金使用方式，设立淮安市特色工业园区发展引导基金，首期启动资金4000万元到位。围绕全市新型城镇化建设和城乡一体化发展总体要求，建立"10+N"培育体系，集中各类资源和要素，重点发展10个省级重点中心镇及一批特色产业乡镇。

（市经济和信息化委办公室）

盐化工新材料产业

【概况】 2015年，淮安市盐化新材料产业有规模以上企业249户，实现产值705.7亿元、销售收入702.6亿元、利税52.1亿元、利润21.3亿元。依托淮安岩盐资源，盐化新材料产业不断发展壮大，骨干企业主要有江苏井神盐化股份有限公司、实联化工（江苏）有限公司、江苏安邦电化有限公司、江苏淮河化工有限公司、江苏华昌化工（涟水）有限公司、中海华邦化工有限责任公司等。

【井神盐化在上海证券交易所上市】 12月31日，江苏井神盐化股份有限公司在上海证券交易所上市。井神股份A股代码为603299，股票简称"井神股份"。井神股份公司是江苏省盐业集团控股企业，总部位于淮安市淮安区，主要从事盐矿开采，盐及盐化工产品研发、生产和销售。公司下辖12个子（分）公司，在岗职工2800余人，总资产逾40亿元，年产盐及盐化产品总量超过500万吨，是一家集科研、生产、销售于一体的大型企业。公司旨在建设全国领先的健康食盐研发生产基地、新型"盐碱钙"循环产业基地、盐穴综合开发利用基地。

（公司办）

【清江石油化工有限责任公司】 2015年，清江石油化工有限责任公司加工原油及原料油90.69万吨，生产产品81.48万吨，销售产品80.84万吨，实现销售收入40.13亿元，利润9129万元，同比增长120%，入库税金14.85亿元，增长33%。投资1900万元，实施二元酸污水硫化氢整治、厂区恶臭治理、油气回收、200立方米/小时运河南油码头油气回收、重催装置污水治理等环保项目。投入5500万元，实施汽、柴油提质升级改造，生产出符合国Ⅳ标准的车用柴油，并生产出符合国Ⅴ排放标准的柴油和汽油。与中石化抚顺石油化工研究院共同完成发酵法制十二碳二元酸提取与纯化工艺包开发，并通过中石化总公司技术鉴定。长链二元酸精制方法、十二碳二元酸提纯方法等4项发明专利获得国家知识产权局授权。1000吨/年二元酸精制工业试验项目获得中石化总公司批复。完成中石化"十条龙"科技攻关项目"多产轻质油的IHCC技术工业应用"试验任务，相关成果通过中石化科技部鉴定。与科研院所合作，开展常四线和五线油尿素脱

江苏安邦电化有限公司　　　　安邦电化公司　供图

蜡试验。年内，公司获"江苏省能源计量示范单位"称号，被评定为"江苏省工业企业质量信用AA级企业"。（宁阿芳）

【江苏韩泰轮胎有限公司】 2015年，江苏韩泰轮胎有限公司完成工业总产值31.09亿元，工业销售产值31.17亿元；轮胎出口365万条，出口交货值19.14亿元；销售轮胎784万条，轮胎产量788万条；实现净利润0.39亿元，入库税收1.86亿元。完成iFlex免充气轮胎测试。创建"绿色工厂"，投资1100万元，增设一座日处理能力2000吨的污水处理站，并对公司内雨、污管网进行彻底分流改造。（刘　彬）

【江苏安邦电化有限公司】 江苏安邦电化有限公司是以生产氯碱、精细化工和农药产品为主的化工企业，有员工1400余人，各类专业技术人员600余人，中级职称人员100余人。拥有自备热电和地下岩盐资源，获得中国授权专利18项，拥有省级盐化工工程技术研究中心、省级企业技术中心和国家A级质监机构。2015年，公司完成工业总产值14.36亿元，乙烯利两项发明专利获得国家知识产权局授权，15000吨/年光气及下游产品项目通过安全设施竣工验收评审，公司获得高新技术企业证书。（张伟民）

9月11日，德国拜尔公司人员到安邦电化公司洽谈业务。
安邦电化公司　供图

【江苏金象赛瑞化工科技有限公司】 江苏金象赛瑞化工科技有限公司成立于2008年8月，位于洪泽县城人民北路，占地41.67公顷，注册资金2亿元，资产近6亿元。公司开发生产和销售三聚氰胺（蜜胺）、液氨、氨水、纯碱、氯化铵、小苏打等产品及其技术和装备。有员工260名，有10项核心专利技术和一个院士工作站。该公司三聚氰胺生产技术世界领先，其能耗是世界同类装置的30~50%。2015年，公司实现开票销售2.18亿元，税收285.66万元。（吴　旭）

凹土产业

【概况】 2015年，淮安市盱眙凹土科技园围绕建设"中国凹土之都"、打造"百亿产业"目标，产业质效和影响实现较大提升。园区集聚凹土企业55家，其中列统企业11家，国家高新技术企业7家，市高新技术企业10家。新增国家级高新技术企业3家。全年实现凹土产业销售收入4.5亿元，税收3450万元，分别增长25%、29%；工业入库税收占全县的5%，同比增长0.8个百分点。盱眙凹土产业销售收入占全国凹土产业销售收入的80%以上。

【凹土产业平台建设】 2015年，淮安市盱眙凹土科技园规划面积扩至4.5平方公里，园区水、电、路等基本达到"九通一平"（通市政道路、雨水、污水、自来水、天然气、电力、电信、热力、有线电视管网和土地自然地貌平整）。盱眙凹土特色产业基地通过国家火炬特色产业基地公示，成为"国家榜"特色产业基地。中科院南京分院、省科技厅、盱眙县政府联合举办中国凹土高层论坛暨2015年凹土产业博览会，6个科技合作项目签约。中国非金属矿工业协会授予盱眙县"中国凹土之都"称号。成立"江苏省凹土产业技术创新战略联盟"，获批"江苏省凹土材料产品检测技术重点实验室"，成为全省仅有的两家重点实验室之一。江苏省盱眙凹凸棒石粘土行业协会获评全国非金属矿产品及制品标准化技术委员会标准化工作先进单位。

【凹土科技研发】 2015年，中科院兰州化物所盱眙凹土研发中心与南京农业大学、江苏神力特生物科技公司、安佑生物科技集团合作研发凹凸棒石万吨玉米赤霉烯酮吸附剂新产品，并进入试生产阶段。中科院宁波材料所盱眙研发中心研发的介质浆料产品实现试生产。中科院兰州化物所盱眙凹土应用研发中心凹凸棒石类玛雅蓝纳米复合颜料研制取得技术突破。凹凸棒石棒晶束解离关键技术创新及其产业化应用获得江苏省科学技术一等奖，并申报国家科技进步奖。凹凸棒石纳米无机凝胶获中国产学研合作创新成果奖，凹凸棒石棒晶束解离与表面功能化改性获中国建筑材料联合会·中国硅酸盐学会建筑材料科学技术二等奖。

【凹土行业标准制定】 2015年，淮安市盱眙凹土行业主导制定多项行业标准。《凹凸棒石棒晶束解离及其纳米功能复合材料》专著成为凹土研发基准。主导制定的食品安全国家标准《食品添加剂凹凸棒粘土》和建材行业国家标准《凹凸棒石粘土制品》发布实施。申请《凹凸棒石玛雅蓝颜料》《凹凸棒空气净化剂》《饲料级凹凸棒石（粉）》等3个行业标准。完成江苏省联盟标准《纳米凹凸棒石》制定。（马　婷）

特钢及装备制造产业

【概况】 2015年，淮安市特钢产业有规模以上企业170户，实现产值660.6亿元、销售收入669.5亿元、利税46

亿元、利润32.9亿元。骨干企业有江苏沙钢集团淮钢特钢有限公司、江苏天淮钢管有限公司、江苏振达钢管有限公司、江苏健力钢管有限公司等。高端装备制造产业有规模以上企业106户，实现产值241.2亿元，实现销售收入206.9亿元、利税21.2亿元、利润14.5亿元。骨干企业主要有江苏金石机械集团有限公司、江苏施塔德电梯有限公司、江苏红光仪表厂有限公司、江苏双环齿轮有限公司、淮安苏减金象机械制造公司、江苏清拖农业装备有限公司等。

【江苏沙钢集团淮钢特钢有限公司】 2015年，江苏沙钢集团淮钢特钢有限公司实现销售收入92亿元，利税7765万元。全年产钢293.65万吨、铁293.59万吨、材坯287.5万吨、焦炭81.68万吨、烧结矿397.44万吨、电量5.13亿千瓦时、石灰25.89万吨、微细粉95.38万吨。实现系统降本总额2.25亿元，吨钢降本115.63元。全年开发新品44个，新品开发一次合格率95.72%。全年吨钢检修成本78.9元，较上年下降10.35元/吨。

全年销售材/坯287.31万吨，产销率100.82%，资金回笼率100%，直销率73%。开发欧洲、印度等新市场，全年出口钢材（坯）15.35万吨，增长38%，创汇6522万美元。提升弹簧钢、扁钢、钢球用钢、工程机械用钢等产品销量，全年品种钢销量占47%，大圆坯、齿轮钢、汽车用钢销量分别增加34%、21%和12%。全年生产轧钢精整坯材130.56万吨，增长20.22%，探伤量6.25万吨，创历史新高。投资近亿元，实施烧结机尾除尘、环境除尘改造，转炉、高炉、焦炉等除尘器升级改造，球团脱硫改造，原料场防风抑尘网等环保项目。（刘　芬）

【江苏天淮钢管有限公司】 2015年，江苏天淮钢管有限公司生产轧钢21万吨，增长42%。销售钢管22.8万吨，增长70%，实现销售收入6.4亿元，增长16.42%。成材率90.68%，增长3.9%；一次合格率92.09%，增长0.6%；综合合格率99.73%，增长0.34%；有效作业率68.5%，增长18.03%；天然气和电单耗分别下降14.5%、33.14%。成功开发4140机械管、4340合金结构管、4145钻具管和L415QS管线管以及多个极限薄壁新产品。（葛兴权）

【江苏省金象传动设备股份有限公司】 2015年，江苏省金象传动设备股份有限公司实现产值7294.74万元、营业收入8011.18万元。新开发轧压机用系列减速机5个品种，包括中心距560、630、965等。新开发D53K系列碾环机减速机11个品种。成功开发JMLS540—1新型双行星立式磨机减速机。公司申报的国家级博士后科研工作站获得批准，与西华大学合作成立西华大学—金象传动技术中心。获1项发明专利和5项实用新型专利授权，申报36项科研项目。与西华大学教授张均富签订《大型高精度平面二次包络蜗杆传动啮合原理、设计与新型加工技术研究》合作协议，与四川大学教授杨荣松签订《大型、高精度、硬齿面螺旋锥齿轮多轴联动铣削加工技术的研究与产品开发》合作协议。（黄　涛）

【江苏清拖农业装备有限公司】 2015年，江苏清拖农业装备有限公司实现销售收入1.55亿元，完成工业总产值1.4亿元。公司产品“江苏牌”拖拉机入选第六届“精耕杯”用户最心仪拖拉机十佳品牌。以国家实施非道路移动机械用柴油机提高排放标准为契机，加快产品改进升级，成功研发1304新产品，组织40D/50D、90P系列产品推广鉴定，完成130/120/100系列拖拉机配国Ⅲ柴油机的研发和整机检测。开展技术改进项目129项，实施质量提升项目23个，优化设计拖拉机液压系统、传动系统、提升系统及电器系统。（田晓波）

【洪泽县华晨机械有限公司】 洪泽县华晨机械厂占地面积1公顷，总投资4000万元，是生产内燃机气缸套的专业厂家。公司拥有从法国引进的阿尔芬自动化加工设备、从英国引进的缸套检测设备，产品质量达到发动机欧Ⅱ、欧Ⅲ排放标准。企业通过ISO 9001质量体系认证，获得德国船级社（GL）、挪威级社（DNV）、英国船级社（LR）和中国船级社（CCS）工厂认可证书和产品认可证书。年产大口径缸套5万只，产品主要为船用柴油机生产企业提供配套。2015年，公司实现开票销售8696万元、税收282万元。（吴　旭）

电子信息产业

【概况】 2015年，淮安市电子信息产业有规模以上企业96户，实现产值1210.6亿元、销售收入1192.2亿元、利税81.2亿元、利润73.9亿元。骨干企业主要有富誉电子科技（淮安）有限公司、宏恒胜电子科技（淮安）有限公司、江苏南瑞淮胜电缆有限公司、江苏理士科技有限公司、江苏大通机电有限公司和昌盛电气江苏有限公司等企业。

【江苏瑞特电子设备有限公司】 江苏瑞特电子设备有限公司建于2006年，总投资9000万元，占地面积9.2公顷，厂房面积3万多平方米，有职工750人。是专业生产电工、电子产品、低压成套开关设备、电力柜、网络柜及成套附件、高低频信号发生器、示波器的中型企业，是江苏省高新技术企业、江苏省制造业ERP（企业资源计划）工程示范企业。公司有系列数控加工设备16台、普瑞玛激光切割机一台，有两条喷漆生产线和两条喷塑生产线，年生产机柜及附件3万台套。2015年，公司实现开票销售1.72亿元，入库税金3171万元。（吴　旭）

【江苏新海喷雾器有限公司】 江苏新海喷雾器有限公司位于盱眙县，占地7.24公顷，2012年6月开工建设，2013年3月竣工投产，日产全塑喷雾器90万套。2015年，公司有员工900人，生产全塑喷雾器2.74亿套，实现外汇2715万美元，税收1000万元。年内，投入2100万元建成面积800平方米的5号厂房。（吴　倩）

食品产业

【概况】 2015年，淮安市食品产业有规模以上企业271户，实现产值875.9

2015年5月，今世缘酒业中国白酒首套装甑机器人生产线投产。
今世缘公司　供图

亿元，实现销售收入861.5亿元、利税176亿元、利润67.5亿元。骨干企业主要有江苏中烟工业有限责任公司淮阴卷烟厂、江苏今世缘酒业股份有限公司、江苏淮安双汇食品有限公司、淮安旺旺食品有限公司、江苏民康油脂有限公司等。

【江苏今世缘酒业股份有限公司】 江苏今世缘酒业股份有限公司年产白酒3万余吨，有“国缘”“今世缘”“高沟”3个著名品牌。2015年，公司有职工3100余名，占地面积86.9公顷，总资产54.2亿元。全年实现销售收入24.25亿元，实现利润6.85亿元。5月22日，与常州铭赛机器人科技股份有限公司合作研发的中国白酒首套装甑机器人生产线在今世缘酒业公司揭牌投产。7月，与中国工程院院士蔡鹤皋团队签约，建立“淮安市蔡鹤皋院士工作站”。10月27日，在第93届全国糖酒商品交易会上，今世缘酒业公司推出今世缘·凯思拉克红酒。年内，启动AAAA级旅游景区建设，与中电投江苏新能源有限公司签约，合作实施8.4兆瓦光伏发电项目。被授予“2015年全国实施卓越绩效管理模式特别奖企业”称号，被评为全国质量和服务诚信优秀企业，被认定为全国产品和服务质量诚信标杆企业。

（王　利　凌　泰）

【淮安快鹿牛奶有限公司】 淮安快鹿牛奶有限公司是以生物技术为核心，种植业、养殖业及农产品加工与销售并举的综合型企业，是江苏省农业产业化重点龙头企业、江苏省科技型农业龙头企业。公司有规模化牧场12个，存栏奶牛4000多头，年产鲜奶15000多吨，所有牧场均采用瑞典阿法拉伐挤奶设备，实现工厂化、集约化饲养，机械化挤奶，冷链贮运。拥有稳定饲料种植基地，实施无公害种植。2015年，实现销售收入1.36亿元，上报税收1246万元，实现净利润1242万元。

年内，公司建立健全ISO 9001、HACCP和产品质量追溯体系。组织检验原辅材料351批次、原料奶3025批次、乳制品9102批次、肉肠制品51批次、关键质控点838批次。检测率、准确率均为100%，国家、省、市监管部门开展风险监控现场抽样检查79次，合格率100%。对搅拌型酸奶生产线进行技术改造和品质提升。开发黑米草莓酸奶、原味酸奶、无糖酸奶和黄桃燕麦酸奶纸杯新品4个，并于9月上市。开展肉粒多猪肉火腿肠研发，产品配方和工艺技术文件获得通过。（毛春丽）

【江苏中烟淮阴卷烟厂】 2015年，江苏中烟淮阴卷烟生产卷烟71.29万箱，完成合作加工生产卷烟33.2万箱，入库税金86.01亿元，同比增长4.84%。形成质量“零差错”控制模式，开展质量风险防控体系建设，完成435项风险清单、51个防控指南，成品市场抽检合格率继续保持100%。安全隐患整改率100%，全年未发生一般以上安全生产事故，完成安全环保目标。年内，企业获得“优秀卷烟工厂标兵单位”“全国六西格玛管理推进先进企业”“全国质量管理小组活动优秀企业”“江苏省企事业工会劳动保护工作示范单位”等称号，1人获评全国劳动模范、1人获省“五一”劳动奖章。

（黄　伟　潘大鹏）

【江苏鑫源烟草薄片有限公司】 江苏鑫源烟草薄片有限公司成立于2011年10月，是江苏中烟工业有限责任公司全资子公司，位于淮安市清浦区。公司拥有2000千克/小时造纸法再造烟叶生产线和50千克/小时造纸法再造烟叶试验线，年生产再造烟叶能力1万吨。公司从业人员231人。2015年，公司总资产8.16亿元，产销再造烟叶4000吨，其中省内销售3500吨，外销广西中烟薄片产品300吨、黑龙江烟草产品200吨，实现销售收入1.8亿元，税利2926万元，净利润1958万元。全年入库原料1092吨，实施创新项目55项。

新能源汽车及零部件产业

【概况】 2015年，淮安市新能源汽车及零部件产业有规模以上企业249户，实现产值208.7亿元，实现销售收入199.6亿元、利税16.8亿元、利润10.7亿元。骨干企业主要有江苏神舟车业有限公司、江苏惠民汽车配件制造有限公司、江苏神舟轮毂制造有限公司、江苏和兴汽车科技有限公司等。

生物医药产业

【概况】 2015年，淮安市生物医药产业有规模以上企业37户，实现销售收入103亿元、利润7.87亿元，分别增长22.3%和21%。骨干企业主要有江苏天士力帝益药业有限公司、江苏神华药业有限公司、江苏正大清江制药有限公司、江苏涟水制药有限公司、淮阴医疗器械有限公司等。

【江苏天士力帝益药业有限公司】 江苏天士力帝益药业有限公司是天士力制药集团股份有限公司全资子公司，位于清浦工业园天士力淮安生物医药产业园。产业园占地21.5公顷，有年产300吨化学原料药制造平台、年产22亿片（粒）普通固体制剂和抗肿瘤固体制剂制造平台、化学药研发及产业化平台。主要生产化学原料药和口服固体制剂，形成抗肿瘤用药、心血管用药、精神类用药及保肝护肝用药等产品系列。化学原料药有替莫唑胺、氟他胺、尼可地尔、舒必利、水飞蓟宾、苯扎贝特等12个品种。口服固体制剂主要是片剂、胶囊剂，品种包括抗病毒一类新药阿德福韦酯片、治疗脑胶质瘤二类新药替莫唑胺胶囊（蒂清）、治疗前列腺癌二类新药氟他胺片/胶囊、治疗失眠症二类新药右佐匹克隆片（文飞）和治疗高血压四类新药赖诺普利胶囊（帝益洛）等80余个产品。2015年，公司实现销售9亿元、利润2.17亿元，上缴税金1.9亿元。销售额、利税增长均高于30%。（闫希军）

【江苏正大清江药业有限公司】 2015年，江苏正大清江药业公司完成销售额4.72亿元，同比增长18.2%；公司员工收入平均增长10%。获得发明专利证书3件和仿制药批文1件，完成中国专利奖、江苏省创新示范企业、国家级博士后工作站、省科技成果转化等28个项目申报。研发费用1984万元，同比增长20%。完成9条生产线新版GMP（药品生产质量管理规范）制剂认证，主产品线全面通过认证并取得新版GMP证书。（周伟军）

【淮安双鹤药业有限责任公司】 淮安双鹤药业有限责任公司主要从事大输液生产。2015年，受国家实施输液“双限”政策（限抗、限门诊输液）影响，大输液市场需求继续锐减，产品价格持续下跌，公司出现亏损。全年公司营业收入8506.0万元，同比下降13%。亏损总额1411万元，产量12817万元，下降12%。销量1.31亿元，下降9%。上缴税金482万元。工业产值8617万元，资产总额1.1亿元。（公司办公室）

轻工产业

【轻工业概况】 2015年，淮安市轻工产业有规模以上企业401户，实现产值776.59亿元，实现销售收入757.05亿元、利税4.38亿元、利润42.49亿元。骨干企业主要有江苏共创人造草坪有限公司、江苏顺泰包装印刷科技有限公司、淮安秉信纸业有限公司、膳魔师（江苏）家庭制品有限公司等。

【纺织业概况】 2015年，淮安市纺织产业有规模以上企业380户，实现产值697.01亿元、销售收入678.84亿元、利税3.82亿元、利润34.60亿元。骨干企业主要有江苏康乃馨织造有限公司、淮安百隆实业有限公司、江苏金典纺织有限公司、淮安锦纶化纤有限公司、江苏妙通纺织有限公司等。

【江苏妙通纺织责任有限公司】 2015年，江苏妙通纺织责任有限公司完成单纱入库5602吨，其中来料加工944吨，实现销售收入9958万元，入库税金347万元。德美子公司完成入库产量2249吨，实现销售收入2522万元，入库税金95万元。公司主要生产R、C、R/C、A/C、A/R、T/R及R/P包芯纱等系列品种，其中赛络纺5个品种、赛络紧密纺6个品种。全年销售各种纱线8300吨，其中出口340吨。完成8个系列40多个品种1130台次工艺翻改；德美子公司完成90多台次工艺翻改。年内，公司与涟水县政府达成协议，启动实施整体搬迁。（刘亚兵）

【洪泽县宏港毛纺有限公司】 洪泽县宏港毛纺有限公司是江苏鹿港科技股份有限公司全资控股子公司，2002年投资兴建，注册资本2000万元，占地面积13.3公顷，总资产4.5亿元，有职工2400多人。企业主要生产各类毛线、毛纱、精纺丝光羊绒纱、半精纺羊绒纱、紧密纺羊绒纱，年产量12000吨。产品远销欧美、东南亚、日本、韩国等地。2015年，企业实现开票销售4.95亿元，入库税金1500万元。

【圣欧芳纶（淮安）有限公司】 圣欧芳纶（淮安）有限公司由香港圣欧集团（中国）有限公司投资兴建，位于洪泽县经济开发区，占地40公顷，固定资产投资10亿元。公司是以生产X-FIPER芳纶纸、芳纶纤维为主要业务的新材料制造企业。芳纶系列新材料具有无毒阻燃、高强度、抗撕裂、耐潮湿、耐低温、耐辐射等特点。芳纶蜂窝材料主要用于军用、航天、航空、高速列车、船舶、消防等尖端领域；芳纶纱线织布是消防服、电弧服的主要面料。2015年，公司实现开票销售7451万元、税收209万元。（吴 旭）

【江苏丰源服饰制造有限公司】 江苏丰源服饰制造有限公司由香港客商投资兴建，2007年11月竣工投产，项目总投资8600万人民币，建筑面积35500平方米。公司主要生产各种精品棉服装、仿皮服装，年产150万件。产品出口欧洲、日本等地。2015年，公司实现开票销售8500万元，税收520万元。（吴 倩）

能源工业

【概况】 2015年，淮安市总装机容量344.2万千瓦，其中火电机组容量271万千瓦、水电机组容量2.3万千瓦、太阳能46.1万千瓦、风电24.8万千瓦。全市发电量133亿千瓦时，其中6000千瓦及以上机组发电量131亿千瓦时；6000千瓦以下机组发电2亿千瓦时，同比增长42.9%。

【淮阴发电有限公司】 2015年，江苏淮阴发电有限公司实现营业总收入24.33亿元、利润总额2.14亿元，上缴税收2.25亿元；总发电量52亿千瓦时，完成年度目标的100.1%，供热量285万吉焦。江苏国信淮安盐化工园区2×475兆瓦燃机热电联产项目开工，搬迁扩建2×1000兆瓦级燃煤发电项目通过初步可行性研究审查，列入淮安市“十三五”规划。实现安全生产总4878天。公司被表彰为全国“安康杯”竞赛优胜单位，获评江苏省创新发展标杆企业、江苏省节能先进单位、江苏省电力行业优秀企业等。（田一萌）

【华能淮阴电厂】 2015年，华能淮阴电厂完成发电量58.13亿千瓦时，实现利润4.22亿元，实现经济增加值2.25亿元，完成年度计划的122.08%。实现净资产收益率18.77%，超出计划

3.01%。标准煤采购单价598.59元/吨，低于年度计划127.09元/吨。完成售汽量36.58万吨，增长0.96%。当年电费、热费回收率100%。连续安全生产365天，累计安全生产5375天。完成生产供电标准煤耗316.65克/千瓦时，低于计划值0.15克/千瓦时。生产厂用电率4.86%，比计划值低0.03个百分点。消耗点火及助燃用油447吨，控制在年度计划之内。3人被共青团中央、中央企业团工委授予“中央企业青年岗位能手”称号。检修部计算机班获全国质量管理“质量信得过班组”称号，“减少330MW机组双色水位计泄漏次数”成果被省质量协会评为一等奖。（厂　办）

【江苏宇天港玻新材料有限公司】江苏宇天港玻新材料有限公司隶属于香港玻璃集团宇天国际控股有限公司，总投资15亿元，占地面积33.3公顷。是国内首家将铜铟镓硒太阳能薄膜电池项目转化为工业生产的企业。有600吨在线低辐射镀膜玻璃生产线、250吨太阳能光伏玻璃生产线以及年产360兆瓦光伏太阳能薄膜电池片生产线。2015年，公司实现开票销售1.83亿元，入库税收183.6万元。（吴　旭）

【中电洪泽热电有限公司】2015年，中电洪泽热电有限公司完成售电量2040.14万千瓦时，实现销售收入815万元；供热35.47万吨，实现销售收入6039万元。年内，3200万元融资款全部到位，完成1950万元存量贷款置换。完成危险辨识与风险评估数据库，完成关键任务28个、关注任务542个、一般任务552个、风险数评估161项。对生物质#6炉布袋除尘器提效改造，对#1—#3链条炉进行环保脱硫改造，将#1—#3炉烟气排放集中到一只脱硫塔中进行脱硫后排放，烟气二氧化硫排放达到国家排放标准；完成脱硫改造（尾部增湿）设备调试。（赵　莉）

建材产业

【概况】2015年，淮安市建材产业有规模以上企业249户，实现产值476.44亿元，实现销售收入451.60亿元、利税2.37亿元、利润21.40亿元。骨干企业主要有淮安汤始建华管桩有限公司、淮安海螺水泥有限责任公司、淮安淮河木业有限公司、淮安诚信工程材料有限公司等。

建筑业

【概况】2015年，淮安市有建筑企业1292家，超出“十二五”目标数192家。其中，一级企业68家、二级企业304家、专业承包企业527家、劳务外包企业231家，一、二级企业占总数的29%。有营业额过亿元企业301

表24　2015年淮安市总承包和专业承包建筑业企业生产情况表

单位：万元、个

	企业数	建筑业合同情况	承包工程完成情况		建筑业总产值
			直接从建设单位承揽工程完成的产值	从建设单位以外承揽工程完成的产值	
总计	586	19746839	13027420	325528	13236959
国有及国有控股企业	561	1943845	1278046	38348	1304795
一、按登记注册类型分组					
内资企业	585	19737079	13021440	323478	13228929
国有企业	10	92082	86559	—	86559
集体企业	14	206546	154419	—	154419
股份合作企业	3	24134	23705	—	23705
有限责任公司	188	7457314	5038702	99739	5027069
国有独资公司	5	28804	28861	—	28861
其他有限责任公司	183	7428510	5009840	99739	4998208
股份有限公司	39	1059787	785187	13646	798833
私营企业	330	10810416	6886718	193335	7075436
私营独资企业	6	34806	22850	4845	27694
私营合伙企业	2	11480	7780	—	7780
私营有限责任公司	299	10317674	6520336	170239	6687958
私营股份有限公司	23	446456	335753	18251	352003
其他企业	1	86800	46150	16758	62908
港、澳、台商投资企业	1	9760	5980	2050	8030
二、按国民经济行业分组					
房屋建筑业	300	16193463	10190340	284960	10410335

续表

	企业数	建筑业合同情况	承包工程完成情况		建筑业总产值
			直接从建设单位承揽工程完成的产值	从建设单位以外承揽工程完成的产值	
土木工程建筑业	98	1740457	1275203	65452	1229649
建筑安装业	82	576382	484804	17573	502367
建筑装饰和其他建筑业	106	1236537	1077073	17543	1094608
建筑装饰业	66	1022984	914492	10554	925039
工程准备活动	19	69028	51306	5676	56982
提供施工设备服务	4	1526	1091	261	1353
其他未列明建筑业	17	142999	110184	1051	111235
三、按企业控股分组					
国有控股	19	503867	229995		229995
集体控股	38	980202	787867	33899	710475
私人控股	518	18188954	11952318	289579	12237199
港澳台商控股	1	9760	5980	2050	8030
其他	9	64056	51260	—	51260
四、按企业资质等级分组					
施工总承包	378	18180055	11630875	283516	11798420
一级	27	8587509	4322096	10254	4332229
二级	119	5689877	4257494	174643	4318639
三级及以下	232	3902669	3051286	98620	3147552
专业承包	208	1566784	1396545	42012	1438539
一级	15	836703	752196	13760	765956
二级	48	301585	261134	10581	271715
三级及以下	145	428496	383215	17671	400869
五、按地区分					
清河区	97	2704814	2073433	23533	1986034
淮安区	75	3807013	2301804	143351	2442904
淮阴区	78	3986280	2454015	45943	2497590
清浦区	64	1448536	958164	19244	977398
开发区	84	1610497	986494	35812	1022026
涟水县	62	3548969	2205843	3989	2209743
洪泽县	41	668857	616900	4907	621746
盱眙县	52	1055484	803157	48489	851646
金湖县	33	916390	627610	261	627872

家，过10亿元企业28家，新增超50亿元企业2家。全年建筑业增加值389亿元，比“十一五”末增长252%，占全市地区生产总值10%以上，占地税收入17.5%。

【外埠施工】 2015年，淮安市通过召开建筑企业外埠市场观摩推介会，提升淮安企业知名度，推动企业开拓外部市场，全年完成建筑业外出施工产值950亿元。有外埠万人以上市场43个，其中5万人以上市场7个，涉及全国29个省（市、自治区）。北京、上海、南京等大市场成建制队伍超过15万人。全市有17家建筑企业获得对外承包经营权。年内，俄罗斯、泰国、蒙古、新加坡等海外市场得到巩固，阿尔及利亚、科威特、尼日利亚、卡塔尔、越南、特立尼达和多巴哥等建筑市场得到拓展。

【江苏淮阴建设工程集团有限公司】 2015年，江苏淮阴建工集团完成项目59个，建筑业总产值13.93亿

表25　　2015年淮安市总承包和专业承包建筑企业房屋竣工面积情况表

单位：万元、个

	合计	住宅房屋	商业及服务用房屋	办公用房屋	科研、教育、医疗用房屋	文化、体育、娱乐用房屋	厂房及建筑物	仓库	其他未列明的房屋建筑物
总计	39684903	31017046	1301216	1207463	495871	255109	5069695	219308	119195
国有及国有控股企业	39212287	30742470	1301216	1197363	495871	255109	4881755	219308	119195
一、按登记注册类型分组									
内资企业	39684903	31017046	1301216	1207463	495871	255109	5069695	219308	119195
国有企业									
集体企业	472616	274576	—	10100	—	—	187940	—	—
股份合作企业	192228	17100	—	15000	—	—	148128	12000	—
有限责任公司	7838960	5879120	515920	206232	71556	1649	1101456	26727	36300
股份有限公司	3352860	3092268	36672	—	18400	—	164022	—	41498
私营企业	27654539	21634082	748624	936131	405915	253460	3463349	171581	41397
其他企业	173700	119900	—	40000	—	—	4800	9000	—
港、澳、台商投资企业									
二、按企业资质等级分组									
施工总承包	39660003	31001046	1301216	1202513	495871	255109	5065745	219308	119195
一级	12840346	9445796	830193	489305	166687	54360	1787505	66500	—
二级	16002948	13056560	307127	411745	167514	—	1976564	76932	6506
三级及以下	10816709	8498690	163896	301463	161670	200749	1301676	75876	112689
专业承包	24900	16000	—	4950	—	—	3950	—	—
一级									
二级	16000	16000	—	—	—	—	—	—	—
三级及以下	8900	—	—	4950	—	—	3950	—	—
三、按地区分									
清河区	1762713	1090945	129478	182342	69113	—	230237	23260	37338
淮安区	6331366	5445224	92952	34116	42478	900	666237	49459	—
淮阴区	5293316	4036393	394031	223707	48660	—	581525	9000	—
清浦区	2062113	1732984	59403	66214	11347	—	192065	—	100
开发区	2083160	1499917	69258	107676	38060	749	328670	37330	1500
涟水县	12236120	10094946	243633	350843	115419	53460	1377819	—	—
洪泽县	3385129	2846147	122779	63296	18258	—	264392	26300	43957
盱眙县	3763755	2133598	182488	125884	152536	200000	886910	46039	36300
金湖县	2767231	2136892	7194	—	53385	—	—	541840	27920

（市统计局）

元，入库税金2231.59万元。完成机械化公司和建安装饰公司全部股权转让，变现无形资产。获批江苏省城乡住宅结构技术工程实验室，与淮安市固体废弃物资资源利用重点实验室合作，多个项目获批住房和城乡建设部、省住房和城乡建设厅和市科技局计划项目，湿拌砂浆项目取得江苏省砂浆生产企业备案证书，拿到进入市场通行证。集团安装公司创建省优（扬子杯）工程2项、市优3项，并被评为江苏省安装行业最佳企业；构建公司完成环保站技术改造，获2015年度淮安市唯一“全国绿色混凝土生产示范企业”称号。

（张祥松）

【江苏天成建设集团有限公司】 江苏天成建设集团有限公司是一个具有一级资质的“AAA”级建筑企业，涉足房地产开发、装饰装潢、农田水利设计施工、机电安装、市政、消防等领域。2015年，承建8个项目，工程造价均超过1亿元。承建的淮安市反腐倡廉教育基地工程获江苏省"扬子杯"优质工程奖项；承建的南京中华中学单体工程造价1.6亿元，建筑面积5万平方米，获评江苏省"建筑施工文明工地"；江西分公司在新余市承建多幢28层以上高层建筑，被评为江西省"文明标化工地"。

【江苏凯润集团有限公司】 江苏凯润集团有限公司成立于2003年，业务涉及工程建设、房地产开发、生产及贸易三大板块，下辖6家控股企业。2015年，公司在上海股权托管交易中心挂牌上市，是淮安市建筑业首家上市企业。全年公司建筑板块完成总产值12亿元，实现利润1.1亿元，实现净资产7亿元，年施工能力突破20万平方米。 （毛立发）

表26 2015年淮安市社会消费品零售总额情况一览表

单位：亿元

县　区	绝对量	同比±%
合　计	970.74	12.3
清河区	159.05	12.4
清浦区	97.09	12.3
淮阴区	105.99	12.2
淮安区	153.57	12.6
涟水县	117.20	12.8
洪泽县	84.75	12.8
盱眙县	111.07	12.1
金湖县	81.02	12.6
淮安经济技术开发区	61.01	12.0

（市统计局）

服务业

综　述

【概况】 2015年，淮安市实现服务业增加值1261亿元，增长11.3%；服务业增加值占比45.9%，比上年提高2.6个百分点。实现社会消费品零售总额970.74亿元。邮电业务收入35.95亿元，增长3.4%。旅游收入266.87亿元，增长13.2%。有省级现代服务业集聚区6家，分别是淮安现代商务集聚区、淮安软件园、淮安留学人员创业园、淮通物流园、清河新区文化创意产业集聚区、淮安电子商务现代物流园。有市级服务业集聚区23家，其中较大的有淮安中心商业区、水渡口中央商务区、淮安综合大市场、河下古镇文化旅游集聚区等。

【社会消费】 2015年，淮安市社会消费总额增长12.3%，高于全省平均水平2个百分点。按销售区域分，城镇实现消费品零售额865.77亿元，增长12.1%，农村实现消费品零售额104.97亿元，增长13.1%。按行业分布分，批发和零售业全年实现零售额874.22亿元，增长12.3%，住宿和餐饮业实现零售额96.51亿元，增长11.4%。按企业规模分，限额以上单位实现零售额494.83亿元，增长14.7%，限下单位实现零售额475.91亿元，增长9.8%。清河区零售总额159.05亿元，总量居全市第一，占全市比重16.4%。在国家规定的27大类商品零售类值中，全市有23类商品有零售活动，且实现增长。

2015年淮安台湾周期间，淮安名厨在台湾举办厨艺展示活动。 市台办　供图

【商业中心和批发市场】 2015年，淮安市有淮海商业中心和水渡口中央商务区2个市级商业中心，有区级商业中心10家。至年底，有各类商品交易批发市场65个。其中，消费品市场47个，生产资料市场18个；有成交额亿元以上商品批发市场42家，区域辐射力较强的市场有汇通市场、五金市场、淮海路农贸市场、锦绣装饰城、博德五金市场等。各类商品批发市场全年总成交额260亿元。

【名商标创建】 2015年底，淮安市注册商标总数17592件，有行政认定驰名商标商标18件，司法认定驰名商标6件，江苏省著名商标168件，淮安市知名商标436件，地理标志商标101件。中国驰名商标有"飞毛腿""康尔馨""辉煌""宝鼎""佳好得""展旺""今世缘""爱特福""盱眙龙虾""金康达""JMP""苏美""国缘""anpon""爱特福84""银珠YZ""LEOCH""淮安大米""金卫灿

表27

2015年淮安市限额以上住宿和餐饮业法人企业经营情况表

单位：万元

	法人企业数(个)	年末从业人员数(人)	营业额	客房收入	餐费收入	商品销售额	其他收入	客房数(间)	床位数(个)	餐位数(位)
总计	217	11591	231922	62172.5	157455.8	5055.8	7237.8	9595	15821	68539
(一)住宿业	72	4478	82610	41686	32673.8	2392.1	5857.7	6366	10536	19463
其中:国有控股	7	577	12934	4267.6	5370.1	1612.6	1683.8	670	1064	1911
1、按登记注册类型分组										
内资	70	4145	76492	37626	30770	2391	5706	5790	9678	17327
国有	2	230	5100	1987	2471	89	553	316	507	1010
集体	2	105	758	167	526	—	66	87	163	288
有限责任公司	24	1576	33072	16475	13155	1595	1848	2048	3184	7102
其他有限责任公司	21	1342	26446	14752	10878	83	733	1887	2951	6561
股份有限公司	5	623	9048	4723	4099	41	185	759	1232	2688
私营	37	1611	28513	14273	10519	666	3055	2580	4592	6239
私营独资	7	155	5496	4865	605	9	17	543	986	490
私营有限责任公司	26	1168	19211	8176	7564	637	2835	1640	2860	4653
私营股份有限公司	4	288	3806	1232	2351	20	204	397	746	1096
其他内资										
港、澳、台商投资	1	79	2214	2064	133	1	16	219	323	1000
港澳台商独资经营	1	79	2214	2064	133	1	16	219	323	1000
外商投资	1	254	3903	1996	1771	—	136	357	535	1136
外商投资股份有限公司	1	254	3903	1996	1771	—	136	357	535	1136
2、按国民经济行业分组										
旅游饭店	48	3859	66726	29311	29506	2315	5595	4599	7613	17752
一般旅馆	20	556	14692	11214	3163	68	246	1342	2359	1691
其他住宿服务	4	63	1192	1161	5	9	17	425	564	20
3、按星级等级分组										
二星	4	145	1938	746	850	78	265	208	323	816
三星	15	1222	18296	6461	9462	650	1723	1217	2155	5288
四星	7	1104	22545	9202	10338	1478	1527	1079	1709	6916
五星	2	538	9027	3897	4408	—	722	614	928	1828
其他	44	1469	30804	21380	7617	187	1621	3248	5421	4615
4、按经营方式分组										
独立门店	64	4186	78312	38262	32001	2378	5671	5746	9465	18791
连锁总店(总部)	1	22	220	195	25	—	—	68	132	31
连锁门店	4	131	1295	1040	228	12	16	361	597	221
其他	3	139	2783	2189	420	3	171	191	342	420
5、按单位规模分										
中型	9	1968	36862	13182	17911	1912	3858	1843	2824	8780
小型	57	2455	44537	27460	14699	423	1955	4221	7204	10603
微型	6	55	1210	1044	64	57	45	302	508	80

续表

	法人企业数（个）	年末从业人员数（人）	营业额	客房收入	餐费收入	商品销售额	其他收入	客房数（间）	床位数（个）	餐位数（位）
（二）餐饮业	145	7113	149312	20486.5	124782	2663.7	1380.1	3229	5285	49076
其中：国有控股	6	426	8128	1308	6148.3	8	664	214	358	2225
1、按登记注册类型分组										
内资	141	6657	141425	18166	119215	2664	1380	2971	4923	46836
国有	1	30	1073	—	1073	—	—	—	—	289
有限责任公司	48	2261	40423	6322	32841	590	671	1292	2081	14638
国有独资公司	2	114	5427	658	4097	8	664	40	80	820
其他有限责任公司	46	2147	34996	5663	28745	582	7	1252	2001	13818
股份有限公司	3	365	9682	3474	6190	18	—	293	561	1732
私营	89	4001	90247	8370	79111	2056	710	1386	2281	30177
私营独资	30	1168	20424	1373	17987	788	276	219	385	9120
私营合伙	5	134	2393	278	2115	—	—	56	100	1711
私营有限责任公司	52	2659	65768	6472	57700	1187	408	1079	1718	18966
私营股份有限公司	2	40	1663	247	1309	81	26	32	78	380
其他内资										
港、澳、台商投资	4	456	7887	2320	5567	—	—	258	362	2240
与港澳台商合作经营	2	234	1552	423	1129	—	—	150	200	1200
港澳台商独资经营	2	222	6336	1898	4438	—	—	108	162	1040
2、按国民经济行业分组										
正餐服务	134	6446	140268	20487	115774	2627	1380	3229	5285	47287
快餐服务	4	81	1328	—	1328	—	—	—	—	501
饮料及冷饮服务	4	97	1758	—	1721	37	—	—	—	456
其他餐饮服务	3	489	5959	—	5959	—	—	—	—	832
3、按经营方式分组										
独立门店	130	6256	136022	18950	114712	1207	1153	3021	4912	44129
连锁总店（总部）	2	34	470	14	430	27	—	8	13	400
连锁门店	3	231	2183	16	2134	33	—	5	10	1646
其他	10	592	10638	1507	7507	1397	227	195	350	2901
4、按单位规模分组										
中型	5	1148	23340	7489	15627	—	224	762	1181	2514
小型	130	5746	119826	12386	103955	2330	1156	2324	3860	44267
微型	10	69	3970	232	3598	140	—	30	55	1385

（市统计局）

JWC”“淮海HUAI”“金象”“淮安红椒”“圆绿”等。

【市场体系建设】 2015年，淮安市推动城市共同配送体系末端配送点建设。加强与苏宁、顺丰速运（集团）有限公司、传化物流集团有限公司等企业合作，对末端配送点建设开展调研。加快10个重点中心镇商贸载体建设，洪泽县岔河镇首家完成农贸市场建设，编制全市商贸流通发展“十三五”规划。制定出台《关于加快淮安市社区商业发展的意见》和《淮安市商业特色街区建设指导意见》，明确推进淮安市社区商业和特色商业街发展的指导思想、发展目标、基本原则、主要任务、保障措施和创建标准。

【规范市场秩序】 2015年，淮安市继续保持打击侵权假冒产品高压态势，规范市场秩序。全市行政执法机关立案查处涉及侵权假冒案件665件，办结624件；公安机关破获侵权假冒犯罪案件108件，抓获犯罪嫌疑人143人，涉案金额3300余万元。

【消费促进活动】 2015年，淮安市举办商务领域消费促进月活动。全市组织促销活动31场次，参与商家149家，实现销售4.98亿元，同比增长6.75%。组织淮安名厨赴台湾举办“淮安名厨献艺高雄”厨艺展示活动。同时，淮安市烹饪协会还与台湾寒轩国际大饭店签订战略合作框架协议。

金 融

·概 述·

【概况】 2015年，淮安市有银行机构34家，保险公司39家，证券、期货营业部7家。新开业银行机构2家，新增保险公司1家，新增证券营业部3家，新增再担保公司1家，新增特色化、专业化银行营业网店4个，新增科技小额贷款公司4家。至年末，淮安市金融机构本外币存款余额2356.91亿元，本外币贷款余额1879.29亿元。全市保险公司保费收入62.24亿元，比上年增长7.5%。其中，财险收入21.35亿元，增长18.1%；寿险收入40.89亿元，增长2.7%；健康险和意外伤害险收入2.4亿元，增长21.9%。保险赔款和给付支出23.02亿元，其中财产险11.93亿元、寿险9.9亿元、健康险和意外伤害险1.19亿元。

【金融服务创新】 2015年，淮安市建立重大项目融资对接机制，出台重大项目资金保障政策，召开全市重大项目融资推进暨银企对接签约活动，按季度统计银行机构服务重大项目融资情况。推进科技与金融结合发展，加强科技专营机构建设，建立集银行、保险、担保、小贷等“多位一体”特色专营机构。构建合作交流平台，举办“科技金融园区行——走进淮安”活动，形成省、市、县三级联动机制。加强金融与文化合作，畅通文化金融服务的绿色通道，设立1000万元文化类中小企业贷款风险补偿基金，通过与市中行、市广发银行共担风险的方式设立文化支行2家。

【政银企合作机制】 2015年4月，淮安市召开金融工作暨银企对接会议，30家银行业机构与703户企业签约达成意向融资金额262.87亿元。8月，淮安市政府与省农业发展银行签署480亿元政策性金融战略合作协议，重点支持白马湖生态保护建设二期、淮阴区棚户区改造等44个项目，推进淮安市城乡一体化、农业现代化发展。9月，淮安市政府与华夏银行南京分行达成300亿元战略合作协议。

【企业上市挂牌】 2015年，淮安市企业登陆多层次资本市场，实现跨越式新发展。1户企业在境内IPO（首次公开募股）、1户企业在境外IPO、8户企业挂牌新三板、1户企业登陆美国OTCQB（场外交易市场中的中型交易市场）、9户企业挂牌区域性股权市场。井神股份在上海A股上市，中国宇天在香港创业板上市。佳一教育、金长城农贷等6户企业获得1.32亿元的股权融资。神华维康集团申请在香港创业板上市，进入聆讯阶段。江苏正济药业股份有限公司上市申请完成反馈意见答复，洪泽县大有恒工贸有限公司、淮安民福康科技股份有限公司挂牌新三板的申请材料上报全国股转中心，并获受理。

【企业直接融资】 2015年，淮安市城市资产公司发行企业债券12亿元，盱眙县天源水务投资有限公司、淮安市华盛园林建设有限公司分别在上海证券交易所发行3亿元中小企业私募债券，淮安市开发控股公司发行2015年度第一期短期融资券5亿元，涟水交通投资公司在江苏省股权交易中心发行2015年私募债1亿元。

（市金融办）

·金融管理·

【概况】 2015年，中国人民银行淮安市中心支行结合辖区实际，探索创新金融政策和措施，履行宏观调控职责，落实货币信贷政策，全市金融业健康有序发展。淮安市银行业金融机构各项资产余额2608.36亿元，较年初增加325.13亿元，增长14.24%；各项负债余额2529.76亿元，较年初增加315.99亿元，增长14.27%。至年末，全市银行业金融机构各项存款余额2357亿元，较年初增加319亿元，同比多增19.25亿元，增幅15.66%，低于2014年1.6个百分点，增幅居全省第三、苏北地区第二。各项贷款余额1879亿元，较年初增加244亿元，同比多增5.1亿元，增幅14.9%，比2014年下降2.18个百分点，增幅居全省第五、苏北地区第二。其中，中长期贷款增加133亿元，增长15.54%，比短期贷款多增76亿元、7.07个百分点；贴现及买断式转贴现增加56亿元，增长73.62%，同比多增21亿元。洪泽县创成江苏省金融生态优秀县。

【货币政策】 2015年，人行淮安支行对市各银行机构开展信贷工作专题窗口指导，引导各银行机构加大对实体经济的信贷支持力度，疏通货币信贷政策传导渠道。专门研究出台信贷结构调整工作指导意见，推动落实信贷结构优化。开展人民银行南京分行2013年“1号文件”年度贯彻落实效果、涉农与小微企业信贷投放情况专项评估，引导银行机构加大对实体经济支持力度。推广运用淮安融资网，完善“网格化”金融帮办机制，实现对小微企业点对点的全天候融资服务。

【市场融资渠道】 2015年，人行淮安支行推进农村承包土地经营权抵押贷款试点，拓宽市场融资渠道。至年末，金湖县完成土地确权颁证工作，确权率100%，出证率99.8%，颁证率90.8%，建立土地流转服务中心及产权交易中心。推动有关银行机构办理承包土地经营权抵押贷款66笔，金额1548万元。推进银行间市场直接债务融资，制订专项推进方案，向各级政府和社会进行政策宣传，举办专题业务培训，筛选企业建立直接债务融资项目储备库，督促指导各银行机构开展发债项目承销。至年末，全市发行直接债务融资72.5亿元，发行额为2014

年的24倍。

【金融综合管理】 2015年，人行淮安支行加强金融市场监管。组织开展第三方支付非法集资风险问题专项排查、银行卡网上非法买卖专项整治活动，严格开展反洗钱监管，部署落实打击利用离岸公司和地下钱庄转移赃款专项行动，加大对外汇违规违法行为查处力度，净化金融市场环境。组织实施存款保险制度，加强对重点行业、领域、企业风险监测和处置，跟踪监测2家企业区域集优集合票据到期偿付问题，并协调处置。及时介入，协调处置2起涉及银行信贷风险事件。协调并妥善处理第三方支付机构违规办理POS（销售终端）收单业务导致全国多地大量投诉的事件。

【金融服务】 2015年，人行淮安支行推进纸币兑换硬币自助服务，扩大ATM机（自动取款机）投放10元券试点，组织发行2015年版第五套人民币100元纸币，加强发行基金投放回笼，满足全社会对现金的需求。金湖农商行在人民银行淮安市中心支行直接办理现金缴取业务。开展反假货币社会宣传活动，在淮安市电视台举办反假币知识全民挑战赛。推进个人信用报告多渠道查询服务，市区2家银行代理查询点、2台自助查询机投入运行，为市民办理个人信用报告查询业务2.08万次。完成淮安盐化新材料产业园金库建库工作，做好社保资金代收及划转，做好无记名国债和国债收款单兑付，开展经理国库30周年宣传。加强国库资金运行分析，规范国库财政专户开户和日常管理，履行经理国库职责。

【外汇服务】 2015年，人行淮安支行向国家外汇管理局争取在淮安市先行先试外汇资金集中运营，富士康集团旗下富誉电子科技（淮安）有限公司获批。优化大型集团企业集中付汇流程并扩大试点范围，在全省率先开展货物贸易项下大型集团企业集中付汇业务。开办跨境人民币业务县市直通业务，加快县域跨境人民币直接投资业务办理时效。建立外汇综合服务平台，搭建政府部门、银行、企业沟通渠道，帮助全市涉外企业及时了解最新外汇管理政策，提升外汇服务水平。

【小微企业金融服务】 2015年，淮安银监分局制定《2015年小微企业金融服务工作实施意见》，将小微企业"三个不低于"（在有效提高贷款增量的基础上，努力实现小微企业贷款增速不低于各项贷款平均增速，小微企业贷款户数不低于上年同期户数，小微企业申贷获得率不低于上年同期水平）纳入市政府对银行的目标考核。通过监测通报、诫勉谈话、座谈走访等措施，督促银行业金融机构加大小微企业金融支持力度。年内，淮安市8家法人机构开办微贷业务，2家农商行办理"循环贷""转期贷"等业务金额15亿元；3家科技支行授信余额3.86亿元。至年末，全市小微企业户数较上年增加5938户，小微企业申贷获得率比上年提高0.33个百分点。

2015年，淮安市举办科技金融园区行活动，促进金融机构与园区企业合作。
市金融办 供图

【"三农"金融服务】 2015年，淮安市各金融机构设"快付通"（电话支付终端）2200台，800多个行政村设有"快付通"2台以上，新设5家社区支行，在需求较多的区域新设9个物理网点。涟水县、金湖县等农商行通过细分"三农"客户行业、建立分类信贷模板、固化流程技术，将"阳光信贷"和微贷业务相结合，和小额保证保险贷款推广相结合，打造"阳光信贷"升级版。至年末，"阳光信贷"授信56.6万户、204亿元，用信24万户、85亿元，授信面、用信面分别较年初提高1.64、5.3个百分点。创新产品服务，盱眙农商行在维桥镇试点"三农服务协会"模式，发放贷款近300笔计2200多万元；盱眙农商行、金湖农商行开展土地经营权抵押贷款试点，发放土地流转贷款181户计1.43亿元，经验做法被中央电视台《新闻联播》节目头条报道。

（市人行 市银监局）

·银行业·

【概况】 2015年，淮安市有银行业机构34家，其中当年新引进2家。至年末，全市本外币各项存贷款余额分别为2356.91亿元、1879.29亿元，较年初增加319.04亿元、243.7亿元，增长15.66%、14.9%。本外币不良贷款率2.38%，较年初增长0.31个百分点；实现利润34.01亿元，较上年同期增长13.41%，银行业机构总体运行平稳，备付能力正常。

至12月末，淮安市国有大型银行各项存款（本外币合计，下同）余额933.46亿元，比年初增加65.79亿元，增长7.58%；政策性银行（农发行）存款余额46.7亿元，比年初增加20.36亿元，增长77.26%；其他商业银行（股份制银行、城市商业银行、邮政储蓄银行）存款余额747.02亿元，比年初增加122.08亿元，增长19.53%；农村中小金融机构存款余额609.66亿元，比年初增加117.37亿元，增长

23.84%，其中农行存款余额285.89亿元，占比12.13%，总量位居全市第一。

全市国有大型银行各项贷款余额779.19亿元，比年初增加47.15亿元，增长6.44%；政策性银行（农发行）贷款余额107.17亿元，比年初增加23.6亿元，增长28.24%；其他商业银行贷款余额502.65亿元，比年初增加104.36亿元，增长26.20%；农村中小金融机构贷款余额490.35亿元，比年初增加68.58亿元，增长16.26%，其中农行贷款余额为215.04亿元，占比11.44%，总量位居全市第一。

全市银行业机构存贷比为79.74%，较年初下降0.56个百分点。国有大型银行中建行存贷比居首，为91.69%；其他商业银行中存贷比苏州银行最高，为110.23%；农村中小金融机构存贷比超过100%的有江阴农商行盱眙支行（398.56%）、昆山农村商业银行淮阴支行（175.90%）、无锡农村商业银行楚州支行（131.50%）、常熟农商行金湖支行（108.04%）、海安农商盱眙支行（103.94%）等。

存贷款地区分布　2015年，淮安市辖区本外币和人民币存款余额为1494.17亿元和1468.40亿元，增长17.42%和18.08%，分别占全市本外币和人民币存款余额的63.40%和63.06%；县（区）本外币和人民币存款余额为862.74亿元和860.23亿元，增长12.73%和12.72%，分别占全市的36.60%和36.94%。市辖区本外币和人民币贷款余额为1209.11亿元和1194.93亿元，增长18.28%和18.91%，分别占全市本外币和人民币贷款余额的64.34%和64.08%；县（区）本外币和人民币贷款余额为670.18亿元和669.83亿元，增长9.26%和9.33%，分别占全市的35.66%和35.92%。

信贷资金投向　2015年，淮安市银行业农林牧渔业贷款余额78.68亿元，较年初减少35.05亿元，下降30.82%；制造业贷款余额250.73亿元，较年初减少3.78亿元，下降1.49%；房地产开发贷款（不含个人住房按揭）余额107.14亿元，较年初减少9.59亿元，下降1.49%；个人贷款余额（包括个人经营和个人消费）790.9亿元，较年初增加95.21亿

表28　　2015年淮安市银行业存贷款情况统计表

单位：亿元、%

单位名称	存款		单位名称	贷款	
	余额	淮安行在省行占比		余额	淮安行在省行占比
农业发展银行	46.70	9.65	农业发展银行	107.17	6.33
工商银行	227.15	2.22	工商银行	180.12	2.27
农业银行	285.89	2.18	农业银行	215.04	2.58
中国银行	231.71	2.53	中国银行	210.99	2.82
建设银行	188.71	1.86	建设银行	173.03	2.15
交通银行	40.10	0.73	交通银行	37.59	0.98
江苏银行	247.32	3.47	江苏银行	186.73	3.96
苏州银行	34.98	2.59	苏州银行	38.56	4.11
上海浦发银行	85.59	2.56	上海浦发银行	68.21	3.12
民生银行	89.76	2.92	民生银行	54.67	3.13
广发银行	28.73	2.64	广发银行	17.18	2.33
华夏银行	22.43	1.17	华夏银行	12.67	0.90
兴业银行	7.02	0.27	兴业银行	4.96	0.37
邮储银行	191.10	3.82	邮储银行	82.07	4.29
淮安农商行	221.63	1.50	淮安农商行	166.87	1.62
金湖农商行	62.56	0.42	金湖农商行	54.72	0.53
盱眙农商行	101.04	0.69	盱眙农商行	91.43	0.89
涟水农商行	68.31	0.46	涟水农商行	54.16	0.53
洪泽农商行	73.69	0.50	洪泽农商行	47.40	0.46

表29　　2015年淮安市银行业本外币存贷款余额表

单位：亿元、%

单位名称	各项存款	比年初	各项贷款	比年初	存贷比
农业发展银行	46.70	20.36	107.17	23.60	229.48
工商银行	227.15	11.06	180.12	6.73	79.29
农业银行	285.89	31.48	215.04	30.65	75.22
中国银行	231.71	27.20	210.99	17.78	91.06
建设银行	188.71	−3.94	173.03	−8.00	91.69
交通银行	40.10	0.21	37.59	2.18	93.74
华夏银行	22.43	22.43	12.67	12.67	56.49
浦东发展银行	85.59	15.73	68.21	9.66	79.69
民生银行	89.76	29.26	54.67	20.75	60.91
广发银行	28.73	2.62	17.18	4.06	59.80
兴业银行	7.02	7.02	4.96	4.96	70.65
江苏银行	247.32	28.46	186.73	17.22	75.50
苏州银行	34.98	1.02	38.56	10.26	110.23
淮安农商行	221.63	38.51	166.87	22.20	75.29
金湖农商行	62.56	4.99	54.72	6.25	87.47
盱眙农商行	101.04	13.95	91.43	13.51	90.49
涟水农商行	68.31	13.79	54.16	9.58	79.28
洪泽农商行	73.69	23.32	47.40	7.61	64.32
异地农商行	39.36	11.71	44.20	3.40	112.30
邮政储蓄银行	191.10	15.32	82.07	22.60	42.95
村镇银行	43.05	11.08	31.56	6.03	73.31
金融机构合计	2356.91	319.04	1879.29	243.70	79.74

表30 2015年淮安市金融机构分区域本外币存贷款余额表

单位：亿元、%

辖区名称	各项存款	比年初	各项贷款	比年初	存贷比
全 市	2356.91	319.04	1879.29	243.70	79.74
市 区	1494.17	221.62	1209.11	186.89	80.92
涟水县	276.39	37.40	182.77	18.54	66.13
洪泽县	180.20	39.04	132.39	17.80	73.47
盱眙县	219.42	0.46	206.24	2.69	93.99
金湖县	186.73	20.51	148.77	17.77	79.67

表31 2015年淮安市地方金融业务统计表

单位：亿元、%

机构名称	各项存款	比年初	各项贷款	比年初	存贷比
地方金融机构	566.61	106.29	458.79	62.55	80.97
淮安农商行	221.63	38.51	166.87	22.20	75.29
金湖农商行	62.56	4.99	54.72	6.25	87.47
盱眙农商行	101.04	13.95	91.43	13.51	90.49
涟水农商行	68.31	13.79	54.16	9.58	79.28
洪泽农商行	73.69	23.32	47.40	7.61	64.32

（市金融办）

元，增长13.69%；中小企业（包括中型、小型、微型企业及个体工商户、小微企业主）贷款余额939.1亿元，较年初增加89.51亿元，增长10.54%。

（市金融办）

【中国农业发展银行淮安市分行】 2015年，中国农业发展银行淮安市分行坚持职能定位，发挥政策性银行逆周期调节作用，发展以粮棉油收储、加工、流通为重点的全产业链信贷业务以及以支持新农村建设和水利建设为重点的农业农村基础设施中长期信贷业务。至年末，该行发放各类贷款79亿元，比上年增加5亿元，增幅6.76%。年末，贷款余额首次突破百亿元大关，达到107亿元；实现账面利润1.62亿元，在全省农发行系统同比减盈的情况下，同比账面增盈45万元；实现中间业务收入893万元，同比增加34万元；完成国际业务结算量2876万美元。辖属7个机构全部达到二级行及以上标准，其中市行营业部、洪泽县支行达精品行标准，淮安区支行、淮阴区支行和金湖县支行达一级行标准。

业务发展 年内，农发行淮安市分行投放购销储贷款44亿元，居全省农发行系统第二。政策性收购资金应投尽投，发放夏粮托市收购贷款18.7亿元，增幅居全省第一；投放秋粮托市收购贷款0.9亿元，同比增加0.6亿元，在全省系统内唯一实现投放增长。市场化收购坚持贷款条件，不留风险漏洞，夏粮、秋粮市场化收购贷款投放量均位列全省第二。突出水利项目支持重点，巩固农村土地整治和农民集中住房建设贷款业务基础地位，打造农村路网、整区域城镇化业务增长极，投放中长期项目贷款34亿元，同比增长111%。开办农业发展银行重点建设基金业务，获批9个项目，金额8.2亿元，获批项目数量和项目金额均居全省第二位。树立“抓存款就是抓发展，抓存款就是增效益，抓存款就是强管理”理念，年末存款时点余额、日均余额分别达到37.59亿元、35.54亿元，比上年增长42%、40%。

风险防控 严格落实信贷资产质量报告制度，提升风险排查效果，每月开展一次常规风险排查，开展抵（质）押物合规性检查、客户风险分类排查、非法集资风险排查等专项检查。对全市所有商流贷款企业逐户过堂，全面清查企业真实情况。至年末，主动退出商流贷款企业6家，收回贷款1.51亿元，压降贷款1家、压贷金额2000万元。及时处置收回风险贷款900万元，成为涉贷的全市8家银行唯一完成风险贷款处置的金融机构。

（李曙光 牛洋）

【中国工商银行股份有限公司淮安分行】 2015年，中国工商银行股份有限公司淮安分行实现拨备前利润6.04亿元、净利润4.14亿元，在全市同业中排名第一；人民币各项存款余额223.95亿元，新增11.20亿元；人民币各项贷款余额175.06亿元，新增7.91亿元；不良贷款余额1.53亿元、不良率0.85%，低于同业平均水平。年内，新建清浦区博古、洪泽东七街、盱眙新华书店等5个自助银行服务区，迁址富淮支行、交通支行、楚西支行3个网点，扩建淮北路支行，建成智能化网点12家，市分行营业部成为全市首家智能银行体验网点。至年末，在全国二级分行综合排名上升到第38位，进入全国二级分行综合排名进步30强；经营绩效考评排名提升至全省系统内第6位，较上年提升3个位次。

重点项目领域信贷支持 加大对地方经济的信贷支持力度，在产业升级、民生事业、文化旅游、现代农业等重点项目领域，实现县（区）信贷投放突破，获批项目12个、金额21.7亿元，实现提款11.8亿元。通过供应链融资业务，加大项目项下优质小微企业拓展力度，实行新户拓展与业务投放额双向奖励，完成小微企业“三个不低于”目标，发展小微企业新户23户，新增小微企业贷款6.2亿元。加强与市内大型商圈重点客户合作，满足个人消费金融需求，信用卡透支余额9.86亿元，分期付款业务金额4.79亿元。

业务创新 年内，工行淮安分行为财政国库集中支付改革提供金融服务支持，投产集中支付无纸化项目，新增代理财政清算改革预算单位40家，发行公务卡8000余张。“银医一卡通”系统投入运行。开展“融惠万家，e动工行”“工银e校园”“助力梦想，青年成才”等活动，推动与各类客户深层次合作。

外资企业服务 成立外资企业服务团队，主动上门了解外资企业金融需求。全市外资企业新开结算账户完成率居全省系统内第一。实现跨境人民币结算量23.34亿元，结汇业务量26.5亿元，办理单证业务1.83万美元，其中进口开证业务量居全省系统内第一。成功办理淮安市第一笔跨境外币资金池业务。（工行办公室）

【中国农业银行股份有限公司淮安分行】2015年，中国农业银行股份有限公司淮安分行各项存款余额285.9亿元，比年初增加31.5亿元，增长12.37%，增幅居全省农行系统第二，总量、增量份额分别为30.63%、48.24%。至年末，各项贷款余额215亿元，比年初增加30.7亿元，增长16.62%，增幅居全省农行系统第一，总量、增量份额分别为27.6%、65.9%。拨备前、后利润计划完成率均居全省农行系统前列。

支持“三农”经济　围绕全市传统优势产业、转型创新增量及未来新兴业态，优化客户结构，做大对公客户规模，增加个人客户总量。拓展“三农”客户，优先支持“三农”经济发展。至年末，涉农贷款日均余额57.07亿元，较年初增加23.14亿元，完成全年任务的154.26%。全年发展“千百工程”（农村产业金融业务以千、百为单位的一系列发展目标、市场策略和推进措施的统称）客户23户，较年初增加7户，完成全年任务的100%。加强对中小微企业、农村土地制度改革出现的新业态、创业务工群体的服务，全年营销县域小微企业22户，授信金额1.5亿元，用信余额1.19亿元。至年末，建成惠农通服务点1638个，全市行政村全覆盖，新建成投入使用有人值守的惠农便利店8个。建立9支计45人的“三农”专业服务团队，选拔“三农”联络员536名。金湖支行、洪泽支行的资产业务在当地“四行一社”（工商银行、农业银行、中国银行 、建设银行、农村信用合作社）所占的市场份额实现进位。

市场营销　年内，农行淮安分行实现农商行、国资委两大系统企业年金业务全覆盖，“银医通”系统改造推广到4家医院。至年末，该行外汇存款1.28亿美元，比年初增加3630万美元，位居全省第一；外汇贷款余额1533万美元，比年初增加421万美元，增加额及增幅均居全省第一；实现跨境人民币结算量12.88亿元，同比增加2.81亿元；新拓展19户外汇资本账户达千万美元以上客户，营销全国农行系统首单业务1项。成功营销涟水政务中心、金湖财政集中支付、淮安供电公司集体资金归集等系统性客户。首单10亿元中期票据业务正式报送交易商协会，与农银汇理基金管理有限公司、农银金融租赁有限公司开展合作，与市公积金中心合作实现突破，完成首单公积金委托贷款业务。

经营转型　加快高端投行、交易类业务发展。围绕债券市场，加大对PPP（公私合作关系）业务、地方债、已发债成熟客户以及拟发债企业拓展力度，做好银团贷款牵头行。网点经营对公转型，公私联动，全年新开存款超亿元账户4个，对公存款增量超千万账户56个。加快网络金融发展，推进自助银行建设，按照“调整优化市区、适度拓展县（区）、巩固密集商区、覆盖规模社区”思路，在农行网点自助区扩、增、调的基础上，重点发展离行式自助银行。至年末，农行离行式自助银行达57家，上线运行自助机具500多台。加大网上银行、掌上银行等电子银行产品宣传营销力度。至年末，农行企业电子银行客户2.22万户，新增4363户，完成省行计划的173%；个人电子银行注册客户177.79万户，新增38.12万户，完成省行计划的127%。卡分期、手机银行等多项指标完成率位居全省系统内第一。

风险管理　至2015年末，农行淮安分行不良贷款余额0.64亿元，不良率0.3%，比年初增加0.06个百分点，法人客户贷款保持无不良贷款，在全省农行系统首家完成财政部委托资产打包处置工作。加强操作风险防控，做好防欺诈工作，严格执行重要环节复审制度，全年成功堵截各类诈骗案件225起，涉及金额187万元。（韩　玉）

【中国银行股份有限公司淮安分行】2015年，中国银行股份有限公司淮安分行实现拨备前利润6.41亿元，计划完成率101.27%，实现净利润3.58亿元，增幅5.99%，均排名省系统前列。本外币一般性存款余额231.49亿元，较年初新增27.19亿元，本外币贷款余额210.99亿元，较年初新增17.19亿元；在省中行2015年度机构绩效考核中排名同组第一、全省第二，等第A+，为历史最好名次。

信贷投放　主动对接地方产业结构调整，加大重点项目支持力度，强化首席客户经理制和招商对接机制，重大项目实现投放10.18亿元、已批未放62.45亿元。提升小微企业信贷占比，推出“外贸通”“苏科贷”“中行网融易”“网络通宝”等重点产品、互联网特色产品；组织特色园区、供应链企业、农业龙头企业、物流企业等客户群体的批量化对接服务10余次，为70户小微企业新客户提供2.1亿元新增授信；为全省11家融资担

7月3日，中行淮安分行成为淮安市首家“文化银行”签约银行。
于爱亮　供图

2015年，中行淮安分行积极向客户推介福农卡产品。 于爱亮 供图

保公司核定11亿元担保额度，对140余户中小企业发放担保贷款余额4.43亿元。至年末，中行淮安分行对实体经济和民营经济新投放贷款43.5亿元；个人零售贷款新增19.73亿元，增幅19.21%，新增量及增幅均排名全市同业第一。

特色业务　发挥中行国际化、多元化、专业化优势，完成国际结算业务17.85亿美元、跨境人民币业务收付23.1亿元，市场份额分别为43.21%、33.59%，排名全市同业第一。拓宽企业融资渠道，淮钢特钢有限公司、淮安市国有联合投资发展集团有限公司（淮安市城市资产经营有限公司）、有轨电车的短期融资券、产业基金、银团贷款等项目获批；通过信托和理财池资金为2家企业解决3.1亿元融资需求；支持淮安环保、科技型小微企业发展，为65户企业提供5.55亿元授信，余额4.66亿元。在全省率先叙做福农分期业务，支持"三农"发展，项目授信总额突破2亿元，已批项目数、交易额排名全省系统第一。成功签约淮安"文化银行"，为淮安市文化产业发展提供专业高效的金融服务。

风险案防管控　主动应对实体经济调整风险，推进新增授信实地尽责制度落实，开展信贷资产现场盘存预警，化解或缓释潜在问题，加强零售贷款和中小企业贷款窗口指导。至年末，不良率、不良额、拨备新增额均控制在省中行规定范围，三项指标优秀值均排名全省系统第一。其中，不良率1.66%，与年初持平；不良余额3.5亿元，较年初上升0.31亿元，变动幅度控制在10%以内。清收化解不良资产3.38亿元，完成省中行计划的117%，实现拨备回拨7094万元。

（于爱亮　王朝晖）

【中国建设银行股份有限公司淮安分行】 2015年，中国建设银行股份有限公司淮安分行实现拨备前利润5.64亿元，税前利润2.87亿元。一般性存款时点余额188亿元，一般性存款日均余额194亿元，较年初新增8.8亿元。各项贷款余额173亿元，较年初下降8亿元。对公客户、个人客户、持卡客户以及电子银行客户新增率均列省内系统前列。增设1家网点型支行和2处离行自助银行。

贷款业务　瞄准全市五大主导产业和七大战略性新兴产业，优先将信贷资源投向重大工业项目、地方支柱产业和高附加值产品集中行业，全年新增大中型企业授信金额59.54亿元。投放公司类贷款47.91亿元，其中大中型企业贷款投放25.79亿元、小企业贷款22.12亿元。贷款主要投向城市基础设施、制造业、建筑业等客户。推出"POS贷""税易贷""助保贷"等小企业创新金融产品。探索"政府+保险+银行"的业务合作模式，与淮安市科技局、市财政局签署三方协议，为小微企业稳健发展开辟新渠道。个人贷款余额88亿元，比年初新增7.87亿元。全年发放个人贷款20.2亿元，其中个人住房贷款新增8.11亿元。推出互联网信贷新产品"快贷"业务，发放贷款金额1868万元。

存款业务　注重存款稳定性，强化存款日常管理，引导客户合理配置个人资产。至年末，该行金融资产余额217.5亿元，增加13亿元，增长率6.37%。全年非存款金融资产日均总量增加4.19亿元，增速21.36%。其中，基金、保险、证券第三方存管增长率分别为21.36%、34.67%、196.28%。加大与各级财政部门联系，参与财政专项账户竞标活动。成功营销金湖县、洪泽县、涟水县3县国土局网上招投标保证金系统。拓展淮安市信息职业技术学院、江苏财经职业技术学院、盱眙县中学、金湖县人民医院、盱眙县中医院等单位"银校通""银医通"项目。做好住房基金、维修基金等专项资金营销。与淮安市住房和城乡建设局和盱眙县住房和城乡建设局合作开展农民工工资代发和工程款监管业务，为全省系统内首家。连淮扬镇高铁建设淮安段监管账户落户该行。

客户基础　拓展代发工资业务，重点关注基本结算客户工资代发覆盖度、增量授信客户代发同步率，加强财政代发等重点项目工资代发。代发工资业务新激活客户129户，代发资金量47.05亿元。加快信用卡在公共交通、社区服务、医疗、社保等民生领域推广应用。与淮安经济技术开发区广州路办事处合作发行社区联名借记卡，全面配套电子银行、短信银行等产品，打造社区金融生态圈。交通龙卡发卡25642张。信用卡客户净增32308户、发卡净增43997张，均列全市同业第一。该行抓住新版鲁班龙卡推广契机，锁定建筑施工企业目标，新增发卡19778张。小企业无贷户较年初增长900户，小企业无贷户日均存款新增2.29亿元。

渠道建设　推进物理渠道职能整合，制订整合方案，平稳有序推进。盱眙新区支行和涟水县安东路、长青路等离行自助银行年内开业。在全省系统内率先上线视频银行，增加客户远程交易工具。推广电话支付手续费减免优惠，全年新增支付电话商户超过2000户。围绕“移动优先”战略，电子银行业务发展提速明显。至年末，个人网银客户470810户，手机银行客户455224户，微信银行客户54323户。(朱 瑞)

【交通银行股份有限公司淮安分行】2015年，交通银行股份有限公司淮安分行人民币各项存款余额38.58亿元，比年初新增6.77亿元，增长21.29%。其中，对公存款余额31.09亿元，新增5.13亿元，增长19.77%；储蓄存款余额7.49亿元，新增1.64亿元，增长28.03%。人民币各项贷款余额37.39亿元，增加2.15亿元，增长6.1%。其中，对公贷款余额25.34亿元，增加1.50亿元，增长6.29%；个人贷款余额12.05亿元，增加0.65亿元，增长5.73%。至年末，实现经营利润9512万元，比上年减少1502万元，经营利润计划完成率77.32%。实现经济利润4583万元，比上年减少1866万元。实现中间业务净收入2681万元，其中公司(非投行)、投行、国际和个金条线分别实现中间业务净收入215万元、781万元、804万元和882万元。不良贷款控制额6349万元，比上年增加4168万元。不良率1.69%，高于系统1.28%的水平。营业部被评为银行业“五星级”网点。

信托资金募集业务　年内，交通银行淮安分行成功发行二期小微企业金融债，收取中间业务收入户360万元，通过陆家嘴信托为淮安交通控股募集信托资金4亿元。为淮安新城投资有限公司募集信托资金5亿元，为淮安交通控股公司募集信托资金2亿元，收取投行中间业务收入140万元，“优惠通”产品运用实现国际创新中间业务收入551万元。

国际业务　实现外汇存款年均增量1450.38万美元，计划完成率290.08%，全辖排名第四。贸易及非贸易手续费收入、保函手续费收入、结售汇收益均衡发展。全年国际业务中间业务收入793.53万元，计划完成率186.49%，全辖排名第一。

为客户办理福费廷(出口信贷的一种类型)转卖业务311万美元，跨境人民币委托汇兑业务1302万元。通过信用再担保办理结构性存款，反哺人民币存款4800万元。年内，完成跨境人民币3.64亿元，计划完成率121.29%，首次超额完成分行跨境人民币业务指标。

客户工程　累计投放公司类贷款17.58亿元，投向水利续建项目3.4亿元、土地储备中心1.88亿元、保障房项目及棚户区改造项目5亿元，投向优质房地产企业1.5亿元、盐化工企业3.06亿元、燃气发电企业0.85亿元。至年末，投放小企业贷款34笔，计13603万元，挖掘10户个人优质客户。营销中高端客户124户，计划完成率127.8%；新增三个一百客户3户，新增领汇财富客户21户；与清浦区民政局签订拥军卡业务合作协议。

零售信贷业务　通过商圈、供应链、苏科贷等渠道对小微企业贷款；对个人经营性贷款，推广家易通经营贷、POS贷等项目。至年末，实现POS贷271.9万元，新增小微贷款客户20户。江苏财经职业技术学院和淮阴师范学院两家学校e贷通2.0投放18户，金额195.4万元。实现对公中高端客户总户数97户，年度计划完成率100%；达标沃德客户净增数153户，年度计划完成率139.09%。(杨 军)

【中国邮政储蓄银行股份有限公司淮安市分行】2015年，中国邮政储蓄银行股份有限公司淮安市分行实现自营收入4.2亿元，同比增长27.56%，实现拨备后利润1.46亿元，同比增长76.09%。自营储蓄存款年末时点余额34.81亿元，增长6.39%；公司存款年末时点余额37.80亿元，增长51.32%。年末各项贷款余额82.03亿元，增长37.50%；年末不良贷款总额9627万元，不良贷款率1.24%。全行人均创收80.81万元，增幅27.80%，点均创收2208.42万元，增幅34.08%。对涟水县高沟镇支行、淮阴支行、金湖县闵桥镇支行、盱眙县桂五镇支行在原址进行高标准改造升级。加快自助网点选址建设，探索新型社区银行建设，在盱眙县马坝镇及市区汇通市场新建2个有人驻点的新型社区店。在部分网点布放存折取款机，推出“早市、夜市”服务，有效缓解代付养老金高量期柜面运行压力。试点投放自助发卡机及发卡箱。引进4台机器人大堂经理，开启智能化网点服务。(张 闯)

【上海浦东发展银行股份有限公司淮安分行】2015年，上海浦东发展银行股份有限公司淮安分行实现营业净收入4.42亿元，中间业务收入9357万元，同比增长3915万元；营业利润2.89亿元，同比增长26%；经济利润1.7亿元，人均经济利润位居全省系统第一。年底各项存款余额80.85亿元，比年初增加15.49亿元。其中，对公存款余额77.18亿元，增加17.52亿元；储蓄存款3.6亿元，下降1.51亿元。各项贷款余额68.21亿元，增加9.66亿元。其中，对公贷款余额58.04亿元，增加7.48亿元；个人贷款余额9.95亿元，增加1.97亿元。开设首家同城支行——淮安经济技术开发区支行以及金湖小微支行。至年末，浦发银行淮安分行有5家营业网点、3个离行式自助点。营业部通过中国银行业协会“千佳网点”复评验收。

率先独立承销淮安新城投资开发有限公司7.5亿元非公开定向债务融资工具(PPN)；协助淮安市城市资产经营有限公司成功取得15亿元中期票据注册通知书；成功申购大额存单1000万元，发放银团贷款5.13亿元，同业存放发生额28.6亿元，办理再贴现3429万元。

开展“1+n”供应链营销方案拓展，向小微企业发放贷款5723万元。借助互联网思维和市场化运行机制，与第三方机构合作建立面向投资人与融资人的开放式“靠浦e投”业务。与移动公司淮安分公司下游经销商合作，提供专有贷款品牌“和利贷”。推广“网络银行融资”项下POS贷、点即贷等信贷产品，放款6536万元，满足小微企业和个人客户融资需求。

(刘 坚 陈 融)

【江苏银行股份有限公司淮安分行】2015年，江苏银行股份有限公司淮安分行重点打造经营特色、提升专业能力、注重价值创造，各项工作

2015年12月，浦发银行淮安开发区支行揭牌。 刘坚 供图

目标任务完成良好。至年末，各项存款时点余额247.32亿元，比年初增加28.46亿元。年末市场份额10.49%，六大行占比20.26 %，居全市第二。实现拨备前利润4.7亿元，同比增长0.3亿元，增幅6.83%。小企业全口径贷款余额56.4亿，资本节约口径余额11.18亿元，该行小微企业贷款在淮安当地市场占比10.7%，保持全市第一。年内，与国税部门合作推出“以无担保纯信用为主，可采取各种方式组合为一体”信贷产品，受到众多小微企业好评。至年末，“税e融”业务上线790余笔，通过108笔，金额近5000万元。以“苏科贷”和“人才贷”为产品支撑，提升小微科技金融服务水平，做大科技金融业务，年末，“苏科贷”业务达到25户、金额6900余万元。

将消费信贷业务作为发展重点，加大营销力度，实现个贷业务规模、质量和效益提升。至年末，个贷余额比年初增加9.8亿元，其中消费信贷余额比年初增加8.05亿元，“卡易贷“”授信客户比年初增加5863户。年内，江苏银行淮安分行个贷特别是“卡易贷”业务占淮安消费信贷市场份额26.79%，市场占有率全市第一。注重业务创新，推广公司业务新产品，加强结构化融资、城发基金等新业务营销。年内，办理首笔超亿元“商票宝”资产托管业务、首笔超亿元稳赢计划B款产品、首笔10亿元理财直接融资工具、首笔10亿元项目收益票据，多项新业务实现突破。在网点持续转型基础上，促进网点向轻型化、智能化、销售型、体验型网点转变。年内，新设立3家社区支行和1家小微支行，同时设立4家直属支行，加快网点设施升级和人员服务水平提升。推进社区化经营，组织支行深入社区，宣传经营理念、金融产品、优质服务、储蓄存款利率等，找到新发展途径和增长点。 （徐 峥）

【淮安农村商业银行】 2015年，淮安农村商业银行有营业网点88个，各项存款余额221.6亿元，比年初增加38.5亿元，增幅21%，在全省系统内排名第11位。各项贷款余额166.9亿元，比年初增加22.2亿元，增幅15.3%，在全省系统内排名第15位。其中，小微企业贷款、涉农贷款增幅分别排全省系统内第一、第八位。实现账面利润2.06亿元。电子银行柜面替代率61.65%，比年初上升9.38个百分点。

扶持“三农” 向92户家庭农场发放贷款1360万元，向306户合作社发放贷款2912万元。扶持鼓励农村青年就地创业、农民工返乡创业。全年发放农民创业贷款95笔1239万元。支持“四化”（工业化、信息化、城镇化、农业现代化）同步，加强对新农村及农户集中区建设项目支持。开展“阳光信贷”标准化建设，对种植业、养殖业、农产品加工业、粮食收购大户等建立精准营销台账，拟定授信调查要点和模板，规范操作。将“阳光信贷”模式向小微企业过渡，扩大服务范围。至年末，授信农户24.6万户80.8亿元，用信26.9亿元，用信面30.8%。强化扶贫贷款投放部署、协调，全年发放扶贫贷款2.76亿元。成立农村个贷营销试点工作组，分批次在淮阴区刘老庄乡、南陈集乡、王兴镇，淮安区季桥镇、范集镇5个乡镇试点。在淮阴区古寨乡开创九房拆迁安置小区专项贷款，下调利率，实行灵活担保，设置差异化的还款期限与方式，至年末，投放贷款200笔950万元。

企业服务 对接全市重大项目，参与各类银企对接，对淮安涟水机场二期工程扩建、江苏井神盐化股份有限公司等项目授信17.5亿元，用信14.1亿元。支持“公司+农户”产业链融资、“施教通”等特色产品，产业链融资贷款余额1.94亿元，“施教通”贷款余额9200万元。主动对接市工商联、市经济和信息化委员会，搭建中小企业应急资金互助平台，对生产经营基本面尚好、确因资金回笼不及时的企业给予过桥资金支持。完善企业转贷模式，增加转贷企业范围，降低转贷还款资金标准，由原来最低还款40%降低至20%。做大统贷平台规模，至年末，“统贷通”企业授信17户1.18亿元，用信15户9920万元。

产品服务创新 推出“易贷”系列产品，围绕各类专业市场及特色产业，将产品、服务嵌入“产业链、关联圈”，实现综合服务基础上精准营销。推广微贷本土化，建立微贷独立审批制度。与江苏增力商贸有限公司合作，为其下游销售代理开办预付款融资贷款“酒易贷”。为市区锦绣装饰城商户开办“家居易贷”贷款；针对拆迁安置农户推出“安居易贷”。与市人财保险公司合作，推出支持科技型企业信贷产品“科贷宝”，支持5户1500万元。推出手机银行自助贷款，开通微信公众号申请贷款渠道。

特色支行 2015年，淮安农村商业银行设立居民汽车、住房消费按揭、金领易贷通、各类专业市场、二手房及“施教通”贷款特色支行，做精做专客户服务，投放各类特色贷款7.6亿元。固化标杆网点建设，对网点文明服务情况进行督查通报，提升整体服务水平。推进金融服务进村入社区工程，完善网点布局，对19家网点进行装潢改造，设立社区银行、分理处、区域信贷中心。在全辖布设1247个“快付通”商户，发生账务性交易230万笔21亿元。（淮安农商行综合部）

·保险业·

【概况】2015年，淮安市新增保险公司1家，总数39家，其中市级财产险公司20家、人身险公司19家。全年保险业实现保费收入62.5亿元，较上年增长9%，占全省保费收入的3.14%，总额位居苏北地区第3位。其中，财产险保费收入19.6亿元，增长18.1%；寿险保费收入36.3亿元，增长2.5%；意外险保费收入2亿元，增长26.9%；健康险保费收入4.6亿元，增长22.6%。全年保险赔款和给付支出22.9亿元，其中财产险11.3亿元、寿险9.1亿元、健康险和意外伤害险2.45亿元。全市保险深度2.32%，保险密度1116.1元/人。淮安市财产险市场主体为市人保财险公司、市太保产险公司、市平安产险公司、市国寿财险公司和市中华财险公司，5家机构合计占据全市财产险市场82.6%的份额；人身险市场主体为市人寿公司、市利安人寿公司、市人保人寿公司、市生命人寿公司、市平安人寿公司、市阳光人寿公司和市太平洋人寿公司，7家机构合计占据全市人身险市场86.4%的份额。

2015年10月，人民财产保险淮安分公司快速赔付史上最大大笔企财险案件，图为该公司向客户单位递送赔款。 人财保险公司 供图

【人民财产保险淮安市分公司】中国人民财产保险股份有限公司淮安市分公司下辖9个县（区）支公司、2个直属经营单位以及120多个乡镇服务机构。有员工502人，平均年龄34岁，大专及以上学历占比87.3%，中级以上职称占比11.7%。还建立一支590多人的营销员队伍。2015年，实现保费收入9.2亿元，同比增长20.5%，增速居全省系统第一，高于区域市场2.3个百分点。市场份额43%，提升0.81个百分点。实现利润3477万元，提升10.3%，利润率3.8%。缴纳税收9447万元，增长16.4%，其中代缴车船税4377万元，增长31%。全年为2000多家企业、5万多户家庭、30万多辆机动车及4万多笔货物提供超过10万亿元的风险保障。全年处理各类案件6万件，赔付5.25亿元，增长30.1%，较上年净增1.7亿元。

针对淮安中小企业融资难问题，创新信用保险和科技保险，加强与银行沟通合作，为中小企业和科技企业提供融资贷款，帮助50多家企业融资1.6亿元。强化农业保险发展，推出露地水生蔬菜、螃蟹、莲藕、芡实、养鱼、桑蚕、玉米等10多种高效设施新险种，基本涵盖全市高效农业类别。全年承保种植业30.2公顷、养殖业1380万头（只）保险，为全市农业生产提供超过24亿元风险保障，支付赔款4730万元，9.9万多户农民受益。开拓独生子女家庭、残疾人意外、民政养老机构等民生保险，得到地方政府肯定。在全省率先开展社会治安综合保险试点。开展保险三下乡活动，积极应对小麦赤霉病和水稻稻瘟病等灾害，做好理赔等善后事宜。独家护航淮安市首届环白马湖自行车比赛，全程为赛事提供近5000万元的公众责任保险和运动员意外伤害保险，在淮安首家与市交警部门联合建立人伤一体化中心。独家护航中国丝绸之路户外运动挑战赛，为参赛的12000多名户外运动人员提供超过9200万元的意外风险保障。完成多起重大理赔案件赔付，其中超百万元赔款11个。

【人寿保险淮安市分公司】2015年，中国人寿保险股份有限公司淮安市分公司实现总保费15.72亿元，同比增长8.57%，提前一年超额达成三年规划设定的保费目标。其中，长期险首年标准保费1.35亿元，完成年度目标的115.5%，增长29.8%；长期险新单保费5.79亿元，完成年度目标的113.3%，增长18.8%；首年期交保费2.57亿元，完成率105.8%，增长24.2%；10年期及以上期交保费1.46亿元，完成率103.9%，增长18.7%；短险保费1.18亿元，完成率106.7%，增长12.8%。

至年末，人寿保险淮安市分公司服务客户205418人次，处理保全业务201581笔，收付费33214笔，人均工作量4145笔，客户满意度99.98%。新单银行转账收费率99.29%，续期转账收费率98.68%。处理各类新单业务6.7万件，卡折2307件，团体短险业务7511件，单证发放35577份。处理赔案29317件，同比增长21.3%。参与新农合、新农简两项重大惠农政策经办。中标淮安市职工补充医疗保险招投标项目37%的市场份额；实现大病保险金市级集中批量代付，并初步建立大病保险与新农合经办一体化管理模式。为优抚对象、农村老年人群和低收入人群等特定弱势群体提供保险保障。推进“安康关爱行动”，全市老年人参保人数30.3万人，参保率31.66%，在全省处于领先地位，其中

表32　　2015年淮安市前五名保险公司保费业绩表

单位：亿元、%

人身险			财产险		
机构名称	保费	市场份额	机构名称	保费	市场份额
中国人寿	16	39.1	人保财险	9.2	43
利安人寿	6.5	16	太保财险	3.1	14.5
人保人寿	3.2	7.8	平安财险	1.9	8.7
生命人寿	2.5	6.0	国寿财险	1.8	8.2
平安人寿	2.4	5.9	中华财险	1.8	8.2

表33　　2015年淮安市上市企业市值情况表

单位：亿元、%

企业名称	收盘价（元）	股份（万股）	市值（万元）
今世缘	33.53	50,200.00	1,683,206.00
井神股份	5.31	55,944.00	297,000.00
顺泰控股	0.91	200,800.00	181,998.77
宇天控股	0.75	81,000.00	72,100.00
金象传动	1.5	10,000.00	15,000.00
大成医药	5	2,400.00	12,000.00
金长城贷款	1.2	11,000.00	13,200.00
乔扬数控	2	1,800.00	3,600.00
安洁医疗	5.5	1,690.00	9,295.00
阿路美格	7.21	3,744.00	26,994.24
永创医药	18	1,500.00	27,000.00
德润环保	4	1,200.00	4,800.00
海拜科技	5	2,580.00	12,900.00
世昌农牧	20	3,000.00	60,000.00
佳一教育	32	1,906.00	60,992.00
正济药业	10	5,000.00	50,000.00
总　计	—	—	2,530,086.01

（市金融办）

淮阴区、淮安经济技术开发区参保率超45%。

【太平洋财产保险淮安中心支公司】 2015年，中国太平洋财产保险有限公司淮安中心支公司车险完成保费25700万元，同比增长1.6%，车险增速低于市场17.6个百分点。市场份额15.5%，同比下降2.4个百分点。综合成本率96.5%，下降8.4个百分点，综合赔付率与综合费用率均有不同程度下降。优质客户续保率63.45%，下降3个百分点，全省排名第三。至年底，非车险完成保费3310万，保费增长率-19.03%，非车险增速低于市场34.8个百分点。市场份额9.5%，同比下降4.7个百分点。综合成本率102.3%，增长33.3个百分点，综合赔付率72.8%，增长38.67个百分点。（纪剑梅）

【平安财产保险淮安中心支公司】 2015年，中国平安财产保险有限公司淮安中心支公司实现保费收入1.85亿元，同比增长25.5%；承担各类风险保障414.47亿元，赔付1亿元。利用平安综合金融集团平台优势，引荐平安证券、平安养老险等进入淮安市，为淮安市企业提供包装上市和企业年金等综合金融服务。在业内首推“诉讼财产保全责任险”。联合市、县（区）环保部门扩大环境污染责任险覆盖面，为10多家企业承担污染保障869.8万元。（刘以苏）

【平安人寿保险淮安中心支公司】 2015年，中国平安人寿保险有限公司淮安中心支公司整体业务稳步发展。个人代理渠道实现首期规模保费收入5371万元，同比增长43.7%；银行代理渠道实现首年规模保费收入4823万元，同比增长96.8%。代理人队伍837人；续期保费1.38亿元，同比增长17%，13月保费继续率90.83%；理赔结案1824件，赔付金额1001.75万元；生存给付件数1823件，给付金额5699万元，上缴税收397万元。至年底，平安人寿淮安中心支公司个险渠道首年规模保费突破5000万元，达到5371万元，同比增长43.7%。加强移动端平台服务开发，推广以平安人寿APP（手机软件）为核心服务软件的各类APP。通过平安人寿APP，客户可以查询自己的保单状况，享受保单保全服务，了解公司推出的其他各种金融理财产品。（汤　湛）

·证券业·

【概况】 2015年，江苏井神盐化股份有限公司获得中国证监会发行批文，股票代码603299。12月，在上海证券交易所举行首次公开发行A股股票上市仪式，首发股份9000万股，发行价3.69元，募集资金3.33亿元，成为继江苏今世缘酒业股份有限公司之后在境内主板上市的第二家淮安企业，也是江苏省第一家盐化类上市公司。中国宇天控股有限公司（8230.HK）在香港联交所创业板挂牌上市，每股发行价0.54港币，首发融资额1.13亿港元。江苏世昌农牧股份有限公司在新三板挂牌，成为江苏第一家进入资本市场的饲料企业。全国首家以“K12校外教育培训”为主的佳一引航教育科技有限公司在新三板挂牌。淮安市清浦区金长城农村小额贷款股份有限公司、江苏德润环保科技股份有限公司、江苏乔扬数控设备股份有限公司、淮安安洁医疗用品股份有限公司、江苏永创医药科技股份有限公司在新三板挂牌。1户企业在美国挂牌OTCQB（场外交易市场中型交易市场）、9户企业挂牌区域性股权市场。

（市金融办）

旅 游

·综 述·

【概况】 2015年，淮安市实现旅游收入266.87亿元，同比增长13.2%。其中，实现国内旅游收入264.02亿元，增长14%；旅游外汇收入1558.15万美元，增长18.7%。全年接待国内外游客2325.26万人次，增长11.2%。其中，境内旅游人数2323.79万人次，增长11.2%，入境过夜游客1.47万人次，增长7.8%。入境过夜游客中，外国人7902人次，港澳台同胞6773人次。

至年末，全市有国家A级旅游景区41家，其中淮安市周恩来故里旅游景区获批为国家AAAAA级旅游景区，有国家AAAA级旅游景区12家。有省星级乡村旅游区41家，省级自驾游基地3家，省级旅游度假区2家，省级生态旅游区2家。里运河文化旅游区、白马湖生态旅游度假区入选全国优选旅游项目，西游记文化体验园入选储备项目。有星级旅游饭店48家，其中五星级旅游饭店1家；有旅行社109家，其中四星级旅行社2家、出境社2家；持证导游4176人。

【旅游产业质态】 2015年，淮安市“4+3”（做强物流、金融、旅游、商贸四大基础服务业，做大电子商务、健康养生、文化创意三大新兴服务业）现代服务业布局落定，旅游被列为四项基础产业之一。明确旅游业作为“全市重要支柱产业”的定位，加快由旅游资源大市向旅游大市和旅游强市转变，推动“游在淮安”品牌宣传建设。洪泽县成功创成国家AAAA级旅游景区——洪泽湖古堰旅游区；盱眙县打造全域旅游，金湖县抓好品牌营销。清浦区、淮阴区立足乡村旅游产品开发，当年农庄、古庄牛生态园获批省级乡村旅游示范点，淮安经济技术开发区、生态新城、工业园区相继成立旅游机构。

【旅游业态】 2015年，淮安市以国家A级旅游景区为主干，红色旅游、主题乐园、水上旅游、乡村休闲、体育旅游、温泉疗养等新业态为辅助补充的旅游综合体系初具雏形，新增景点成为旅游经济新增长点。老子山镇两大温泉酒店入选江苏省“十大温泉”。码头镇滑雪场、古淮河滑雪场对外开放，丰富淮安市旅游产业。围绕“一河一湖一园一线”（即加快里运河文化旅游度假区、白马湖生态旅游度假区、古淮河·西游记乐园文化旅游区建设，整合推出以乡村旅游为特色的自驾游线路）主题，加大景区景点建设力度。

【旅游服务】 2015年，编制《淮安市旅游交通标志标牌三年行动方案》，全年在高速公路、国省干道、城区主通道等重要交通节点设置、更换旅游道路交通引导性标牌108块，完成投资额150.73万元。完成新建、改扩建停车场33座，投资8610万元，其中改扩建8座、新建25座，大车位671个、小车位3593个。对老化模糊的公交站牌予以更换，公交线路通达AAAA级旅游景区并设置站点。借助有轨电车和里运河水上游线路，提前策划里运河文化长廊循环观光线路。编制旅游厕所三年建设计划表，全年新改建旅游厕所79座。吴承恩故居万寿山等厕所参加全国旅游厕所设计大赛，周恩来纪念馆樱花路厕所获评全省优秀旅游厕所二等奖。

【智慧旅游】 2015年，淮安市在重点景区设置60多个免费WIFI服务点，推出淮安旅游手机客户端APP，开展“两微一端”（微信、微博、手机客户端）提升行动，增加随身导游、游玩攻

清江浦景区夜景 唐佳兰 摄

表34 **2015年淮安市A级景区名录**

序号	景区名称	等级	电话	地址	邮编
1	周恩来故里旅游景区	AAAAA	85912365	淮安区桃花垠	223200
2	铁山寺国家森林公园	AAAA	88762808	盱眙县	211700
3	明祖陵	AAAA	80970707	盱眙县明祖陵镇	211700
4	第一山公园	AAAA	88212696	盱眙县第一山	211700
5	黄花塘新四军军部纪念馆	AAAA	88482008	盱眙县黄花塘乡	211700
6	古淮河文化生态景区	AAAA	83797603	清河区河畔路1号	223001
7	淮安市博物馆	AAAA	83645659	清河区健康西路146-1	223001
8	淮安府署	AAAA	85131181	淮安区东门大街38号	223200
9	漕运博物馆	AAAA	85839091	淮安区漕运广场	223200
10	吴承恩故居	AAAA	85181895	淮安区河下打铜巷12号	223200
11	里运河文化长廊·清江浦景区	AAAA	83910115	淮安市轮埠路	223001
12	新四军刘老庄连纪念园	AAAA	84360017	淮阴区刘老庄乡	223322
13	洪泽县古堰景区	AAAA	87299221	洪泽县滨湖路2号	223126
14	周恩来童年读书处	AAA	83934371	清河区漕运西路174号	223001
15	苏皖边区政府旧址纪念馆	AAA	83688058	清浦区淮海南路30号	223002
16	钵池山景区	AAA	83751656	清河区和平大道8号	223001
17	清晏园	AAA	83938378	清浦区人民南路92号	223002
18	五岛公园	AAA	82323512	涟水县涟城镇公园路11号	223400
19	涟水华夏云锦馆	AAA	82661117	涟水县红窑镇李庄创业园	223400
20	闵桥荷花荡景区	AAA	86741128	金湖县闵桥镇	223001
21	韩信故里	AAA	84269777	淮阴码头韩侯故里景区	223345
22	日月洲生态乐园	AAA	85430188	淮安经济技术开发区南马厂大道99号	223243
23	樱花园	AA	83312026	淮阴区承德路黄河桥北	223001
24	楚秀园	AA	83945871	清浦区淮海南路	223001
25	桃花坞景区	AA	83672579	清河区西安路	223001
26	勺湖公园	AA	85912815	淮安区西门大街68号	223200
27	三河闸国家水利风景区	AA	87449507	洪泽县滨湖路148号	223126
28	八仙台景区	AA	80919200	盱眙县穆店乡	211700
29	白马湖景区	AA	86583298	金湖县前锋镇白马村	211600
30	洪泽县老子山风景区	AA	87312012	洪泽县老子山镇	223154
31	洪泽县渔家花园	AA	87302558	洪泽县滨湖路356号	223100
32	大胡庄战斗纪念园	AA	85470001	淮安区茭陵乡	223241
33	新安旅行团历史纪念馆	AA	86230197	淮安区县西街二条营2号	223200
34	金湖大佛寺	AA	86805158	金湖县悦来巷	211600
35	金湖柳树湾湿地公园	AA	86805158	金湖县	211600
36	金湖尧帝公园	AA	86805158	金湖县衡阳路	211600
37	金湖尧帝古城	AA	86500886	金湖县人民南路288号	211600
38	金湖水上森林公园	AA	86511188	金湖县涂沟镇	211600
39	蒋坝老街	AA	87209666	洪泽县蒋坝镇	223100
40	西顺河二十六烈士陵园	AA	87306001	洪泽县西顺河镇陵园路	223100
41	南水北调洪泽水利枢纽景区	AA	87449918	洪泽县蒋坝镇南水北调洪泽站	223100

6月7日，澳门特别行政区前行政长官、全国政协副主席何厚铧参观周恩来纪念景区。
周恩来纪念馆 供图

略、景区导览等服务。出台《淮安互联网+旅游行动方案》，与国内知名旅游服务商同程网开展战略合作，探索设立“互联网+目的地”。淮安旅游多媒体综合营销推广项目获评省级“旅游+互联网”模式创新优秀项目，淮安师苑国际旅行社创成“旅游+互联网”省级示范单位。

【周恩来故里旅游景区】 2015年，周恩来故里旅游景区成功创建国家AAAAA级旅游景区，入选首批“全国旅游价格信得过景区”，获全国“巾帼文明岗”、江苏省首批“双拥示范基地”等称号。主持制定的江苏省第一个《红色旅游景区服务规范》地方标准通过评审，周恩来纪念馆作为首批全国网上展馆入选上载共产党员网。年内，周恩来故里旅游景区接待中外游客220多万人次，讲解6600多场，观众满意率100%，接待省部级以上领导30多人。举办永远的榜样——学习周恩来、做三严三实好干部展览，接待省内外350多批次团体单位近20000人次，被省委组织部命名为全省首批党性教育现场教学基地，被中组部全国组干院等确定为现场教学基地。（魏 军）

·旅游开发·

【概况】 2015年，淮安市续建、新建重点旅游项目43个，计划总投资122.52亿元，实际完成投资超148亿元，全年争取省旅游专项引导资金1550万元。白马湖生态旅游度假区、西游记文化旅游区、里运河文化旅游度假区列入市重点项目，入围省重点旅游项目。里运河文化旅游度假区、白马湖生态旅游度假区入选全国优选旅游项目，西游记文化旅游区入选储备项目。开工建设河下古镇影视基地、萧湖景区上下五千年文化创意产业园、西游乐园等。至年末，白马湖生态旅游度假区完成白马湖湿地公园南北入口一期景观和游客中心建设，西游记文化旅游区建成龙宫大白鲸嬉水世界室外儿童乐园，里运河文化旅游度假区清江浦1415街区基本建成，慈云寺国师塔主体落成，里运河水上夜游线开通运营。淮安旅游访客中心（青驴站）建成开放。推动“一县一题”特色旅游发展。运河文化旅游区被列入江苏省2015休闲与旅游版块六大项目之一，并被纳入全省“十三五”旅游规划。改造提升清江浦文庙功能片区，花街开发与提升工程、五金市场、慈云寺及周边、文庙新天地工程等项目建设如期完成。（魏 军）

【国师塔主体落成】 2015年，清江浦景区国师塔主体工程完成施工。复建的国师塔位于慈云禅寺北侧，紧邻轮埠路和花街，项目占地约4400平方米，总建筑面积约3000平方米，总投资约1亿元。国师塔工程包括国师塔主体和福缘楼、慈云亭、景观连廊、山门、照壁、地下通道、服务用房等附属设施，其中国师塔主体为九层八面楼阁式佛塔，高度62米（寓意纪念玉琳国师62岁圆寂）。佛塔实际使用面积约1660平方米，意为顺治十七年（1660）册封玉琳为国师。（里运河办）

【古淮河·西游记文化旅游区】 古淮河·西游记文化旅游区位于淮安市区东北部，规划面积73平方公里，核心创建区域24平方公里。以“淮水安澜地·东方梦乐园”为文化主题，有中国淮扬菜文化博物馆、中国西游记博览馆、淮安国际摄影馆、中国城市化史馆、郎静山摄影艺术馆、西游记主题乐园、龙宫大白鲸世界、古淮河生态公园、古淮河湿地公园、日月洲生态公园等近20个主要游赏点。拥有国家AAAA级旅游景区、中国淮扬菜之乡、全国低碳旅游示范区、中国最佳文化生态旅游景区、国家湿地公园、国家水利风景区等国字号品牌与称号。2015年8月，古淮河·西游记文化旅游区管理发展中心成立，具体负责古淮河·西游记文化旅游区整体规划设计，协调、督促古淮河沿线县（区）做好所属区域项目建设，开展国家AAAAA级旅游景区创建等。（西游产业集团有限公司办公室）

【白马湖保护和开发】 2015年，白马湖保护与开发工程连续第三年列入淮安市十大重点工程，推进8大类18项工程建设，全年完成投资5.08亿元，完成年度计划的113.2%。洽谈融资10.7亿元，到账5.99亿元，超额完成年初目标的20%。三大景区框架基本形成。景区南北入口建成；森林公园蓝莓园、菊花园、红叶谷、生态涵养林初具规模；湿地公园生态渔业体验区、河口湿地公园推进基础建设。建设沿湖及入湖河道生态修复一期工程，完成清淤107万立方米，高标准栽植陆域植物、挺水植物、沉水植物，白马湖西岸生态游览带初步形成景观。

年内，淮安市争取国家水污染防治专项政策资金6.48亿元，累计到位资金8.98亿元，位列全国地级市第一。严格按照国家良好湖泊生态环境

2015年9月，省国土资源厅领导调研白马湖功能片区工作。 周翔 供图

保护三年计划推进项目实施，完成14个项目前期手续，开工数超过2014年。启动经国土部批准试点的白马湖生态功能片区土地利用规划，片区功能得到拓展，生态功能片区规模扩大到887平方公里。国家公园概念性规划、国家生态旅游度假区总体规划、国家农业公园概念规划编制基本完成，一批重点项目规划设计完成，“生态优先”开发理念得到巩固。

（白马湖办）

·旅游管理·

【概况】 2015年，淮安市出台规范旅游购物管理标准和经营规范，评审诚信旅游企业，建立诚信管理档案。制定旅游安全风险提示、高风险旅游保障、旅游景区价格和流量管理、“一日游”管理等办法。监控旅游广告，管控线路价格，约谈通报以不合理低价组织旅游活动行为。引导文明旅游，定期发布旅游消费提示，重要节假日通过媒体发布旅游消费警示，倡导文明出行，依法维权。对等级景区、旅行社、旅游饭店进行全面排查，确保达到规定标准。

【旅游市场秩序管理】 2015年，淮安市通过日常监管、检查周、专项检查相结合的方式开展旅游市场检查，梳理全市旅行社及营业网点，向违规违法企业下发整改通知书。抓好安全生产，开展联合检查，每月抽查旅游企业1~2次，排查安全隐患。开展旅游违法广告、景区门票收费情况检查，没收违法广告500余份，维护旅游市场秩序。从市人大代表、政协委员、媒体记者、机关干部、退休职工、社区干群中选聘20名旅游服务社会监督员。设立24小时投诉电话，规范投诉处理流程，全年处理投诉30件，办结率和满意率100%。

【旅游人才队伍】 2015年，淮安市旅游管理部门先后组织旅游统计、旅游质监、旅游法规、智慧旅游、旅行社和旅游饭店总经理、旅游饭店安全知识、旅游市场营销等培训7次，对千余名旅游企业管理和从业人员、旅游行政管理人员及企业负责人进行行业和专题培训。全年年审及培训导游员3200人，新考导游员岗前培训4批次200人，组织629人参加导游员资格考试。支持在淮安高校旅游专业发展，帮助淮阴师范学院和江苏食品药品职业技术学院创建江苏旅游培训基地。

（魏 军）

·旅游宣传·

【概况】 2015年，淮安市整合生态旅游、乡村旅游、红色旅游资源，在平面和新兴媒体，推出“河湖西游，水美淮安”旅游线路，涵盖自然景观、人文遗迹、运河文化、西游文化、美食文化、戏曲文化等，在重点节假日集中推介淮安旅游。“周恩来故里清风行”创成省级廉政文化旅游专线，在全省新批的7条专线中位列第一；“赏运河美景、品苏北之韵”精品三日游被评为最具影响力的5条大运河江苏段精品旅游线路；“西游文化游”入选2015年江苏省10条新线路。

【特色旅游宣传活动】 2015年，淮安市承接省大运河旅游推广月活动，举办清江浦开埠六百周年纪念暨里运河水上夜游线开通仪式、大运河美食推介展销会。策划南京“百车万人春游淮安”活动，近百台自驾车辆、万余名游客及几十家媒体代表见证淮安旅游风貌。代表全省在台湾举办寻味江苏——淮扬美食新闻发布暨品鉴会，吸引苏台两地旅游业界和新闻媒体代表出席，淮安旅游及淮扬美食受到与会嘉宾高度赞扬。国庆黄金周期间，

2015年，淮安市里运河景区进一步完善，图为里运河景区一角。
周礼其 供图

10月15日，江苏省2015年世界粮食日和全国爱粮节粮宣传周广场主题活动在淮安市体育中心举行。 市粮食局 供图

组织34项特色旅游节庆活动，吸引超200万人次到淮安旅游；春节黄金周期间，推出18大项50余个旅游活动，吸引152万人次到淮安观光。在首届江苏大运河旅游节“发现运河美摄影大赛”摄影家到淮安采风、“2015美丽中国行·中央媒体走进江苏运河”采风和“2015全国著名作家畅游江苏”旅游采风活动中，通过主流媒体放大旅游品牌。

【传统媒介宣传】 2015年，淮安市主攻重点旅游宣传市场，在中央电视台等媒体，在南京等地投放区域和城市旅游形象宣传广告。在宁淮高速、宁徐高速、京沪高速投放高炮旅游广告，在南京高铁南站出口投放灯箱广告，在南京商业广场、高档住宅、写字楼等6804个点位电梯内投放宣传广告，覆盖2000多个社区。组织重点景区、企业参加境内外旅游展销会，先后组团参加广东、上海、南京、义乌、苏州、桂林、昆明、台北旅游展销活动，参加省旅游局组织的赴新加坡、印度尼西亚、澳大利亚和日韩的旅游项目和宣传促销活动，推广介绍淮安旅游产品。

【传播媒介创新】 2015年，淮安市在《中国旅游报》、省市主流媒体推出旅游专版近百个，发布图文微信近200条，在各大门户网站发布旅游信息1800多条，发布原创性短精特微软文200篇、淮安美景问答102组、原创性问答220篇，推动“游在淮安”旅游品牌建设。西游集团参与出品的电影《大圣归来》，成为国产动画电影票房冠军，获得金鸡奖等多项大奖。

（魏　军）

【周恩来纪念景区宣传】 2015年，淮安市周恩来纪念景区举办“伉俪情深——周恩来邓颖超夫妇”图片展，策划“烽火中的记忆——周恩来的抗战岁月”图片展。国家一级文物、曾在十里长街送总理的灵车成功借展，并征集一批珍贵文物和史料。筹办《澳门名家书画作品展》。举办首届“淮安崛起——周恩来班精英学子修学团”、景区旅游宣传口号网络征集评选、红色旅游纪念品创意设计大赛、《庆七一·颂总理》红歌演唱比赛等系列活动。宣讲23场次，《风范——周恩来精神情景报告会》成为“恩来干部学院”特色课程，为中直机关干部轮训班等现场表演4场。

（周恩来纪念地管理局）

商贸流通

·供销合作·

【概况】 2015年，淮安市供销合作社系统实现销售总额271亿元，农业生产资料销售39.3亿元。全系统连锁网点数5650个，农产品市场交易额61亿元。建设新型基层供销社32个，超额完成2个，全市新型基层社累计122个，实现所有涉农乡镇全覆盖。发展各类专业合作社40家，超额完成20家。加强“新网工程”建设，全系统申报省级“新网工程”项目，淮安区顺河镇供销社日用消费品超市新建项目获得省级财政补助资金60万元。

【合作共建】 2015年，淮安市供销合作社与江苏汇隆投资担保有限公司合作，共同出资成立淮安市欣隆现代农业全程服务有限公司，注册资金6000万元。签订淮阴区面积2000公顷服务协议，就金融、种子、植保、收割、仓储（烘干）、销售等一条龙服务开展合作。与厦门好润公司合作成立江苏大润生物科技有限公司，开展水产饲料生产、养殖技术培训等服务，培训养殖大户近100人。

【农资供应和农副产品推介】 2015年，淮安市供销合作社开展“放心农资”下乡及农资新产品、新技术推介会活动，在涟水县等地让利销售肥料40余吨，签订意向服务面积1200余公顷。做好秋种农资保障，全系统销售肥料4.8万吨。做好2015年海峡两岸（江苏）名优农产品展销会参展工作，17家农产品生产加工企业及专业合作社参展，现场销售额99.4万元，签订意向合同金额150.78万元。

（市供销合作社办公室）

·粮食流通·

【粮食购销规范】 2015年，淮安市粮食企业收购粮食33.82亿公斤，其中夏粮收购13.25亿公斤，位居全省第二。制定出台《淮安市粮食购销规范化实施意见》和《全市秋粮收购十条意见》。以县为单位实现工作服装、挂牌上岗、收购凭证、收购流程、咨询电话和政策公示“六统一”。秋粮收购克服粮价下行、仓容缺口等诸多困难，有效防止“卖粮难”。推进与江、浙、沪、闽等地粮食产销衔接。宁淮优质稻米保供基地面积从2万公顷增加到3.33万公顷，稻米订单供应量从6万吨提高到10万吨。新增地方储备计划、县（区）财政补贴费用全面落实到位。修编完成《淮安市粮食应急预案》，全市设立粮食应急加工企业42家、粮食应急供应网点151家、应急运输企业7家。

【粮食产业】 2015年，淮安市新建粮食仓容26万吨，仓储和烘干设施项目争取省级以上补助资金4419万元。初步建成市级粮食综合业务管理平台和市级粮食地图，位居全省第三、苏北地区第一。争取粮库智能化升级省补资金614万元，居全省第二。淮安市成为全省智慧粮食建设3个示范市之一。初步建成淮安粮食产业园、洪泽粮食物流园、淮安区粮食物流中心，淮安市成为全省粮食物流重要交汇节点。年末，淮安今世缘粮食产业园被列入全省2016年200个重大项目。全市7个县（区）出台国有粮食企业改革方案。全市国有粮食企业数量由80家整合至64家，重组率20%，形成"购销总公司+分公司（子公司）+收储库点"的发展模式。

【粮食监管】 2015年，淮安市粮食系统组织行政执法监督检查1139人次，检查收购主体1445个，实施行政处罚25例。淮安区粮食局成功创建省级监督检查示范单位。建立涉粮企业信用制度，完成全市695家粮食企业和个人信用等级评定。加强放心粮油店管理，评选"十佳放心粮油店"。全市监测测报点由122个增加到234个，监测密度增加192%。市粮油质量监测所具备原粮及粮油食品6大类产品119项参数的检验监测能力。

【淮安大米品牌建设】 2015年，淮安市多次召开淮安大米产业发展推进会，市政府出台《加快"4+1"现代农业产业转型升级提质增效发展的实施意见》，并将优质稻米产业作为首要产业。确立"淮安大米——现代稻米产业领头雁"的品牌定位。设计"淮安大米"LOGO标识，印制"FUN西游""稻香四季"等5个系列22个单品，策划"好水、好土、好味稻"等广告语。创建淮安大米微信公众号、淮安大米网，制作淮安大米宣传画册和宣传片，撰写《淮安大米赋》。加快基地建设，确定南粳9108、淮香粳15、淮稻18为"淮安大米"先期优选品种，并在白马湖、洪泽湖周边等地建设"淮安大米"优质基地2000公顷。

（市粮食局办公室）

·中国石油化工股份有限公司淮安石油分公司·

【概况】 2015年，中国石油化工股份有限公司淮安石油分公司扩大经营规模，优化油气管网。公司全年成品油销售总量突破52万吨，成品油零售量突破43万吨；天然气销售近7000吨；非油品销售额突破1亿元。销售收入31.59亿元，上缴税收4900.92万元。综合服务功能和市场竞争能力增强，被省公司评为"标杆企业"。

【成品油供应网络】 2015年，中石化淮安石油分公司坚持"以服务地方经济发展，保障全市成品油稳定供应"定位，完善区域供应网络建设，打造加油、加气、购物、办卡、充值等为一体的综合性零售网络。全市拥有加油站150多座、加气站7座，在用油库2座，销售网络覆盖全市。年内，中国石油化工股份有限公司总投资8.6亿元的淮安成品油管道及配套的齐湖油库投产运营。

【服务"三农"】 2015年，中石化淮安石油分公司在"三夏""三秋"农忙期间组织市场调研，提前掌握各时段农忙用油情况，完善农忙保供应急预案，调整涉农站点加油营业时间，专门开启农机加油绿色通道，实施24小时无缝隙加油服务。继续实施"三优一免"（优惠供应、优先加油、优质服务，免费办卡）的惠农政策；在涉农站点免费提供小药箱、小浴室、应急药品等服务，开展上门流动充值、送油下乡等活动。

（张　悦）

·食盐专卖·

【概况】 2015年，淮安市盐业系统有包括苏盐连锁淮安分公司等在内的专营批发企业5家，江苏井神盐化股份有限公司、白玫化工有限公司、江苏银珠化工集团有限公司、实联化工（江苏）有限公司4家真空制盐企业，江苏省盐业集团淮盐矿业有限公司等3家卤水生产企业以及盐业包装企业和研究所各1个。年内，将全市食盐销售终端与"食盐安全放心店"创建结合，将食盐放心店创建作为重要指标列入年度考核范围。全市建成"食盐安全放心店"4000余家，辖区内食盐安全监管覆盖率、投诉举报处理率、食盐放心店创建覆盖率均在95%以上，保证农村地区食盐安全。开展"元旦春节""五一端午""雷霆风暴"等食盐安全专项执法行动，并与滁州市盐务局、盐城市盐务局、连云港市盐务局等单位联合开展以"餐饮行业""运盐河沿线""边界地区"等食盐安全整治为重点的联合执法检查行动，维护盐业市场秩序，保障食盐市场安全。

（市盐务局办公室）

·烟草专卖·

【概况】 2015年，淮安市销售卷烟14.8万箱，实现销售收入41.5亿元，同比增长9.9%；实现税利10.1亿元，同比增长31.2%。全年全市重点品牌卷烟销售增长4.97%，占销售总量的77.95%。采取"自下而上、反复研讨、工商对接"的采购机制，加强对适销品牌货源采购，对18个品牌21个规格的卷烟实施退市，新引入卷烟26个规格。建立"一品一通报、一周一部署、一月一考核"的市场动态监管机制，保证品牌培育质量。

【烟草专卖客户服务】 2015年，淮安市做好省级卷烟营销平台上线、切换及引导使用工作，多次开展优质服务竞赛活动，提升服务质量。在全省率先按照国家烟草局标准，将客户划分为30档级，保障货源投放公平、公正。推进电子商务发展，网上订货率97.7%，电子结算成功率100%，全市贷记卡及跨行结算率51.9%。探索物流"绿色发展、循环发展、低碳发展"，推进物流非法人实体化运作，巩固动态精准配送模式，送货线路由72条优化到39条，送货破损率为零。全年回收、移交卷烟包装箱48.7万只，回收率100%。启动异型烟打码项目研究，对电子标签分拣线进行技术改造，实现"一机双用"，所有卷烟均能打码到条、到户。市烟草专卖局被评为2015年江苏省现场管理星级评价五星级现场。

8月25日，省烟草局局长董秀明到淮安调研烟草工作。　　新沛　供图

【烟草专卖管理】 2015年，淮安市开展“冬季会战”“闪电17号”“闪电18号”、清理抓烟机等专项整治行动。查处违法案件1213起，查获卷烟4632件，刑事拘留66人，取保候审27人，逮捕12人，判刑40人，上报国标网络案件9起，获省烟草专卖局嘉奖19次。其中“3·30”互联网销售假烟案件被公安部、国家烟草专卖局列为督办案件。构建烟草专卖零售许可证后续监管体系，完善制度16项，优化流程31个，形成后续监管标准化体系。加强内部监管，处理内管预警信息4.45万条、动态反馈信息1078条，分析核查真烟案件16起，核对工业企业报表200余份，下达内管工作建议书65份。　（靳　沛）

物　流

【概况】 2015年，淮安市有省级重点物流基地和物流企业21家，国家级物流企业15家，其中AAAA级9家、AAA级6家。

【快递物流产业园区建设】 2015年，淮安市主要快递物流园区有3个，分别是苏北快递产业园、淮安市顺丰电子商务产业园、金网物流园，入驻快递企业16家，企业总投资39.1亿元。苏北快递产业园区前身为淮安电子商务现代物流园，8月获批升级为苏北快递产业园。园区面积52.8万平方米，总投资额超过9亿元，设计转运量325万件/天，实际转运量接近190万件/天。年内，有上海圆通速递（物流）有限公司、中通快递股份有限公司、上海韵达货运有限公司等8个主要快递品牌企业苏北区域转运中心入驻园区。

【物流业规划布局】 2015年，制定《淮安市物流业及物流园区发展规划》（2015–2025）。淮安物流发展功能定位是“一带一路”物流战略通道重要城市、长三角北翼物流枢纽城市，全国承南启北、辐射东西、重要的现代仓储物流基地。规划到2020年物流业增加值350亿元，年均增长13%以上；全社会物流总费用与地区生产总值比率降至14%，新增营业收入亿元以上物流企业15~20家；全市AAA级以上物流企业达30家，新增省级重点物流基地（企业）6~10家。到2025年，物流业增加值达到700亿元，全社会物流总费用与地区生产总值比率降至13%。空间布局体系为“一区、十园、九中心、多节点”。“一区”即仓储集散核心区；“十园”即淮安现代综合物流园、淮安电子商务现代物流园、淮安空港物流园、淮安新港物流园、淮安保税物流园区、淮安传化公路港物流园、淮安铁路物流园、淮安黄码港物流园、淮安金湖港物流园、淮安盱眙物流园；“九中心”即淮安顺丰电商快递物流中心、淮安盐化物流中心、淮安粮食物流中心、清浦宏进农产品物流中心、淮安头溪河物流中心、涟水物流中心、洪泽物流中心、金湖物流中心、马坝物流中心9个专业物流中心；“多节点”即按运输网络优化要求合理配置的若干配送结点，通过暂存、分拣和配送等服务完成由生产到消费的最终流通。

电子商务

【概况】 2015年，淮安市推动“新网工程”（新农村现代流通网络工程）

7月至10月，淮安市举办2015“盱眙龙虾杯”电子商务创业大赛。
团市委　供图

建设，开展电子商务示范创建，农民电子商务创业初具规模，经济效益提高。出台加快农村电商发展实施意见等文件，编制“十三五”电子商务产业发展规划，成立淮安市电子商务协会。电子商务交易额300亿元，同比增长51%，其中网络零售额约95亿元，同比增长55.2%。全市新增农民电子商务创业1671人，年人均销售额57.1万元。组织开展“盱眙龙虾杯”电商创业大赛，吸引近300支团队、1000余人参赛。邀请商务部领导以及电子商务领域专家，举办培训近50场次，超1万名电商人员参加培训。淮安电商现代物流园创成国家电商示范基地，盱眙县、洪泽县创成省级电商示范县，建成20个省级电商示范基地、示范县、示范镇等载体。洪泽县、盱眙县获得省农村电子商务示范县称号，洪泽县西顺河镇张福河村、岔河镇滨河村、老子山镇新淮村，金湖县前锋镇白马湖村，盱眙县淮河镇沿河村，涟水县高沟镇许庄村、梁岔镇卜圩村7个村被评为省级电子商务示范村。建成邮政便民服务站1400多个。在知名电商平台开设地方特色馆，集中销售农特产品4亿元。

【农产品电子商务建设】 2015年，淮安市供销系统提升基层实体网络覆盖率，提高农产品流通体系现代化程度，为农产品电子商务发展提供较为完备的线下资源。对被列入全市产业重点扶持的淮安好人家食品有限公司、淮安爱食派水产有限公司进行跟踪服务，并与好人家食品公司合作成立江苏食材优电子商务发展有限公司，共同运营“每鲜加”电商平台，筹建网货中心，创新引入农产品电商服务体系。至年底，“每鲜加”农产品电商体验馆淮阴区银河湾分馆、淮安经济技术开发区大湖城邦分馆等6家馆正式营业，可以提供产品直供、扫码溯源与支付、私人订制、同城配送等服务。在第十五届国际龙虾节上，全省唯一的县级特色馆——“阿里巴巴-淘宝网-特色中国盱眙馆”开馆。7月，淘宝网“特色中国—淮安馆”在金湖县正式建成并上线。以江苏盱眙满江红龙虾产业园有限公司、洪泽爱食派水产有限公司、金湖金尧水产合作社

7月17日，“每鲜加”农产品电商体验馆（银河湾分馆）在淮阴区正式营业。 葛锐　供图

等为代表的水产品电子商务网络销售水产品37.68万公斤，销售额超亿元。其中，洪泽爱食派水产有限公司在淘宝网、苏宁易购平台的螃蟹直销突破4000万元。在由盱眙满江红与淘宝网联手举办的首届淘宝国际龙虾节中，满江红/瑞福农牌盱眙龙虾成为阿里巴巴全网销售冠军。

【农村电子商务服务站（点）建设】 2015年，乡镇市场成为淘宝、京东、苏宁、邮政重点拓展的增量市场，村淘项目、“京东帮服务店”、苏宁易购自营服务站、邮政便民服务站纷纷在淮安市落户。阿里巴巴公司年底前在盱眙县建立100家、在金湖县建立50家村级服务站，“京东帮”服务站在涟水县、洪泽县、盱眙县、金湖县4县均有布局，品类以电器销售为主。至年底，苏宁公司在淮安市开设直营店13家。全市有邮政便民服务站1400多个，实现乡镇全覆盖。由乡镇政府成立的电子商务服务点在7个省电子商务示范村落户。电子商务服务站（点）主要职责有：进行农村电子商务地面推广与宣传；为县城及农村消费者提供买货卖货服务，包括代客下单，大件商品送货、安装、维修、退换以及农产品网上代销服务；解决其他诸如信用卡还款、话费充值、代买农资等生活服务消费问题；为农村青年等提供电商创业咨询服务；推广相关金融业务，解决资金贷款问题。

【农产品淘宝网店】 2015年底，淮安市有农产品活跃淘宝网店337个，网络零售额2.7亿元，出现了宜蜂尚、周小帅、爱食派等为代表，在淘宝、天猫平台上单品销售位列前3名的农产品电商品牌企业。其中，宜蜂尚在蜂蜜类目取得全网销量第一，周小帅在淘宝龙虾类目销量第一。

【与知名电商平台合作】 淮安市积极与知名电商平台合作，推介销售当地特色产品。至2015年底，阿里巴巴特色中国淮安馆、盱眙馆，京东盱眙馆，一号店淮安馆上线运行。举办“盱眙龙虾杯”电子商务创业大赛，有100多家龙虾店铺和245个创业团队参加。盱眙龙虾、洪泽大闸蟹网络销售增长迅速，年销售分别超过23万单和18万单，销售额均超亿元。

（市商务局　市供销社）

软件服务业

【概　况】 2015年，淮安市软件业实现销售收入25.4亿元，同比增长26.3%；计算机服务业实现销售收入20.7亿元，同比下降5.3%。至年底，淮安市有软件和信息服务业企业436家，其中软件企业254家。有1家软件企业通过CMMI4（软件能力成熟度模型集成资质4级）认证，7家软件企业通过CMMI3认证；1户软件企业通过ITSS（信息技术服务标准）二级认

证,2家企业通过ITSS三级认证;有54户企业、178个产品通过“双软”认证、评估。淮安市重点软件园区有国家级淮安软件园、中兴(淮安)智慧产业园、淮阴软件科技产业园、洪泽软件园、清河动漫科技产业园等。软件信息服务业有以冲浪软件、淮工深蓝、楚淮科技为代表的软件及信息化企业,以浙大网新、软通动力、泰盈科技为代表的服务外包企业,以极光网络、民福康科技、十分便民为代表的互联网及电子商务企业,以佳一教育、淮水安澜、淮安网为代表的文化创意企业;以北大青鸟、易才人力、淮微培训为代表的人力资源培训企业。至年底,淮安市有省级两化融合示范(试验)区7个,省级两化融合示范(试点)企业139家。 (经信委)

【淮安软件园】 淮安软件园成立于2008年,先后被批准为“省级软件园”“省级软件和信息服务产业园”“省级国际服务外包示范区”,并被纳入江苏省科技产业园序列管理。2015年10月,淮安软件园获批江北唯一一家“全国版权示范园区”,继“国家级科技企业孵化器”之后,再获“国字头”称号。年内,全球单体最大、占地63.6公顷、呼叫坐席2万个的中国移动淮安呼叫中心一期工程实现试运行。淮安软件园创新创业园启动规划设计及土地挂牌。“三园一心”(淮安软件园、浙大网新科技园、软件企业加速园、中国移动淮安呼叫中心基地)发展格局初步形成。引入软通动力跨境电商平台项目,联合江苏广和、惠普等公司合作开发iservice分布式云计算中心,设立运营淮安首家服务大众创业、万众创新的创客社区,园区项目承载能力加强。

【两岸互联网产业峰会】 9月19日,以“‘互联网+’时代下的共生共赢”为主题的第十届台商论坛——两岸互联网产业峰会在淮安市举行,峰会以推进两岸互联网合作共赢为目标,围绕“互联网+”时代背景下新发展、新机遇和新挑战展开对话和讨论,重点探讨两岸互联网领域的发展现状和趋势。峰会设主题演讲、嘉宾互动、项目签约三个版块,与会人员就“两岸互联网产业的发展趋势”“两岸互联网产业发展之契机与挑战”“大数据中心发展前景”等话题展开讨论。论坛期间,中华电子商务协会、墨石资本投资有限公司、甲骨文(中国)软件系统有限公司、杭州龙宝实业有限公司、南京畅游体育产业发展有限公司等9家公司与淮安市软件园签署战略合作协议。

【第八届中国软件行业信用评价发布会】 10月23日,第八届中国软件行业信用评价发布会在淮安市举行。发布会旨在加快中国软件和信息服务业诚信体系建设,宣传与推介淮安市及淮安经济技术开发区城市品牌形象和产业投资环境,推动产业人才、要素资源集聚,实现淮安市软件产业的快速发展。2015年中国软件行业信用评价企业及等级在会议上发布,并举行授牌仪式,181家企业成为新一批软件行业信用企业。

【江苏淮阴软件科技产业园】 淮阴软件科技产业园由江苏国创高科产业园投资有限公司投资建设,由江苏淮阴软件科技产业发展有限公司具体负责运营。项目一期占地3.33公顷,建筑面积近4万平方米,入园企业200余家,包括中国铁通、航天信息、杰然网络科技、淮安市民卡、淮安公共自行车、芯业智能(物联网)、英泰特网络(国家千人计划)、腾讯房产等知名企业。2015年,淮阴软件科技产业园产值突破10个亿、税收3000万,先后获批区级大学生创业园、市级服务外包示范区、省级软件技术孵化公共服务平台、省级软件园等品牌。项目二期占地8.87公顷、建筑面积约13万平方米,计划于2016年底交付。

【淮工深蓝软件有限公司】 淮安市淮工深蓝软件有限公司成立于1999年,注册资金500万元,有员工56人,其中中、高级职称15人。是江苏省高新技术企业、江苏省双软企业、江苏省规划布局内重点软件企业、江苏省软件行业协会理事单位、淮安市计算机学会副理事长单位,是集软件开发、信息系统集成、ITO服务外包于一体的综合型高科技企业。2015年,公司通过江苏省信息系统集成三级资质评估、江苏省建筑智能化二级资质评估、信息技术服务运行维护标准ITSS二级标准认定。年内,公司完成“淮安公路协同巡查系统”“深蓝感知设施运维系统”“淮安海事局指挥调度系统及航道智能管理系统”和众多企业用户信息化服务平台和行业应用软件。开展安全、高效、可行的云计算商业应用以及数据安全迁移等信息化系统的运维外包服务。公司建设的“岩盐联碱产业多元危机监控系统”项目获批专利2项、软件著作权1项。 (徐 玉)

【淮安远景德盛科技发展有限公司】 淮安远景德盛科技发展有限公司成立于2005年5月,是中国淮安留学人员创业园(国家级)重点民营科技企业。公司主要从事软件开发、工

2015年9月,两岸信息家电产业园揭牌仪式举行。 市台办 供图

业控制、系统集成及物联网应用开发等业务。通过江苏省软件企业认证、CMMI3级软件开发能力认证、省级高新技术企业认定。至2015年底，公司拥有国家知识产权局颁发的软件著作权14项、实用新型专利2项、产品外形设计专利1项、省级软件产品6项、淮安市政府颁发的科学技术进步奖7项。公司有员工18人，多为工业控制软件开发及现代农业物联网技术方面人才。

2015年，公司注重现代农业物联网技术开发与应用推广，"远景智慧农业云计算SAAS平台"软件及相关硬件产品在省内得到大面积推广，常州、南通、盐城、淮安等地农业生产基地使用公司产品，实现农业生产智能控制。在水产养殖、畜禽养殖领域，公司农业物联网项目技术达到省内领先水平。（曹继文）

通信服务业

·概　述·

【概况】 2015年，淮安市完成通信基础设施投资5.6亿元，其中中国移动淮安分公司0.9亿元，中国电信淮安分公司0.8亿元，中国联通淮安分公司1.6亿元，用于基站扩容和网络建设，基本实现信息传输数字化、综合化、宽带化和智能化。通信业基础设施为信息交流构造良好网络支撑环境。

【公共WiFi建设】 2015年，淮安市经济和信息化委员会同3家通信运营企业共同编制淮安市公共WiFi建设计划，计1801个场所、6785个AP（无线访问接入）点，涉及大型商圈、交通枢纽、医疗结构等9大类区域。至年底，3家通信运营企业投资6000多万元，完成3024个场所、8167个AP点建设，完成年初预定目标。

【光纤入户（FTTH）】 2015年，淮安市共审查备案28个小区（组团）通信设计方案，完成65个小区（组团）竣工验收。市区所有新建楼盘都按照淮安驻地网"三大通信运营企业平等接入，一纤到户"的管理模式实施接入，整体情况良好。（经信委）

·中国电信淮安分公司·

【概况】 2015年，中国电信淮安分公司收入占市场份额30.35%，同比增长0.9个百分点，居全省系统第三；天翼网间份额占20%，同比增长1.49个百分点，居全省系统第三。至年末，预算完成率居全省系统第三，同比增长率居全省系统第三，其中新兴业务收入同比增长25.9%，移动服务收入同比增长4.47%。天翼、宽带、高清iTV三大重点成品综合完成率111.04%，高于同期业务收入完成率11个百分点。

【重点产品经营】 2015年，中国电信淮安分公司快速切换4G业务，缩短4G牌照发放较迟形成的差距，重点做好4G终端销售及4G终端、4G卡、LTE服务的匹配。全年天翼净增完成率114%，4G用户净增完成率115%，均位列全省系统第一。通过光网高带宽、iTV差异化等手段，强化宽带市场主导地位。开展校园秋促活动，获"中国电信江苏公司2015年度校园市场秋促先锋创新超越奖"。全年流量收入同比增长41.6%，流量收入占移动收入比40.4%，拉动电信总收入增长5.9个百分点，贡献率居全省第五。全面完成流量经营主要预算目标，综合考评位列全省第五，连续2年被省公司评为"流量经营优秀奖"。

【渠道业绩】 2015年，中国电信淮安分公司实体渠道发展天翼客户37.8万户，发展宽带客户10.4万户，实体渠道门店877家，其中达标门店695家，渠道规模列全省前列。有市县核心商圈达标门店39家，乡镇核心商圈达标门店344家。通过入驻厂家专卖店和现有门店转型品牌专卖后，全区有厂商专营店21家。有牵手门店182家，新开核心商圈店12家。开展三期机卡点拓展训练营活动，通过扫街、扫铺、锁定异网成熟便民点、与本地卡商批发渠道代理合作等方式，实现机卡点规模和发展量迅速提升。

【光网覆盖能力提升】 2015年，中国电信淮安分公司安装开通4G基站1608个，实现市区、县城深度覆盖，完成乡镇集镇、主要道路及部分农村集中居住区覆盖，4G人口覆盖率74%；加快百万农户宽带铜缆改光纤进度，实现全市主干光缆全覆盖，满足城乡各类客户光纤入户需求，全市城乡光迁入户覆盖率98.87%。4G网络DT（路测）测评质量居全市同行业第一，RSRP（参考信号接收功率）覆盖和下行速率位居省内前列；4G覆盖优良比由87.68%提升至93.94%，RRC（无线资源控制）连接成功率由99.37%提升至99.9%，4G时长驻留比由73.53%提升至95.11%，4G流量驻留比由69.58%提升至89.85%。获得电信集团"4G会战优秀团队"称号，集团DT（路测）/CQT（呼叫质量拨打测试）测试综合得分居全省第一。

【经营管理】 2015年，中国电信淮

表35　2015年淮安市邮电电信业务情况表

	单位	全市	市区	涟水县	洪泽县	盱眙县	金湖县
邮政局（所）数	处	171	76	34	14	22	25
邮电业务总量	万元	385819	262237	42266	22569	35577	23170
固定电话用户	户	768973	512325	89339	53683	66146	47480
农村电话用户	户	258419	140992	53538	18863	30697	14329
移动电话年末用户	户	3830909	2613369	427249	212491	368996	208804
3G移动电话用户	户	1094161	609331	171245	87580	141327	84678
互联网宽带接入用户	户	635386	412040	67711	45478	66461	43696

安分公司强化经营风险管控,全区经营风险管控得分居全省第二。完成全区60支局改造,通过省验收,获省公司专项补贴694万元,平均得款率居苏北第二。月均投诉处理及时率99.4%,全省排名第一。被评为全国优秀质量管理小组、全国质量信得过班组。“智慧营销支撑系统”项目获省公司科技进步二等奖。全年引入复制全省创新成果25项,“‘嵌入式’营销系统”等4项创新成果入选省公司优秀成果库。全年检查共性和重点安全隐患53项(处),下发整改通知书22份。 (魏曙光)

·中国移动通信集团公司淮安分公司·

【概况】 2015年,中国移动淮安分公司把握4G发展机遇,深化流量经营,加快全业务拓展,积极探索数字化服务,推动客户、收入份额双提升。全年运营收入超过17亿元,4G用户规模突破100万。

【4G业务发展】 2015年,中国移动淮安分公司扩大4G覆盖优势,建设4G宏站862个,室分340个,农村4G覆盖率95%,城区道路综合覆盖率提升至97.3%。提升4G销售能力,精细挖掘2/3G目标客户,创新“万人砍价会”、自主炒店、整村推进等营销形式,全年4G客户净增75万。采用O2O(线上到线下)模式协同营销4G套餐,线上精确挖掘,线下把控关键触点,4G终端用户套餐开通率72%。以内容运营促进流量使用,厅店辅导活跃率97%,月均应用安装量130万。全年4G用户手机上网流量同比增幅160%。

【提速降费】 2015年,中国移动淮安分公司统一降低套餐外流量标准资费,推出流量安心包自动匹配4G新增用户,四季度开放流量不清零功能,全年4G套餐用户达128.6万,4G客户流量安心包普及率49%,淮安4G用户资费满意度82%,较年初提升15%。投入近8000万元夯实宽带覆盖基础,新增覆盖29万户。启动光改进程,开展宽带提速活动,推出免费体验包、看电视免费提速等优惠,20M及以上宽带用户占比提升到30%以上。

【信息化拓展】 2015年,中国移动淮安分公司促进行业应用升级换代,淮安数字城管、区域卫生平台等成果发挥社会效益,“蓝天卫士”“国土卫士”等项目实现规模复制。整合通讯录等功能,开发公告栏等模块,结合政府机关、企事业单位个性化需求,提供信息化服务,助推各行业电子办公进程。全年新增专线3000多条,10M以上带宽占比91.1%。全年信息化收入增幅40%。增强电子渠道能力,本地营销案快速上载掌上营业厅热销专区,后台对活跃用户挖掘套餐等需求开展精确营销。全年掌上营业厅安装率68.9%,活跃率63.1%,电子渠道业务量占比16%。优化微信运营矩阵,精选阅读资源,开展种子传播,微信粉丝数扩大到55.5万,年传播1344万次。推动“和生活”、12580电商等自有应用本地化落地,打造与互联网企业差异化的特色生活服务入口。

【公众网络安全】 2015年,中国移动淮安分公司开展“绿色净网”“打非治违”等活动,落实电信诈骗治理,对淮安所有移动号码进行白名单鉴权,查处虚假号码、网络改号、号码透传,严控骚扰电话。开展垃圾短信专项整治,主动公布和宣传“10086999”短信举报、“10086”人工受理举报等平台,及时向社会发布垃圾短信警示案例,关停相关号码和端口80多个,关闭企业语音专线、400业务客户5家。配合淮安市无线电管理委员会、公安机关等开展伪基站整治,起获发送广告和诈骗信息的伪基站5个,抓获犯罪分子3人。落实实名制相关规定,组织明察暗访,新入网实名认证率100%,老用户认证率95%。(张良和)

·中国联合网络通信集团有限公司淮安分公司·

【概况】 2015年,中国联通淮安分公司实现主营业务收入2.6亿元,预算完成率87%,实现利润307万元,同比增长12.1%,增幅全省系统第四。发展移动网用户30万户,同宽用户7万户。

【网络优化】 2015年,中国联通淮安分公司推进网络通信能力建设。完成小区宽带接入覆盖7.2万户,较上年提升20%。完成淮阴工学院校园宽带2万户建设。结合“一校一策”,校园产品发展同比提升149%。“沃超越”工程建设聚焦精准投资,逐一现场勘察核实规划点,一站一设计。城区选定205个站点,完成安装96个。全年解决44处问题点问题,完成43处站点建设。

【渠道建设】 2015年,中国联通淮安分公司通过渠道建设“百日会战”“沃飞越”等活动,新建合作厅

2015年,淮安市举办首届邮政行业职业技能竞赛。 市邮政局 供图

68家，新建签约零售点289家，316家网点参与老店提升。7月，在重点乡镇盱眙县马坝镇尝试网络重点投入和营销定向爆破，当月该活动地区营销比全市公众条线高18%，取得预期效果。（姜苏航）

·邮　政·

【概况】 2015年，淮安市有邮政局（所）171处，邮政业务完成收入14.21亿元，同比增长51.54%；业务收入完成10.39亿元，同比增长33.12%，其中全市规模以上快递企业业务量完成5581.05万件，同比增长77.75%；业务收入完成5.59亿元，同比增长60.06%。实地核查6家邮政营业网点，同意撤销3家，驳回3家。年内，第一批新能源快递专用车投入运行。

【"村邮户箱"惠民工程】 2015年，淮安邮政公司村邮站建设成为市政府为民办十件实事项目之一，被纳入到便民服务综合平台建设之中。全年建设完成712家，全市投入运行1421家，提前一年完成全部建站任务。规范信报箱验收流程，与各县（区）邮政公司签订验收委托书。至年末，验收66个新建住宅小区，23299户居民信报箱通过验收。

【快递末端服务平台】 2015年，淮安市推进快递服务进社区，首家富春社区快递服务中心于8月底挂牌成立，钵池山小区、富丽花园等社区服务中心陆续建成投入使用。推动由专业第三方企业淮安优派运营的快递末端服务平台落户淮安市，首批中鑫上城小区、淮安广播电视大学两个服务平台于10月底试运营。结合社区特色，快递收寄、投递服务搭载多种商业性、便民性服务。至年末，全市投入运营14家。引导支持多种经营主体投放智能快件箱，江苏云柜网络技术有限公司、苏宁、日日顺等企业投入智能快件箱90余组，实现快件投递量近3万件/月。

【规范快递市场经营主体】 2015年，淮安市专门印发《寄递安全与快递服务质量专项整治工作》，检查企业及分支机构114个，发现服务质量问题147处，约谈企业14家，完成整改136处，整改率92.51%。采取行政引导、行政约谈、行政处罚的方式分步引导、分类推进督促快递企业规范经营，对快递企业行政指导32人次，约谈品牌区域管理负责人和经营主体负责人6批次。开展4次职业技能鉴定考试，全年鉴定551人次；举办第二届安全管理培训班，全市31家快递企业51名企业负责人和安全管理人员参加培训；组织消防应急安全演练，300余名快递从业人员参加；举办全市首届邮政行业职业技能竞赛，16个快递企业22个代表队的132名选手参赛；顺丰速运集团与淮阴工学院签订《物流工程卓越计划企业嵌入启动项目》合作协议，就定向人才培养、教学实践整合等环节进行合作。至年末，全市有31家快递品牌企业，取得快递业务经营资质的企业及其分支机构153家，其中许可企业82家、分支机构71个，31个快递品牌企业县（区）级以上经营主体全部实现合法化经营。（邮政管理局办公室）

2015年，淮安市举行"3·15"国际消费者权益日快递专场活动。
市邮政局　供图

·无线电管理·

【安全保障】 2015年，淮安市加大民航、铁路、电力等重点领域频率保护。落实沟通协调机制和快速响应的干扰排查机制，排除1起民航干扰隐患，确保航空飞行安全。为有轨电车项目提供频率需求保障服务。做好研究生入学考试、公务员笔试、高考等13场重大活动的无线电安全保障工作，没收作弊设备4套，实施干扰阻断9起。开展重点频率保护活动，利用固定站和小型站累计监测工作30041小时，移动监测580小时，完成17个频段占用度监测及各段频谱分析。全年接到移动公司4G网络干扰、淮安机场民航频率干扰、省局转来金湖卫星干扰等各类干扰申诉6个，均及时进行处理。全年出动监测车20余次，查获非法广播电台案4起，检测伪基站设备6套，缴获非法广播电台设备4套，淮安电视台报道3次，中央电视台报道1次。

【通信基站管理】 2015年，淮安市加强基站管理，推进主城区通信基站建设，建立淮安市基站数据库，加快全市通信基站布局规划制定，关注已建基站整合，优化资源、美化环境。淮安市铁塔公司提出建设9个通信基站的要求，组织中国移动淮安分公司、电信淮安分公司公司、中国联通淮安分公司参加讨论，对9个新建基站站址选择、建设方案做了初步的统一，要求通信运营企业按时报送年度基站建设方案及后续变更方案。

【无线电基础工作】 2015年，淮安市完成生态新城无线电第二固定监测站建设，第二固定监测站在淮安市生态新城留学生创业园大楼楼顶。完成涟水机场和涟水县城2个小型站升级改造。淮安涟水机场小型站架设在机场航管楼上，涟水小型站架设在涟水县城最高建筑丽涟水晶宾馆楼顶，采用双通道设计，配置R&S公司EMB100型号设备作为监测接收机，增加测向功能，租用专门监测机房，通过升级改造工程，提高淮安涟水机场的无线电安全保障能力。

（无线电管理中心）

中介服务业

·典　当·

【概况】 2015年，淮安市有典当公司23家、典当分支机构2个，注册资本总额4.8亿元。至年末，全市发生典当业务2996笔，实现典当总额7.176亿元、利息收入2814.34万元、上缴税金435.43万元、税后利润820.2万元，比2014年分别增长-2.06%、-3.9%、21.82%、16.31%、86.41%。动产、房地产、财产权利等典当额分别占典当总额的13.4%、62.7%和23.9%。有10家典当公司经营较好，同比有所增长，总体发展平稳。

·融资担保·

【概况】 至2015年末，淮安市有融资性担保公司23家，注册资本27.98亿元。其中，国有担保公司13家，注册资本22.83亿元。全市新增担保贷款60.25亿元，在保余额58.4亿元。中小企业担保贷款55.57亿元，占担保贷款总量的92.23%，21家担保公司担保业务全部为中小企业担保贷款。担保公司合作银行20家，占全市银行总数的58.8%，包括1家政策性银行、5家国有股份制银行、6家商业银行、6家农商行、2家村镇银行，其中业务量较大的有中行淮安分行、江苏银行淮安分行和淮安农商行。

表36　　2015年淮安市融资性担保公司区域分布表

单位：亿元、个

所属县区	注册资本	担保贷款	公司数量
清河区	3	4.35	4
淮安区	2	4.33	1
淮安经济技术开发区	4	6.89	2
淮阴区	1.8	3.25	3
清浦区	1	2.56	2
涟水县	2.3	7.87	2
洪泽县	2	8.1	2
盱眙县	1	3.07	1
金湖县	1.8	1.5	3

表37　　2015年淮安市小额贷款公司区域分布表

单位：亿元、个

所属县区	注册资本	贷款余额	公司数量
淮安经济技术开发区	3.4	2.18	3
清河区	2.55	0.47	2
淮安区	3.15	1.9	5
淮阴区	3.68	2.27	4
清浦区	3.19	3.98	4
涟水县	1.6	1.24	3
洪泽县	1	0.23	1
盱眙县	5.3	4.77	5
金湖县	4.4	3.4	4
淮安盐化产业园区	0.72	0.25	1
合计	28.99	20.69	32

·小额贷款·

【概况】 2015年，淮安市有开业小额贷款公司32家，注册资本金28.99亿元。其中，农村小贷公司26家，科技小贷公司6家。另有2家农村小贷公司筹备开业，注册资本金2亿元。全市小贷公司机构布局覆盖各县（区），业务范围向周边未设小贷公司的空白乡镇、街道延伸，促进农村金融改革，拓宽中小微企业融资渠道。年底，全市小额贷款公司贷款余额20.69亿元，累计投放贷款104.66亿元。其中，农村小贷公司贷款余额16.42亿元，贷款户数2166户，户均贷款余额75.8万元，贷款平均年化利率14.56%；科技小贷公司贷款余额4.27亿元，贷款户数138户，户均贷款余额309.42万元，贷款平均年化利率14.29%。9月28日，清浦区金长城农贷公司正式挂牌新三板，是淮安市第一家登陆新三板的小贷公司。淮阴区恒通农贷公司和金湖县金石农贷公司挂牌新三板的申请材料上报全国股转中心，并获受理。

（统计局）

·广告业·

【概况】 2015年末，淮安市广告行业经营单位超过2600家，行业从业人员2.3万人，同比分别增长52.9%、66.6%。年内，1家广告企业获得国家三级资质，2家广告企业通过国家一级资质初审，全市广告企业国家级资质数位居苏北地区前列。年内，淮安市广告监测中心加强与国家工商行政管理总局、省工商行政管理局监测平台数据共享及运用，完善内外网络交织、横向系统互联。全年监测媒体（报纸、电视、广播）发布各类广告106334条次，出具监测报告159份。加快省级广告产业园建设，获得省级广告业发展专项财政扶持资金150万元。

【广告管理】 2015年，淮安市广告管理部门核查国家工商行政管理总局、省工商行政管理局移交的违法广告线索，严肃查处群众反映强烈的虚假违法广告，广告违法率降低。全年责令停止发布违法违规广告969条，责令整改1732条次，立案查处严重违法广告9起，罚没款17万余元。对医疗、药品违法广告进行集中查处，开展银行卡网上非法买卖、非法P2P融资平台、旅游广告秩序、烟草广告等专项整治活动。

【首届江淮广告节】 9月24日，首届江淮广告节在淮安国际摄影馆开幕；9月25日，在淮安广播电视台闭幕。主要活动分为“实体活动”和“线上联动”两大板块。“实体活动”由实体观览、高端讲坛、新《中华人民共和国广告法》知识竞赛等内容组成；“线上联动”包括互联网推介、网络营销、微信平台互动等。全国知名专家学者、江淮区域广告协会负责人、优秀广告企业、品牌企业代表等出席活动。广告节以“创意成就事业、创新崛起江淮”为主题，共同推进“互联网+”时代广告品牌的融合发展。 （陈　旻）

开放与合作

综　述

【概况】 2015年，淮安市实现进出口总额41.3亿美元，增长0.6%，其中出口30.1亿美元，进口11.2亿美元。出口商品以机电类、纺织服装类、塑料和橡胶制品类为主。出口规模前五位的国家和地区为美国、欧盟、中国香港、东盟、韩国，出口额分别为6.5亿美元、6.0亿美元、4.4亿美元、2.6亿美元、1.4亿美元。实现外经营业额1.05亿美元，增长11%。全市有进出口实绩企业756家，有出口实绩企业681家；进出口超1亿美元和5000万美元企业分别有9家和15家。有省级出口品牌企业6家，有省级出口基地1家。有获“淮安市出口品牌”企业10家。全市开发园区实现规模以上工业开票销售收入1591.4亿元，增长17.4%，占全市的62.2%。创成苏中、苏北唯一一家外贸综合服务体系建设试点市，淮安一帆企业管理平台有限公司等外贸综合服务企业相继成立。

2015年，淮安市新批外资项目167个，协议外资21.7亿美元，注册外资实际到账12.1亿美元，增长5.1%，总量苏北地区第二，增幅苏北地区第一。淮安工业园区爱美森木业、淮安经济技术开发区敏安电动汽车、涟水县大量科技等重大项目落户。全市新招引亿元以上内资项目210个，其中10亿元以上项目28个。

【外资质态提升】 2015年，淮安市新开工外资项目104个、新竣工外资项目81个。开工项目到账外资11亿美元，占全市到账外资的84.7%，同比提高4.7个百分点。服务业利用外资占比37.8%，同比提高10个百分点。新引进融资租赁、小额贷款等新业态项目38个。江苏和兴汽车科技公司、江苏理士电池公司创成省级跨国公司功能性机构，江苏宇天港玻新材料公司在香港上市。

【外贸载体】 2015年，淮安市制定出台《进一步扩大进口的工作意见》《淮安外贸稳增长十条工作意见》，加强对外贸企业政策扶持。实施外贸企业“双百工程”，重点培育百户重点企业和百户新增长点企业，全市有进出口、出口实绩企业分别为756户、681户，较2014年同期分别增加38户、33户。新增进出口超亿美元企业3户、超千万美元企业23户。淮安市加工贸易进出口17.7亿美元，同比增长23.5%，总量苏北地区第一。淮安国家级综合保税区贸易物流功能进一步放大，保税区仓储转口货物实现进出口2.7亿美元，同比增长10.8倍。机电、高新技术产品出口稳定增长，分别出口11.1亿美元、4.9亿美元，同比增长23.9%、302.8%。新培育康乃馨织造、理士电池、金加钻采、卧尔康家居等10个市级出口名牌。

【开拓国际贸易市场】 2015年，淮安市组织400多家（次）外贸企业参加中国华东进出口商品交易会、在广州举办的中国进出口商品交易会、在日本大阪举办的江苏出口商品展览会，首次报团出展德国科隆五金展和美国拉斯维加斯服装面料展等境内外展会，实现成交额5.25亿美元，淮安市被江苏省商务厅评为广交会优秀分团。抢抓“一带一路”战略机遇，组织外经企业参加宣传推介及央企对接活动30多场次，鼓励支持企业发展境外投资。全市新签对外承包工程6个，新签合同额3217万美元，同比增长20.2%。新设境外投资项目5个，中方协议投资额3458万美元，同比增长12.6%，企业境外投资区域涉及非洲、美洲、亚洲等20多个国家和地区。

【招商】 2015年，淮安市组织境外新加坡、美国、以色列、德国、日本和境内上海、北京、珠三角等外资密集区专题招商，洽谈新加坡新科集团、韩国爱茉莉集团等一批世界500强企业和知名跨国公司，与新加坡国际企业发展局、韩国中小企业厅等80多家机构建立联系。新批总投资3000万美元以上项目46个，其中1亿美元以上

淮安市两岸青年创业园　　市台办　供图

项目13个，总量列苏北地区第一。淮安市举办四次全市外资招商人员实务培训班，邀请苏南地区等地一线专家到淮安讲课，提升淮安市外资招商队伍综合素质。实施委托招商，聘请苏南、珠三角等地有招商资源的专家、中介机构作为招商代表和顾问。强化驻点招商，全市140多名招商人员驻北京、上海、苏南、珠三角等地招商。开展“工业招商突击季”竞赛活动，新增亿元以上项目69个，新签约亿元以上工业项目117个，拜访接待企业、园区、商会等380余家，在谈和推进项目120余个。举办宁波、上海系列招商活动，召开2015年淮安（上海）招商引资恳谈会，进一步推动沪淮之间在深化产业、技术、资本、资源等方面合作，加快实现两地实现优势互补、利益共享。举办2015青岛、潍坊系列招商活动，举行潍坊专场招商恳谈会，邀请潍坊多位与淮安市优势特色产业吻合度企业家参会，进行深入交流，寻找合作商机。

【开发园区提档升级】 2015年，淮安市开发园区实现规模以上工业开票销售收入1388.54亿元，同比增长19.1%。全市开发园区利用外资、外贸进出口在全市占比分别为73.4%、87%。重点推动的7个国别园区新引进欧、美、日、韩项目20个。淮安经济技术开发区电子信息、金湖开发区装备制造、盱眙开发区机械（钢管轴承）产业产值超100亿元。淮安（涟水）空港产业园创成省级特色产业园，淮安经济技术开发区进入全省前20强，涟水、洪泽、盱眙开发区排名实现进位，其中涟水开发区在苏北37家省级开发区中排名第11位。

（市经信委　市商务局）

8月26日，2015年淮安周活动在台北举行，市委书记姚晓东（后右二）向台湾工业总会赠送《金秋执手赋》。　市台办　供图

开发区

·淮安经济技术开发区·

【概况】 淮安经济技术开发区成立于1992年，2010年升格为国家级经济技术开发区，辖3个乡和5个办事处（钵池乡、徐杨乡、南马厂乡和东湖办事处、广州路办事处、新港办事处、枚乘路办事处、金港办事处），行政面积166平方公里，常住人口30余万人。建有综合保税区、留学人员创业园、软件产业园、大学科技园等系列“国字号”平台，以及科教产业园、空港产业园、物流园、海关通关点等独具特色的省级载体平台，综合载体功能江北领先。先后吸引欧美、日韩和中国香港、中国台湾等20多个国家和地区客商投资兴业，集聚富士康、台玻、敏实、明基达方、膳魔师等一批大型台资龙头企业，是淮安市“国家级台资产业企业转移集聚服务示范区”重要支撑。在2015年江苏省开发园区考评中名列第20位，进入江苏省开发区第一方阵。

【经济发展】 2015年，淮安经济技术开发区实现地区生产总值260亿元，增长率11.4%，占全市的9.47%；

表38　**2015年淮安市外商和港澳台资工业企业主要指标表**

单位：个、万元

	企业单位数	工业总产值（当年价格）	工业销售产值（当年价格）	出口交货值	资产总计	流动资产合计	应收账款	产成品	固定资产合计	负债合计	应付账款
全　市	210	14687883	14577982	1072721	5887229	2267070	552975	133561	2858481	2386328	893436
清河区	6	317095	294827	1267	283306	179652	32892	1600	64277	95534	21336
淮安区	25	752214	723051	66163	275969	150244	34993	7434	117857	137629	43782
淮阴区	17	916973	899412	—	541259	130201	63583	12763	397957	199779	86120
清浦区	8	220723	220888	8433	175305	27854	2249	489	74093	106358	3240
开发区	62	9897147	9888931	505876	3132735	1078531	296691	72144	1718884	1110180	434512
工业园区	2	9236	9165	5881	21468	9090	74	268	11167	6352	1175
涟水县	29	741799	734842	164254	226013	96765	33853	10383	111686	95814	32706
洪泽县	23	660503	660289	12371	329066	94678	33214	8108	214697	173288	24626
盱眙县	21	439593	438866	71963	321362	82722	24353	5773	76850	81954	24194
金湖县	17	732601	707712	236513	580746	417333	31075	14600	71013	379442	221746

表39

2015年淮安市外贸、外资、外经情况表

	进出口总额（万美元）	出口（万美元）	进口（万美元）	新批外资协议项目（个）	注册外资实际到账（万美元）	协议注册外资额（万美元）
全　市	413298	301028	112270	167	120877	217382
清河区	21614	19018	2595	12	10001	15697
淮安区	25751	24656	1095	24	12267	12431
淮阴区	28479	14440	14038	13	13776	15088
清浦区	16448	15773	675	10	10373	7787
涟水县	37081	31770	5312	11	12065	18065
洪泽县	20950	19831	1119	13	12408	34229
盱眙县	27359	21345	6014	22	11675	27788
金湖县	34489	34025	464	20	12703	15848
开发区	199113	122927	76186	33	36814	57406
工业园区	5732	1694	4038	2	4027	4587
盐化新区	1597	852	745	3	1782	7170

第二产业增加值208.98亿元，增长率11.5%，占全市的17.76%；第三产业增加值49.11亿元，增长11.3%。财政总收入60.28亿元，增长率11.9%，占全市的11.82%；规模以上固定资产投资253.25亿元，增长率26.0%，占全市的11.52%。实现规模以上工业增加值290.26亿元，增长11.8%，占全市的19.57%；实现销售收入1251.07亿元，增长13.8%，占全市的18.5%。工业主导产业进一步突显，全年电子信息产业累计完成产值905.46亿元，增长16.9%，占全区规模以上工业总产值的71.9%；机械制造产业完成产值114.55亿元，同比增长12.3%，占全区的9.1%；化工（盐化工）产业完成产值118.41亿元，同比增长10.4%，占全区的9.3%；上述三大产业总产值约占到全区规模以上工业总量的90.4%。

【城市建设】 2015年，淮安经济技术开发区开复工城市建设项目147个，完工79个，完成投资76.24亿元，完成全年投资额的102%。其中，列入市政府计划实际由开发区承担的建设项目为117个，计划完成投资74.99亿元。做好区污水处理厂、区自来水厂、古黄河湿地公园、区热电厂和江苏韩泰轮胎有限公司废气治理，国家生态工业示范园区创建通过国家技术核查专家组的技术核查。

【科研与科技人才】 2015年，淮安经济技术开发区全社会研发投入占地区生产总值的3.61%；实现高新技术产业产值860亿元，占规模以上工业产值比重60.1%；完成专利申请量1880件，完成目标的105%，专利授权1077件，完成目标的113%。获批国家高新技术企业13户；获批省级工程技术研究中心1个。

编制《淮安经济技术开发区人才政策研究》，制定《淮安经济技术开发区人才奖励实施意见》《关于促进企业做大做强创新发展的奖励办法》。设立2000万元人才发展专项资金。完善引才荐才工作机制，与国内知名管理咨询公司合作，在北京、上海、武汉等重要人才集聚区设立引才工作站，帮助企业引才荐才。对引进高层次人才的企业，给予每人每年0.5万元至1.2万元引才交通补贴；对引进高层次人才取得成效的企业，给予5万元至15万元项目立项资助。设立“社会引才奖”，每成功推荐1名高层次人才，按照引荐人才层次，奖励推荐人或中介机构5千元至5万元。设立100万元的人才工作专项经费和65万元的科技镇长团工作配套经费，在留创园、软件园、科教园和市高职校分别设立相应招才引智资金、人才项目扶持资金、科研机构扶持资金。省“双创人才”入选2人，其中自主创业类1人、企业创新类1人；省“双创博士”入选7人，其中“企业创新类”1人、“科技副总类”6人；“淮上英才计划”领军人才入选8人，其中自主创业类5人、企业创新类3人；省、市“创新创业团队”申报2家；引进“千人计划”创业类项目3个，引进省“双创计划”创业类项目1个。在科教园、软件园、空港产业园等载体平台规划建设人才公寓，其中淮安软件园人才公寓建成使用。在市高职校建设“淮安市双元制职业培训中心”，举办淮安经济技术开发区职业技能大赛，选拔“首席技师”“技能状元”。7家科技人才入股企业在淮安税收突破20万元。协助3家企业办理“苏科贷”。

【生态环境】 2015年，淮安经济技术开发区推进结构减排，创新环境监察联动机制，打击环境违法行为。江苏韩泰轮胎有限公司投资4000万元新上“浓缩型无火焰氧化燃烧装置”，对练胶车间废气进行处理；开发区热电厂实施改造升级，淘汰3台循环流化床锅炉，新建1台节能、环保、高效的高温高压循环流化床锅炉，同时新上脱硫、脱硝和电袋除尘等环保设备。投资1.02亿元，建成日处理能力4万吨污水处理厂一期工程，铺设污水管网390公里，新建污水泵站6座。累计建设垃圾中转站18个，建立较为完备的生活垃圾四级收运体系。对板闸干渠、一大沟、二大沟、小盐河等三要河流开展绿化护坡和清淤活水工程，实现城市河流无劣V类水体，地表水水质达标率在95%以上。建立重点企业自动监控装置,设立大气自动监控点,大气首要污染物PM2.5数据逐年下降。按照国家、省、市国家级循环化园区创建要求,推进项目建设,实施循环经济标准化工程,推进园区循环化改造工作,促进能源高效梯度利用、水资源充分回用、土地集约利用和环境污染长效治理。

【社会事业】 教育 2015年,淮安经济技术开发区与省淮阴中学联办开发区开明中学,与淮阴师院建立教育合作关系,成立6个"名师名校长工作室",全年获得国家级奖项2人次,获得省级奖项11人次,获得市级奖项30余人次。

卫生 实施淮医惠民大行动,创建成省级乡镇卫生院特色科室1个,新建高标准社区卫生服务站6所;成立开发区疾病预防控制中心,加强公共场所日常监督,开展学校卫生专项检查,下发监督意见书380份,责令整改110户次。加强医疗机构日常监管,打击非法行医;组织开展计划生育优质服务,为733对夫妻开展免费孕前优生健康检查,目标人群覆盖率99%,优质服务率97%以上。实施省级"连心家园"项目,开展村级计生专干业务技能培训。

文体 建成2个社区文化活动中心和1个自助借还图书馆。全面推进教、体、艺结合工作,在2015年第二十五届全国幼儿基本体操表演大会上,获得全国金奖。承办江苏省首届青少年儿童体操节、体操锦标赛,获得13个金奖、7个银奖;在省体操锦标赛竞技体操比赛中,获得4个单项冠军,同时获男子甲组全能冠军。女子曲棍球队获得2015年全国青少年曲棍球锦标赛学校组冠军和学校组、体校组总冠军,甲、乙组同时获得2015年省曲棍球锦标赛冠军。

社会保障 为187户326名城市低保对象发放低保金57.2万元,为1115户2387名农村低保对象发放低保金310万元。优抚补贴、低保、特困家庭、大病医疗救助金等发放率均为100%,做好退役士兵报到接收和稳定工作,通过省市减灾委"国家级综合减灾示范社区"检查验收。探索构建"一委一居一中心"管理模式,合理规划布局社区办公活动用房,将其80%用于为民服务和居民活动;开展社区环境整治观摩,组织全区社区工作人员培训,对全区村务公开民主管理情况进行布置、检查、通报,并限期整改;深入各乡办进行指导督促社区特色建设。组织开展社区公共服务、物业服务和志愿服务,做到三类服务区域全覆盖;开通开发区社区网、社区网站、公共微信服务平台,让居民足不出户就享受到方便快捷的服务。社会组织高效运行。实现医养融合,颐康园老年养护中心供养全区40余名城市"三无"对象,120余名社会老人。8家社区居家养老服务中心全部完成改造;帮助74名残疾人就业,扶持75名残疾人脱贫,新建区级残疾人托养中心1个,8个社区级残疾人居家托养中心挂牌服务,完成健康教育一条街、健康教育广场、健康主题公园及健康步道的初步建设。落实粮食补贴政策,发放补贴资金681.03万元。

(淮安经济技术开发区党政办)

·淮安工业园区·

【概况】 2015年,淮安工业园区规模以上工业总产值7.65亿元,同比增长24%;工业增加值1.62亿元,同比增长14.5%;开票销售收入5.24亿元,同比增长64.9%;工业用电量3435万千瓦时,同比增长63.2%;公共财政预算收入9300万元。

【产业发展】 2015年,淮安工业园区启动"一区三园"建设,打造汽车博览园(O2O电商体验园)、电子信息产业园(中韩科创园)、循环经济产业园(中德生态园)三大特色园区,提升园区差别竞争力。重视知识产权工作,通过省级知识产权试点园区初审。注重高新企业梯队建设,鼓励创新型、成长型企业积极申报国家级高新技术企业,取得良好效果,凡新科技、苏能电动车成功培育为国家级高新技术企业,纳沛斯半导体成为市级高新技术企业。着力提升项目层次,新竣工纳沛斯半导体、爱美森木业、天参科技等5个设备投资超千万元项目,新增铝制模板等12个亿元以上项目,其中海泰克精密压铸1200万元技改项目竣工;纳沛斯半导体建成投产,使淮安集成电路产业更上一层楼。突出"一家人"式服务,狠抓项目帮办,强化问题解决,促进项目竣工投产、达产达效,爱美森木业实现当年签约、当年开工、当年竣工、当年投产、当年列统。洛克弗、雪莲花外贸进出口实现高速增长,天参饲料半年开票销售近2亿元。

【城市建设】 2015年,淮安工业园区组织实施一批重点项目。市政项目加速推进,西安路南延工程以及滨河路、南山路建设工程全面竣工,16平方公里启动区"九通一平"设施加速完备。公共配套设施逐步完善,栖霞花苑三期、春晖路农贸市场建成交付,盐峰商务酒店正式运营,星期八商业街区业态日益丰富,园区公共服务功能更加健全。环境景观特色彰显,推进永济河公园景观提升、道路绿化、城市绿色小客厅建设,重抓市容整治、村庄环境整治,强化环境保护和生态建设,通过省级生态工业园区验收。集中开展市容整治行动,规范新建建筑工地、拆迁工地管理,严密监管工程渣土运输,实施道路区域化管理机制,初步实现保洁全天候,管理无缝隙。

【社会事业】 2015年,淮安工业园区民生改善获得新实效。强化社会保障,落实城镇低保与农村低保提标政策;新建7个城乡综合便民服务点,方便群众参加城居保,做到"参保、缴费、查询、领取"四个不出村;争取农机补贴、低保补助等130余万元,发放"土地换社保"资金1870万元,提前拆迁安置危房户150户。发展社会事业,园区实验学校教育教学质量显著提升,中考实现"零"的突破,考取重点高中1人、四星级高中18人;学校艺体中心全面启用,幼儿园创成省优质园。推进医疗改革,提高卫生惠民化程度。举办园区第六届全民运动会、"倡导文明·放飞梦想"大型文化活动、广场舞比赛,组织文艺演出30场,评比"十星文明户""道德模范""创业模范"等,实现以文化人、以文育人。创新社会治理，实施“天眼工程”，实行局所合一勤务模式，社会治安防控能力提升。以“言和工作室”、矛调中心为载体，从源头上化解矛盾、消除隐患，全年调处矛盾纠纷超1000起，调处率100%，实现群众矛盾“零激化”。（周成强）

·淮安盐化新材料产业园区·

【概况】淮安盐化新材料产业园区（简称盐化新区）总面积98.4平方千米，盐化工基地规划面积66.6平方千米，为国内外最大的盐化工基地之一。2015年，盐化新区实现规模以上工业投资、工业增加值、产值和开票销售分别为77.7亿元、13.8亿元、81.9亿元和50.9亿元，同比分别增长30.4%、14.2%、38.4%和27%。新增列统企业9户，其中工业列统企业7户，列统企业总数46户。新增开票销售超亿元企业3户，亿元企业总数15户，亿元企业占比40%以上，实联化工开票销售超20亿元，园区开票销售超20亿元企业实现“零”的突破。实施千万元以上技改项目21个，完成技改投入16亿元。

【项目建设】2015年，淮安盐化新区组建项目招引与建设指挥部，开展“百日会战”活动，规范项目审批和项目服务流程，推进项目安评、环评、规划、国土等相关手续有序开展，续建项目27个，协议总投资120亿元；新开工项目14个，其中富强新材料、国信热电被列入省重大项目，全市单体工业项目投资规模最大、总投资200亿元富强新材料循环经济产业园项目开工，项目立项备案、环评、安评和单体设计等各项工作全面展开，2×35万千瓦燃煤热电联产配套项目入围省火电项目优选名单并排名前列。国信热电、安麦道、晨化新材料、瑞洋安泰、美丰科技、先声合成等重点自主招商项目按序时推进。

【科技创新】2015年，盐化新区以创建省级高新区为契机，新建成“两站三中心”（院士工作站、博士后工作站、工程技术中心、企业技术中心、企业技术中心和工程中心）6家，总数达18家。实联长宜等企业获批省级高新技术企业，欣舟化工、艾科维等11户企业获批市级高新技术企业，全年申请专利50项，千人计划淮安盐化新材料产业研究院有限公司启动运作，省级高新区创建通过省科技厅审核。

【园区规划】2015年，盐化新区聘请新加坡裕廊国际规划设计院，对园区长远发展进行科学统筹谋划，完善提升园区空间布局、产业定位规划，进一步明确“高、大、新”产业发展方向，明晰西片主产业区、东片核心区、功能配套区等功能区布局。聘请上海、南京、杭州等高水平规划设计团队，启动科技孵化基地、绿化隔离带景观工程等专项规划，完成高新技术产业园区规划、热电联产规划，并通过省科技厅、省能源局批复。聘请省环科院修编完成扩区环评规划并通过专家技术评审。

【基础设施建设】2015年，盐化新区完成中心城市建设基础设施投入10.1亿元，打造西片主产业区，完成富强新材料项目区范围近333.3公顷土地流转、近123.3公顷征地清障和937户拆迁安置前期工作，推进12.6平方公里项目区用地规划空间调整和富强新材料项目农用地转用指标落实，拉开实联大道西延、光新路等道路框架，管网配套同步提升，打通重大项目建设通道。完善核心区功能配套，建成张支路、楚盐路、淮洪路，同步实施绿化、亮化工程，基本形成六横六纵路网格局，保障园区项目落户和功能配套。

【环保安全】2015年，盐化新区坚持安全环保投入、管理执法人员和应急措施“三到位”，落实企业主体责任、主管部门监管责任和社会监督责任。组织开展环保专项整治，对所有企业采取“家家到”形式，先后整顿6家违规排放企业，对违规生产和偷排偷放10家企业主要负责人进行约谈，完成10家企业环保规范化整治、4家VOC污染重点企业整治、30家企业污水和雨水排放口规范化整治。探索建立“企业自律严查、聘请专家排查、职能部门巡查、综合执法严管、突出整改提升、关停打击结合、群策群力防治”治理工作长效机制，全年没有发生安全环保重特大事故。

【民生保障】2015年，盐化新区完成民生投入3000余万元，兴办民生实事近百件。新建13.7万平方米花河佳苑一期、二期安置房，保障拆迁群众利益。落实国家补贴政策，发放水稻直补、农资补贴、农机补贴等各类补贴900余万元。强化养老、医疗、城保和新农保等社会保障工作，落实低保提标政策，新农合参保率99.5%。筹建职业病防治综合医院，组建职业病卫生健康体检中心，提高职业病防治能力。组建区慈善总会，开展助残济困帮扶工作。整合范集中学、范集小学、张码小学教育资源，组建园区教育集团，探索教育资源共享共建模式，整体提升园区办学水平。

（淮安盐化新区党政办）

贸易促进

【出证认证】2015年，淮安市签发一般原产地证书5247份，优惠原产地证书89份，代办领事认证302份，国际商事证明书566份，新注册企业41家。执行国家财政部、发展改革委出台的《关于免收货物原产地证书费有关问题的通知》以及淮安市出台的《关于行政审批和部分服务事项减免收费的通知》，签发出口货物原产地证书免收货物原产地证书费，签发国际商事证明书减免加急费，减免政策的执行惠及市200多家外贸企业。从2015年1月1日起，淮安市贸促会全面启动电子原产地证升级工作，实现企业申请、审核、签章完全电子化，企业无需实地申领，可随时随地自行打印具有电子签章和高效防伪特征的电子原产地证，大大节约企业人力、物力成本，提高申办效率。年内，市贸促会采用网上年检，企业无需在窗口排队，只需网上在线填写表格并上传佐证材料，数据传输至市贸促会端口进行人工审核即可完成年检工作。

【国际展会服务】2015年，在出口形势严峻情况下，淮安市加大会展宣传力度,邀请美国MAGIC SHOW组展方专家到淮安就"如何更好地打开美国市场"举办专题讲座,鼓励企业与组展方进行互动交流。全年组织21家企业参加德国科隆五金展、美国拉斯维加斯服装面料展(春季、秋季)、巴西圣保罗家庭用品及礼品展、意大利米兰国际贸易博览会等知名展会,展位面积216平方米,帮助企业利用境外展会平台开拓国际市场。

【公平贸易预警】 2015年,根据《淮安市"公平贸易预警点"实施办法》文件要求,淮安市贸促会继续完善公平贸易预警工作网络和信息网络,加强预警信息收集、评估分析和反馈工作;积极配合贸促总会及省贸促会参与社会信用体系建设工作,完善境内外企业资信体系建设,建立健全"失信企业信息数据库",收录贸促会系统受理国内外企业咨询和投诉案件中获得的各类被投诉企业信息和失信企业信息,即时发布企业信用风险提示和警告通告。

【翻译服务】 2015年,淮安市贸促会发挥人才优势,为库博标准汽车配件(苏州)有限公司、淮阴医疗器械有限公司、淮安区环保局等20余家企事业单位翻译包括商业信件、合同、报关单、注册证、护照等各类文件计4万余字,涉及英语、法语、日语、韩语等多个语种,为淮安企业开展国际化经营提供服务。

【法律培训】 9月,淮安市贸促会举办2015年法律业务培训班,邀请江苏省贸促会法律部专家就涉外商事仲裁业务、国际企业资信管理体系、公平贸易摩擦应对以及出证认证实务等方面,对淮安市进出口企业进行专业讲解,为企业提供针对性的专业培训,扫除盲点,提高企业在"走出去"过程中的规则意识、风险防范意识等,全市进出口企业负责人及分管外贸业务经理等90余人参加培训。

(马峥嵘)

宁淮挂钩合作

【概况】 2015年,南京、淮安两市签署《南京市—淮安市2015年挂钩合作协议》,就加强互访交流、共建园区建设、农业、旅游、人才培养等11个方面达成合作协议。同年,两市还围绕宁淮现代服务业集聚区共建、电子商务、现代物流、连锁经营等方面签署24项合作协议。年内,江宁—淮阴工业园、国信—淮安工业园、南京—涟水工业园3家共建园区进入全省先进行列,分列第7、14、17位。

【两市高层互访】 2015年6月,省委常委、南京市委书记黄莉新、市长缪瑞林率南京市党政代表团到淮安考察,与淮安市领导共商挂钩合作事宜。两市市长签署《南京市—淮安市2015年挂钩合作协议》。同时签定《商务领域共同发展合作协议》《南京港(集团)有限公司—淮安市交通控股有限公司战略合作框架协议》等协议。9月17日,淮安市委常委、常务副市长戚寿余带队赴南京考察对接江北新区建设工作,研究与江北新区建立长期、不同层次的对接机制。

9月17日,市委常委、常务副市长戚寿余(前右三)赴南京考察江北新区建设。 黄永东 供图

【宁淮部门交流合作】 2015年,南京市经济和信息化委将宁淮产业合作列入年度工作计划加以推进。6月,两市经济和信息化委共同组织淮安市产业推介会。南京市经济和信息化委邀请12家有意向到淮安投资的企业负责人参会。索尔自动化、维讯化工、保丰农药、捷诺科技、秣陵铸造等企业表达到淮安考察投资的意向。7月,南京市经济和信息化委组织南京部分食品企业到淮安市投资考察,加强宁淮产业合作交流。

淮安市土地管理部门配合做好宁淮集聚区10平方公里概念规划的土地利用总体规划初步核查工作。经初步核查,10平方公里概念规划中允许建设区330.26公顷,有条件建设区335.81公顷,限制建设区333.93公顷。不符合规划面积669.74公顷。为南京外国语学校淮安分校争取到省级新增建设用地计划,其中农用地13.33公顷,耕地10.67公顷。截至年底,项目组件报批总面积13.92公顷,农用地12.66公顷,耕地10.6公顷,获省政府批复。

两市旅游部门共同打造"明文化""红色文化""生态文化"精品旅游线路。推出品味江苏五日游(南京、淮安、扬州、镇江),美好江苏、生态苏北六日游(南京、扬州、泰州、盐城、连云港、徐州、淮安)以及以乡村旅游为特色的宁淮自驾游线路。南京市组织"百车万人春游淮安"活动,淮安市组团参加"2015南京国际度假休闲及房车展览会"。南京旅游界人士到淮安参加盱眙国际龙虾节活动,在南京开启"虾迷虾粉汇金陵 线上线下品龙虾"主题活动,进行龙虾免费大派送。

两市组织部门加大干部人才交流力度,互派37名干部人才挂职锻炼。其中,南京到淮安挂职16人,淮安到南京挂职15人、到宁淮现代服务业集聚区挂职6人。南京到淮安挂职干部中，7名干部在4个有共建园区的县（区）挂职，2名紧缺专业型年轻干部到市直单位和经济发展平台挂职，7名园区建设和现代服务业方面的专业型干部到宁淮现代服务业集聚区挂职；淮安市到南京挂职干部中有8名处级干部，挂职任所在单位班子成员或挂任中层职务但列席班子会。淮安市为宁淮共建园区引进各类高层次人才20名以上，完成协议任务。

6月10日，2015年宁淮挂钩合作座谈会在淮安召开。　黄永东　供图

【宁淮交通合作】 港口合作　4月，淮安新港与南京港、唐山港、宜宾港等6个重点港口签署《战略联盟合作框架协议》，实现淮安内河港口与长江上下游及沿海港口的合作共赢，协议明确从淮安新港中转到联盟港口的货物24小时内完成装卸，并且装卸费用减半，大幅提高淮安港出口货物运输效率。淮安市交通控股公司与南京港口集团等5家企业签署重组协议，年底，南京港口集团投入400万元完成对淮安港口集装箱企业注资。10月，两地航班增加至一周两班。淮安新港投入2艘54标箱船舶用于航线运输，至年底，淮安至南京港完成集装箱吞吐量近2000标准箱。

宁淮铁路　规划中的宁淮铁路位于江苏省中北部及安徽省东部。线路北起淮安市，南至南京市，途经淮安市洪泽县、金湖县，安徽省滁州市天长市，南京市六合区、浦口区，全长191公里，总投资273亿元。其中，淮安段约108公里，总投资约154亿元。至年底，宁淮铁路预可研报告基本编制完成，并争取开工项目列入省铁路“十三五”规划。

【宁淮医疗合作】 2015年，淮安市二、三级医院与南京各大医院建立长期稳定的对口支援关系，部分县级医院加入南京市级医院医疗集团。盱眙县医院、涟水县医院与南京东南大学附属中大医院签署合作帮扶协议，淮安市肿瘤医院与省人民医院、省肿瘤医院，洪泽县人民医院与南京市第一人民医院，金湖县人民医院与省人民医院和南京市鼓楼医院，盱眙县人民医院与南京鼓楼医院，淮安市三院与南京脑科医院之间签订挂钩合作协议书，开展技术合作、人员进修学习、专家带教培训等项目。

年内，省人民医院、省肿瘤医院安排专家到楚州医院会诊36人次，楚州医院安排6人到省人民医院进行为期一年的进修。东南大学中大医院协助涟水县医院开办心血管病诊疗中心，派人坐诊、查房、会诊和指导手术，指导开展心血管病的介入治疗，年内开展手术87例，开设专家门诊30次，开展全院学术讲座1次，合作开展科研项目2项，科内专题讲座10次，到农村开展诊疗活动4人次，在基层的诊疗时间人均3个月。南京市第一人民医院每月派出优秀医师到洪泽县人民医院坐诊、教学查房、授课培训等，每次持续时间为一周。洪泽县人民医院分批选派护理人员到南京市第一人民医院参加短期培训。全年南京市第一医院接收洪泽县医院心内科和手外科医护人员进修5人，安排专家对疑难重症进行会诊、指导19人次。金湖县人民医院8名医技人员、9名护理人员到南京省人民医院、鼓楼医院、军区总院进修学习，军区总院、省检验中心、省人民医院、鼓楼医院、省口腔医院等多家医院200多名专家到金湖县人民医院进行会诊、开展手术，合作开展科研项目1项。通过帮扶，金湖县人民医院建成市康复医院，普外科建成市级临床重点专科。盱眙县人民医院派出20名医护人员到鼓楼医院进修学习，鼓楼医院派出专家到盱眙县医院举办讲座16期，坐诊16人次，开展手术85台次，指导开展科研项目2项。淮安市第三人民医院在南京脑科医院专家指导下开展儿童精神分裂症的认知功能方面的研究，神经内科与南京脑科医院协作，开展帕金森病方面研究，与江苏省医学会神经科分会共建、共享帕金森病诊断信息平台，合作举办4期市级“癫痫继续教育学习班”。南京市二院不定期派驻医师到淮安市第四人民医院蹲点指导工作，举办专题培训班。淮安市妇幼保健院定期安排医护人员到南京儿童医院进修学习。

【农产品流通合作】 2015年，宁淮两地商务局签署“菜篮子”合作协议，南京市组织20多家企业到淮安市进行产销对接，为淮安“菜篮子”产品进入南京市场提供便利。淮安市清浦区宝成蔬菜种植专业合作社与南京众彩物流就冬季蔬菜保供建立合作，每年向南京提供300吨达到无公害蔬菜生产标准冬季蔬菜。江苏润恒物流发展有限公司拟在淮阴区建设总投资40亿元的农副产品冷链物流产业园，建设占地1000亩的现代化商品流转和交易为一体的物流中心项目。

【外经合作】 2015年，淮安区外派劳务服务中心与中国江苏国际经济技术合作集团有限公司、中国中材国际工程股份有限公司签署合作协议，淮阴区外派劳务服务中心与江苏省建筑工程集团有限公司签署合作协议，涟水县外派劳务服务中心与江苏省对外交流公司、江苏亿涛对外经济合作有限公司、南京大地建设集团有限公司签署合作协议。组织3次宁淮外经企业交流活动，开展宁淮两地外经企业、平台对接会，并组织淮安中祥建设和南京中江国际集团专题对接，外派劳务人员100人以上。

【电子商务合作】 2015年，宁淮两地电子商务协会就人才培训、沙龙活动、电商进农村展开合作，南京方面帮助协调邀请商务司领导以及电子商务领域专家到淮安，对全市近万名电子商务相关人员进行培训，并参与淮安电商协会组织的电商沙龙和论坛。苏宁云商在淮安设立苏宁易购直营店13个、加盟店50个。

【粮食合作】 2015年，宁淮两市续签《建立宁淮优质稻米保供基地实施定向销售协议》，基地面积扩大到50万亩，协议供应量增加到10万吨，并增加应急保供3.6万吨成品粮内容。在世界粮食日主题活动中，双方签定《宁淮粮食安全战略合作协议》，包括产销合作、粮食产业发展、信息化建设、粮食质量安全等内容。淮安市制定出台《关于进一步提升宁淮优质稻米保供基地项目建设水平的意见》和《宁淮优质稻米保供基地项目资金管理暂行办法》。明确以保障南京粮食市场供应安全为目标，以南京粮食市场需求为导向，建立宁淮应急保供体系，增强"淮安大米"在南京市场的占有率和美誉度。将基地面积和供应数量分解至各县（区），制定分配方案。至年底，南京粮食批发市场上1/3的大米产自淮安，淮安大部分大米企业在南京粮食批发市场设立销售窗口。 （黄永东）

台资高地打造

【概况】 2015年，淮安市构筑全市上下"大对台"格局，开展台资项目"大招商"，推动淮台两地"大交流"，构建101%体系"大服务"。市台办牵头起草《2015年国家级台资企业产业转移集聚服务示范区建设实施方案》，明确示范区建设总体思路、主要目标、推进措施和保障机制，对各项任务进行科学分解，并落实到各责任单位。全市新引进台资项目24个，总投资4.3亿美元，实际到账台资1.83亿美元，其中新引进超千万美元以上项目7个。连续第四年获评台商投资"极力推荐城市"，排名第18位，较上年前移5位。创成"全省台商服务工作示范点"。11月7日，淮安至台北直达航线正式开通。

【赴台交流活动】 8月24~30日，中共淮安市委书记姚晓东率团赴台湾举办"2015淮安周"活动，拜访林中森、郝龙斌等台湾政要，参访英业达、亿光电子、东台精机、工商建研会南区联谊会、松山文创等10余家企业和行业协会，达成合作意向22个，意向投资金额2亿多美元。4月26~30日，市长曲福田率团赴台湾开展推进周活动，拜访萧万长等台湾政要，参访大同电子、长荣航空、台湾青年创业协会总会、云端运算产业协会、中华文创学会等10余家企业和行业协会以及台湾大学等高等院校，达成合作意向16个，意向投资金额近2亿美元，并推动淮台直航、设立两岸信息家电产业园等事项取得重大进展。

2015年第十届台商论坛期间，举办两岸菁英特训营活动，图为学员认真聆听授课。 市台办 供图

【第十届台商论坛】 2015年9月，第十届台商论坛在淮安举办，两岸高层领导、知名学者、企业领导、商界领袖500多人出席。论坛以"两岸智慧共话发展大计 携手合作共绘美好愿景"为主旨，以"厚植共同利益 携手创新创业"为主题，以"彰显特色、展示个性、扩大影响、注重实效"为目标，重点推出宣传推介、主题论坛、产业论坛三大版块8项活动。主论坛上举行"两岸信息家电产业园""台商学院"和"台资经济研究中心"揭牌仪式。除主论坛外，围绕两岸产业合作举办"两岸电子信息产业发展论坛""两岸互联网产业峰会""两岸文创产业暨西游记文化发展论坛""中华青年菁英创业论坛""两岸新能源汽车产业发展论坛"五个分论坛。论坛签约项目58个，总投资15.1亿美元。协议台资7.4亿美元。从产业类别看，一产项目6个，占比10.3%；二产项目29个，占比50%；三产项目23个，占比39.7%。从投资规模看，总投资1000万美元以上项目45个，占比77.6%，其中总投资3000万美元以上项目22个，占比37.9%。从县（区）情况看，淮安经济技术开发区13个，金湖县、涟水县各6个，清河区、淮安区、淮阴区、洪泽县、盱眙县各5个，清浦区4个，淮安工业园区3个，淮安盐化新材料产业园区1个。

【两岸信息家电产业园】 2015年6月，两岸企业家峰会正式同意在淮安

2015年9月，第十届台商论坛开幕。 市台办 供图

市设立两岸信息家电产业园。第十届台商论坛期间，两岸信息家电产业园正式揭牌。该园是两岸企业家峰会成立后在大陆设立的首个信息家电产业园区，有利于淮安进一步加快打造高端人才集聚、高新技术创新、高附加值的电子信息产业链，吸引台湾电子信息企业向淮安集聚。至年底，产业园完成整体规划，围绕信息终端制造业、电子元器件、应用电子、软件和信息服务业进行布局，引进重点信息家电产业企业及配套企业。

【参加两岸企业家峰会】 2015年11月，两岸企业家紫金山峰会在南京召开。淮安市委书记姚晓东、市长曲福田作为演讲嘉宾分别在文创产业合作推进小组和信息家电产业合作推进小组专题论坛上作专题发言。峰会期间，市委书记姚晓东和市长曲福田分别接受中央电视台、台湾东森电视台、《21世纪经济报道》、凤凰网、《新华日报》等20多家两岸新闻媒体的专访。以峰会为平台，与会两岸专家学者、企业家进行深入对接，在智慧城市、大数据、文创产业等领域达成一批合作意向。

【涉台宣传】 2015年，淮安市多手段、多层次、多渠道开展淮安台资高地宣传活动，中央电视台3次报道淮安市涉台工作。市台办先后在国台办《台企联工作通讯》《两岸关系》《台湾工作通讯》和省台办《台湾工作动态》上发表宣传淮安台资高地建设成就、台商投资环境系列文章。同时，市台办与《淮安日报》、淮安电视台建立长效合作机制，在两家媒体分别开设专栏，宣传淮安市重大涉台活动、重大台资项目、台企台商风采等。改版市台办网站，开办公共微信平台等新型媒体，首次开辟岛内手机APP宣传通道。 （市台办）

援 疆

【概况】 2015年，淮安市围绕《淮安市对口支援新疆生产建设兵团第七师专项规划（2011—2015）》确定的目标任务，全方位、多层次、宽领域推动七师经济社会发展。2015年，完成援疆人才中期轮换工作，轮换援疆人才10名，有40名援疆干部人才在兵团七师一线工作。2015年，被兵团党委授予“项目建设突出贡献奖”“卫生援疆突出贡献奖”“援建方式创新奖”等多项表彰，援疆干部中有1人获国家级表彰、3人获兵团表彰、33人获七师表彰。

【项目援疆】 2015年，淮安市坚持按照“凭需定项目、有据建项目、按规管项目、依法审项目”的思路推进项目建设。

规范管理项目建设　先后出台《七师对口援建项目考核暂行办法》《督查工作制度》《领导约谈制度》等系列配套制度，对援建项目实施“一个项目、一名领导、一套班子、一套方案、一套档案、一抓到底”的“六个一”跟踪服务机制。

坚持项目建设现场跟进和项目手续集中会办　通过提请七师主要领导召集七师相关审批部门召开会办会、领导一线督办、整合工程项目小组、组织专业人员对所有在建项目签订责任状、实行包干负责，追究相关部门“梗阻”责任，项目小组做到全程监管、现场紧盯，明确专人领办，落实督查部门催办督办。

加大项目引建力度　制定淮安援疆工作组“1011招商行动”（从2015年11月到2016年6月，援疆工作组引进10亿元以上项目1个；11名联络员帮助所在团场引进1亿元以上项目1个）工作意见，新建“七师·淮安盐化工产业园”项目载体，通过领导带头招商、组建专业小分队外出招商、组织团场联络员招商等方式，多次开展招商推介活动，先后邀请江苏洋河集团、今世缘集团、江苏井神盐业、苏州君安、台湾新竹商会、江苏爱特福84股份有限公司等300余家企业、商会到七师考察洽谈，累计签约项目35个，协议引资额近300亿元，竣工投产项目9个，实际到位资金28亿元。

【人才援疆】 2015年，淮安市深化人才援疆新探索、新模式。

人才项目培训　会同七师党委组织部研究制定“名师造就”“带头人培育”“英才培养”等六大人才培养计划，重点实施“带头人培育”“三化英才培养”“职工增收”“名师造就”“淮医助推”等“五大人才培养工程”。编排实施七师干部人才项目23个，项目资金524万元，累计培训七师人才650人次，其中送出去到淮安等地培训530多人次。

人才作用发挥　年内，淮安市和七师积极创造条件，引导第八批援疆干部人才主动作为，发挥特长，通过任实职、挑大梁、传帮带，扩大援疆人才效应。全年淮安援疆教师传帮带七师中小学教师75名；援疆医生传帮带医生42名，诊治病人约1.6万人次，指导开展新技术新项目5个，填补受援地医疗服务空白4个。11月，促成南京市中医院与七师中医院合作，“南京市中医院全国肛肠诊疗中心兵团奎屯技术协作中心”正式揭牌，落户七师中医院，并接待诊疗病人，填补七师中医院技术空白。

特色项目打造　探索启动“人才支边”工程，从全市各县（区）选送技术人才赴七师团场基层业务单位挂任职务，实施对口帮扶。通过选派各县（区）学校管理人才、骨干教师、医疗专家队开展支教和教学管理、坐诊巡诊及手术、专家授课等一系列活动，开创七师乃至兵团基层人才挂职互动的先河，使人才援疆工作的触角更贴近民生、服务基层。

【融合援疆】 2015年，淮安市提出“以建立健全联络员工作机制为抓手，以纳入两地党委科学发展观考核为推手，以拓展‘一镇一连队、一村一社区’结对共建为后手”工作思路，由点拓面，自上而下，不断推动七师与淮安、七师与内地全方位、宽领域、深层次融合。

高端互访促师市融合　谋划两地党政主要领导互访活动，高位推动援疆工作促融合。促成七师师长王光强、淮安市市长曲福田两地互访，市领导张彤、葛平、张亚青、王海平、徐振喜等率队赴七师考察交流、指导工作组援疆工作。

部门对接促条线融合　从经济、民生部门开始，逐步向其他领域全面拓展，纪检、教育、卫生、金融、审计、质监、水利资产等淮安近31个部门、七师19个部门开展互访交流；淮安6所学校、3所医院与七师8家教育医疗机构实现互动互访。在足额拨付财政计划内援疆经费之外，淮安市各界先后向七师捐款捐物总值2060万元。部门单位并联互动，实现两地合作的常态化。

联络员工作促团县融合　按照省委、省政府统一部署，淮安市8个县（区）以及3个园区管委会选派11名联络员到七师11个团场，援疆干部团场覆盖率100%，进一步深化“双层全覆盖”工作机制。通过典型引路和制度推动，各县（区）多渠道为11个团场无偿提供物资、钱款21批次计约897.9万元。

以点拓面力促基层结对融合　在137团探索推行“一村一社区”联系点工作，淮安工业园区高坝村、宋潮村与七师137团7连、阿吾斯奇牧业营社区成功结对。全面启动“一镇一连队、一村一社区”结对共建工作，淮安市各县（区）推荐确定经济综合实力较强一个乡镇和一个村居，分别与七师11个团场经济薄弱一个连队和一个社区开展结对共建活动，实现团县、连镇、村社三级网络融合全覆盖。

【援疆干部人才队伍建设】 2015年，淮安市加强援疆干部人才队伍建设。创办业余党校，工作组指挥部专门成立党总支，设立5个党支部、4个专业工作组，保证每个援疆干部人才都能正常参加党组织生活和各项活动。制定各项制度，坚持月度交流、双月访谈、半年反馈和年底考核“四位一体”工作交流机制内部管理制度，加强党风廉政教育，层层签订反腐倡廉责任状，进一步增强援疆干部的遵纪守法意识。开展系列活动，实施“天山雪豹+”计划，倡导“讲规矩，比工作、比担当、比贡献”，组建成立淮安援疆干部人才民兵应急排，举办军事日活动，提高全体人员军事素质、协作意识和应急能力。

（市发展改革委援疆办）

5月6日～8日，新疆生产建设兵团第七师党政代表团以团县融合为主题到淮安考察，举行团县融合对接会，并签署团县融合备忘录。　援疆办　供图

公共服务

GONGGONG FUWU

（荀德强　摄）

科技　教育　文化　卫生　体育

科 技

综 述

【概况】2015年，淮安市高新技术产业实现产值1687亿元，增长14.45%，占规模以上工业总产值的25.1%。全社会研发投入46.7亿元，占地区生产总值的1.7%。获批国家、省级科技项目128项，争取上级财政无偿资金8374.9万元。全市专利申请量15941件，增长5.56%，其中申请发明专利4406件，增长26.07%，增幅全省第一。获授权专利9365件，增长40.55%，其中发明专利335件，增长2.76%。万人有效发明专利拥有量2.74件，增长52.66%。全社会研发费用占地区生产总值的1.7%。科技进步贡献率51%。出台《淮安市创建国家创新型城市实施方案（2015—2018年）》，排定创建国家创新型城市工作“路线图”；推动淮安高新区升格为国家级高新区、淮安盐化新材料产业园创建省级高新区，得到省科技厅支持。

5月28日，淮安市第五届大学生科技创业大赛决赛在江苏食品职业技术学院举行。 朱小柱 供图

【第五届大学生科技创业大赛】5月28日，淮安市第五届大学生科技创业大赛在江苏食品药品职业技术学院举行决赛暨颁奖典礼。大赛历时5个月，有200多个项目参赛，69个项目进入初选。经专家评审，选出20个优秀项目进行决赛。由淮阴师范学院选送的“凹土基陶瓷微滤膜的开发与应用”获一等奖，由江苏食品药品职业技术学院选送的“诺晨智能家居系统的产品定制开发”等3个项目获二等奖，由江苏财经职业技术学院选送的“新型药用洗瓶机的开发与推广”等6个项目获三等奖，分别获3万元、1万元和6千元创业奖励。江苏财经职业技术学院选送的“小型超声波龙虾清洗机”等10个项目获优秀奖，得到2000元创业奖励。

【首届“最美科技人”评选】2015年，淮安市开展首届“最美科技人”评选活动。活动历时4个月，从全市机关、企事业单位从事科技管理、科研开发、科技推广和科技服务工作人员中，遴选出20名做出突出贡献科技工作者作为“最美科技人”候选人，经过新闻媒体公示、社会公众投票，并结合候选对象的行业类别、个人素质等因素进行综合评审，最终杨大伟、彭华龙等10名科技人员被评为首届淮安市“最美科技人”。

【科技税收政策轮训活动】2015年6~7月，市科技局、市国税局和市地税局在全市联合开展为期一个月的科技税收政策轮训活动。活动涉及全市8个县（区）以及市经济技术开发区、盐化新材料产业园区、工业园区3个园区500余家企业。共开班11次，对企业主要负责人、分管负责人、财务人员、科技研发人员等1000多人进行培训。培训内容包括科技税收政策落实，企业科技税收优惠政策，科技创新券、高新技术企业申报以及专利等有关知识。

【企业科技政策辅导队活动】2015年10月10日，淮安市科技局举行科技政策辅导队启动仪式。全市成立9支科技政策辅导队，利用一年时间，在全市企业开展政策宣传、政策辅导、政策咨询等辅导活动。每个科技辅导队按工作要求，每个月新发展10家企业开展点对点服务，每季度统计、上报服务企业相关数据及典型案例。每个科技辅导队的实绩纳入到处室考核内容。（朱小柱）

工业科技

【概况】2015年，淮安市有国家高新技术企业239家、省级创新型企业33家，有省级企业研究院3家，有省级科教单位重点实验室4家，建成省级科技公共服务平台14个、市级科技

表40 2015年淮安市专利工作情况表

	单位	全市	市区	清河区	淮安区	淮阴区	清浦区	开发区	涟水县	洪泽县	盱眙县	金湖县
专利申请受理量	件	15941	8481	1519	2019	1965	1098	1880	1823	2067	1936	1634
发明	件	4406	2178	442	442	548	304	442	427	715	680	406
专利申请授权量	件	9365	4916	718	1403	1171	547	1077	999	1214	1228	1008
发明	件	335	200	28	22	54	18	70	14	51	17	53

公共服务平台70个。建有省级企业院士工作站7个、市级企业院士工作站21个。建有省级工程技术研究中心72个、市级工程技术研究中心397个。出台《科技型企业培育三年行动计划（2015~2017年）》，增强企业自主创新能力。年内，淮安市“盱眙凹土特色产业基地”被认定为国家火炬特色产业基地，这是继金湖石油机械特色产业基地、盐化新材料特色产业基地后，该市第三个“国家级”特色产业基地。盱眙县被中国非金属矿工业协会授予“中国凹土之都”称号，成为国内唯一获“中国凹土之都”称号城市。

【高新技术企业和产品】 2015年，淮安市淮安纷云软件有限公司等74家企业通过国家高新技术企业认定；江苏鑫信润科技有限公司等29家企业通过高新技术企业复审。全市在册国家级高新技术企业达239家。江苏清淮机械有限公司生产的“水旱两用反转灭茬旋耕机”等92项产品通过省高新技术产品认定。全市累计有省级有效高新技术产品482项。

【省科技成果转化项目】 2015年，江苏正大清江制药有限公司实施的“基于创新晶型的法罗培南钠及其注射剂的研发与产业化”等5个项目获省重大科技成果转化项目立项，项目数比2014年多1个，创历史新高，获省财政资金4800万元资助，较2014年增长45.5%，立项数及资助资金数均居苏北地区第一。淮安市圣欧芳纶（淮安）有限公司实施的“原液染色芳纶1313纤维及高绝缘芳纶纸复合材料研发与产业化”项目和淮安科润膜材料有限公司实施的“流延法阴阳离子双极膜工艺开发与产品产业化”项目分别获省后续资助资金400万元和224万元无偿资助。

【第十届中国凹土高层论坛】 7月25~26日，第十届中国凹土高层论坛暨2015中国凹土产业博览会在盱眙县举办。在论坛上，中科院兰州化物所盱眙凹土研发中心获“中国凹土都梁香兰奖”。中科院兰州化物所与盱眙县人民政府签署继续共建中科院兰州化物所盱眙凹土研发中心协议，中科院广州能源所盱眙凹土中心和江苏森茂能源发展有限公司签署废润滑油絮凝—蒸馏—凹凸棒土精制再生关键技术研究项目协议，中科院宁波材料所盱眙凹土中心和盱眙博图凹土高新技术开发有限公司签署凹凸棒石增强气凝胶超级绝热材料项目协议。2015中国凹土产业博览会与中国凹凸高层论坛同时举行，其间，还召开中科院盱眙凹土应用技术研发与产业化中心第二届第二次理事会、技术委员会联席会议。（朱小柱）

农业科技

【概况】 至2015年底，淮安市建成国家农业科技园1个，省、市级农业科技园（基地）56个，农业科技型企业129家，科技型农民专业合作社89家。淮安市清浦设施蔬菜产业分店、洪泽特种水产产业分店两家科技超市被省科技厅评为优秀科技超市，全市累计有农村科技服务超市15家。

【农业科技项目】 2015年，淮安市17个农业科技项目获省苏北科技专项立项，获扶持资金500万元。4个项目获省农业重点研发计划立项支持，获得省财政资助资金250万元，分别是中科院水生生物研究所淮安研究中心、市农科院、江苏国瑞绿色食品有限公司和淮安市百麦绿色生物能源有限公司。淮安市盖钧镒院士工作站研究员杨加银申报“大豆种质群体蛋白质含量全基因组关联分析及优化组合设计育种效果研究”获国家自然科学基金面上项目资助，资助经费60万元。实现淮安市在农业领域国家自然科学基金项目零的突破。

【淮安国家农业科技园区建设】 2015年，在江苏农业科技园区协同创新战略联盟成立大会上，淮安国家农业科技园区正式加入该联盟。首批江苏农业科技园区协同创新战略联盟成员单位共27家，包括9家国家农业科技园区和18家省级现代农业科技园。经协商推选，江苏农业科技园区协同创新战略联盟首届理事会由常熟、白马、淮安、盐城、徐州、泰州、南通、无锡、连云港等9个国家农业科技园区组成，淮安园区和盐城园区任副理事长单位。8月3日，淮安市委副书记练月琴到淮安国家农业科技园区实地调研园区建设。10月15日，省科技厅副厅长段雄一行赴淮安国家农业科技园区调研，充分肯定国家农业科技园区取得的成绩，并建议园区要进一步做好规划，充分利用人才、项目、政策等多方面的资源，不断健全农业科技创新与推广机制。

【白马湖森林公园菊花园】 2015年，淮安市与南京农业大学就白马湖森林公园菊花园项目开展合作，南京农业大学园艺学院菊花园产学研基地落户白马湖。市长曲福田、副市长赵洪权、南京农业大学副校长丁艳锋等出席项目签约仪式。菊花园产学研项目占地10.67公顷，集菊花新品种研发与展示、旅游观光、人才培养、衍生品开发于一体，计划总投资约1亿元。（朱小柱）

·淮安市农业科学研究院·

【概况】 2015年，淮安市农科院有高级职称研究人员41名，其中研究员13名；享受国务院特殊津贴专家3名，省、市有突出贡献专家6名，省“333”人才培养对象10名，省“六大高峰人才”培养对象12名。新增各级各类课题31项，项目经费1961.65万元，比上年增加3.58%。“大豆种质群体蛋白质含量全基因组关联分析及优化组合设计育种效果的研究”获国家自然科学基金、省自然科学基金项目资助，实现淮安市农科院国家、省自然科学基金项目零的突破。11个农作物新品种通过国家、省审（鉴）定。淮麦系列品种在全国年应用面积超过80万公顷，其中淮麦33单年推广面积超过10万公顷；淮稻5号年应用面积连续5年超过40万公顷；淮稻、淮麦应用面积分别占淮安种植面积的44.4%和32.8%。

【区域特色学科建设】 2015年，淮安市农科院新增投入300万元，组织实施国家农业综合开发1000万株蔬菜种苗培育基地改扩建项目，改善提升工厂化育苗设施与装备水平。“一红一黑、一苦一甜”学科发展方向取得明显进展，2个西瓜品种、1个红椒品种、1个苦瓜品种通过江苏省审（鉴）定；获授权发明专利2项，获批省、市级地方标准6项；获淮安市科技进步二等奖1项。

【科研平台】 2015年，淮安市农科院重点实施“江苏淮安市国家级农作物品种审定区域试验站”项目，完成田间数据监控与分析室建设、设备与仪器招标采购、高标准试验田改造以及综合楼设计招标与开工建设等一期工程。加快实施与上海旗冰种业合作成立的“上海交大苏北分子育种研究院”建设，完成实施地淮阴区码头镇的土地摘牌、建筑设计、土建招标、主体施工等建设工作，完成20公顷试验示范基地的土地流转工作。联合市直农口部门、驻淮安高校、市农业龙头企业、新型农业经营主体等，牵头成立“淮安稻米产业技术协同创新联盟”，获市科技局立项和经费支持。与淮阴工学院签属战略合作框架协议，在学科团队组织、科研协同攻关、促进重大成果产出以及人才培养等方面开展深度合作。

【科技产业】 2015年，淮安市农科院推进科技创新资源和优势向产业转移转化，厚植“种、肥、药、调节剂”产业发展优势，继续强化知识产权管理和规范交易，新增合同17项，其中，稻麦品种13项，专利成果4项，到帐收益3709.64万元，较2014年（2156.3万元）增加72%。完成院属企业天丰种业股权结构变更、增资扩股工作，新公司获批国家高新技术企业，成功申领种子生产经营许可证，获批800万元转化资金资助的省重大成果转化项目。天丰种业全年销售水稻、小麦种子2325余万千克，销售收入1.098亿元。

【科技服务】 2015年，市农科院先后组织各类培训与指导活动30多次，累计培训6万多人次。承担中央农业财政农业推广项目“淮麦33新品种及其配套技术集成示范推广”，推广10046亩，惠及5个村、3223户农民。

9月24日，江苏省副省长徐南平到淮安视察科技创新工作。图为徐南平在清城创意谷视察。 朱小柱 供图

选择生猪和蔬菜作为挂县强农富民工程项目实施的两大主攻方向，示范推广20多个综合性状良好的优良品种，发放农资40多万元，技术资料和书籍7000多份（本）。在全市及周边地区打造科技成果应用示范基地50个，展示新品种、示范新技术、开展科技服务和农民培训。2015年，市农科院自主研发的新优成果在淮安累计应用面积达604.7万亩，促进农民增收5.4亿元以上。“建设农业‘四新’成果应用展示基地”项目获淮安市2015年度全市创新创优二等奖。市农科院连续5年被评为省科技富民突出贡献单位、省农科院科技服务先进集体和市扶贫工作先进集体。

（郭德好）

科技创新体系建设

【概况】 2015年，淮安市在全市开展市级工程技术研究中心绩效考评。考核范围为2013年前立项的212家市级工程技术研究中心。建立动态管理机制，并对考评优秀市级工程技术研究中心予以经费支持。推进淮安高新区创建国家级高新区。金湖县青年创业众创集聚区入选首批省级众创集聚区试点，获140万元建设补助资金。河海大学淮安研究院申报蒋亚清主持的“高性能加气混凝土产业科技公共服务平台”项目，获国家火炬计划环境建设项目立项。省科技厅在淮安市召开苏北五市企业研发机构调研专题会议，支持苏北五市企业研发机构建设。

【淮安智慧谷建设】 2015年，淮安市推进淮安智慧谷建设，明确六方面重点工作。一是片区规划的编制与实施，整合资源、重点规划，引导并控制片区发展，并做好周边公共服务布局。二是合理分类现有科研院所，严格控制面积，腾出物理空间，既充分调动各大科研院校积极性，又发挥好每一寸办公面积效益。三是全力推进入驻，主动对接，加快推进，确保已有院所加速落地。四是支持企业、研发机构、办学实体等自建基地，吸引更多科技创新机构入驻。五是伴随科研机构入驻，不断完善运行管理，建立决策平台，健全考核机制。六是加强督查推进，确保会办确定事项落到实处，切实凝聚起推进淮安智慧谷建设强大合力。全年引进上海交通大学苏北研究院、西华大学淮安研究中心等15家研发机构，签约高校院所34家，招引淮安安福科技公司、江苏兰大星源高新技术发展公司、科技广场等8个科技项目。获批纵向科技项目34项，其中省级及以上项目16个；开展横向科技合作63项，其中科技成果转化交易31项、技术服务28项、产业化项目4项。新增研发中心5个、高层次人才39名。

【众创空间建设】 2015年，淮安市相继出台《推进众创空间建设工作方案》和《市级众创空间认定管理办法》，推动众创空间建设。《方案》规定，全市将实施“创业淮安”行动，通过上下联动，集成政策支持，建设一批众创空间等新型创业服务平台，并通过市场化机制、专业化服务和资本化途径,有效集成创业服务资源,打造众创空间、孵化器、加速器、科技园区,形成点、线、面相结合的创新创业孵化服务链条。同时还将探索建设众创集聚区,提升创新创业服务能力。对省级以上备案的众创空间,纳入省级以上试点的科技创业孵化链条、众创集聚区等,该市将设立1000万元左右的专项科技资金,予以“后补助”支持。《市级众创空间认定管理办法》对众创空间的建设条件、认定程序、管理机构等作出明确规定。年内,淮安市首批认定科创融银、清城创意谷“创业吧”、泊埂众创咖啡馆、智汇坞、83众创、A8创客吧、创业蜂房、咖啡先生品牌创业基地、茶遇创客工场、好易购“创业吧”10家市级众创空间。淮安市将对众创空间建设给予专项资金支持,鼓励各县(区)建立众创空间补助资金,在分类、分阶段进行建设成效、运行绩效评估的基础上,共同支持众创空间、科技创业孵化链条和众创集聚区建设。（朱小柱）

产学研合作

【概述】 2015年,淮安市坚持创新驱动发展战略,加快推进产学研协同创新,先后组织产学研对接活动20余批次。举办引进高校院所集中签约仪式等,签约科技合作项目近50项,北京化工大学、哈尔滨工业大学、中国石油大学、吉林大学、天津大学等20多家国内外高校科研院所达成合作意向。推动驻淮安高校院所新建立校企联盟50家,累计达750家。累计建成省级产学研创新载体7个。承办南京农业大学2015年“钟山学术论坛”。

【政策规范】 2015年,淮安市制定出台《淮安市引进高校院所设立研发机构绩效评价实施方案(试行)》《淮安市引进高校院所设立研发机构建设方案可行性论证评估规程(试行)》。《方案》规定,绩效评价以年度绩效考核评价为主、日常督查考核为辅,每年年初对研发机构上一年度建设和运行绩效组织一次综合性考核与评价。《方案》明确对考核合格以上等级研发机构,根据上一年度为淮安企业开展合同科研、技术转移、科技公共服务等横向服务收入到账经费一定比例由市财政给予后补助。对尚处在建设期研发机构,按照共建协议和建设项目合同,市财政或县(区)财政据实拨付建设扶持经费。后补助资金主要用于研发机构的科研条件配备与完善、杰出人才引进与培育、公益性技术服务和标准化规范建设等方面。

《规程》对引进研发机构建设方案编制、论证评估组织、论证评估内容、论证评估程序作出明确规定。论证评估工作由市科技、财政部门牵头,组织专家召开专题会议,根据合作基础、机构建设、机制保障三方面采用百分制综合考量,形成《论证评估意见》,并依据《论证评估意见》提出是否招引、招引后扶持经费额度及其他有关工作意见和建议。原则上,平均分不足85分为论证“不通过”。

【研发机构建设】 2015年,淮阴师范学院联合技术转移中心和淮阴工学院联合技术转移中心两家单位获省科技厅高校技术转移中心立项建设。市政府与哈尔滨工业大学、中国石油大学、吉林大学等10家高校院所签署合作协议。淮阴区政府与淮阴师范学院举行“百名博士帮百企”活动,淮阴师范学院首批48名博士与淮阴区52家企业开展产学研合作,签订52份合作协议。淮安市与上海交通大学签署共建上海交大苏北研究院协议。上海交通大学苏北研究院将以发展高科技项目应用研发、以科技植入提升淮安企业科技实力、吸引科技成果在淮安转化、实现产业化为目标,充分利用淮安的产业、环境等优势与上海交大的科技、人才优势,通过“政产学研”结合,开展创新研发与科技成果孵化、转化、产业化。“绿色燃料油调和组分的合成放大新工艺研究”等17个项目获省产学研前瞻性联合研究项目立项支持,获批项目数创历史新高,并获省拨款项目资金300万元。

【淮安稻米产业技术协同创新联盟】 “淮安稻米产业技术协同创新联盟”是淮安市农科院、淮阴师范学院、江苏国瑞绿色食品有限公司等单位联合发起,由淮安稻米产销上下游企业、大学、科研院所、公共服务企业共同组建而成。联盟构建以技术创新推进、特色品牌引领、产业园区辐射、龙头企业带动、文化思维融合等为特征的淮安稻米产业发展新模式,整合有关科技资源,建设公共技术创新平台,建立产学研长效合作机制和战略合作关系,实现资源共享,集聚创新要素,解决淮安稻米产业共性、

12月23日,淮安市引进高校院所设立研发机构集中签约仪式举行。
朱小柱 供图

关键性、瓶颈技术问题，形成技术创新链，为淮安稻米产业技术整体提升搭建支撑平台。11月30日，淮安市“淮安稻米产业技术协同创新联盟”进行专家论证。论证专家认为，联盟建设目标明确、任务具体，考核指标可行，一致通过论证，建议尽快立项实施。（朱小柱）

知识产权

【概述】 2015年，淮安市专利申请量15941件，同比增长5.56%，其中发明专利申请量4406件，同比增长26.07%，增幅全省第一。专利授权量9365件，同比增长40.55%。企业专利申请量4987件，同比增长85.18%，增幅全省第一；企业专利授权量2885件，同比增长88.69%，增幅全省第二。PCT（专利合作协定）专利申请24件，同比增长300%，增幅全省第一。万人有效发明专利拥有量达2.74件，同比增长52.66%，增幅全省第三。3家企业获批省企业知识产权战略推进计划项目，10家企业获批省知识产权贯标先进单位。江苏天士力帝益药业有限公司“替莫唑胺的精制方法”和洪泽县华晨机械有限公司“远洋船舶发动机气缸套及其气缸套材质”两项发明专利获第九届江苏省专利项目优秀奖。

【知识产权行动计划】 2015年，淮安市出台《淮安市知识产权（专利）战略推动三年行动计划（2015—2017）》。《计划》明确下一阶段主要目标，到2017年底，重点实现万人有效发明专利量突破4件；年度企业专利申请、授权量占比均突破40%；新增年专利申请量超100件的企业16家以上，申请量超50件的企业30家以上，申请量超10件的企业100家以上；高新技术企业、“4+2”支柱产业和战略性新兴产业龙头企业实现有效发明专利全覆盖；新增实施知识产权战略企业50家以上，新增省企业知识产权管理标准化示范创建单位130家以上；加速推进国家知识产权示范城市相关工作，2016年建成国家知识产权示范城市；新增省级知识产权试点园区2个；至2017年底，县（区）知识产权试点、示范工作实现全覆盖。

【省知识产权试点园区】 2015年，江苏淮安高新技术产业开发区、江苏淮安工业园区、江苏淮安清浦工业园区和江苏涟水经济开发区等4个园区被省商务厅、省知识产权局联合认定为知识产权试点园区，获批数量苏北第一、全省第二。截至年底，淮安市累计有8个园区获批省知识产权试点园区。

【知识产权业务培训】 2015年，淮安市通过开展各类知识产权培训班，提高知识产权工作人员业务水平。9月，江苏省企业知识产权总监培训班（淮安班）在淮安市举办。省科技厅副巡视员黄志臻、宣传教育处处长牛勇、江苏大学唐恒出席开班典礼。省科技厅副巡视员黄志臻围绕知识产权与企业发展讲授第一课。全市80余家高新技术企业、知识产权战略推进计划承担企业和知识产权贯标企业的知识产权工作高管参加培训。10月，2015年度江苏省知识产权工程师培训（淮安）班开班，省知识产权局副局长施伟、宣教处副处长张卫东出席开班仪式。全市企事业单位从事知识产权工作人员共116人参加培训，培训为期5天，培训结业考试合格者颁发省知识产权工程师培训结业证书。（朱小柱）

科技人才

【概述】 2015年，淮安市累计引进国家“千人计划”89人，省“双创人才”93人、省“双创团队”1个；引进“淮上英才计划”创新创业团队15个、领军人才164人。39名科技副总入选江苏省“双创计划”资助人选，数量居全省第二、苏北地区第一，每名科技副总获得15万元左右经费资助。第八批科技镇长团102位专家到淮安挂职。

【“千人计划”专家助力电子信息产业】 2015年，淮安市继续举办“海聚千人·智汇淮安”活动，并专门举行助推淮安电子信息产业升级发展活动。60多位国家“千人计划”专家与全市100多家电子信息企业深度洽谈对接，共谋合作发展。相关企业与“千人计划”专家进行现场签约。举行专项对接活动，根据淮安市产业特点，安排互联网、电气仪表和绿色能源3个专场项目交流洽谈，达成一批合作项目和合作意向。

【双创人才】 2015年，淮安科润膜材料有限公司杨大伟入选科技部创新创业人才推进计划科技创新创业人才。国务院办公厅联合14家国家部委举办“发现双创之星”活动，淮安

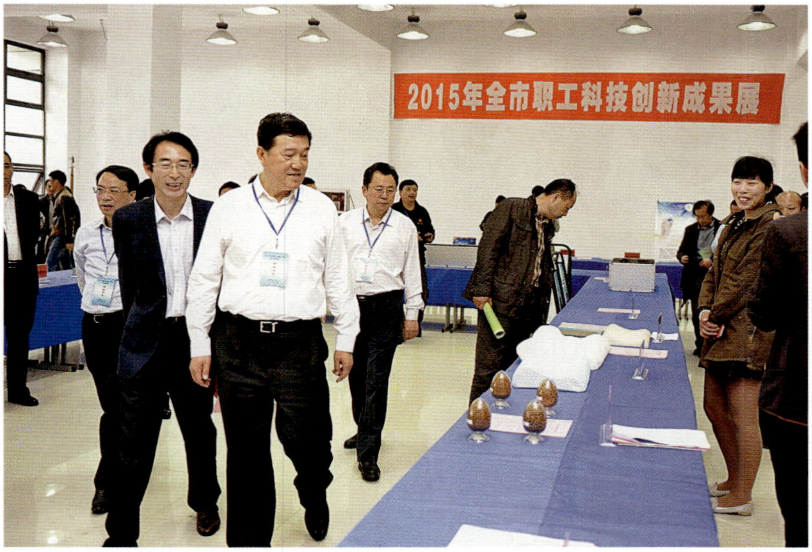

2015年，淮安市举办职工科技创新成果展。 总工会 供图

市麒祥高新材料有限公司彭华龙和科润膜材料有限公司杨大伟两人入选江苏省“发现双创之星”。淮安科润膜材料有限公司博士董全峰团队获省高层次创新创业人才引进计划资助人选，获得300~500万元经费扶持，实现淮安市省级双创团队（科技创新类）项目零突破。（朱小柱）

防震减灾

【概况】 2015年，淮安市地震局围绕省、市防震减灾目标要求，提高综合防震减灾能力。将“市地震台网中心”“地震烈度速报与预警示范系统中心”和“淮安市地震应急指挥中心”3个中心合并为“淮安市地震预警与指挥中心”项目，建设集数据收集、震情跟踪、宣传教育与法制推广为一体智能化防震减灾综合系统。金湖苏06井水位、果林场地磁项目在2014年度全国地震监测预报质量单项评比中均获第三名，金湖苏06井水温观测成果项目获江苏省地震局防震减灾优秀成果三等奖。涟水县涟洲社区获国家级防震减灾示范社区称号。承办省震害防御工作会议、省地震应急救援工作会议以及全国“地震科普下基层”活动启动仪式。在国家级刊物和网站上发表调研文章3篇、信息报道7篇。《2015年度淮安市地震趋势研究报告》获全省评比第二名。

【省市县一体应急指挥中心】 2015年初，淮安市将“建成县级地震应急指挥中心，并接入省、市地震应急指挥技术系统”任务纳入县级考核的目标任务书，要求每个县（区）有固定应急指挥中心，并按照地震应急联动协同技术支撑系统建设要求，建成地震应急视频会议系统。6月，在金湖县举办县（区）地震局地震应急响应平台建设业务班，邀请省地震局专家作专门辅导，市地震局对县（区）地震应急指挥平台建设进行具体部署。7月12日，金湖县政府常务会议研究，在该县住建大楼6楼原会议室建设指挥中心，经费约21.22万元由县财政支付。截至年底，金湖县、盱眙县地震局应急指挥平台建成，其他县（区）地震局将陆续完成。

【地震台站建设】 2015年，淮安市针对涟水深井仪器一直停测情况，协调省地震局在原址增上钻孔应变手段，加密该市北部地区前兆观测。3月，完成洪泽数字深井测震仪安装工作，流动台建设前期招投标工作准备工作基本到位。完成盱眙FHD线圈维修工作，果林场砂层应力仪器调试工作基本结束。完成金湖苏06井环境绿化提升，盱眙地磁仪器重新进行更换。

【四大系统构建】 2015年，淮安市建成地震烈度速报与预警示范系统、地震应急无线通信网络系统、手机4G视频远程动态实时监测系统、EQIM地震应急信息自动发送系统四大系统。一次性投入建设经费320余万元，由成都高新减灾研究所负责建设31个速报台。6个县（区）地震局完成地震应急通信设备安装。在市县（区）建设视频远程监控系统，实现对10余个台站、宏观观测点的手机4G远程动态实时监控。采用联通4个网卡发出地震信息到市主要领导、防震减灾联席会议成员单位和局机关主要负责人手机上，震后约2~3分钟就能收到地震信息，发送震情短信63条，计6200人次。

【地震队伍建设】 2015年，淮阴区地震局由原来区发展改革委下二级局成为独立办公一级局，并配备5个编制。召开市主城区地震群测群防人员业务知识培训，对主城区地震群测群防人员重新建立档案。依托市消防支队成立“淮安市综合应急救援支队”，各县（区）相应成立“县（区）综合应急救援大队”，生命线工程单位及危险品生产单位均建有专业应急抢险队伍，组建地震应急救援志愿者队伍，市、县（区）现有地震应急救援志愿者队伍94支，参加人员9168人。成立由市住建、规划、民防及设计院和工程监理等专家组成“淮安市防震减灾工作专家咨询委员会”；成立由市地震、水利、水产、气象学会、农学会、环境监测及省地质工程地质勘察院等专家组成“地震宏观异常专家咨询委员会；建立一支以地震工作者为主体、专家教授为主导，社会公众参与的防震减灾宣传队伍。市地震局退休干部洪宝德被聘为“中国地球物理学会天灾预测第五届专业委员会委员”。

【社会服务】 2015年，市地震局强化服务意识。一是抗震设防要求服务。市政务中心地震窗口主动宣传苏震发〔2013〕17号文件精神，为中业慧谷·淮安软件创意科技园项目做地震安全性评价建设工程项目，使其驶上安评“绿色通道”，协调解决项目审批过程中遇到的问题，确保新建项目早投产、早建设、早见效。在推进抗震设防纳入基本建设管理程序基础上，结合防震减灾示范市县、示范社区、地震安全农居工程等创建活动，市地震局向亿力未来城工程有限公司等重大建设项目单位推介减隔震技术和抗震新技术、新材料的应用转化。二是示范创建工作服务。启动全国防震减灾示范城市创建工作，将其纳入全市“十三五”61项重点工作之一。推动洪泽县创建全国防震减灾示范县。加强社区和中小学校的防震减灾建设工作，定期组织社区和学校进行地震应急疏散演练，开办各类有针对性的防震减灾科普知识讲座等，示范创建工作进展顺利。涟水县涟洲社区获国家级地震安全示范社区称号，为全省仅有两家单位之一。国家级科普教育基地1个，省级地震安全示范社区37个，省级防震减灾科普示范学校7个。三是地震监测台网服务。全市各种监测台网运行正常，资料连续可靠、准确有效。完成2015年度淮阴区果林场电磁波等观测资料评比工作；观测资料在全省资料评比中6项进入前三名，2项进入全国前三名。四是震情趋势信息服务。制定《淮安市2015年度震情监视和短临跟踪工作方案》和《淮安市地震局重大震情评估通报制度实施办法》，并在梅雨季节来临前专门下发《淮安市地震局关于加强地震台站运行管理工作的通知》。及时分析处理前兆数据，2015全年共处理异常6起，其中宏观异常3起（及时排除，有信息报道，没报告材料），苏

06井水温异常3起，并形成异常调查报告报省局备案；报送周/月异常汇总32份，完成上半年地震目录更新和上半年月度震情监视报告。召开季度/年中会商3次。整理地震目录，交汇地震事件36起。

【地震科普宣传】 9月20日，市地震局举办“科普淮安·全民科学素质‘一站到底’挑战赛”团体竞赛活动；金湖县地震局在第七个“全国防灾减灾日”开展“科学减灾、依法应对”主题防灾减灾宣传活动；在“4·22”世界地球日、“5·12”防灾减灾日、“7·28”纪念唐山大地震39周年、10月13日国际减灾日活动期间，驻政务中心窗口利用服务大厅电子屏播放宣传标语，传递防震减灾正能量。10月27日，市地震局邀请中国地震局原副局长何永年走进市委党校，首次为主体班（县处级、县处级后备干部）近200名学员作讲座。洪泽县建成防震减灾体验馆，体验馆按防震功能分为六个展区，设置31个展项，全景式、全方位、多角度宣传地震知识，通过地震灾害模拟体验、5D科普电影、虚拟仿真场景逃生训练、知识游戏等多种手段，使体验者学会正确应急避险和自救互救知识，是省内县（区）级一流水平展馆。观众逾5000人。由市地震局建成防震减灾主题“数字地震科普馆”，公众可通过淮安市地震局门户网站访问数字地震科普馆。创建市地震局公众微信号，通过微信、微博等及时发布地震信息、政策资讯及防震减灾知识等，还通过抢红包等形式，增加有奖科普知识抢答趣味性和吸引力。淮阴区编印一批防震减灾科普挂图、宣传单，制作一批宣传展板、科普光盘等宣传材料，在开展宣传活动时发放到市民手中。（蒋雪莲）

气象服务

【概况】 2015年，淮安市推进气象现代化建设，加强气象基础设施建设。市、县政府全面落实地方公共财政对气象事业发展保障政策。经省统计局和省气象局核定，淮安市气象现代化指标进程评分84.7分。争取到省气象局批复在淮安市布设反应性气体观测站、风廓线雷达、激光雷达、地基多通道微波辐射计各1部，省财政投资1000万元。市气象局被评为全省气象部门综合考评优秀单位。

【气象为农服务】 2015年，“气象为农服务体系建设年度完成率”被纳入到市委市政府对县（区）的“三农”工作重点指标考评体系（淮办发〔2015〕63号）。“加强气象为农服务工作”列入市政府下达的重点工作任务中（淮政发〔2015〕2号）。市气象局对目标任务进行细化分解，并印发各县（区），形成气象工作的市县乡三级考核机制。2015年，6个县（区）获中央财政专项资金。市气象局与省气象学会联合建立的“台创园气象服务基地”，被省科协评为“省级协同创新基地”。全市有1个乡镇（金湖金北）被评为国家级标准化气象为农服务镇，3个县（洪泽、盱眙、涟水）、6个乡镇（涟水保滩、淮阴码头、金湖金南、金湖闵桥、淮安苏嘴、淮安南闸）分别被认定为省级标准化气象为农服务县（市、区）和乡（镇）。

【气象灾害防御和应急体系】 2015年，淮安市全年审核通过35个应急准备认证村（社区）。完成台风风险区划年度任务，制作淮安暴雨洪涝灾害风险图谱，气象工作融入淮安数字城管网格化管理系统平台。市级综合应急平台视频会议系统接入气象局。全市有421个气象信息站，金湖、涟水等县（区）有179个村接通应急广播系统，与广电等部门建立气象灾害预警发布机制。

【台站基础设施建设】 2015年，洪泽湖流域气象灾害监测预警信息处理中心（市气象灾害预警应急中心）项目建筑施工图设计完毕，处于送审阶段。新一代多普勒天气雷达塔楼和淮安国家基准气候站内外装修工程基本结束。涟水气象灾害预警指挥中心、淮阴气象灾害预警中心项目主体工程建设完工。洪泽国家气象观测站迁建工程完成序时建设。盱眙县国家基本气象站新址迁建工程新址观测场投入对比观测，业务用房设计方案通过审核。金湖县气象局迁建工作被列入县政府重点督办项目。（市气象局办公室）

教育

综述

【概况】 2015年，淮安市有各类各级学校987所，在校生87.1万人，教职工5.5万人。全市教育发展基本形成较为优质的现代国民教育体系和较为完善的终身教育体系，实现区域教育基本现代化。在苏北率先通过义务教育基本均衡国家督导认定，成为全国义务教育学校管理标准实验区。

【教育现代化建设】 2015年，淮安市校安工程和农村中小学装备水平提升工程完成。加固和重建校舍30万平方米，全市589幢15.1万平方米D级校舍全部消除，按照省一类标准提升80所农村中小学装备水平。完成年度教育现代化监测工作，全市监测得分72.07分，较上年提高10.33分，增幅居全省各市之首；有6个县（区）得分高于全省平均分，其中清河区高于苏南平均水平，淮安经济技术开发区、清浦区、金湖县高于苏中平均水平。

【教育公平】 2015年，淮安市义务教育“改薄”覆盖所有县（区），农村办学条件显著改善。义务教育坚持免试就近入学，热点高中70%招生计划分配到辖区初中学校，3593名外来务工人员子女享受“同城待遇”。开展留守儿童教育工作调研，农村寄宿制学校建设得到推进。成立市特殊教育指导中心，实现残疾儿童义务教育全覆盖。全面落实各项资助政策，全市没有一个孩子因贫失学。13所市区优质学校挂钩帮扶10个重点中心镇的23所学校，组织特级教师赴19个乡镇开展“幸福教育乡村行”活动，淮阴师范学院与淮安经济技术开发区、江苏省淮阴中学新城校区与淮安工业园区实验学校开展教育共建，

10月19日，“童心里的诗篇——中国·江苏首届少儿诗会走进淮安诗歌朗诵会”举行。　　华跃　供图

淮安市外国语实验小学、淮安小学分别领办淮阴区1所学校。

【教师整体素质提升】　2015年，淮安市教育系统开展“三严三实”专题教育活动，深化“五德”（周恩来优秀政治品德、思想道德、为政官德、社会公德、家庭美德）教育，实施“两为”（为官不为、为官乱为）专项整治。举办庆祝第31个教师节系列活动，评选产生淮安首届“最美教师”“功勋教师”。确定首批特级教师工作室24个，评选第三批市级学科带头人680名。组织教师出国培训160多人，市级以上教师培训1.3万人次，在全省率先试点体艺师范生农村顶岗实习。全市教师交流3733人次，比上年增加1290人次，各县（区）教师交流比例均超过15%。推进教研员推门听课，视导常规课堂逐渐成为常态。举办淮安市基础教育高层次人才高级研修班，全市省特级教师和“533”（用5年左右时间选拔培养50名学术技术领军人才、300名左右学术技术拔尖人才、3000名左右学术技术骨干人才）人才工程培养对象120余人参加研修。

【素质教育】　2015年，淮安市着力打造生态德育品牌，创建市级周恩来班160个。组队代表江苏省参加全国军事训练营竞赛，获第二名。连续第三年举办“市长杯”校园足球比赛，26所学校被认定为全国首批青少年校园足球特色学校，淮安市在全省作经验介绍，《光明日报》头版进行报道。举办全市第二届中小学生体艺文化节，参加全省展演获特等奖1个、一等奖8个。创成市级体育、艺术、科技教育等特色学校79所、书香校园10所，12所中小学被认定为江苏省首批书法特色学校，建成12个省级基础教育课程基地。普通高考在参考人数比2014年减少4042人情况下，二本以上录取11108人，比上年增加316人，录取率居苏北地区第一；清华大学、北京大学录取22人。

【教育服务】　2015年，淮安市“平安校园”建设成效明显，校园安全建设、防控水平不断提高。现代职教体系加快构建，创成2所省高水平现代化职业学校，获批18个本科分段培养项目专业点，新增8个省级特色专业、3个省级技能教学研究基地，5所中职学校启动现代学徒制试点，向地方输送技能人才万余人。社区教育和高等教育发展提速，创建13个省市级社区教育中心和1个高水平农科教基地，省政府支持筹建综合性淮安大学、批准成立江苏护理职业学院。

【教育创新创优】　2015年，淮安市县域义务教育发展基本均衡通过国家抽查。启动建设国家和省中小学责任督学挂牌督导创新县（区），全市所有中小学全部挂牌到位。全国义务教育学校管理标准实验区建设取得阶段性成果，在全国会议上作经验介绍。与江苏第二师范学院（省教育科学院）签订教育战略合作协议，与江苏开放大学共建淮安开放大学；承办江苏省第二届幸福教育论坛，会同中国教育报刊社组织2次“幸福教育西部行”活动；借助驻淮高校智力资源，科学编制“十三五”教育规划；承办南非孔子课堂，5名教师入选首批外派教师，成功举办第五届“新马·清江杯”国际高中篮球邀请赛。

【教育集团化】　至2015年底，淮安市组建52个基础教育集团，带动200多所新建学校和薄弱学校加快发展。建成盱眙职教集团、市高职校职教集团、淮阴商校建筑职教集团等10个区域性和行业性职教集团，服务地方经济社会发展能力逐步增强。

【“最美教师”和“功勋教师”评选表彰】　2015年，淮安市举行“最美教师”和“功勋教师”评选表彰。从3月开始，中共淮安市委宣传部、市文明办、市教育局、市电视台联合开展评选活动。通过层层选拔，从5万名教师中，选出20位正式候选人，有16万人通过网络、微信、短信等多种方式参与投票。经过评选，8名教师入选2015年“最美教师”，20名教师被评为2015年淮安“功勋教师”。9月10日，中央电视台新闻频道《新闻直播间》栏目专门报道淮安市商业学校教师苗喜荣、淮安市特殊教育学校教师孙冬梅先进事迹。江苏电视台、淮安电视台、《江苏教育报》《淮安日报》各栏目纷纷报道淮安市“最美教师”和“功勋教师”颁奖典礼、教师事迹和评选情况等。

【启动乡村体艺教师支持计划】　9月18日，淮安市举行乡村体艺教师支持计划师范生顶岗实习活动启动仪式。2015年6月，国务院办公厅颁发《乡村教师支持计划（2015—2020年）》。为落实文件精神，江苏省教育厅以淮安市为试点，通过淮阴师范学院与淮安市教育局合作，在全省率先推进该项工作。启动仪式后，部分淮

表41 2015年淮安市教育情况表

	单位	全市	市区	清河区	淮安区	淮阴区	清浦区	开发区	涟水县	洪泽县	盱眙县	金湖县
一、学校总数	个	500	264	29	119	66	26	16	105	25	66	40
普通高校	个	7	7	—	—	—	—	—	—	—	—	—
普通中等专业学校	个	16	11	7	2	2	—	—	2	1	1	1
普通中学	个	179	99	11	35	32	16	5	33	10	26	11
职业高中	个	1	1	—	1	—	—	—	—	—	—	—
技工学校	个	5	3	—	1	—	1	—	—	1	1	—
小学	个	282	138	10	78	30	9	11	69	12	37	26
特殊学校	个	7	3	1	1	1	—	—	1	1	1	1
成人中专	个	3	2	—	1	1	—	—	—	—	—	1
二、毕业生总数	人	170667	98479	12931	29119	23038	9996	2646	31419	10067	22885	7817
普通高校	人	18600	18600	—	—	—	—	—	—	—	—	—
普通中等专业学校	人	19710	7141	3327	828	2986	—	—	5092	965	4912	1600
普通中学	人	74577	39592	6278	14212	11137	6809	1156	15633	4746	10654	3952
职业高中	人	5294	5294	—	5294	—	—	—	—	—	—	—
技工学校	人	4360	2221	—	72	—	—	—	—	1417	722	v
小学	人	47224	24810	3302	8444	8387	3187	1490	10686	2931	6590	2207
特殊学校	人	83	50	24	14	12	—	—	8	8	7	10
成人中专	人	819	771	—	255	516	—	—	—	—	—	48
三、招生总数	人	174399	105996	14203	28112	24175	10724	4195	30661	7847	23546	6349
普通高校	人	20536	20536	—	—	—	—	—	—	—	—	—
普通中等专业学校	人	19966	10690	4086	1858	3002	—	—	4620	715	2880	1061
普通中学	人	70985	39314	6099	13688	10418	7443	1666	14494	4192	9818	3167
职业高中	人	1744	1744	—	1744	—	—	—	—	—	—	—
技工学校	人	3735	2319	—	12	—	—	—	—	245	1171	—
小学	人	56660	30697	4001	10655	10231	3281	2529	11535	2681	9661	2086
特殊学校	人	213	165	17	12	136	—	—	12	14	16	6
成人中专	人	560	531	—	143	388	—	—	—	—	—v	29
四、在校生总数	人	698865	398016	51516	112252	102435	41105	18066	142577	36467	95856	25949
普通高校	人	67927	67927	—	—	—	—	—	—	—	—	—
普通中等专业学校	人	54841	24811	11017	4950	8844	—	—	17175	1931	8576	2348
普通中学	人	211901	115589	17797	40920	30709	21557	4606	43564	13420	29291	10037
职业高中	人	6153	6153	—	6153	—	—	—	—	—	—	—
技工学校	人	10931	4797	—	82	—	—	—	—	2496	3638	—
小学	人	344333	176404	22496	59490	61410	19548	13460	81765	18514	54258	13392
特殊学校	人	917	580	206	136	238	—	—	73	106	93	65
成人中专	人	1862	1755	—	521	1234	—	—	—	—	—	107
五、专任教师总数	人	44632	25865	3951	8323	6245	2426	1121	7539	2525	6665	2038
普通高校	人	3571	3571	—	—	—	—	—	—	—	—	—
普通中等专业学校	人	2645	1687	854	333	500	—	—	392	123	322	121
普通中学	人	18712	10197	1549	3948	2710	1649	341	3391	1220	2951	953
职业高中	人	237	237	—	237	—	—	—	—	—	—	—
技工学校	人	548	275	—	32	—	15	—	—	17	256	—
小学	人	18678	9766	1499	3726	2999	762	780	3729	1144	3104	935
特殊学校	人	188	95	49	25	21	—	—	27	21	32	13
成人中专	人	53	37	—	22	15	—	—	—	—	—	16
六、幼儿园数	个	487	277	27	121	82	22	25	110	24	49	27
七、在园幼儿数	人	172055	98497	10720	34161	33748	10448	9420	35515	9113	21868	7062

2015年，淮安市举办"红领巾寻访抗战足迹"活动，图为启动仪式。
团市委　供图

安市中小学校长和音体美等学科骨干教师，围绕师德教育、备课试讲等方面，对参加顶岗实习的师范生进行为期2天的专门培训。

【"走红色之路、做红色传人"纪念抗战胜利活动】 2015年，淮安市在全市教育系统开展"走红色之路、做红色传人"纪念中国人民抗日战争胜利70周年系列主题教育活动。组织全市大、中、小学生，寻访刘老庄八十二烈士陵园、黄花塘新四军军部纪念馆、车桥战役烈士陵园、新安旅行团革命历史陈列馆等各类抗战纪念设施遗址，缅怀抗战英烈和遇难同胞，举办"红领巾寻访抗战足迹"主题队日、队会。开展主题宣讲活动，主要形式有国旗下讲话、主题班会、图片展览、课堂教育、社会宣讲、板报宣传、观看影视等。举行"缅怀英烈，自强不息"主题征文，结合理想与追求、发展与规划，畅谈如何把抗战精神尤其是自强不息精神传承下去。以"牢记历史，珍爱和平"为题，开展演讲比赛。汇集抗战时期的革命歌曲，组织开展抗战歌曲大家唱，形成"班班有歌声、人人唱经典"的良好氛围。全市有700多所学校利用上好"开学第一课"等形式，引导87万学生"走红色之路、做红色传人"。

（谷玉红　华　跃）

学前教育

【概况】 2015年，淮安市有幼儿园487所，在园幼儿17.21万人，幼儿教师0.87万人。城乡学前三年幼儿入园率99.09%，省级优质园比例39.8%。推进优质幼儿园建设，全年公布确认涟水县实验幼儿园、淮安生态新城实验幼儿园等30所幼儿园为市优质幼儿园。

【省第42期幼儿园园长任职资格培训班】 6月12日，江苏省第42期幼儿园园长任职资格培训班在淮安市开班。培训为期30天，集中授课时间为6月12~17日，其余时间为自主学习、网络学习、跟岗研修环节，其间按照培训要求完成规定调研报告。培训内容包括基础教育改革与幼教热点问题研究、幼儿教师专业标准解读、优质园评估问题、幼儿园管理制度和文化建设、幼儿园园长的角色定位等专题。（谷玉红　华　跃）

义务教育

【概况】 2015年，淮安市有小学282所，小学生34.43万人，小学教师2.07万人；有初中150所，初中学生13.69万人，初中教师1.25万人。义务教育阶段巩固率100%，初中生毕业升学率99.09%。承办全国幸福学校共同体2015年会暨江苏省第二届幸福教育论坛，全国20余个省份的500多名代表参加。举行"小学特级教师俱乐部"启动仪式，全市近30名小学特级教师参加。将艺术教育纳入中考科目，举行首次艺术教育考试开考，全市所有初中毕业生均参加市教育局组织的音乐、美术考试。

【第二届"中国汉字听写大会"市级竞赛】 4月28日，淮安市第二届"中国汉字听写大会"市级竞赛开幕。活动分初赛和决赛两个环节，最终淮安外国语学校代表队获团体冠军，盱眙县代表队、涟水县代表队、淮安市开明中学代表队、淮安市启明中学代表队、清河区代表队获团体一等奖。

【第二届中小学生体艺文化节】 2015年，淮安市举办第二届中小学生体艺文化节。历时近10个月，设体育和艺术两类比赛。其中，体育类比赛有8大类17项赛事，艺术类比赛有4个组20个版块。活动评选出节目、作品、论文、征文等一等奖218个、二等奖449个、三等奖445个，优秀指导老师430名。在全省第五届中小学生艺术展演中，淮安市参演节目获特等奖1个、一等奖8个。另有17个学生作品、4篇学生征文、2篇教师论文获全省一等奖。淮安市和金湖县、洪泽县、淮阴区获省优秀组织奖。

【校园足球建设】 至2015年底，淮安市有市级教体结合布点学校427所，其中94所中小学开设校园足球项目、26所中小学申报全国校园足球特色学校。全市注册市级足球运动员2600多名、省级足球运动员450名，淮阴区被认定为江苏省首批青少年校园足球试点县（区），并被推荐参加全国校园足球试点县（区）评选。6月10日，2015年淮安市"市长杯"校园足球比赛开赛。

【举行"最美少年"专场发布会】 5月22日，江苏"最美人物之最美少年"专场发布会在淮安市举行，淮阴区渔沟镇中学学生夏倩倩被省委宣传部、省文明办授予"江苏最美少年"称号。15岁的夏倩倩在渔沟中学上初三。1岁时，母亲离家出走，7岁时，父亲因病去世，一直与奶奶相依为命。她一边学习，一边照顾奶奶，用稚嫩的肩膀承担起生活的重担。夏倩倩自小体质较弱，先天双腿骨节错位，留下轻微的后遗症。平日里，她抢着帮奶奶做家务，放学回家一放下书包，就洗衣服、做饭、扫地，屋里屋外忙活完后，才开始做家庭作业。在这样艰苦的环境下，夏倩倩的成绩一直稳定在班上前三名，还担任学习委员一职。2013年，夏倩倩被评为第二届江苏省“百名美德少年”，入选央视“寻找最美孝心少年”候选人，其先进事迹在中央电视台《朝闻天下》播出。

【省第20届中学生田径运动会苏北片比赛】 7月20~23日，江苏省第二十届中学生田径运动会苏北片比赛在淮安市举行。苏北八市54支队伍528名运动员参加。淮安市有清江中学、涟水中学、郑梁梅高级中学、清河中学、淮阴师范学院附属中学、吴承恩中学6所学校的50多位中学生运动员参赛，成绩优秀。

（谷玉红　华　跃）

高中教育

【概况】 2015年，淮安市有普通高中29所，普通高中学生7.5万人，普通高中教师0.62万人。高中阶段毛入学率99.53%，省三星级以上普通高中比例96.4%。

【全国中学数学实验教学研究论坛在淮安市举行】 8月9~13日，由教育部教育装备研究与发展中心主办、淮安市教育局承办的“基于e-数学实验室环境下的中学数学实验教学研究”2015年度论坛在江苏省盱眙中学召开。北京、上海、河南、湖南、湖北、重庆等省市教育厅装备管理部门负责人，以及江苏省13个地级市、淮安市各县（区）装备管理部门负责人，全国部分高级中学校长和教师，中央民族大学、北京教育学院、天津师范大学等高校专家教授共220人参加会议。会议期间，举行信息技术与数学课程的深度整合、数学实验室建设标准、新技术应用和发展趋势等多场专题讲座，进行精品课课例展示、研讨，举办获奖论文颁奖仪式。

【第五届“新马·清江杯”国际高中篮球赛】 6月11~13日，由淮安市新马高级中学、江苏省清江中学联合主办的第五届“新马·清江杯”国际高中篮球赛在淮安市举行。新西兰罗托鲁阿高中、泰国皇家高中、非洲高中联队、台湾东泰高中以及淮安市新马高级中学、江苏省清江中学教育集团等6支篮球代表队先后在盱眙体育馆、淮安市区体育馆举行15场比赛。经过3天的激烈角逐，新西兰罗托鲁阿高中、台湾东泰高中代表队分获冠亚军，淮安市新马高中代表队获得第三名，省清中教育集团代表队获体育道德风尚奖。（谷玉红　华　跃）

2015年，全国青少年“未来之星”阳光体育大会江苏分会场设在淮安市，图为开幕式。 曹政　摄

职业教育

【概况】 2015年，淮安市有中等职业学校20所，中等职业学校学生6.1万人，中等职业学校教师0.3万人。省四星级职业学校比例71.4%。培养技能型人才20062名，其中普通专科9001名，普通中专11061名。至年底，调整备案中等、高等职业教育专业186个，其中，中职学校创成32个省级品牌专业和5个省级特色专业，高职院校创成11个省重点专业、8个省特色专业，职教专业与地方产业吻合度提升。

【市第十届职业学校技能大赛】 10月20日，淮安市第十届职业学校技能大赛开幕。该届大赛历时11天，涉及财会、建筑、计算机等11个大类、69个赛事项目，近千名选手分中职、高职、教师三个组别竞赛。

【第五届职教创新发明节暨第九届创新大赛】 11月12日，淮安市举办第五届职教创新发明节暨第九届创新大赛。11所职业学校上报创新作品123件、科学调查报告24篇、教师科技创新论文62篇。比赛期间，还展出在国际发明展和青少年发明家评比中的获奖作品30多件。

（谷玉红　华　跃）

·江苏省淮安技师学院·

【概况】 江苏省淮安技师学院为国家级高级技工学校、省重点技师学院，是省高技能人才培养示范基地、省市共建公共实训鉴定基地、高技能人才专项公共实训基地。2015年，学院有省技工院校示范专业4个，重点专业15个，精品课程13门，教学名师7名，专业带头人18名。有全日制在籍生5700人，毕业各层次学生2149人，招收各层次新生2290人，对外培训6462人、技能鉴定3785人。年内，学院被团省委评为江苏省五四红旗团委创建单位。

【教学管理规范建设】 2015年，江苏省淮安技师学院新增1个省级示范专业（化工分析与检验）、2门省级精品

2015年，淮安市举办第二届中职学校模拟法庭大赛。　　团市委　供图

课程（数控机床调试与维修、网络综合布线）、1个省级重点专业（数控编程）、5名省级专业带头人。出台《专业课教师进企业实践实施办法》《科研课题管理办法》《退役士兵职业教育和技能培训管理办法》《临时聘用教师课时津贴等几项费用标准及发放办法》等4个文件，并落实专业课教师到企业实践制度，促进实践教学能力提高。在全省技工院校教学管理规范评估中被评为优秀学校，在省联合学院的教学视导中获好评。在淮安市“全民健身”活动中，学院获中职组足球比赛第一名、高校组篮球比赛第五名。

【教科研建设】 2015年，江苏省淮安技师学院开设23次院级公开课和17次院级讲座，成功申报省市级课题4个、院级课题14个，发表论文44篇，公开出版教材8部。在市职业学校专业技能课程“两课”评比中，有3人获得示范课奖，1人获省研究课奖。承办2015年江苏省技工教研室素质教育中心组体育分组教研活动和江苏省电子电工中心组年会，组织医药轻纺化工环保中心教研组年会。

【校企合作】 2015年，江苏省淮安技师学院拓宽校企合作渠道，增强校企合作的紧密度。继续和市安监局合作办班，政校企合作模式日趋成熟。举办“2015—2016届毕业生就业实习双选会”。机械工程系到淮安万帮金星奔驰4S店、淮安益都凯迪拉克4S店等多家企业进行走访调研，邀请企业专家组建汽修专业建设指导委员会，适时调整实践教学计划；数控技术系与3家企业签订合作协议，为淮安益恒精密机械制造有限公司等5家企业提供技术或产品生产服务；信息技术系与市商务局保持密切联系，与上海网策管理咨询有限公司建立校外实习实训基地；电气工程系与江苏奥的斯电梯销售服务有限公司共同推进校企深入合作，成功签订奥的斯电梯维保班合作项目。

【师资建设】 2015年，江苏省淮安技师学院38人次参加各类技能培训，其中，出国培训5人，国家级培训1人，省级技能培训18人，参加研究生学历教育8人；推进教师到企业实践，累计有40名专业课教师到企业实践锻炼；招录3名紧缺专业人员。严肃教师专业技术资格申报纪律，规范申报程序，严格把好资格审核，职称评审推荐工作获得市主管部门好评。1人获淮安市有突出贡献中青年专家，1人获淮安市教育系统“五一巾帼标兵”称号。

【数字化校园建设】 2015年，江苏省淮安技师学院完成校园网络出口带宽升级和校园网络基础设施升级改造工作，建成OA协调办公系统，推行日常管理无纸化办公，搭建数据共享服务器，实现教学资源共享，提升办公效率。（郑琳琳）

·淮安市高级职业技术学校·

【概况】 淮安市高级职业技术学校是一所集中高等职业技术教育和现代远程开放教育于一体的市属公办学校，主要依托市职业技术教育中心和市开放大学组建而成。学校占地24.18公顷，有徐杨路校区和淮海路校区两个校区。2015年，学校“3+4”（中职教育学习3年与普通本科学习4年）、五年制高职、三年制中职等全日制各类招生1597人；远程开放教育招生规模稳定，春、秋两季本、专科招生1300人。启动创建江苏省高水平现代化职业学校，挂牌成立淮安开放大学，开工建设开放大学新校区。学校被财政部、人社部、教育部最终认定为“国家中等职业教育改革发展示范学校”。11月，在淮安经济技术开发区主导下，以淮安市高职校为主体，成立“淮安经济技术开发区校企合作理事会”，“江苏省职业教育创新发展实验区”建设项目全部完成。年内，淮安市高职校现代制造技术实训基地完成建设，接受并通过省教育厅专家视察验收。

【物流实训基地建设】 2015年，淮安市高职校建成现代物流综合实训基地。基地占地3200平方米，总投资900多万元。建有物流文化展示区、叉车实训区、现代物流中心作业实训区、运输作业实训区、国际货代实训区、虚拟实训区、未来课堂等7个功能区域。其中，叉车实训区、现代物流中心作业实训区、运输作业实训区等3个功能区符合承办省级物流项目技能大赛要求，填补苏中、苏北地区物流项目技能大赛赛点的空白。

【现代职业教育体系建设】 2015年，淮安市高职校继续开展“3+4”中职与本科分段培养项目试点，与淮阴工学院、淮阴师范学院开展合作计算机应用、数控技术、工艺美术“3+4”分段培养试点项目，完成招生127人。

【淮安开放大学建设】 2015年，淮

安市高职校挂牌成立并开工建设淮安开放大学，成人教育实现由广播电视大学向开放大学转型。开放大学建设项目被市政府列入2014年度和2015年度中心城市重点建设项目，2015年11月18日破土动工，计划于2016年底完成工程基本建设。

【建成江苏联合职业技术学院淮安办学点】 2015年，经淮安市高职校申报，淮安市政府报省教育厅批准，在江苏省淮安中等学校基础上，挂牌成立江苏联合职业技术学院淮安办学点。学校五年制高职专业整体转入江苏联合职业技术学院办学体系，实现由江苏城市职业学院向联合学院转型。

【国际化交流合作】 2015年，淮安市高职校国际化合作取得丰硕成果。学校回访德国、英国合作方，和德国卡尔夫地区及英国水桥学院形成明确的合作方案并积极启动实施。继续加强双元制培训中心建设，双元制二期项目设备采购完成，招收第二批24名学员，扩大教学规模。与敏实集团（淮安公司）等外资企业确定共同探索现代学徒制试点意向，推动人才培养模式创新。与台湾中国文化大学进行交流，计划合作推进开放大学智能化建设。与北美大学开展办学经验交流，确立合作意向。和德国萨斯尼兹市职业学校进行工作交流，为进一步合作奠定基础。

【社会服务】 2015年，淮安市高职校进行新增专业市场调研，强化学校服务功能。与富士康科技集团淮安有限公司共建第六届“富士康校企合作专班”；根据企业和学生需求，集中安排假期短工642人；新增与江苏鸿升装饰工程有限公司校外实训基地建设及办学合作。

【师生获奖情况】 2015年，淮安市高职校在第十届淮安市职业学校技能大赛中，获13金11银21铜；在江苏省职业学校技能大赛中，获1金2银10铜；参加淮安市“十大工种技能比赛”，获1金4银；参加江苏省“两课”公共基础课比赛，获1个“示范课”；参加淮安市“两课”专业课比赛，获2个示范课、3个研究课；参加江苏城市职业学院数学说课竞赛，获1个三等奖；参加江苏城市职业学院系统运动会，获甲组第八、乙组第八、丙组第一，学校获“最佳组织奖”“体育道德风尚奖”。 （市高职校）

2015年，淮阴商校教师苗喜荣当选淮安市最美教师。 淮阴商校 供图

·江苏省淮阴商业学校·

【概况】 江苏省淮阴商业学校位于淮安大学城，占地28.33公顷，校舍面积12.8多万平方米，发展规模1.2万人。设有财经贸易、建筑工程、机电信息、烹饪旅游等4个系17个专业。2015年，江苏省淮阴商业学校实施“联合高校提学历，联合企业提能力”的双轮驱动战略，推进国家改革发展示范校建设。启动江苏省“高水平现代化学校”“高水平示范性实训基地”建设；加强校际合作，扩大五年制高职和“3+4”本科的办学规模。

【学校内涵建设】 2015年，江苏省淮阴商业学校按照“以评促建、务求实效”原则，推进学校重点工作，促进学校内涵发展。推进人才培养模式与课程体系改革、师资队伍建设、校企合作与工学运行机制创新，受到国家改革发展示范学校省级验收组专家好评，以小组第一的成绩通过验收。汽车运用与维修专业通过省品牌专业专家组视导，5个重点支持建设专业均升级为省品牌专业，重点专业和非重点专业相互促进、共同提高。五年制高职招生指标较上年翻番，江苏省联合学院五年制高职教育办学检查组给予充分肯定。

【学校师资教学】 2015年，江苏省淮阴商业学校坚持“师德师能齐抓，招聘培训并举”方针，提升师资队伍整体水平。淮安市首次评选“最美教师”“功勋教师”，学校均有教师当选。鼓励、支持教师参加各级各类培训和职称评审，提升教师能力，改善师资队伍结构。全年选送12名教师参加国家级培训，78名教师参加省级以上培训，新增特级教师后备人才3人，新增省名师工作室1个。获省职教学会课题立项6个和省教育科学“十三五”规划2015年课题立项6个，均居全省同类学校第一。全校师生在省级以上技能、创新、创业、信息化教学大赛，“两课”评比等比赛中获奖总数40个。学校获省信息化教学大赛最佳组织奖。

【品牌德育建设】 2015年，江苏省淮阴商业学校组建高水平运动队和艺术社团，开展阳光体育活动、五四体育文化艺术节、学雷锋青年志愿者、第二课堂和“校园十佳歌手大赛”、田径运动会、“12·9”合唱比赛主题教育等一系列教育活动。学校获全市职业学校德育创新项目评选一等奖，在全省职教学会德育工作交流会上受邀作经验介绍。此外，学校还被中

国成人教育协会体验教育培训专业委员会评为“全国体验教育培训先进单位”和“全国体验教育规范运营示范基地”。（商　校）

·淮安文化艺术学校·

【概况】 淮安文化艺术学校始建于1958年，原名淮阴艺术专科学校。1984年，经江苏省人民政府批准、教育部备案为中等专业学校。1992年，更名为“淮阴文化艺术学校”。2015年，学校有戏曲表演、舞蹈表演、音乐、美术设计与制作、美发与形象设计、导游服务六个专业，以培养“爱家乡、有技能、肯吃苦、会创新”的优秀文艺人才为办学宗旨。

【参赛获奖情况】 6月11~17日，2015年全国职业院校技能大赛（戏曲表演类）中职组比赛在中国戏曲学院举办。淮安文化艺术学校《樊梨花》《皮秀英》2个节目代表江苏省地方戏组参与比赛，均获铜牌。10月20~21日，江苏省首届少数民族舞蹈展演在常州市举行。全省13个省辖市报送参展作品39个，经评委会专家初评，评选出具有一定艺术水准和民族特征较为浓郁的作品27个参加展演。淮安文化艺术学校蒙古族群舞《项天歌》获优秀节目奖，维吾尔族独舞《花儿为什么这样红》获优秀表演奖。11月18日，淮安市举行纪念抗日战争暨两淮战役胜利70周年大合唱总决赛。淮安文化艺术学校参赛作品《在太行山上》《家住安源》获特别奖。12月18~20日，2016年江苏省职业学校技能大赛文化艺术类艺术专业项目技能大赛在南京艺术学院举行。全省各地市推荐参赛师生选手310人。淮安文化艺术学校1名学生的器乐独奏获学生组金奖，1名教师的艺术设计获教师组银奖，1名学生的声乐独唱、1名学生的器乐独奏、1名学生的独舞均获铜奖。年内，论文《中职语文信息化教学模式下，有效学习的应用探究》获省文化艺术科学技术协会教科研论文一等奖。

【承办市第十届职业学校技能大赛文化艺术类比赛】 10月30日，淮安市教育局、市人力资源和社会保障局共同主办的淮安市第十届职业学校技能大赛文化艺术类项目比赛在淮安文化艺术学校举行。比赛分中国舞及当代舞、声乐独唱、器乐独奏三个项目，全市6所中等职业学校的40余名学生与教师参加，淮安文化艺术学校22名师生获奖。

【成为中国戏曲教育联盟首批理事单位】 11月14日，由中国戏曲学院发起，中央戏剧学院、上海戏剧学院、山东艺术学院、新加坡传统艺术中心等海内外52家戏曲教育单位参与的中国戏曲教育联盟成立大会暨首届中国戏曲教育高峰论坛在北京举行。淮安文化艺术学校成为首批创始理事单位之一。联盟围绕“弘扬传承戏曲”开展工作，为戏曲人才培养贡献力量。（艺　校）

社会教育

【概况】 至2015年底，淮安市建成9个省级社区教育实验区、7个社区教育学院和一批社区教育中心、居民学校。市政府和江苏开放大学签订合作共建淮安开放大学备忘录，市开放大学开工建设。

【成立盱眙开放大学】 2015年12月18日，淮安市首个县级开放大学——盱眙开放大学挂牌成立。盱眙开放大学的前身是江苏广播电视大学盱眙学院，从1983年创立至2015年，为盱眙经济发展培养12000余名各类毕业生。顺应国家教育改革发展新形势，盱眙县以江苏广播电视大学盱眙学院为依托成立盱眙开放大学，加快完善终身教育体系、加强社区教育、深入推进学习型城市建设。

【全民终身学习活动周】 11月10日，2015淮安市暨洪泽县全民终身学习活动周在洪泽县开幕。活动周的主题是“发展全民终身学习，推进法治社区建设”，旨在大力宣传终身教育思想，动员全体市民积极参与全民终身学习活动。与会代表参观洪泽县法治文化广场、临河社区活动中心、岔河老年阅读中心和夕阳红老年大学。

【社区教育】 2015年，淮安市积极开展乡镇（街道）社区教育中心和标准化居民学校创建工作，促进社区教育网络建设。洪泽县老子山镇社区教育中心等6所社区教育中心被确定为市级社区教育中心，清河区西郊社区居民学校等521所社区居民学校被确定为市级标准化居民学校。

（谷玉红　华　跃）

高等教育

【概况】 2015年，淮安市有高校7所，大学生6.79万人，高校教师0.36万人。高等教育毛入学率39.7%。8月28日，淮安市举行2015年新入学大学生政府资助金发放仪式。首批832名家庭经济困难大学生领取332.8万元资助金。

（谷玉红　华　跃）

·淮阴师范学院·

【概况】 淮阴师范学院有王营、交通路两个校区。2015年，学校占地面积近120公顷，校舍建筑面积56万平方米。有17个二级学院和1个民办二级学院，67个普高本科专业，涵盖理学、工学、经济学、法学、教育学、文学、历史学、管理学、艺术学等九个学科门类。有全日制在校本科生2万余人，在籍成教生1万余人。有专任教师1050名，具有高级职称专任教师463人，其中正高133人、博士245人；享受国务院特殊津贴专家1人，全国优秀教师3人，省有突出贡献中青年专家2人，省教学名师2人，省“333工程”高层次人才培养对象21人，省“青蓝工程”中青年学术带头人25人，省“青蓝工程”优秀青年骨干教师43人。有3个江苏高等学校优秀科技创新团队，3个江苏省高校“青蓝工程”科技创新团队，2个省级优秀教学团队。有国家级特色专业建设点2个，教育部“专业综合改革试点”项目1个，江苏高校品牌专业建设工程一期项目2个，省级特色专业5个，“十二五”省高等学校立项建设重点专业（类）9个。有教师教育国家级精品资源共享课1门，省级精品课程17门，省级精品教材22部，省优秀多媒体教学课件22个。有省级重点建设学科5个，省级协同创新中心、省级重点实验室等科研平台11个，省级实验教学示范中心及建设点10个，省高校人才培养模式创新实验基地1个。

年内，淮阴师范学院中国语言文学、生态学、化学、物理学、马克思主义理论等5个一级学科通过“十二五”省重点建设学科验收。6项课题获批省高等教育教改立项研究，1名老师主持申报的《基于建构主义的审核评估背景下高校自我评估模式的研究与实践》课题获得重中之重立项。舞蹈学专业被江苏省学位委员会、江苏省教育厅增列为学士学位授权专业。学院被中央精神文明建设指导委员会授予“第四届全国文明单位”称号。

【1中心获批“江苏高校哲学社会科学重点研究基地”】 2015年，淮阴师范学院“文化创意产业研究中心”获批“江苏高校哲学社会科学重点研究基地”。文化创意产业研究中心是淮阴师范学院新成立的一个协同创新团队。该中心整合校内外文化创意研究力量，汇聚政府、高校、企业等多方面人才，涵盖文学、历史学、经济学、艺术学等多学科门类，在运河文化创意、西游记文化创意以及文化创意产业政策三个方向开展理论研究与创意实践。

【2项目获批省首批卓越教师培养计划改革项目】 2015年，淮阴师范学院申报的《构建多元协同综合育人体系，培养扎根苏北多科多能型卓越小学教师》《“211三段式”初中语文数学英语卓越教师培养的研究与实践》两个项目获批为江苏省首批卓越教师培养计划改革项目。卓越人才培养计划是教育部、省教育厅“十二五”期间启动实施的培养高质量、国际化人才的一项重要举措。淮阴师范学院以实施卓越教师培养计划为抓手，全面深化教师培养体系和培养模式改革，通过健全组织、强化配置、优化课程、创新模式、构建协同培养新机制、建立教师教育师资队伍共同体等系列举措，整体推动学校教师教育改革创新，全面提高教师教育人才培养质量。

【入选首批省级电子商务人才培训基地】 2015年，淮阴师范学院成为首批33个省级电子商务人才培训基地之一。学院利用自身的智力优势和省级电子商务人才培训基地的平台优势，积极与市政府共建淮安电子商务学院，深化产教融合，探索政产学研合作新模式，加速培养培训和输送多层次、高素质、应用型电子商务人才，助推地方经济发展转型升级。

【获评全国暑期社会实践活动优秀单位】 2015年，淮阴师范学院获评全国大中专学生志愿者暑期“三下乡”社会实践活动优秀单位。学校启动暑期社会实践需求调研工作，按照“按需设项、据项组团、双向受益”的原则，遴选组建52支省级、校（市）级重点实践团队，开展以“践行‘八字真经’投身‘四个全面’”为主题的暑期社会实践活动。活动内容涉及政策宣讲、社会调查、教育帮扶、科技惠农、文化宣传、环境保护、法律援助、寻访优秀毕业生等多个方面，并联合淮安市关工委开展“携手同行助力‘五老’”关爱留守儿童专项实践活动。《中国教育报》《江苏教育报》《江苏经济报》等报刊、媒体多次宣传报道。

【“百名博士帮百企”活动】 5月17日，淮阴师范学院与淮阴区政府举行“百名博士帮百企”活动签约仪式。该活动是淮阴师范学院与淮阴区政府签订《科技合作协议》后，进一步深入推进的重要举措，是全面落实2014年双方科技合作会议纪要的重要载体。签约仪式上，“淮阴师范学院博士创新实践基地”揭牌，学院的48名博士与淮阴区相应企业进行现场对接，历史与文化旅游学院与淮阴区文广新局进行文化专场的对接。

【中国淮阴屈原及楚辞学国际学术研讨会】 7月25~29日，“2015年中国淮阴屈原及楚辞学国际学术研讨会暨中国屈原学会第十六届年会”在淮阴师范学院举行。淮阴师范学院的楚辞学研究一度知名全国。2015年是中国屈原学会成立30周年，会议在淮安举行，是淮阴师范学院重振楚辞学研究的重要契机。

【首届“国培计划”培训班开班】 10月9日，淮阴师范学院首届“国培计划（2015）”——山西省乡村中小学教师培训项目初中校长培训班开班。自2010年起，教育部、财政部联合实施“中小学教师国家级培训计划”（简称“国培计划”），至2015年7月，累计有170多家高等院校承担“国培计划”项目，培训人次700万。该次培训是淮阴师范学院首次承担“国培计划”项目，学员在学校集中培训10天，然后回山西省基地跟岗实践10天。（王江明　潘　浩）

2015年，淮阴师范学院“百名博士帮百企”活动启动。　王江明　供图

·淮阴工学院·

【概况】 淮阴工学院有枚乘路、北京路两个校区。2015年，学校占地面积138公顷，校舍建筑面积57万平方米，固定资产总值13.46亿元。有14个二级学院及教学单位，设有本科专业59个，研究生专业1个，在校普通本科生、研究生1.8万余人。有在职教职工1386人，其中专任教师1061人，具有教授、副教授等高级职称人员456人；有享受国务院政府特殊津贴4人，省高校科技创新团队培养对象3个，省“333工程”培养对象11人，省“青蓝工程”学术带头人培养对象和优秀青年骨干教师50人次，省“六大人才高峰”建设高层次人才培养对象21人。

年内，淮阴工学院化学工程与技术、机械工程、软件工程3个省重点建设学科参加考核验收，其中化学工程与技术获评“优秀”。两位教授参与开发的“基于干法活化的食用油脱色吸附材料开发与应用”项目获国家技术发明二等奖，实现历史性突破。国家板带生产先进装备工程技术研究中心江苏淮工分中心落户淮阴工学院。新增翻译、风景园林、过程装备与控制工程、数字媒体艺术4个本科专业。计算机科学与技术、机械设计制造及其自动化和化学工程与工艺3个专业获批为省级品牌专业。新增植物生产与加工实践教育中心、设计艺术实践教育中心2个省级实验教学与实践教育中心，总数11个，数量位居全省同类高校前列。

【校园建设】 2015年，淮阴工学院投入近5000万元用于校园建设。开工建设北京路校区13号、14号学生宿舍楼和枚乘路校区青年教师公寓。完成两个校区校园美化、楼宇亮化工程。建成枚乘路校区音乐喷泉。完成北京路校区学生宿舍楼改造和空调安装、教工餐厅改造、枚乘路校区交通信号灯安装等工作。

【科研项目和经费】 2015年，淮阴工学院获批国家自然科学基金项目16项、国家星火计划项目7项、省自然科学基金项目7项；获批国家社科基金项目1项，实现历史性突破，获批省社科基金项目9项，位居全省高校第13位。各项科研经费到款额4132.6万元，其中纵向科研经费1569.0万元。学校高层次项目和科研经费均实现翻番式增长。

【新增3个省级科研平台】 2015年，淮阴工学院新增江苏省中小企业仪器仪表产业公共技术服务平台、江苏省城乡住宅结构装配技术工程实验室、淮阴工学院联合技术转移中心等3个省级科研平台。车辆运行安全保障创新团队获批为江苏省高校优秀科技创新团队，至年底，全校有3个省级科技创新团队。

【研究生教育】 2015年，在省教育厅、省科技厅组织开展的“2015年江苏省优秀研究生工作站”评选中，淮阴工学院与江苏省天士力帝益药业有限公司合作共建的江苏省研究生工作站被评为“江苏省优秀研究生工作站”。年内，学校新增江苏省研究生工作站7个，总数达到24个。3月26日，举行首届研究生毕业典礼暨学位授予仪式，17名研究生顺利毕业。

【师资建设】 2015年，淮阴工学院人才引进层次和数量均提升。首次特聘二级学院院长1人，双聘高层次人才20人，其中包括国家“杰出青年”、国家级教学名师、教育部新世纪优秀人才、省特聘教授、省产业教授等，高于历年之和；引进博士42人。成功获批高级职称学科评议权，成为首批高等学校教师资格授权单位。

【协同共建】 2015年，淮阴工学院淮安台商学院被列入省、市对台工作计划。苏北发展研究院被列入社科强省计划。淮商学院成为助力“淮商崛起”重要引擎。与淮安国家农业科技园开展实质性合作。与省食品药品监督管理局等10余家政府部门、地方单位、科研院所、高校分别签署协议，围绕人才培养、科学研究、人员互派等开展合作。与南京工业大学对口支持工作实现常态化。

【成立翔宇学院】 8月7日，淮阴工学院翔宇学院成立，曾任周恩来总理秘书的纪东、周恩来侄儿周秉钧等到场揭牌。年内，翔宇学院积极构建“资源集聚、分类多元、自主学习”人才培养模式，组织学生参加各级各类竞赛，累计获得省级以上奖励690余项。

【中兴学院获批省高等教育综合改革试点项目】 2015年，淮阴工学院与中兴通讯股份有限公司合作共建的淮工中兴学院被列为全省高等教育综合改革试点项目。学院采用“嵌入式”教学，共建ICT（信息通信技术）产教融合创新基地，开展全方位的产教融合高素质应用型本科人才培养、中高端培训项目以及国内国际紧缺人才培训项目。

【国赛获奖】 2015年，在第十四届“挑战杯”中航工业全国大学生课外学术科技作品竞赛决赛中，淮阴工学院获三等奖3项，这是该校首次在“挑战杯”国赛中获奖。在中国工程机器人大赛暨国际公开赛（RoboWork）中，获一等奖6项，并获唯一创新创意奖。在“高教社杯”全国大学生数学建模竞赛中，获国家一等奖1项、二等奖1项，省一等奖1项、二等奖3项，实现数学建模竞赛国家一等奖零的突破。1名教师获2015外语教学与研究出版社“教学之星”大赛全国总决赛季军，是连续两届“教学之星”全国总决赛江苏省外语教师获得的最高奖项。

【毕业生就业和创业】 2015年，淮阴工学院毕业生年终就业率96.55%。1名毕业生及其创业团队入选2015年江苏省100名创业典型；3个项目团队获评2015年省优秀大学生创业项目，并分获10万元项目资助金；1名毕业生的创业项目“西游玩物”获中国宋庆龄基金会和人社部主办的“中国创翼”（2015）青年创业创新大赛“金翼”奖。5月9~11日，中央电视台《新闻直播间》栏目连续报道该校应届毕业生就业创业工作。

（杨满仁　李继林　董　飞）

·南京林业大学南方学院（淮安校区）·

【概况】 2015年，南京林业大学南方学院本科生培养继续采用“2+2”办学模式，一、二年级在淮安校区学习，三、四年级在校本部学习。学校有11个系，40个专业，涵盖文、理、工、农、管、经、艺等多个学科门类和特色专业；有全日制在校本科生10309人，其中淮安校区5113人，校本部5196人。

【基础设施建设】 2015年，南京林业大学南方学院淮安校区新建成非线性编辑实验室、图书馆等基础设施，并投入使用。新建图书馆拥有图书室10个，电子阅览室1个，期刊阅览室1个，报刊阅览室1个，学生自习室4个，藏书18万余册，期刊600余种，报刊30种，基本满足在校师生的教研学习需求。

【教学改革】 2015年，南京林业大学南方学院针对40个专业的人才培养方案及配套教学大纲进行修（制）订，进一步优化课程结构，符合学生个性化发展要求。推进“四个一”工作，即每系每个学期举办一个讲座，每系每年举办一个培训班，每个专业成立一个课外兴趣小组，每个月每个系与对口专业研究生交流一次。全年开设7门具有高质量的教学培训班，各系开展的学习兴趣小组每学期平均在40个，与专家及研究生的对口专业交流20余次。

【学生获奖情况】 2015年，南京林业大学南方学院有3名学生获国家奖学金，156名学生获国家励志奖学金。在全国大学生英语竞赛、江苏省大学生自然科学知识竞赛、中国包装创意设计大赛、数学建模大赛、第九届全国大学生化工设计竞赛等科学竞赛中，获省级以上奖励39项。其中3名学生参加美国大学生数学建模竞赛（MCM/ICM）获Honorable Mention奖；5名学生获江苏省第四届大学生化工设计竞赛一等奖；2名学生分别获第四届“浩辰杯”华东区大学生CAD应用技能竞赛二、三等奖；1名学生获全国大学生英语竞赛全国特等奖。

【校园文化建设】 2015年，南京林业大学南方学院开展有益于学生健康成长的系列校园文化活动。举办迎新晚会、心理健康月公益宣传、初级救护员培训、“阳光总在风雨后”助困系列活动，“成长历程、激昂青春”优秀毕业生事迹报告会、10公里徒步拉练等活动。10月，在淮安市组织的“我为天使铸翅膀”暑期志愿服务活动中，该校获博爱青春暑期社会志愿服务项目二等奖。

【毕业生和就业工作】 2015年，南京林业大学南方学院举办第五届“赢在大学”主题报告会和第二季南方论坛校友专题报告会，邀请100位优秀校友到校交流学习。举办感恩母校“四个一”活动(提一条建议、树一面旗帜、访一位老师、开一次班会)、优秀毕业生座谈会、毕业典礼、“放飞梦想”毕业生晚会等活动。2015届毕业生有202名同学被国内外高校录取为研究生，其中，6人被南京理工大学、河海大学、西北农林科技大学等国内重点高校录取，36人被澳大利亚悉尼大学、美国南加利福尼亚大学、香港中文大学国际知名高校录取。截至12月20日，2015届毕业生就业率99.27%，其中协议就业率99.18%。

（院综合办）

·淮安信息职业技术学院·

【概况】 淮安信息职业技术学院位于淮安高教园区，占地72公顷。是江苏省首批10所示范性高等职业院校建设单位之一。设9个教学单位，在校生11000余人，有教职工600余人。打造一批以中青年为骨干的优秀教学团队，学校信息化教学资源建设团队集中近10名优秀的计算机类和媒体艺术类专业中青年骨干教师，跨界合作，在课程开发、教材编写和教学资源建设和信息化教学研究中成果显著。成立海尔创客实验室，为新生代创客提供项目落地全流程产业化解决方案，让创意变为现实。官方微信开通，定期推送光影校园、金牌淮信、招生就业、社团风采、校友记忆等内容。入选全国首批“国家职业院校文化素质教育基地”建设单位。

【教育教学改革】 2015年，淮安信息职业技术学院启动专业建设工程，组织24个专业开展专业调研和专业建设方案制定工作；完成校级品牌专业及培育点遴选；动态调整学校专业结构，构建符合地方经济建设需要和学校特色专业发展的专业体系。深化教学方法改革，在10门核心课程实施各具特色的分层分类教学方式改革。推行信息化背景下的混合教学模式改革，引导教师进行翻转课堂、混合教学等教学方式的研究与实践，鼓励学生利用信息化环境开展自主学习。修订《教育教学督导工作条例》等3个体系文件、制定《课程评价实施办法》等4个专项评价程序文件，完成符合学校实际的以专业诊断为主线、专项评价与常态监控相结合的教学质量监控体系构建。新增7部“十二五”国家规划教材、2部省级重点教材。完善多类型、多层次办学格局，在3个专业继续实施高职与本科“3+2”分段培养项目试点，探索高职与本科教育柔性衔接。探索多元化的中高职衔接形式，与省内5所中职校在5个专业联合开展“3+3”中高职分段培养试点项目合作。

【智慧校园建设】 2015年，淮安信息职业技术学院科学制定智慧校园建设方案，明确智慧校园建设的发展要求与整体目标。加强信息化基础设施建设，建成校园无线网及智能DNS系统，完成网络中心机房改造。加强网络平台建设，完成校园一卡通系统与支付宝转账平台对接，制定并实施科技云平台方案及教学信息化新平台建设方案，提升信息化服务水平。

【辅导员（班主任）队伍建设】 2015年，淮安信息职业技术学院实施辅导员（班主任）职业素质能力提升工程，组织各类校外培训32人次；通过举办辅导员沙龙、辅导员工作论坛等系列活动，促进辅导员（班主任）提升职业能力。年内，2名辅导员获委属院校职业技能竞赛一等奖，1名辅导员获江苏省辅导员年度人物入围奖,1名辅导员获江苏省高校辅导员职业能力大赛复赛二等奖第一名,实现历史性突破。

【科技社会服务】 2015年,淮安信息职业技术学院试行平台—研究室运行机制,组织科技专家深入调研企业、政府需求,参与区域产研对接活动,加强政产学研合作。获批淮安市技术转移中心,首次实现成果专利权转让14项。加强科技成果转化与产业化扶持,主动对接,服务地方经济社会发展需求。

【全国职业院校职业技能大赛"七连冠"】 在2015年全国职业院校职业技能大赛中,淮安信息职业技术学院代表队"智能电梯安装与调试""移动互联网应用软件开发"2个项目获一等奖,"风光互补发电系统安装与调试"、嵌入式产品开发赛项获二等奖。全国职业院校职业技能大赛是全国最高规格、最大规模的职业院校学生技能竞赛,2009年开始举办,淮安信息职业技术学院连续七年获"江苏省职业院校技能大赛先进单位"称号。

【信息化建设】 2015年,淮安信息职业技术学院获评"江苏省高等学校信息化建设先进集体"。淮安信息职业技术学院是全省最早建成数字化校园的高职院校之一,先后完成校园网、数字化校园、一卡通等信息系统建设,在数字化教学资源建设中取得突出成绩,建成国家精品资源共享课2门,获全国信息化教学大赛一等奖1项、全国微课教学比赛一等奖1项、全国多媒体课件大赛一等奖2项。

【微课教学】 2015年,淮安信息职业技术学院参加158项信息化教学设计、108项信息化课堂教学和81项信息化实训比赛。1月20日,获第二届全国高校(高职高专)微课教学比赛一等奖1项、二等奖1项。5月22~24日,第七期全国职业教育教师信息化能力提升培训班在淮安信息职业技术学院举行。该次培训的主题是"微课"教学设计与开发,来自全国高职院校的85名教学资源库建设负责人、骨干教师参加培训。全国高校微课教学比赛高职高专组评审专家、淮安信息职业技术学院教师从微课制作的实战角度出发,由基本理论解读开始,介绍国赛微课的形式与开发流程,由软件到硬件、由形式到手段、由想法到现实,引导学员现场制作、分组讨论、现场点评。12月25日,学校获江苏省2015年高职院校信息化教学大赛微课教学比赛一等奖3名、二等奖8名、三等奖2名。12月29日,学校在2015年江苏省高等职业院校信息化教学大赛中获优秀组织奖。在国内率先编著《微课开发与制作技术》《微课教学设计》,开发《微课设计与开发技术》《计算机网络技术》两门MOOC(大型开放式网络课程)。其中,《微课设计与开发技术》为国内第一门上线的教学资源开发专题的在线课程,受邀在全国50余所高职院校举办培训教学资源和微课培训近百场,累计培训3万人次,培训地点覆盖北京、上海、天津、广东等近20个省市、自治区和20多所国家示范院校。 (李思政 杨 栋)

·江苏食品药品职业技术学院·

【概况】 江苏食品药品职业技术学院位于淮安高教园区,占地84.6公顷,有全日制在校生11000余人,有教职工600多人。是中国食品药品职业教育联盟发起和常设秘书长单位。设有5个二级学院3个系45个专业。年内,入选全国首批100所现代学徒制试点院校。食品加工技术专业获批江苏高校品牌专业建设工程一期项目。发起成立淮安市食品安全协会,推动"企业自律、政府监管、社会协同、公众参与、法制保障"食品安全社会共治格局的建立。学校被江苏省食品安全协会认定为食品安全培训基地,成为第一批"江苏省旅游培训基地"。

【国家示范性(骨干)高职院校建设】 2010年,江苏食品药品职业技术学院入选教育部、财政部"国家示范性高等职业院校建设计划"骨干高职院校建设项目。2012年,正式启动。2015年10月,通过省级验收。至年底,顺利通过国家验收。国家示范性(骨干)高职院校建设期间,学校全面完成各项建设任务,获国家级教育教学成果二等奖3项,建成国家级专业教学资源库项目1个,入选全国首批现代学徒制试点院校,发起成立国内第一个跨国(境)的职业教育联合体——中国食品药品职业教育联盟,成功举办2014中外高职教育校长论坛,实现建设"体制新、机制活、多平台、开放化"国家骨干高职院校的目标。

【人才队伍建设】 2015年,江苏食品药品职业技术学院5人次当选为轻工职业教育教学指导委员会、食品药品职业教育教学指导委员会等新一届全国行业指导委委员(其中副主任委员2人,委员3人),1人当选为世界中国烹饪联合会国际烹饪教育分会副主席,在食品、轻工、食品药品、餐饮以及供销合作等行业地位和话语权得到提高。

【科研建设】 2015年,江苏食品药品职业技术学院到账纵横项经费564万元,新增申请专利99项,授权专利58项,同比增长24%。高级别科研项目取得新突破,成功取得国家自然科学基金青年专项1项、省自然科学基金面上项目1项。获中国轻工业联合会三等奖和优秀奖各1项,获省轻工行业科技进步奖一、二、三等奖各1项,2篇论文获省哲学社会科学界学术大会优秀成果二等奖。学院"食品药品科技馆"被命名为江苏省科普教育基地。"中国高等职业教育创新发展研讨会暨CNKI第十届全国高职院校院长高峰论坛"上发布的"国内200所国家示范和骨干高职院校科研竞争力评价研究报告"显示,江苏食品药品职业技术学院排名21位。

【国际合作与交流】 2015年,江苏食品药品职业技术学院与韩国大真大学、泰国暹罗大学、台湾大仁科技大学等国(境)内外高等教育机构签订合作协议9份。全年选送54名学生到英国贝辛斯托克理工学院、韩国全州大学以及台湾元培科技大学等院校进行研修和学习，并接收来自法国、韩国、中国台湾等国家和地区的留学生、交流生到校学习交流。

【特色品牌活动】 2015年，江苏食品药品职业技术学院“跨国同心 博爱同行”暑期志愿服务项目获江苏省红十字会“博爱青春”十佳优秀志愿服务项目。学校棒垒球队获2015年全国慢投垒球健康赢活动总决赛亚军，被中国大学生棒垒球协会授予2015年度“先进工作单位”称号，被国家体育总局垒球协会授予“中国高校慢投垒球示范基地”。

（陈国兵　吴加恩）

·江苏财经职业技术学院·

【概况】 2015年，江苏财经职业技术学院有在校生8845人，专业32个，专任教师370人，其中研究生比例67%，副高以上技术职务占35.14%，“双师”素质比例86%。学校入选教育部新一届全国财政、金融、商业、统计、粮食、报关等6个职业教育教学指导委员会委员单位，中国高教学会高职财经教育分会常务副主任单位、中国会计学会会计教育专业委员会委员单位，初步实现“国内有影响、省内有位置”的发展目标。年内，学院会计专业获批为江苏高校品牌专业建设工程一期项目。建立周恩来五观教育基地、淮安商业文化展示馆2个特色文化场馆。

【两岸职业院校交流】 2015年，江苏财经职业技术学院推进与台湾高校的交流与合作，先后与台湾龙华科技大学、台湾东南科技大学、台湾环球科技大学、台湾玄奘大学签订人才培养战略合作协议，推进百名骨干教师赴“新港台”培训与研修计划，启动学生境外研习项目，先后组织18批师生，共100人赴台湾研习。10月18日，江苏财经职业技术学院主办2015年海峡两岸职业院校商科人才培养高层论坛，海峡两岸40余所财经类本、专科院校参加。台湾教育大学、中国会计学会、东北财经大学等单位的5位专家分别作5场报告。

【承办全国高职院校银行综合业务技能大赛】 10月13日，由全国金融职业教育教学指导委员会主办、江苏财经职业技术学院承办的“2015年全国高等职业院校银行综合业务技能大赛”在江苏财经职业技术学院举行。全国86所高职院校的近600名大学生参加大赛。江苏财经职业技术学院、深圳信息职业学院等5所院校获得大赛团体一等奖。

【校企合作】 2015年，江苏财经职业技术学院成立由40余家政府部门、相关行业、骨干企业代表以及知名校友共同组成的“校企合作理事会”，完善校企合作人才培养机制。年内，学校建立“今世缘营销学院”“紫金保险学院”“中央新亚管理学院”“京东商城电商学院”“新道创新创业学院”等校企合作二级学院以及中锐汽车商务基地、用友会计人才培养基地等多个校企合作发展基地；与江苏十方通信有限公司、南通超达装备股份有限公司、京东商城三家企业紧密合作，在三个专业（群）正式试点“现代学徒制”；与江苏沙钢集团淮钢特钢有限公司、京东商城等大中型企业合作订单培养班级数30余个，订单培养学生850余名；与海尔集团、江苏沙钢集团淮钢特钢有限公司等537家单位签订学生顶岗实习与就业创业协议，初步实现人员互聘、基地共建、成果共享的校企合作运行机制。

（王　凯　马晓东）

·江苏护理职业学院·

【概况】 江苏护理职业学院于2014年在淮阴卫生高等职业技术学校基础上创建而成。2015年，学校有黄河路和大学城2个校区，占地38公顷，校园建筑面积28.18万平方米。设有护理、涉外护理、助产、医学检验技术、药学、康复治疗技术等6个专业。有教师300余人，在校生6300余人。

【专业建设】 2015年，江苏护理职业学院参观学习国家示范院校信息化平台建设经验，升级学院教学管理系统，购置15门网络课程，推进信息化在教学中的应用。成功申报生殖健康服务与管理、呼吸治疗技术和中医康复治疗技术等3个专业。加强校内外实训基地建设，推进新校区两幢实训楼建设。开展校院合作，与无锡市锡山区卫生局签订农村医学专业实习—就业合作协议。开展新一轮附属教学实习医院的部署规划，多次召开校院合作研讨会，与淮阴区人民医院、盱眙县人民医院、金湖县人民医院讨论合作事宜。

【教学科研】 2015年，江苏护理职业学院组织教师参加“两课”评比、微课设计比赛，获省公共基础课程“两课”评比研究课1项；获淮安市专业技能课程“两课”评比示范课3项。获省高校微课比赛（高职高专组）一等奖1项。探索科研管理机制体制，营造科研氛围，提升科研积极性。加快科研平台建设，重点建设SPF级动物房和医学生物技术研究中心。加强与南京医科大学、第二军医大学附属医院等单位和机构的科研合作，达成资源共享，利用南京医科大学的平台申报国家自然科学课题2项。积极组织申报各类科研项目，《FAM129B通过抗失巢凋亡促进乳腺癌转移分子机制的研究》课题项目获国家自然科学基金立项；省科技厅课题立项1项、省卫生职业院校文化建设研究室课题立项1项、省社科应用研究精品工程外语类课题立项1项。全年发表论文133篇，其中SCI论文4篇，北大核心期刊论文6篇。公开出版教材34册，其中主编/副主编16册。

【教学质量监控】 2015年，江苏护理职业学院完成《高等职业教育人才培养质量年度报告（2016）》。继续与麦可思数据公司合作开展毕业生跟踪调研，进行独立第三方教育研究机构参与职业院校教学质量评价。完成《2015年度学校社会需求与培养质量跟踪评价报告》，报告显示，毕业生对母校的学生工作满意度（88%）、生活服务满意度（86%）、教学满意度（97%）均高于全省高职院校。对核心课程重要度评价（2013届93%、

2014届96%）、满足度（2013届80%、2014届84%）评价均较上届有所提升。

【师资队伍建设】 2015年，江苏护理职业学院利用国家和省市的政策平台，以“青蓝”“双师”“专业教学团队”等五大工程为载体，加强教师培养，提高教师综合素养。选派33名教职工赴苏州卫生职业技术学院对口进修。组织18名教师赴境外研修，28名教师参加高职系列省级培训，11名教师参加中职系列省级、国家级培训。做好2015年职称评定工作，3人取得高级职称，8人取得中级职称。教师参加信息化教学大赛，获淮安市赛一等奖1项，省赛一等奖1项、二等奖1项，国赛一等奖1项，学院被省市教育主管部门授予“高等职业院校信息化教学大赛优秀组织奖”。在全省高校教师、医护人员应急救护技能大赛，获教师组一等奖1项。

【学生发展】 2015年，江苏护理职业学院1042名毕业生参加全国护士执业资格考试，高职学生通过率100%，中职学生通过率96.97%。在省职业学校护理技能大赛中，获一等奖1项、二等奖3项、三等奖4项；在江苏省第一届高等职业院校护理技能大赛中，总分第2名，并获二等奖；参加淮安市第四届大中专学生文化艺术节“青春·梦想”辩论赛，获冠军。

【社会服务】 作为教育部下发的《职业院校护理专业仪器设备装备规范》第一执笔人单位，2015年，江苏护理职业学院先后受邀到山西、河北、黑龙江、吉林、辽宁、湖南等省进行标准的解读和标准贯彻的指导工作。年内，学校承办2015年江苏省医药卫生类专业骨干教师提高培训和五年制高职护理专业骨干教师培训工作。实施2014~2015年度青年教师企业实践国家级培训项目，与江阴市人民医院共同完成20名青年教师的培训任务。1个团队发明的《助产技术操作流程及考核标准》获淮安市总工会“十大先进操作法”称号。与南京医科大学、东南大学、徐州医学院联合举办成人学历教育，在籍学员3200余人。开展社会培训，年度完成培训6400余人次。推进校企合作，设立职业技能鉴定所，全年完成各类鉴定391人。成为南京医科大学首次开办护理学专业自学考试“专接本”第一批合作学校，首批注册学生90人。获评东南大学继续教育学院2015年度“优秀校外学习中心”“教育管理一等奖”；获评江苏大学2011~2014年度优秀成教教学点。

（吴彬江　张　敏）

文　化

综　述

【概况】 2015年，淮安市万人拥有公共文化设施面积1553平方米，公共文化服务设施覆盖率92.8%，人均公共图书馆总藏量0.91册。有线电视总户数151.89万户，比上年增长3.5%；新增农村有线电视用户4.4万户，农村有线电视入户率93%，有线电视村民小组接通率100%。淮安软件园被国家版权局授予“全国版权示范园区（基地）”。盱眙县入围第三批省级公共文化服务体系示范区创建名单。清河区图书馆获第六届全国服务农民、服务基层文化建设“先进集体”称号。清河区“幸福清河 精彩生活”文化馆（站）志愿服务活动获评文化部、中央文明办2014年“文化志愿服务推进年”示范项目，市图书馆志愿者严梦凡被评为2014年优秀文化志愿者。

【公共数字文化综合服务平台获国家级创建资格】 2015年5月，在文化部、财政部组织的第三批创建国家公共文化服务体系示范项目评审答辩会上，淮安市申报的“公共数字文化综合服务平台”项目获得一致认可和高度评价，成功获得国家级创建资格。淮安公共数字文化综合服务平台项目是苏北地区首创的公共文化服务新形式，既是一项惠及广大人民群众的文化民生工程，也是一项把握新经济、新媒介、新思维带来传播新常态的创新举措，具有典型区域示范作用。

【淮安文化银行成立】 2015年7月，淮安文化银行举行揭牌仪式。中国银行淮安分行与江苏化石文化传播有限公司、淮安九号文化艺术有限公司，广发银行淮安分行与淮扬菜集团股份有限公司、江苏惠普科技有限公司举行现场贷款签约仪式，授信总额1200多万元。

【板闸遗址考古现场会暨文物保护专家论证会】 2015年6月，淮安市召开板闸遗址考古现场会暨文物保护专家论证会。国家文物局文物保护与考古司、中国文化遗产研究院文物研究所、省文物局文保处等单位的文史考古专家参会。专家们认为板闸遗址是中国大运河沿线一处重要的遗址，闸体保存状况良好，确定是明代早期修建在里运河淮安段的“四闸之一”，对研究明清水利史、运河史具有重要价值，完全可以增补进世界文化遗产名录，是一项十分重大的考古发现，必须完整保护遗址，把板闸与古河道、古堤坝、古建筑遗址等系统发掘与保护起来。

【省“秧歌号子”展演】 2015年8月，“歌飞荷都”——江苏省“秧歌号子”展演活动在金湖县举行。活动汇聚全省8个地市的10项国家和省级“非遗”项目，除淮安市的金湖秧歌、南闸民歌外，还有南京市的《六合鲜花调》、苏州市的《吴歌·五姑娘》、南通市的《吕四渔民号子》、盐城市的《阜宁牛歌》、扬州市的《高邮民歌》、镇江市的《南乡田歌》、泰州市的《茅山号子》和《靖江民歌》等，均是各地优秀传统文化的杰出代表。活动同期举办全省秧歌号子保护工作研讨会。

（李　斌）

文化艺术创作

【文学创作】 2015年，淮安作家苏宁的散文《果园记》获第十一届“十月文学奖”。作家王往的长篇叙事诗《八十二壮士》获省作协第十批重点资助。

【戏剧创作】 2015年，由江苏省文化厅和淮安市政府共同扶持、省长荣京剧院和南京李亦洁京剧工作室联手打造的新编历史京剧《如姬》获第二届江苏省舞台剧目文华奖。年内，在江苏、上海、浙江三地国家级非物质文化遗产传统戏剧类展演上，淮安市组织参演的淮海戏《借靴》获优秀剧目奖、优秀演员奖。

2015年，新编历史剧《如姬》获第二届江苏省舞台剧目文华奖。
李斌 供图

【剧目创作】 2015年，围绕纪念抗战胜利和“两淮”解放70周年活动，江苏省淮剧团创作排练淮海戏情景剧《烽火岁月》，市淮剧团复排大型淮剧《血战刘老庄》。初步创作完成话剧《铁证》《洪泽湖鸭枪队》。省演艺集团话剧院、市淮剧团、省淮海剧团、省长荣京剧院联合创作排演大型“五德”廉政话剧《纤夫》，刻画周恩来作为党、国家、人民“纤夫”的光辉形象；年内，该剧在全市巡演，反响热烈。

【书画创作】 2015年，淮安市文化馆陈书国以《唐代书家邬彤名考》等5篇系列论文获第五届中国书法“兰亭奖”理论奖，成为该届评比中淮安市唯一获奖的书法家。市美术馆栾剑的版画作品《祈福千年 船坞我家》获第二届文华美术奖，成为淮安美术作品在该奖项中的突破；市美术馆专职画师左希文、赵家葆、范海龙三人的中国画作品同时获得“文化美术奖”提名。年底，栾剑美术作品展在江苏国画院美术馆举办，《经典·风范——栾剑作品集》同时首发。（李 斌）

群众文化

【概况】 2015年，淮安市公共数字文化综合服务平台项目获得国家级项目创建资格，成为苏北地区首创的公共文化服务新形式。盱眙县入围第三批省级公共文化服务体系示范区创建名单。全市公共文化服务设施网络建设实现全覆盖。新建30个100平方米高标准社区文化活动中心，共享工程村、社区基层服务点覆盖率提升到100%。市政府为民办实事项目——“文化四送”超额完成目标，全年举办展览128场、送演出1064场、送电影19089场、送图书112725册。全市农村有线电视新增4.4万户，有线电视入户率94%。“低保家庭免费收看有线电视”项目继续实施，全市享受政策用户5.2万户；公共文化服务设施覆盖率92.8%。

截至年底，全市有文化馆9家，其中一级馆4家、二级馆1家、三级馆1家、未定级3家；有公共图书馆9家，其中一级馆7家、二级馆1家、三级馆1家；有县镇综合文化站129所；农家（社区）书屋1523家。有数字影院19家，持证经营网吧500多家，歌舞、游艺娱乐场所358家，演出经纪机构10家，经营性互联网文化单位9家。

【文化场馆建设】 2015年，淮安市“文化新三馆”（图书馆、文化馆、美术馆）内部功能性装修布展工程有序推进。新改建涟水县文化馆、淮阴区博物馆，完成第四次全国文化馆评估定级。

【全民阅读】 2015年4月，淮安市启动2015年周恩来读书节。历时近9个月，以“阅读提振精气神，书香助力崛起梦”为主题，围绕六大板块、十大项系列主题活动，累计安排101项重点读书活动，乡（镇）街道、企业、社区、学校策划设计并组织开展超过1000项读书活动。成立“希望来吧”等33个基层读书会，新建10个市县（区）图书分馆和24小时自助服务“图书驿站”。先后邀请何建明、阎崇年、徐则臣等到淮安市作“名家大师总理故乡行”——全民阅读系列讲座。部门配合、联动组织“你选书，我买单”优惠图书展销、万人承诺阅读签名、现场招募志愿者以及全民阅读图片展等系列活动。周恩来读书节成为江苏省三大全民阅读品牌活动之一。

表42 2015年淮安市公共文化服务基本情况表

	单位	全市	市区	清河区	淮安区	淮阴区	清浦区	开发区	涟水县	洪泽县	盱眙县	金湖县
剧场、影剧院数	个	7	3	1	1	—	—	—	1	1	1	1
公共图书馆	个	9	5	1	1	1	—	—	1	1	1	1
公共图书馆图书总藏量	千册、件	2564	1749	218	330	125	—	—	133	267	206	209
广播覆盖率	%	100	100	100	100	100	100	100	100	100	100	100
电视覆盖率	%	100	100	100	100	100	100	100	100	100	100	100

4月至12月，淮安市举办2015周恩来读书节。　　李斌　供图

【图书馆建设】 2015年，淮安市图书馆办证、换证6835个，新书推荐5期；采购新书5万余册；新书编目4万余册；收集地方文献200多册；接待读者12万人次，书刊流通量18万余册次。全年组织开展读者活动，推广全民阅读。组织、策划专家讲座12期，专家视频讲座每周一次，讲座层次求变求新。邀请专家举办《做孩子的良师益友》《快速网上创业　绘制人生蓝图》《如何阅读绘本》《播撒阅读的种子——绘本阅读知识讲座》《阅读点亮人生》等主题系列讲座。与市新华书店建立长期合作伙伴关系，创新开展"你选书　我买单"读者荐书活动，变传统的图书馆为读者选书的方式为以普通读者为主体，自己为自己选书的采购方式，得到读者一致好评。全市新建3个自助借还图书馆，读者可任意选书、借书。与全国图书馆学专业排名第一的北大信息管理系沟通，达成长期合作协议，打造全国一流的地市级公共图书馆。

【举办戏剧节】 2015年，淮安市启动举办周信芳戏剧节。先后开展"麒韵流芳　荀艺长荣"纪念周信芳诞辰120周年系列演出，"西路淮剧东路行"演出，江苏省少儿戏迷票友大赛，淮安市戏曲票友大赛，春节戏剧周惠民活动，新剧目展（巡）演，深入生活、扎根人民——送戏剧进乡村、军营、社区、校园活动，迎国庆戏曲晚会等八项活动，举办戏剧演出33场，先后有6万余人次观看演出。

【淮安市群众文化学会成立】 12月28日，淮安市群众文化学会成立。学会由全市群众文化工作者、群众文化单位及社会各有关单位自愿组成，是依法登记成立的全市性、公益性、非营利性的，进行群众文化理论研究，开展有关群众文化艺术活动的学术性社会组织。成立之后，将组织开展群众文化理论研究，探讨群众文化事业在改革发展中遇到的新情况、新问题，为群众文化事业的发展提供决策依据，促进群众文化事业的繁荣发展。　（李　斌）

文化产业

【文化产业融资】 2015年，淮安市搭建平台，解决文化企业融资难题。向市财政争取1000万元的文化产业信贷风险补偿基金，与中国银行淮安分行、广发银行淮安分行签署合作协议，成立淮安文化银行。至年底，为15家文化企业提供贷款3065万元。

【文化产业引导资金争取】 2015年，淮安市协助企业积极争取各级文化产业引导资金。全年有3个项目参与申报中央文化产业引导资金，41个项目申报省文化产业引导资金，5家企业申报紫金基金，2家企业申报国家文化产品出口奖励，3个园区申报省重点文化产业示范园区，最终有7个项目获得700多万元的省文化产业引导资金。

【文化产业宣传推广】 2015年，淮安市组织市内文化产业走出去，扩大宣传。4月，在苏州文博会上，淮安馆受到江苏省文化厅的高度关注和评价，江苏书妙翰缘科技发展有限公司吸引众多文化企业和投资机构的关注，淮安市文广新局被评为最高优秀组织奖。5月，淮安市首次参展第十一届中国（深圳）国际文化产业博览交易会，20多家客商参与洽谈，与3家企业签订战略合作意向书。

【编制文化产业规划】 2015年初，淮安市启动《淮安市文化产业"十三五"发展规划》编制工作。市财政拨出80万元的编制经费，南京大学中标。经过调研、初稿编制、初稿讨论、修改稿编制、修改稿讨论等环节，12月底，《规划》通过专家论证会。

（李　斌）

文化交流

【国际文化交流】 2015年7月，应德国哥廷根市政府和欧洲中国艺术院的邀请，淮安市文广新局组建文化交流团队，赴德国和荷兰举办音乐会，并与有关文化组织进行友好交流。10月，派遣文艺代表团赴淮安市国际友城韩国全罗北道完州郡参加当地一年一度的野外美食节活动，并在开幕式上展示中国传统的乐器竹笛、唢呐等。同月，应加拿大"秋声社"邀请，江苏省长荣京剧院赴加拿大渥太华国家艺术中心进行艺术交流，演出《徐策跑城》《红楼二尤》等剧目。年内，2015"同乐江苏"国际爵士音乐节、世界音乐节淮安站演出在江苏省财经职业技术学院举行。

【国内文化交流】 2015年，淮安市组织淮安书画家赴新疆、南京、连云港等地举办画展，组织《徐伯璞捐赠近现代名家书画精品展》《戚庆隆先生书法作品展》等展览赴云南、山东、

2015年10月，"同乐江苏"国际爵士音乐节走进淮安。 李斌 供图

扬州、邯郸等省市巡回展出。5月，在香港、澳门成功举办首届"漂母杯"母爱·爱母主题散文诗歌大赛。6月，在台北世新大学举行第四届海峡两岸"漂母杯"母爱·爱母主题散文诗歌大赛颁奖典礼暨母爱·爱母主题散文诗歌作品品读会。年内，省非遗项目《马灯舞》在港澳两地进行展演。 （李 斌）

文化市场监管

【概况】 2015年，淮安市累计出动文化市场检查13292人次，检查各类经营网点4398家次，立案查处行政案件293件、网络案件5件，责令整改41家次，收缴各类非法出版物2.3万余册（件）。完成市级视频监控中心建设，筹集经费40余万元，用于监控设备采购和房屋装修。推动存量网吧视频监控改造任务，完成200余家网吧920个摄像头与省、市监控中心的信号对接。督促县（区）监控中心建设，淮阴区完成建设并实现对全区网吧的实时监控。市文广新局被评为全省唯一地市级局"省级依法行政示范点"，市文化行政综合执法支队被表彰为2014年全国查处侵权盗版案件有功单位。

【文化市场专项整治】 2015年，淮安市严格开展各类文化市场专项整治。开展农村演出市场专项整治。5月，针对农村色情演出问题，开展为期一个月的整治行动，全市未发生一起色情演出活动。开展文化市场整治行动，分别于7~8月、11月开展暑期文化市场整治行动和网吧专项整治行动，查处网吧违规经营案件50余起，吊销网络文化经营许可证2家。开展境外电视网络接收设备专项整治活动。11月，联合公安、工商等部门，对淮安电子电脑城三个区销售涉境外电视网络接收设备和"小耳朵"进行彻底清查，查处涉嫌违法违规经营商26家，没收"小耳朵"、境外非法电视接收设备21件。开展文化遗产保护专项执法检查，查处淮阴区省级文保单位甘罗城遗址保护范围内擅自施工案、生态新城市级文保单位江来甫墓拆除案、淮安区流均纪念碑拆毁案、涟水县市级文保单位米公洗墨池擅自改造维修案等。

【"扫黄打非"行动】 2015年，按照全国、省"扫黄打非"部门的统一部署，淮安市组织开展"净网2015""清源2015""护苗2015"及"秋风2015"等"扫黄打非"专项行动，进一步净化出版物市场和网络文化环境。把查办大案要案作为推动"扫黄打非"工作重要抓手，协调查处全省首例微信群传播淫秽色情信息案——"淮安6·01网络传播淫秽色情信息案"，案件调查取证工作取得重大进展，被省"扫黄打非"办列为重点督办案件。淮阴区蔡某某贩卖淫秽物品牟利案于7月8日在淮阴区法院宣判。

【文化市场综合执法对口交流】 2015年，淮安市文化行政综合执法支队与四川省雅安市文化市场综合执法支队结为对口交流协作单位。双方互动交流5次，安排考察调研65人次，淮安市支持雅安市培训设备经费15万元，派遣培训师资2人次，现场培训30余人。该项工作被文化部作为全国唯一地级市典型发文通报表扬。 （李 斌）

2015年，淮安市组织赴欧洲开展文化友好交流。 李斌 供图

文博事业

·文物保护与管理·

【概况】 至2015年底，淮安市有市级以上文物保护单位182处。其中，全国重点文物保护单位11处，省级

2015年,省非遗项目《马灯舞》在港澳两地展演。　　李斌　供图

文物保护单位24处,市级文物保护单位147处。有不可移动文物1600处,其中古遗址457处、古建筑421处、古墓葬290处、石窟寺及石刻52处、近现代重要史迹及代表性建筑365处。

【里运河文化长廊保护与建设】 2015年,淮安市编制《清江文庙修缮及环境整治方案》《清江浦城墙遗址保护展示方案》《板闸遗址保护与展示方案》。整理编辑《淮安里运河——故事篇》《淮安里运河——名胜篇》书稿,图文并茂,通俗、全面地介绍里运河历史沿革、古迹名胜、民俗风情等。开展里运河沿线地下遗存调查,全力配合里河文化长廊开发建设项目,完成山阳湖地块与运河小镇一、二号地块考古试探,开展双水城地块考古勘探、板闸遗址考古发掘工作。编制《里运河文化长廊沿线公共艺术专项规划》《里运河清江浦区域公共艺术策划》,设计具有独特艺术品位和现代理念的雕塑,集中展示清江浦繁华盛景、古代治水名人以及水工技术等。加快主题博物馆群建设,挖掘里运河文化内涵,制定《淮安里运河文化长廊博物馆群展示系统概念设计》方案。

【可移动文物信息采集和数据上传】 2015年,淮安市在全市范围内开展国有可移动文物信息采集和数据上传工作。10月底,全部完成可移动文物普查数据采集和上传工作。至年底,各收藏单位和专家组联合对上传数据进行审核,确保数据准确。

【文物保护专项经费与补助争取】 2015年,淮安市向国家文物局申报年度国家重点文物保护专项经费补助项目4个。向省文物局申报年度省级文物保护专项经费补助8个。市财政安排300万元专项经费用于补助包括周信芳故居维护保养工程、文物保护单位基础建设工程、乾隆阅河御诗碑保护设施建设工程、郑文英墓碑及清口灵运记碑修复工程、秦焕故居东路修缮工程、李更生故居保养利用工程、王瑶卿故居保养工程等13个文保修缮项目。

【文物安全】 2015年,淮安市定期组织文物安全巡查,明确专人负责;督促文博单位加强安防、技防设施,确保24小时值班。市文保部门与公安部门联合,严厉打击盗掘古墓葬、古文化遗址等违法犯罪活动。淮安区"江苏省文物安全综合管理示范区"创建工作稳步推进。　（李　斌）

·非物质文化遗产保护·

【概况】 2015年,淮安市新增13项省级非物质文化遗产项目。至年底,全市有市级以上非物质文化遗产176项,其中国家级6项、省级33项、市级137项。有国家级非物质文化遗产项目代表性传承人2人,省级非物质文化遗产项目代表性传承人12人,市级非物质文化遗产项目代表性传承人195人。

【新增13项省级非物质文化遗产项目】 11月8日,省文化厅公示第四批省级非物质文化遗产名录推荐项目,淮安市13个项目入围。分别为淮安灯谜、淮帮菜烹制技艺、淮安全鳝席烹制技艺,清河区的骨康外敷药酒炮制技艺,清浦区的浦楼白汤酱油酿造技艺,淮阴区的淮海琴书、码头汤羊肉烹饪技艺和花鼓会,涟水县的淮剧和蒋氏骨伤膏药制作技艺,洪泽县的三河花船,盱眙县的朱元璋传说和黄梅戏。

【非物质文化遗产保护与传承】 2015年,淮安市继续实施以省级以上高龄传承人为主要对象的抢救性记录工程,完成国家级非遗项目代表性传承人杨秀英、魏佳宁等人的传承纪录片。楚州十番锣鼓代表江苏参加中国(淮阳)非遗展演展示活动。承办全省秧歌号子展演展示活动。完成约15万字《江苏省非遗志》淮安篇内容的编撰上报工作,编撰《人文淮安——淮安非遗通览》(卷五)。举办全市非遗产品设计创作竞赛,收到作品100余件,《洪泽湖五帆船》等35

表43 淮安市第一至第三批省级非物质文化遗产名录表

项目类别	项目名称	申报地区或单位	批次	公布时间
民间文学（5项）	巫支祁的传说	洪泽县	第二批	2009年6月20日
	水漫泗州城传说	洪泽县，盱眙县	第二批	2009年6月20日
	韩信的传说	淮阴区文联	第一批	2007年3月24日
传统音乐（1项）	南闸民歌	淮安市楚州区	第二批	2009年6月20日
传统舞蹈（3项）	竹马（淮阴马头灯舞）	淮安市淮阴区	第二批	2009年6月20日
	莲湘（闵桥莲湘）	金湖县	第三批	2011年9月2日
传统戏剧（3项）	香火戏（金湖香火戏）	金湖县	第二批	2009年6月20日
曲艺（3项）	工鼓锣（淮海锣鼓）	涟水县文化馆	第一批	2007年3月24日
	苏北琴书	涟水县	第二批	2009年6月20日
传统美术（1项）	剪纸（金湖剪纸）	金湖县	第三批	2011年9月2日
传统技艺（11项）	洪泽湖渔具制作技艺	洪泽县	第二批	2009年6月20日
	淮安茶馓制作技艺	淮安市	第二批	2009年6月20日
	汤包制作技艺（楚州文楼汤包制作技艺）	淮安区	第二批	2009年6月20日
	平桥豆腐制作技艺	淮安区	第二批	2009年6月20日
	传统木船制造技艺（洪泽湖木船制造技艺）	洪泽县	第二批	2009年6月20日
	蒸馏酒制作技艺（高沟酒酿造技艺）	涟水县	第二批	2009年6月20日
	钦工肉圆制作技艺	淮安区	第三批	2011年9月2日
传统医药（3项）	阙氏膏药制作技艺	淮安区	第三批	2011年9月2日
民俗（2项）	洪泽湖渔家婚嫁习俗	洪泽县	第二批	2009年6月20日
合计	19项			

件作品获奖。省级洪泽湖渔文化生态保护实验区建设稳步推进。初步完成白马湖民间歌舞文化生态保护实验区各分项保护规划。省文化科研课题《淮安城镇一体化进程中的非物质文化遗产保护研究》获批结题。

（李　斌）

·博物馆·纪念馆·

【概况】 至2015年底，淮安市有博物馆、纪念馆34家，有三级以上馆藏文物2744件（套），其中一级文物227件（套）、二级文物371件（套）、三级文物2146件（套）。

【考古工作】 2015年，在江苏省考古学会2010~2014年度全省田野考古奖评比活动中，淮安市3个考古项目获得表彰。其中，"淮安清浦区王庄村古墓群"获优秀工地奖，"淮安清口水利枢纽遗址考古"获遗产保护奖，"江苏省淮安市清口水利枢纽遗址顺黄坝的发掘与研究"获考古成果三等奖。年内，市博物馆组织编写的《淮安运河村战国墓木雕鼓车修复报告》出版发行，《京杭大运河清口水利枢纽考古报告》开始印刷，《淮安地区现存古石刻研究》在编辑校稿中。

【陈列展览】 2015年，淮安市博物馆累计接待观众80万人次。举办《纪念中国大运河清江浦开埠600周年书画展》《淮安明清民国书画家作品联展》《淮安市山水画写生作品展》《文华美术奖江苏省优秀美术作品展》《美丽西藏·百城巡回展——庆祝西藏自治区成立50周年艺术展》《莲韵清幽——顾正主作品邀请展》等展览。先后从云南省保山市博物馆、山东省烟台市博物馆等引进《中国抗日战争中印缅战场滇西战役纪实展》《烟台市博物馆藏鼻烟壶特展》等一批高水平展览。（李　斌）

广播电视

【概况】 2015年，淮安市有淮安人民广播电台（4个频率）、淮安电视台（3个频道）。广播电视无线综合覆盖率100%，有线广播电视用户151.9万户，其中数字电视用户59.6万户。省广电网络淮安分公司通过有限网络传输广播节目20套、电视节目173套。

【广电播出】 2015年，淮安市广播电视坚持"不间断、高质量、既经济、又安全"方针，完成全国"两会"、省市党代会及市"两会"等重要安全播出期工作任务，全年无政治事故和责任事故发生。中波发射全年累计安全播出35269小时，维护394人次，未发生任何停播、误播、误转等人为事故，实现全年停播率≤60秒/百小时，可用度≥99.983%的控制指标，每个季度全省监测考核获17.5满分、年度考核获100分。电视及调频发射全年累计安全播出106244小时，其中电视播出46525小时、广播调频播出59719小时，外电停播、信号源停播指标均为零，停播率为0秒/百小时、可用度为100%，优于市级台二级保障指标。

【主题报道】 2015年，淮安市电视《淮安新闻联播》和广播《941早新闻》等重点新闻栏目，围绕宣传贯彻落实中共十八大和十八届三中、四中、五中全会精神，聚焦苏北重要中心城市和全面小康社会建设，推出《学习伟人周恩来，崛起江淮做表率》《走基层》《权力至简 服务至优》《万众一心创四城》《突破之势 崛起之志》《标杆——创新创优在淮安》《美丽乡村行》《追忆烽火岁月 致敬抗战老兵》等电视专栏39个、广播专栏26个，播出主题报道1600余条。特别推出的30集报道《劳动美》，展示劳动模范的奉献精神、创新意识和对自我价值的不懈追求，弘扬社会主义核心价值观，激发群众干事创业的热情。

【新闻行动】 2015年，淮安市广播、电视、新周刊、视听网和无线淮安客户端五大传媒联动，推出"把握新常态·跨越上水平"全媒新闻行动，播出各类报道120余条，按照话展望、话征程、话成就三个篇章，以追踪报道、深度报道等形式，全方位、多角度、深层次展示全市各行各业、各个领域"上水平之年"工作举措及突出成就，凝聚推动淮安科学跨越发展的强大合力。推出"逐梦清江浦"全媒新闻行动，播出动态追踪、系列报道及纪录片等50余条，围绕"清江浦开埠六百年"纪念活动及清江浦的历史文化、保护开发、传承启示等，按照话说清江浦、家住运河边、魅力清江浦、追梦新淮安四个系列，挖掘展示清江浦鲜为人知的历史故事、文化内涵和时代变迁，增强运河之都文化影响力。

【对外宣传】 2015年，淮安市广播电视深入实施新闻外宣提质扩量工程。全年中央电视台用稿108条，其中《新闻联播》6条，蝉联"2015年度央视中国电视新闻协作网十佳优秀通联集体"。江苏卫视用稿1999条，其中《江苏新时空》用稿295条，居全省第一名，蝉联"江苏电视新闻繁荣奖"。中央人民广播电台用稿110条，其中《中国之声》用稿51条，蝉联"2015年度中央人民广播电台新闻报道发稿量全国地市台十强"；特别是4月30日，《新闻和报纸摘要》头条播出反映淮安市农作物播种工作顺利进行的特别报道"春耕春播进行时"，反响很大。江苏新闻广播用稿430条，其中《全省新闻联播》用稿104条，继续位居全省第二名，蝉联"全省广播新闻外宣先进单位"。9~10月，"无线淮安"手机客户端在聚合全国5000多家媒体、国家机构的"政务头条号"阅读量排行前十名，其中9月份排行全国第二。12月14日，新华社在江苏发行的唯一决策参考类周刊《江苏领导参考》，以《无线淮安：为"智慧城市"建设注入新活力》为题，专门推介"无线淮安"。

【节目创新】 2015年，淮安市广播电视坚持"弘扬淮安精神，彰显文化品位，提升城市内涵，突出地方特色"发展方向，培育强化栏目节目创新意识，《政（行）风热线》《今日观察》《有事报道》等名牌栏目推陈出新，《淮安新闻联播》《941早新闻》《直播淮安》等优秀栏目长盛不衰，《共话淮安》《超常脱口秀》等创新栏目广受赞誉。优化频道频率节目配置和改版，建立健全受众调查、群众评议、收视收听率数据统计等评价机制，建立完善栏目节目创新策划、评优、淘汰等机制，健全完善坚持"三贴近"、深入"走转改"的动力机制，广播、电视特色化、品牌化建设成效初显，收视率收听率继续保持较高水平。

【精品力作】 2015年，淮安市广播电视在全省创优评比中有43件作品获奖，其中一等奖6件、二等奖22件、三等奖15件。在江苏国际频道播出纪录片31部（集）465分钟，位居全省第二。配合清江浦开埠600周年，采制的高清纪录片《家住运河边》系列，播出《水色》《长街》《艺境》《黎明》等8集120分钟，全球范围宣传展示淮安。年内，《家住运河边》系列获第21届中国电视纪录片系列片作品奖和2015长江（国际）电视联盟最佳系列片奖。

【广电产业】 2015年，淮安市广播电视实现产业总收入1.21亿元，其中广告收入1.1亿元。全年举办各类会展、演艺等活动146场次，淮安羊年春晚、网络春晚、首届少儿春晚、"爱满江淮"淮安市首届慈善晚会、"梦回清江浦 盛世夜未央"纪念清江浦开埠六百周年大型音舞诗画晚会等获得好评，亲子剧场《灰姑娘》《冰河大冒险》等互动项目倍受欢迎，汽车消费节、房地产交易博览会、婚庆博览会、家电节、家装文化节等亮点不断。做优少儿才艺培训产业，加强与南京艺术学院、省淮阴中学等沟通合作，小荧星少儿交响乐团初具规模，少儿才艺培训品牌得到巩固。盘活资产经营，中波发射台场地综合利用实现有效开发利用，丰惠财富广场自有产权商务用房实现房屋出租率100%。"无线淮安"手机客户端全面融入"云城市·江苏"移动客户端集群平台，至年底，建成各类模块30个，用户超5万户，成为淮安手机客户端集群的领军品牌。（林光耀）

报 纸

【概况】 2015年，淮安市公开发行的报刊有10家，分别是《淮安日报》《淮海晚报》《淮海商报》《淮安新周刊》《淮阴师范学院报》《淮阴工学院报》《淮阴师范学院学报》（哲学社会科学版）《淮阴师范学院学报》（自然科学版）《淮阴工学院学报》《名城绘》。在淮安设立记者站的省级媒体有7家，分别是省人民广播电台、《新华日报》《扬子晚报》《江苏法制报》《江苏经济报》《江苏工人报》《江苏电力报》。

·《淮安日报》·

【主题宣传报道】 2015年，《淮安日报》以纪念抗日战争胜利70周年和"两淮"解放70周年为契机，充分挖掘宣传全市红色文化资源，弘扬爱国主义精神。以淮安市"五城同创"目标为契机，加强环境保护、军民共建、卫生健康、道德建设等宣传的力度，引导市民群众从自身做起、从小事做起，把道德原则、行为规范转化为具体的文明言行。以纪念清江浦开埠600周年为契机，做好大运河文化、淮扬菜文化、西游记文化、戏曲文化等优秀传统文化的挖掘宣传，彰显淮安“运河之都”的魅力。以第十届台商论坛为契机，加大宣传力度，推动台商论坛成为引领两岸企业发展、推动淮台交流合作的高端平台，促进淮安台资高地加速崛起。以践行新时期淮安精神“三为”活动、社会主义核心价值观“五唱”活动为抓手，做好先进典型宣传和公益广告宣传，推动社会主义核心价值观人格化、具体化、日常化。

【报业转型发展】 2015年，《淮安日报》推进多元化发展战略，尤其在与新闻出版主业相关的文化产业，包括户外媒体、演艺会展、教育培训、文化创意等方面，逐步形成“媒体+互联网+文教商旅”新格局，探索淮安报业转型发展的新模式。年内，启动淮安报业艺术馆、淮报教育培训中心两个新项目，发挥报社在传播、场馆、人才、品牌等方面的优势，在淮安艺术市场和培训市场独树一帜。

【新媒体传播】 2015年，《淮安日报》集团紧跟信息时代潮流，抢占新兴传播渠道，创建以“淮安新闻网”为龙头的系列网站、以“淮安发布”为龙头的微信矩阵、以“掌上淮安”为龙头的移动客户端、以“淮报微拍”为龙头的电商平台、以户外LED电子大屏为龙头的户外宣传平台五位一体的新媒体传播布局，把淮安报业集团从传统单一的纸质媒体，演变为融合报纸、刊物、网站、微博、微信、客户端、电子阅报栏、网络视频、户外视频等多种传播形态的全媒体集团。

（严　蓉）

·《淮海晚报》·

【概况】 2015年，《淮海晚报》推出《镌刻淮安城市记忆——里运河文化长廊建设特别报道》专栏，全景式报道里运河文化长廊建设情况；开辟《现代有轨电车来了》专栏，详细解读现代有轨电车的点滴进展情况；策划《关注淮安高铁建设》专版，对淮安高铁建设情况予以及时报道。策划推出7个整版《破堵》专题，有针对性地实地探访城区堵点之堵，并采访相关部门，解读破“堵”之方；刊发8个整版的《共筑长城》“八一”特刊，展示淮安双拥成就及军爱民、民拥军的动人故事，在社会上产生较大反响。此外，开辟《生·活》图片栏目、《你是什么“控”》《关注现代病》《健康谣言粉碎机》等专栏，服务市民更接地气。

【“重走‘新旅’抗战路”大型新闻采访活动】 2015年是抗日战争胜利70周年，也是新安旅行团成立80周年的重要节点。5~10月，《淮海晚报》组织媒体记者与文史专家组成联合采访团，途经近20个省、市、自治区，行程近10万里，对新安旅行团历史和人物进行集中性、保护性乃至抢救性采访，刊发70多个专版计20多万字文稿和近两百幅照片，并编印专门的文集。

1935年10月10日，14名淮安新安小学的学生组成“新安旅行团”，从淮安出发，踏上抗日救国之路。在长达17年的时间里，途经全国22个省、市、区，行程5万里，以放电影、文艺演出、出版杂志等方式宣传抗日，受到毛泽东、周恩来、刘少奇、朱德等老一辈无产阶级革命家的亲切关怀和高度赞扬，被誉为“民族解放的小号手”。

【各类社会活动】 2015年，《淮海晚报》各项社会活动开展有声有色，周周有活动，月月有精彩。与景会寺共同举办2015年“跨年撞钟 迎新祈福”活动，吸引众多市民参与。与市里运河文化长廊规划建设管理办公室共同举行首届周制汉服水上大型集体婚礼，受到新人点赞。与市园林部门联手启动首届“最美阳台”家庭园艺评选活动，数百个家庭热烈响应。此外，还组织五一月季园相亲会、宠物秀、市民手工课、爱心报童义卖晚报、浮生半日闲等活动，均受到市民的欢迎。

（全　鑫）

网　站

【“中国淮安”政府门户网】 “中国淮安”政府门户网站（http://www.huaian.gov.cn/）于2002年正式开通运行，是淮安市政府在互联网上发布政务信息、提供在线服务、与公众互动交流的重要平台。2015年，网站访问量超过1000万次，日均访问量近3万次。审核48225条文字信息，发布26517条文字信息，推出22个专题报道，举办16期在线访谈活动，发布13篇规范性文件政策解读，直播8场新闻发布会，公开443条视频类信息，分拣2925封网上信件，调整超800次网站修改需求。

（张亚中）

【淮安视听网】 淮安视听网（www.habctv.com）于2011年4月正式开通，2012年3月29日取得国家广电总局颁发的“信息网络传播视听节目许可证”，依托淮安广播电视台背景，建设淮安本土第一视听综合门户网站。网站主要由论坛、影视、播客、资讯、房产、交友、分类、旅游、美食等十多个特色频道和栏目组成，提

2015年，淮安报业集团与淮安区政府组织“重走新旅抗战路”活动。

淮安报业集团　供图

供衣、食、住、行等多方面、全方位的本地生活指南及商业信息服务。截至2015年底，淮安视听网日PV浏览量7万次，日独立访客3万人，旗下论坛拥有注册用户360113人。年内，网站开展我与主持人共骑行、摄影沙龙、单车骑行、网友相亲等线上线下活动；举办淮安市网络春晚、淮安市十大经济风云人物颁奖晚会等文艺晚会；推出网络剧展播、和广电主持人"一起读诗"、微电影拍摄和市首届网络短片大赛等文化季系列活动；制作发行13集网络剧《致匆匆那些年》，在爱奇艺独家播出后，点击量961万次，被誉为年度最文艺纯爱故事剧。（朱　锋）

2015年，淮安视听网自制发行网络剧《致匆匆那些年》。
视听网　供图

【淮安新闻网】 淮安新闻网（http://www.hynews.net/）创办于2000年，是由淮安报业传媒集团（淮安日报社）主办，以新闻传播为龙头，集宽屏、社区、微博、移动终端等综合信息服务和技术应用为一体的全媒体大型新闻综合门户，是江苏省重点新闻网站，淮安地区唯一具备新闻发布资质的门户网站，是百度、新浪、搜狐、网易等多家门户网站淮安新闻唯一采集源，拥有淮安独家网络直播平台。2015年，网站注册用户126025人，日访问量6万人次。（淮安新闻网）

档案工作

【概况】 2015年，淮安市有国家综合档案馆9家（市、清河、清浦、淮安、淮阴、涟水、洪泽、盱眙、金湖），城建专业档案馆7家（市、淮安、淮阴、涟水、洪泽、盱眙、金湖），保管档案1258737卷485637件，资料117201册。其中，市档案馆为国家二级综合档案馆，保管旧政权档案、革命历史档案、新中国成立后党政机关文书档案96286卷103255件，资料24830册，建成馆藏档案目录数据库238万余条、全文数据库464万余页。市城建档案馆为国家一级城建档案馆，有馆藏18万卷，涵盖工程档案、市政公用档案及建设管理过程中产生的业务管理和业务技术档案等18大类。

【档案新馆建设】 2015年，淮安市档案系统新馆建设进展顺利。市档案新馆正式启用，建筑面积近11000平方米；清浦区档案新馆装修完毕；淮安区档案新馆进行内部装修，即将交付使用；洪泽县档案新馆破土动工；金湖县档案新馆进入项目招标阶段；涟水县档案新馆重新规划到县滨河新城，建筑面积8000平方米，至年底，进入深度设计和办理相关建设手续阶段；淮阴区档案新馆进入规划设计阶段。

【档案资源】 2015年，淮安市各级档案馆接收档案17357卷、36063件。市委办公室、市政府办公室发布《淮安市档案馆收集档案范围实施细则》，扩充接收档案单位基本名录，合理确定各类档案的归属和流向，实现全市档案资源结构的不断优化。通过在《淮海晚报》、淮水安澜论坛等媒体上刊登征集公告，积极搜集征集线索，拓展征集渠道，一大批珍贵档案资料充实了馆藏，主要有张爱萍将军手迹，周恩来外祖父万青选（清代光绪年间任淮安府里河同知）所题碑刻，河下古镇民商祖传地契文书，民间珍藏全国近四千姓氏家谱（电子版），早期淮阴结婚证、摊位证，计划用粮、煤、油、布票券等。

【档案信息化】 2015年，淮安市档案系统采取印发《关于加快推进我市国家综合档案馆档案数字化工作的通知》，召开推进会、上门辅导及发文通报等一系列措施，有力推进档案数字化工作。至年底，市档案馆累计完成档案数字化464.2万页，完成率67.54%；各县（区）档案馆基本完成15%的目标任务；全市国家综合档案馆馆藏档案数字化率33.16%。市档案局制定完成"淮安智慧档案馆"总体方案，该方案成为全省十三个地级市中首个通过省局专家组评审的智慧档案馆项目方案。淮安市财政局、淮安区国土局两家单位分别申报4A、5A数字档案室并顺利通过评估，填补全市数字档案室空白。市档案局与市第一人民医院共同承担的《基于数字化医疗档案的流行病传播与防控研究》项目列入国家档案局2015年度科技项目计划，实现全市档案科技项目申报及入选国家级科技项目计划零的突破。

【档案服务】 2015年，淮安市、县（区）两级档案部门立足档案资源，推行便民服务。全年接待查档12950人次，调阅档案资料18238卷（册）次，提供复印件17758页，摘抄1113页，翻拍122张。市档案局在"淮水安澜"论坛设置"淮安市档案局"子版块，实时为网民解答涉及档案工作的各类问题，取得很好的社会效果。承担全市创建全国文明城市档案资料组工作，全程负责材料收集审查、整理编目、撰写待审材料记录、上传资料等，接收76个部门近4000件创建材料。为淮安现代有轨电车工程等全市重大建设项目以及公安、民政、规划、财政、发改、高校、宗教等行业档案工作提供业务服务。推动机关团体企业事业单位档案工作规范化建设，全市档案工作达省五星级单位累计46家。盱眙县、涟水县、洪泽县以查档服务为平台，分别打造"三零一帮""五心""送档上门"等亲民服务品牌，自觉做到为民、便民、利民。清浦区率先建成全区居民健康档案，为慢性病人、老年人、孕产妇、儿童等特殊人群提供更为科学有效的健康管理、随访、咨询等医疗卫生服务。

【档案编研】 2015年，淮安市档案局立足馆藏资源，筹办《中国共产党在淮安——崛起之路》《淮上记忆——淮海路的变迁》等大型展览，通过丰富的档案史料、直观的图片实物、现代化的表现手法，全景式展现淮安人民66年来在中国共产党的领导下改天换地的建设历程和卓越成就，接待参观者180人次。《中国共产党在淮安——崛起之路》获2015年江苏省档案文化精品奖一等奖，同名配套图书由中共党史出版社出版发行。与淮海晚报社合作开设《档案记忆》专版，围绕纪念抗日战争胜利和两淮解放70周年、编制“十三五”规划、弘扬淮安地方文化三大主题，刊登《淮安历史上共有4个机场》等23篇稿件，受到众多主流媒体转载报道，为宣传淮安起到良好的社会效果。淮阴区档案馆出版《清河县志》（嘉靖乙丑、康熙壬子）校注稿，获江苏省档案文化精品奖三等奖。淮安区档案馆先后编撰《淮安区建制详考》《淮安地方史志述略》等一批具有较高社会价值的编研资料。金湖县档案馆编纂出版《抗战在金湖》档案故事读本，并将该书作为课本教材印刷8000册免费赠送给全县中学生。

2015年3月，建筑面积近11000平方米的市档案新馆正式启用。

市档案局 供图

【档案安全】 2015年，淮安市各级档案馆定期全面检查清点馆藏，重点核查档案资料数量、排架次序、归库和有无损毁情况，认真做好相关检查记录，并将记录归入全宗卷。协调库区安防设施的使用及维护工作，进一步提高档案管理的现代化水平。市档案局集中力量对馆藏老底片进行数字化转换保护，制定《底片档案分类及编号方案》，整理出底片14222张。加大对馆藏新中国成立前档案抢救性修复力度，针对档案数字化及日常盘库过程中发现的破损、霉变、褪变档案，采取措施予以抢救，及时进行修复、裱糊，至年底，共修裱新中国成立前档案65卷4921页、珍贵档案27件。首次举办全市档案修裱培训班，并邀请省档案局修裱专家现场示范辅导，市、县（区）档案局及数字化外包公司共16人参加培训。

【档案法制宣传】 2015年，淮安市档案局围绕“档案——与你相伴”主题，积极开展“国际档案日”系列宣传活动，免费发放宣传挂图和折扇，到市民文化广场、社区、学校、企业开展家庭档案现场观摩暨档案法律法规咨询活动。将“档案记忆”专栏内容缩编成书，并制成宣传版面，开展进机关、进社区、进家庭、进学校、进企业、进农村“六进”活动，向社会各界宣传展示档案文化的魅力，提高全社会的档案意识。5~6月，市档案局联合县（区）档案局对涟水县、淮阴区、金湖县、清浦区近40个机关、乡镇和农村进行“下跨一级”档案行政执法检查，构建“三方合力、各司其职”三方六责的工作体系。对检查中发现的问题，及时责令相关单位限期整改到位，促进基层档案工作规范化开展，为档案依法进馆打下坚实的基础。 （韩仁先 岳 雷）

地方志

【方志编修】 2015年，《淮安市志（1978~2008）》总纂稿通过专家审读。县（区）修志工作加快进度，至年末，《洪泽县志》完成终审验收，进入出版程序；《淮阴区志》进入终审；《金湖县志》《盱眙县志》《楚州区志》完成终审稿；《清浦区志》完成分纂。

【年鉴编纂】 2015年，《淮安年鉴》（2015）由方志出版社出版发行。全书60余万字，收录反映全市经济社会发展的各类图片300余幅。全书分14个部分，详尽记载2014年淮安市各行各业发展状况。《洪泽年鉴》（2015）、《淮安区年鉴》（2015）、《涟水年鉴》（2015）、《金湖年鉴》（2015）、《清河年鉴》（2015）公开出版，《淮阴年鉴》（2015）、《盱眙年鉴》（2015）以内部资料形式印发。

【旧志文献点校整理】 2015年，《淮安文献丛刻》第十辑《嘉靖清河县志》《光绪清河县志》完成点校整理。《淮安文献丛刻》共20辑29种，2006年起开始点校整理。至2015年底，完成点校整理10辑16种。

【方志资源开发利用】 2015年，淮安市继续编纂市情简明读物《淮安手册》（2015），向全市党政机关、重点服务行业、公共机构、大中小学校等免费发放。市志办与市工商系统合作，继续在《淮安年鉴》刊登拟申报地理标志证明商标农产品相关介绍，并按照国家商标局要求对申报资料进行补充完善和校核。截至年末，淮安市获得地理标志证明商标数量位居全国地级市第一。10月下旬，国家工商总局在淮安市举办地理证明商标业务培训班，宣传推广淮安市经验做法。此外，市县（区）各级地方志机构参与全市旅游文化景观设计、规划展览设计、文物古迹保护与开发等工作。

2015年，《盱眙县志》(1986-2008)通过终审。 张永 供图

【大运河文化研究】 运河文化研究是淮安市地方志系统的一项特色工作。2015年，启动开展“黄河故道区域文化遗产申遗”课题研究，年内顺利结题，相关成果在《江苏地方志》发表。参与清江浦开埠600周年纪念活动，服务市重点工程——里运河文化长廊建设工作，为工程的规划、项目具体建设等提供意见和建议。

(王信波)

卫 生

综 述

【概况】 2015年，淮安市有各类卫生计生机构2228个。其中，三级医院8所(三甲医院5所)，二级医院14所，一级医院150余所，疾病预防控制机构9个，卫生监督机构10个，妇幼卫生保健机构9个，基本医疗服务体系健全率100%。全市拥有卫生技术人员3.04万人，其中执业(助理)医师12037人、注册护士13503人；各类卫生计生机构实有病床25966张，其中医院16654张、卫生院(社区卫生服务中心)8187张。全市每千人口执业(助理)医师数2.47人，每千人口注册护士数2.77人，每千人口病床数5.33张。全市医疗卫生机构总诊疗人次2848.35万人次，其中村卫生室总诊疗944.4万人次、门急诊897.9万人次，出院人数77.43万人次。

【卫生应急】 2015年，金湖县创成省级卫生应急规范县，全市省级卫生应急示范(规范)县(区)达6个。市卫生应急指挥中心实现与省级指挥中心联网运行。完成120特服号码“三淮一体”整合工程，淮阴区、淮安区与淮安市区实现统一受理、分级调度、跨区域急救，在全省120联网运行业务中成为典范。组织开展市区应急演练4次，参加演练人员320余人次，举办各类培训班9次，参加人员1000余人次，连续七年组织开展急救知识技能培训、竞赛活动。举办广场应急知识宣传活动10场次，发放张贴12320宣传画1100张，12320宣传折页1000多份，其他宣传资料4万余份，发送手机短信1万条，咨询4万余人次。

【医政医管】 2015年，淮安市6所县医院均建成二甲综合医院，县域内就诊率88%，建成临床重点专科35个。出台《淮安市推进分级诊疗实施意见》，健全城乡医院对口支援机制。建立市疾病应急救助基金监督管理委员会，申报基金174.44万元。推进“三好一满意”(服务好、质量好、医德好，群众满意)活动。全市二、三级医院专家门诊预约就诊率分别为87.66%、89.32%。二、三级公立医院开展临床路径管理的专业数、病种数达到国家和省规定要求。全年通过检验检查结果互认减少重复检查约47.2万人次，为患者节约医疗费用约536.18 万元。全市7所三级医院创成省级平安医院，二级医院全部创成市级平安医院。一级以上医疗机构100%参加各种形式的医疗责任保险，非公立医疗机构全部参加医疗责任保险。完善医患纠纷第三方调处工作机制，通过医疗纠纷人民调解组织处理的医患纠纷52.1%。开展康复、护理、白内障复明等医疗服务，洪泽县医院“夕阳红”老年公寓(医养融合机构)被省民政厅列为全省养老创新示范点。加强医疗服务监管，组织4个组共20名专家对41家医疗机构进行集中校验。制订一级医院感染专项检查评价标准及消毒供应中心(室)验收标准。加强血液管理，全市参加无偿献血43565人次，采血量60817单位，成分血使用率100%。

【医药价格改革】 2015年10月31日零时起，淮安市所有城市公立医院

2015年，盱眙县人民医院新院区正式启用。 盱眙县政府办 供图

医药价格综合改革正式启动。全市城市公立医院同步实施药品零差率销售和医疗服务价格调整,药品和部分检验、检查项目价格下调,之前价格明显偏低的部分病理检查、手术价格上调。医药价格改革的总体思路是,对于检查为主的项目以降价为主,体现医护人员劳动价值的以提价为主,患者就医负担总体不增加。

【基层卫生】 2015年,淮安市新农合参合率99.98%,人均筹资标准486元,其中各级财政补助380元,个人缴费提高到每人每年100元以上,县乡两级政策范围内住院费用报销比例75.95%。继续做好大病保险保障工作,20类重大疾病新农合报销比例70%。推进新农合支付方式改革,各县(区)按病种付费的病种数30~50种。创成国家级"群众满意乡镇卫生院"11个,新创8个省级示范乡镇卫生院、30个省级示范卫生室,培育建设10个乡镇卫生院特色科室。全市100%的政府办乡镇卫生院开展健康管理团队服务,19个社区卫生服务中心有18家建立家庭医生制度,达94.74%。2所乡镇卫生院升级为二级医院。基本药物制度实现基层医疗机构全覆盖。基本公共卫生服务项目人均补助标准40元,按照要求新增部分全部用于村卫生室。

【妇幼健康服务】 2015年,淮安市市、县(区)两级政府办、独立建制妇幼保健机构健全率100%,第一周期基层妇儿保门诊规范化比例为95%。母婴保健技术服务机构及人员持证执业率均为100%,爱婴医院复核评估的比例100%。婚前医学检查率91.55%。全市孕产妇死亡率0.0162‰、婴儿死亡率2.67‰、新生儿出生缺陷发生率3.10‰,均低于省标准。为2.13万名农村孕产妇发放住院分娩补助,为3.21万名农村妇女免费增补叶酸,免费"两癌"(宫颈癌、乳腺癌)检查11.90万名。免费孕前优生健康检查目标人群覆盖率100%,全省室间质评优秀率100%。家庭健康服务覆盖率97.02%,人口家庭公共服务体系覆盖率96%。

【食品安全风险】 2015年,淮安市全面建立食品安全风险监测体系,县(区)参与率100%,人群覆盖率90%以上,全市8家哨点医院上报病例信息1258例,食源性疾病事件上报率100%。市级召开食品安全专题培训会议讲座4场,设置传栏4个,印发宣传材料2000余份,接受宣传群众约7000人次。全面完成省下达的食品安全标准跟踪评价和企业标准跟踪核查工作任务。

【药政管理】 2015年,淮安市所有基层医疗机构均规范实施基本药物制度。二、三级医疗机构联动实施基本药物制度,把基本药物作为首选,按规定比例配备使用。坚持网上集中采购药品,严格执行采购计划。定期开展考核评估,按要求对供货企业实行记分考核,网上采购率100%、及时回款率90%以上。加强省级监测评价点的建设,及时准确报送监测评价数据,按时报送短缺药品信息。强化医药购销领域监管。督促医疗单位签订医药购销廉洁协议,登记商业贿赂不良记录及违规企业名单,严格廉洁准入。

【中医药管理】 2015年,淮安市持续推进中医药传承创新。有87名医师通过省住院医师规范化培训考核,新录用37名住院医师、2名全科医师均参加规范化培训。中医医疗机构的医护人员中医药知识培训达标率100%,"青苗工程"实施率100%。拥有省第二批农村优才9人,国家第五批师承项目1个,国家级重点专科建设单位1个,9个省级重点专科均在稳步建设中。探索中医药服务新模式,市中医院积极筹建中医药"医养结合中心",淮阴区王营、营中等社区卫生服务中心设立"中医养生馆",涟水县、淮安区等县(区)中医院探索"医养一体化",开办护理养老康复服务中心。开展"中医药就在你身边"巡讲96场次,各类公益性中医药文化活动300多场次,发放宣传资料4万份,媒体报道32次。

【卫生科技教育】 2015年,淮安市两个国家级培训基地和相关协同医院完成住院医师规范化培训328人。全市申报新技术66项,按计划向省卫计委上报城乡基层适宜技术库项目推荐书20项。面向基层推广适宜卫生技术11项,基层医疗卫生机构覆盖率100%,接受培训人数1500人。完成省下达的培训任务,选派乡镇卫生院院长35人和社区卫生服务中心主任8人参加省级培训,安排14名带教师资参加省组织的全科规培临床基地带教师资培训班,组织26名乡镇卫生院骨干在市第二人民医院进行转岗培训,组织723名乡村医生参加村卫生室人员合理用药知识培训,下达市级医学继续教育计划36个;县(区)巡回讲学9场。接受培训基层卫技人员2000余名。

10月30日,市委书记姚晓东到市直公立医院调研实施药品零差率销售准备情况。 钱士伦 供图

表44　2015年淮安市卫生事业基本情况表

	单位	全市	市区	清河区	淮安区	淮阴区	清浦区	涟水县	洪泽县	盱眙县	金湖县
卫生机构数	个	2228	878	212	474	315	112	478	372	354	146
医院	个	55	36	16	7	5	8	7	2	8	2
卫生院	个	129	53	3	26	20	4	33	12	20	11
卫生机构床位数	张	25966	15770	2780	4370	6023	2597	3761	1498	3370	1567
医院	张	16654	9824	2321	2288	3675	1540	2331	983	2366	1150
卫生院	张	7301	4247	171	1916	1920	240	1280	385	984	405
卫生技术人员	人	30475	18981	3664	4984	6601	4298	4285	1677	3684	1848
执业（助理）医师	人	12037	7293	1204	2087	2737	1265	1864	695	1470	715
注册护士	人	13503	8626	1818	1994	3009	1805	1854	688	1546	789
卫生防疫人员	人	448	275	140	32	75	28	74	42	33	24
医院、卫生院技术人员	人	23022	14007	2161	2156	5584	2106	3191	1080	3181	1563
执业（助理）医师	人	8004	4908	581	1486	2212	629	1119	336	1121	520
注册护士	人	11232	6906	1232	1856	2699	1110	1624	511	1460	731

【卫生先进人物】 2015年，淮安市卫生系统多人获得各级各类表彰。市第一人民医院院长孙晓阳获“全国劳动模范”称号，市第一人民医院产科主任吕述彦获“全国五一巾帼标兵”称号，市第一人民医院护士赵茜入选2015年5月“中国好人榜”，市中心血站站长韦丽娟获“全国无偿献血奉献奖”铜奖，市中心血站宣传科副科长徐杨荪获“全国无偿献血五星级志愿者”。（钱士伦　董方旭）

爱国卫生

【概况】 2015年，淮安市顺利通过国家卫生城市复审，爱国卫生工作综合排名居全省前三、苏中苏北第一。金湖县塔镇集、洪泽县岔河镇、淮安区仇桥镇、淮阴区赵集镇通过省级卫生镇考核。开展健康教育宣传50多次，健康知识巡讲、讲座等1162场次，发放《全民健康生活方式核心信息》读本5万本，宣传贴画1万张，制作宣传展牌1000块，发放12种健康生活方式小工具15000多套。完成农村改厕30260座，超额完成省下达任务。培训农村改厕技术人员、管理人员和工程施工人员500余名。全市城市10座、农村1063座自来水厂饮用水监测覆盖率100%。病媒生物防制工作成效显著。科学开展灭鼠、灭蟑、灭蚊蝇活动，达到国家卫生城市标准和全国爱卫会规定要求。年内，建成淮阴区渔沟镇卢华村等42个省级卫生村；建成淮安区苏嘴镇等5个市级卫生镇，金湖县塔集镇岔河村等45个市级卫生村，金湖县、盱眙县、洪泽县实现市级卫生镇全覆盖。

【农村改厕】 2015年，淮安市贯彻落实《江苏省农村改厕工作管理办法》《农村无害化卫生户厕技术规范》，将农村改厕工作与城乡环境卫生整洁行动、生态城市创建相结合。市政府、市卫计委、市爱卫办分别与各相关县（区）政府、卫计委、爱卫办签订目标责任状，将省、市下达的3万座农村无害化卫生户厕改造工作任务分解到5个县（区）37个乡镇94个村，实际完成30260座，超额完成260座。淮阴区被省爱卫办评定为“江苏省农村改厕示范区”。

【农村生活饮用水卫生监测】 2015年，淮安市按照省、市农村生活饮用水安全卫生监测工作方案，完成城市10座、农村1063座自来水厂饮用水安全卫生监测工作任务，实现枯水期、丰水期卫生监测全覆盖。通过人才培养引进、仪器设备资金投入，市疾病预防控制中心饮用水达到监测106项指标监测能力，县、区达到42项常规指标监测能力；淮安经济开发区、生态新城、工业园区、盐化新材料产业园区克服监测能力不足，以购买服务的形式委托市疾病预防控制中心代为监测，饮用水监测能力达到国家、省规定要求。

【健康教育与健康促进】 2015年，淮安市组织全国第27个爱国卫生月和江苏省第19个健康教育宣传月活动。全年发放《全民健康生活方式核心信息》读本6万套，宣传贴画1万张，制作宣传展板千余块，发放控油壶、限盐勺、BMI尺及计步器等12种健康生活方式小工具15000多套；新建健康教育宣传栏4000个，组织健康教育主题宣传百余场（次），开展健康知识巡讲1262场，建成健康主题公园8个，健康小屋18个，健康一条街19个，健康步道18条，健康社区24个，健康单位33个，健康食堂16个，健康餐厅14个，省健康促进示范企业2家，省健康促进学校24个，健康促进医院6个。

【公共场所控烟】 2015年5月31日，淮安市爱卫办、清浦区爱卫办联合举办“第28个世界无烟日暨健康中国行·淮安市2015年度无烟生活主题宣传活动”启动仪式。印制3万本《控烟——健康教育核心信息》读本发放到机关、企事业单位。全市卫生计生机构充分利用世界卫生日、世界无烟日、结核病防治日和宣传栏、电子屏幕、专家讲座、健康教育处方等多种形式，开展吸烟有害健康、戒烟享受健康生活以及戒烟方法的宣传。市卫计委联合9部门等开展公共场所控烟专项监督检查，全年出动检查人员1477人次，车辆563台次，检查9649家单位，下达整改意见书291份，合格率70%。

【病媒生物防制】 2015年，淮安市坚持“政府组织、部门协作、属地管理、全民参与、社会监督”及“环境治理为主、药物消杀为辅”的工作方针，制定下发《淮安市2015年病媒生物防制工作实施意见》《关于开展春季全民灭鼠活动的通知》《关于开展夏秋季灭蚊、灭蝇、灭蟑活动的通知》《关于开展秋冬季全民灭鼠活动的通知》，广泛开展“除四害”（“四害”指蚊、蝇、蟑螂、老鼠）活动。全市购灭蚊灭蝇灭蟑药物8.24吨，鼠药30.12吨，投入购药、器械、劳务资金近150万元，与往年相比有大幅度增加，病媒生物密度大幅度下降。

【空气污染对人群健康影响监测】 2015年，根据省卫计委、省环保厅、省气象局、省爱卫办联合下发的《关于印发2015年江苏省空气污染对人群健康影响监测工作方案的通知》要求，淮安市印发《2015年淮安市空气污染对人群健康影响监测工作实施方案的通知》。组织开展相关部门和单位分管领导、主管处室和具体业务负责人的业务培训，明确监测目的、范围、内容、方法和各部门责任，保证监测数据的全面、真实、准确、有效，为政府和职能部门科学控制和预防空气污染对人群健康伤害提供科学依据。 （徐 峰）

卫生监督

【概况】 2015年，淮安市规范开展生活饮用水卫生监督监测工作，市区水质检验合格率100%。开展打击非法行医、消毒产品及涉水产品、放射卫生、职业卫生、学校卫生、传染病防治监督等重点工作。开展公共场所卫生监督，市区公共场所基本证照齐全，从业人员10742人，健康证和卫生知识培训合格证持有率93%，“五病”调离率（痢疾，伤寒，病毒性肝炎，活动期肺结核，化脓性、渗出性或接触性皮肤病患者调离饮食岗位的比例）100%，经营性公共场所信息公示率100%，卫生许可证持有率96%。组织17次卫生监督业务考试。参加全省卫生计生监督技能竞赛活动，并获得苏北地区唯一的团队奖项。

【食品安全卫生监督】 2015年，淮安市完成食品安全标准相关工作，保证食品质量安全和消费者健康。开展食品安全国家标准跟踪评价工作，制定方案，组建专家库，摸清配制酒企业底数，组织召开专家研讨会，完善方案；现场调查企业23家，完成现场调查表21份、问卷调查64份，采集样品31份。开展食品安全企业标准跟踪核查工作，联合省卫生监督所，核查20家食品企业，建成基础档案，掌握全市已备案食品安全企业标准在食品生产经营过程中贯彻落实和执行情况。开展食品安全标准宣传工作，召开专题培训会议、开展专题宣传讲座，开设宣传栏，印发宣传材料2000余份，接受宣传群众约7000人次。

【生活饮用水卫生监督监测】 2015年，淮安市扎实开展生活饮用水卫生监督监测。完善生活饮用水风险评估模型，实现卫生监督数据与全市三大水厂检测数据联网分析。年内，该工作成为与省卫生监督所的业务合作项目。履行卫生监督职责，规范开展监督监测工作。全市有市政集中式供水单位14户、二次供水单位34户、涉水产品生产企业20户，监督覆盖率100%；对集中式供水单位出厂水、末梢水、饮用水化学处理剂、净水剂和二次供水水质监督抽检，采集样品164份，合格率100%。

【公共场所卫生监督】 2015年，淮安市对全市29个游泳场所开展游泳场所监督检查和抽检，抽检池水86份，合格率82%。对全市使用集中空调通风系统的10户公共场所进行检查和抽检。开展公共场所卫生管理制度落实情况监督检查，检查各类场所118户，14户被责令限期整改。开展有关场所顾客用品用具抽检，抽检样品共计465份。组织开展住宿场所专项整治，检查住宿场所1136户，落实整改124户，罚款5户，罚款金额9400元。

【职业卫生和放射卫生监督】 2015年，淮安市完成江苏省放射诊疗机构基本情况调研、江苏省职业卫生监督工作情况摸底调研。对全市的职业病健康检查机构和放射诊疗单位进行监督检查。对不符合要求的3家放射诊疗机构进行立案查处，罚款金额0.55万元。

【学校卫生监督】 2015年，淮安市制定全市学校卫生监督检查工作方案，重点检查学校传染病管理、生活饮用水、教室卫生、校医室管理等方面。全年检查各级各类学校445所。

【医疗机构监督检查】 2015年，淮安市开展医疗机构监督检查工作。开展传染病防治监督检查、人类辅助生殖技术服务监督检查、打击代孕专项行动、打击医托专项行动等。开展《中华人民共和国献血法》《护士条例》和《人体器官移植条例》落实情况监督检查。开展医疗广告和互联网医疗保健信息发布专项整治，监测医疗广告1815条，发现违规医疗广告307条，给予行政处罚11户次，给予医疗机构不良执业行为记分9户次，对违规发布医疗广告单位负责人约谈4次。

【打击非法行医专项整治】 2015年，淮安市结合实际情况制定方案，重点打击生活美容机构开展医疗美容的诊疗行为，取缔无证行医128户次，移送司法机关追究刑事责任案件10起，没收药品器械655箱（件），罚款57.614万元，对39家医疗机构给予行政处罚。完善打击非法行医的网络建设，加强部门配合，依托全市现有的三级监测网络，发挥网络监测作用。做到及时发现、立即查处的高效打击非法行医机制。

【消毒产品专项整治】 2015年，淮安市整治消毒产品生产企业。对15家生产企业的第一类、第二类消毒产品进行监督抽检；签订11份消毒产品生产企业守法生产经营承诺书；处罚1家生产企业、注销1家企业消毒产品生产企业卫生许可证；随机抽取12份样品，经检测全部合格。对消毒产品经营单位监督检查，全年检查20家药店、商场等，检查消毒产品37种。

【卫生监督综合管理信息系统应用】 2015年，淮安市推进卫生监督综合管理信息系统应用。市卫生监督所利用信息化手段，加大政务公开，接受公众和政府机关的监督。定期开展专项督查，督促县（区）提高信息系统的使用效率，提高执法能力和执法效率。

【卫生计生监督技能竞赛】 2015年，淮安市举办卫生计生监督执法技能竞赛。全市129名卫生计生执法人员参加理论考试，8支代表队参加现场知识竞答及现场模拟执法竞赛。组织参加全省技能竞赛，在13支代表队中获团体三等奖，取得历史性突破。

【卫生行政许可】 2015年，淮安市卫生监督工作实行AB角制度和首问责任制，明确分工，使卫生行政许可工作环环有交接、件件有落实，提高工作的质量和办事效率。放射诊疗卫生许可时间承诺2天办结，医师注册由承诺30天变为即办件，极大方便相对人。承接省卫计委下放的涉水产品、医疗广告等四项行政审批事项，制定卫生行政许可审查工作实施细则、办事指南，方便企业申报。

【卫生监督稽查】 2015年，淮安市对现场科室卫生监督员执法行为、执法文书制作、投诉举报受理查办、日常监督监测覆盖率、卫生行政许可、卫生监督专项整治、着装、证件证章使用等是否规范开展稽查。对管理相对人进行卫生监督服务回访，满意度100%。开展层级稽查工作，内容涉及行政许可、行政处罚、日常卫生监督、卫生监督协管等方面。（张永斌）

疾病预防控制

【概况】 2015年，淮安市甲、乙类传染病报告发病率1.35‰。以乡（镇）为单位适龄儿童免疫规划疫苗预防接种覆盖率95.22%，建有规范化预防接种点151个，建成数字化预防接种门诊96个，数字化门诊达标率98.9%。淮安区、清河区创成国家级慢病综合防控示范区，清浦区、淮阴区、涟水县、洪泽县、金湖县、盱眙县建成省级示范区。全市严重精神障碍患者检出率3.58‰，严重精神障碍患者管理率91.20%。在应对中东呼吸综合征与寨卡病毒病等新式传染病、提供综合性公共卫生服务方面取得成效。淮安经济技术开发区疾病预防控制中心于10月正式成立，市、县（区）、乡（镇）三级疾病预防控制网络进一步完善，机构内涵和服务能力不断提升。

【传染病疫情报告与管理】 2015年，淮安市疾病预防控制系统落实《中华人民共和国传染病防治法》，实时开展法定传染病的监测、预警、报告和管理。全年无甲类传染病报告，报告乙类传染病总发病率1.28‰，前五顺位病种依次为肝炎、肺结核、梅毒、麻疹、淋病；无突发公共卫生事件相关信息报告。接收国家传染病自动预警信号1293条，均为散发疫情。全市传染病疫情报告信息质量综合评价99.99%。在市第二人民医院开展基于HIS系统的传染病监测报告试点。

【急性传染病防制】 2015年，淮安市各级疾病预防控制系统采取各种措施，有效防制各种急性传染病。

呼吸道传染病　市第一人民医院、涟水县人民医院、淮安市淮安医院、盱眙县人民医院4家定点单位主动监测发热呼吸道疾病预警病例759626例，其中发热呼吸道疾病14368例、发热肺炎6065例。监测流感样病例、禽流感、布氏病，处置3起人感染H7N9禽流感疫情，规范开展流调处置，对密切接触者的排查及医学观察、血清监测，对确诊病例的强化监测以及溯源调查。

肠道传染病　制订并落实霍乱防制工作计划，各县（区）均成立防制组织，4~10月，所有医疗机构开设肠道门诊，实行疫情值班和腹泻就诊登记、检索、旬报告制度，登记腹泻病例27001例，总人口检索率1.94‰，霍乱弧菌外环境及腹泻病人样本均未检出。手足口病防制及疫情监测规范进行，定期督导医院及部分幼托机构，规范处置聚集性病例5起。

埃博拉出血热　落实埃博拉出血热防控技术方案，与市出入境检疫局、市商务局等部门共享信息，对疫区到淮人员进行追踪、报告、流调、健康监测和动态管理，落实日报制度和市情专报。全年通报协查到淮安人员17期23人，未发现异常状况。

中东呼吸综合征　跟踪国内外疫情形势，密切做好中东呼吸综合征的应对准备工作，层层培训，落实相关防控方案，全市无中东呼吸综合征的输入和传播。

【免疫规划】 2015年，淮安市接种及查漏补种免疫规划疫苗120万余人次，报告疑似副反应792例，无接种事故。卡介苗、百白破、糖丸、麻风及乙肝疫苗接种率高于95%，麻风及乙肝疫苗及时率高于95%，流脑与乙脑疫苗接种率高于90%。调查处理疑似疫情792例，免疫规划相关疾病发病率低于国家、省规定指标。2014~2015年两轮脊灰强化免疫服苗15222人次，服苗率99.56%，报告急性弛缓性麻痹病例（AFP）24例。查验入托入学儿童接种证97128人，补证1085人，补种13572人。全市预防接种门诊督导覆盖率100%，建成数字化系统门诊100家，覆盖率65.36%，其中市辖4区逾80%。儿童预防接种信息管理系统建卡约6万个。推广免疫规划教育联播平台及预防接种信息系统APP软件“育苗通”。

【艾滋病防制】 2015年，淮安市贯彻落实《艾滋病防治条例》及对艾滋病人的“四免一关怀”政策，完成全市“十二五”艾滋病防治行动计划终期评估。HIV抗体检测633251人份，自愿咨询检测5530人次，监管场所羁押人员HIV抗体检测2783人次。完成国家及省级性病艾滋病哨点监测任务。规范开展艾滋病抗病毒治疗、CD4细胞采样送检，启动艾滋病抗病毒治疗向定点医院的迁移。多次在市区及县（区）举办男男性行为人群高危行为干预活动。完成省异性途径、耐药传播、HIV抗体不确定者等专项调查。

12月1日，市政府副市长王红红参加世界艾滋病日宣传活动。 宗飞 供图

【结核病防制】 2015年，淮安市健全“三位一体”结核病防治体系，实施现代结核病控制策略，切实履行疾控机构规划协调职能，完成计划制订、会议举办、业务培训及督导访视等常规工作。完成省“十二五”结核病防治规划终期评估，主动发现与规范治疗管理结核病人，发现活动性肺结核患者2041例。开展耐多药可疑患者痰培养以及对阳性标本开展药敏试验。落实“3.24世界防治结核病日”宣传活动，提高全民结核病知识知晓率。

【慢性非传染性疾病防制】 2015年，淮安市健全覆盖全人群的慢性病监测体系，开展死因网络直报、肿瘤发病死亡登记和心脑血管事件报告工作，发布年度居民病伤死亡原因分析报告和淮安市慢性病监测报告，肿瘤登记数据被国家肿瘤登记中心收录。组织实施中国成人慢性病与营养监测、国家慢性阻塞性肺疾病监测和学生伤害监测项目，开展慢性病监测信息化采集试点。运用多种手段发现慢性病高危人群并实施登记管理，首诊测血压率高于90%。规范化管理高血压患者489890例、2型糖尿病患者110204例，建立糖尿病患者自我管理小组60多个。开展慢性病健康教育活动，核心信息知晓率73.83%，招募健康生活方式指导员2010人。省级慢性病综合防控示范区实现全覆盖，逐步构建“政府主导、部门合作、社会参与、专业支撑”的慢性病综合防控模式。上消化道癌早诊早治项目、高血压社区规范化管理行业基金项目、省创新团队糖尿病患者管理项目、国家心血管疾病高危人群早期筛查和综合干预项目等慢性病重点项目多点并进。

【寄生虫病防制】 2015年，淮安市开展查灭螺，超额完成省下达任务，未发现新螺情；加强查治病；继续开展国家级血吸虫病监测点、南水北调东线工程血吸虫病监测、血吸虫病潜在流行区监测、淮河入江水道工程人群健康和环境医学监测；开展血吸虫病健康教育与效果评估，总体知晓率、行为正确率达到规划目标。推进消除疟疾工作，无本地疟疾病例报告，休根服药5人，5个县（区）实现消除疟疾目标。开展省人体重要寄生虫病现状调查、肠道蠕虫病监测、广州管圆线虫病调查、自来水“两虫”监测。开展慢性丝虫病人关怀照料工作，累计建档998人份，未发现新发病例。

【地方病防制】 2015年，淮安市监测盐碘、水碘、重点人群碘营养和碘相关疾病。全市居民户层次碘盐监测覆盖率、合格率和合格碘盐食用率分别为99.2%、98.3%、97.5%，非碘盐率0.8%。防制饮水型砷中毒、饮水型氟中毒，监测病区改水工程运行效果。经省、市重点地方病消除和控制评价以及地方病防治“十二五”规划终期评估，全市8个县（区）均达到国家消除碘缺乏病标准，淮阴区等5个县（区）饮水型地方性氟中毒防治工作达到国家控制标准，盱眙县等3个县饮水型地方性砷中毒防治工作达到国家消除标准。

【消毒与媒介生物防制】 2015年，淮安市常规开展鼠、蚊、蝇、蟑密度监测及杀虫剂抗药性监测，为针对性防制提供依据。开展蜱虫及登革热、乙脑媒介蚊虫监测采样。监测市直7家医疗卫生单位消毒质量，合格率99.62%。

【健康教育】 2015年，淮安市开展包括巡讲、巡展、知识竞赛、健康咨询、播放短剧、媒体宣传等在内的多种健康教育干预活动，监测居民健康素养状况，健康素养评估学习系统使用人数居于全省前列。依托省健康教育信息化网络平台，构建当地信息化工作网络，实现信息实时共享。学校健康教育、医院健康教育、基本公共卫生服务健康教育工作同步推进，宣传阵地继续巩固，全市建有定期更新健康教育宣传栏2500多处，印发《健康知识月历》104万套、健康教育处方近54万份，发放《健康之窗》宣传画2.5万张、《今日保健》科普杂志1.15万本、基本公共卫生服务入户资料104万份，被《中国健康教育网》《江苏健康教育网》录用稿件526篇。承接、履行控烟职能，指导控烟健康教育。配合组织卫生日（周、月）活动6次。

【公共卫生】 2015年，淮安市全面开

展公共卫生服务。

职业卫生 强化职业卫生技术服务与社会防治，初步形成覆盖全市的职业卫生服务体系。市疾控中心全年受理职业病咨询800余人次，组织诊断活动8次，确诊职业病66例；职业性健康监护批量团检87户15689人次、场所检测33户次，检查各类从业人员7249人次。网络直报职业病危害及农药中毒信息，收集重点职业病危害情况数据。

放射卫生 实施放射性疾病哨点监测、职业性放射性疾病监测与职业健康风险评估项目。放射诊疗项目职业危害控制效果放射防护评价6项，放射防护检测评价21户次。

食品卫生 乡镇、社区合理膳食指导覆盖率100%。食品安全风险监测食源性疾病、食品中放射性污染、小龙虾致横纹肌溶解症、熟肉制品等。

环境卫生 监测城乡饮用水卫生状况，监测覆盖率100%，无突发饮水污染事件报告。实施农村环境卫生专项调查、空气对人群健康影响监测项目。

学校卫生 开展学生缺课监测、常见病监测、学校环境监测。实施口腔卫生干预项目。

【卫生检验】 2015年，淮安市建设市、县（区）疾病控制实验室网络，通过加大投入、严格质量管理以及参加各级各类培训、质控、比对活动等手段，提高卫生检测能力，满足疾病预防控制工作需要。市疾控中心购置四通道低本底α β测量仪，调试运行“两虫”设备（隐孢子虫、贾第鞭毛虫），检定/校准仪器设备160台（套）。建成国家细菌分子分型网络实验室和省TRANET网络实验室。完成个人放射防护计量监测、HIV检测确证、免疫规划性相关疾病监测、食品安全风险及食源性疾病监测、流感监测、手足口病监测、禽流感监测、应急处置检测等任务。

【卫生应急】 2015年，淮安市实行24小时卫生应急值班制。完善各类应急预案、技术方案，做好应急物资储备，开展突发公共卫生事件趋势分析和风险评估，组织埃博拉出血热、中东呼吸综合征应急演练。全年未发生突发公共卫生事件。“12320”公共卫生公益电话咨询17226件次，为省卫计委目标2倍。

（宗 飞 胡 伟）

医疗机构

·淮安市第一人民医院·

【概况】 淮安市第一人民医院是三级甲等综合医院，为南京医科大学附属医院、卫生部指定的国际紧急救援中心网络医院、淮安市第一红十字医院。2015年，医院完成门急诊184.82万人次，出院病人8.04万人次，手术3.14万台，分别较上年增长7.84%、13.45%、15.49%。全年先后获“全国文明单位”“省第四批优质服务品牌”等高层次荣誉24项。有在职职工3053人，其中高级职称375人，中级职称722人，博士以上研究生54人，硕士研究生573人，博士生导师4人，硕士生导师140人。医院总资产18.85亿元、固定资产7.64亿元、净资产14.51亿元。拥有PET-CT、陀螺刀、3.0TMRI、双源CT、大平板DSA等万元以上设备1888台。建有5个省级重点专科、17个市级重点专科。3月，在香港艾力彼医院管理研究中心发布的“2014年中国地级城市医院综合竞争力百强榜”中，排名第47位；12月24日，在健康报社开展的“2015改善医疗服务创新亮点评选活动”中，获全国“改善服务创新医院”称号。

【医院学科建设】 2015年，淮安市第一人民医院顺利通过爱婴医院省级复核、人类辅助生殖技术现场评审。内分泌科等四个临床科室通过省重点专科初评，并接受省卫计委专家组现场评审。医学检验科接受ISO15189国家认证小组现场评审。全年开展新技术、新项目47项，获批省第二类医疗技术2项，省级以上新技术引进奖7项，市科技进步奖9项。医院三、四级手术占到总手术例数的65.49%。

【医院科研创新】 2015年，淮安市第一人民医院获批省级以上科研项目18项。其中，5项为国家自然基金项目，资助总经费212.5万元，获批项目数和资助经费均创淮安市卫生系统历史新高。发表省级以上学术论文414篇，其中SCI（美国《科学引文索引》）论文138篇，较上年增幅56.82%，影响因子3分以上的增加到44篇。在全国综合评估中，医院国家级博士后科研工作站获评淮安市唯一的良好等级。

【医院质量管控】 2015年，淮安市第一人民医院抓好临床路径、平均住院日、抗生素使用等重点环节和关键质量数据的监控和管理，对院临床路径系统进行改进升级，增加可有效降低路径使用变异率的“诊疗包”功能。年内，医院获评2014年度药品不良反应监测工作先进集体、省安康杯先进单位。在全省36所三级医院院感工作专项检查中，医院院感质控中心工作、质控、ICU目标性监测排名分别位列二、三、四名。

【诊疗环境建设】 2015年，淮安市第一人民医院建立门诊“集中自助式报告中心”，实现连续自助式服务。对银医通项目进行升级，增加支持所有银行卡挂号缴费、人工窗口POS联动缴费等功能。加快“962011信息服务中心”建设，全面启动系统“手机应用”部分建设工作。新开设儿童外科、介入放射、介入超声等专科门诊以及糖尿病护理门诊，细化服务，方便患者就诊。

【医学人才工程】 2015年，淮安市第一人民医院先后获批“六大人才高峰”资助项目5项。新增“533”领军人才5名、拔尖人才20名。2人获“淮安市2015年度有突出贡献中青年专家”称号。2人成为省“双创博士”资助对象，实现淮安市卫生系统“零的突破”。新获批博士生导师1名、硕士生导师18名、副教授9名、讲师11名。医院硕士以上人员占医师比例64%。

【医疗国际交流合作】 2015年，淮安市第一人民医院组织代表团对美国密歇根大学、加拿大西安大略大学进

表45 2015年淮安市第一人民医院国家自然科学基金项目表

项目类型	项目编号	项目名称	主要参与人
国家自然科学基金面上项目	81572421	染色体9p21.3区域遗传变异与体细胞突变在食管鳞癌发生中的作用及其生物学机制研究	高　勇
国家自然科学基金面上项目	81572977	适配子介导的靶向多药耐药结肠癌细胞的新型“绿色”共递系统的建立及疗效评估	王其龙
国家自然科学基金青年基金项目	81502047	长链非编码RNA LINC01296调控ASPP2表达促进肝细胞肝癌转移的机制研究	黄明德
国家自然科学基金青年基金项目	81501402	MiR-223调控mTOR/S6K通路促进类风湿关节炎滑膜成纤维细胞增殖的分子机制研究	蒋　真
国家自然科学基金青年基金项目	81500128	UTX在慢性粒细胞白血病伊马替尼耐药中的作用及其分子机制研究	张成婉

行访问交流，并就进一步推进人员互访、科研合作和临床技能培训达成合作意向。年内，选派19名省市重点专科主任赴美国约翰霍普金斯大学医院进行业务学术研修，通过与国际顶尖医学和医院管理专家面对面的交流、研讨，帮助医院高层次人才学习与了解相关领域的最前沿技术和先进成果，促进与国际医疗的接轨。

（市一院）

·淮安市第二人民医院·（江苏省淮安仁慈医院）

【概况】 2015年，淮安市第二人民医院总收入8.36亿元，诊疗82万人次，出院人数4.8万人，手术例数1.9万台，平均住院日降至10.57天，术前平均住院日降至1.98天。医院获卫生部“医院改革创新奖”“江苏省实施患者安全目标合格医院”“江苏省价格诚信单位”“淮安市五一劳动奖章”等称号。

【医疗技术】 2015年，淮安市第二人民医院开展临床路径管理，入径率68.75%，完成率84.43%。开展日间手术。三四级手术比例大幅提高，达55.67%，微创手术比例47.2%。加强检验管理，获江苏省临床检验中心授予的“2011-2014年度全省临床检验质量管理先进单位”。在市第七届急救技能竞赛中，医院囊括所有团体和个人第一名奖项，成为该赛事举办以来唯一获得大满贯的单位。强化医疗质量与安全，顺利通过省卫计委“平安医院”复核评审。加大对临床技术创新项目的支持力度，全年确定9个重大项目。脊柱外科运用微创技术成功开展全市首例经皮椎弓根螺钉内固定术，填补市内空白。

【医学人才与科研】 2015年，淮安市第二人民医院有高级职称人才208人，硕、博士188人，其中博导2人、硕导17人、博士24人、在读博士32人。3人被列为市“533英才工程”领军人才，6人被列为拔尖人才。1人被评为市“有突出贡献的中青年专家”。1人获第十三届“淮安市十大杰出青年”称号。全年获国家自然科学基金1项，市厅级科研立项81项；获省厅新技术引进奖4项，市政府科技进步奖74项，市新技术引进奖62项。创建2个院士工作站、1个博士后工作站。消化内科和内分泌科先后成功创建为省级临床重点专科，创建市级临床重点专科11个。发表SCI论文92篇。急诊科、肾内科、血液内科、呼吸内科4个临床专科顺利接受江苏省卫计委省级临床重点专科的现场评审。在国家中医药管理局组织的“创建全国综合医院中医药工作示范单位”评审中，获得充分肯定。

【医疗服务】 2015年，淮安市第二人民医院不断优化医疗服务流程，改善患者就医体验。推行“站立式接待服务”和“主动靠前服务”，通过电话、网络、微信等形式为病人提供预约服务。推行一卡通，实现边诊疗边结算，解决多次排队缴费等候问题；启动“银医通”并实现自助挂号、缴费、自助医保刷卡，设立自助服务区，方便病人、节约成本。推行周日专家门诊，在门诊增设自动血压测量仪，提高35岁以上首诊血压测量率，该系统作为淮安市慢病管理先进经验推广。推行门诊电子病历系统，医生可随时调阅病人既往信息，缩短病人等候时间。在全院开展创建静音病房活动，为患者提供安静舒适的住院环境；通过举办“护理品管圈大赛”“优质护理服务月”等活动，提高服务质量。调整病区布局，规范多学科会诊流程，推动多学科会诊制度有效运行。完善反馈渠道，持续改进服务。向住院病人发放服务承诺和出院病人满意度评价表，开展“查找问题改进服务”活动。建立医疗服务风险金制度，向社会承诺实现服务问题“零投诉、零差错、零事故”。

【打造医疗集团】 2015年，淮安市第二人民医院以开放发展为格局，拓展医疗合作空间。与上海中山医院、北京301医院合作建立远程会诊中心，成功进行近70例疑难病症的会诊。成立内镜中心诊疗基地，每月在上海专家的指导下开展内镜下粘膜切除术（ESD）6~8例，疗效好、费用低，全年治疗200余例。选派医护人员到台湾学习培训。与上海同济大学医学院签订“糖尿病临床科研合作协议”，至年底收集病例1万余例。承接21家成员单位协同发展的战略任务，巩固和扩大医联体，推进分级诊疗、双向转诊。派专家到基层坐诊、查房、业务讲座和督查指导，为集团基层医疗机构免费培训各类技术人员300多名。与社区卫生服务中心建立影像远程会诊中心，实现资源共享，惠及更多群众。与盐城市九个县（区）签订合作协议，成为全市唯一省级定点医院与周边城市合作的单位。

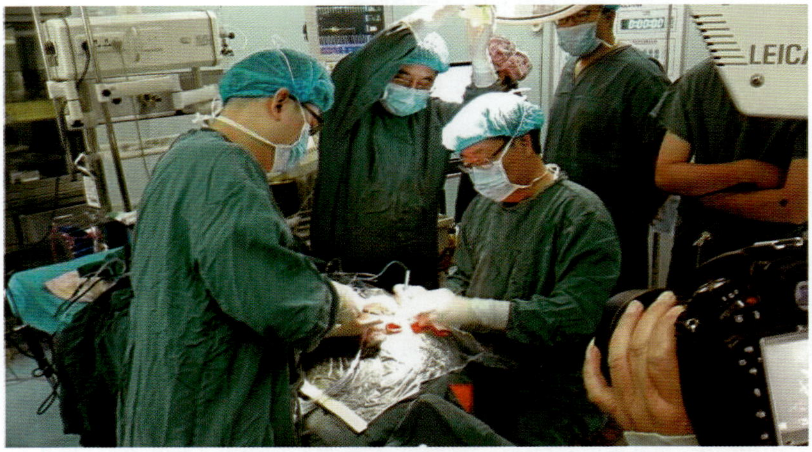

2015年10月，市二院在苏北地区率先成功开展人工电子耳蜗植入术。
市二院　供图

【爱心助医】 2015年，淮安市第二人民医院顺应新医改，完善配套举措，成立物价改革专业组、分级诊疗专业组等7个专业组，推进各项工作。落实医药价格综合改革，严格执行药品零差率，健全药品供应保障机制。下调105项大型医用设备检查项目价格和部分检验类项目价格；上调882项诊查费、护理费、手术费等体现劳务价值的项目，做到既不增加群众就医负担，又能体现医务人员劳动价值。调整绩效分配方案，各项工作平稳开展，达到预期效果。履行公立医院职责，承担突发公共事件医疗救援和各项救治工作。热心公益事业，设立医疗救助基金，开展白内障复明行动、微笑列车行动，推出爱心助医工程，设立"肿瘤慈善救助基金"等，被淮安市慈善总会评为"2010–2014年度最具爱心慈善捐赠单位"。

（市二院信息中心）

·淮安市第三人民医院·

【概况】 2015年，淮安市第三人民医院完成业务收入1.49亿元，同比增加1500万元，增幅11.19%；门诊总诊疗97451人次，同比增加8901人次，增幅10.05%；出院9271人次，同比增加516人次，增幅5.89%。医院被授予"国家级公共机构节能示范单位""中国百家百姓信赖的精神卫生医疗服务机构""江苏省模范职工之家"等称号。四病区被评为"江苏省巾帼文明岗"。反映医务人员对精神病人真情付出的微电影《守望者》被省纪委确定为优秀作品。

【医院基础硬件建设】 2015年，淮安市第三人民医院完成新门诊楼改扩建工程，10月底正式投入使用，缓解旧门诊楼在建筑面积、功能布局、诊疗环境等诸方面存在的"挤、乱、旧"现状，实现分区诊疗、候诊和分层挂号收费，收纳整合各项辅助检查项目，患者"足不出户"可以实现所有的门诊就诊流程。完成新精神科病房楼的规划、环保、园林、建设工程竣工备案等手续。可再生能源补助资金项目通过验收，先后被评为江苏省可再生能源示范项目绿色建筑、淮安市市优工程和江苏省省优工程。购入16排CT、1.5T磁共振和胃肠机，并完成安装、验收及人员培训工作。至年底，新设备投入使用。

【药物管理】 2015年，淮安市第三人民医院严格执行抗菌药物分级使用管理规定，加强抗菌药物监测，发挥药师对抗菌药物临床应用的技术支持作用，住院抗菌药物使用强度接近国家卫计委要求，精神科住院抗菌药物使用强度符合三级医院要求。

【医院感染培训与管理】 2015年，淮安市第三人民医院开展院感专项培训12次，参加培训1128人次，考试合格率100%。加强手卫生管理，抽考996人次，手卫生依从率80%，正确率87.5%。开展医院感染的全面监测工作，医院感染发病率为1.1%，无医院感染病例聚集性事件发生。

【医患关系】 2015年，淮安市第三人民医院开展专题医疗安全教育活动8次，增强医务人员依法执业意识，提升医患沟通技巧。畅通投诉渠道，接到投诉43件，全部处理完成。筛查出易引起医疗纠纷隐患的重点病人166例，病危、病重的重点病人257例，均有效管理，做到防患于未然。全年用于医患争议调处的费用仅为3000元，医患关系总体和谐稳定。

【医院科研成果】 2015年，淮安市第三人民医院获市级科研立项1大项，内含5个子项。2个课题获市科技进步三等奖。1人获市医学新技术引进二等奖。4人跻身市"533英才工程"培养对象。

【医药价格综合改革】 2015年，淮安市第三人民医院推进城市公立医院医药价格综合改革工作。按照全市城市公立医院医药价格综合改革"1+4"路线图的相关要求，取消药品加成，调整5000多种医疗服务价格，保持费用总体平衡。财务、医保、信息统计中心等多部门密切配合，准确及时完成前期价格改革的数据测算、信息系统的维护以及政策宣传工作，新医改后的挂号收费体系平稳运转。

【举办精神科护理学习培训】 2015年，淮安市第三人民医院护理部首次举办江苏省继续医学教育项目"精神科护理安全与风险管理新进展"学习班。邀请国内、省内知名的护理专家授课，省内20多家医院的240人参加。学习班及专家授课得到与会人员的一致肯定。（金　毅）

·淮安市第四人民医院·

【概况】 2015年，淮安市第四人民医院总收入1.07亿元，其中医疗收入比上年增加10.27%。医疗机构出院患者综合满意度94.09%，排全省第46名、全市第二名。

2015年，淮安市第四人民医院承办2015淮扬泰第二届感染病学术会议，同时淮安市肝病精准治疗分中心揭牌。 陈士新 供图

【举办中国肝炎诊治高端论坛】 2015年5月，淮安市医学会主办、淮安市第四人民医院承办的中国淮医肝炎诊治高端论坛召开。论坛邀请北京大学人民医院副院长、北京大学肝病研究所所长、中华医学会肝病学会主委、博士生导师魏来作专题讲座。淮安市全体传染病专科分会的委员、市直和县（区）医院感染科、肝病科、消化科的医务人员150余人聆听讲座。

【承办2015淮扬泰第二届感染病学术会议】 11月21日，由淮安市第四人民医院、淮安市医学会承办的2015淮扬泰第二届感染病学术会议在淮安市举行。泰州、扬州、淮安三市各医院感染病科医务人员180余人参加会议。中国科学院、上海分子医学工程技术研究中心、江苏省感染病学会、泰州市感染病学会的4位专家分别作主题报告，分享感染病学领域的前沿知识。会议同时举行上海分子医学工程技术研究中心淮安肝病精准医学治疗中心成立揭牌仪式。此外，对面向淮、扬、泰三地征集到的51篇论文进行评比颁奖。淮安市四院获特等奖论文1篇、一等奖论文1篇、二等奖论文1篇、三等奖论文2篇。

【医疗人才与科研】 2015年，淮安市第四人民医院招聘本科以上医技人员19人，引进骨科副主任医师1名，麻醉科副主任医师1名。全年发表省级以上医学期刊专业论文46篇，其中SCI论文4篇。完成国家"十二五"重大专项《中医药逆转乙型肝炎肝纤维化的临床方案研究2014ZX10005001》病例入组37例，入组数位列研究单位前5名。

【研究成果获奖情况】 2015年，淮安市第四人民医院3名医护人员的研究项目"引物臂TaqMan-MGB探针及SNaPshot技术在乙型肝炎病毒基因研究中的应用"获"第四届淮海科学技术"三等奖。1名肝病专家的《肝窦阻塞综合征诊治体会》在"众里寻医同肝共济"2015年肝病疑难与经典病例交流会昆明站交流，获"最具人气奖"。 （陈士新）

·淮安市妇幼保健院·

【概况】 2015年，淮安市妇幼保健院门急诊775561人次；出院24971人次；分娩数9714人次，在市直医院占比63.79%（同比增长0.68%）；床位使用率102.48%；平均住院日7.46天；手术人次13557例；业务收入3.59亿元；净资产总额2.24亿元；资产负债率27.44%；药占比31.82%。每职工平均诊疗人数居全市第一，住院者平均住院天数、药占比、百元医疗收入药品消耗、每住院人次收入等指标为市直医院最低。门诊治疗室被表彰为全国"安康杯"竞赛优秀班组，产房在省卫生计生系统100个"巾帼文明岗"中被评为典型（全省仅4家）。儿童康复科被全国总工会授予"全国模范职工小家"，儿童健康中心被授予"全国五四红旗团支部"。医院和医院院长钱玲珠分别被中国卫生思想政治工作促进会妇幼保健分会授予2015年度妇幼卫生文化先进集体和先进个人称号。

【新建综合楼投入使用】 2015年3月，淮安市妇幼保健院建筑面积18000平方米的新建综合楼投入使用，新增床位200张，医院编制总床位数达到600张，楼内新建消毒供应中心顺利通过省卫生计生委专家组验收。

【医院科室大部制改革】 按照国家卫生计生委《妇幼健康服务机构专科建设与管理指南》，2015年，淮安市妇幼保健院打通临床部和保健部分别设置的部门格局，按照服务人群优化服务流程，整合服务内容。设置孕产保健部、儿童保健部等6个部、48个专科，按要求新增一级专科17个，通过公开竞聘选拔任命科主任52名，较竞聘前增加1名，科主任平均年龄减少1.43岁，具有研究生学历者占比由25%增至40%。同时，设立21个二级学科，聘任21名学术带头人，并出台学术带头人3年建设期的考核细则。

【医疗质量管理】 2015年，淮安市妇幼保健院加强医疗质量关键环节、重点部门和重点岗位管理，提升卫生应急能力。每月进行质量检查及合理用药点评，加强医疗质量督查考核，编写并在全院印发《医疗纠纷典型案例选编》。在7个专业19个病种实行临床路径管理，全院临床路径入组数达到市卫计委规定指标。加强抗菌药物专项整治，每月进行抗菌药物合理应用专项检查，同时不定期通过病历质控、医嘱点评和专项通报等手段控制临床不合理用药现象，遏制不合理用药行为。开展各类培训考核和竞赛等活动，提高医务人员的专业技能和病历书写水平。年内，医院获2015年

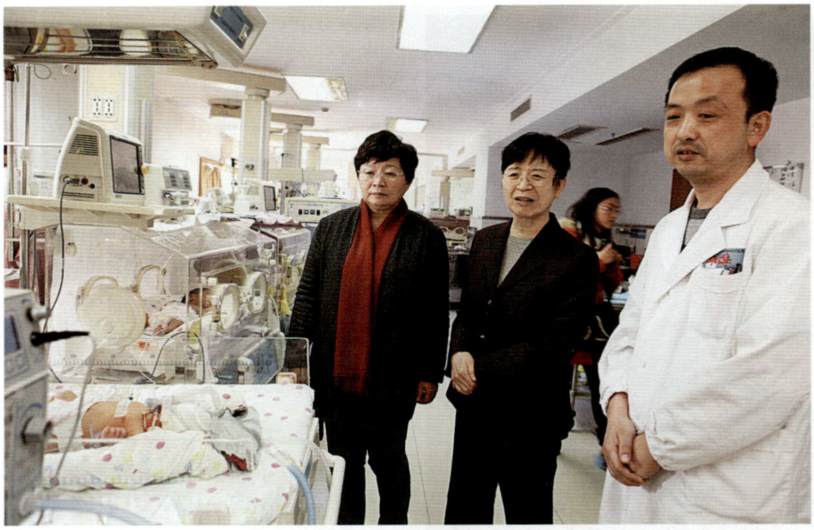

1月9日，中国宋庆龄基金会副主席佘靖（中）在淮安市妇幼保健院调研。
王建海　供图

"江苏省第一届儿科紧急医学救援应急演练比赛"团体三等奖；在江苏省第三届康复治疗师岗位技能竞赛中获儿童组团体三等奖1项和个人三等奖4项。1名医护人员在全国病理技术华夏杯冰冻切片室间测评总决赛江苏地区选拔赛中获第一名。

【妇幼保健服务】 2015年，淮安市妇幼保健院以《中国妇女儿童发展纲要》为抓手，提升妇幼保健服务能力，顺利通过省政府"十二五"妇女儿童发展规划终期评估"2010-2020年妇女儿童发展纲要"中期评估。规范实施基本公共卫生服务工作，全面落实重大妇幼卫生项目工作，年度任务完成率100%。协助市卫计委做好基本公共卫生、重大妇幼卫生项目督导和绩效考核，清河区在省基本公共卫生绩效考核中被评为优秀，盱眙县在省级重大项目绩效考核中取得良好成绩。加强助产技术服务质量评价和爱婴医院长效管理，进行市级爱婴医院复评审。规范全市出生医学证明的发证、换证、补证的权限和分级分类管理的权限。定期召开托幼机构卫生保健管理工作会议，部署托幼机构卫生保健管理工作，对全市110所托幼机构卫生保健工作进行复评审。

【妇幼学科内涵建设】 2015年，淮安市妇幼保健院申报脑瘫肢体康复三级机构、低视力康复一级机构顺利通过省、市级评审。儿童健康中心、新生儿医学中心和妇女保健科在省卫计委组织的妇幼保健重点学科（建设单位）年度复核评审中分别被评为优秀、良好和合格。儿外科在省卫计委医政处组织的省重点专科评审初评和现场考核中均取得高分。与博奥生物集团合作建设并在苏北、苏中地区唯一申报的国家新兴产业重大工程包项目"淮安市基因检测技术应用示范中心"通过初审。医学遗传中心发现1例世界首报染色体异常核型。产科、手术室、医学检验科、内科等科室医务人员历经6个小时（术中、术后用69个血袋，先后输血近万毫升），成功抢救一名36岁高龄羊水栓塞产妇。妇科成功开展腹腔镜下盆腔淋巴结清扫等重大4级手术，腔镜率从年初的50%增至年末的90%，打造"妇科年"活动取得显著成效。建成呼吸小区，成立中西医结合儿科专家门诊。

【妇幼学科人才引培】 2015年，淮安市妇幼保健院引进11名高层次人才，医师中研究生比例上升至21.9%。加大在职人才培养力度，选派科主任及技术骨干参加国际国内培训班，累计学术交流280人次，其中科主任和技术骨干赴相关单位进修20人次、科主任参加短期培训5人次、国际交流9人次。2人在省妇幼保健重点人才年度考核中被评为优秀。

【医疗科研成果】 2015年，淮安市妇幼保健院获省妇幼保健新技术引进一等奖1项、二等奖3项，省妇幼保健重点资助项目1项，省妇幼保健资助项目2项，省中医药管理局科研资助项目1项，省妇幼保健协会科研项目1项，市政府科技进步二等奖1项，市科技局立项项目3项（包含15个子课题），市医学新技术引进一等奖4项、二等奖3项。在省级以上正式刊物发表专业论文157余篇，其中SCI论文21篇、中华医学会中华系列期刊论文16篇、核心期刊论文14篇、统计源期刊论文35篇。5人参编专著4部，其中1人为主编，2人为副主编。获得实用新型专利3项。

【医疗交流合作】 2015年，淮安市妇幼保健院院长钱玲珠带队赴法国与斯特拉斯堡大学附属CMCO妇产医院签约成为友好医院。主办或联合主办5个国家级继续教育项目和6个省级继续教育培训项目，邀请瑞典皇家医学院、香港屯门医院、首都儿科研究所附属儿童医院等机构的国内外知名专家到淮安授课。通过高科技网络视讯在全国首家现场直播小儿外科3D腹腔镜手术演示，受到业内高度评价。

（王建海）

·淮安市中医院·

【概况】 淮安市中医院是全市唯一一所国家综合性三级甲等中医医院，是南京中医药大学附属医院、江苏省战略联盟医院和上海龙华医院"姐妹医院"，是淮安市中医药研究所、淮安市肛肠病诊疗中心。2015年，医院编制床位550张、实际开放床位460张，开设病区11个；有职工530多人，其中博士5人、硕士60人，省、市名中医24人，中高级以上职称人员200多人，市级学术技术带头人、有突出贡献中青年专家、省"333"重点人才、市"533英才工程"培养对象等20多人。开设临床科室22个，其中肛肠科为国家中医药管理局"十二五"中医重点临床专科建设单位，中医心病学是江苏省中医药重点学科培育项目，心血管科、肾病科、脑病科为江苏省中医重点临床专科建设单位。配有

6月16日，淮安市中医院举行第二批师承教育出师典礼暨第三批学员拜师仪式。 白海连 供图

64排螺旋CT、核磁共振、DSA、高压氧舱、中药浓缩提取机等先进医疗装备及中医特色诊疗设备200多台（套）。年内，医院与江苏省中医院正式结为“战略联盟医院”。全年门（急）诊量25.53万人次，同比增长26.45%；出院病人9239人次，同比增长12.8%；中药饮片使用量1809.82万元，同比增长14.98%；实现业务总收入1.45亿元，同比增长11.54%；药占比同比下降1.57个百分点。

【医院基础设施建设】 2015年，淮安市中医院购置关节镜、神经外科手术动力系统、骨密度仪、中医四诊仪、脉动真空灭菌器、内窥镜检查数字摄像系统、西门子全自动生化分析仪等一系列中医特色和现代诊疗装备。国家发展改革委、国家中医药管理局支持项目——17600平方米的临床教学综合楼正式开工建设。

【医学人才与科研工作】 2015年，淮安市中医院引进13名医学博士、硕士，医院博士、硕士总数达到65人。举行第二批师承教育出师典礼暨第三批学员拜师仪式，开展江苏省第二批名老中医药专家学术传承指导教师的学术观点、临证经验整理工作；聘请省中医院心内科副主任、美国西奈山医学院博士后史海波教授担任心血管科主任，全面负责科室的行政和业务工作。5人当选“淮安市名中医”。全年申报各级各类课题22项，获科研经费资助的省中医药局课题4项，市科技局课题2项，市医学新技术引进奖二等奖1项，发表论文79篇，其中SCI论文13篇、中文核心期刊论文4篇、统计源期刊论文17篇。

【医疗质量与安全】 2015年，淮安市中医院加强医护人员业务知识能力的教育与培训，强化各类医疗管理核心制度的落实与执行。在全省145所三级医院护士在职培训调研中，医院护士在职培训经费人均投入排名第29位，在淮安市直6所医院中排名第一。加强临床路径和诊疗方案的管理，举办优秀病历评比和三级医师查房观摩，提升护理质量和服务品质。及时检查，正确诊断，合理用药，规范治疗，辨证施护，确保各类手术、检查等医疗护理技术操作安全，医疗质量持续改进。

【医院重点专科建设】 2015年，淮安市中医院内分泌科、肺病科、耳鼻咽喉科、妇科、肿瘤科、针灸科、骨伤科、脾胃病科创建成为市级中医临床重点专科。至年底，医院拥有国家、省、市级重点专（学）科12个。举办第五届中华医药五千年“六大名家”传人峰会暨陈可冀院士论坛、第四届中医药科技周、第六届淮医膏方养生节。开展心脏大血管及肿瘤介入诊疗、全内窥镜下腰椎间盘突出髓核摘除术、全髋全膝关节置换术、血液滤过、胶圈套扎、关节镜诊疗、宫腔镜诊疗、益气养阴法治疗卒中相关性肺炎、多针浮刺结合中药外洗治疗中风后肩手综合征等新技术新项目10多项。

（白海连）

·淮安市第一人民医院一分院·（淮安市耳鼻咽喉医院）

【概况】 2015年，淮安市第一人民医院一分院总诊疗12.57万人次，出院病人5270人次，业务收入8174.83万元。

【医疗服务】 2015年，淮安市一院一分院推行CICARE（接触、介绍、沟通、询问、回答、离开）模式，提高医疗服务质量。护理部举办流程化沟通方式培训及护理服务系列讲座，开展“我的病人我知道”病情评估比赛，延伸服务范围。优化服务流程，重新梳理质量标准，改进床边护理查房、医嘱处理与执行等流程4个。修订《清浦区新农合医疗患者就诊暂行规定》、医保外伤患者住院审批流程及耳鼻喉科住院患者转诊、医用耗材使用、报销等相关要求，为患者提供便捷服务。举办冠心病、血液透析患者健康教育现场会以及糖尿病患者联谊活动，推行特殊科室优质护理服务，如建立血透室肾友病人飞信群、搭建耳鼻喉科及外科微信平台、开展手术室护理查房、运用图谱对手术病人进行宣教、定期征求临床对供应室工作意见、开展急诊科预约专人输液等，提高患者满意度。

【医疗安全】 2015年，淮安市一院一分院落实病历质量检查长效机制，抽查在院病历685余份、出院病历568份，病历甲级率100%。按照手术分级管理规范，重点检查手术风险评估制度及手术安全核查制度执行情况，对检查中存在的问题及时进行通报整改。强化交接班、三级医师查房、疑难危重病人讨论及会诊等制度的执行，开展题为“患者安全十大目标”的安全教育，召开缺陷病历讨论会及全院性临床病例讨论会，坚持教育和惩罚相结合，建设平安和谐医院。

【医疗科技创新】 2015年，淮安市一院一分院以技术创新为着力点，加强专科品牌建设，将技术创新列入科主任目标考核内容，加大奖励力度。先后开展过敏源特异性IGE抗体检测、

2015年11月，苏北五市首届急诊危重高峰论坛在淮安市举行。陈跃　供图

经尿道等离子电切治疗前列腺增生等新技术、新项目5项。门诊部1位医生与院外联合开展“仿真超疏水医用导管及抑垢机理研究”，获省级科研立项及2万元科研基金配给。耳鼻咽喉科1位医生“声带微瓣手术的临床应用”获2014年淮安市医学新技术引进奖三等奖。举办院第三届“我爱创新”护理创新作品比赛，涌现出一批优秀的作品，其中，“便携式引流包”“心电监护病员服”等4件作品获国家实用新型专利，“可移动病员服”在省第一届创新作品大赛上交流，“巧用一次性电极片”被《中华现代护理》作为小发明录用。

【医疗人才建设】 2015年，淮安市一院一分院重视人才培养，加强医疗人员梯队建设。按程序招聘、录用合同制人员37名、在编研究生1名，并进行严格的岗前培训，使其尽快转换角色，适应岗位要求。加强对年轻医护人员规范化培训，全年进行医疗知情谈话与沟通、病历书写相关医疗法律法规、医疗安全培训10次。组织全院医护人员“三基”理论及技能培训、考核共计14次，开展核心制度、应急预案演练5次，并于11月举办医护人员急救知识与技能竞赛，促进医务人员急救水平的提升。有计划选送人员外出进修学习，鼓励职工参加高层次学历继续教育，提高业务水平。年内，安排6名人员到总院或其他三甲医院进修学习，3名临床医生考取在职研究生，1名护士通过省级专科护士录取考核。

【社区公共卫生服务】 2015年，淮安市一院一分院全年开放预防接种门诊94次，为辖区内适龄儿童完成基础免疫接种5014人次，二类疫苗接种2012人次，麻疹疫苗接种300余人次，辖区新生儿建卡204人，产后、新生儿访视204人。“六一”前夕，完成辖区5所幼儿园993名幼儿免费体检工作。组织专家深入社区开展健康教育讲座15次，发放健康教育宣传资料3.8万余份，为居民免费测血压1500人次，健康咨询2000余人次，护士出巡诊1944人次。更新健康档案12827余份，慢性病随访3338余份，为65岁以上老年人免费体检400余人。

【医院特色宣传】 2015年，淮安市一院一分院制订耳鼻咽喉科宣传计划，根据季节特点开展专家提醒；组织专家赴清浦区武墩镇、黄码镇中心卫生院开展讲座；通过电话彩铃、信息栏、宣传栏、网络、报刊等多种渠道，宣传医院的特色和优势。建立医院微信公众平台，及时与用户分享医疗资讯、健康管理、保健知识等。通过报刊、网络、印发宣传资料等形式，加强对睡眠监测床垫、过敏原检测系统、微量元素分析仪、眼科非接触式眼压计、电脑验光仪等新购进仪器设备和新开展诊疗项目的宣传。　（蔡　莹）

淮安市医学会

【学术交流】 2015年，淮安市医学会组织召开各类学术会议73场次，主要有心脏外科国际论坛、市食管癌放射治疗论坛、苏北五市首届急诊危重病高峰论坛、淮扬泰感染病学术会议等，邀请国内外医学专家178人次到淮安讲学，5000余人次医务人员参加学术活动，交流论文670篇。组织召开27个专科分会的主委会或全委会，开展检验读片会4次、核医学读片会2次。完成市级继续医学教育专题35个、县（区）巡回讲学课题10个，培训5000人次。协助申报并实施国家级及省级继续教育培训项目14个，培训3000人次。

【医疗鉴定】 2015年，淮安市医学会规范开展医疗事故、医疗损害、预防接种异常反应鉴定，服务好患方、医方、委托方、鉴定专家，把好鉴定前、中、后各个环节的关口，规范鉴定程序，提高医鉴质量，保障医患权益，缓解社会矛盾。

【公益医疗】 2015年，淮安市医学会在“爱耳日”“爱眼日”期间组织，专家走进市社会福利院、涟水县杨口乡、洪泽县老子山镇开展送医下乡义诊、咨询、健康体检以及科普宣传讲座等活动，免费赠送1万余元的器械、药品。开展“共铸中国心”脑心同治走基层公益服务活动3次。实施江苏省科协与淮安市创新发展对接项目“糖尿病基层医师培训班”，培训126名基层“糖医”。开展“手拉手”健康管理社区行城市社区全科医生公益性培训淮安站培训活动，培训600余名城市社区全科医生。开展江苏省医学会送教到基层省内重症医学专家到盱眙县教学查房活动，培训100余名重症医学专业人员。召开全市基层医院雾化项目启动会，支持乡镇基层卫生服务机构建设。开展脑卒中中西医诊治规范全国公益巡讲走进淮安活动，培训240人。

【医学成果评审推荐】 2015年，淮安市医学会组织开展省医学科技奖申报等工作，向省医学会推荐43名医学专家进入省医学会相关专科分会。按市科协要求组织开展第十届淮安市优秀科技工作者候选人评选推荐工作。

【办好一刊一网一讯】 2015年，淮安市医学会刊出《淮安临床医学》期刊6期，收录论文216篇。承办全国地方医学期刊协作网第24次年会，11个省21家成员单位的36名代表参加会议，《淮安临床医学》编辑部门当选为副网长单位，《淮安临床医学》被评为全国地方医学优秀期刊。年内，继续办好淮安医学会门户网站和《淮安市医学会会讯》。 （陈 跃）

体 育

综 述

【概况】 2015年，淮安市以全民健身上升为国家战略为契机，创建省级公共体育服务体系示范区，开展全民健身运动，举办或承办国家级以上赛事7项、省级赛事14项。全市625名运动员参加2015年省青少年运动赛，获得金牌99.5枚、银牌65枚、铜牌66.5枚。申报获得省级体育产业项目引导资金300万元，推动体育事业与体育产业共同发展，体育产业与旅游、文化产业融合发展。全年体育彩票销量7.66亿元，再创历史新高。年内，淮安市体育交流团一行17人赴日本一宫市进行体育运动交流访问。

【创建江苏省体育强市】 2015年，淮安市被命名为"江苏省体育强市"。全市围绕推动科学发展、建设体育强市主题，开展体育强市创建活动，推动体育事业全面、协调、可持续发展。公共体育服务体系完善，建成全市城市社区"10分钟体育健身圈"；体育后备人才涌现，向省体校输送优秀运动员147人，向省专业队和解放军队输送优秀运动员61人；体育设施改善，城市社区体育服务中心全覆盖，乡村体育设施提档升级；体育竞赛活跃，成功举办江苏省第十八届运动会，并获得赛会金牌榜、奖牌榜和团体总分三项全省第五的成绩；体育产业快速成长，初步建立起健身休闲、体育竞赛与体育表演、体育用品、体育服务、体育彩票等为主体的体育产业市场体系。

【创建省级公共体育服务体系示范区】 2015年，淮安市本级在苏北五市中率先创成省级首批公共体育服务体系示范区。清河区、淮安区、淮阴区、洪泽县、盱眙县、淮安经济技术开发区6个县（区）创成省级第二批公共体育服务体系示范区。取消和下放一批体育行政审批项目，建立权力清单和责任清单，提高公共体育服务供给能力，吸引社会力量参与服务。全年购买20项公共体育服务项目，释放市场和社会组织的活力。

【教体融合】 2015年，淮安市进一步推进教体融合。以"名校办名队""一校一品""市队县办"为参赛组队模式，全市261所学校和幼儿园在篮球、足球、排球、田径、幼儿体操等9个重点竞赛项目中广泛开展教体融合，青少年体育由业余训练向体育普及与后备人才培养并重转变。开展校园足球工作，校园足球布局学校有94所，全年有26所中小学被国家教育部评为"全国青少年校园足球特色学校"，2600多名在校学生参与省校园足球注册，实现青少年足球后备人才的储备，扩大校园足球人口。

【市体校新校区开工建设】 2015年6月18日，淮安体育运动学校新校区开工建设。项目位于生态新城通甫路西侧、古亭路东侧、枚皋路北侧、白云路南侧，占地面积10.84公顷，总建筑面积约77200平方米，其中，教学综合楼16200平方米，综合训练馆30000平方米，学生及教职工生活设施20000平方米，其他附属用房3000平方米，田径训练房2000平方米，网球馆6000平方米，配套建设田径场、篮球场等其他附属设施。计划总投资约5亿元。

【举办中国淮安·丝绸之路户外运动挑战赛】 2015年11月，淮安市举办今世缘2015' 中国淮安·丝绸之路户外运动挑战赛。利用《西游记》、里运河、白马湖、洪泽湖大堤等当地特有的文化旅游资源、公共体育设施，把山地自行车、皮划艇和跑步3个竞赛项目组合进行，集中推介淮安市自然生态、历史文化、旅游休闲资源。中央电视台5套、《人民日报》、新华社、《中国体育报》等50多家国内主流媒体持续跟踪报道近1个月。该次比赛是淮安市第一次以丝绸之路节点城市之名举办，沿线8个国家多名运动员参赛，实现"以体为媒"，推动淮安融入"一带一路"，加强国际交流。此外，比赛把竞技体育与群众体育相融合，参加健身跑的群众1.5万多人。

（市体育局）

群众体育

【概况】 2015年，淮安市健全体育社团组织网络，登记注册的社会组织有264个，其中市级体育协会38个、民办非企业单位28个，县级体育社团198个。推进镇村体育设施升级改造工作，乡镇多功能运动场、行政村篮球架安装271套，升级改造行政村健身工程181个。全年举办健身气功一级社会体育指导员培训班和二级社会体育指导员等级培训班5期，共计550名学员。响应国务院将全民健身上升为国家战略的号召，开展各种全民健身活动，市级层面百万人参加近200多项次的大型群体活动。举办市第八届万人自行车环市行活动、"舞动幸福·最美淮安"妇女广场舞比赛、第六届省健身气功交流比赛、"全民健身日"系列活动、红红火火大拜年等全民健身活动，举办大学生村官社会体育指导员运动会，完成第三届全民健身运动会所有比赛。

【城市社区"10分钟体育健身圈"】 2015年，淮安市137个城市社区全部完成"10分钟体育健身圈"建设任务，新建健身步道70.5公里。建成城市社区10分钟体育健身电子地图、市体育网、淮安体育微信平台等公共体育服务网站。学校体育场地设施开放率52%。各县（区）场地器材等硬件条件显著提升，乡镇（街道）"三室一场一路径"建成率100%，行政村（社区）"二室一场一路径"建成率100%。

【第九套广播操培训】 2015年4月，淮安市启动第九套广播体操培训，全市近50家机关事业单位100余名

5月4日，淮安市举行自行车环市行活动。　　市体育局　供图

学员参加培训。第九套广播体操于2011年8月由国家体育总局正式推出，易学易记，符合大众锻炼实际与需求。淮安市体育局聘请教练，从踏步、伸臂等基本动作开始，一节一节示范、训练，对各单位选派的领操员进行培训。培训结束后，领操员回到各自单位进行培训并普及广播操，带动更多的市民"动起来"，全民健身运动在各单位蓬勃开展。

【市健身舞协会代表队获佳绩】 10月10~12日，国家体育总局体操运动管理中心主办的2015"舞动中国——排舞联赛"江苏赛区的比赛在仪征市举行。淮安市文化志愿者、市健身舞协会芳之梦舞蹈团12名队员获得中年组广场舞第一名，并获最佳编排奖。

【"最美社会体育指导员"评选】 2015年，淮安市启动开展"最美社会体育指导员"评选活动。全市四县五区推选出30名优秀社会体育指导员作为候选人。经过最终的评选，10人获得"最美社会体育指导员"称号，20人获得"优秀社会体育指导员"称号。

竞技体育

【概况】 2015年，淮安市开展体育训练项目24个，在训运动员1500余人。获省赛金牌66.5枚，体操、射击、手球、曲棍球、游泳等项目优势明显。举办或承办国家级以上体育赛事7项、省级赛事14项。举办环白马湖自行车赛、丝绸之路户外运动挑战赛、亚足联U19锦标赛预选赛、"韩信杯"象棋国际名人赛，发挥品牌赛事在提升淮安城市形象、推动体育文化旅游商贸等产业发展中的杠杆作用。在亚足联U19锦标赛预选赛中，首次通过市场化方式组织观赛，出售门票万余张，观赛人数最多的一场1.5万人。丝绸之路户外运动挑战赛新闻发布会在北京产权交易所召开并进行体育产权交易，成为中国体育产业资源交易平台正式挂牌后的首单成交赛事，为淮安体育事业和产业对接国际国内资本市场作了有益探索。

【大赛获奖】 4月20~21日，在河北举行的全国拳击锦标赛上，淮安市选手高美玲获得女子57公斤级冠军。这是江苏省在全国拳击锦标赛上获得的第一枚金牌，也是江苏省女子拳击队组队后获得的首个全国冠军。高美玲出生于1996年，是清浦区黄码乡人，2010年开始练习拳击，2013年获世界青年锦标赛亚军，2014年获全国青年锦标赛冠军。8月14日，2015年全国射箭重点体校锦标赛在江苏新沂闭幕。淮安市射箭队获男子三人团体冠军、女子三人团体亚军，1人在个人排名赛四个距离射程中获1金3银，1人在30米双轮单项中获冠军。

【举办国际赛事】 11月1日，2015洪泽湖国际半程马拉松赛开赛。线路从洪泽湖大道，沿途经过世界文化遗产洪泽湖古堰，往返约21公里。全国马拉松爱好者、在华外籍选手近千人参加比赛。11月20~23日，第十届中国洪泽湖国际大闸蟹节——2015CBSA洪泽9球国际公开赛在洪泽县进行。来自俄罗斯、美国、英国、德国、韩国等近20多个国家，以及中国香港、中华台北和内地的96名选手参赛。赛事奖金总计63.6万元，冠军奖金为10万元。

【承办全国性赛事】 6月24~28日，2015年361°全国男子排球冠军赛（淮安站）开赛。江苏队在淮安赛区的五场比赛获得全胜。9月17~20日，2015全国武术套路冠军赛在淮安市举行。全国各地35支代表队的400余名运动员，进行拳术、短器械、长器械、对练4个大类25个单项的比赛。江苏队获3金2银2铜。

【承办省级赛事】 7月12~15日，2015年江苏省橄榄球青少年女子橄榄球锦标赛在盱眙县举行，这是盱眙县首次承办橄榄球项目比赛。经过激烈的比赛，南京市获第一名，淮安市名列第二。7月23~25日，省青少年射箭锦标赛在淮安市举行。比赛采用国家体育总局最新审定的《射箭竞赛规则》，设置男子15-18岁组、13-14岁组；女子15-18岁组、13-14岁组等组别进行角逐。南京、淮安、徐州、无锡等地的8支代表队近80名青少年射箭高手参赛。12月19~20日，2015江苏省"体彩大乐透"掼蛋大奖赛总决赛在洪泽县举行。大赛历时8个月，全省13市线上、线下海选，上万名掼蛋爱好者参与，536名高手最终进入总决赛。赛事规模创历届之最，冠军选手（两人）奖金高达8万元，创历史记录。

（市体育局）

社会保障

SHEHUI BAOZHANG

（潘铸亚　摄）

综　述

社会保险

劳动就业

城镇困难群众帮扶

农村扶贫开发

残疾人事业

红十字会工作

住房公积金

保障性住房建设

综 述

【概况】 2015年，淮安市居民收入稳步提高。全市常住居民人均可支配收入20840元，比上年增长9.1%；人均生活消费支出12349元，增长8.6%。按常住地划分，城镇居民人均可支配收入28105元，增长8.9%，人均生活消费支出15867元，增长7.9%；农村居民人均可支配收入13128元，增长9.3%，人均生活消费支出8615元，增长9.9%。城镇常住居民人均住房面积43.8平方米，农村常住居民人均住房面积50.7平方米。

社会保障体系不断完善。企业离退休人员养老金按时足额100%社会化发放。全年征缴当期养老保险费47.8亿元，清理企业往年欠缴养老保险费6184万元。全市24.4万名企业退休人员纳入社区管理服务，管理率100%。组织12.94万名企业退休人员参加第四轮免费体检。累计为1.5万人次特困人员办理贷款，发放贷款资金1.1亿元。“特困群体助保工程”“医疗保险病种分值结算办法”两个项目被评为“全国十二五民生改善优秀示范案例”，淮安市被评为“全国十二五民生改善优秀示范城市”。

（市统计局）

2015年，淮安市建成多套保障性住房，图为保障性住房——市康居花园。
市住建局 供图

社会保险

【概况】 2015年，淮安市社会保障体系不断完善，各类群体纳入社会保险保障范围，县区城乡基本社会保险覆盖率继续巩固在小康指标水平。全市五项社会保险征缴总额76.7亿元，其中，征缴基本养老保险费48.38亿元、医疗保险费23.02亿元、工伤保险费1.4亿元、生育保险费0.96亿元、失业保险费2.98亿元。市直征缴社会保险费21.89亿元，包括基本养老保险费12.79亿元、医疗保险费7.16亿元、工伤保险费0.48亿元、生育保险

表46　2015年淮安市社会保障基本情况表

	单位	全市	市区	清河区	淮安区	淮阴区	清浦区	开发区	涟水县	洪泽县	盱眙县	金湖县
城镇职工基本养老保险参保	人	888999	551168	51552	92012	90310	50223	103905	90544	84650	92913	69724
城镇基本医疗保险参保	人	1647191	1033751	153208	232983	200904	117494	122375	187696	132583	188465	104696
城镇职工	人	840065	503453	32529	99527	81458	24884	58268	97670	72502	94523	71917
失业保险参保	人	632006	395722	22361	73305	63450	22856	76805	68440	50471	70867	46506
工伤保险参保	人	511625	333394	23378	63805	50201	15745	56958	52927	45351	40242	39711
生育保险参保	人	468651	313219	22886	52211	40758	13315	57160	50136	35554	31996	37746
社会福利收养性单位	个	194	84	5	35	30	7	5	40	22	30	18
社会福利收养性单位床位数	张	17165	8410	180	3200	2400	700	718	3450	1320	2750	1235
社区服务设施	个	311	234	31	129	24	38	12	2	6	40	29
城镇居民最低生活保障	人	24122	19220	4519	9331	648	4290	327	1383	1482	1127	910
农村居民最低生活保障	人	133448	74962	—	49007	17962	4625	2509	32947	5735	13892	5912
新型农村合作医疗参保	人	3599997	1766012	—	879856	652760	118347	115049	824187	236027	551749	222022
新型农村养老保险参保	人	1206229	631815	953	338778	243303	40068	1211	271860	74712	147490	80352

表47　　2015年淮安市居民收支情况表

	全体居民	城镇常住居民	农村常住居民
可支配收入	20840.2	28104.5	13127.9
一、工资性收入	12268.1	16890.3	7328.5
二、经营净收入	4392.5	5587.2	3167.0
第一产业	1330.3	641.4	1958.3
第二产业	1155.2	1416.7	368.3
第三产业	1907.0	3529.1	840.4
三、财产净收入	1295.4	2300.3	230.9
四、转移净收入	2884.0	3326.7	2401.5
生活消费支出	12349	15867	8615
(一)食品烟酒	3826	4892	2731
(二)衣着	999	1448	507
(三)居住	2325	3117	1485
(四)生活用品及服务	735	912	543
(五)交通通信	1163	1483	830
(六)教育文化娱乐	2198	2801	1552
(七)医疗保健	771	745	795
(八)其他用品和服务	332	469	172

费0.32亿元、失业保险费1.14亿元。至年底,社会保障卡累计发放271.7万张。

【城镇职工四项保险】 2015年,淮安市参加城镇职工基本医疗保险、工伤保险、生育保险、失业保险人数分别为84.01万人、51.16万人、46.87万人和63.3万人,分别比上年增加1.08万人、4.9万人、4.81万人和1.1万人。城镇职工基本医疗保险、工伤保险、生育保险、失业保险征缴总金额分别为23.02亿元、1.4亿元、0.96亿元、2.98亿元,分别比上年增加3亿元、0.1亿元、0.11亿元、0.31亿元。至年底,全市城镇职工基本医疗保险、工伤保险、生育保险、失业保险余额分别为25.07亿元、20.62亿　元、18.58亿　元、13.16亿元。淮安市职工基本医疗保险统筹基金最高支付限额为31万元。调整工伤保险费率政策,根据各用人单位情况确定其行业工伤保险类别,按照全国工伤保险行业基准费率标准执行。全市范围内生育保险费率统一降低至0.5%,有效减轻企业生产经营成本。

【企业养老保险】 2015年,淮安市参加企业养老保险职工人数88.9万人,比上年增加2.6万人,其中农民工参保人数6.8万人,个体灵活就业人员参保人数37.1万人。企业养老保险征缴总金额48.38亿元,比上年增加1.69亿元。至年底,全市企业养老保险基金余额55.09亿元。

【城乡居民养老保险】 2015年,淮安市参加城乡居民基本养老保险人数120.62万人,比2014年减少4.26万人,参保率99.5%。城乡居民基本养老保险征缴总金额14.11亿元,比2014年增加金额3.42亿元。年底,全市城乡居民养老保险基金余额20.61亿元。

【城镇居民医疗保险政策】 2015年,淮安市城镇居民基本医疗保险筹资标准财政补助提高到380元;政策范围内城镇居民基本医疗保险报销比例75%左右。城镇居民基本医疗保险统筹基金年度内可支付的医疗费用额度为20万元,凡连续参保1年以上的,每年度增加1万元,最高不超过25万元。城镇居民大病保险起付标准仍按2014年度标准12700元执行。

【社保基金"四方联网"征管机制】 2015年,淮安市实施"四方联网"征管网络,强化监督手段,增强监督能力,确保社保基金安全完整。全市市直书面稽核参保职工16.16万人,实地稽核参保职工4.7万人,查出少缴漏缴社会保险费597万元,基金到账率98%。

【企业退休人员基本养老金】 2015年,淮安市建立保发放责任制,强化年度收支预算,帮助省重点困难县(区)争取补助资金,确保养老保险待遇落实到位。退休人员养老金100%按时足额发放。全年全市为24.4万名企业离退休人员按时足额发放养老金52.4亿元,未发生一起养老金拖欠事件。按照国家、省部署要求,企业退休人员基本养老金调整11.3%,全市企业退休人员月人均养老金为1767元。

【基本医疗保险政策】 2015年,淮安市门诊特定项目参保患者在定点医疗机构门诊就医的诊查费,按方便门诊费标准收取,并由医疗保险基金按规定定额和比例支付。职工医保参保人员在公立医院定点医疗机构发生的普通门诊诊查费,从职工医保个人账户基金支付,个人账户基金用完后由职工医保统筹基金以50%的比例按标准支付。居民医保参保人员在门诊定点医疗机构发生的门诊诊查费,按社区卫生服务站8元/次,城市社区卫生服务中心10元/次的标准,由居民医保门诊统筹基金支付70%。城市二级和三级公立医院住院床位费医疗保险支付限额标准由原20元/日、25元/日调整到40元/日。住院床位费超过限额标准以上的部分由个人自付。

【城乡便民综合服务点】 2015年,淮安市以就业社保便民服务"三四五"为目标,即让村民在村里实现就业创业、金融、邮政服务"三个享受",养老保险办理"四个不出村"(参保登记不出村、缴费领取不出村、权益查询不出村、资格认证不出村),服务点规划设计"五统一"(规划设计方面字牌标识、服务标准、业务流程、风险管控、规章制度五统一），有效整合养老快捷便民点、金融服务站、村邮站。在每个行政村建设城乡综合便民服务点，并将该目标纳入当地政府年度为民办实事项目之一，每月跟踪督查通报，市县联动整体推进，确保兑现惠民承诺。全年投入1530万元，在全市所有1326个行政村建成1740个城乡综合便民服务点，其中服务站37个、示范点136个。全年服务点累计交易量353万笔，交易额20亿元，惠及全市191万城乡居民，为2.05万农民提供就业创业咨询服务。该项目获2015年度市委市政府创新创优项目一等奖。（唐小青）

2015年，淮安市建成1740个城乡综合便民服务点，为群众提供劳动就业、社会保险等服务。 市人社局 供图

劳动就业

【概况】 2015年，淮安市新增城镇就业6.67万人，下岗失业人员再就业3.59万人，就业困难人员再就业6546人，新增转移农村劳动力2.11万人。城镇登记失业率为2.2%。截至年底，淮安市连续18次提高最低工资标准，形成以一线职工为重点的职工工资正常增长机制。全年引进硕士以上学位（副高以上职称）人才790名，新增专业技术人才1.6万人、高技能人才9658人。

【农民就业促进】 2015年，淮安市开展主题为“搭建供需平台，促进转移就业”的“春风行动”，促进农民就业。全年全市举办专场招聘会240场次，为农村劳动者提供免费服务17.4万人次。当地企业吸纳农村劳动者就业3万人次。接受创业服务9100人次，参加创业培训1455人次，组织参加职业技能培训4530人次，提供劳动维权和法律援助6503人次。

【就业信息化进村入户】 2015年，淮安市继续实施政府创新项目“就业创业信息化便民工程”，新华社《内部参考》予以推介。年内，制定就业创业服务自助机使用管理办法，明确市县两级责任，自助机在有条件的村100%安装。新推进一批就业服务全程信息化项目，开发“O2O”线上线下同步市场和企业信用评定系统，每周开设特色线上招聘专场。截至年底，有线上会员单位3733家，个人会员8.92万人。

【创业型城市创建】 2015年，淮安市有就业创业培训人员5.74万人，市本级成功创建“省级创业型示范城市”，所有县（区）通过“省级创业型城市”验收。推进城镇创业服务网络和创业扶持政策向农村农民延伸，将扶持电商创业摆上突出位置。推进“省级创业型城市”及“省级创业型示范城市”创建，全市2个基地、29个项目被认定为“江苏省创业示范基地”和“江苏省大学生优秀创业项目”，以县为单位全面建成省级创业型城市。成功举办“大众创业万众创新活动周”以及“盱眙龙虾杯”电子商务创业大赛。在各高校建立“创业就业指导服务站”，出台淮安市大学生创业引领计划，首次将创业教育融入高校专业教学、贯穿人才培养全过程。由淮安市推荐的大学生创业典型陆尧、王伟伟分获“中国创翼”全国青年创业创新大赛“金翼奖”和“全国十大三农创富榜样”称号。开展创业培训“进高校、进社区、进乡村”“创富商学院”“创业创富在淮安”等系列活动，创业服务遍布城乡。

【劳动关系】 2015年，淮安市劳动管理部门为市直13家申请劳务派遣行政许可的公司提供上门服务，严格劳务派遣许可。上调企业最低工资标准，市主城区月最低工资标准上调至1600元，其他县（区）月最低工资标准为1400元。发布2015年度企业工资指导线，明确企业在岗职工工资平均增长基准线为10%，引导企业合理制定薪资标准，重点提升一线和基层职工工资水平。规模以上企业劳动合同签订率98.5%，已建工会企业集体合同签订率95%。全年全市两级劳动人事争议仲裁委员会立案受理劳动人事争议案件3009件，结案3010件，结案率97.5%。仲裁办案流程进一步规范，劳动人事争议仲裁办案质效显著提升。

【劳动权益保障维护】 2015年，淮安市开展农民工工资支付情况、人力资源市场清理整顿、用人单位遵守劳动用工和社会保险法律法规情况3次专项执法检查活动。发挥劳动保障监察“两网化”作用，组织劳动保障监察专、兼职监察员，劳动保障监察协理员对重点行业、重点区域和重点企业劳动关系状况和工资支付情况进行监测预警，做到发现和报告在早，防范和化解在先。通过网格化管理和基层基础建设，营造关心和维护劳动者合法权益浓厚氛围。畅通全省联网的劳动保障监察案件投诉举报平台，接待劳动权益维护来电来

表48　　2015年淮安市城镇非私营单位从业人员年平均工资表

单位：元

	全　市	市　区	涟水县	洪泽县	盱眙县	金湖县
总　计	53612	54390	48729	52408	53490	51979
(一)、农、林、牧、渔业	26848	25674	49958	—	25366	40863
(二)、采矿业	55304	57777	—	51820	40238	—
(三)、制造业	53482	54505	45540	51905	50938	48900
(四)、电力、热力、燃气及水生产和供应业	101951	105491	72924	85867	88561	106318
(五)、建筑业	45026	45080	46802	47805	36108	42154
(六)、批发和零售业	46959	49085	48946	32077	39723	44595
(七)、交通运输、仓储和邮政业	46748	49248	38991	39842	55642	42044
(八)、住宿和餐饮业	36720	35509	33785	35801	37019	36222
(九)、信息传输、软件和信息技术服务业	63484	67671	47147	59958	33740	42852
(十)、金融业	65139	62016	76664	81723	96864	88334
(十一)、房地产业	51677	53647	43124	45095	55402	59184
(十二)、租赁和商务服务业	38407	38463	39071	33356	35635	39736
(十三)、科学研究、技术服务业	59006	62043	41725	48840	43656	56437
(十四)、水利、环境和公共设施管理业	55781	56973	66125	56190	37827	39267
(十五)、居民服务、修理和其他服务业	42806	34918	38594	42721	47214	39476
(十六)、教育	68469	70832	54139	68719	69474	68063
(十七)、卫生和社会工作	70196	73475	52123	63818	65508	63836
(十八)、文化、体育和娱乐业	51737	53471	43806	48365	41995	58370
(十九)、公共管理、社会保障和社会组织	68191	73518	59843	60102	58979	66739

表49　　2015年淮安市城镇非私营单位在岗职工年末人数表

单位：人

	全　市	市　区	涟水县	洪泽县	盱眙县	金湖县
总　计	665048	434969	103213	45301	53041	28524
(一)、农、林、牧、渔业	5455	2704	76	—	2549	126
(二)、采矿业	3987	2641	—	1165	181	—
(三)、制造业	230271	135773	50408	15913	18331	9846
(四)、电力、热力、燃气及水生产和供应业	8612	6650	421	770	408	363
(五)、建筑业	195547	147914	23279	11972	8733	3649
(六)、批发和零售业	18893	12302	3034	1245	1689	623
(七)、交通运输、仓储和邮政业	19009	12199	2800	2068	1048	894
(八)、住宿和餐饮业	5654	3335	624	495	1026	174
(九)、信息传输、软件和信息技术服务业	6140	4838	380	430	258	234
(十)、金融业	9256	6659	655	635	549	758
(十一)、房地产业	9926	6837	914	868	1045	262
(十二)、租赁和商务服务业	13564	8781	1272	629	487	2395
(十三)、科学研究、技术服务业	5823	4547	432	240	236	368
(十四)、水利、环境和公共设施管理业	8832	5818	1407	367	426	814
(十五)、居民服务、修理和其他服务业	1443	470	535	403	14	21
(十六)、教育	61671	35610	9391	3522	9865	3283
(十七)、卫生和社会工作	21158	13653	2237	1365	2307	1596
(十八)、文化、体育和娱乐业	2488	1622	200	238	199	229
(十九)、公共管理、社会保障和社会组织	37319	22616	5148	2976	3690	2889

访1.92万人次，督促补签劳动合同1万份，为劳动者追发工资待遇6093万元。

【重点人群就业】 2015年，淮安市采取就业见习、“三支一扶”（大学生毕业后到农村支农、支教、支医和扶贫）计划、未就业高校毕业生实名登记、零就业家庭大学生保底推荐就业等政策措施，促进高校毕业生就业。落实小微企业招聘高校毕业生优惠政策，配套提供社保、培训、求职等补贴，鼓励更多企业吸纳困难大学生就业。对农民创业申请担保贷款取消户籍限制，无需反担保，按照基准利率贴息，最快3日内发放到位，全年发放贷款6500万元。

（唐小青）

城镇困难群众帮扶

【基本民生保障】 2015年，淮安市城镇低保标准提高至每人每月490元。至年底，全市城乡低保对象共计7.6万户、15.76万人，全年发放保障金3.83亿元。淮安市民政系统、红十字会全面开展救急难试点工作，医疗救助标准提高至70%，年度封顶线不低于城乡基本医保封顶线的50%。全年实施医疗救助27.2万人（次）、1.28亿元，临时救助23520户（次）、1496万元。 （市民政局）

【困难职工帮扶】 2015年，淮安市工会系统筹集资金800多万元，慰问困难职工、劳模9200多人次。组织开展“送清凉、送安全、送健康、送法律、送文化”活动，走访企业（基层）1200多家次，发放防暑降温物资631万元，慰问职工11万人次。开展“金秋爱心助学”活动，为全市836名困难学子发放助学金292万元，为52名大学新生提供勤工俭学岗位。开展在职职工医疗互助互济，全年投入救助补贴资金640多万元，救助职工2000多人次。为困难职工举办技能培训班24期，培训1300余人次。 （市总工会）

【城镇特困家庭帮扶】 2015年，淮安市161家市直帮扶单位划分为10个帮扶工作组，确定帮扶街道、社区、帮扶户数，并确定所属街道帮扶工作组长单位、副组长单位，确保市区城镇特困家庭帮扶工作全面覆盖。市帮扶工作领导小组积极运用网络平台，建立全市帮扶工作QQ群，对市区城镇特困家庭帮扶工作实施目标考核。各帮扶单位认真落实各项惠民政策，有效实施“精准帮扶”。全年市区城镇特困家庭帮扶对象13162户，其中市直帮扶1676户，建立结对帮扶小组1260个，参加帮扶人员2.7万余人，捐款（物）860万元。年内表彰帮扶工作先进单位52个，先进个人32名。

（董 娟）

农村扶贫开发

【概况】 截至2015年底，淮安市农村有建档立卡低收入人口47.94万人、省定经济薄弱村110个、市定经济薄弱村60个，盱眙县西南岗片区、涟沭结合部片区、灌溉总渠以北片区被列入连片开发重点扶贫区域。年内，淮安市实施帮扶项目687个，投入各类帮扶资金6.53亿元，扶贫小额贷款发放规模首次突破6亿元，培训转移低收入劳动力12158人次，新增脱贫人口17万，新增新“八有”（有群众拥护的“双强班子”、有科学合理的发展规划、有高产高效的农业设施、有特色鲜明的主导产业、有持续稳定的集体收入、有先进适用的信息网络、有健康向上的文明村风、有村容整洁的居住环境）达标村87个，脱贫奔小康任务全面完成。

【低收入农户扶贫】 2015年，淮安市各地各级帮扶单位按照对象要精准、项目安排要精准、资金使用要精准、措施到位要精准、因村派人要精准、脱贫成效要精准“六个精准”要求，实施帮扶攻坚。对有劳动能力的未脱贫人口，通过扶持产业发展、提供公益岗位、落实扶贫资产收益、帮助就地就近就业等多种途径，实施“点穴式”帮扶。对无劳动能力的未脱贫人口，根据致贫原因，统筹落实低保、养老、助残、助学以及新农合、大病医疗保险等社会保障措施，予以兜底解决。

【经济薄弱村扶持】 2015年，淮安市指导和帮扶经济薄弱村因地制宜发展资源开发、资产运营、资本运作、为农服务、异地发展等多种类型的集体经济，创新业态，拓宽路径，增强经济薄弱村“造血”功能。坚持项目为主，助推现代农业“接二（产）连三（产）”，全年扶持经济薄弱村发展设施农业1560公顷，养殖水面1280公顷，规模养殖棚舍2.66万平方米，新建标准厂房87幢，发展商业旺铺、农贸市场、生态休闲农业和农家乐等三产项目33个。

【重点片区扶贫开发】 2015年，淮安市按照“区域发展带动扶贫开发、扶贫开发促进区域发展”的基本思路，加大刘老庄、渠北两大重点片区基础设施建设、产业发展和改善民生等政策措施的落实力度。坚持“精致建设、精细管理”理念，抓好片区关键工程建设，实现项目经济效益、社会效益和生态效益统一。两大重点片区实现“三年大变样”预期目标。

【刘老庄乡扶贫开发】 2015年，刘老庄片区在全省率先退出重点片区，摘掉整体贫困帽子，淮阴区作为片区扶贫开发工作典型在全省扶贫大会上作交流发言。年内，刘老庄乡新实施各类帮扶项目20多个，村集体平均收入超过30万元，农民人均纯收入13786元，所有低收入农户人均收入超过4000元。在10个村建立耕作服务社，争取帮扶资金近200万元，配套联合收割机、拖拉旋耕机30多台套。改善农业种植结构，支持能人大户远种冬枣、葡萄、山核桃、火龙果等高附加值经济作物，建好4个省定关键性工程，着力培育生态苏淮黑猪、蓝莓、猕猴桃等高效设施农业。争取帮扶资金1200万元，建设1.5兆瓦屋顶光伏项目。为低收入农户发放无息小额贷款940万元；建成农村道路11.1公里，修建防渗渠4000米；争取资金100万元，提升中小学办学条件。

（邹 灿）

残疾人事业

【概况】　截至2015年底，淮安市有残疾人33.35万人，占全市总人口6.26%，涉及家庭人口100万人。年内，持续完善残疾人低保救助、生活救助、社会保险体系，向11149人次重度残疾人发放护理补贴，向9552名低保内重度残疾人发放重残补贴金，向29567名低保外残疾人发放重残救助金，向294名残疾人学生发放教育补贴金。同时，针对残疾人的特点和需求，向68886名残疾人赠送意外伤害保险。全年发放二代残疾人证104905本，残疾人证核发率32.83%。开展残疾人专职委员网络在线培训，全年累计培训残疾人工作者1988人次。建立各级助残志愿者联络站732个，注册助残志愿者24778人。组织各专门协会开展各类助残活动。完成残疾人基本服务状况和需求专项调查任务，入户调查率98.32%。

【残疾人就业】　2015年，淮安市推进按比例安排残疾人就业工作，首次将用人单位是否按比例安置残疾人就业纳入公共信用系统。出台《淮安市社会中介机构介绍残疾人就业补贴暂行办法》，明确具体补贴标准与条件，在苏北地区率先将社会中介机构介绍残疾人就业纳入补贴范围。淮安市残联与东平人力资源有限公司共同打造“淮安东平残疾人创客就业基地”，创新运用“互联网+”的思维模式，帮助200多名残疾人实现就业。“借力社会组织推介残疾人就业”项目被省评为创新创优和优秀项目。全年全市帮助1658名残疾人实现就业再就业，培训残疾人2015名。

【残疾人康复资源整合】　截至2015年底，淮安市有公办、民办残疾人康复服务机构23家。实施0~6岁残疾儿童抢救性康复，全年有1618名0~6岁残疾儿童接受免费康复训练。推进7~14岁孤独症、肢体残疾儿童巩固性康复，康复训练159名残疾儿童。开展以“康复技术指导、康复知识普及、辅助器具适配、无障碍环境改造”为内容的康复“四进”家庭活动，全年假肢、矫形器安装121例，白内障免费复明手术815例，辅具适配及家庭无障碍改造4293户。落实《关于贫困精神残疾人免费基本用药实施办法的通知》精神，惠及贫困精神病患者3109人。组织对全市康复定点机构进行等级认证，有22家康复机构获一级资质，3家获二级资质，2家获三级资质。年内，淮安市残联举办首届听语儿童演讲比赛。

【残疾人托养服务】　2015年，淮安市将劳动型托养服务作为“示范性托养服务”项目列入民生实事加以推进。市、县（区）9个公办托养机构开展劳动型托养服务，为340名残疾人提供辅助性就业岗位，新增乡镇、民办机构残疾人劳动型托养服务632名。

2015年，淮安市开展志愿活动，邀请残障人士游里运河。　周礼其　供图

【残疾人文体活动】　2015年，淮安市围绕助残日主题“关注孤独症儿童，走向美好未来”，开展包括基层走访、电台直播、康复讲座、携手游园等在内的“六个一”系列活动，推进文化进社区工作，各类公共文化场所免费或优惠向残疾人开放。建立10个“自强健身示范点”，全年累计培训健身指导员30名。开通市残联微信公众号，升级改造市残联网站，扩大残疾人事业宣传影响力。清河区盲人体验馆建成并投入使用。金湖县运动员杜宪锋在全国第九届残疾人运动会上获得10000米长跑金牌。　（陆耀琴）

红十字会工作

【概况】　2015年，淮安市红十字会系统全力服务社会民生，投入人道救助款物1433.83 万元，救助困难群众2万余户。采集造血干细胞血样846人份，实现造血干细胞成功捐献1人；遗体捐献登记、器官捐献人数为历年最高。完成省政府为民办实事项目公益性应急救护百万培训任务，培训救护员7110人，普及培训57140人。开展各类慈善募捐活动，募集善款1461.68 万元，其中市本级859.17万元。

【募捐筹资】　2015年，淮安市开展“人道万人捐”活动，全市红十字会组织收到捐款408.27万元。亿力房地产有限公司通过市红十字会定向捐赠淮安小学新校区建设款200万元。江苏榕兴房地产开发有限公司定向捐赠淮安小学新校区建设款600万元。接收香港爱心人士方铿定向助学金12.5万元，及时发放到淮安区钦工、楚州、车桥等三所中学125名困难学生手中。女企业家张谷一联合社会爱心人士，通过市红十字会定向捐助贫困白血病女童严佩佩1.866万元医疗款。省红十字会在淮安市批准执行3个资助项目：淮安区“艾滋病人群关爱”项目、清浦区“红十字博爱超市”项

目和清河区“大手拉小手红十字博爱助孤”项目，资助项目资金15万元。

【社会救助】 2015年，淮安市红十字会系统深入开展人道救助活动。元旦、春节期间，全市各级红十字会通过向上争取和本级配套，投入救助款物156.8万元，开展“博爱送万家”活动。全年“红十字博爱超市”开业10次，救助困难群众480人次，救助物资价值10万余元。“健康快车”为1500多名偏远地区的群众开展义诊服务，并对8名大病贫困患者提供8000余元医疗救助。世界红十字日期间，向淮阴区22名高中贫困孤儿发放救助金2.2万元。市红十字会机关党员结合“三严三实”专题教育基层调研活动，向挂钩的清浦区城南社区困难群众慰问帮扶款物1万余元，帮助社区文明创建工作经费5000元。分别在春节、“七一”以及扶贫日，向涟水县四安庄村困难群众捐赠1.2万元，援建村养老服务中心项目3万元。

【造血干细胞捐献】 2015年，淮安市红十字会加大对捐献志愿者的跟踪服务力度，采集血样846人份，再动员122人次，高分辨20人次，参加体检12人次，实现捐献1人次，全市成功捐献27例。

【遗体、器官捐献】 2015年，淮安市完成遗体捐献登记5人、器官捐献5例。因车祸去世的淮阴区10岁女孩沈月影，捐献四个器官：一对眼角膜、一个肝脏、一个肾脏，成功移植到国内四名患者身上，成为淮安市器官捐献年龄最小、捐献器官数最多者。人民网、江苏省文明网、《江苏红十字报》《扬子晚报》《淮安日报》等多家媒体进行报道。年内，淮安市遗体捐献纪念园开工建设。

【学校红十字活动】 2015年，淮安市各中小学围绕创建市级、省级红十字示范学校，紧贴青少年身心特点，开展形式多样的红十字主题活动，“博爱青春”红十字志愿服务品牌影响扩大。开展省、市级红十字示范学校创建工作，8所学校接受省检查验收，申报创建市级红十字示范学校的16所学校接受市级检查验收，对部分创建成功的省、市红十字示范学校进行复查。市教育局和市红十字会联合下发《关于进一步规范红十字示范学校创建工作的意见》。在驻淮安高校开展以“博爱青春”为主题的大学生暑期志愿服务活动，2个项目入选省支持项目，其中江苏食品药品职业技术学院“跨国同心，博爱同行”项目被评选为全省十个优秀项目之一，并在省项目总结表彰会上展示。11月27日，举办驻淮安高校红十字“博爱青春”项目展示会，对17个优秀志愿服务项目进行表彰并予以经费支持3.6万元。

【承办“为和平徒步”（淮安段）活动】 2015年，为纪念世界反法西斯战争胜利70周年，英国内政部国务大臣麦克·贝茨勋爵到中国参加以“为和平徒步”为主题的徒步行走活动。10月5日，活动在北京正式启动，全程1701公里，经过71天徒步行走抵达终点杭州。9月8日早上，贝茨勋爵从宿迁市泗阳县徒步进入淮安市淮阴区境内。先后途经淮阴区、清河区、清浦区、洪泽县和盱眙县，在淮徒步行走129公里，9月14日早上离开盱眙县，进入安徽省天长市。在淮安期间，贝茨勋爵参观周恩来纪念馆和漕运博物馆；9月10日下午，市委书记、市红十字会名誉会长姚晓东陪同贝茨勋爵，完成从清浦区和平镇到洪泽县黄集镇的15公里徒步行程。

（刘　卉）

住房公积金

【概况】 2015年，淮安市住房公积金实缴单位4648家、实缴职工42.59万人，缴存34.71亿元、同比增长12.08%；新增住房公积金开户单位567家、新增开户职工7.71万人，净增单位505家、净增职工3.16万人。截至年末，全市住房公积金缴存总额208.96亿元、缴存余额80.85亿元。全市提取住房公积金23.69亿元，占当年住房公积金缴存额的68.25%，比上年增长5.74个百分点。至年末，住房公积金提取总额128.11亿元。全市发放住房公积金个人住房贷款0.88万笔、25.08亿元，同比分别增长21.1%、32.22%，回收个人住房贷款10.52亿元。至年末，累计发放住房公积金个人贷款7.88万笔、139.90亿元、贷款余额81.30亿元。住房公积金个人贷款率100.55%，比上年增长4.98个百分点。

【公积金归集扩面】 2015年，淮安市采取市县联动、部门协同的方式，组织开展住房公积金归集扩面专项行动。制度向乡镇延伸覆盖，洪泽县政府将扩面任务以交办单形式下发至县直部门、乡镇街道，定期督查通报；涟水县政府结合县情，采取走小步、不停步的“三步走”战略，分批实施。制度扩面向非公企业扩展，兼顾各方承受能力，抓大带小，跟踪服务重点企业，市直继续动员一批非公企业全员建制。全年全市归集住房公积金33.78亿元，同比增长13.62%；新增缴存职工3.78万人，新增职工开户率5.9%。

【公积金新政】 2015年，淮安市先后出台无房职工支付房租、重大疾病提取住房公积金等管理规定，住房公积金不仅能购买建修住房、偿还购房贷款，而且能支付房租、看病助困。贯彻落实住房和城乡建设部通知和电视电话会议精神，采取住房公积金贷款组合，提振职工住房消费信心，助推淮安楼市稳定发展。降低二套住房贷款首付款比例，取消二次住房贷款利率上浮，推行贷款办理零收费。

【公积金资金运行】 2015年，淮安市完成住房和城乡建设部《住房公积金信息技术导则》课题研究，形成“业务流”驱动“资金流”的淮安模式，推动资金运行安全、管理规范、防控精细。用集团化理念推动效益最大化，在涟水分中心开展县（区）住房公积金“零余额管理”模式试点，发挥资金规模效应，化解分散管理风险。全市实现住房公积金业务收入3.23亿元，增值收益2.15亿元，贷款逾期率控制在0.01‰以下，未发生一笔损失贷款。

【公积金服务】 2015年，淮安市住房公积金中心继续争取房屋登记部门、金融机构支持，搭建数据共享、流程互通的信息一体化平台，推动业务受理马上审核、提取支付马上转账。深化服务理念“灵活办”，主动灵活搞“变通”，将住房情况证明、婚姻状况证明改为“个人声明”，申请人不再来回奔波。拓展服务模式“主动办”，推出房屋买卖、贷款“中心担保”，做买卖双方的“中介人”，化解买卖双方互不信任的矛盾。（马 倩）

保障性住房建设

【概况】 2015年，淮安市新开工各类保障房13196套，完成省目标任务12910套的102.22%；基本建成各类保障房16738套，完成省目标任务14450套的115.83%。其中，棚户区改造安置住房新开工12234套、基本建成11563套，分别完成省住房和城乡建设厅下达的年度目标任务106.66%、155.84%。年内，住房和城乡建设部新增公租房分配入住目标考核指标，要求2012年底前开工建设的公租房（含廉租房）分配入住率达到90%以上，淮安市当年实现分配入住率90.96%。发放廉租住房租赁补贴1978户，实现应保尽保。改革公租房筹集方式，通过市场收购筹集370套公租房。

【住房保障和供应体系】 2015年，淮安市出台《关于进一步推进住房保障货币化补贴的实施意见》，对享受租赁补贴的低收入城市住房困难家庭提高补贴标准和住房面积标准，将补贴标准提高到与房屋市场租金相当，将面积保障标准提高到人均24平方米，使享受保障家庭在市场租得到房、租得起房。该文件与2014年9月出台的《淮安市全国共有产权住房试点工作实施方案》共同构建货币化、市场化的住房保障和供应体系。

【共有产权住房试点】 2015年，淮安市继续实施《淮安市全国共有产权住房试点工作实施方案》，共有产权房试点工作推进到涟水、洪泽、盱眙、金湖四县和淮安、淮阴两区，县（区）分别出台当地的共有产权房实施办法。四县两区为206户家庭提供共有产权房保障，其中城市中等偏下收入家庭162户、进城务工家庭10户、新就业家庭8户、棚改家庭26户。全市实现共有产权房政策对新就业人员、进城务工人员、城市中等偏下收入家庭等不同收入群体的全覆盖。

2015年，淮安市继续实行保障房摇号措施，图为摇号现场。 市住建局 供图

【住房保障标准调整】 11月25日，淮安市结合2014年城镇人均可支配收入等指标，确定市区（不含淮阴区、淮安区）住房保障标准。其中，住房困难标准及保障标准为：（一）申请公共租赁住房实物配租的住房困难标准及保障标准均是家庭人均住房建筑面积不高于16平方米。（二）申请公共租赁住房租赁补贴的住房困难标准是家庭人均住房建筑面积低于16平方米，住房保障标准是家庭人均住房建筑面积24平方米。（三）申请共有产权住房的住房困难标准是家庭人均住房建筑面积低于16平方米，住房保障标准是家庭人均住房建筑面积24平方米。申请住房保障家庭金融资产控制标准为：（一）低收入申请公共租赁住房保障家庭：2口人及2口人以下的家庭财产不超过14万元，3口人的家庭财产不超过21万元，4口人及4口人以上的家庭财产不超过28万元。（二）中等偏下收入申请共有产权住房或公共租赁住房家庭：3口人及3口人以下的家庭财产不超过35万元，4口人及4口人以上的家庭财产不超过46万元。

此外，申请之日起前5年内在市区有房产转让行为的、或在市区已经得到拆迁安置补偿的、或享受过房改房但房改房面积低于人均住房面积16平方米的，除均可申请购买政府集中建设的共有产权住房外，不得申请其他形式的住房保障。

（市住房和城乡建设局）

HUAI'AN YEARBOOK

公共管理

GONGGONG GUANLI

公共财政

经济事务管理

社会事务管理

公共财政

财　政

【概况】 2015年，淮安市财政总收入510.13亿元，增长10.1%；实现一般公共预算收入350.31亿元，增幅13.5%；税收占比超过省定80%要求，达到81.1%。全市完成一般公共预算支出512.47亿元，同比增长19%。市财政局被财政部表彰为2015年度全国财政信息工作“先进单位”。

【推动经济转型升级】 2015年，淮安市财政部门安排资金1.3亿元，重点支持县域发展和园区建设发展提档升级，支持农业特色主导产业，破解县域经济发展难题。争取和安排资金1.4亿元，重点引导产业培育，支持优势特色产业做大做强做优。争取和安排资金1.2亿元，推动流通物流建设，加快旅游产业壮大，促进“4+3”（物流、旅游、金融、商贸和电子商务、健康养生、文化创意）特色服务业发展。落实资金1.6亿元，建立企业科技创新补偿机制，提高企业技术和产品创新能力，鼓励中小企业增加研发投入，推动科技成果转化，提升内生发展能力。支持搭建中小微企业低息统贷平台，累计为79户企业发放低息贷款近8.4亿元，降低中小企业融资成本。连续安排资金1000万元，推动设立工业企业应急过桥资金，办理941笔企业应急转贷资金计31亿元，缓解中小企业资金压力。连续投入资金1000万元，加强与国有担保公司合作，为中小企业提供融资担保服务和风险补偿，为8户企业提供担保贷款计1.2亿元，放大财政资金乘数效应。

【支持城乡统筹发展】 2015年，淮安市财政部门筹措资金5.9亿元，重点支持淮海南北路和淮海广场改造、公共停车场、里运河文化长廊、“城市绿色小客厅”等中心城市重点建设项目。安排机场补贴资金1.9亿元，保

表49　　2015年淮安市财政收支基本情况表

单位：万元

	淮安市	清河区	淮安区	淮阴区	清浦区	开发区	工业园区	涟水县	洪泽县	盱眙县	金湖县
财政总收入	5101283	434037	456240	514957	308316	602782	10798	451318	306454	401909	299844
上划中央收入	1598230	62341	93450	75523	39081	101516	1498	118129	54375	52144	60742
增值税（75%）	573780	27717	64158	50004	22292	56763	192	53700	39134	35307	47045
消费税	762622	679	42	25	13	2	0	25478	13	92	103
企业所得税（60%）	169564	26733	14514	16074	9416	36340	804	23391	10457	9962	8963
个人所得税（60%）	92264	7212	14736	9420	7360	8411	502	15560	4771	6783	4625
一般公共预算收入	3503053	371696	362790	439434	269235	501266	9300	333189	252079	349765	239102
税收收入	2840545	294743	305059	367519	221501	396782	8987	284455	213101	291906	209997
增值税（25%）	261999	13601	27961	28451	10873	33055	80	31632	22935	13607	20279
营业税	1339588	131571	122914	129551	159387	255640	5019	179560	91223	106146	111995
企业所得税（40%）	113042	17822	9676	10716	6277	24227	536	15594	6971	6641	5979
个人所得税（40%）	61510	4808	9824	6280	4907	5607	335	10373	3181	4522	3083
一般公共预算支出	5124698	269919	627020	663624	305728	423574	12709	628491	477833	575185	411372
一般公共服务	511929	23300	56829	71743	24650	21961	1738	89512	36158	42898	51683
科学技术	120482	7040	14829	19503	8758	7174	761	10885	9584	7055	9497
教育	787632	64129	120244	75646	39568	40063	754	142208	73195	85208	49062
文化体育与传媒	62202	2221	6553	7124	1138	478	37	4543	2500	3730	3427
医疗卫生	338078	13352	53823	63224	15375	8097	1234	61551	23640	42134	23506
节能环保	196909	3440	9472	16291	4278	3582	489	35293	71386	9495	8524
城乡社区事务	751163	66290	17088	112799	106048	293353	2121	15248	15909	31788	16585
交通运输	111996	0	6825	9266	2883	330	10	10395	6442	14062	11412
社会保障和就业	472185	37189	74120	87679	20860	13640	1322	52391	35796	52127	43834
住房保障	134673	15429	53456	11752	3251	8275	0	2015	3889	3038	4071
农林水事务	692772	2144	103273	157228	66679	1845	1063	93312	64490	70510	64735

障12条航线正常运营，实现台湾直航目标。安排资金1.4亿元，保障市政路灯维修、道路桥梁维护、园林绿化养护、城区道路河道保洁等城市基础设施正常运转。安排资金1亿元，用于垃圾处理、污水处理以及环境污染防治，保护美化城市环境。加大向上争取力度，落实资金31.6亿元，实施强农惠农政策，支持农村公路提档升级、江河湖泊保护治理、粮库维修改造等，加强农村基础设施建设。筹措资金2.5亿元，支持农村农业发展，推动10个省级重点中心镇建设全面展开，推动公共服务向农村延伸。筹集资金7800万元，用于农村饮水安全工程、村庄环境整治、秸秆机械化还田及综合利用等，推进生态文明城市创建，促进精准扶贫和精准脱贫，改善农村生产和生活条件。

【推进民生事业发展】 2015年，淮安市财政部门加大民生事业投入，将新增财力的3/4以上用于改善民生，努力让群众更多更好地分享改革发展成果。筹措资金近9亿元，支持优化市民出行环境、老旧小区改造、困难群体住房保障、农贸市场升级改造等“政府为民办十件实事”项目实施。筹集资金56亿元，保证24.4万名企业离退休人员养老金按时足额社会化发放；筹集资金3.4亿元，实现城乡低保16.2万人应保尽保；安排资金1.2亿元，对基本生活陷入困难的家庭及时实施临时救助。争取和安排资金7.4亿元支持教育优先方针，落实义务教育免除学杂费，保障义务教育阶段和公办高中等学校生均经费，中等职业学校、普通高中助学金政策等。拨付资金3350万元，继续对市区65周岁以上老人、残疾人免费乘坐公交车、学生乘车IC卡进行补助，对公共交通车辆更新进行补贴。争取和落实文体等事业经费1.4亿元，实施文化惠民工程，推动全国文明城市创建，支持博物馆、纪念馆等公共文化设施免费开放，促进淮扬菜文化振兴，组建2家文化银行，推动文化与创意、金融等深度融合。

【财政改革创新】 2015年，淮安市财政部门围绕加快建立现代财政制度要求，提升财政科学化、精细化管理水平。完善“四本预算”体系，建立预算稳定调节基金。加强地方政府性债务管理，出台支持平台公司健康发展意见，争取地方存量债务置换债券额度，缓解地方还本付息压力。完善财政性存款与银行业放贷规模、利率挂钩的新机制，在提高财政资金存款利息的基础上，帮助平台公司有效降低融资成本。创新重点领域投融资机制，推广政府与社会资本合作模式，筹集融资基金保障重点PPP项目建设。创新会计信息查询方式，加强会计行业监管，优化注册会计师执业环境。继续推进预算绩效管理改革，推进财政预决算信息公开，推动国库集中支付改革实现全覆盖，完善政府购买服务管理机制，探索创新项目预算投资评审。（周　珺）

国家税务

【概况】 2015年，淮安市组织国税收入186.7亿元，同比增长4.2%。全面落实各项税收优惠政策，全年为全市小微企业减免税收1.5亿元，固定资产加速折旧435.7万元，研发费用加计扣除1.2亿元。加强跨国税源管理，追缴税款3303万元，入库非居民税收1.1亿元，同比增长60.9%。全面推行法律顾问制度，6县（区）国税局分别聘请法律顾问，全市有25件事项经法律顾问参与或把关。全面执行新的重大税务案件审理办法，审结大要案19件。向全社会公布4批64条“黑名单”信息。

【纳税服务质效提升】 2015年，淮安市国税系统落实简政放权要求。取消和下放29项行政审批事项，细化6个常见、普遍发生的税务行政处罚裁量权项目。有序推进“三证合一”（工商营业执照、组织机构代码证、税务登记证合一）“一照一码”（一照指三证合一为一张营业执照，一码指营业执照上统一社会信用代码）工作，办理“一照一码”企业信息登记5152户次。落实新一轮“便民办税春风行动”，专门出台《实施方案》《任务分解表》，全部完成8类32项工作任务。出台包括20个事项的国地税合作实施方案。根据新版《纳税信用等级管理办法》，评定1105户A级企业。做好纳税服务示范点建设，确保创建工作有序推进。加大电子税务局推广力度，上线当月电子税务局申报率99.08%。

【“税易捷”服务品牌创建】 2015年，淮安市国税系统继续打造“税易捷”服务品牌，联合江苏银行淮安分行推出“税E融”产品，累计为93户企业发放贷款4280万元；将“全市通办”事项从93项扩展为146项；服务36户后备企业挂牌上市，主动发布税收风险提示；推出车购税自助办税；推出10期《政策与服务》电子月刊；开通淮安国税微信公众号；免费发放2万份《税收服务手册》；举办46期“纳税人学堂”，培训3000余人次。

【国税形象塑造】 2015年，淮安市国税局主要领导带队走进“中国·淮安”

8月7日，淮安市召开首次国地税合作联席工作会议。　黄彬　供图

直播室，开展“新税风助力小微新发展”在线访谈活动。开展青少年税法教育基地启动仪式，邀请20余名青年创业者走进国税、了解国税。以“讲好税收故事·展现青春税风”为主题，举办微电影大赛。在《淮安日报》组织4期“新常态·新税风·大家谈”报道。策划给纳税人一封信等活动，扩大国税影响力。（黄 彬）

地方税务

【概况】 2015年，淮安市组织地税收入365.6亿元，同比增长10.7%。其中，税收收入275.3亿元，同比增长11.9%，增幅居全省第六位；非税收入90.3亿元，同比增长7%。坚持区间管理稳增长。加强收入预测分析和工作调度，严格收入统筹区间把握入库秩序进度，避免收入增幅大起大落。遵循二八定律法则，突出重点税源管理，强化实体税收征管，建立实体税收入库分析台账，入库实体税收118亿元。组织开展营业税专项清理，风险推送1.3万户，对符合清算条件的7490个建筑业项目开展预清算，入库营业税及罚款、滞纳金8.37亿元。完善土地增值税清算管理，建立预警机制，完成23个清算项目，入库税费1.1亿元。完成企业所得税汇算清缴1.01万户，补缴企业所得税2.5亿元，同比增长104.03%。加强对高收入人群个人所得税管理，12万元以上自行申报1.02万人；加强个人所得税明细申报管理，申报率99.46%；强化非上市公司自然人股权转让管理，入库税收0.75亿元；对432人次外籍人员开展年度申报及离职离境清算，入库个人所得税134.07万元。

【征管改革】 2015年，淮安市按照“先在点上试、再在面上推”的思路，推进地税征管改革。采取“一县一题”方式，拿出6项改革措施在县（区）局开展试点，“全市通办”“基础税源管理按事项分类管理”“税收违法信息通告制度”三项工作在全市范围内推广。组织开展征管基础专项考评，税务登记信息录入完整率、未按期申报催报率、重点税源财务报表采集率等指标居全省前列。调整优化税源管理事项清单，组织开展欠税集中清理行动，清理欠款1.4亿元。进一步优化工作机制，全面推广《办税员制度》，试点开展随机选案机制，规范纳税人自查工作。全年推送各类风险3.54万户次，应对入库税款11.74亿元，同比增长28%。召开“风险评析会”10次，评析确认77个问题，编印《数字说风险》12期，发现风险点135个，制发《风险管理建议书》31份，提出建议78个。完善主机虚拟化系统，加强信息化基础平台建设，提高资源配置的灵活性和利用率，终端安全管理系统登记率99%、安装率98%、准入开启率92%，均处于全省前列。完成省局网上实时扣款、欠税管理模块等8个试点工作，通过QC（质量控制）平台反映大集中系统有效问题1158个，居全省第一。

【依法治税】 2015年，淮安市地税系统积极开展依法行政创建活动，市局五分局被省局命名为“法治税务示范基地”。注重发挥制度规范作用，先后制定完善《税务稽查实施项目化管理暂行办法》《税收业务档案管理实施办法》《房地产交易税收管理办法》《中等风险应对质量过程控制实施方案》《风险应对复审操作规程》等制度，组织开展规范性文件清理工作，建立健全制度体系。健全完善法律顾问制度，集中会办涉税疑难案件12起。注重发挥过程控制作用，建立风控、应对、税政、征科、内审五方联动机制，明确各部门控制职责和控制时点，建立起事前、事中、事后链条式控制体系。按照“审理变监理”的工作思路，强化集体审议过程控制，试点推行中等风险应对审理和执行适度分离模式，完善重大税务案件审理工作机制。注重发挥督察促进作用，在各类督察中发现问题420多个，督察补税571.74万元、退税121.7万元，责任追究158人次。强化稽查打击职能，全年重点检查255户，查补收入5.07亿元，千万元以上案件13件、百万元以上案件28件；开展打击发票违法犯罪活动，发现违法使用发票纳税人106户，查获非法使用发票6146份，涉案金额2.44亿元，查补税费1356万元。

【纳税服务】 2015年，淮安市地税系统建立《副科职干部联系服务企业制度》，全系统副科职以上干部每人至少联系服务一户企业。市地税局、国税局联合印发《税务行政处罚自由裁量细化标准》，做到“同事同罚、公平公正”。严格落实税收优惠政策，减免各类税费6亿多元，国家税务总局报道推介相关做法。树立征纳和谐观，在服务税户中增进和谐。制定完善办税服务业务规范和操作标准25条，顺利实施“三证合一、一照一码”登记制度，在全省率先推出“全市通办”“唯一住房查询系统”等服务举措，“POS机社保费实时入库系统”“互联网缴税（费）”两项工作被省局发文推广，“互联网+税务”工程获全市“101%服务十大品牌”，《焦点访谈》《新华日报》、省政府研究室《调查研究报告》等先后报道推介相关做法。

（市地税局办公室）

经济事务管理

宏观经济管理

【概况】 2015年，淮安市完成规模以上固定资产投资2203亿元。制订年度投资和省市重大项目投资计划，淮安中兴4G基地等17个项目列入省重大项目投资计划，淮安经济开发区污水处理厂等13个项目列入国家首批PPP项目库，加快实施222个市重大项目，全年12个省重大淮安责任项目、222个市重大项目分别完成投资145.43亿元、932.71亿元，占年度计划投资的98.73%、101.51%。加快推进重大基础设施建设，连淮扬镇、徐宿淮盐两条铁路开工建设，淮安机场二期扩建工程可行性研究报告通过民航华东局组织的评估，并出具行业意见；淮河航道整治工程、264省道、420省道、429省道等项目可行性研究报告获省发展和改革委批复。加快行政审批绿色通道建设，制定《淮安市政府核准的投资项目目录》等5项制度，编发《行政审批一本通》，举办项目审批培训班，全年审批、核准和备案固定资产投资项目1809个，总投资1738.29亿元。加大项目稽察力度,召开首次政府投资项目稽察工作推进会,制定《政府投资建设项目稽察工作细则》,建设政府投资项目稽察专家库,全年稽察项目44个,编发《稽察通报》3期。

【淮河生态经济带上升为国家战略】 3月29日,《关于促进淮河生态经济带建设的建议》得到国务院总理李克强批示,国家发展和改革委批示推进该项工作。5月26日,市政府正式行文《关于恳请省政府支持将淮河生态经济带上升为国家发展战略的请示》,时任省长李学勇、省发展和改革委主任陈震宁等领导分别作出批示,支持淮河生态经济带战略上升为国家战略。至年底,淮河生态经济带战略写入国家和省"十三五"规划纲要。作为规划实施的前置条件,淮河入海水道二期同步实施二级航道工程获交通部同意。

【发展规划编制】 2015年,淮安市获批国家"多规合一"试点市。编制市"十三五"规划,成立专家咨询委员会、顾问组,开展"十三五"规划社会征集,召开专家评审会、顾问组会议和党代表、人大代表、政协委员、网友建言座谈会,开设《淮水安澜》专栏、微信公众号和代表委员直通车,举办"十三五"规划编制工作培训班。完成基本思路和16个前期课题研究,完成市委"十三五"建议,指导编制24项专项规划。制定《淮安市对接"一带一路"战略"十三五"期间向上争取事项任务分解表》,编制推进6大类64项向上争取事项,建立落实向上争取月通报制度,推动融入江苏沿海开发战略、建设宁淮铁路等50多个项目得到上级支持、列入相关规划。

【服务业产业发展】 2015年,淮安市召开全市服务业发展工作会议,确立涵盖物流、金融、旅游、商贸四大基础服务业和电子商务、健康养生、文化创意三大新兴服务业的"4+3"特色服务业产业体系,制定特色产业实施意见和年度工作方案,组织编制各特色产业规划和实施意见。编排实施202个5000万元以上"4+3"服务业特色产业项目,总投资1902亿元,年度计划投资489亿元,实际完成投资504亿元。29家省、市服务业集聚区完成营业收入254亿元,实现利润14.5亿元,入驻企业超过1.3万家。举办杭州"4+3"服务业特色产业招商、台湾服务业经贸考察、浙江大学现代服务业培训等活动。全年实现服务业增加值1261亿元,同比增长11.3%,实现三产首超二产的历史性转变。召开"互联网+"工作会议,制定"互联网+"实施意见和20个分项行动计划。

【经济体制改革】 2015年,淮安市深化涵盖政府行政管理体制、土地使用制度、金融体制、新型城镇化四项改革和现代市场、现代农业经营、基本公共服务三大体系的"4+3"政府改革体系。制定实施《2015年淮安市重点领域改革工作意见》《重点领域改革工作任务分解表》《贯彻落实全面深化经济体制改革若干意见分工方案》和《健全完善市场体系若干意见》,组织实施出台改革方案,推动重点改革任务落地。在全省率先组织编制《淮安市行业协会(商会)发展规划》,并通过专家组评审。完成《"十三五"期间淮安市全面深化改革动力机制研究》《"十三五"期间淮安市行政区划调整和区域一体化发展研究》课题。

【区域合作】 2015年,淮安市积极融入开放大局,制定参与建设"一带一路"、沿东陇海线经济带等实施意见,组织参加长江流域园区与产业合作对接会、第2届西部优秀企业家江苏行、苏北发展协调小组第10次会议、长三角协调会第15次市长联席会议等活动。深化宁淮合作,签订落实年度挂钩合作协议和商务合作、港口合作协议,推动成立宁淮现代服务业投资发展有限公司,两市互派挂职干部37名,3家宁淮共建园区获评省先进,推进南三县与南京江北新区融合发展,推动宁淮现代服务业集聚区和盱眙宁淮新兴产业科技园建设。全面完成援疆援藏工作,召开新疆生产建设兵团七师投资说明会和团县(区)融合对接会,达成意向投资项目3个,签订落实团县融合合作框架协议、备忘录,七师11个团场全部选派援疆干部,援疆工作走在全疆、全省前列。军民融合发展不断深化,编制《军民融合"十三五"规划》,获省首批军民融合发展引导资金501万元,创建2家省级经济动员中心。强化校地合作,加大引智力度,联合淮阴师范学院、淮阴工学院分别成立淮安发展研究院(淮安县域经济发展研究中心)、苏北发展研究院。

【新型城镇化建设】 2015年,淮安市在全国率先编制"多规合一"工作指南,加快推进省级新型城镇化和城乡发展一体化综合配套改革试点。先后出台《加快推进新型城镇化的若干意见》《新型城镇化与城乡发展一体化规划》《新型城镇化与城乡发展一体化工作方案》《2015年新型城镇化工作考核办法》等一系列政策文件,督促市直有关部门制定新型城镇化实施细则。召开2次协调小组会议,按月组织重点中心镇新型城镇化建设观摩,举办新型城镇化建设培训班、新型城镇化改革试点培训班。实施江苏省国家新型城镇化综合试点,成功争取涟水、洪泽、金湖三县和盱眙县马坝镇列入国家新型城镇化综合试点县(镇),涟水县高沟镇打造全市新型城镇化先行示范区,推进淮阴区"一区五园"(淮安高新技术产业开发区和渔沟、徐溜、三凌、张棉、南陈集5个特色园区)产城融合发展。

【生态文明建设】 2015年,《淮安市国家生态文明先行示范区建设实施方案》获省发展和改革委等六部门批复,开展"十三五"生态文明建设研究,试行生态文明统计报表制度,探索建立生态补偿机制。完成国家低碳城市试点任务,牵头召开全市低碳城市创建领导小组工作会议、80家重点企业节能降碳方案编制工作会议,签订落实年度低碳城市创建暨生态文明先行示范区建设责任状。深化与台湾电电公会、深圳碳交所合作,与台湾电电公会合作开展碳足迹项目研究,完成温室气体排放报告,开展全市低碳主题征文、演讲活动。加快推进国家、省园区循环化改造试点,达到创建国家新能源示范城市相关指标要求。至年底，单位地区生产总值二氧化碳排放比“十一五”末下降23%。

【公共服务提升】 2015年，淮安市制定《“十三五”公共服务体系规划》，实施《“十二五”农村安全饮水规划》，推进县级农村饮水安全水质检测中心项目建设。编制完成《信息惠民国家试点城市实施方案》，制定《物流业及物流园区发展规划》《加快现代物流业发展的意见》，市污水处理及再生利用设施建设工程借用德国促进贷款项目进口设备免税确认书获省发展和改革委批复。省水利基本建设等44个项目累计向上争取各类无偿资金10亿元。国信盐化工园区燃机热电联产等17个项目获国家或省发展改革委批复，总投资227.6亿元。举办企业债券业务培训班，市城市资产公司12亿元企业债券获国家发展和改革委批复并成功发行。新增光伏项目建设指标120兆瓦，亚洲新能源金湖县风电场等4个内陆低风速发电项目纳入国家能源局“十二五”第五批风电核准计划。向上争取、投入150余万元，支持扶贫点水利基础设施和标准化厂房建设。 （朱荣荣）

工商行政管理

【商事制度改革】 2015年，淮安市相继出台《关于充分发挥工商职能作用支持“全民创业、淮商崛起”的意见》和《关于充分发挥工商职能推进大众创业万众创新的意见》，全面落实工商总局先照后证制度改革为全市创业创新注入动力。至年底，全市市场主体总数首次突破30万，达到305496户，其中私营企业数、个体工商户数分别是2010年的2倍和1.4倍，累计引导820余户个体工商户实现转企升级。

【服务双创工作】 2015年10月1日开始，在“三证合一”的基础上，淮安市顺利实施“一照一码”登记改革，年内累计发放“一照一码”营业执照8000余份。全面实行网上自助登记，提高网上登记占比率。前三季度全市外资企业平均网上登记占比率为95.45%，位列全省前三甲。围绕中小企业融资难、融资贵问题，市、县（区）两级工商行政管理局通过股权出质、动产抵押、银企对接等方式帮助企业融资153.2亿元。

【品牌经济发展】 9~10月，淮安市相继举办“中国淮安·首届江淮广告节”，承办“全省（首届）地理标志商标产品及优质农产品展示暨地理标志商标发展论坛”，国家工商总局领导出席论坛并发表讲话。支持清河区争创省级广告产业园区，连续获得省级财政扶持资金380万元。商标战略持续推进，商标数量实现大发展，特别是开创地理标志证明商标发展的“淮安样板”，得到省工商局肯定。年内，淮安市公示12家省级“重合同守信用”企业，命名5家“平安市场创建示范点”，对全市29家农贸市场进行升级改造，指导3家单位获“省文明诚信市场”称号，引进2个超亿元项目，帮助江苏吉新电力有限公司三吉利光伏发电项目实现超前增效达产。

【主体信用监管】 2015年，淮安市工商部门夯实信用基础，动员指导市场主体年报公示信用信息，达到省工商局预定目标，2013、2014年度市场主体年报率分别为83.3%和79.8%。先后组织开展年报公示信息、企业出资信息、即时公示信息以及广告、农资等专项抽查。累计抽查市场主体5000余户，将4.1万户（次）企业和农民专业合作社列入经营异常名录、4.2万户（次）个体工商户列入经营异常标记，将5户严重违法企业列入黑名单管理、2440名自然人列入法定代表人黑名单管理，依法受理申请移出经营异常名录企业、异常标记个体工商户7046户（次）。12月19日，在全省率先上线直销企业信用服务平台。

【市场监管机制创新】 2015年，淮安市出台《关于构建市场综合监管体系的实施意见》，制定《维护市场公平秩序加强事中事后监管暂行办法》，形成重点检查、专项检查和在线抽查相结合的监管机制。12月中旬，市审改办、市工商部门协同制定部门联动监管机制，研究市场主体证照联动监管平台建设方案。

【重大案件查办】 2015年，淮安市立案侦查经济违法犯罪案件487起，破案291起，抓获犯罪嫌疑人767名，打击处理533人，涉案总损失3亿元，挽回经济损失1.8亿元。年内，淮安市集中开展规范汽车和医疗行业经营行为两个专项行动，组织查办一批大要案件。

【“12315”品牌效应】 2015年，淮安市将“12315”消费维权热线与“12345”市长热线互联互通，提高消费维权的办结率和满意率。全年受理消费维权咨询、投诉和举报14303件，为消费者挽回经济损失702.3万元。扩大消费维权覆盖面，全年基

5月29日，副市长唐道伦颁发全市第一张外资三证合一营业执照。
市工商局　供图

层消费维权站点处结和解消费纠纷5500余件。开展"全市消费维权服务示范站点"创建活动,9户达到创建标准,10户保持荣誉。先后3次组织实施全市流通领域商品质量抽检,涉及37类商品,共计1392个批次,牵头组织开展住宅装饰装修行业和服装鞋帽、电子电器、儿童用品、成品油四类商品质量专项整治。12月23~24日,省放心消费督查评估组实地调查,对淮安市放心消费创建"百千万"工程推进落实与目标完成情况给予肯定。

【城区工商工作职能交接】 2015年,淮安市按要求进行城区工商工作职能交接。根据《淮安市人民政府职能转变和机构改革的实施意见》文件精神,撤销江苏省淮安工商行政管理局直属分局,其原工作职责、市场主体移交清河区、清浦区所属的市场监督管理局和市工商局开发区分局。移交的监管服务对象包括市直专业市场、部分商场(超市)以及生猪屠宰、医药购销行业、运输行业个体工商户,分布在清河区、清浦区和开发区,有专业市场(商场、超市)36个,企业300余户,个体工商户5945户。

【清河区市场监督管理局成立】 5月9日,清河区市场监督管理局正式成立。该局整合原行政审批业务,在全市率先实现机构实质性整合到位。清河区原工商12315、原质监12365、原食药12331举报监管平台统一整合,成立市场监督管理局投诉举报中心。在区审批中心统一以市场监督管理局窗口名义对外办理业务,实现一个窗口受理、一个窗口发证。

(淮安市工商局)

国有资产监督管理

【概况】 2015年,淮安市国有企业平稳较快发展,实现国有资产保值增值。全市82户国有企业资产总额2792.4亿元、净资产1360亿元,同比分别增长27%、23%;实现营业收入81.98亿元;实现利税总额2.55亿元。市属监管19户企业资产总额1909.59亿元、净资产1002.62亿元,同比分别增长38%、27%;累计实现营业收入34.54亿元;实现利税2.68亿元。

【国企改革】 2015年,淮安市围绕"向实体化转型、推进混合所有制经济、建立健全现代企业制度、完善企业内部管控体系建设及人员能进能出、职务能上能下、收入能高能低的'三能'建设"等内容进行改革试点。市国有联合投资发展集团有限公司、市交通控股有限公司、市水利资产经营有限公司等企业开展混合所有制6个项目试点;市交通控股有限公司、市银信投资担保有限公司等企业开展"三能"建设试点;市国有联合投资发展集团有限公司、市工业发展投资控股集团有限公司、市水利资产经营有限公司、市热电公司等企业开展完善内部管控体系建设试点,建立、修订完善内部各项管理制度119个;市水利资产经营有限公司、市工贸资产管理有限公司等企业开展实体化转型试点;市热电公司开展内部资源整合试点;江苏冲浪科技有限公司在上海Q版挂牌上市,是全市首家挂牌上市的软件企业。调研并起草《关于规范市属企业出资人制度完善监管体制的意见》,提出规范市属国有企业出资人制度,依法履行企业出资人职责,建立与现代企业制度相适应的法人治理结构,形成权责明确、管理科学的企业国有资产管理体系,推动国资监管法律法规有效实施。12月31日,该《意见》由市政府印发实施。年内,淮安市组建成立市属企业监事会服务中心。该中心为市国资委所属事业单位(正科级);核定编制4名,经费纳入市财政预算;核定领导职数,主任1名,副主任1名。印发实施《市属国有企业公有房屋出租管理办法(试行)》,规范市属国有企业公有房屋出租行为,提高国有资产使用效益,保障公有房屋出租工作公开透明,防止国有资产流失,维护国有资产安全、保值和增值。

【市属企业资源整合】 2015年,淮安市帮助市属国有企业增加注册资金263.71亿元。将市内流域性河道附属资产及土地,划转并注入市水利资产经营有限公司,增加其注册资金,公司注册资金达343.6亿元,净资产超过500亿元。用主城区道路、街头树木、绿化景观等资产增加市国有联合投资发展集团有限公司注册资产142.81亿元,增资后该集团注册资本金248.9亿元;该集团用于该资产增加市城市资产公司注册资本142.81亿元,市城市资产公司注册资本达到248.5亿元。通过工业园区国有土地经营收益、增加资本投入等方式,增加市中盛投资发展有限公司净资产15.3亿元,公司资产达到近70亿元。白马湖新区部分土地开发权等资产经评估达112.73亿元,增加白马湖投资发展公司所有者权益,改善资产结构,增强融资能力,该公司注册资金突破145亿元。

【支持中心城市建设】 2015年,淮安金融中心项目建设全面展开,中央商务区东地块完成前期施工准备工作,风情街地块完成拆迁并具备挂牌条件;国联商务中心(苏北人才发展平台)稳步推进;新星幼儿园代建工程具备交付条件。里运河文化长廊建设中的中洲岛景观提升、长虹桥、慢行系统工程获市领导肯定。淮安大剧院建成待交付使用;广播电视调频发射塔建设进入扫尾阶段。

【合作交流】 2015年,淮安市工业发展投资控股集团有限公司与中兴通讯股份有限公司共同出资组建中兴(淮安)智慧产业有限公司,占总股份的49%。淮安市热电公司与省国信集团合作,在淮安盐化工园区建设2×400兆瓦大型燃机热电联产项目。白马湖投资发展公司采用PPP模式,与江苏东珠景观股份有限公司、苏州枫彩集团等上市公司合作,推进湖区重点项目建设投资3.25亿元和3.36亿元。

10月24日,由国务院国资委新闻中心和中国国资国企产业创新战略联盟共同主办、淮安市国资委承办的"深化国有企业改革与创新发展研讨会"在淮安市开幕。全国人大财经委、国务院国资委、中国国资国企产业创新战略联盟,以及深圳、广州、合肥、南京、乌鲁木齐、长沙、贵阳、西安、哈尔滨、海口、长春等城市国资委及监管企业代表150余人出席会议。会议针对城市国资委宣传、贯彻和学习党中央、国务院《关于深化国有企业改革的指导意见》的精神和内容,结合新常态下深化国有企业改革与创新发展的方向、举措和路径选择进行政策性、务实性的交流和探讨,促进各城市国资委之间的联系互动和学习交流,为进一步深化和推进城市国有企业改革凝聚共识、献计献策。淮安市国资委创新提出发展混合所有制经济的六种模式,在会上交流,得到肯定。 (王亚飞)

价格管理

【概况】 2015年,淮安市居民价格消费指数(CPI)同比上涨1.5%,比全省平均水平低0.2个百分点,完成调控预期目标。继续实施价格调控目标责任制。出台《关于淮安市2015年价格调控目标责任制的实施意见》,明确各县(区)和17个市直部门的职责任务。开展价格认定工作,全年办理公安机关委托的刑事案件涉案财产价格鉴证案件86件,办理涉纪财物价格认定案件4件。加强价格行政调解,市物价局联合市综治办下发《关于进一步做好价格争议调解处理工作的通知》,联合市法律援办公室出台《关于建立淮安市价格争议调处与法律援助工作联动机制的规定》,在全省率先建立价格争议调处与法律援助工作联动机制。

【重点领域价格改革】 2015年,淮安市积极推进资源性产品价格改革。在依法履行成本监审、成本公开、价格听证、集体审议等程序基础上,先后制定出台主城区居民生活阶梯水价和阶梯气价。完成城市公立医院医药价格综合改革,成立改革领导小组,制定工作方案,经市政府常务会专题研究审议通过后,于全省统一规定的10月31日正式施行。推进环境价格改革,制定出台《淮安市建筑工地扬尘排污费征收管理实施办法》和《淮安市排污权有偿使用和交易暂行办法》。

【民生价费管理】 2015年,淮安市加强平价商店管理考核,强化监督考核,构建平价商店长效管理机制。强化价格监测预警和价格公示,及时上

表51 2015年淮安市市区居民消费价格指数表

(以上年为100)

消费类型	2015年	消费类型	2015年
居民消费价格总指数	101.5	(2)家庭设备	104.3
一、食品	101.0	2.室内装饰品	101.5
1.粮食	104.0	3.床上用品	98.5
2.淀粉及制品	103.4	4.家庭日用杂品	101.4
3.干豆类及豆制品	99.0	5.家庭服务及加工维修服务	106.6
4.油脂	95.0	五、医疗保健和个人用品	102.6
5.肉禽及其制品	102.4	1.医疗保健	101.2
(1)食用畜肉及副产品	101.0	(1)医疗器具及用品	100.9
(2)禽	109.1	(2)中药材及中成药	98.0
(3)加工肉禽	102.8	(3)西药	97.8
6.蛋	93.5	(4)保健器具及用品	100.1
7.水产品	100.0	(5)医疗保健服务	106.3
(1)鱼	97.3	2.个人用品及服务	104.6
(2)其他水产品	104.1	(1)化妆美容用品	99.3
8.菜	103.5	(2)清洁类化妆品	101.9
9.调味品	103.6	(3)个人饰品	96.7
10.糖	100.6	(4)个人服务	110.8
11.茶及饮料	99.9	六、交通和通信	99.6
(1)茶叶	100.8	1.交通	99.1
(2)饮料	99.6	(1)交通工具	100.7
12.干鲜瓜果	96.9	(2)车用燃料及零配件	84.4
13.糕点饼干面包	103.3	(3)车辆使用及维修费	108.3
14.液体乳及乳制品	100.6	(4)市区公共交通费	100.8
15.在外用膳食品	99.6	(5)城市间交通费	99.4
16.其他食品	100.5	2.通信	100.6
二、烟酒	101.7	(1)通信工具	103.8
1.烟草	103.5	(2)通信服务	100.0
2.酒	100.2	七、娱乐教育文化用品及服务	102.7
三、衣着	103.7	1.文娱用耐用消费品及服务	101.6
1.服装	103.4	2.教育	104.3
(1)男式服装	103.9	(1)教材及参考书	99.9
(2)女式服装	102.8	(2)教育服务	104.4
(3)儿童服装	105.1	3.文化娱乐类	107.5
2.衣着材料	100.7	(1)文化娱乐用品	100.7
3.鞋袜帽	104.4	(2)书报杂志	104.0
(1)鞋	105.0	(3)文娱费	112.0
(2)袜子	102.6	4.旅游	93.4
(3)帽子	96.0	八、居住	100.8
4.衣着加工服务费	106.8	1.建房及装修材料	103.0
四、家庭设备用品及维修服务	102.8	2.住房租金	103.3
1.耐用消费品	103.5	3.自有住房	100.7
(1)家具	100.6	4.水、电、燃料	97.1

报成品粮零售、城市居民食品等8大类1200个品种的价格数据，做好民生价格公示。制定出台现代有轨电车票价，实行全程2元一票制。完成主城区出租汽车运价调整，制定出台主城区物业服务收费政策和院前急救收费标准，调整全市基层医疗卫生机构一般诊疗费标准。规范成本调查和成本监审。完成国家和省、市部署的18个农产品常规成本调查，开展6项调查监审工作，核减成本1113.7万元。

【清理行政事业性收费】 2015年，淮安市取消、暂停和降低各类行政事业性收费65项，减轻社会负担9800余万元。建立健全收费目录体系，实现"清单之外无收费"。积极争取和落实优惠价费政策，为淮安有轨电车争取到继续执行运营电价单一制，年减少企业成本1200余万元。及时启动天然气和蒸汽价格调整程序，年减轻企业负担7500余万元。

【市场价格监督检查】 2015年，淮安市物价部门先后组织开展医药卫生、教育收费、涉企收费、环保电价、进出口环节收费、旅游景区景点门票价格、房地产明码标价等7个专项大检查，查处各类价格(收费)违法案件95起，查出违法金额1亿多元。制定出台《淮安市价格信用建设管理办法(试行)》，打造"淮安价格诚信"新品牌，价格诚信体系建设全省领先。淮阴区西马路(商务区)、洪泽县美食城(街区)、淮安万达广场(商务区)获"江苏省价格诚信街区"称号，数量居全省第一。淮安经济技术开发区被命名为"江苏省价格诚信区"，为全省四家获此称号的单位之一。全年"12358"价格举报中心接受咨询、举报3913件，受理价格咨询、投诉、举报610件，办理12345、阳光纪检、民生通道等百姓投诉、举报180余条，办结率100%。 (殷露洋)

安全生产监督管理

【概述】 2015年，淮安市安全生产继续保持总体稳定好转的态势，安全生产事故起数和死亡人数"双下降"。全年共发生各类生产经营性事故198起，死亡人数135人，同比分别下降1%和2.88%；亿元地区生产总值生产安全事故死亡率0.1%，同比下降8.26%；工矿商贸就业人员10万人生产安全事故死亡率为0.267%，同比下降19.82%；特种设备万台死亡率0.286%；全年全市未发生重特大安全生产事故。全年(含系统自查自报)共排查事故隐患32276个，整治30810个，整治率95.5%；累计完成职业危害因素网上申报企业4102户，其中新增申报812户，排查职业危害隐患2300余项，参加职业体检人数71662人，同比增加15321人。淮安市连续16年实现"双下降"，连续7年没有发生重特大事故，连续7年获全省安全生产工作优秀等次。

【安全生产责任落实】 3月6日，淮安市政府与各县(区)政府、开发区管委会以及36个部门、14家重点企业签订2015年度安全生产目标管理责任书，分解落实控制指标，形成一级抓一级、一级对一级负责的安全责任管理体系。根据《中共淮安市委、淮安市人民政府关于贯彻〈江苏省安全生产党政同责、一岗双责暂行规定〉的意见》，建立"会议、检查、培训、激励和责任追究"五项制度，以制度保障"党政同责、一岗双责""分级负责、属地为主"和"管行业、管业务、管生产经营必须管安全"责任制落到实处。先后下发《关于下达2015年全市安全生产控制指标的通知》和《关于明确2015年服务科学跨越发展工作任务的通知》，对省控指标和市委、市政府布置任务，进行详细分解，并采取分段督查、整体推进的方式跟踪指导，每半年考核一次。

【安全生产宣传教育】 2015年，淮安市加强安全生产教育培训，将安全生产法律法规列入安全培训的重要内容，培训三项岗位人员1.32万人。市安委办与市委组织部联合举办《淮安市领导干部安全生产培训班》，各县(区)分管安全的县(区)长、安监局局长及市安委会成员单位分管安全负责人等80余人参加国家安监总局宣教中心的培训，增强领导干部安全意识和安全管理能力。印发《致全市企业主要负责人一封信》1万余份，并通过电台、广播、网络平台等宣传载体，进行集中宣传，提高法律法规的知晓率、覆盖率、执行率。在《淮安日报》上打造"安全政策宣传之窗"和"安全文化展示之窗"，传播安全法律知识、弘扬安全生产文化。6月，重点开展安全生产宣传咨询、展板巡展、文艺演出、应急演练等一系列安全生产月活动；编印《夏季安全生产工作手册》，持续提高全社会安全生产意识和事故防范能力。

【重点行业领域安全监管】 2015年，淮安市突出对危化品和易燃易爆等高危行业、重点领域、重点部位，不定期组织开展拉网式排查，对存在问题进行彻底整治。专项整治期间，检查企业180余家(次)。其中，在石化企业专项整治中，共查出隐患574起，完成整改548起，完成率95.5%；危化企业罐区专项整治共查出隐患522起，完成整改516起，完成率98.9%；"六打六治"、打非治违活动中，责令停产停业14家，责令关闭3家。对照烟花爆竹批发企业"六严禁"和零售点"两关闭""三严禁"要求，排查烟花爆竹零售点2783家，属于"两关闭"范畴零售点2133家，撤销零售许可证1872家。围绕非煤矿山、油气输送管道等行业领域开展专项整治，取得较好成效。

【打非治违专项行动】 2015年天津"8·12"事故后，根据国务院和省、市统一部署，淮安市及时成立组织、印发方案、查打结合，重在治理，排查各类隐患6609起，治理纠正违规违章行为1829起，对排查出的一般隐患汇总建表，重大隐患一患一档，对全市挂牌督办的15处重大隐患跟踪督办。

【监管方式创新】 2015年，淮安市加强安全生产信息化建设步伐，完善综合主指挥中心模块功能，启动县(区)平台建设及联网工作，实现安全生产监管的信息化、智能化。开展"啄木鸟"执法检查行动，获市创新创优项目二等奖。盐城、连云港等市先后到淮安市学习交流创新做法。(赵 伟)

食品药品监督管理

【食品药品监督管理机构改革】 2015年，经过职能调整，淮安市食品药品监督管理部门全面履行食品、药品、医疗器械、保健食品及化妆品的全链条、全过程的安全监管职能。通过机构整合，县（区）实行工商、质监、药监“三合一”模式组建市场监督管理局，并加挂食品药品监管局牌子。按照经济区域，全市重新组建45个市场监管分局，同时加挂食品药品监管分局牌子。同时，推动机构设置、干部任职、事权划分、执法文书等“四个规范”建设，确保食品药品法律法规统一行使。10月，淮安市代表江苏省接受国务院食品安全委员会办公室和国家食药监管总局的联合督查，受到充分肯定。

【“三型食药监”建设】 2015年，淮安市食品药品监督管理系统累计征集“以信息化手段引领社会共治”等意见建议140条。深入调研、集思广益，逐步明晰建设法治型、服务型、透明型“三型食药监”的新常态、新体制下的工作新思路。建设“法治型食药监”，把依法行政的理念、要求和责任贯穿到履行食品药品监管职能的全过程，覆盖到食品药品监管的每个环节、每个岗位和每个人，做到严格规范公正文明执法。建设“服务型食药监”，把食品药品监管工作放到经济社会发展的全局中去思考、谋划和定位，正确处理全局与局部、执法与保护、监管与指导的关系，做到寓监管于服务之中，实现监管与服务的有机统一。建设“透明型食药监”，把信息公开作为防范食品安全风险最重要手段。年内，围绕“三型食药监”建设，开展“透明安全餐饮”“透明放心菜市场”等19个课题调研，全部按期结题，并形成一批理论成果。“三型食药监”工作思路得到国家食品药品监管总局和省食品药品监管局的认可。

【食药监管模式创新】 2015年，淮安市引入社会共治理念，结合国家“互联网+行动计划”和江苏“智慧城市”建设要求，创新打造“透明安全餐饮”“透明放心菜市场”等新模式，探索一条具有时代特点、行业特征、淮安特色的食品安全透明共治新路径。“透明安全餐饮”在“2015中国小康论坛”上作重点介绍，在全国第四期地市级食药监局长培训班上作专题交流。“透明放心菜市场”被市政府列入“2016年服务民生十件实事”之一，国家食品药品监管总局调研组专题到淮安调研并给予肯定。《小康》杂志进行深度报道，引发专家学者和全国同行热烈反响。“构建透明餐饮，让饮食安全看得见”获“2015中国十大社会治理创新”奖，并被列为“2015江苏省优秀改革案例”。

【依法行政】 2015年，淮安市食药监系统坚持把依法行政要求贯穿到履行监管职能的全过程。创新新法普及，组织全系统食药监干部《中华人民共和国食品安全法》知识考试，推动全市食品行业从业人员《中华人民共和国食品安全法》知识测试；在市电视台举办两场电视大奖赛。推行全程电子记录制度，规范执法服务行为；开展集中执法行动，增强执法效果。全系统立案查处各类食品药品违法案件550件，移交公安机关32件，7件大要案件被国家食品药品监管总局、公安部和省食品药品监管局列为挂牌督办案件，累计涉案金额1.4亿元，抓获涉案人员73人，网上追逃20余人，受到省“双打”（打击侵犯知识产权、打击假冒伪劣产品）领导小组肯定。加强日常监管，全市16家药品生产企业通过认证，取得26张新版GMP（生产质量管理规范）证书，通过率100%；23家药品批发企业、21家零售连锁企业、628家单体零售药店完成GSP（药品经营质量管理规范）认证检查；32家企业被纳入食品生产电子溯源系统。指导江苏神华药业有限公司成为全省“首批质量授权人”企业。全市持证餐饮单位量化等级公示率100%，位列全省前列。加大重大活动食品安全保障力度，累计保障79次156万人次，没有发生一起事故。

【药品不良反应监测】 2015年，淮安市上报ADR报告（药品不良反应/事件报告）4953份，每百万人口报告数991份，其中新的、严重的报告1974份，占报告总数39.85%；严重报告117份，占报告总数的2.36%；在线呈报单位354家。上报医疗器械可疑不良事件2105份，每百万人口报告数421份，其中严重报告占报告总数的10.4%。提交药物滥用调查表253份。在7月份召开的全省药品不良反应监测中心主任培训会议上，淮安市食品药品监督管理所以《打基础调结构提效能，不断开创药品不良反应监测工作新局面》为题进行交流发言，获得省局领导和与会同仁的一致好评。在2015年度不良反应业务测评中，淮安市食品药品监督管理所连续第四年位居全省第一。

【食药检测能力建设】 2015年，淮安市食品药品监督管理所通过实验室资质认定扩项现场评审，增加179个产品、587个参数认定资质，其中食品、食品添加剂2大类20小类179个产品，药品2个，化妆品23个，保健食品35个，洁净区性能1个，保健食品中非法添加药物成分10个，食品通用参数510个，餐（饮）具6个。至年底，市食品药品监督管理所有179个产品，847个参数通过资质认定，覆盖食品、药品、保健食品、化妆品和洁净区性能等多个领域，名列苏北第一，进入全省地级市前列。

【服务食药产业发展】 2015年，淮安市食品药品监督管理部门先后协助天士力帝益药业有限公司设立省外车间，帮助其主打产品“替莫唑胺胶囊”，化解停产危机。“替莫唑胺胶囊”实现年销售额5亿元。协助江苏仁寿药业有限公司收购陕西兆兴制药有限公司，推动其成为全省首个注册现场核查和GMP认证现场检查“二合一”的企业。仁寿药业实现年销售额4亿元，比上年翻番。指导“涟水鸡糕”成功获批省食品安全地方标准立项项目，实现该项目上淮安市“零突破”。

【食品药品安全治理体系建设】 2015年，淮安市在全省率先构建以信息化、检验检测技术、制度机制、干部队伍和社会共治为支撑的食品药品安全治理体系。

构建集行政许可、日常监管、投

诉受理办理、安全指数管理等各项功能于一体的信息化系统。构建检验检测技术支撑体系，新的食品药品实验室位于市科教产业园区，面积超过1万平方米；至年底，完成装修设计招标。开展“查毒素雷霆行动”，累计抽检食品1690批次，查出不合格样品57批次。探索建立“吹哨人”（知情人爆料）、有奖举报、“黑名单”、公众互动评价等一系列制度。开展“核心价值观”大讨论活动，提炼形成“三强四有”（正义感强、责任心强、执行力强，有品行、有激情、有本事、有贡献）淮安食药监系统核心价值观。联合浙江大学，举办两期“三强四有”干部能力提升班。坚持“社会认可、群众满意”，首次组织中层干部面向市党代表、人大代表、政协委员和服务对象公开述职活动；突出“牢记使命、忠诚履职”，在全国食药监系统率先开展面向《中华人民共和国宪法》和“两法”宣誓活动。构建社会共治支撑体系，初步形成“党委政府主导，市场主体主力，食药监部门主抓，社会各界互动”的社会共治新格局。7月，淮安市8个县（区）和淮安经济技术开发区全部向省食品安全委员会递交食品安全城市创建申请，成为全省三个所有县（区）全部申报创建省级食品安全城市的地级市之一。（*颜士荣*）

4月16日，国家质检总局动植司物种资源处处长楼军文为盱眙县出口宠物食品质量安全示范区授牌。 淮安出入境检验检疫局 供图

质量技术监督

【概况】 2015年，淮安市深入推进质量强市，实施品牌战略、强化技术标准、严控质量安全。弘扬质量文化和培育全民质量意识，开展“提质增效月”主题活动，推选10名质量工作标兵，表彰9项质量管理“金点子”，评出一批优秀质量文化作品。完成市长质量奖和淮安市质量奖评审工作，江苏神华药业有限公司、淮安清江石油化工有限公司获批市长质量奖。加大对质量奖、名牌产品、标准化工作的政府奖励，全年落实奖补资金269万元。强化特种设备安全监管，全年未发生重特大特种设备安全事故。

【品牌战略】 2015年，淮安市开展名牌评价工作，36家企业37个产品（服务）获年度“淮安名牌产品”称号，推荐59个产品参与江苏名牌产品角逐。至年底，淮安名牌产品达314个，江苏名牌突破100个，分别为“十一五”末的1.62倍、1.75倍。成立质量信用工作协调小组，457家企业进入质量信用数据库，3家企业获评AAA认定，12家企业获评AA认定。1810家企业通过体系认证，24家实验室通过监督评审。开展公众服务质量满意度测评，全社会质量信用不断增强。

【标准化建设】 8月5日，淮安市政府召开全市标准化工作推进会，出台《关于进一步加强标准化工作的意见》等文件。江苏井神盐化股份有限公司成为全市首家国家级循环经济标准化试点单位，江苏康乃馨织造有限公司获标准化良好行为企业最高等级AAAA级确认，金湖县芡实产业通过省级标准化示范区验收，“单体回收循环经济标准化试点”等16个项目获省、市立项。

【特种设备安全监管】 2015年，淮安市组织开展6次较大规模的特种设备安全大检查。开展电梯安全大会战，启动全市电梯安全责任保险工作，筹建电梯应急处置中心，更新13支特种设备应急救援队伍基本信息和装备配备，将全市划分为37个电梯应急救援网格。全年未发生因安全监察责任引发的特种设备事故。

【惠企利民】 2015年，淮安市质监系统帮扶全民创业、万众创新。举办各类免费培训班9个，培训企业管理和技术人员1300余人次，200人成为企业首席质量官，解决各类质量问题320个。免费检定（校准）乡镇医疗卫生机构医疗计量器具9691台件、集贸市场衡器12511台件，免费检定、维修家用血压计1200余台次，推动6个居民小区轮换水表9700只。推动农贸市场计量器具“四统一”（统一配置、统一管理、统一检定、统一轮换）长效监管。为120户居民家装室内空气甲醛含量免费检测。保障“三证合一”“一照一码”改革工作，配合发放“三证合一”证书170张、“一照一码”证书395张。

【执法行动】 2015年，淮安市相继开展农资、消费品、车用发动机和车用燃油等“质检利剑”和“双打”专项行动8次。出动执法人员3029人次，检查企业844家，立案查处案件140起，查获涉案产品货值581.76万元，查办大要案件13起，移送公安机关案件3起，捣毁窝点2个，销毁假冒伪劣商品1800余箱（件）。

【质监机构改革】 2015年，淮安市质监系统进行机构调整，撤销城区分局，人员稳妥分流至清河、清浦两区；获批组建淮安经济技术开发区质量技术监督分局、淮安工业园区质量技术监督分局，实现质监工作机构在全市全覆盖。食品生产监管职能顺利划转，机关人员编制精简，职位安置一次到位。按照稽查执法力量向基层倾斜要求，从稽查支队调剂编制、人员组建园区特种设备安全监管中心。

【质监技术机构建设】 2015年，设在盱眙县的省凹土材料产品检测技术重点实验室获批授牌。国家盐化工质检中心通过国家实验室认可复评和扩项，市质检所、市计量所、市纤检所相继通过资质认定。质监技术机构科研水平取得新成绩，新立项公共服务平台1个，新获国家专利7项，参与评审国家（行业）标准18项，新立项国家科研项目1项，总数16项。市纤检所赴新疆完成棉花监管库棉花公证检验11.2万吨。 （市质监局办公室）

审　计

【概况】 2015年，淮安市审计系统完成审计项目1353个，查出主要问题金额144.94亿元，其中违规金额6186万元、损失浪费金额13万元、管理不规范金额144.3亿元；查出损益（收支）不实金额48.59亿元；审计处理处罚金额9.79亿元，其中应上缴财政6832万元、应减少财政拨款或补贴5.57亿元、应归还原渠道资金1.59亿元、应调账处理金额1.94亿元；审计发现非金额计量问题1115个；审计促进整改落实有关问题资金8.42亿元，其中增收节支8.35亿元、已调账处理金额682万元；审计促进拨付资金到位4432万元；审计后挽回（避免）损失5.14亿元。移送司法机关、纪检监察机关和有关部门处理事项31件。出具审计报告和专项审计调查报告1324篇，被批示、采用93篇。提出审计建议3100条，提交审计信息1879篇，被批示、采用815篇。向社会公告审计结果95篇。全面推进"一平台两中心建设"，确定淮安市审计信息化建设路线图。通过政府采购等流程完成平台软件建设，并通过验收。

【政策措施贯彻落实跟踪审计】 2015年，淮安市组织实施"取消下放行政审批事项"等13项政策措施贯彻落实情况跟踪审计，促进政策落地生根。分别向江苏省审计厅和淮安市政府报送8份跟踪审计报告。审计结果报告和审计要情得到淮安市政府领导批示，审计督促整改作用得到发挥。

【预算执行审计】 2015年，淮安市深化预算执行审计，促进预算体制完善，基本实现市本级地域范围内财政审计全覆盖。关注预算管理，加大部门非税资金审计力度；加强对三公经费、会议费的审计力度。一次性收缴入库2.4亿元，收回违规出借资金800万元。审计促成《淮安市级国有资本经营预算管理办法》《淮安市级非税资金管理意见》和《淮安市级往来资金核算办法》等相关文件的出台。

【经济责任审计】 2015年，淮安市对63名党政主要领导干部和国有企业领导人员进行经济责任审计。其中，淮安市审计局联合市纪委、市委组织部进行县处级领导干部经济责任交叉审计，涉及16位副处级领导干部，分别由8个县（区）和淮安经济技术开发区审计局具体实施，市审计局6个业务处室牵头指导各自项目。通过审计，发现一批重要违纪违规问题，纠正内控制度不健全、执行不到位、管理松散、监督缺失等问题，促进单位建章立制。

【农业与资源环保审计】 2015年，淮安市安排10个自然资源资产审计项目，内容涉及矿产资源、水资源、林业资源、渔业资源等自然资源。盱眙县凹土资源保护与利用情况审计调查项目成效显著，在江苏省自然资源资产审计工作座谈会上作交流研讨，得到省审计厅的肯定。

【固定资产投资审计】 2015年，淮安市对有轨电车一期工程、白马湖湿地公园、森林公园、里运河文化长廊等106个政府投资项目实施跟踪和结算审计，对江苏省省运会指挥中心、水门桥改造工程等8个工程实施复审。全年核减工程款47247万元，核减率13.87%。

【民生资金审计】 2015年，淮安市对2008年以来的拆迁安置项目及其涉及的征收地块进行审计调查。市审计局抽查5个征收地块，查处违纪违规金额1.17亿元，向纪检监察机关移送案件线索55条。实施市政府为城乡居民办十件实事项目跟踪审计，审计发现资金收支、建设程序及管理等6大类问题，提出审计建议9条。组织13个审计组对淮安市2014年城镇保障性安居工程的投资、建设、分配、运营等情况进行审计，对存在的问题提出改进措施。

【专项资金审计】 2015年，淮安市对全市2014年度现代农业园区和重点农业项目、农村饮水安全工程、农产品精深加工技术升级改造项目等4项共计2.53亿元的涉农资金进行专项审计调查。 （瞿静波）

7月27日，淮安市审计局联合市纪委、市委组织部召开2015年度县处级领导干部经济责任交叉审计集中进点会。 市审计局　供图

统 计

【概况】 2015年,淮安市加快推进统计改革创新,现代化服务型统计建设迈出新步伐。在省统计局公布的24个专业考评结果中,淮安市有14个专业获得奖项。在"第三届全国统计从业人员继续教育培训资源大赛"中,淮安市主持开发的5件作品获得1个一等奖、1个二等奖和3个三等奖,实现历史性突破。组织报送的两篇统计研究课题首次在国家统计局立项。2015年度《中国国情国力》宣传工作会议在淮安市召开,提高淮安统计的知名度。

【统计方法与制度创新】 2015年,淮安市统计系统强化GDP统一核算的数据支撑,全市及县(区)GDP总量、结构、速度实现较好衔接。做好投资新老制度双轨运行,摸清新口径的总量底数和区域间结构、速度。积极应对贸易统计改革,开展第三方电子商务交易平台调查,大市场、综合体、商业街等新型消费业态进入常规统计范畴。完成服务业统计季改月,开展"四上"(规模以上工业企业、资质等级建筑业企业、限额以上批零住餐企业、限额以上服务业企业)单位企业信息化及电子商务调查。新增89家能源经销企业统计,实现能耗统计从消费端向供应端核算延伸。规范劳动力调查,更换调查网点,采用一套表联网直报平台的劳资数据参与房地产行业增加值核算。改革1%人口抽样调查,实现互联网自主填报与调查员手持PDA(个人数字助理)入户登记相结合。试点住户调查电子记账,研究制定《淮安市住户电子记账项目规划》,选取66户城镇记账户进行电子记账试点。开展网络规格品采价,在苏宁和京东等固定电商网站上对八类规格品销量排名前20的商品进行试采价。

【统计信息化建设】 2015年,淮安统计信息化建设由需求推动型向体系发展型转变。制定《淮安统计信息化2015—2017发展规划》,以"综合应用、资源整合、移动互联"为导向,成功搭建基础支撑、数据采集、综合应用、统计服务四大平台,一个统一管理、统一服务的淮安社会经济发展数据中心初具规模,淮安统计信息化水平迈入全省前列。建立三级联动机制,市、县、乡三级投入约600万元信息化建设资金,同步规划,同步建设。建立管理运维机制,市统计局配置入侵检测系统等多种安全防护设备,同步构建层层把关的信息安全防护体系,完成全市客户端安全管理系统升级和扩容,网络设备搬迁至新市政府机房。年内,淮安市建成统计综合管理平台,内含业务管理、数据管理、发布管理和系统管理四大模块,市、县、乡三级及部门统计人员可通过平台在线处理统计业务,实现统计管理、信息化应用与业务培训的全系统覆盖。建成淮安统计调查云平台,在全省率先开启智能手机调查,调查方式更灵活多样,数据处理更及时精准。建成统计数据文件柜平台,统计数据和文件的保存、共享更安全高效。

8月25日,淮安市统计局联合淮阴师范学院成立"淮安统计科学研究院",为统计科研搭建智力平台。 张建国 供图

【统计服务】 2015年,淮安市积极探索统计服务新模式,提升统计服务"三个面向"(面向统计用户、面向统计基层、面向调查对象)能力。提升服务政府决策能力,做好"全面小康""八项工程"等14项重点监测,开展经济形势分析研判,8篇分析报告获得市领导批示;组织民意调查,"朝九晚五"调查报告获得市长批示,文明城市创建调查报告作为政府文件印发全市。提升服务社会公众能力,搭建"数据淮安"移动查询平台,成功植入"无线淮安"及市主要门户网站首页,方便社会公众随时随地查阅统计数据信息;完善信息发布机制,以"数据淮安"、统计信息网为主阵地,规范发布流程,丰富发布内容;加强与当地高校合作,联合淮阴师范学院成立"淮安统计科学研究院",为统计科研搭建智力平台。提升服务基层能力,"四上"专业按期通过平台向企业提供相关数据和行业发展信息,住户调查按季向记账户反馈电子化记账结果;贯彻国家和省统计局减负要求,加大对基层统计人、财、物的倾斜帮助力度,整合减少向下摊派任务,严控市对县专项调查项目,没有额外增加基层工作量。

【统计宣传】 2015年,淮安市进一步加大统计宣传工作力度。举办"统计开放日"系列宣传活动,开展"统计进校园""统计进图书馆"双进活动。市统计部门与淮安电视台《今日观察》《共话淮安》等栏目合作,举办四期统计局局长专访节目,解读淮安经济社会发展数据。走进市政府门户网站"部门在线"栏目,围绕"统计服务民生"主题与网民在线互动交流,邀请政协委员观摩统计调查工作,提高社会对统计工作的理解和支持。创新宣传方式,建立统计微信群,尝试推出文字、表格、图形、视频、H5等形式多样的统计产品，实时发布可读性强的最新信息，加强与公众的互动交流，把握舆论“话语权”。

【统计“双基”建设】 2015年，淮安市统计系统适应经济发展新常态和治理方式现代化的形势要求，创新方式，推动统计管理向规范化、市场化、社会化转变。

巩固县、乡统计机构及联网直报企业规范化创建成果 全市有4个县（区）获批“省级统计示范县”称号，达标率50%，乡级统计机构规范化抽检合格率超95%，联网直报企业合格率94%以上。开展“服务型统计建设最佳团队”“最美统计人”评选活动。

部门统计 市政府下发《关于加强和完善部门统计工作意见》，制定实施《淮安市部门综合统计一套表制度》，建立部门一套表直报系统，将涉及部门指标的14项统计监测有机融合，11月正式实施，实现部门统计业务与统计数据的网络化管理。

民间统计 在全省率先成立市级统计调查服务行业协会，规范和推动统计中介组织健康发展。“淮安市统计调查服务行业协会”在民政部门注册成立，全市首批22家公司作为成员单位加入协会。

统计外包 将统计信息咨询服务和统计教育培训列入市政府转移目录，为进一步推进全市统计工作市场化奠定基础。加大对市场重点调查公司的培植，市区两家完全市场化的统计调查咨询服务公司挂牌营业。

【统计数据质量管理】 2015年，淮安市贯彻实施省统计局《关于进一步提高数据质量的工作意见》和《江苏省统计数据全程质量管理体系（2015）》，继续推行“即报即审即验”工作模式，“四上”专业按月（季）定期对空壳企业、代填代报等不合理现象进行排查。完善专业数据评估办法，细化质量控制措施。加强基本单位名录库建设，核查退出535家“四上”列统企业。重视规模以上企业申报质量，编发《企业一套表拟纳入调查单位申报指南》，规范申报条件和要点，减少环节技术错误，进一步加大实地核查力度，申报通过率提升到98%。

（张建国）

海 关

【概况】 2015年，淮安海关监管进出境货物11.9万吨、货值12.6亿美元，处理报关单5.1万份，完成入库税收3.75亿元，审批加工贸易进出口合同备案金额6亿美元，验放进出境航班95架次，验放进出境人员10643人次。开展税源调研和税收形势分析，完成全年税收任务。优化税收征管模式，推进集中汇总征税、税费电子支付模式，全年电子支付金额占比96.6%，处于关区领先水平。

【海关监管】 2015年，淮安海关深入查找监管方面的薄弱环节，开展监管场所清理检查；聚焦综保区废旧设备及废料出区监管问题，专题研究处置方案，防范伴生风险。创新稽查管理模式，开展“主动披露”试点改革，解决久拖不决稽查项目。区别设置非逐笔报关货物随机布控比例，开展查验绿、查获率“两率”动态分析，制定通关、监管和风险部门的联动措施。率先开通保税物流L账册，有效提升监管效率。完成总关400条总署单耗参数制定工作。率先推行综保区信息化系统，持续推广加工贸易联网监管、“金关通”系统应用。坚持执法评估全程跟踪监测，全年综合执法管理质量指标状况良好。

【打击走私】 2015年，淮安海关以开展专项行动为中心，健全打私保障机制、强化情报经营、提高综合治理水平，始终保持打击走私高压态势。加强对农产品、重点涉税商品、毒品和枪支等重点商品打击力度，明确打击重点及领域。全年淮安海关缉私分局行政立案42起，案值4874万元；刑事立案3起，抓获犯罪嫌疑人7名，检察院批准逮捕1名；办理案件协查16起。

【海关改革】 2015年，淮安海关重点改革项目多点突破，成效明显。复制推广6项上海自贸试验区海关创新监管措施。对接全国通关一体化改革，区域通关一体化改革进展有序。签订《淮安海关、淮安出入境检验检疫局关于共同提高通关便利化水平促进外贸稳定增长合作备忘录》，确定1家企业参与“三个一”（一次申报、一次查验、一次放行）改革试点。开展通关作业无纸化改革，全年受理无纸化报关单5.1万票，无纸化率98%，处于全国领先水平。南京关区首批试点开展伊安物流（淮安）有限公司监管场所自律管理改革；南京关区首家试点完成“总分中心”管理模式改革。开展行政审批制度改革，“一个窗口”创建到位。

【海关服务经济】 2015年，淮安海关

2015年，淮安海关与淮安出入境检验检疫局联合开展促进外贸发展“百千万”走访活动。

淮安海关 供图

推出支持外贸发展18项措施，受到企业广泛认可。联合检验检疫部门开展服务外贸“百千万”工程，先后8次开展企业走访与座谈，涵盖辖区进出口企业近百家。开展“企业大走访、服务大优化”活动，为辖区进出口排名前十位的企业现场协调解决问题20余条。支持淮安优势产业发展与台资高地建设，为政府招商引资重点项目提供专员服务。为淮安新国纺织有限公司量身订做外发加工监管系统，支持其全球色纺纱流行色发布中心建设。实现庆鼎精密电子(淮安)有限公司加工贸易电子联网监管，为进出台湾商旅提供公务包机等个性化验放服务；协助政府部门研究推进跨境贸易电子商务贸易业态。 (朱红亮)

出入境检验检疫

【概况】 2015年，淮安市检验检疫出入境货物9579批、6.06亿美元，检出不合格出入境货物149批、2508万美元，全年未发生重大质量安全事故。签发原产地证书13489份、价值4.67亿美元；口岸检疫查验航空器94架次、旅客11387人，筛查有症状人员36人，截获旅客禁止携带物202批次；保健中心开展出入境人员体检8844人次、预防接种2627人次，检出艾滋病患者3例、梅毒66例、肝炎47例、乙肝表抗阳性299例。全年完成进境集装箱检疫2430标准箱，截获医学媒介生物25批次，其中鼠类17只、蚊类92只；实验室检测样品14832批、67431项次；截获进境植物疫情448种次，其中检疫性有害生物41种次。

【贸易便利举措】 2015年，淮安市完成省内进出境一体化业务3374批次、1.92亿美元，受惠企业115家；约80%出境产品实现报检无纸化。开展检验检疫全程无纸化试点，在出境竹木草制品、家具、玩具及非危化工品中试点成功，涵盖约三分之一的出境货物。在出口动植物产品监管中推行监督抽检，对出口食品企业实行“一企一品一案”，在风险可控基础上降低抽检比例，并对进口量激增的棉花企业实施移动视频监管。

【质量共治】 2015年，淮安出入境检验检疫局与金湖县政府联合开展“出口企业质量共治”活动，联合发文《关于开展“出口企业质量共治”活动的实施方案》。推动金湖县出口制造装备业质量安全示范区、金湖经济开发区、淮安台资集聚质量安全示范区创建，并开展质量诚信工作。助推江苏金石机械集团有限公司成功创建中国出口质量安全示范企业，成为苏北唯一入选企业。

【跟进扩大开放】 2015年，淮安检验检疫系统在机场一类航空口岸验收新增航线、新港二类水路口岸开放冲刺方面做出贡献。1月6日，淮安涟水机场通过国家口岸验收组验收；4月23日，淮安涟水机场开通韩国航线；11月7日，淮安涟水机场开通台湾航线；12月4日，水运二类口岸通过省级开放验收。年内，淮安市盱眙县的江苏龙飞湖生态农业发展有限公司小龙虾养殖基地获得出口备案资质，成为全国首家具有出口活体小龙虾资质的备案基地。 (王 芳)

社会事务管理

民 政

【概况】 2015年，淮安市坚持“以民为本、为民解困、为民服务”工作宗旨，按照“突出重点、打造亮点、补齐短板、守住底线”的工作思路，推进现代民政建设，发挥民政在社会建设中的骨干作用。开展第一届“淮安慈善奖”评选表彰活动，阳光慈善品牌效益放大。淮安阳光慈善网获国家知识产权局实用新型专利，被评为“2015年智慧江苏建设重点示范工程”，被省政府表彰为最具影响力慈善项目，作为全省5个项目之一被推荐参加第九届“中华慈善奖”评选，获全市创新创优项目三等奖。“国防关爱基金”被省民政厅评为2015年度全省现代民政建设十大创新成果，被市软建办评为“101%服务十大品牌”。盱眙县创建成全省现代民政示范县。盱眙县桂五镇敬老院院长李银江被评为“江苏省道德模范”并获第五届“全国道德模范提名奖”。

【基本民生保障】 2015年，淮安市城乡低保标准分别提高至每人每月490元、370元，年底，城乡低保对象共7.6万户、15.76万人，全年发放保障金3.83亿元。全面开展救急难试点工作，医疗救助标准提高至70%，年度封顶线不低于城乡基本医保封顶线的50%。全年实施医疗救助27.2万人(次)，发放救助金1.28亿元；临时救助23520户(次)，发放救助金1496万元。探索输血式救助向造血式救助转变，引导社会组织实施8个精准扶贫项目。全市农村农房自然灾害保险实现全覆盖，创建国家级综合减灾示范社区7个、市级综合减灾示范社区11个。

【养老服务】 2015年底，淮安市有60周岁以上老年人103.05万人，占全市户籍人口的18.26%。80周岁以上老年人116765人，占老年人口的9.6%，其中80~89周岁103441人，90~99周岁13141人，百岁以上老人183人。全市有各类养老机构243家，每千名老年人拥有养老床位数31.78张。其中，公办养老机构121家，床位14303张；社会力量举办养老机构122家，床位数10463张，占养老机构床位数的42.2%。护理型养老机构床位数11495张，占养老机构床位数的46.4%。全市有城市“三无”(无劳动能力、无收入来源、无法定赡养人)人员412人，其中集中供养62人、分散供养360人；有农村五保对象17751人，其中集中供养5220人，分散供养12531人。城市“三无”人员市本级集中供养标准为1060元/月，分散供养标准为：清河区1296元/月、清浦区1180元/月、淮安区920元/月、淮阴区1001元/月、淮安经济技术开发区1313元/月、洪泽县1073元/月、盱眙县1090元/月、金湖县1087元/月。农村五保对象供养标准为：淮安经济技术开发区分散供养7500元/月，其他县(区)分散供养和集中供养标准分别为清浦区7200元/月、8000元/月，淮安区6100元/月、6900元/月，淮阴区5610元/月、6410元/月，涟水县

5603元/月、6403元/月，洪泽县6580元/月、7380元/月，盱眙县6090元/月、6890元/月，金湖县6600元/月、7440元/月。

主城区新建、改造50个标准化社区居家养老服务中心，城乡社区居家养老服务中心覆盖率分别达到100%、81.34%。全市有城乡社区居家养老服务中心（站）1470个，其中城市社区居家养老服务中心（站）321个，农村社区（村）居家养老服务中心（站）1149个。"虚拟养老院"正式上线，为3209名困难家庭老年人购买基本养老服务。建设10个关爱驿站，建成100个社区老年人助餐点。编撰出版《百人万岁》一书，弘扬尊老敬老养老传统美德。淮阴区、金湖县、盱眙县开展第四次中国城乡老年人生活状况抽样调查。

【福利慈善事业】 2015年，淮安市有慈善总会11个、公益基金会25个，累计募集善款3.96亿元，其中市本级募集1.75亿元。有孤儿1855人，其中机构供养176人，社会散居1679人，全年发放基本生活费3030万元。完善困境儿童分类保障机制，机构供养、社会散居孤儿养育费标准分别提高至每人每月1770元、1080元。首次向监护人缺失的儿童发放基本生活费，标准为社会散居孤儿的80%，每月发放865元。全市救助流浪乞讨人员3903人次，其中未成年人97人次。销售福利彩票3.87亿元，占市场份额的33.77%。

【社会治理创新】 2015年，淮安市在全市97个乡镇（街道）开展"政社互动"活动，覆盖面78.2%。在全省率先审定发布社区（村）出具证明类盖章事项准入目录，社区（村）不合理创建评比等清理率95%以上，在145个城市社区试运行社区综合服务信息平台，减轻社区负担，提高社区管理和服务水平。全市95%的城市社区、90%的农村社区办公面积在400平方米以上，城、乡和谐社区建设合格率分别为91%、84.5%，建成苏北首个"社区慈善环保教育基地"。全年新增社会组织919家，每万人拥有社会组织7.1个。县（区）社会组织培育发展中心实现全覆盖，建立市、县两级社会组织信息披露平台，全市新增A级以上社会组织648家。对878名困境人群开展心理援助和精神慰藉，促进社会治理精细化。编印出版《淮安市社会组织公益服务案例汇编》，展示社会组织公益风采，引导社会组织参与社会治理。全年通过全国社会工作者职业水平考试152人，全市持证总人数422人。

【优抚安置】 2015年，淮安市有重点优抚对象26082人，其中伤残军人4160人、在乡老复员军人2144人、烈士遗属430人、因公牺牲军人遗属119人、病故军人遗属230人、带病回乡退伍军人2015人。另有农村籍退伍老兵1899人、老复员军人遗孀6371人。全年发放各类抚恤和生活补助资金1.25亿元。向4423个家庭发放义务兵优待金4.5亿元，向入伍大学生发放奖励金100万元。接收退役士兵3716人，发放自主就业退役士兵一次性经济补助金7289.7万元，退役士兵一次性经济补助金城乡一体化率100%。退役士兵参加免费教育培训3648人次，参训率98%。开展抗日战争胜利70周年各项慰问和纪念活动，发放抗战胜利70周年纪念章397枚，发放生活补助金297.75万元。落实各类优抚抚恤补助标准自然增长机制，优抚对象数据实现精细化、信息化管理。利用"国防关爱基金"向对越自卫反击战烈士直系亲属发放2000元慰问金，对部分县（区）参核退役人员遗孀给予每户500元补助。自筹资金在淮安区烈士陵园建设英烈墙，打造市级烈士纪念地，出版《血色丰碑——淮安烈士通览》。

【专项社会事务管理】 2015年，淮安市开展全国第二次地名普查。结合清江浦开埠600周年，编印出版《淮安地名史话》，启动臧家码头遗址项目建设。建立市、县（区）、乡镇（街道）、村（居）四级困境未成年人社会保护督导体系，建立受伤害未成年人发现、报告和响应机制。在苏北地区率先实现惠民殡葬全民普惠，所有县（区）实行基本殡葬费用免除和生态殡葬奖补，补助标准1000元/人，全年普惠19918人，免补金额1799.36万元。

（汤　荣）

民族宗教事务

【概况】 2015年，淮安市有47个少数民族人口居住生活，总数1.8万人。涟水县、淮阴区、洪泽县、盱眙县各有1个民族村，全市有8个民族组，到淮安的少数民族流动人口约9000人。淮安市有基督教、佛教、道教、伊斯兰教四大宗教，有市级宗教团体5个，分别是市佛教协会、市伊斯兰教协会、市基督教三自爱国运动委员会、市基督教协会和市道教协会，有县级宗教团体22个。有合法宗教活动场1022处，其中佛教59处、伊斯兰教6处、道教5处、基督教952处。有清真饭店8家、拉面馆138家、清真食品生产企业7家。全市有信教群众32.3万人，其中基督教28.5万人、佛教3万多人、伊斯兰教6000多人、道教2000多人。有宗教教职人员1129人，包括基督教教职人员1031人，其中牧师12人、长老59人、传道960人；伊斯兰教教职人员（阿訇）9人；佛教教职人员（僧尼）81人；道士8人。根据江苏省《关于规范县级民族宗教工作机构设置的通知》要求，开展县级民族宗教机构改革，全市县级民族宗教工作机构全部单列。1名宗教工作个人受到国务院表彰，2个集体和3名个人受到省政府表彰。

【民族团结创建】 2015年，淮安市按照省委、省政府下发的《关于加强和改进民族工作的意见》，组织民族工作调研，拟定全市进一步加强新形势下民族工作实施意见。淮阴师范学院组建属于少数民族体育项目的珍珠球队和高脚舞龙队，并开展常规性训练。年内，申报全省少数民族传统体育项目训练基地，得到批准，争取省财政启动资金8万元。7个民族文艺节目参加江苏省民族事务委员会、江苏省文化厅组织的评比，有3个节目被省民族事务委员会、省文化厅批准参加调演，获得1个优秀节目奖、2个优秀表演奖。在市及各县（区）政务大厅建立少数民族就业、培训、权益保障和法律援助等引导窗口，为广大少数民族群众提供服务。全市有清真饮食习俗的少数民族群众均领到清真食品补贴。

【少数民族经济发展】 2015年，淮安市对全市民族村组进行调研，了解各民族村组的基础设施建设情况，督促县（区）并指导民族村组开展基础设施“十三五”规划、论证、编报工作。全年全市共争取中央和省财政少数民族发展资金项目6个，其中包括1个民族村的特色村寨项目，得到扶持资金230万元。扶持清真饮食业发展，为2个清真饭店申报清真补贴经费14万元。支持民贸企业发展，推动民贸企业民族特需用品展厅建设，规范台账建设。支持民贸企业申报流动资金贷款贴息，获得贴息96万元。

【教职人员培训】 2015年，淮安市制定“长期培养，短期集训”计划，培养基层一线宗教教职人员。市、县（区）举办为期10到20天的培训班20余次，受训人员1000多人次。市基督教三自爱国运动委员会、市基督教协会举办为期3个月的传道人培训班。以国家宗教政策、法律法规、国宗局7号令及宗教知识、管理知识为培训内容，提高宗教教职人员综合素质和工作能力，全市宗教教职人员培训率90%以上。

【宗教活动场所管理】 2015年，淮安市落实宗教活动场所开立单位银行结算账户和申领组织机构代码证工作，为基层场所更换宗教活动场所登记证800余份。推进宗教活动场所星级认定，做好“和谐寺观教堂”创建。赴连云港、徐州和宿迁等地学习创建星级场所工作经验，重点解决星级场所认定工作中的突出问题。年内，有1处宗教活动场所通过省五星级场所认定，17处宗教活动场所申报四星级场所，7处宗教活动场所申报三星级场所。执行国务院《宗教事务条例》和《江苏省宗教事务条例》，开展宗教活动场所设立审批，确保立项、审批程序合法合规。在全市开展基督教私设聚会点排查、分类统计、评估认定和分类处理。排查出基督教私设聚会点278处，涉及信教群众2万人，其中存在布局问题86处、教派原因7处、内部矛盾原因87处、小范围家庭聚会35处、冒用基督教名义受邪教影响的29处，对排查出的基督教私设聚会点进行分类处理。

【宗教重点工程建设】 2015年，淮安市推进青龙寺、国师塔等宗教重点工程建设。根据市里运河文化长廊整体规划要求，筹备青龙寺整体改建工作。4月8日，举行青龙寺整体改建开工仪式。7月24日，青龙寺大雄宝殿、方丈院、佛协办公楼主体工程封顶。年底，青龙寺主体工程完成。年内，国师塔内部展陈施工进度顺利，计划2016年6月完成布展。慈云寺二期工程设计图通过市级审图，7月22日举行开工仪式；年底，完成主体工程并进行内部装修。 （市民宗局）

计划生育

【概况】 2015年，淮安市有计划生育协会组织2261个，会员31.88万人，其中企事业协会314个、流动人口协会87个。盱眙、金湖、清河、清浦4个县（区）被省政府命名为“江苏省人口协调发展先进县（区）”，洪泽、涟水、淮阴、淮安4个县（区）被省人口计生领导小组命名为“江苏省人口协调发展工作先进县（区）”。“十二五”时期人口计生工作实现全省走前列、苏北当表率目标，通过省“十二五”人口计生目标管理责任制终期评估。

【人口管理】 2015年，淮安市平稳实施单独两孩政策，强化城市单独两孩的预警预报，实行月度跟踪汇总分析。全市受理符合单独两孩政策申请5567人，其中城市1669人，出生642人。落实全面两孩政策，制订完善相关实施方案。推进人口计生信息化建设。对全市数据库中80周岁以上人口进行清理，清理死亡未注销人口近6000人。全市全员人口数据入库率97.5%，数据完整率99.6%，逻辑关系准确率97.98%，当年出生入库及时率88.16%。

【计划生育家庭发展】 2015年，淮安市推进幸福家庭创建，累计对46156名符合政策计划怀孕夫妇提供免费孕前健康检查，完成“两癌”（宫颈癌、乳腺癌）早期筛查76476人次。重点关爱计生特殊困难家庭，实施中国计生协“特殊家庭帮扶模式试点”项目，建立健全特殊家庭信息系统。联合南京邮电大学开展特殊家庭需求调查，实施“慈善淮安·计生润家”帮扶救助系列活动，惠及计生困难对象2400余名。将独生子女父母奖励金标准由每人每年20元提高到60元，全年确认24.23万户，各级财政投入资金2648.1万元。全面兑现各项奖扶政策。确认奖扶人数70759人，奖励扶助金3396.42万元。全年确认特扶对象2484人，特扶资金1357.72万元。奖扶资格确认准确率、奖扶金发放到位率均为100%。严肃查处“两非”（非医学需要的胎儿性别鉴定、非医学需要的人工终止妊娠）案件，组织有关人员学习使用“两非”信息管理系统。全市出生人口性别比稳步下降。

【流动人口服务】 2015年，淮安市流动人口计生服务管理率92%，信息入库率95%以上，信息接收反馈率98%。核查跨省流动人口个案信息167000条，检查48个乡镇（街道）流动人口服务管理工作样本。推进流动人口服务均等化，发放宣传折页6万份，救助流动人口计生特困家庭15户。简化流动人口办证程序，开展便民维权系列活动。全年接听流动人口服务咨询电话800多个，帮助协调解决问题40多人次。完成流动人口动态监测任务，做好流动人口关怀关爱工作。建立健全流动人口计划生育经费保障机制，将流动人口计生服务管理经费纳入财政预算。 （张新明）

法治　军事

FAZHI JUNSHI

法　治

军　事

法　治

地方立法

【承接地方立法权】 2015年，淮安市人民代表大会获得地方立法权，成为淮安市法治建设史上的一个重要里程碑。人大职权得到丰富拓展，地方发展有了法制保障，依法治市体系更加完备。《中华人民共和国立法法》明确地方立法事项有3项：城乡建设与管理、环境保护、历史文化保护。市级立法项目要报省人大常委会审查通过，且不能与上位法冲突，不能与省里冲突。要求科学立法、民主立法，要充分论证，把好条文的质量关。重大、有争议的立法项目，要开听证会。地方性法规还要报国务院、全国人大报备。

【立法能力建设】 2015年，淮安市人大常委会专门组织《中华人民共和国立法法》专题讲座，坚持高标准、严要求，深入学习和研究地方立法工作体制、机制和程序，加强机构和队伍建设，满足地方立法需要。8月，市人大常委会做出关于设立市人大常委会法制工作委员会的决定，聘请30名专家学者为立法咨询顾问，建立10个"基层民主立法联系点"。在充分调研基础上，遵循法制统一、务实管用、人大主导、科学民主等原则，制定出台市人大常委会制定地方性法规办法。建立健全地方立法程序规定、立法技术指导规范、公众参与、专家论证等立法工作制度，为科学立法、民主立法提供制度保障。

【立法建议征集】 2015年，淮安市人大常委会通过媒体、网络、座谈会等多种方式，向社会广泛征集立法建议。在科学论证基础上，拟定"十三五"立法规划，明确2016年立法项目，同时对水资源管理、物业管理、文物保护等工作开展立法调研。

（邢文峰　凌颖）

社会治安综合治理

【大调解网络建设】 2015年，淮安市推进大调解网络建设，整合纵向的县、乡、村三级人民调解与横向的专业调解，县、乡两级调处中心全部依托社管中心实体化运作，乡、村两级调解委规范化建成率分别为100%、90%，建立专业性调委会978个。推进公调、诉调、检调、访调等对接工作，城区派出所全面建立"派驻式"调解室，两级法院一审民商事案件调解撤诉率74.27%。洪泽县开展"无讼村居"创建的经验做法，受到最高法院和中共江苏省委的批示肯定。全省首家建立正科级建制的城区医患纠纷调处中心，城区医患纠纷调解机制创新试点方案获省政府批复同意。深化涉法涉诉信访改革，各县（区）涉法涉诉联合接访中心全部依托县级社管中心实现实体化运作，全年受理案件624件，办结612件，办结率98.1%。

【社会治安防控体系建设】 2015年，淮安市制定出台《关于加强社会治安防控体系建设实施意见》《关于加强公共安全视频监控系统建设意见》等指导性文件，召开全市社会治安防控体系建设推进会，推进立体化社会治安防控体系建设。加快道路监控系统和社会面监控系统建设，全年新增视频监控1.2万余处。推进镇村立体化防控体系建设，全市技防乡镇（街道）规范化运行率95%以上；实施居民小区视频监控联网工程，一期工程将市区150个居民小区、7000余个摄像头整合到市级视频监控中心平台，形成全天候、全覆盖的小区治安防控网络。加强人防力量，各县（区）分别建立120人以上专职巡防大队，各乡镇（街道）建立30人以上专职巡防中队，群众见警率全省第一。推进"红袖标"工程，完善专群结合的巡防格局。

【社会治安综合保险制度】 205年，淮安市试点推广社会治安综合保险制度，2个试点县、14个试点乡镇居民参保率40%以上，缴纳保费1200余万元，保障总额100亿元，受益群体8万多户，超额完成预期试点目标，有效形成事前预防与事后补偿相衔接的新型基层治安防范体系。建立健全社会治安重点地区分级分类管理制度，严格落实滚动排查、包干问责、联合管控和挂牌督办等机制，重点地区的治安状况明显好转。强化安全生产监管，市列管的52家剧毒化学品单位在全省率先运用互联网手段和人脸识别技术，对剧毒化学品单位库房和人员值守情况实行远程全天候实时监测。督促寄递企业严格执行"实名收寄、收寄过视、过机安检"三个100%制度，逐步建立寄递物流数据预警系统。开展火灾高危单位火灾隐患排查整改。

【"三接一建四见面"工作规范】 2015年，淮安市推进刑释人员安置帮教，建立"三接一建四见面"工作规范。"三接"指：衔接管理到位，监地信息对接到位，重点人员"必接必送"落实到位。"一建"指：县安置帮教管理服务中心和"阳光中心（基地）"建成率100%。"四见面"指：刑释人员和解戒人员必须与司法所工作人员见面，必须与家庭成员见面，必须与帮教小组成员见面，必须与居住地村（居）委工作人员见面。全年全市刑释人员衔接率、帮教率均为100%。

【综治基层基础建设】 2015年，淮安市着力构建以县级平台为枢纽、乡镇和社区平台为基础的实战应用三级平台，最大限度整合综治资源、维稳资源、服务资源和信息资源。强化点对点指导，淮安经济技术开发区及8个县级社管中心全部建成入驻并实战化运作。完成为期三年的乡级政法综治组织提质升级工程，采取市级以奖代补、县乡配套投入的方式投入2800余万元，全市137个乡级社管中心全面实现规范化建设目标。坚持一体多用发展方向，在全市范围全面推开社区网格化服务管理机制建设，全市划分10333个网格，配备专兼职网格员11323人，95%以上的城乡社区初步完成网格化管理，基本实现网格化服务体系全覆盖。制定出台《加强网格化服务管理实施办法》，通过制度建设提高网格化管理的规范化、科学化水平。清河区探索建立"支部建在网格上"的"两网融合"社会治理新模式，新华网、人民网等国内主流媒体集中报道。实施综治信息化应用提升工程，截至年底，所有县（区）和乡镇（街道）综治专线全部开通，95%以上社区（村）开通信息终端。在2015年1月召开的全国综治信息化建设座谈会上，清河区作为华东地区唯一代表作现场演示汇报。市级建成集综治信息管理、城市应急联动、公安110指挥、互联网信息安全管理、视频资源管理、反恐指挥等“六位一体”社会治理服务中心，并初步实现实体化运作。（范　彬）

政府法制

【依法行政考核】 2015年，淮安市制定县（区）政府和市直部门依法行政考核细则，依法行政考核指标被纳入年度科学发展目标考核、“三清”（干部清正、政府清廉、政治清明）指数评价、软环境评议、绩效考核评价体系等全市重要考核项目。对各市直部门年度依法行政工作进行集中评查，并抽取8个部门进行重点考核，形成督查考核通报。

【政府法制制度建设】 2015年，淮安市加强规范性文件以及一般性政策文件合法性审查，提高制度建设质量，坚持少而精原则，出台一批规范性文件。坚持“开门立法制规”，严格遵守规范性文件制定权限，全年规范性文件备案率、及时率、规范率均为100%。市法制办对现行有效实施的86件市政府规范性文件进行全面清理，决定继续有效的市政府规范性文件48件，应予修改的33件，决定废止的5件。

【行政执法监督】 2015年，淮安市建立市行政执法特邀监督员队伍，有监督员45人，累计协调安排特邀监督员28人次履行监督职责。市法制办抽取46件许可、48件处罚案件进行集中评查，对市住房和城乡建设、水利、规划、交通等4家重点部门上门进行重点执法监督检查，督促全市机关在“淮安市行政执法与刑事司法衔接信息共享平台”录入处罚案件3108件。

【行政复议和行政应诉】 2015年，淮安市各级行政复议机关收到行政复议申请326件，同比增长23%，立案受理314件，案件受理率96%；各级行政执法机关办理行政应诉案件662件，同比增长87.5%。推进行政复议体制改革试点，成立淮安市政府行政复议委员会。涟水县、淮阴区、金湖县、清浦区等地举办各类行政应诉工作培训活动，行政机关负责人出庭应诉率100%。

【依法行政决策机制】 7月，出台《淮安市人民政府重大行政决策程序规定（试行）》，进一步健全全市行政决策机制，规范行政决策行为。各地认真落实行政程序规定，普遍制定重大行政决策规则。清河区制定《法治政府工作规范》等系列政府工作规则，完善依法决策工作制度体系。

【政府法律顾问】 4月22日，淮安市16名市内外高等院校法律教授、学者和律师事务所执业律师受聘为市政府法律顾问委员会委员。市法制办与市内两家知名律师事务所签订法律服务协议，采取项目合作的方式，律师事务所为政府法律文件起草、合法性审查、重大社会经济问题法律论证、行政复议和应诉等工作，提供全方位的法律专业支持。同时，面向社会公开选聘两名专业素质过硬、业务能力较强的年轻律师，专职从事政府法律顾问事务和行政复议应诉工作。构建市政府法律顾问制度“高端顾问”“项目服务”“日常办理”的“淮安模式”，得到省法制办肯定。（黄可意）

公　安

【概况】 2015年，淮安市公安机关以维护稳定、服务发展、平安建设、警务质态、队伍建设“五个上水平”的优异成绩，实现“全市夺先进、全省争进位、全国有影响”的目标。全市有公安民警4662人，有9人入选省公安厅外语人才库，5人入选省公安厅法律人才库，11人被评为全省刑侦、技侦技术专家，2人被评为技侦技术能手，1人入选公安部技侦青年人才库。淮安公安110接报警情165.82万起，其中有效警情57.59万起，包括刑事警情3.91万起，治安警情1.78万起，群众求助7.06万起，交通事故15.63万起。

【公安改革】 2015年，淮安市全面推进公安改革，先后开展3次专题调研，并到外地学习考察先进经验做法，明确公安工作改革思路。

“六位一体”社会治理体系建设　将网格化社会治理服务、应急联动、公安指挥、互联网信息安全管理、视频资源管理、反恐指挥“六大中心建设”作为改革的重中之重，整合警务资源和社会资源、破解公安工作难题，开展规划设计、方案确认、招标采购、施工改造等工作，实体化建设基本完成。围绕实战需要，推动数据中心资源整合，人口基础信息库、标准地址库等重点项目建设进展顺利，海量数据资源得到最大限度汇聚。标准地址库建设在全省率先完成公安部规定的95%以上基础信息采集目标，在公安部洛阳会议上作典型交流发言，并首批通过公安部“警用地址数据管理与服务系统”软件检测，全国仅三家。

实战化警务机制建设　构建联合指挥、合成研判常态化、一体化运行机制，通过情报、指挥、行动实战化运行、集约化管理，最大限度发挥现有警力效能。为破解侵财案件“高发低破”、立而不侦、侦而不办等难题，整合破案警力资源，建立集情报、视频、侦查、技侦、网侦和刑事技术等于一体的合成侦察指挥中心。10月，启动运行县（区）合成侦查指挥中心，破获侵财犯罪案件1136，抓获嫌疑人439名，同比分别上升132%和18%。推行清河城市“网格化”、金湖农村“一公里警务圈”社区警务模式，实现社区警务与社区治理高度融合，引导社会组织参与社会治理。盱眙县公安局“两提两知”社区警务工作法在全省推广，省委组织部专门刊文并要求全省组织系统学习应用，促进基层基础工作开展。全市社区民警熟悉率和社会治安满意度跟踪测评率分别为79.9%、97.05%，同比分别上升23.6和4.2个百分点。

“大警种”“大部制”改革　主动适应新时期公安队伍建设发展新变

化，推行队伍管理"大部门"制改革，建立政工、纪检和机关党委等三部门一体化运作机制，形成队伍管理合力。在基层公安工作改革中，推进所队重组，探索警力整合模式。在县分局试行"所队合一"，将派出所、交警中队资源高度整合，实行合署办公，破解警力不足难题；在专业分局试点"局所合一"警务模式，实现变"五指分散"为"攥紧拳头"，增强基层公安机关管控合力。淮安分局全面启动城区派出所"并所运行"改革，提高警务效能，缓解民警值班接处警压力。

【阳光警务平台】 2015年，淮安市公安机关打造社会治理阳光工程体系，依托大数据和互联网技术，以"互联网+警务"模式为载体，搭建集"诉求办理""网上办事""执法公开"三大版块于一体的阳光警务平台，全面打造阳光警务品牌，畅通联系群众渠道、解决百姓现实诉求、提高群众满意程度。中央人民政府门户网、新华网、人民网、凤凰网、《法制日报》等多家媒体予以宣传报道。

诉求办理集中化　专门设置群众诉求办理版块，整合阳光纪检、市长热线、局长信箱等22类诉求渠道，实现群众诉求的集中受理、统一回复。年内，办结群众诉求1.3万余件，办结率99.7%。针对群众诉求，组织警种部门开展分析研判，查找存在问题，落实整改措施，并对整改情况及时回访，提升群众满意度。全年短信回访114万余件，群众对接处警满意率95.6%，同比上升7.1%；所有窗口满意率均在98.4%以上。

网上办事快捷化　升级原有网上办事大厅，整合不同警种部门的常用办事事项，囊括户政、出入境、治安、消防、交警等在内的8大类208项公安业务，市民可享受网上查询、网上受理、网上审批、网上办结"一站式"服务，做到"让数据多跑路、让群众少跑腿"。全年办理网上服务事项4.6万余件。10月29日，在全省第一家建成互联网交通安全综合服务管理平台，提供六大类126项服务项目，开通118项服务功能。在全省第一家开通机动车号牌预选功能，首期投放包括吉祥号牌在内的7.2万副机动车号牌供注册用户预选，截至年底，选定号牌3709副，群众满意率99.5%。

执法办案公开化　打破原来公安机关办案流程不公开的禁忌，主动将执法流程全部网上公开，最大限度保障案件当事人知情权、表达权、监督权。全年在网上按规定公开行政处罚、行政复议决定法律文书1100多件、案件办理进程12200起，群众上网查询62300余次。

2015年，淮安市公安局联合指挥部组织指挥"9·3"安保决战日全市安保工作。　市公安局　供图

【打击犯罪】 2015年，淮安市公安机关开展破案攻坚，快侦快破各类大要案件，严厉打击犯罪分子嚣张气焰。23起命案全部告破，全市"八类"（杀人、纵火、投毒、抢劫、强奸、绑架、爆炸、故意伤害）"两抢"（抢劫、抢夺）、盗窃电动车、入室盗窃案件发案数全面下降、破案率全面上升。其中："八类"案件发449起，同比下降2.6%，破案率92.7%，同比上升2.6个百分点；"两抢"案件发142起，同比下降23.2%，破案率54.2%，同比上升5个百分点；盗窃案件发21555起，同比下降5.5%，破案率20.1%，同比上升6.4个百分点；盗窃电动车案件发5022起，同比下降9.3%，破案率16.7%，同比上升6.5个百分点；入室盗窃案件发7373起，同比下降3.8%，破案率27.9%，同比上升7.3个百分点。打黑除恶绩效列全省第一，百警抓捕历年网上逃犯数列全省第二，"猎狐2015"抓获境外逃犯10名，全省领先。相继破获金湖"1·19"杀人抛尸案、清河"2·2"杀人抛尸案等一大批重特大案件。特别是金湖"1·19"杀人抛尸案，参战民警连续作战，历时221天成功侦破，受到省厅和市委、市政府领导充分肯定，省厅专门发贺电予以祝贺。11月后，淮阴区先后发生三起杀人案件，均成功破获。组织开展"春雷行动"、侵财案件侦破会战、双百会战等11个专项行动，成效明显。其中，双百会战破获各类刑事案件5790起，其中侵财案件3690起；抓获犯罪嫌疑人4991名，打掉侵财犯罪团伙159个。

【治安防控】 2015年，淮安市公安机关推进巡逻体制重组工程，进一步规范常态、加强、战时三个等级巡防勤务，主城区106个临时堵控点常态运作。年内，新增公安自建视频监控摄像机4000余台，汇聚社会面视频监控摄像机8000余台。敏感节点期间，投入巡防警力154631人次，抓获违法犯罪嫌疑人1143人。全国"两会"、中东欧国家领导人会晤等敏感期，围绕火车站、汽车站、机场、重点要害目标等，开展武装巡逻、叠加巡逻，做到万无一失。针对通信网络诈骗案件高发上升态势，组织开展防范宣传专项活动，保持苏北地区案件升幅最低。指导银行成功防范诈骗案件341起，避免群众损失800余万元。

【公共安全监管】 2015年，淮安市公安机关以"依法、有效、尽责"为原则，推动落实政府部门源头治理责任，督促落实社会单位安全主体责任，落实公安机关依法监管责任，遏制重特大安全事故发生。全年全市未发生一起重大火灾、交通安全事故。交警部门紧盯"两客一危"（从事旅游的包车，三类以上班线客车和运输危险化学品，烟花爆竹，民用爆炸品的专用车辆）车辆，健全"一车三方"（三方指公安、交通运输、安监部门）动态监管与联动机制，全市公路客运大客车、旅游客运大客车、危化品运输车的检验率超过98%，其中校车检验率100%。组织开展"护轨行动""道路交通安全隐患大排查大整治百日行动"等5个专项活动，确保道路安全畅通。全市交通四项指数同比分别下降8.1%、2.8%、8.7%、38.3%。组织开展消防隐患排查整治专项行动，加大对汇通市场、乐园步行街和盐化工园区等场所的安全隐患整治力度，先后督促整改火灾隐患2400余处。强化对危险物品、散装汽油等动态管控，全市未发生一起危险品爆炸和丢失、被盗抢等案件。

【场所行业管控】 2015年，淮安市公安机关抓好场所行业实名制管控，加大对中小旅馆以及留宿洗浴场所监督检查频度和力度，场所行业发案率同比下降30%。组织开展赌博机专项整治、"利剑行动"、"打黄赌·铲源头"百日行动等一系列专项行动，加大对旅馆、金银首饰加工置换、收旧寄卖、洗浴、足疗等重点行业场所实地检查。市公安局获"全省卷烟打假工作特殊贡献奖"。加强对流动人口、出租房屋等各类信息采集力度，收集总量超过2014年底登记总数。全市监管系统外来流动人口信息采集录入率93%，同比上升64个百分点。依托情报平台研发散装汽油购销管控系统，实现对特定人员购油的实时管控，有效防止3起因个人矛盾激化可能利用汽油滋事案件。

【大型活动安保】 2015年，淮安市公安机关依托大型活动安保指挥平台，关联整合信息资源，实现安保警力可视部署、安保任务直观下达、现场处置全程监控、突发事件扁平化指挥。年内，先后完成丝绸之路户外运动挑战赛、亚足联U-19锦标赛预选赛、盱眙国际龙虾节、双沟牡丹2015亚洲群星演唱会等41场次大型活动安保任务，完成三级以上警卫任务11批次，投入警力17962人次，未发生一起安全责任事故。

【全国公安系统二级英模李春潮】 李春潮，原淮安市公安局交警支队高速公路一大队二中队民警。2015年7月1日，李春潮在高速公路执行勤务时，突然发现一辆面包车被货车冲撞后失控向自己和战友冲来。在这危急时刻，他奋不顾身将战友推开，保护了战友安全，自己却被撞成重伤，经抢救无效，不幸牺牲，年仅36岁。李春潮自2002年参加公安工作后，一直奋战在公安交通管理工作第一线，恪尽职守，无私奉献，先后查纠交通违法行为近10万起，协破案件180起，抓获犯罪嫌疑人200余名，为保障交通安全，维护社会治安秩序作出了突出贡献。他心系百姓，一心为民，真心诚意为群众办好事、解难事，先后救助受伤群众60余人，资助困难群众、为灾区捐款6万余元，得到群众的广泛赞誉。2015年10月，李春潮被公安部追授"全国公安系统二级英雄模范"称号。

【全省"人民满意的公务员"张建江】 张建江，淮安市公安局清河分局北京路派出所副所长。10多年中，他走访群众4万户次，走访记录120余万字，被群众喻为"活字典""活地图"。工作中，他坚持结合社区工作实际，创新"五勤四贴近"和"社区工作七法"，架起警民之间联系沟通的桥梁。因为成绩突出，先后立个人二等功3次，三等功1次，连续3年被评为全市公安机关"四星级"优秀社区民警；被评为"淮安市首届道德奉献模范""淮安市劳动模范""淮安市十佳文明职工""百名新淮安卫士"，当选为首届"江苏省十佳优秀人民警察"。他的警务室是全市第一个以个人名字命名的警务室——"张建江警务室"，并被省公安厅评为"一级警务室"。2010年，他被评为"全国公安机关爱民模范"。2015年，被省委、省政府评为全省"人民满意的公务员"。

【个人一等功获得者徐正平】 徐正平，淮安市公安局交警支队高速五大队二中队民警。2013年10月10日6时许，徐正平在高速路面执行交通分流管制任务时，被3辆发生连环追尾事故的货车猛烈撞击并挤压，导致双腿多处骨折、肺部感染，后经医院先后60余天的全力抢救，才脱离生命危险。徐正平自1996年从部队转业参加公安工作后，爱岗敬业、勤奋工作，顽强拼搏、无私奉献，在平凡的岗位上做出了不平凡的业绩，曾立个人三等功3次。2015年，立个人一等功。

（武亚伟）

检　察

【概况】 2015年，淮安市检察机关有政法专项编制人员730人，其中检察官488人、书记员120人、法警56人，硕士（研究生）124人，本科以上文化程度占比73.4%。全面履行检察职能，坚决打击破坏社会主义市场经济秩序和危害食品药品安全犯罪，批捕非法吸收公众存款、虚开增值税发票、侵犯知识产权和制售假冒伪劣商品等犯罪34件43人，起诉103件228人，起诉制售有毒有害食品和生产、销售假药劣药犯罪26件79人。开展查办国有企业、国有资产管理领域职务犯罪专项行动，立案19件22人，挽回经济损失3213.9万元。

开展"检察助企发展"行动，改进司法办案方式，及时提供行贿犯罪档案查询，走访挂钩联系企业并帮助协调解决相关问题13件。加强生态环境司法保护，探索建立生态损害修复机制，会同法院系统对7起破坏环境资源类犯罪实施恢复性司法，责令被告人生态恢复补偿。立足司法办案排查社会风险，13篇研判报告获上级机关采纳或市以上领导批示肯定。加强社会治理微创新，建成网上网下"检察为民服务中心"和"预防职务犯罪网上警示教育基地"。深化"蓝天校园工程"建设，覆盖全市90%中小学；开展"1+2"（1名老干部、老教师、老战士、老劳模、老专家等"五老"人员和1名青年志愿者帮扶1名涉罪未成年人）结对关爱、"小雨滴""检察蓝信封""紫藤成长"等各具特色的保护未成年人活动，"1+2"结对关爱机制获评全省"成长护航"示范项目。强化基层基础建设，市检察院获"全国检察机关科技强检示范院"称号，淮安区检察院作为全省9个基层院之一被省检察院推荐参与"全国优秀基层检察院"评选。

【打击刑事犯罪】 2015年，淮安市检察机关批准逮捕刑事犯罪876件

1096人，提起公诉3805件4950人。突出打击邪教组织犯罪和黑恶势力、黄赌毒、两抢一盗、诈骗等犯罪，增强人民群众安全感。对国务院领导批示的乔继昌等人诈骗案，省委领导批示的戈麒麟等人组织、领导、参加黑社会性质组织案，张井华利用邪教组织破坏法律实施案等一批重大有影响案件提前介入引导侦查，依法从快批捕、起诉。认真贯彻宽严相济刑事司法政策，对初犯、偶犯、过失犯和轻微刑事犯罪，依法决定不批捕352件526人，不起诉67件108人。开展涉检信访滚动排查化解，坚持以法治思维和法治方式处理信访案件，通过规范接访、依法办理、公开审查答复、司法救助等方式化解信访案件，全年无涉检非正常赴省进京上访。

2015年，淮安市委书记姚晓东视察基层院检察为民服务中心。

市检察院　供图

【查办和预防职务犯罪】 2015年，淮安市检察机关立案查办贪污贿赂犯罪90件109人，其中处级干部8人，科级干部34人，大案率100%；立案查办渎职犯罪30件43人；通过办案为国家挽回经济损失3216.95万元。加大打击行贿犯罪力度，立案查处行贿犯罪15件18人。开展国际追逃追赃专项行动，成功抓捕包括“百名红通”嫌犯钱增德在内的3名职务犯罪嫌疑人，另1名通缉在逃人员投案自首。开展“查办国有企业、民生领域职务犯罪”专项行动，在“新网工程”专项补贴领域立案查办包括清浦区政协原主席张以俭在内的9件15人滥用职权、受贿案。两级检察院撰写的惩治和预防职务犯罪年度报告获党政领导批示10次，推动相关单位建立、完善制度65项。开展预防调查，召开案例剖析会14场，组织警示教育361场。结合“为官乱为、为官不为”专项整治，组织开展“预防渎职侵权犯罪以案释法活动”。开展“保障工程建设，促进公共投资安全”专题预防，跟进全市重点建设项目开展同步预防；开展“预防邮路”工作，会同市邮政局组建7支志愿者服务队，发送预防宣传资料4000余份。

【诉讼活动监督】 2015年，淮安市检察机关全面深化行政执法与刑事司法相衔接的工作机制建设，两级检察院全部建成“两法衔接”平台，督促行政机关向公安机关移送涉嫌犯罪案件线索4件，公安机关立案3件3人。监督公安机关立案18件、撤案13件，纠正漏捕10人、漏诉14人；通过抗诉和再审检察建议，法院改变刑事判决（裁定）9件，发回重审2件；开展全市社区服刑人员脱管漏管专项检察活动，纠正刑罚未交付执行案件10人，对不符合条件的1件暂予监外执行案件予以监督纠正，对65名特赦对象的材料进行审核把关。全市民事行政检察提出、提请抗诉18件，发出再审检察建议19件，法院改判5件（含上年度结存案件）；纠正民事行政诉讼活动违法行为9件；制发督促行政机关履行职责检察建议77件；监督虚假诉讼13件；支持环境保护组织对非法采矿行为提起全市首例民事公益诉讼。

【检察改革】 2015年，淮安市经济技术开发区检察院、清河区检察院作为全省司法体制改革试点单位，实行检察人员分类管理，分别产生入额检察官12名和18名；整合内设机构并成立检察官办案组，实现对司法办案的扁平化管理；制定职权清单并完善监督制约机制，进一步明确职责权限。全市检察机关深化检务公开，组织开展“检察开放月”“代表委员联络月”活动，邀请人民监督员监督、评议案件，主动接受人大代表、政协委员、人民监督员和社会各界的监督；通过“网上网下”检察为民服务中心，为人民群众提供信访接待、案件受理、法律咨询、案件查询、视频接访等一站式服务；通过检察门户网站、微博、微信等发布检察信息2万余条，编发《检察手机报》24期，受众近2万人次；公开案件信息11560件次，其中法律文书2997份。探索涉法涉诉信访改革，制定《关于进一步加强初信初访办理工作的意见》《职务犯罪举报线索集体评估制度》，规范初信初访和线索管理。在全省范围内率先制定《在控告申诉检察环节开展反向审视工作的规定》，加强对司法办案的内部监控。

【检察基层基础建设】 2015年，淮安市检察机关强化队伍建设，27名干警和26个集体受到记功、嘉奖，2名干警的业务培训课件被评为全省检察机关“精品课程”并选送参加全国评比；2名干警被表彰为全省检察机关“十佳”侦查员；2名干警获评全省首届未成年人检察业务能手；1件自侦案件参加全省检察机关反贪精品案件巡讲。强化基层基础建设，淮安区检察院被评为全省“人民满意的政法单位”，清河区检察院被省检察院记“集体二等功”。抓好科技强检，加大科技经费投入和人才培养、引进力度，建成并运用远程视讯综合管理系统、司法鉴定实验室和移动办公平台等，有效服务办公、办案，科技引领检察工作发展的作用得到发挥，市检察院被最高人民检察院表彰为"全国科技强检示范院"。（市检察院）

法　院

【概况】 2015年，淮安市法院系统有干警1051名。其中，具有审判职称人员624名，研究生以上学历232人；市中级人民法院有干警201名，其中具审判职称121人，研究生以上学历112人。受理各类案件89847件、审（执）结84320件，同比分别增长15.35%和12.87%，其中市中院收案6874件、审（执）结6674件，同比分别增长32.27%和39.56%。年内，淮安市中级人民法院被最高院表彰为"案例工作先进单位"；清河区法院被中央文明委授予第四批"全国文明单位"称号，全省法院系统唯一；金湖县法院被表彰为"全国优秀法院"，全省仅3家；淮阴区法院司法警察大队被最高人民法院表彰为"全国法院司法警察先进集体"，全省仅4家；淮安市中级法院摄制的首部法治微电影《父亲的礼物》被评为全省法院优秀宣传作品。

【刑事审判】 2015年，淮安市法院系统依法审结各类刑事案件3970件4832人，其中审结故意杀人、故意伤害、抢劫、绑架等暴力犯罪案件194件229人，审结醉驾、涉毒等犯罪案件1211件1273人，审结危害食品药品安全犯罪案件24件27人，审结贪污、贿赂、渎职等职务犯罪案件75件101人，有力保障经济社会发展和社会和谐稳定。依法严惩环境资源犯罪，审结涉环保犯罪案件13件30人，追究环境监管失职犯罪2件2人。认真贯彻全国人大常委会特赦决定，依法有序开展特赦工作。

【民商事审判】 2015年，淮安市法院系统审结各类民商事案件54532件，同比增长10.92%。倡导以和为贵，审结一审婚姻家庭、权属、侵权等纠纷案件18578件，调撤率74.68%。强化规则治理，发挥商事裁判引领作用，审结一审商事案件22238件，涉案标的额53.43亿元，商事案件判决率42.11%，同比上升1.15个百分点。依法支持金融改革，审结一审金融借贷纠纷案件11917件，其中民间借贷纠纷案件7966件。审结企业破产清算案件28件，化解债务总额1.59亿元，依法促进市场主体优胜劣汰。

【行政审判】 2015年，淮安市法院系统依法受理各类行政诉讼案件916件、审结804件，同比分别增长32.82%和26.5%。支持依法行政，以维持具体行政行为、驳回诉讼请求等方式判决行政机关胜诉367件、裁定驳回起诉207件。经法院释明或行政机关主动改变不当行政行为，原告自愿撤诉结案171件。强化被诉行政行为的合法性审查，在审结的案件中以撤销、确认违法等方式判决行政机关败诉55件。深化环境资源案件集中管辖改革，在清浦法院和市中院设立刑事、民事、行政"三审合一"环境资源专业合议庭。

2015年9月，江苏省高院党组书记、院长许前飞在淮安法院开展调研活动。
赵德刚　供图

【知识产权审判】 2015年，淮安市法院系统响应"大众创业、万众创新"号召，加大知识产权司法保护力度。受理一审知识产权案件628件、审结616件，同比分别增长318.67%和341.22%，其中审结一审商标权、著作权和专利权纠纷案件493件、106件和17件，依法保护公民和法人创新成果。加大对恶意侵权、重复侵权行为打击力度，依法惩处知识产权犯罪行为，审结一审知识产权及假冒伪劣商品犯罪案件10件25人。

【审判监督】 2015年，淮安市法院系统发挥审级监督功能，审结二审案件3621件，改判发回重审362件，占一审案件总数的0.65%。畅通当事人申请再审渠道，坚持诉访分离和化访为诉相结合，对当事人信访、申请再审和申诉，凡是符合法定条件的，一律依法立案复查。发挥再审审查程序解纷功能，受理申请再审案件498件，其中裁定驳回或撤回再审申请434件，决定再审64件，依法纠正不当生效裁判49件。做好量刑规范化工作，完善职务犯罪案件适用缓刑层报制度，对17名被告人适用缓刑，占一审职务犯罪案件的22.36%。

【审理1名厅局级干部受贿及重婚案】 2015年，淮安市中级法院公开开庭审理原南京市溧水区区委书记姜明受贿、重婚一案。市中院一审以受贿罪判处被告人姜明有期徒刑9年，并处没收财产人民币80万元；以重婚罪判处被告人姜明有期徒刑6个月，决定执行有期徒刑9年3个月，并处没收财产80万元。被告人姜明受贿犯罪所得财物共计折合人民币368万余元予以追缴，上缴国库。

【未成年人和家事审判庭】 为进一步保护未成年人、妇女、老人的合法权益，2015年，淮安市中院成立未成年人和家事审判庭，建成青少年法制教育基地，落实未成年人犯罪记录封存制度，帮助失足青少年回归社会。至年底，该庭收案312件。

【司法体制改革】 2015年，淮安市中级法院成立全市深化司法体制改革试点工作领导小组及其办事机构。起草、印发《全市法院2015年司法改革工作要点》《中共淮安市委深化改革领导小组2015年工作要点重点任务分工方案》《建立院、庭长行使审判管理权全程留痕制度的规定》《审判委员会工作规则》《审判委员会委员绩效考核办法》等文件。明确淮安经济技术开发区等4家法院、6家法庭、中院未成年人和家事审判庭作为审判权运行机制改革试点单位。指导4家试点法院、6家试点法庭围绕主审法官责任制、审判团队建设、院庭长审判监督管理3项重点工作，出台和完善相关制度规定46个。试点法院、法庭审判质效保持稳定，法官责任意识增强，法官人均结案数提升。先后3次对全市法院审判权运行机制改革试点工作进行督查，形成3份评估报告。

【留守儿童督促令被评为“十佳优秀实践案例”】 2月，盱眙县法院“运用督促令化解留守儿童违法犯罪问题”做法被全省依法治市领导小组评为江苏省“运用发展思维和法治方式推动工作解决问题”十佳优秀实践案例之首。2014年，盱眙县法院发出全国首张关注留守儿童《督促令》，受到广大媒体的关注，引起社会对留守儿童健康成长的广泛关注。（薄士军）

司法行政

【概况】 2015年，淮安市司法行政系统构建覆盖城乡、服务群众的工作体系，创新服务大局、服务群众的措施手段。全年省司法厅主要领导13次批示肯定淮安司法行政工作，德法同行、基层基础两个现场会在淮安召开。市、县两级办理司法救助案件19起，发放救助金227.22万元。全

9月25日，全省“德法同行”现场会在淮安召开，省司法厅副厅长张光东、周红养视察清河区“夕阳红“法治文化广场爱心法律服务亭。　池锋　供图

市各级人民调解组织受理矛盾纠纷19242件，调解19050件，调解成功18973件，劝阻群体性上访259批次、3889人。

【全覆盖司法体系】 2015年，淮安市基本建成县、乡、村三级公共法律服务平台，初步构建“小机关、大窗口、柜台式”服务模式。全年律师办案10543件，办理公证业务15755件，法律援助办案5564件，受援人满意度100%，连续10年有案件入选全省法律援助十大优秀案例。新增12个市级法治示范点，县（区）级法治宣传教育中心全部建成，4部《H5讲述‘六五’普法故事》作品获全国二、三等奖，市法宣办获组织奖。全省首个“法治农民画创作基地”在淮安区博里镇挂牌，并通过“六五”普法考核验收。特殊人群管理服务工作不断规范，全年接收社区服刑人员2748人，重新犯罪率0.1%，接收刑释解教回归人员3827人，衔接率、帮教率均为100%，各地社区矫正、安置帮教中心不断提档升级，完成特赦工作任务。矛盾纠纷调解案件录入率100%，个案补贴基本到位，城区、县城镇派出所“派驻式”人民调解工作室全部建成。

【司法鉴定】 2015年，淮安市有司法鉴定机构14家，业务涵盖法医临床、法医毒物—酒精检测、法医精神病、司法会计、房地产价格、建设工程检测、车辆检测、微量检测、法医病理、法医物证等。全年受理司法鉴定委托5722件，业务收费737万元，采信率100%。

【司法行政服务民众】 2015年，淮安市积极推进公共法律服务中心与12348公共服务平台整合，构建实体与网络相融合的立体化服务体系，将更多力量和资源推向一线，有效解决司法行政机关化和碎片化问题。市律师协会专门成立公共法律服务业务委员会，全市研发8大类382项公共法律服务产品。开展“法润淮安·春风行动”，组织各类法律服务人员，投身服务农民工和困难群众活动。组织实施“维护农民工权益百日专项行动”“农民工学法周”“12348法润千万家”“公证农村行”“公证助残月”等专项活动，打通司法行政联系服务群众的“最后一公里”。探索社会热点领域专业性调解组织建设，在全省率先成立事业单位性质的城区医患纠纷调处中心。抓基层民主法治创建，全市新增国家级民主法治示范村2个，省级民主法治示范村（社区）创建率33%，达到法治城市创建标准。

【司法行政融合发展】 2015年，淮安市司法行政融合发展态势逐步形成，基层工作活力增强。在全省率先组

建“台商法律服务律师团”，出台《关于深化台商法律服务工作机制的意见》。创新开展“德法同行”活动，深度挖掘优秀传统文化资源，打造“一县一品”“一区一特”品牌。将道德元素融入调解过程，成立道德模范人民调解“帮帮团”，将“互联网+”思维融入矛盾纠纷调解，探索建立“网上调解室”，被纳入全省试点项目。推动多元化社会组织参与普法，出台《关于创新社会普法教育机制的意见》。创新建立监地双方人员沟通机制，组织监狱挂职干警创新开展“蹲点司法所”活动，深受基层好评，在全省推广。

【基层司法行政建设】 2015年，淮安市推动基层司法行政建设。12月3~4日，江苏省司法行政基层基础工作会议在淮安召开，淮安基层司法行政基础建设得到肯定。持续推进司法所体制改革，将司法所主要资源和力量配置到服务前台，促进司法所工作的便民化、规范化。全年有1个司法所和2名司法所所长被司法部表彰，其中清河区司法局水渡口司法所被表彰为“全国先进司法所”，涟水县涟城镇司法所所长陆云惠、金湖县黎城镇司法所所长顾群被表彰为“全国模范司法所长”。加强信息化建设，全市系统内、外网网站建成并投入使用，开展移动办公和业务终端运用，提前完成司法行政专网带宽升级和司法行政专网计算机配备任务，完成二级数据中心立项采购。

【司法行政队伍建设】 2015年，淮安市推进司法行政队伍建设。强化编制管理，落实57个基层政法干警名额，并完成招录。完善队伍教育培训机制，举办专题党课、实景课堂、脱产学习等干部集中培训。逐步健全人民调解三级培训体系，全年累计培训各类调解员8000人次，完成专职人民调解员和社工首次职业培训考试。坚持全面从严管理要求，推进“三严三实”专题教育和律师队伍全面依法治国专题教育。“普法达人潘恒球”“司法所长韩夕玉”“援藏律师王名海”等先进事迹经中央电视台等主流媒体持续报道，引发社会热议。 （盛　杰）

仲　裁

【概况】 2015年，淮安仲裁委员会受理平等主体之间的合同和财产权益纠纷案件460件，同比增长48.3%；受理案件标的5.1亿元，同比增长122%，无撤销或不予执行案件，无一起因裁定不公引发上访事件。在2015年度长三角仲裁工作会议上，淮安仲裁委被评为“最具公信力”奖。

【创新仲裁服务】 2015年，淮安仲裁部门针对市政府重大决策以及涉府合同、商事谈判等经贸活动，主动提供优质法律服务。服务重点项目，围绕全市经济发展、城乡建设、和谐构建“三个升级版”战略，针对城市骨架拓展中重要建设项目的实施，制订具体工作计划，超前为投资人、项目法人和施工企业提供仲裁法律服务；立足全市经济社会发展实际，积极服务市及各县（区）各类经济园区项目建设，主动为园区管理方、建设方和施工方提供仲裁法律服务，推荐规范的合同文本，预设仲裁化解矛盾纠纷的途径和机制。开展品牌服务，深化“点线面”法制服务，继续联系重点企业、重点项目，做好跟踪服务，每个月至少与挂钩企业联系一次；打造台资服务仲裁品牌，与市台办等有关部门联合出台《进一步加强为台资企业提供仲裁法律服务的工作意见》。打造创新项目，把创建金融服务绿色通道作为年度仲裁创新项目。全年市仲裁委受理金融类案件类型涉及银行、担保、典当、民间借贷等，标的额8332万元。

【仲裁宣传推广】 2015年，淮安市以《中华人民共和国仲裁法》为重点，加强重点部门、行业以及县（区）分会的渗透式、辐射式宣传，提升全社会仲裁意识。加强与《淮安日报》《淮海晚报》、淮安电视台宣传合作，设立固定版面、栏目，加强仲裁法律宣传长效性；利用《中华人民共和国仲裁法》实施20周年契机，组织市人民银行、市银监分局、市保险协会等9个部门单位负责人在报纸上专版刊文，倡导用仲裁方式化解经济纠纷。加强与县、区以及建筑管理部门、江苏沙钢集团淮钢特钢有限公司、淮安城市资产经营有限公司等部门和企业的联络工作，深入市场主体，加强案源拓展；参加全市担保行业交流会，以案说法，分析全市担保业经营中的法律风险漏洞，建议各担保公司注意国家担保法律的新变化，适时统一修订担保合同。市、县（区）联动，形成以淮安仲裁委为核心、辐射全市的宣传服务仲裁圈；在市政务中心设立仲裁宣传点，并通过仲裁分会在各县（区）政务中心设置仲裁宣传点；建立仲裁联络员制度，将仲裁法律服务工作向基层延伸。

【仲裁制度建设】 2015年，淮安仲裁部门强化案件审理，出台多项制度保障案件质量，办案质量和调解率提高。加强仲裁员队伍管理，与市检察院联合出台《加强检察监督促进公正仲裁试行意见》等规章制度，通过制度对仲裁员的仲裁行为、仲裁程序进行监督检查。加强队伍建设，组织参加清华大学、中国政法大学以及法律专门培训机构组织的仲裁业务培训班和法律实务培训班，和淮安中院联合举办全市仲裁人员法律业务培训班。加强机构建设，建立仲裁案件网上办案系统，实现案件受理、审理、监督、分析的网上流程管理。

【仲裁分会建设】 2015年，淮安市进一步提升各仲裁分会工作。金湖县、淮阴区、洪泽县等仲裁分会与县（区）住房和城乡建设局、工商联、金融办等单位联合发文，宣传推广仲裁制度。涟水、盱眙分会在县政务中心挂牌安排接待处，接受仲裁业务，解答仲裁咨询，提高仲裁工作知名度。淮安经济技术开发区分会将仲裁分会的成立列入十大惠民工程，推动仲裁分会机构完善。淮安区分会发挥法制办在政府合同、协议审核环节把关的优势，将仲裁条款写进合同中，利用仲裁方式解决处理政府合同纠纷。清河、清浦分会利用全国法制宣传日系统宣传主体活动、综治和平安宣传月等活动进行仲裁法律宣传；在区法律援助中心、区矛盾调处中心、区信访接待中心等区域设置仲裁宣传点，发放仲裁宣传资料；利用辖区醒目位置

的LED屏、街道和社区宣传栏等平台载体宣传仲裁。（梁　璟）

军　事

淮安军分区

【概况】 2015年，淮安军分区围绕年度工作任务，把握“统领、整顿、备战、改革、法治”五个关键词，加强思想政治建设，深化军事斗争准备，军分区全面建设持续向上向好。

思想政治建设　深入学习贯彻习近平主席系列讲话精神，扎实开展“学习践行强军目标，做新一代革命军人”主题教育活动，进行“新一代革命军人样子”大讨论和纪念抗战胜利70周年、“强军风采”系列文化活动，抓好中共十八届四中、五中全会和全军、军区政治工作会议精神学习贯彻，广大官兵听党指挥思想根基更加牢固。召开民兵思想政治教育和民兵基层党组织建设推进会，经验做法被原南京军区《政工简报》和省军区转发。

军事斗争准备　抓日常战备，落实军地联侦联情机制。高标准完成省军区民兵实战化训练试点任务，按时间节点完成大规模作战准备和“十二五”规划落实情况普查自评。兵员动员快速精准，接受军区人民武装快速动员准备检验评估，完成“联合行动-2015 B”战役实兵演习动员支前保障任务。

后勤装备建设　定期分析财经形势及重大财经事项，严格落实纪律规定，特别是中共十八大后新规禁令，把有限经费向军事斗争准备倾斜，持续推动饮食服务、油料供应、物业管理社会化保障改革，改善官兵办公、生活条件，加强有偿服务项目安全管理。落实民兵武器装备统存统管，加强武器装备仓库基础设施配套建设，修建进出道路，改善工作生活环境。

部队保持集中统一和安全稳定　加强部队正规化建设和重大问题防范，依法规范工作秩序，强化官兵法规观念和纪律意识。做好防暴恐和安全隐患排查整治工作，加强硬件建设，完善应急措施，落实风险评估、预想预测制度。定期组织涉密计算机及存储载体清查，强化保密制度落实。

党委班子和干部队伍建设　开展“三严三实”教育活动，高质量抓好集中学习、延伸教育、党课辅导，高标准开好专题民主生活会和组织生活会，集中开展依法从严治军大检查，推进专项清理整治，全面肃清郭伯雄、徐才厚案件影响，引导官兵严守政治纪律政治规矩。按好干部标准选干部、配班子，两级党委按程序、按规则、按集体意志办事。

军政军民关系　军地互办实事260件。参与新一轮全国双拥模范城评选创建工作，成功通过江苏省检查考核组考评。开展扶助老区工作，得到军区肯定。创新随军家属就业安置模式，坚持军人子女择优入学，遵循“重要机遇，珍惜资源”八字理念，安置转业干部，军政军民关系更加扎实牢固。（朱立军　孙立群　董　炜）

【联合遂行过境部队支前保障行动】 按照省国防动员委员会统一部署，8月13日~19日，淮安市国动委组织所辖八县（区）国动委，按照“统一指挥、军地联动、真演实保、确保质量”指导思想，以过境部队提需求、市国动委抓协调、当地政府抓落实为原则，遂行过境部队支前保障行动。13日，市国动委在军分区召开部队过境支前保障任务部署会，按照《应急保障预案》形成配套方案体系，建立以政府为主体、以军事机关和职能部门为骨干的军地联合指挥机构。8月16日、17日，采取自导自演、异地同步方法，演练成立市、县两级动员支前指挥所，演练涵盖大规模作战背景下支前行动所涉内容，符合“实情、实案、实兵、实地”要求。8月19日，部队顺利过境淮安，动员支前保障行动完成。行动期间，原总政治部、南京军区、第12集团军、江苏省军区和省国动委领导等到达相关保障现场观摩。（王　洪　杨健勇）

【抢险救灾安保执勤】 2015年，淮安军分区坚持服务地方经济社会建设需要，在练兵中用兵强兵。年初，淮安地区普降大雪，军分区及时组织民兵支援地方扫雪除冰。6月10日，军分区领导视察盱眙病险水库，就加强汛期水库安全提出明确要求；与辖区防汛抢险任务部队进行任务对接，军地协作勘选救灾直升机备用起降点。组织民兵参加巡逻查滩、大堤加固、道路抢修等防汛工作。6月中旬，“盱眙龙虾节”举办，组织民兵积极配合地方做好各项安保工作。全年淮安军分区组织现役与民兵预备役力量多次参与执勤和抢险救灾，均完成任务。

【民兵实战化训练】 2015年，淮安军分区按照“打牢基础、比武竞赛、演练检验”的思路，提升民兵训练实战化

8月17日，“联合行动-2015 B”过境部队支前保障行动在淮安进行，图为市国动委领导在行动现场检查准备情况。　淮安军分区　供图

水平，指导县(区)人武部以应急维稳、抗洪抢险、防化救援、森林灭火等课目为重点开展自训，完成全年训练任务。按全省民兵实战化训练试点任务要求，编写《民兵分队实战化训练纲目》。3月，组织全区干部骨干进行实战化训练纲目试训暨教学骨干集训，为民兵实战化训练探索方法路径。6月上旬，依据省军区“要到可能的救灾地区进行现地训练”要求，在洪泽湖二河段组织90名军地抗洪抢险骨干进行联训联演，县(区)、乡镇抗洪抢险指挥长现场观摩汇报演示。11月，组织民兵干部骨干进行比武竞赛，全面检验民兵实战化训练成果，提升民兵应急连实战化水平。12月，按情况诱导、分析判断、指挥决策、行动处置流程，开展涟水机场防卫行动实兵演练，演练研判敌情、抓捕潜特、抗敌破袭等内容，探索重要目标军警民联防方法路子。(高　原　黄海涛)

【军地合建军事指挥信息系统投入运行】 2015年，淮安军分区与市移动公司密切协作，推进军事指挥信息系统建设。10月底，全区各点位宽带基础传输网和分区本级高清视频会议网全部建成；程控电话交换网割接和可视电话网安装调试工作全面完成；单位机房地线、防雷设施等“末端机线”做好全面检查与维护。11月4日，江苏省军地联合检查组到淮安军分区实施检查验收，确认淮安军分区军事指挥信息系统通过验收。

(高　原　常仁连)

【军分区警备工作】 2015年，淮安军分区强化警备工作，维护淮安地区军人军车良好形象。建强警备纠察队伍，落实装备，组织训练，提高业务技能。完善警备设施建设，按照警备工作要求抓落实。遂行警备执勤任务，全年查纠违纪车辆3台，纠查违纪军人5人。(秦跃泉　尤爱国)

【基层武装部规范化建设】 2015年，淮安军分区积极协调市政府为各县(区)人武部民兵应急队伍增购专业救援车辆装备。多次组织对基层武装工作检查抽查，督促各县(区)人武部建立企信通、手机群等综合信息平台，定期向基干民兵发送政治教育、兵役常识、工作动态等信息。6月24日，在淮安区人武部召开全区战备规范化建设试点观摩会，推动民兵各项活动制度在县(区)、乡镇街道和民兵之间互动交流。年内，省军区、军区分别组成检查组，对淮安军分区民兵整组、基层规范化建设情况进行检查验收，淮安军分区基层建设工作得到肯定。(王　洪　常仁连)

【军队社团工作专项清理整治】 2015年，淮安军分区开展军队人员参加社会团体情况专项清理整治工作。以中央军委批准的《军队社会团体管理工作规定》为依据，开展“严守政治纪律和政治规矩”专题党课教育，对广大官兵进行社会团体专项清理整治再教育、再强调，强化官兵政治意识、大局意识和责任意识。结合分区实际，发动全体官兵自查自纠，组织所属干部、战士和在职职工以及离退休人员，逐一填写《军队人员参加社团情况报告表》，有针对性地派人到地方民政部门进行沟通核实，确保所有信息准确无误。组织分区本级和所属单位，开展专题党日活动，通过党员汇报思想、谈心交心等形式，逐一进行对照检查，相互点评，以达到讲清问题、澄清事实、提高认识目的。通过谈心交心，每名干部党员都向党组织交出一份“明白账”。11月，淮安军分区代表省军区接受军区专项检查，受到好评。(朱立军　董　炜)

6月19日，淮安市加强民兵基层党组织建设推进会在涟水县召开，图为参会人员在参观相关展览。 淮安军分区　供图

【有偿服务单位消防隐患整治】 2015年，淮安军分区协调市消防支队，抓好有偿服务单位消防安全工作。结合暑期安全竞赛和抗战阅兵期间有偿服务单位易燃易爆危险品专项检查，对布匹市场实施集中闭场停业，执行消防整改方案。通过组织市场建筑测绘，编制全覆盖监控系统方案，设置消火栓区域标识和围栏，开展弱电线路整治，实施市场零号区门面房改造，制作张贴防火温馨提示牌，安装宣传广播系统并常态开展消防知识宣传等，使布匹市场消防隐患得到根治。(潘　勇　涂汪红)

【营区环境改善】 2015年，淮安军分区加强营区基础设施升级改造，提升建、管、用水平，改善官兵工作生活环境。先后完成机关办公楼电梯更换、卫生间改造，机关食堂水电改造、空调安装，营区国旗台绿化改造等项目。为机关营区安装19台净水机，更换全部营区路灯，并为干部宿舍安装空调和热水器。指导干休所抓好营区整修和食堂改扩建工程，协调军区给干休所战士宿舍配发制式高低床。

(潘　勇)

【县(区)武装工作】 清河区征兵工作受表彰　2015年，清河区在征兵工作过程中，出台激励措施，严格按程序办事，保证输送兵员质量。针对清河区应征青年数实际，区人武部确定按入伍“五优先”原则征集兵源，即高学历青年优先、困难家庭青年优先、基层推荐优秀青年优先、去年应征合

格没有入伍者优先、年龄较大且属最后一年者优先。年内，清河区圆满完成新兵征集任务，征兵工作连续14年无责任退兵，连续3年受到军区、省军区表彰。（涂汪红）

清浦区建立民兵参与社会建设常态机制　清浦区人武部按照“在参建中兴武，在富民中强兵”思路，将民兵参与社会建设作为深化军民融合发展实际举措，与区委组织部联合下发《关于组织民兵参与社会建设的实施意见》，形成民兵参建工作常态化落实机制。结合民兵整组训练，在民兵队伍中开展“当好政策宣传员”“争当致富带头人”活动，组织民兵在农科成果推广、城市综合治理、企业岗位生产等各项工作中当模范、争先锋，将民兵参与社会建设与民兵队伍自身建设结合起来，找准民兵参建与自建结合点，调动民兵岗位生产积极性，实现岗位练兵强兵目标。区人武部先后组织民兵参加扫雪除冰、疏浚河道、整治环境等参建活动，提升全区民兵队伍素质，达到战斗力与生产力“双提共赢”。（唐　亮）

淮阴区国动委被表彰为省先进国动委　淮阴区国动委进行各项动员支前保障工作，圆满遂行省国动委赋予的过境部队支前保障行动，被省政府、省国动委、省军区联合表彰为“全省先进国动委”。协调各相关单位，将动员支前保障工作作为促进军事斗争准备深入发展重要举措，作为检验作战准备和实战能力“终极大考”，在经费、物资、器材等各方面予以保障，推动党、政、军、警、民形成合力。8月17~19日，“联合行动—2015B”过境部队支前保障行动全面展开，原总政治部、南京军区，江苏省军区和省国动委领导均到达淮阴区保障现场。淮阴区国动委按既定方案有序展开对接安排，支前保障工作得到各级领导高度评价。（徐礼明）

淮安区人武部被省军区评为安全管理工作先进单位　淮安区人武部狠抓安全管理工作，把维护大局、确保安全稳定作为“主官工程、保底工程”来抓。开展“学法规、明职责、严纪律、正秩序”活动，组织学习条令条例和各项规章制度。坚持工作日交班、安全教育、形势分析、安全检查、考核激励等制度，把法规当作筹划开展工作依据、检查指导工作准绳、研究解决问题武器，做到严格落实、不随意变通，全面落实、不任意取舍，长期落实、不虎头蛇尾。对上级强调的责任制，做到有人抓、有人管，确保部队安全稳定。突出“人车枪弹密，毒火油电气”管控，深入开展“枪支弹药”和“易燃易爆危险品”两个大清查整治活动，消除安全隐患，打牢单位安全发展基础。年内，淮安区人武部被省军区表彰为安全管理工作先进单位。（葛成靠）

涟水县“五建”并举规范民兵基层党组织建设　涟水县按照“编齐配强队伍、建立健全组织、探索落实制度”工作思路，采取调研论证、先行试点、总结推广等步骤，下发《涟水县加强民兵基层党组织建设实施细则》，探索形成民兵应急营连党组织常态建、基干民兵党组织属地建、行业系统党组织分类建、普通民兵党组织融合建和抽组遂行任务民兵分队党组织临时建“五建”机制。《细则》明确民兵基层党组织必须建立“四项制度”，即组织生活制度、学习培训制度、保持联系制度和创先争优制度；达到“八有标准”，即有规范的民兵基层党组织称谓，有相应的办公室和活动场所，有健全的组织设置和主要职责，有完善的组织制度和议事规则，有齐全的党组织和党员基本档案，有详细的活动计划和培训方案，有系统的登记统计和相关资料，有统一的工作图板。6月中旬，淮安军分区在涟水县高沟镇许庄村和江苏今世缘酒业股份有限公司召开全市民兵基层党组织建设推进会，涟水县经验做法被省军区转发。10月中旬，省军区领导到涟水县高沟镇许庄村和江苏今世缘酒业股份有限公司检查调研，对县民兵基层党组织建设情况给予高度评价和充分肯定。（侍述谦）

金湖县人武部党委被表彰为先进团级单位党委　金湖县人武部党委坚持把学习贯彻习近平系列重要讲话精神作为首要政治任务，加强党委班子建设。加强党的创新理论学习，广泛开展群众性大讨论，始终把建设“三型”（学习型、服务型、创新型）党组织作为加强党委班子建设的重要目标。抓好民主集中制贯彻落实，严守党的政治纪律、政治规矩，完善党员学习、管理、监督机制，党委正副书记坚持以普通党员身份参加党组织生活，带头践行党章和党内政治生活准则，时时处处把自己置于党组织教育管理和监督之中。3月，集中6天时间开展“学习践行强军目标、做新一代革命军人”主题教育和“正确面对得与失，凝心聚力抓准备”专题教育活动。在营区醒目位置、走廊、电梯和主要办公场所设置强军目标宣传标牌，营造浓厚战斗文化氛围。以纪念抗日战争胜利70周年为契机，组织干部职工观看抗战影片，了解抗战历史，感悟中国军民反抗侵略不平凡历程；利用民兵整组和重大活动等时机，组织民兵预备役人员开展时事政策、形势战备、战斗精神教育。7月，县人武部党委被省军区表彰为“先进团级单位党委”。（何春钦）

盱眙县开展“盱眙军中星，创业我能行”活动　中共盱眙县委、县政府和县人武部联合开展“盱眙军中星，创业我能行”评选表彰活动。各基层乡镇（街道）通过集体推荐、个人自荐，从近百名侯选人中遴选出5名现役官兵和5名复退军人进行表彰，宣传他们献身军营，立功受奖和退役之后自主创业、带动致富的典型事迹，发动家乡父老为身边最可爱的人点赞。《解放军报》《人民前线》《中国国防报》进行宣传报道。（章　程）

武警淮安市支队

【概况】2015年，武警淮安市支队抓好官兵思想政治教育，提高官兵军事素质，推动军队基层建设。年内，支队被武警总部授予“连续9年安全预防工作先进单位”，多年保持“教育无盲区、管理无死角、安全无隐患”。10月18日，中国人民武装警察部队后勤部部长少将孔诚到武警淮安市支队视察，对支队现代后勤建设和部队全面建设给予充分肯定。

【思想政治建设】2015年，武警淮安市支队深入贯彻古田全军政工会精神，坚持用习近平系列重要讲话精神铸魂育人，官兵“绝对忠诚、绝对纯洁、绝对可靠”思想根基更加牢靠。紧贴形势任务和官兵思想，抓实“践行强军目标、做新一代革命军人”主题教育和经常性思想工作，开展“军人样子”大讨论、“强军风采”系列文化和读书看报用网等活动。加强任务中政治工作研究，跟进做好宣传报道和安全预防工作。推进“三严三实”专题教育整顿，坚决肃清郭伯雄、徐才厚案件流毒影响，坚持问题导向，坚持上下联动纠治不正之风，“人人都要敢担当、凡事都要讲规矩、时刻都要保稳定、上下都要扬正气”四种理念渐入人心。

【军事行政】 2015年，武警淮安市支队开展执勤安全教育整顿和勤务鉴定活动。召开市监管联席会议，推进执勤隐患治理，争取支持完成作战勤务指挥中心改造，部队执勤秩序更加规范，确保执勤目标安全。贯彻军事训练规定和总队战训法集训精神，通过抓轮训、抓全员推动实战化训练，利用“卫士-15”演习和拉动演练锤炼首长机关，部队遂行多样化任务能力得到提升，3人在总队军事训练比武竞赛中获得“标兵能手”称号。按照“多能一体、有效维稳”的战略要求，突出抓好反恐力量建设，抓好敏感期战备工作，常态抓好城市武装巡逻，先后出动兵力4500人次，完成金湖荷花节、盱眙龙虾节等各类临时勤务80余起，成功处置2起疯牛伤人事件。

【现代后勤建设】 2015年，武警淮安市支队按照“后勤变前勤”的要求，紧贴实战需要，科学预测需求，及时修订各类应急保障预案，优化编组，配齐装备，加强训练，定期拉动，做好随时遂行应急保障任务准备。着眼“一专多能、一兵多用”要求，开展岗位练兵，先后组织12批各类专业兵培训，专业兵综合素质和应急保障能力得到提升。巩固深化现代后勤建设成果，按照“建修并举、功能整合”改造，“细化标准、升级达标”完善，“现代智能、一步到位”新建的要求，统筹推进基础设施建设和营区“武化”综合整治，协调推进区中队、盱眙中队搬迁规划设计等事宜，基础建设层次得到提高。坚持依法治后，提升规范管理水平，持续开展“伙食管理规范年”活动，开展枪弹专项清查整顿和“百日安全行车”活动，跟进做好医疗卫生工作，保中心、保生活、保基层的效益稳步提升。

【军队基层建设】 2015年，武警淮安市支队认真学习贯彻新《军队基层建设纲要》，坚持重心下移、大抓基层，开展以“学理论、学业务、学法规、学管理”为主要内容的“四学”活动，采取集中培训、以会代训和党委机关蹲点帮建等方法搞好一线帮带，基层干部按纲抓建的意识和能力得到提高。坚持依法治警、从严治警，落实总队经常性工作规范推进会精神，开展“严制度、守纪律、强责任、除隐患”专题教育整顿，紧盯安全工作八个规范，持续推进安全大检查和百日安全竞赛活动，部队秩序更加正规，安全基础更加牢靠。注重密切警政警民关系，参与驻地经济建设和“五城同创”活动，代表驻淮安部队接受“双拥模范城”考核。市武警支队直属大队被江苏省总队表彰为“基层建设先进大队”，淮安市中队和洪泽县中队被江苏省总队表彰为“基层建设先进中队”。

（武警淮安市支队）

武警淮安市消防支队

【概况】 2015年，武警淮安市消防支队接警出动4342起，抢救疏散人员2642人，保护财产价值近2.5亿元。其中，火灾1025起，死亡11人，受伤5人，直接财产损失929.9万元。完成抗战胜利70周年纪念活动、中国—中东欧领导人会晤等重大消防安保任务，成功处置“4·17”涟水县永丰纸业有限公司、“7·29”淮安区中天生物工程有限公司、“12·18”淮安经济技术开发区宏恒胜电子科技（淮安）有限公司等急难险重火灾爆炸事故。完成山东省日照市“7·16”液化烃储罐爆燃事故跨区域增援任务。市支队被省消防总队评为“全省消防执法先进单位”，三级警士长陈新宽获第十届江苏青年五四奖章。

【消防工作责任体系建设】 2015年，淮安市召开全市消防工作、冬春火灾防控等专题会议10余次，市政府常务会议每季度研究部署消防工作。依托市消防委员会平台，开展5次督导检查、1次考核验收，推动消防工作落实。开展夏季消防检查、社会福利机构、“九小场所”（小学校或幼儿园、小医院、小商店、小餐饮场所、小旅馆、小歌舞娱乐场所、小网吧、小美容洗浴场所、小生产加工企业）检查、冬春火灾防控等专项行动，检查社会单位2.8万家，督促整改火灾隐患4.3万处，全市连续13年未发生一次死亡5人以上火灾事故。健全完善“专项督办、部门抄告、火灾追责、问题曝光”工作制度，提请各地政府挂牌整改重

10月18日，武警总部后勤部部长孔诚到武警淮安市支队视察指导。
武警淮安市支队　供图

大火灾隐患单位20家、区域性火灾隐患2处。市公安局出台《2015年度全市县级公安机关消防工作绩效考评实施细则（试行）》，提升基层公安消防工作质效。推行区域联防、行业标准化管理等举措，发展区域联防组织25个，建成微型消防站473个；推广安装简易喷淋23套、独立式烟感报警器2290个。用好微博、微信宣传平台，加大消防宣传力度，受教育群众50万人次。在2015年度“消防安全示范课”征集活动中，市消防支队被省教育厅、公安厅评为活动组织奖；3人被部消防局评为“全国首批优秀社区消防宣传大使”，2部消防公益广告获全省消防公益广告二等奖、三等奖。

【消防战斗能力】 2015年，淮安市消防部队面向实战、聚焦实战，采取普考、抽考、比武竞赛等形式，提高消防部队业务能力。组织参加省消防总队四项建设考核竞赛、支队级司令机关业务竞赛活动，1人被省公安厅表彰为全省警种业务标兵民警并记二等功，基础体能竞赛获全省第二名。实施“科技强消”战略，投入200余万元在全省较早建成消防设施联网监测系统。加快推进消防大数据、危化品消防安全监管平台建设，并在洪泽县、淮安区开展试点。在省公安厅2015年度科技强警奖评选活动中，水带提篮被评为应用类二等奖。在灭火救援装备“小革新小发明小创造”评比活动中，灭火作战模块被公安部消防局评为优秀奖、被省消防总队评为一等奖，便携式指挥台板被省消防总队评为三等奖。

【消防基础工作】 2015年，淮安市加快推进多种形式消防队伍建设，全年新增政府专职消防队员37人、消防文员60人。继续补齐、配足常规器材装备，强化新型装备配置，全市投入2200万元购置消防车14辆、装备器材7000余件（套），部队作战能力得到保障。建成淮安工业园区消防站并投入使用，完成清安消防站主体工程，稳步推进灭火救援应急中心二期工程，建设市政消火栓776只、消防车取水点8个。全年全市消防部队争取消防经费7160.23万元，同比增长30.97%，各县（区）基本完成省定目标，其中市本级2550万元，同比增长34.2%。（武警淮安市消防支队）

人民防空

【概况】 2015年，淮安市建成市级人防地下指挥所、地面应急指挥中心和机动指挥所，8个县（区）地面指挥中心、6个县级机动指挥所及淮阴区基本指挥所建成使用，全市城区社区民防工作全覆盖，并逐步向乡镇延伸。市民防局被国家人防办评为宣传报道先进单位，在全省民防系统综合考评中位列第二，连续8年走在全省前列。

【民防应急保障】 2015年，淮安市民防部门着力提升应急保障能力。参加省民防“TW-2015”核应急网上检验性演习，完成演练保障任务；多部门联动，开展“9·18”警报试鸣活动，全市机关、学校、社区居民6.9万人开展应急疏散演练；参加第四届全省“民防杯”无线电应急通信演练比赛，获团体一等奖。高标准完成专业队整组，全市整组2400人，参训率83%；按要求建成心理防护、信息防护和引偏诱爆3支专业队，为遂行防空防灾使命任务增添新生力量。承担全国人防新大纲试训任务，示范教学科目在全国人防“青岛”集训中专题汇报演示，得到国家人防办和南京军区人防办的肯定，被省民防局评为新大纲试训先进单位。推进指挥场所建设，淮阴区基本指挥所建成并投入使用；洪泽机动指挥所完成合同签订。按照警报建设规划科学布点，新建固定警报器8台，完成目标任务的400%。推进多媒体防空防灾警报终端试点建设，50台多媒体警报终端全部建成并参加全省“9·18”警报试鸣活动，受到省民防局表彰。按照“因地制宜，贴近实战”的原则，高标准编制城市防空袭预案并通过评审。完成淮安市核应急预案编制上报工作。

【民防指挥通信】 2015年，淮安市逐步提高民防通信保障能力。更新设备，推进“一网四系统”（人防信息基础网络，人防预警报知系统、人防指挥控制系统、人防防护救援系统、人防综合保障系统）建设，省、市、县三级通信网络改造、重要经济目标视频监控改造、多源情报综合处理系统建设以及地理信息系统加载与更新等建设任务基本完成。畅通链路，开展通信战备执勤培训，视频会议呼叫保持率和年度综合数据采集完整率、准确率均保持100%。以练代训，开展机关野外适应性训练，开展机动指挥所车场日及固定指挥所训练活动，通过训练检验设备功能，提高指挥通信平台的综合保障能力。

【人防工程建设】 2015年，淮安市人防工程建设增速平稳、质量提升。中心城区人防工程建设任务完成，新立项、开工、竣工工程面积分别完成年度任务的194%、242.5%和120.7%。推动中心城市重点项目建设，先期投入资金1000万元用于自建工程淮海地下广场升级改造，保证项目建设快速推进；16个重点项目投资总额2.73亿元，完成年度任务的104%。加强巡查检查力度，先后组织12次主城区人防工程安全巡视检查，严查违规使用行为，维护率在50%以上，检查率100%，人防工程安全使用得到保障。健全完善管理责任制，对人防工程安全隐患实施有效监控，通过督查、巡查加强人防工程监督管理，安全率100%。防护（化）设备企业生产安装活动规范有序，销售合同备案率100%；推行防护设备检测制度，竣工验收项目设备安装质量和防护效能检测合格率100%；抓质量监督，全年对148个工程建设项目进行质量监督，现场质监检查400余次，21个项目一次性通过竣工验收。

【人防经费筹集管理】 2015年，淮安市人防经费筹集8495万元，人防易地建设费7875万元。其中，中心城区人防易地建设费6833.8万元，完成目标任务的342%；平战结合净收入432万元，完成目标任务的216%。进一步完善内部监督体系，出台财务管理规定、县（区）重大项目建设补助规定，通过制度合理调度民防资金；开展经费使用情况大检查，联合市财政、物价、审计等部门开展县级人防经费使用审计，推动人防经费使用“阳光化、制度化、规范化”。

【民防依法行政】 2015年，淮安市认真组织重大民防行政决策评估活动，制定《行政决策程序制度》《重大行政决策合法性审查制度》及《行政决策责任追究制度》，全年无行政复议及诉讼案件发生；参加执法案卷评查活动，在全省民防行政执法案卷评查工作中获评为优秀等级，行政许可案卷在全市行政许可案卷评查工作中获“优秀行政许可案件”称号。定期会办违法违规案件，全年立案23起，结案21起，罚没金额95.5万元，到账74.5万元，违法案件查处率100%。对县（区）往年欠费项目进行集中清欠，全年追缴人防建设经费692万元，做到应收尽收，维护人防法律权威，分别被省民防局和市政府评为“六五”普法先进单位。

【民防宣传教育】 2015年，淮安市抓住国际民防日、全国防灾减灾日等节点，开展民防知识宣传普及活动，印发民防应急手册、宣传单10万余份。开展民防知识进学校活动，共计8万余名学生接受民防教育，全市民防教育城区初中开课率100%，小学开课率50%。开展全市小学民防知识课本编印及教育优秀课件设计评比活动，丰富学校民防宣传活动。

【民防科技创新】 2015年，淮安市民防部门开展多媒体警报规模化建设和综合应用。完成《人民防空食品储备供应站设计规范》《人民防空药品储备供应站设计规范》编制，并通过省级评审，为人防食品站、药品站的规划和设计提供重要依据，研究成果填补国内人防工程药品库、食品站规范的空白。 （程贤红　陈　蒙）

双　拥

【概况】 2015年，淮安市围绕全国双拥模范城创建目标，实现双拥工作跨越式发展。先后召开全市争创全国双拥模范城“四连冠”动员大会、争创全国双拥模范城“强化五个建设”基础工作现场会等10多次会议，出台《淮安市争创全国双拥模范城“四连冠”实施方案》《关于在全市实行“强化五个建设”基础工作的通知》等多份文件。市双拥工作领导小组与市直有关部门、单位和各县（区）签订双拥工作目标责任状，抓好整改落实。市双拥办明确专人，并从县（区）抽调人员整理归档2012年后所有档案资料，保证创建工作的顺利进行。

【双拥宣传】 2015年，淮安市围绕全国双拥模范城创建，进行多形式、多渠道、多视角、多方位的宣传发动，提高广大军民对双拥创建工作的知晓度、支持率和满意率，激发全市军民的创建热情。充分利用广播、电视、报刊、政府信息网、手机报等多个平台，宣传淮安市创建全国双拥模范城工作，及时反映创建工作动态。7月下旬，举办全市双拥文艺节目汇演，征集各类节目53个，其中双拥微故事17个，歌舞、曲艺等其他文艺节目36个。在高速公路出口、城区主要干道、淮安迎宾馆门口等地段，设计制作4幅大型户外双拥宣传广告。在清河区、清浦区、淮阴区等主城区人口密集区域添置和更新统一标识的双拥宣传牌5000余块，印制《双拥知识应知应会手册》8000册，制作张贴双拥宣传画和《争创全国双拥模范城市民倡议书》1000幅。在北京南北路、淮海东西路、健康东西路、解放路等两边制作双拥道旗3000余幅，在市区建筑工地的围挡制作巨幅双拥宣传画、宣传标牌、宣传橱窗200幅（块）。市双拥办、市电视台等联合制作双拥创建活动专题片，展示全市双拥工作成果。年内，市双拥办先后获评全省双拥宣传先进单位、全国双拥网络宣传先进单位。

【军民融合深度发展】 2015年，淮安市扶持军民两用产业发展，重点发展军民两用产品。江苏凡新新材料科技有限公司生产的新型木塑制品和江苏爱特福股份有限公司生产的消毒用品共同获得江苏省首批军民融合发展引导资金500余万元。依托江苏井神盐化股份有限公司建立省级国民经济动员中心——江苏省盐业动员中心。投资230万元的武警淮安市支队与地方网络安全和信息化融合发展项目基本建成。

【拥军办实事】 2015年，淮安市投资近2100万元开展军地互办实事。其中，市交通运输局投资150万元分别为淮安军分区、某集团军防空旅修建体能训练场和火车东站装卸点进出道路，清河区投资65万元为区消防中队改造训练塔。做好转业干部安置、随军家属就业和军人子女入学工作。全年接收军转干部73名，其中计划安置71名，自主择业2名，全部安置到位。其中，70人被安置进党政机关，1人被安置到执法类事业单位。安置随军家属32人、军人子女109人。

【县（区）双拥机构建设】 2015年，淮安市依据上级有关机构编制规定，对各县（区）双拥机构设置明确三种模式：即由各县（区）民政局局长兼任双拥办主任，并配备一名副局长兼任双拥办副主任主抓本地双拥工作的涟水模式；由各县（区）民政局一名副职兼任双拥办主任，并明确为主任科员，享受正科待遇的盱眙模式；由各县（区）委办或政府办一名副主任（或主任科员）兼任双拥办主任，主抓双拥工作的清河模式。截至年底，涉及双拥机构调整的县（区）基本调整到位。 （姬新雷）

【拥政爱民】 2015年，驻淮安部队积极支持淮安经济社会发展，开展济困助学、扶贫帮困活动，参加义务献血以及“军营助残牵手同行”、学雷锋等特色活动。淮安军分区干休所、南京军区联勤部淮阴干休所开展“学雷锋”送医送药进社区义诊活动，为广大市民免费提供健康咨询和简易治疗等。清浦区、金湖县、盱眙县等地开展丰富多彩的以军民共建为内容的学雷锋活动。2015年是淮安市创建全国双拥模范城“四连冠”关键之年。淮安军分区牵头驻淮安部队，积极参与评选创建工作，圆满通过检查考核组考评。开展扶助老区工作，帮建10个经济薄弱村，结对贫困学生34名，确立12个帮扶项目，落实扶助资金105万元。 （朱立军　孙立群）

地方组织机构

DIFANG ZUZHI JIGOU

（颜永志　摄）

中共淮安市委员会

淮安市人民代表大会

淮安市人民政府

政协淮安市委员会

纪检监察

民主党派 工商联

群众团体

领导人名录

中共淮安市委员会

会议决策

【中共淮安市委六届七次全会】 2015年7月17日，中共淮安市委召开六届七次全会，听取和审议市委书记姚晓东代表市委常委会所作的题为《思想再解放 责任重担当 全力以赴打赢上水平之年攻坚战》的报告。会议认为，2015年上半年，全市上下以学习贯彻习近平系列重要讲话特别是视察江苏重要讲话精神为工作主线，认真落实省委书记罗志军对淮安提出的"三点希望"，坚持以"四个全面"战略布局为统揽，主动适应和引领经济新常态，有力应对经济下行压力，统筹推进各项工作，经济社会发展呈现出"质态趋好、后劲增强、活力呈现、民生改善"的良好态势，主要经济指标增幅继续位居全省前列，基本实现"时间过半、任务过半"，为实现"三年上水平"奠定坚实基础。会议指出，当前淮安发展正处于重要关口，上级和群众的期待要求、市委市政府作出的庄严承诺、激烈的区域竞争、难得的历史机遇倒逼全市要有担当意识。要坚持知行合一，真正把担当内化于心、外现于行，落实到干部状态提升、重大项目突破、发展瓶颈破解上，全力开创淮安发展新局面。全会强调，党的领导是"四个全面"之魂。要围绕"四个更"目标，紧扣"五个重点"，坚持思想教育从严从实、努力练就理想坚定的"不坏之身"，坚持作风建设从严从实、坚决打破隔离群众的"无形之墙"，坚持队伍管理从严从实、着力打造能征善战的"必胜之师"，坚持反腐倡廉从严从实、共同奏响廉洁从政的"正气之歌"，不断提升管党治党实效，为加快科学跨越发展提供坚强保障。会议号召，全市各级党组织、全体共产党员和广大干部群众，要更加紧密地团结在以习近平为总书记的党中央周围，创新进取、干在实处，戮力同心、担当有为，为推动淮安科学跨越发展、加快全面建成小康社会和建设苏北重要中心城市而努力奋斗。

【中共淮安市第六次代表大会第五次会议】 2015年12月21~22日，中共淮安市委召开第六次代表大会第五次会议，审议批准市委书记姚晓东代表市委所作的题为《打造增长极 共筑崛起梦 向着更高层次科学跨越发展奋力迈进》的报告。会议认为，报告实事求是总结回顾"十二五"以来特别是市委六届三次全会确定的"三年上水平"工作成果，科学研判和提出"十三五"时期淮安发展面临的形势、要求和目标任务，全面部署了明年各项工作，完全符合中央精神和省委、省政府要求，切合淮安实际，对动员全市上下进一步强化使命担当，奋力谱写淮安"十三五"更高层次科学跨越发展新篇章具有重要指导作用。会议提出，能否在开局之年旗开得胜，直接决定着未来五年发展的态势，也直接影响着干部群众做好工作的信心。要全面贯彻党的十八届五中全会、省委十二届十一次全会和中央、省经济工作会议精神，牢牢把握稳中求进总基调，积极适应引领经济新常态，全力推动更高质量、更有效率、更加公平、更可持续发展，统筹推进经济、政治、文化、社会、生态文明建设和党的建设，努力把各项工作提高到一个新的水平，在开局之年形成健康较快增长、协调并进发展、特色亮点纷呈的强劲突破势头。要准确把握转型升级大趋势，在壮大规模实力、提升结构形态、强化科技创新、优化企业服务上下功夫，全力推动产业向集聚化布局、规模化发展、中高端迈进，在构建现代产业体系上实现更大突破。要打好深化改革攻坚战，深入推进重点领域改革，打通政府职能转变"关隘"，拓宽市场主体发展空间，推进新型城镇化体制机制创新，激活农村发展内生动力，在激发区域发展活力上增创更多优势。要融入扩大开放总格局，深化全方位对内对外开放，战略化融入大局、高端化提升层次、优质化搭建载体，在聚合跨越崛起动力上积蓄更强能量。要聚焦中心城市新定位，精心谋划城市布局、功能配套等问题，形成科学合理空间格局，增强中心城市综合功能，打造诗意栖居美好家园，在促进城乡统筹发展上迈出更快步伐。要增强广大群众获得感，坚持把民生需求作为根本导向，全面对标"七个更"要求，持续增加居民收入，提升社会保障水平，均衡发展社会事业，在推动民生事业发展上跨上更高台阶。要提升治理能力现代化，提高依法治市水平，推进社会治理创新，加强民主政治建设，在促进社会和谐稳定上营造更好氛围。会议强调，顺利实现2016年和"十三五"规划目标任务，党的领导是根本，干部队伍是关键。要认真落实全面从严治党要求，扎实推进党的建设和反腐败斗争，强化对党忠诚、坚贞不渝信仰执着，树立能者当之、有为有位鲜明导向，锤炼勤勉有加、严实相济过硬作风，保持有腐必惩、有贪必肃高压态势，为推动更高层次科学跨越发展提供坚强保障。会议号召，全市各级党组织、全体共产党员和广大干部群众，要更加紧密地团结在以习近平为总书记的党中央周围，以勇立潮头的激情、坚韧不拔的意志、攀登新高的追求，创新实干，担当作为，为推动淮安更高层次科学跨越发展和打造增长极、共筑崛起梦而努力奋斗。

【重要决策】 2015年，面对新常态带来的挑战和压力，中共淮安市委要求全市上下保持"咬定青山不放松"的定力和韧劲，聚焦重点领域，狠抓重点工作，落实新要求，推进新举措，确保全年各项目标任务顺利实现。要突出扩量提质、转型升级，在全力稳定经济增长的同时，更加注重在产业集聚发展、深度融合和科技创新上做文章，全力推动产业体系新提升；突出激发活力、增强动力，抓好"牵牛鼻子"的改革，推动政府职能转变再提速、市场主体活力再迸发、农村综合改革再深化、新型城镇化体制机制再突破，加速释放深化改革新红利；突出提升层次、集聚资源，主动融入中央和省对外开放的大战略大格局，在招大引强选优上寻求更大突破、做优承载平台上迈向更高台阶、加强对外经贸上创造更多成果，积极拓展开放发展新空间；突出优化布局、彰显品质，加快新型城镇化和城乡发展一体化步伐，进一步形成科学合理的架构体系、核心功能的极化效应、令人向往的独特魅力，着力构建现代城乡新形态；突出和谐发展、造福百姓，按照习近平关于民生工作“七个更”要求，持续推进民生改善，协调发展社会事业，深入推进依法治市，全力维护和谐稳定，致力促进群众生活新改善；突出立足全局、放眼长远，在抓好当前各项工作同时，在战略谋划、向上争取、统筹推进上下功夫，精心勾画未来发展新蓝图。

“十三五”是淮安全面建成小康社会的决胜阶段，也是奠定苏北重要中心城市地位的决战阶段。纵观淮安发展形势，现实性机遇叠加，基础性优势扎实，内源性动力充足，全市上下要因势而动、顺势而为、乘势而上，奋力开启一个新的火红发展年代。必须紧扣“牢记总书记嘱托，建好周总理家乡”政治责任，谱写好实现中华民族伟大复兴中国梦的淮安章节和“迈上新台阶，建设新江苏”的淮安篇章，以新使命引领新发展。必须紧扣“创新、协调、绿色、开放、共享”发展重要遵循，在实施创新驱动战略中增强动力，在实施工业强市战略中筑牢根基，在实施开放引领战略中扩大空间，在实施全民创业战略中激发活力，在实施城乡一体化战略中增进协调，在实施绿色发展战略中追求永续，以新的理念引领新的发展。必须紧扣“打造增长极，共筑崛起梦”宏伟追求，把“两大目标”作为阶段性重大任务，提升全面小康社会建设标杆，拓展苏北重要中心城市建设内涵，并按照带状拓展、极核提升的要求，全力推进淮河生态经济带开放发展引领区、沿运河城镇轴绿色发展示范区建设，使淮安成为苏北乃至更大区域的重要增长极，以新的方向引领新的发展。（花　群）

软环境建设

【行政审批制度改革】 2015年，淮安市推进以“5张清单、1个平台、7项改革举措”为主要内容的各项行政审批制度改革。其中，“5张清单”指行政审批事项目录清单、政府行政权力清单、投资审批负面清单、政府部门专项资金管理清单、行政事业性收费目录清单，“1个平台”指网上办事大厅和实体大厅结合的政务服务平台；“7项改革”指落实强化事中事后监管、推进监管执法体制改革、促进社会组织健康发展、推行政府购买服务制度、全面推行政府绩效管理制度、健全责任追究制度、深化地方政府机构改革。制定《年度行政审批制度改革重点工作督查推进方案》，细化工作任务，明确进度要求，定期督查通报进展情况。出台《关于深化行政审批制度改革加强事中事后监管的意见》，督促各部门制定后续清单式监管办法，明确监管责任，构建行政监管、信用管理、行业自律、舆论监督、群众参与相结合的综合监管体系。针对全市行政审批制度改革工作推进会交办事项完成情况、县（区）行政审批制度改革工作落实情况、行政审批制度规范化建设和涉企收费行为以及“三集中、三到位”（部门行政审批职能向一个科室集中、承担审批职能的科室向行政审批服务中心集中、行政审批事项向电子政务平台集中，切实做到审批事项进驻落实到位、授权到位、电子监察到位）情况、县（区）政务服务体系建设、市直审改重点部门任务完成情况，开展6次督查活动。

【“101%服务流动红旗”优质服务竞赛】 2015年，淮安市按照“打造101%服务品牌升级版”要求，出台《关于开展“101%服务流动红旗”优质服务竞赛活动的实施意见》。组织48个综合管理和重点执法部门、11个公共服务单位开展“101%服务流动红旗”优质服务竞赛活动，建设运行“101%服务流动红旗”优质服务竞赛网上在线评价系统，完成6次服务实绩公布和3次评选活动。制订2015年度服务品牌创建活动工作方案，打造特色化服务品牌，放大“101%服务”品牌效应，34个单位开展46个服务品牌创建。利用报刊、广播、网络和电视等媒体，全方位、多角度对软环境建设先进单位、典型实绩和优秀品牌集中广泛宣传。结合“101%服务流动红旗”优质服务竞赛活动，淮安日报社、淮安广播电视台联合推出《101%服务风采录》专栏，重点推介服务重大项目、重点企业和重要民生的创新举措和特色亮点。10月，《淮安日报》“风采展示录”刊出7期，“马上就办”专栏刊出2期7个单位竞赛情况，淮安电视台播出5期。10月21日《新华日报》第1版、10月28日新华网、10月31日人民网刊出竞赛宣传稿件。

【企业群众利益诉求解决】 2015年，淮安市按照“四个100%”（初访办结率100%、署名投诉反馈率100%、问题处理到位率100%、投诉人满意率100%）和“四个第一”（第一时间受理诉求、第一时间协调处理、第一时间解决问题、第一时间反馈回复）要求，拓展投诉渠道，完善投诉平台，为企业和群众排忧解难。制订《电话投诉受理工作流程》《来访投诉受理工作流程》《信访投诉受理工作流程》和《网络投诉受理工作流程》，投诉办结时间由7个工作日减少为3.5个工作日，投诉人满意率由76.68%上升为97.12%。处理具体投诉问题坚持“四不放过”（问题不查清不放过，问题不纠正不放过，责任人不处理不放过，整改措施不落实不放过）和“三个到位”（对群众合理诉求解决到位，无理诉求解释到位，违规违纪问题处理到位）。坚持周报告、月统计、季分析和个案剖析制度，变被动受理为主动预防，全年共受理各类投诉192件。

【机关作风效能建设】 2015年，淮安市就工作纪律执行情况开展自查。各地各部门累计实施巡查3700余次，印发通报586期，点名批评1107个单位1768人次；曝光257次，点名批评530个单位1594人次。公开选聘78人担任软环境监督员，变“运动抽样式”督查为全面常态化督查。及时将通报问责典型案例通过《淮安日报》、《淮海晚报》、淮安电视台、“阳光纪检”平台等媒体平台曝光。（贾　侃）

组织工作

【概况】 至2015年底，淮安市有中共党员281366人，其中男性党员227882人、女性党员53484人，35岁以下党员51206人、36~59岁党员139137人、60岁以上党员91023人，在职职工党员122337人、农牧渔民党员100147人、学生党员2617人、离退休党员47459人、其他党员8806人。有市管干部1094名。全年累计培训干部8.2万人次，脱产培训6.1万人次，参加网络在线学习2.3万人次；有党员干部现代远程教育站点1728个，实现乡镇、村、社区全覆盖。有在岗大学生村官1337人，其中男性731人、女性606人；省选聘大学生村官687人，市选聘大学生村官650人；大学生村官担任乡科级领导职务39人，担任村两委一把手43人。

【基层党组织】 2015年，淮安市有中国共产党基层党组织15866个，其中基层党委614个、党总支2118个、党支部13134个。有城市街道党工委17个；城市社区党组织130个，其中党委87个、党总支26个、党支部17个。有乡镇党委107个；建制村党组织1390个，其中党委4个、党总支1355个、党支部31个；建制镇居委会（社区）党组织184个，其中党委1个、党总支165个、党支部18个。有非公企业独立党组织3521个，其中党委60个、党总支29个、党支部3432个；非公企业联合党组织495个，覆盖企业3614家，组建率98.6%。

【市管干部】 2015年，淮安市级机关有在职市管干部663人，其中领导班子成员624名、其他处级干部39名，退二线干部122人；35岁以下3人，36~40岁11人，41~45岁62人，46~50岁140人，51~55岁321人，55岁以上87人。市直事业单位有在职市管干部152人，其中领导班子成员133名、非领导职务19名；40岁以下6人，41~45岁12人，46~50岁41人，51~55岁62人，56岁以上31人。县（区）有市管干部279人，其中领导干部238名、非领导干部31名、退出领导岗位10名。

【创新打造党性教育平台】 2015年，作为中组部全国组干学院和江苏省委党校、省行政学院党性教育现场教学基地的淮安恩来干部学院，持续加强教学点拓展和课件深度开发，在原有系列教学点基础上，选取百余名革命、建设、改革等不同历史时期好干部事迹，与淮安市委党校联合打造好干部教育馆教学点；开发《周恩来和共产党人的精神世界》等课堂教学课件；继《大无大有》之后，摄制的《周恩来的严与实》专题片再次获得中组部党员教育电视片评比一等奖，被确定为全省“三严三实”专题教育必学教材；制作“永远的榜样——学习周恩来，做‘三严三实’好干部”主题展。专题教育启动伊始，省委常委会集体走进淮安瞻仰周恩来纪念馆，部署全省“学习恩来精神、践行‘三严三实’”主题活动。恩来干部学院全年培训中央部委及13个省市342批次14615名党员干部。注意用好正面典型和反面典型“两面镜子”，组织党员干部走进德园开展“三警一线”（警示教育展馆、警示教育片、警示教育报告、“两规”现场连线）警示教育，走进好干部教育馆学习先进典型，通过正反对比，增强党员干部践行“三严三实”思想和行动自觉。

3月2日，省委常委、组织部部长王炯到市委党校视察。 陈雨婷 供图

【立家规活动】 2015年，淮安市在立家规活动中科学设计“学家规定家规、亮家规谈家规、行家规访家规”三个关键环节。拍摄《周恩来的家风家规》专题片，编印《古今家训家规选编》，举办“西花厅的家风家规”报告会。开发运行“家有家规”微信公众平台，精选并展示淮安干部家风家规，讲述家规背后的家风故事，吸引领导干部及其家庭成员关注学习、点评点赞。组织全市县处级以上领导干部以周恩来“十条家规”为标杆，订立家规1296条。将践行家规情况作为干部作风考核以及年度述职述廉的重要内容，以刚性约束推动淳正家风与优良作风、清明政风的良性互动。

【干部队伍建设】 2015年，淮安市贯彻执行《干部任用条例》《关于落实从严管理干部“五个要”的若干规定》等，建强干部人才队伍。

考实考准树导向　根据《关于严格干部德的考核试行办法》，将“德”列为专项考核，内容具化量化，探索运用民意测验法、评语法、比较法和重要事件分析法等方式立体考德，做到德才兼备提拔使用，有德无才培养使用，德行不好一律不用。在全省率先建立150人的干部考察员专业人才库。

选拔任用严把关　研发干部选任管理大数据系统，分基础信息、工作实绩、监督信息3个子库28类，入库体制内外干部人才3535名，每位干部设有249个信息项，动态采集相关部门讯息，最大限度消除“信息孤岛”，为干部调配提供重要数据支撑。深化干部选任全程纪实和全要素审查，做到干部职数“凡提必审”、干部档案“凡提必查”、个人事项报告“凡提必核”、纪检监察机关意见“凡提必听”。截至年底，对全市158名拟提任或重用的县处级干部人选进行核查，其中有50人被要求做出书面说明、2人被取消任用资格。

日常监管强约束　严格落实《推进领导干部能上能下若干规定》，畅通干部“下”的通道，全年调整不适宜担任现职干部、组织问责及免职等35人。探索推行以“任中点审、离任即审、异地交叉审计、分类评价、审后联谈”等为主要内容的“组审合作”干部监督管理模式，强化对“一把手”监督，全年对81名“一把手”实行离任即审，27名异地交叉审计，4名任中点审。推进突出问题专项整治，全面完成县处级超职数配备干部消化任务，市管干部档案初步审核完成率100%。

多元培养提素质　推进年轻干部素质培优工程，选派27名年轻干部到乡镇（街道）党政正职岗位和市级综合经济部门任职挂职，进行完整成长周期历练；统筹推进739名市县重点热点岗位干部轮岗交流；与南京互派31名干部挂职锻炼；省市集中互派金融干部挂职；注重将年轻干部培养选拔与后备干部调研结合起来，调整储备一批后备干部。提升干部抓发展促改革能力，在清华大学举办两期县处级党政一把手能力提升专题研修班，举办服务业融合发展、电子商务创新发展与管理等专题班次。

【基层党建】2015年，淮安市强化政治引领，统筹推进各领域基层党组织建设和党员队伍建设。在全省率先出台县（区）委书记和市直部门党组（党委）书记抓基层党建工作责任考核意见，派发“党建责任单”、列出“重点项目单”、反馈“问题整改单”、晒出“党建成绩单”，压实书记抓党建第一责任。制定出台村党组织书记队伍建设六项制度、提升村级干部待遇和村级组织保障水平的意见等一系列文件。结合拜访项目党员、专访模范党员、走访困难党员、寻访失联党员等“四访”活动，建立2434人的村书记后备人才库，优选配备书记54人，调整不称职书记12人。在全省率先实行村书记市县乡三级共管制度，全市首批40名优秀村书记和164名软弱涣散村书记纳入共管，举办共管书记、软弱涣散基层党组织书记、企业党务工作者等培训班，全年培训5300余人次。提升村级干部报酬待遇，分别按本县（区）上年度农民人均纯收入的2倍、城镇居民人均可支配收入的1倍，确定村书记和城市社区书记基本报酬，统一为村主职干部办理养老保险，市级按每人每年600元标准予以补助。同时，将整顿软弱涣散与实施精准扶贫有机融合，市县乡联动向164个软弱涣散基层党组织选派第一书记，争取市级财政每年分别安排2000万元和1000万元资金作为村集体经济发展引导资金和经济薄弱村扶持资金。制定《淮安市城市社区为民服务专项资金使用管理办法（试行）》，加强对每个城市社区20万元为民服务专项资金跟踪问效。加强基层阵地建设，全年新建和改扩建村综合服务中心91个，优化升级远教站点955个。用好非公企业党建资金，组织开展“非公企业和社会组织千家行”活动，新组建非公企业和社会组织党组织137个；在非公企业深化“双支持”活动，总结形成成熟类、成长类、攻坚类等3类7条典型培育路径。深化党员集中活动日和固定学习日制度，强化教育培训学时管理，打造网上课堂、掌上课堂、水上课堂等特色载体，提升党员学习教育灵活性、针对性和覆盖面。创新发展党员“双列席双反馈”制度，严把质量、规范程序，全市有26人因列席中发现问题被暂缓发展。探索实施“四评两审一公开”工作法，处置不合格党员105人。（杨　广）

宣传工作

【概况】2015年，淮安市被中央文明委确定为第四届全国文明城市提名城市。在全市安装淮安城市形象标识，推动城市标志、精神、宣传语导入运用。全市有7个全国文明单位，分别是江苏省淮阴中学、江苏省邮政公司淮安分公司、淮阴师范学院、淮安供电公司、淮安市第一人民医院、江苏省烟草公司淮安分公司、淮安市清河区人民法院；有全国文明乡镇4个，分别是盱眙县马坝镇、涟水县高沟镇、金湖县戴楼镇、洪泽县老子山镇；有全国文明村3个，分别是淮阴区西宋集镇洪北村、淮阴区刘老庄乡刘老庄村、盱眙县盱城镇新华社区。李银江获全国道德模范提名奖。至年底，全市有3人获全国道德模范提名、11人获全省道德模范提名、42人获“中国好人”称号、80人获“江苏好人”称号、253人获“淮安好人”称号。有各类志愿者48.5万人，在志愿组织登记注册志愿者47.6万人。有全国优秀志愿者35名、省级优秀志愿服务组织5个、省级优秀志愿服务项目8个。

【“百姓理论说唱团”宣讲】2015年，淮安市组织创作骨干，把党的理论与淮安地方实际情况相结合，创作一批淮剧、琴书、快板、评书等地方文艺表演形式和短平快的理论说唱脚本。依托“百姓理论说唱团”等丰富基层宣传平台，开展千场理论说唱活动，把

2015年，淮安市民讲坛微课堂开展各类讲座。　陈涌　供图

党的理论转变为马克思主义大众化最新教材，变为群众喜闻乐见的说唱本、快板书，变成群众易学易懂易记的大众化理论。全市以说唱方式宣讲党的理论活动700余场次，受众9万余人次，淮安区建淮乡理论说唱团团长李顺来获“全国理论宣讲先进个人”称号。

【纪念抗日战争胜利70周年系列活动】 2015年，淮安市制定下发《关于举行中国人民抗日战争暨两淮战役胜利70周年纪念活动的通知》和《关于举办淮安市纪念抗日战争暨两淮战役胜利70周年系列活动的通知》，确定当年重点开展纪念抗日战争暨两淮战役胜利70周年座谈会、寻访活动、其他群众性教育活动等八大类22项具体活动。精心复排大型淮剧《血战刘老庄》，初步创作完成话剧《铁证》《洪泽湖鸭枪队》等抗战题材作品，与中央电视台科教频道合作拍摄清明节特别节目——《缅怀·永远的烈士》，中央电视台《新闻联播》《朝闻天下》《新闻直播间》栏目连续播出《刘老庄连：生命不息 战斗不止》，与中国人民解放军国防大学摄制组合作拍摄反映解放军历史的电视政论片《向前！向前！向前！》。

【文明城市创建】 2015年2月，淮安市取得全国文明城市提名。根据新版文明城市测评体系，相继召开市创建办全体人员会议、全市部署推进会、迎测动员大会和创建工作点评会。下发《淮安市创建全国文明城市目标任务分解表》和《任务清单》等指导资料，出台《淮安市创建全国文明城市三年行动计划（2015-2017）》《关于建设全国文明城市创建长效机制的意见》《实地考察点位迎检值守责任分解表》等文件，全市创建工作得到有力支撑。推动创建工作落细落实落小，市领导挂钩联系社区与路段，调研指导、督查推动；全面开展党员干部进社区、进乡镇活动，进行两次“双月考评”检验创建成效；持续开展文明创建“走村入户、户户到”活动；组织8个业务小组赴各区、各责任部门指导创建工作，全国文明城市年度测评工作有序开展。

2015年，李顺来被评为全国基层理论宣讲先进个人。 陈涌 供图

【外宣活动】 2015年，淮安市精心策划全国“两会”期间淮安主题外宣活动，打造由报纸、广电、网络、手机报、官方微博微信群和客户端等六种传播形式组成的全媒体外宣报道矩阵，放大淮安在全国“两会”期间知名度与影响力。围绕“两会”主要精神，结合法治淮安建设、新时期淮安精神、两大目标、深化改革、民生十件实事、“一带一路”等重点课题，做好周密策划规划，形成声势。《新华日报》头版头条配短评刊发《淮安：对接大战略，发力个性化》《全域整治，寻回淮安美丽乡愁》等重点稿件；《经济日报》在一版位置刊发《淮安：进一个门，办所有事》长篇报道，推介淮安政务改革创新；《瞭望中国》推出《淮安：运河之都面朝大海再出发》专题，详细报道淮安对外开放做法与成效。助力大运河申遗一周年，推介大运河文化，做好运河文化挖掘与传播，与江苏卫视合作拍摄推出首部4K超高清大运河公益宣传片——《淮安大运河公益宣传展示》。至2015年底，境内外主流媒体发表重点稿件2970件（次）以上，组织专版、专刊、专题等20多个。

【舆论宣传引导】 2015年，淮安市以“指尖上的引导”网络空间清朗行动为主题主线，充分发挥“指尖上”的引导力，凝聚淮安力量，提升淮安形象。策划组织“聚焦发展上水平”融媒体淮安行活动，新华社、央视网、凤凰网等30多家融媒体到淮安采风，推出报道600余篇，阅读量101万人次。开展“打造清朗网络、凝聚温暖力量”网络文化季活动，开设专题专栏23个，发布稿件近3200篇。制订文明上网公约，倡导文明上网、文明办网、文明用网。网上舆情态势总体向好向上、平稳可控，舆论生态积极正面、健康理性，正面客观信息占比98.9%。创新建设突发事件新闻应急数字化工作平台，有效化解突发事件和社会热点舆情78起。 （陈 涌）

政法工作

【概况】 2015年，淮安市坚持把平安建设、法治建设作为经济社会发展的基础性、保障性工程加以推进，围绕全面打造社会治理改革主品牌目标，以平安建设引领社会治理的新发展，以法治建设推动社会治理的新跨越，为建设“强富美高”新淮安营造稳定有序的治安环境和公正高效的法治环境。全市公众安全感94.88%，连续多年位居全省前列；法治建设满意率95.5%，较上年提升2个百分点；在中共江苏省委社会管理创新工程监测统计中，淮安市发展指数跃居全省第一、水平指数全省第四。

【法治淮安建设】 2015年，淮安市推进司法体制改革，淮安经济技术开发区、清河区法院、清河区检察院作为全省首批试点单位，司法改革试点方案成功获批实施，淮安经济技术开发区检察院主办检察官责任制做法受到最高检的高度肯定。部署开展执法监督“百百千”工程（百名专家听百案庭审评千案文书），拓展执法监督内涵，提升执法监督质效。出台《关于创新社会普法教育机制的意见》和《淮安市实行国家机关“谁执法、谁普法”责任制的实施意见》，建成省级法治文化阵地示范点13个、市级示范点30个。洪泽县法苑清风广场建成全省最长的法治文化长廊，盱眙县被表彰为全省首批农家书屋法治文化建设示范区。实施法治惠民实事工程，组织实施30项年度市级法治惠民工程项目，让群众共享法治建设成果。基层法治创建成果丰硕，全市91%的城市社区、84.2%的农村社区达到省级和谐社区标准；建成7个国家级、545个省级民主法治示范村（社区），清浦区获“第三批全国法治县（区）创建先进单位”称号。6月25日，全省基层民主法治建设现场会在淮安市召开，推广金湖县基层民主法治经验做法。此外，法学研究建设全面突破，8个县（区）全部成立法学会，市政法各部门成立4个专业理论研究会，“周恩来法治思想研究”课题填补该领域国内空白，与复旦大学在淮安共建“法学教学科研实践基地”。

【社会矛盾纠纷排查化解】 2015年，淮安市开展社会矛盾纠纷“大排查、大调解”活动，全年各级调解组织和机构受理调解案件17497件，调处成功率98.59%。制定出台《重大决策社会稳定风险评估机制建设意见》，把稳评作为重大项目、重点工程和重要决策的法定前置程序，推动稳评机制向基层延伸。严格稳评工作网上督察、网上报备、网上研判流程，全省首家制定出台第三方参与社会稳定风险评估管理办法，稳评工作更具中立性和科学性。全年报备稳评项目489个，完成371个，暂缓或不予实施7个，经稳评的项目未发生一起集访、闹访事件。

【重点人群服务管理】 2015年，淮安市推进户籍制度改革，居住证制度全面落实，在全省率先出台居民居住管理办法，居住证持有人享有12项当地居民同等公共服务待遇，全年制发居住证13.3万张，制证率93.56%。强化外来人口权益保护，在重要节日前组织开展“农民工工资集中清欠”行动，严防各类侵害流动人口权益的事件发生。巩固优化预防模式，深化“青少年（在校生）零犯罪乡镇”和“未成年人零犯罪社区（村）”创建活动，实施教育防范、关爱助学、培训助业、环境净化、维权服务、结对帮扶等六项工程，建立涉罪结对关爱机制、蓝天校园工程、警民联手、未成年人救助绿色通道、爱心妈妈、家校联系卡、温馨课堂等工作品牌，涟水县检察院“小雨滴”工程受到团省委的肯定并在全省推广。加大社区矫正工作信息化建设力度，全面使用电子腕带、矫务通等矫正设备，推广“一纵五并举”教育模式（建立纵向到底的教育制度、法制教育和公益劳动基地，建立感化、训诫、专题、帮教、回访教育等五项并举制度）），制定“三查一访四规范”制度（定期不定期查台账资料、查重点人员情况、查履职执法情况，面对面访谈社区服刑人员，规范工作流程、规范卷宗台账、规范执法履职、规范机构队伍），在矫人员未发生一起重新犯罪案件。出台易肇事肇祸精神病人救治救助意见，金湖县率先建立易肇事肇祸精神病人治疗费用财政兜底制度，未发生一起精神病人肇事肇祸事（案）件。对吸毒人员全面排查、分类管理和行为干预，全年社区戒毒康复率、戒毒康复人员安置率分别为90%、80%以上。 （范　彬）

统战工作

【概　况】 2015年，淮安市有中国国民党革命委员会、中国民主同盟、中国民主建国会、中国民主促进会、中国农工民主党、九三学社、中国致公党7个民主党派组织机构，其中中国致公党设立淮安市支部委员会。有民主党派成员3335人，主要集中在市直及清河、清浦、淮阴、淮安4区。有无党派知识分子联谊会会员588人。开展多党合作和专题政治协商活动，加强党外代表人士队伍建设，推进党外专家工作站规范化建设，开展“全民创业、淮商崛起”行动，创建“和谐寺观教堂”，成立香港淮安联谊会，促进社会和谐发展。

【党际协商民主建设】 2015年，淮安市根据《中共中央关于加强社会主义协商民主建设的意见》精神，制订年度协商计划、确定重点协商议题，举办4次“季季谈”，先后就《政府工作报告》听取党外代表人士的意见建议、传达学习全国“两会”精神；就农业生产经营体制创新、法治淮安建设等重要课题，组织党外人士深入调查研究，召开两次专题协商会。党外代表人士围绕议题从多个方面、多个领域积极建言献策，所提意见和建议及时被市委、市政府及有关部门采纳。全年组织党外代表人士专题调研白马湖旅游开发、全市质量技术监督、食品药品监督等工作情况，听取市各民主党派、工商联、无党派知联会人士意见和建议。

【同心助推淮安科学跨越发展行动】 2015年，淮安市统战系统实施“同心助推淮安科学跨越发展行动”，“百所专家工作站”建设取得新成效。市委统战部组织力量利用一个多月时间，有针对性地对专家工作站运行情况进行调研，提出指导意见。围绕“富民壮村兴企强乡镇”重点难点问题，组织引导党外专家广泛开展技术咨询、技能培训、科技创新“三大服务”活动。全市新组建挂牌专家工作站5所，建成党外专家工作站114所，组织党外专家334位，共同申报科研项目30项，合作研发项目14项，建立实验室9所，受益中小企业近百户。

【助推“全民创业、淮商崛起行动”】 2015年，淮安市统战系统推动市工商联和淮阴工学院共同组建成立淮商学院，为全民创业淮商崛起、加快全市民营企业转型升级、扶持大学生创业等打造常态化基地，江苏沙钢集团淮钢特钢有限公司副董事长何达平等10名企业家被聘为淮商学院兼职教授。开展青年企业家创新创业研习营、全市非公经济代表人士井冈山培训营等一系列理想信念教育实践活动。“淮商服务中心”规范化运作，建立“淮商贷”融资互助平台，向中小企业发放

7月1日，淮安市统一战线召开纪念抗日战争胜利暨世界反法西斯战争胜利70周年座谈会。 刘志勃 供图

贷款1700多万元。组织市各民主党派、工商联、无党派知识分子联谊会成员企业举办2015年春季、秋季两场“统一战线服务企业用工专场招聘会”，有50家统战成员企业参加招聘活动，现场接待咨询1200多人次，达成用工意向600余人。

【新社会组织拓展】 2015年，淮安市统战系统推动律师行业统战工作，引导组织“淮安同心·律师服务团”开展法律援助等活动，发挥他们在社会治理与和谐社会建设中积极作用。推进新媒体从业人员统战工作，建立近百人的新媒体代表人士信息库，为其发声建言提供平台。深入“淮网”“淮安网”“掼蛋网”等新媒体企业调研，组织召开两次“新媒体从业代表人士”座谈会，就网络时代如何发挥好新媒体从业人员在科学跨越发展进程中的重要作用及如何开展网络统战工作进行沟通交流。

【海外统战】 2015年，淮安市统战系统重点加大与海外新生代交流和交往，新掌握一批淮安籍海外创业成功人士情况。对各县（区）旅港乡情进行普查，完善充实乡情资料数据库，将新增加的85人乡情资料上报省委统战部。4月中旬，在深圳组织召开淮安香港同胞联谊座谈会。成立香港淮安联谊会，重点加强与海外新生代联谊。与香港教育工程、淮安市涟水县郑梁梅学校共同主办第四届“两地同心 让爱飞扬”淮港青少年领袖培训营，增强香港各界青少年对祖国认同。

【民族宗教统战】 2015年，淮安市统战系统推进民族团结小康示范村建设；推进宗教工作法治化，就宗教事务依法管理、宗教团体职能定位、宗教活动场所法人地位等问题进行重点探索；对王营镇清真寺、市基督教中心堂、清浦神恩堂、慈云寺等宗教活动场所开展调研和慰问，与到淮安访问的葛培理布道团一行进行交流；推进“和谐寺观教堂”创建，做好抵御境外利用宗教进行渗透工作。

【党外干部培养选拔】 2015年，淮安市统战系统推进党外代表人士队伍建设，加大与市委组织部联系与沟通，推荐一批党外优秀干部，与党内干部放在一个平台上锻炼。协助省委统战部对全市统战干部队伍建设情况开展调研，召开市、县（区）统战部部长座谈会和党外干部座谈会。向各县（区）下发《关于县（区）党外干部配备情况的通报》，推动县（区）党外领导干部工作安排。对全市在职科级以上党外干部基本情况及时更新统计，适时向市委推荐一批科级、处级党外后备干部人选。新选拔1名党外领导干部担任司法局局长，全市配备4名正处职党外领导干部，分别任市物价局局长、市司法局局长、市外侨办主任、市政府教育督导室主任。全市有3名优秀党外干部到正职乡（镇）长岗位上任职，分别任淮阴区古寨乡乡长、淮安区城东乡乡长、盱眙县兴隆乡乡长。 （刘志勃）

市级机关党建

【思想政治建设】 2015年，淮安市市级机关工委联合上海复旦大学举办市级机关高端讲坛12期，培训党员干部3600余人次。深化机关党建研究与交流，举办党组织分片研讨活动4次、联合党课8次，编印《旗帜》内刊6期，评选优秀党建论文71篇。《服务型机关党组织建设经验做法和对策研究》在全省机关党建课题竞标中中标，《以“四个从严”扎实推进机关党的建设》调研文章被《中直党建》刊载。

【作风和反腐倡廉建设】 2015年，淮安市市级机关工委与市纪委联合开展“学党章、守纪律、讲规矩”知识竞赛，唤醒党章意识，强化纪律教育。开展廉政文化特色精品项目征集评选，评出精品项目13个；组织“树立清廉家风·创建廉洁家庭”“三警一线”主题教育活动，机关近400名领导干部家属接受廉政教育；在《淮安日报》向市级机关党员发起“纪律挺在前，清廉过‘双节’”倡议，营造风清气正的机关廉政文化氛围。坚持严格执纪，处理违规违纪党员23人。

【服务中心工作】 2015年，淮安市市级机关工委深入开展以“改革创新求深化，聚焦发展上水平”为主题的创新创优活动，认真组织开展初评、网评、答辩和领导评议工作，评出创新创优项目83个。组织“党员先锋模范作用比学赶帮”主题活动，选树出先进典型30名。开展文明机关创建活动，评选出市级文明机关50个。深入推进领导干部下基层“三解三促”“三进三帮”活动，有1035名副处级以上领导干部、3851名县（区）直机关领导干部、1342名乡镇领导干部挂钩联系淮安所有村（社区）和部分重点企业。开展机关“在职党员回社区”志愿服务活动9次。

【机关基层组织建设】 2015年，淮安市市级机关工委对市级机关党组织和8个县（区）机关党建工作进行专题调研督查，推动全市机关党组织隶属关系调整、党务干部充实配备和党建经费保障等重点问题的解决落实。配合市委组织部做好市直部门党组（党委）书记抓基层党建考核评议工作；组织开展直属党组织负责人履行党建第一责任人述职评议工作，党建责任制得到落实。实施每月党小组会制度，推动基层组织生活规范化、常态化。培训入党积极分子370余人，发展党员201人。举办机关党务干部（中层）培训班，在北京大学举办机关党务干部党的十八届五中全会精神专题研讨班。

【群团组织建设】 2015年，淮安市市级机关工委配合市国家卫生城市复审迎检，在市行政中心启动工间操，展示机关干部积极向上精神风貌。举办市第三届全民健身运动会机关部比赛暨市级机关第27届运动会、游泳免费培训班、全民健身健步走等活动，近3000名干部职工参加各类健身活动。开展“生态创建·美丽淮安”“服务群众·亲民淮安”“文明创建·幸福淮安”等系列青年志愿者主题活动。推动“团团互联·青春互助”结对共建，邀请市中级人民法院有关党员为淮阴区南陈集中学作《珍惜自我，远离犯罪》法律辅导。组织机关女干部开展“美丽使者，亲情关爱”“巾帼建功”和庆祝“三八”节等活动。（王　众）

老干部工作

【概况】 截至2015年底，淮安市有离休干部1796名、退休干部37631名。离休干部中，市直513名、县（区）1283名，正厅职1名、享受副厅级待遇45名，平均年龄为87.7岁。退休干部中，正厅级4名，副厅级38名。组织市直地市级离休干部赴白马湖景区、洪泽湖古堰景区参观考察，组织市直地市职退休干部赴徐州参观疗养，组织老干部调研全市服务业特色产业、视察全市物业管理工作。

【老干部待遇保障】 2015年，淮安市确保离休干部离休费按时发放，制度规定范围内医药费实报实销。争取市财政资金98万元，为市直企业离休干部解决房租补贴差额部分；转发省委组织部、省委老干部局、省人社厅、省财政厅关于提高离休干部护理费、省级干部自雇费标准文件；为全市41位符合条件的离休干部办理按享受副省长级标准报销医疗费待遇手续。在重大节假日期间走访慰问老干部180余人次；坚持整生日祝寿制度，全年登门祝寿33人次；坚持丧事登门制度，全年处理离休干部丧事58件；坚持老干部及其遗属特殊困难帮助制度，投入帮助资金21万元，帮助困难老干部及其遗孀152人次；对26名易地安置离休干部进行走访。

【老干部学习】 2015年，淮安市坚持市直离退休干部党支部学习会制度。每月10日组织一次集中学习，引导老干部发挥自身政治优势和经验优势，关心支持全市经济和社会事业发展。3月，传达离退休干部“双先”表彰大会精神；4月，邀请市委党校负责人为市直老干部作习近平总书记“四个全面”战略思想专题辅导报告会；6月，传达全市“三严三实”专题党课暨专题教育部署会议精神；10月，与“四就近”（就近学习、就近活动、就近得到关心照顾、就近发挥作用）服务联盟成员单位淮阴师范学院合作，成立“送学上门”志愿者联盟，为老干部送去学习资料、时事文件等；11月，解读中共十八届五中全会精神；12月，讲解老干部工资政策。

【文体活动】 2015年，淮安市围绕抗日战争胜利70周年，举办以“致敬历史，共沐荣光”为主题的全市离退休干部书画摄影展，展出书画摄影作品168幅；举办离退休干部敬老节游园活动和文艺汇演，400余名老干部参加；组织老干部参加第十一届华东地区老干部斯诺克比赛，获得团体总分第一名。市老干部活动中心申请专项资金160万元，更换主楼电梯，安装监控系统，更新水电管网，添置器材图书，保障活动开展；修建自行车棚，改造内部花园，方便老干部室外运动；投入16万元对台球室进行全面更新改造，为2016年5月华东地区老干部斯诺克比赛创造条件。

【全国首家老干部史料馆建成】 2015年，淮安市以纪念抗战胜利70周年暨“两淮”解放70周年为契机，面向全市2000余名离休干部和部分退休干部征集史料近万件，撰写展馆文案数万字，用声光电效果，设军功章墙、英雄榜和万人照相签名系统。经过半年多时间，建成全国首家老干部史料馆。10月20日，淮安老干部史料馆正式开馆，省委组织部副部长、老干部局局长庄同保，市主要领导和全省各地级市老干部局局长出席活动仪式。

【抗战胜利70周年活动】 2015年，淮安市委老干部局、市文联、淮海晚报社以及江苏大圣传媒影视文化有限公司等单位组织登门采访25位抗战时期的离休干部，请他们讲身边故事、讲身边人、弘扬中国精神、传播中国好声音。拍摄的影像制作成系列电视短片，在淮安老干部史料馆和门户网站播放。采访内容在《淮安日报》《淮海晚报》上连载。8月25日，《中国老年报》第二版予以整版刊发。9月，全市为离休干部发放抗战胜利70周年纪念章506套、慰问金240.5万元。9月2日，市主要领导分别带队走访慰问抗战老干部，并亲手给他们带上纪念章。9月4日，组织纪念抗战胜利70周年暨两淮解放70周年座谈会。

【老干部居家养老超市服务】 2015年，淮安市委老干部局与淮安千一物业服务公司、清河区永恒保洁搬家服务中心2个家政公司签订《加盟服务协议》，优化调整老干部居家养老服务项目，加强管理与考核。督促指导淮安移动公司完善超市服务平台功能。老干部居家养老服务超市全年接到老干部服务需求电话近1100次，服务项目数量近700件，总服务费近11万元。（许　玥）

党校工作

【宣传培训】 2015年，中共淮安市委党校先后组织教师参加电视节目解读

11月18日，市委全体常委到市委党校开展“三严三实”专题教育第三专题学习研讨活动。 陈雨婷 供图

6次，联合《淮安日报》开辟“观点”栏目，专版刊发宣传时政文章43篇；组织教师20人宣讲40余场次，为相关单位组织开展专题党课活动12场，服务1200余名党员干部理论提升；组织编写手机党校课程170门、彩信132期、WAP课程38门。举办109期培训班，培训党员1万余人次。先后承接中组部、中央党校、人力资源和社会保障部、省委党校等高层次培训班30多批次1800余人次，服务培训省内外党校培训班56个，在春季、秋季等主体班培训中培训学员1100余人次。

【党性教育】 2015年，中共淮安市委党校打造好干部教育馆。11月18日，市委常委集体走进好干部教育馆学习，对好干部教育馆给予好评。截至年底，好干部教育馆接待省内外学员260多批，7000多人次。服务好周恩来“五德”教育馆等实境课堂，中央纪委网站在首页推介周恩来“五德”教育馆网上展馆。

【科研调研】 2015年，中共淮安市委党校课题结项10项，发表市级以上科研论文、调研报告82篇，超出目标任务32篇，其中省级以上论文34篇、核心期刊5篇。围绕淮安经济发展热点问题，形成《决策参阅》6期，获得市以上领导批示7次。其中《深入推进我省“阳光信访”的对策建议——基于淮安市的创新实践》《以“五德”教育强化官德的启示与建议》得到省委书记罗志军等领导批示肯定。

（陈雨婷）

党史工作

【建成党史陈列馆】 2015年9月2日，“革命征程——中国共产党在淮安”党史陈列馆正式开馆。省委党史工办内刊《党史工作信息》以及《淮安日报》、江苏新闻网、淮安电视台等10多家新闻及网络媒体对其进行宣传推介。全市机关、大中小学校、企事业单位等累计上万人次前往参观学习。该党史陈列馆于2014年开展立项、建设，场馆选址在淮安国际摄影馆三楼。

【抗战胜利70周年征文活动】 2015年，淮安市为纪念抗战胜利暨两淮战役胜利70周年，举办“纪念抗战胜利70周年暨两淮战役胜利70周年”征文活动。收到论文70多篇，分别从淮安抗战著名人物、著名战役、抗战思想与精神、根据地发展等方面展示抗战研究成果，许多新史料、新视野对丰富抗战史研究具有重要价值。征文活动经专家评审出一、二、三等奖，5篇理论文章入选省委宣传部纪念抗战胜利70周年理论座谈会材料汇编。

【党史书籍编撰】 2015年，淮安市编撰《革命征程——中国共产党在淮安》《两淮战役纪念文集》《风云儿女——淮海抗战人物传》等党史书籍。《革命征程——中国共产党在淮安》画册是党史陈列馆的配套用书，收录淮安新民主主义革命时期的相关历史图片500余幅，其中一半以上是反映淮安抗战史的珍贵图片。《两淮战役纪念文集》客观记录抗战结束后淮安人民在中共领导下从日伪手中全面收复“两淮”的辉煌历史。《风云儿女——淮海抗战人物传》一书收录部分抗战时期在淮海区担任正县职以上领导干部以及在淮海区有影响的党史人物，填补淮海抗日根据地人物研究空白。

【党史宣传教育】 2015年，淮安市在《淮安日报》开辟“铁血岁月——淮安抗战风云”专栏，以“淮安抗战风云”为主题，从5月到9月，刊登7个整版，内容包括淮安抗战将帅、淮安抗战英烈、淮安抗战重要战役、淮安抗战遗址遗迹等，展现淮安抗战峥嵘岁月，弘扬伟大抗战精神。撰写“在淮安战斗过的新四军部队巡礼”系列文章7篇，从2015年7月30日开始，每周一篇刊登在《淮安广播电视报》A10版。拍摄《迟到的追认》三集专题片，并在淮安电视台播放。该片讲述“淮阴战斗英雄”徐佳标牺牲70年后，在党史、民政等部门的努力下，最终被确认为革命烈士的过程。

（虞 娟）

淮安市人民代表大会

综 述

【概况】 淮安市人民代表大会由市人大及其常委会、县（区）人大及其常委会、乡镇人大及其主席团构成。截至2015年底，淮安三级人大有9967名人大代表，其中市代表434人、县（区）代表1977人、乡镇代表7546人。有十二届全国人大代表6人，分别是姚晓东、何达平、周素明、张元贵、孙国庆、李叶红，有十二届省人大代表45人。

【机构】 2015年，淮安市人大设有财

经委和法制委两个专门委员会，市人大常委会设有办公室、研究室、内司委、农经委、环资城建委、教科文卫委、人代联委、民宗侨台委、外事委（与民宗侨台委合署）、预算工委（与市人大财经委合署）、法工委（与市人大法制委合署）。市人大常委会设有派驻机构市人大常委会经济开发区工委。8个县（区）均设立人大常委会，县（区）人大常委会主任全部单设，并按要求设立财经委、法制委、农经委、内司委、环资城建委、教科文卫委、人代联委和办公室等工作机构。乡镇一级人大配备人大主席或副主席，有的乡镇还配有专（兼）职工作人员。街道设立人大街道工作委员会，配有专职工作人员。

重要会议

【市七届人大四次会议】 2015年1月20~22日，淮安市第七届人民代表大会第四次会议在市区举行，中共淮安市委、市人大常委会、市政府、市政协有关领导出席会议。出席政协淮安市七届四次会议的全体委员，市委、市政府副秘书长，市纪委副书记，市各部委办局主要负责人，市管企业主要负责人，副处级以上事业单位主要负责人，部分驻淮部省属单位主要负责人，市人大常委会各工作机构、派出机构负责和兼职委员，淮安经济技术开发区、各县（区）人民法院院长，人民检察院检察长以及到淮安投资客商代表等列席会议。会议通过关于淮安市人民政府工作报告的决议；通过关于淮安市2014年国民经济社会发展计划执行情况和2015年国民经济社会发展计划的决议；通过关于淮安市2014年财政预算执行情况和2015年财政预算的决议；通过关于淮安市人大常委会工作报告的决议；通过关于淮安市中级人民法院工作报告的决议；通过关于淮安市人民检察院工作报告的决议；通过“关于进一步加快重点中心镇建设的议案”的决议。首次举行向宪法宣誓仪式，新当选市人大常委会副主任王海平公开向宪法宣誓。

【市人大常委会会议】 1月15日，市七届人大常委会举行第二十次会议。会议听取并审议市人大常委会关于市七届人大四次会议筹备工作情况的报告、市人大常委会代表资格审查委员会关于市七届人大代表变动情况和补选代表资格审查情况的报告、市七届人大四次会议列席人员范围的决定（草案）、市七届人大四次会议主席团成员和秘书长建议名单、市七届人大四次会议议案审查委员会成员建议名单；讨论市人大常委会工作报告（讨论稿）和2015年工作要点（讨论稿）；会议审议通过有关人事任免事项。

2月10日，市七届人大常委会举行第二十一次会议。会议传达学习省十二届人大三次会议精神；听取关于市政府职能转变和机构改革方案的报告；听取和审议市住房和城乡建设局、科技局、国资委、财政局等4个部门主要负责人履职情况报告，并进行评议；会议审议通过人事任免事项，新任命人员向《中华人民共和国宪法》宣誓。

4月28日，市七届人大常委会举行第二十二次会议。会议听取和审议市政府关于老旧小区改造情况报告、关于全市农村教育改革发展情况报告、市中级人民法院关于刑事审判工作情况报告，讨论并通过市人大常委会关于批准《淮安市国民经济和社会发展第十二个五年规划纲要》部分指标调整的决定（草案）；会议审议通过人事任免事项，新任命人员向宪法宣誓。

6月30日，市七届人大常委会举行第二十三次会议。会议听取和审议市政府关于2014年市级财政决算暨2015年以来财政预算执行情况报告和2014年市级预算执行和其他财政收支审计工作报告，讨论并通过市人大常委会关于批准2014年市级财政决算的决议（草案）和市人大常委会关于2014年市级预算执行和其他财政收支审计工作报告的决议（草案）；会议听取部分省人大代表履职情况报告，并进行评议；会议审议通过人事任免案。

8月20日，市七届人大常委会举行第二十四次会议。会议听取并审议市政府关于全市金融改革情况报告；听取并审议市政府关于2015年淮安市本级地方政府债券资金安排情况及市本级预算调整方案（草案）报告，讨论并通过市人大常委会关于批准2015年淮安市本级地方政府债券资金安排情况及市本级预算调整方案的决议（草案）；听取并审议市检察院关于全市检察机关规范司法行为工作情况报告；听取并审议市人大常委会主任会议关于提请设立市人大常委会法制工作委员会和预算工作委员会的议案，讨论并通过关于设立市人大常委会法制工作委员会和预算工作委员会的决定（草案）、关于聘请立法咨询顾问的决定（草案）；会议审议通过人事任免案。

10月27~28日，市七届人大常委

2015年，市人大常委会召开全市县乡人大工作和建设座谈会。

邢文峰　供图

会举行第二十五次会议。会议传达学习省人大常委会党组书记、常务副主任蒋定之到淮安调研时讲话精神；听取并审议市政府关于基层公共卫生服务体系建设情况报告、关于市级财政专项资金管理情况报告、关于10个重点中心镇建设情况报告、关于农民增收情况报告；表决通过市人大常委会关于批准授予马克·力文博士“淮安市荣誉市民”称号的决定（草案）；会议审议通过人事任免案。

12月24日，市七届人大常委会举行第二十六次会议。会议听取并审议市政府关于市人大代表建议、批评和意见办理情况报告，关于落实市人大常委会相关审议意见情况报告，关于2015年市级财政预算部分调整情况报告；讨论并通过市人大常委会关于2015年市级财政预算调整方案的决定（草案）、关于聘请立法咨询顾问的决定（草案）、关于召开淮安市第七届人民代表大会第五次会议的决定（草案）；会议审议通过人事任免案。

【市人大常委会主任会议】 1月12日，市七届人大常委会召开第三十九次主任会议。会议讨论市人大常委会工作报告（讨论稿）、2015年工作要点（讨论稿）、关于市七届人大四次会议筹备工作情况的报告（讨论稿）和关于表彰2014年度优秀人大代表小组、优秀人大代表建议、优秀人大“代表之家”、优秀人大代表的决定（草案）。

1月15日，市七届人大常委会召开第四十次主任会议。会议听取关于市七届人大四次会议有关人员名单的说明，讨论市七届人大四次会议日程。

2月13日，市七届人大常委会召开第四十一次主任会议。会议听取市政府关于启用市级机关新办公区的报告。

4月15日，市七届人大常委会召开第四十二次主任会议。会议听取并讨论关于全市农村教育改革发展、老旧小区改造、刑事审判工作以及“十二五”规划部分指标调整情况的调查报告。

5月13日，市七届人大常委会召开第四十三次主任会议。会议听取并讨论市政府有关融资问题的议案。

6月29日，市七届人大常委会召开第四十四次主任会议。会议听取市人大财经委关于2014年市级财政决算（草案）的审查报告。

7月27日，市七届人大常委会召开第四十五次主任会议。会议听取并讨论上半年全市经济运行情况的报告，通报全市立法准备工作情况。

8月6日，市七届人大常委会召开第四十六次主任会议。会议通报检查全市人大工作会议精神贯彻落实工作情况。

8月19日，市七届人大常委会召开第四十七次主任会议。会议听取和讨论关于金融改革情况和全市检察机关规范司法行为工作情况的调查报告，讨论关于提请设立市人大常委会法制工作委员会和预算工作委员会的议案。

9月23日，市七届人大常委会召开第四十八次主任会议。会议听取市政府关于代表建议办理情况的报告、市人大常委会人代联委关于代表建议办理情况的报告。

10月26日，市七届人大常委会召开第四十九次主任会议。会议听取关于基层公共卫生服务体系建设情况、市级财政专项资金管理情况、10个重点中心镇建设情况、农民增收情况等调查报告，听取关于市政府提请授予马克·力文博士“淮安市荣誉市民”称号议案的审查报告，听取专题询问方案和“万名代表回选区见选民”活动方案的说明。

11月11日，市七届人大常委会召开第五十次主任会议。会议听取市政府关于“十三五”规划编制情况的报告。

12月11日，市七届人大常委会召开第五十一次主任会议。会议讨论并通过《淮安市人大常委会制定地方性法规办法（送审稿）》和淮安市民主立法联系点名单，讨论市政府关于将部分市政府采购资金纳入跨年度财政预算的议案。

12月22日，市七届人大常委会召开第五十二次主任会议。会议听取人代联委关于市人大代表建议、批评和意见办理情况的报告，讨论市人大常委会关于召开市七届人大五次会议的决定（草案）。 （邢文峰　凌　颖）

人大监督

【服务改革发展】 2015年，淮安市人大常委会加强对经济转型升级监督。通过听取和审议国民经济和社会发展计划执行情况报告、财政预算执行情况报告、市级财政专项资金管理情况报告、审计工作报告，视察调研淮安经济技术开发区、竣工亿元工业项目达产达效、金融改革、国别园区建设等情况，推动市政府及有关部门积极适应经济发展新常态，主动加快经济结构调整，建立以改革创新为主要引领和支撑的新型经济体系和发展模式。加强对农业农村工作监督。市人大常委会听取和审议农民增收、全市10个重点中心镇建设等情况报告，视察调研土地使用管理制度改革、农村饮用水安全工程等工作情况，提出把保护农民利益放在首位，促进农村发展和维护农民权益有机统一；做优做特现代农业，集中资源和力量全力突破“4+1”现代农业产业发展；深化农村产权制度改革，深度激活农业农村发展活力，保障农民持续增收。加强对司法工作监督。市人大常委会听取和审议市中级人民法院关于刑事审判工作、市人民检察院关于规范司法行为工作情况报告，分别视察“两院”司法改革试点单位工作并提出建议。视察公安机关阳光警务平台建设，要求以“互联网+警务”为载体，积极融入社会治理阳光工程体系，提升服务群众水平。加强对民生问题监督。通过检查、视察和专题调研等形式，督促市政府实施好民生10件实事工程，切实解决出行环境、住房保障、就业创业、便民服务等重点难点问题，推动各项惠民举措落到实处。听取和审议老旧小区改造工作情况报告，要求政府充分吸纳群众意见，制订切实可行的改造方案，坚持“里子面子”一起改，为居民创造干净整洁、舒适安全的生活环境。加强法律法规实施情况监督。检查《中华人民共和国安全生产法》和《江苏省安全生产条例》执行情况，督促各级政府严肃事故查处和责任追究，健全执法长效机制，以法治手段推进安全生产。对《中华人民共和国药品管理法》进行执法检查，要求加大药品安全宣传、完善药品安全责任体系、强化监管措施，确保群众用药安全。配合省人大，对《江苏省保护和促进台湾同胞投资条例》实施情况开展执法检查，督促有关方面完善协调机制，依法维护台胞投资者合法权益。

【述职评议】 2015年，淮安市人大常委会探索对常委会任命人员进行监督的有效方式和途径，要求市政府所有组成部门主要负责人撰写述职报告，在市人大常委会会议时全部到场，现场随机抽取部门进行述职。市住房和城乡建设局、国资委、科技局、财政局、商务局、民政局、审计局、法制办等8个部门主要负责人先后进行述职、接受评议，强化政府组成人员接受监督意识、责任担当意识和依法行政意识。

【约见、询问常态化】 2015年，淮安市人大常委会组织市人大代表就推动“数字城管”平台建设、闲置土地和厂房盘活利用、规范宠物诊疗医院发展等问题开展约见活动，市政府分管副市长及市城管局、市经济和信息化委员会等6个部门主要负责人正面作答，不回避矛盾，不讲客观原因，只讲解决办法，推动问题解决。就农民增收工作开展专题询问，8名委员和代表从农业结构调整、土地制度改革、新型城镇化、农业项目融资、农产品品牌建设、休闲农业、劳动力培训等13个方面提出问题，市政府分管副市长和农委、商务局、工商局、国土局等15个部门主要负责人实事求是地回答委员和代表询问，内容具体，措施可行。

【跟踪问效】 2015年，淮安市人大常委会对常委会决议、决定执行和审议意见办理情况进行检查督促，对执法检查、调研中发现的突出问题和约见、询问、评议活动的整改事项保持密切关注，专题听取落实情况报告，并进行满意度测评。对审计工作报告指出的问题，要求市政府明确责任，落实措施，认真整改，5个方面28个问题基本整改到位。

（邢文峰　凌　颖）

代表工作

【代表活动平台拓展】 2015年，淮安市人大常委会注重拓展代表活动平台，常委会主任接待日实现常态化，“淮安人大发布”微信平台建立使用，淮安人大门户网站正常运行，加强与代表的联系、沟通和互动。以“万名代表进万家，联系群众促发展”为主题，深化代表回选区见选民活动。

【代表履职尽责】 2015年，淮安市人大常委会探索间接选举代表履职监督机制，组织驻淮安市的省人大代表向市人大常委会述职并进行评议，密切省人大代表与原选举单位联系。省人大常委会借鉴淮安市做法，出台省人大代表向原选举单位报告履职情况办法。建立代表履职登记制度，将代表出席会议、参加活动等情况记入台账，实行定量考核；深化履职激励机制，继续开展代表工作评优评先活动，调动代表履职积极性。11月，市人大常委会以“万名代表进万家，联系群众促发展”为主题，再次组织驻淮安全国、省及市、县（区）、乡（镇）五级人大代表开展“回选区见选民”活动。12月上中旬，《法制日报》《新华日报》《人民代表报》、省广播电视台等10多家媒体记者集体到淮安，深入基层采访代表和群众，观摩活动现场，报道活动开展情况。“淮安市人大常委会组织五级人大代表向选民‘答辩’，接受选民监督”新闻稿件获评2015年度江苏市县人大十大新闻头条。

【代表建议督办】 2015年，淮安市人大常委会通过常委会负责人牵头督办、分管副市长领办、现场交办、督促检查、实地视察等方式，提高办理工作质量。通过随机抽取方式对部分已经回复代表的建议进行“回头看”，实地检查办理进度和办理质量，了解办理真实情况，听取代表真实意见。

（邢文峰　凌　颖）

地方立法

（参见《法治·地方立法》）

淮安市人民政府

重要会议与施政要点

【市政府常务会议】 2015年，淮安市人民政府召开十三次常务会议。2月11日，市长曲福田主持召开市政府七届第36次常务会议，传达中纪委、省纪委、市纪委全会及国务院第三次廉政工作电视电话会议精神，部署政府系统廉政建设。市政府领导戚寿余、唐道伦、赵洪权、王红红、王兴尧、宫文飞、徐振喜，市政府秘书长徐利华等出席会议。会议研究国家卫生城市复审有关工作、深化行政审批制度改革加强事中事后监管意见、加快发展“5+3”（做强物流、金融、旅游、商贸、医疗卫生五大基础服务业，做大电子商务、健康养生、文化创意三大新兴服务业）服务业特色产业实施意见等事项，并就做好相关工作提出要求。

3月25日，市长曲福田主持召开市政府七届第三十七次常务会议。与会代表听取《2015年淮安市进一步简政放权加快转变政府职能工作要点》制订等情况汇报，研究2015年深化重点领域改革等事项。市政府领导戚寿余、唐道伦、赵洪权、王红红、王兴尧、徐振喜，市政府秘书长徐利华等出席会议。部分市人大代表、政协委员应邀列席会议。会议讨论并原则通过《2015年淮安市进一步简政放权加快转变政府职能工作要点》，听取市政府部门权力清单、职责清单编制情况汇报，讨论并原则通过这两张清单。会议讨论并原则通过《淮安市2015年深化重点领域改革工作意见》。会议讨论并原则通过《淮安市市属企业负责人履职待遇、业务支出管理暂行办法》，听取2014年度“淮上英才计划”创新创业团队项目评审情况汇报。

5月22日，市长曲福田主持召开市政府七届第三十八次常务会议，讨论深化户籍制度改革和加快老旧小区整治两个实施意见，听取中心城区地下管线普查、淮海南路二期改造、现代有轨电车运营等方案汇报。市领导戚寿余、唐道伦、赵洪权、王红红、王兴尧、宫文飞、徐振喜，市政府秘书长徐利华等出席会议。

6月10日，市长曲福田主持召开市政府七届第三十九次常务会议，听取深化医药卫生体制改革和贯彻落实全省食品安全工作会议精神有关情况汇报，研究讨论关于进一步加强标准化的工作意见。市领导唐道伦、赵洪权、王红红、王兴尧、徐振喜，市政府秘书长徐利华等出席会议。

6月26日，市长曲福田主持召开市政府七届第四十次常务会议，讨论并原则通过加快“4+1”（优质稻米、高效园艺、规模畜禽、特色水产和休闲农业）现代农业转型升级提质增效发展、深入推进依法行政加快建设法治政府等文件意见。市领导戚寿余、陈涛、唐道伦、赵洪权、王兴尧、宫文飞、徐振喜等出席会议。部分市人大代表、政协委员应邀列席会议。

7月20日，市长曲福田主持召开市政府七届第四十一次常务会议，贯彻落实省委十二届十次全会、市委六届七次全会精神，部署下半年政府系统工作。市政府领导戚寿余、赵洪权、窦立夫、王红红、王兴尧、宫文飞，市政府党组成员杨昌生出席会议。

8月16日，市长曲福田主持召开市政府七届第四十二次常务会议，研究部署全市安全生产、环保大检查等工作，讨论并通过推动文化建设迈上新台阶等实施意见。市领导戚寿余、唐道伦、赵洪权、窦立夫、王红红、王兴尧、宫文飞、徐振喜，市政府秘书长徐利华等出席会议。

9月22日，市长曲福田主持召开市政府七届第四十三次常务会议，审议简政放权转变政府职能相关文件，听取关于市区出租车运价调整方案等汇报。市政府领导戚寿余、赵洪权、窦立夫、王兴尧、宫文飞、徐振喜，市政府秘书长徐利华等出席会议。部分市人大代表、政协委员应邀列席会议。

10月13日，市长曲福田主持召开市政府七届第四十四次常务会议，传达贯彻全省经济形势座谈会精神，部署大干四季度，研究现代有轨电车交通运营管理办法、新能源汽车推广应用方案等。市政府领导唐道伦、赵洪权、窦立夫、王红红、宫文飞、徐振喜，市政府秘书长徐利华等出席会议。部分市人大代表、政协委员应邀列席会议。

10月28日，市长曲福田主持召开市政府七届第四十五次常务会议，专题研究审议该市城市公立医院价格综合改革实施方案及配套政策。市政府领导戚寿余、唐道伦、窦立夫、王红红、王兴尧、徐振喜，市政府秘书长徐利华等出席会议。部分市人大代表、政协委员应邀列席会议。

11月26日，市长曲福田主持召开市政府七届第四十六次常务会议，传达贯彻中共十八届五中全会、省委十二届十一次全会精神和市委书记姚晓东关于贯彻落实两个会议精神的部署要求，讨论研究《关于进一步加强市级财政专项资金管理、提高资金使用效益的指导意见》《促进市级融资平台健康发展的实施意见》等文件。市政府领导戚寿余、赵洪权、王红红、王兴尧、宫文飞、徐振喜，市政府秘书长徐利华等出席会议，部分市人大代表、政协委员应邀列席会议。

12月8日，市长曲福田主持召开市政府七届第四十七次常务会议，传达贯彻省政府主要领导到淮安调研讲话精神，研究《关于贯彻落实国家“一带一路”战略部署参与沿东陇海线经济带建设的实施方案》等文件，讨论成立市政府法律顾问委员会等事项。市政府领导戚寿余、唐道伦、赵洪权、王红红、宫文飞，市政府秘书长徐利华等出席会议。部分市人大代表、政协委员应邀列席会议。

12月22日，市长曲福田主持召开市政府七届四十八次常务会议，学习贯彻市第六次党代会第五次会议精神，讨论并原则上通过车改方案、全市自来水深度处理实施计划、第二水源地建设及供水方案等，听取高铁新区建设有关情况汇报。市政府领导戚寿余、唐道伦、赵洪权、窦立夫、王红红、王兴尧、宫文飞、徐振喜，市政府秘书长徐利华出席会议。部分市人大代表、政协委员应邀列席会议。

【市政府专题会议】 2015年，淮安市人民政府市长、分管副市长和秘书长、副秘书长召集相关部门召开44次专题会议。

专题会议主要研究（协调）以下问题：春节前市直重点工程欠款；洪泽县、金湖县饮用水质异常；淮安华尔润化工有限公司银行贷款；机构改革部门职能调整；推进建设江苏食品科技产业园；江苏沙钢集团淮钢特钢有限公司发展；清河区2015年“一县一题”；淮阴发电有限公司新上项目；西安路工业园区管网改造；市区道路通达工程；春季园林重点工程；市政务体系建设；中心城市重点项目；淮海南北路交通完善二期及淮海广场改造；宁连南门立交；淮海路跨古淮河桥工程；市食品检验检测人员编制划转；市国家安全局技术业务用房；运河文化长廊清江浦景区青龙寺建设资金筹借；江苏沙钢集团淮钢特钢有限公司与盈德气体集团有限公司合作纠纷；生态新城西片区中小学编制；会办“十件实事”存在问题；淮海广场改造推进；城建重点项目；广发银行淮安分行与嘉诚高新化工有限公司贷款；金融中心项目建设；市第四人民医院部分建设用地用途；板闸风情街扫尾工作；治理串标围标问题；新华印刷厂老厂区及周边地块更新改造；会办“一县一题”专项扶持；安排使用2015年度市级财政支持村级财政创业点建设项目资金，支持经济薄弱村发展项目资金；安排使用2015年市级财政支持现代农业园区和重点项目建设资金；市食品药品实验室建设；江苏富强新材料循环经济产业园项目推进；淮安清江石油化工有限责任公司项目环评；苏北毕业生人才市场建设；三支大沟疏浚工程；江苏银行淮安分行与淮安工业发展投资公司联合设立工业经济发展基金；淮安澳洋顺昌项目发展；淮安华尔润化工有限公司、嘉诚高新化工有限公司两户企业集合票据到期兑付；生态环保商务专项资金使用与拨付；交办市级机关原办公大楼处置任务；圣欧芳纶（淮安）有限公司股权投资；淮安华尔润化工有限公司帮扶解困融资；澳洋顺昌半导体集成电路产业化项目扶持政策。

【市长办公会议】 2015年，淮安市市长办公会议召开14次，主要研究解决以下问题：淮安经济技术开发区相关

12月20日，淮海路跨古淮河桥改造工程启动。　　市交通局　供图

发展、江苏富强新材料循环经济产业园项目建设（3次）、淮安新材料产业园区建设、西游记文化产业园项目建设、中国移动淮安呼叫中心项目、淮钢特钢有限公司技改项目、推进高沟新型城镇化先行区建设、白马湖保护与开发工程、进一步加快智慧谷建设运营、涟水县发展、扶持新能源汽车产业发展、推进白马湖生态环境保护项目。

【施政要点】 2015年，淮安市政府牢牢把握“上水平”工作主线，克服挑战，全面完成市七届人大四次会议确定的各项任务，为“十二五”画上圆满句号。全市经济发展稳中趋好，投资、消费、收入等支撑性指标增幅在全省位次前移，财政收入结构优化。项目建设势头强劲，呈现出数量多于上年、体量大于上年、开工率高于上年、进度好于预期的特点，淮安工业史上单体投资最大的富强新材料以及中兴智慧产业园、臻鼎科技等一批重大项目开工建设，纳沛斯等一批重大项目竣工投产。淮河入海水道二期同步实施二级航道工程获国家主管部门同意，淮台直航正式开通，二类水路口岸通过省验收，立体式对内对外开放通道加快形成。周恩来故里旅游景区创成苏北首批国家AAAAA级旅游景区，获批国家电子商务示范基地、省新能源汽车产业基地，发展平台集聚力增强。着眼“十三五”规划发展，精心编排60多个重大事项，加大向上争取力度，其中淮河生态经济带上升为国家战略、融入江苏沿海开发战略、建设宁淮铁路等重大事项，得到上级支持、列入相关规划，极大拓展淮安未来发展空间。

继续开展十项重点工程建设，在省运会场馆及环境建设工程完成的情况下，增加西游记文化体验园建设工程，并将科教产业园规划建设工程具体为淮安智慧谷规划建设。新的十项重点工程为：铁路规划建设、里运河文化长廊建设、西游记文化体验园建设、白马湖保护与开发、金融中心规划建设、盐化新材料产业发展、中心城市道路通达、淮安智慧谷规划建设、西南化工片区搬迁、淮安综合大市场建设。至年底，各项工程均完成或超额完成序时进度。继续实施十件民生实事工程，分别为优化市民出行环境、改善农村生产生活、保障困难群体住房、提升基层办学条件、升级改造农贸市场、优化创业就业服务、关心帮助特殊群体、完善便民服务设市、建设居民小区视频监控联网系统、丰富群众文化生活。至年底，十件民生实事均完成年度目标任务。

（市政府办）

政务服务

【概况】 2015年，淮安市各级政务服务（便民）中心（站）受理各类事项255.6万件，其中涉企事项102.24万件、便民事项153.36万件。淮安市公共资源交易中心完成各类进场交易额218.8亿元。淮安市政务服务大厅集中市直57个部门近700名工作人员。提供市级422项许可、初审、服务事项办事服务，水、气、邮政、通信、市民卡等20个公共服务事项进驻中心，当场办结率76%，群众满意度98%以上。市级许可事项保留42项，申报材料从201个减少为150个，设定审批环节平均3.2个，平均承诺时间减少为3.9个工作日，比法定时间压缩85.5%。年内，淮安市政务服务中心被省政府确定为省政务服务示范联系点。

【“四级一体化”政务服务体系】 2015年，淮安市本级以及8个县（区）、淮安市经济技术开发区建立权责一致、公开透明政务服务体制，依据权力清单和职责清单，全面清理规范行政审批和便民服务事项，分别梳理出台《县（区）级许可服务事项目录》并向社会公布。推进乡镇（街道）、村（社区）便民服务中心和便民服务代办站点建设，全市成立县级行政审批局1个、政务服务管理办公室8个、乡镇（街道）便民服务中心139个、村级（社区）便民服务代办点485个。初步建立“四级一体化”政务服务体系。

【审批服务模式创新】 2015年，淮安市在全国首创投资建设项目“四联合”（联合评审、联合踏勘、联合图审、联合验收）集中与在线融合式新型审批服务模式，将“四联合”所涉及28个部门51个事项进行分类细化，明确6个办事节点，对各节点岗位、流程、监管职责进行固化，向社会公开各项工作制度、业务流程，实现事项办理在线进度查询、结果反馈。为众房置业、清江人家、生态新城游客服务中心等项目办理联合图审、联合验收等手续，推进全市地震评价、水土保持方案等区域评价报告集中编制。联合图审由原来85个工作日缩短至15个工作日，联合勘验由至少30个工作日压缩至10个工作日。

出台《关于市政务办2015年度

提前跟踪全程服务市重大项目工程的通知》，建立项目协调推进机制、超前介入联系机制、进展情况报告机制、特事特办创新机制、长效服务机制5项机制。确定50个年度重点项目并根据项目进度动态调整帮办项目库，在全国首创在线电子化联合图审，接图、分图、汇总反馈与专家审查意见全部网上完成，先后服务西游记主题公园、白马湖公园、里运河、有轨电车等重大项目。

【政务服务标准化】 2015年，印发《淮安市政务服务管理办公室行政审批服务标准化建设暨国家级社会管理与综合服务标准化工作实施方案》，明确建设目标、主要内容、工作步骤和工作要求，在省标准化研究院指导下，以行政职权规范为先导，以流程再造为新起点，突出标准化、规范化、简洁化"三化"特点。按照国标GB/T 24421要求，制定四大类603项标准，涉及政务服务标准68项、各类事项及流程标准445项、公共资源交易标准70项、电子政务标准20项。年内，淮安市政务服务中心被国家标准化管理委员会确定为首批社会管理与综合服务标准化项目示范点。

【电子政务】 2015年，淮安市电子政务平台完成升级改造。新平台以原有平台及协同办公系统为核心和基础，采用先进技术手段，实现原有业务系统的多运营商、多制式的手机端应用，全面升级移动办公应用。加强全市电子政务平台维护保障，做好淮安市电子政务协作办公平台、市级行政权力网上透明运行平台、市级电子监察系统、市级法制监督系统、淮安市网上政务大厅、市级电子监察平台以及市信用系统维护，保障平台硬件环境正常稳定。淮安市外网门户及办公自动化系统包含单位309家，用户6359人，发文40589条，其中有效发文28969条，收文405794。至年末，淮安市行政权力网上公开透明运行和电子监察系统办理项目（案件）计2761068条。

【商事制度改革】 2015年，淮安市全面推行"一照一码"工作制度，政务服务中心综合窗口按照"一个窗口、一个平台、一份材料、核发一证"工作要求，通过企业并联审批平台，实现工商、质监、国税、地税四个系统之间互联互通、信息共享，企业获取营业执照加载唯一编码的法人和社会组织统一社会信用代码。截至年底，累计发放"一照一码"营业执照390份。

【"12345"政务服务】 2015年，淮安市整合社会各类民生服务资源，加盟服务商282家，便民服务范围不断扩大，涉及家电维修、房屋维修、家庭保洁、设备（空调、油烟等）清洗、搬家、织补、开锁等20个大类。全年淮安市政府"12345"服务热线受理群众诉求104226件，电话接通率99.32%，生成工单104156件，其中直接办结83213件，直接办结率79.89%，派发至各职能部门电子工单20943件，电子工单办结率98.99%，回访群众满意率93.71%。

9月16日，淮安市政务办支持指导的全市第一家村级便民服务站在涟水黄营造九堡村成立。 马方波 供图

【公共资源交易】 2015年，淮安市启动市、县（区）公共资源交易平台一体化管理体制改革。淮安市公共资源交易中心依托科技信息技术，升级完善大平台交易管理，开发建设工程交易网上招投标、计算机自动抽取语音通知专家评委、评标区门禁管理等六大系统。对公共资源交易平台各项工作实施"六统一"，即统一操作规范、统一信息发布、统一项目受理、统一监督管理、统一收费标准、统一档案管理，制定内部管理标准、流程标准、岗位标准3大类91项服务标准。建设工程、政府采购、机电设备、物业管理、交通、水利六大类专家库，1200余名专家信息实现计算机随机抽取，确保各项工作规范有序开展，交易活动高效阳光运行。全年完成进场交易2422宗（次），增长9.84%。其中，政府采购类业务1220宗（次）、建设工程类交易业务（含开发区、工业园区）372宗（次）、机电设备交易业务217宗（次）、水利建设类交易业务217宗（次）、药品药械类交易业务273宗（次）、土地交易类业务173宗（次）。在全国首创"分段制衡、分部协同、分线保障"公共资源交易流程再造。制定《淮安市公共资源交易中心新流程再造实施方案》，对原有按照交易类别划分的公共资源封闭式交易流程进行优化再造、全面重组，科学整合程序中相同事项、相同工作内容、相同工作节点，推进市公共资源交易中心整合后的深度融合，缩短流程，提升效率。

【串标围标治理】 2015年，淮安市制订《招投标专项治理工作实施方案》和《淮安市查处群众身边"四风"和腐败问题"挂图作战、挂牌督办"工作进度表》，在"发现、锁定、移交、立案、查处、通报"6个主要环节建立"六项机制"。全年发现并认定串标围标案件62起，其中市直15起，县（区）47起。对47起予以行政处罚，公安部门对8起案件予以立案调查。

【淮安“政务微博”】 至2015年底，淮安市政务服务管理办公室开设的政务微博博文阅读量2309685次，互动数35629次，处理网民建言16702条。淮安“政务微博”被《人民日报》评为2015年“全国十大新秀政务微博”，是全国政务系统唯一获此荣誉的政务微博。再次入选由中科院信息化研究中心评选的2015年度中国“互联网+政务”平台50强。（马方波）

机关事务管理

【概况】 2015年3月20日~5月18日，淮安市完成市行政中心搬迁。48家市级单位和会议中心利用9个周末和“五一”假期完成搬迁工作。整合行政中心楼宇管理系统、安防监控系统、工作午餐系统，安装计量分析系统，通过计算机中央处理器对相关数据进行整理分析，进一步提高综合服务能力和高效运行水平；完成行政中心1400余部电话数据通信数据库建设工作；完成行政中心“设备设施健康数字档案”建设，实现运行数据动态分析，做到设备设施定期体检、定期维护，确保行政中心各类设备设施平稳有序运转；设立“一站式”24小时服务热线，及时排除报修故障。

【公务用车制度改革】 2015年，淮安市在多次调研和论证后完成市车改数据统计和核算工作，准确核算改革前经费支出，对改革后各项经费进行合理预算，完成市公车改革相关配套政策和具体措施起草。年底，淮安市车改总体方案在市车改领导小组会议、市政府常务会、市委常委会议上研究通过。12月31日，全面封存全市各类车辆近2000辆，其中，市本级780辆。

【公共机构节能管理】 2015年，淮安市机关服务部门印发各类节能宣传材料5000余份，悬挂宣传横幅200多条，组织培训20余场1000多人次。全市实施重点节能项目20个，总投资4967.5万元；完成3个国家级节能示范单位、9个省级节能示范单位和6个省级节水型机关创建；完成全市5个单位11.2万平方米能源审计和分类分项计量改造，完成16个单位水平衡测试，推进各级公共机构废旧商品回收，回收废旧报纸22.6吨、废旧桌椅1000余张及大量废旧电脑等。（孟迎春）

人才和人力资源

【概况】 2015年底，淮安市人才总量46.1万人，其中专业技术人才24.9万人、高技能人才9.42万人。有“千人计划”专家89人、省“双创”人才93人、省“双创团队”1个；引进“淮上英才计划”创新创业团队15个、领军人才164人、急需人才1208人。有公务员17766人，其中市本级4866人；有事业单位人员77104人，其中市直12549人。全市建成人才公寓502套，总面积30100平方米。苏北毕业生人才市场在淮安市正式挂牌成立。建成教育部留学归国人员淮安实习基地。开办国（境）外学历学位认证验证业务，成为苏北、鲁南、皖北地区唯一能开展此项业务的地级市。

5月29日，淮安市在市行政中心启动工间操活动。 王众 供图

【外引内培人才】 2015年，淮安市制定出台《关于进一步加强党管人才工作的指导意见》《关于推进“人才强企”工作的意见》《关于进一步加强高技能人才队伍建设的实施办法》《淮安市储备培养人才管理暂行办法》等文件，形成更具吸引力的政策体系。引进“千人计划”专家21名，入选省“双创人才”16名，入选“双创博士”44名。金湖县科润膜材料公司董全峰团队入选省双创团队，实现淮安市双创团队零的突破。深化与国家“千人计划”专家联谊会、中科院博士后联谊会、中国（教育部）留学服务中心等高端人才机构以及上海交通大学、四川大学、西华大学等高校交流合作，举办“海聚千人·智汇淮安”助推淮安电子信息产业升级发展科技人才项目对接活动，成立上海交通大学苏北研究院、淮安盐化新材料产业研究院、教育部留学回国人员淮安实习基地等人才创新创业平台。举行中国科学院博士后淮安科技行活动，60多家企业与百名博士后进行对接洽谈，达成合作意向28个。首次将高技能人才纳入对市有突出贡献中青年专家评选范围。新获批博士后科研工作站5家，有国家级博士后科研工作站10家、省级博士后创新实践基地14家。深化市“533英才工程”（用5年左右时间，在全市范围内选拔培养50名左右学术技术领军人才、300名左右学术技术拔尖人才、3000名左右学术技术骨干人才），遴选培养学术技术领军人才37名、拔尖人才219名、骨干人才946人。推动“淮上英才”创投基金扩量增效，在48家企业开展人才

股权、分红等激励措施试点并取得积极成效。全市新建人才公寓472套、总面积27300平方米。组团赴外引进高层次急需紧缺人才，在南京市举办淮安市高层次人才专场招聘会，赴清华大学、兰州大学等全国重点名牌大学召开专场招聘会，赴长沙、南昌、哈尔滨等人才引进基地广纳贤才。

【公务员招录】 2015年，淮安市公务员招录坚持“公开、平等、竞争、择优”原则，严控计划把好职位关，创新性地引入“专业小类”概念，让选人用人更具针对性与科学性。笔试过程中，考点配备足量通信工具屏蔽仪，遏制运用高科技手段违纪行为。采用特邀考官回避本地区本单位职位制度，面试公平度、公信度提高。体检进行集中封闭管理，收缴通信工具，杜绝与外界联系。全年计划招录437个（含垂管）岗位，最终招录394人。

【公务员培训】 2015年，淮安市通过落实跟班管理制度、督查通报制度、考勤结果公示制度等手段加强公务员培训学风建设。加入军训内容，把“倡廉育德炼能力”贯穿教学活动全过程。通过“走出去，请进来”培训模式，在培训内容、形式、载体等方面进行探索与实践，保证培训班针对性和实效性。全年累计举办公务员初任培训、任职培训、在职培训、参公登记前培训、军转干部培训等各类公务员培训班20期，培训7768人次。

【事业单位人才管理】 2015年，淮安市完善事业单位岗位设置管理制度，动态调整事业单位岗位设置，市、县（区）两级全部建成并使用事业单位岗位设置和人员聘用信息管理系统。推进事业单位人员聘用制度，加强事业单位聘用合同管理。开展整治事业单位公开招聘突出问题专项行动，开展“吃空饷”“在编不在岗”“超编进人”等问题专项治理。规范事业单位公开招聘，组织部分县（区）及市属事业单位管理岗位及非通用类专业技术岗位集中招聘。全年全市新进事业单位人员1537人，学历层次明显提升。 （唐小青 杨 广）

机构编制管理

【概况】 2015年，淮安市有市直副处级以上机关单位125个。其中市委部门17个，部门管理副处级单位4个；政府部门48个，部门管理副处级单位34个；人大、政协机关2个；法院、检察院机关2个；群众团体机关12个；民主党派6个。有市直副处级以上事业单位59个（不含参公管理单位），其中党委部门5个、政府下属单位7个、政府部门管理单位46个、其他单位1个（农科院）。

【行政审批制度改革创新】 2015年，淮安市建立由市编办（审改办）负责统筹协调、政务办负责改革落地、法制办负责制度配套、软建办负责督查催办、第三方评议有效补充行政审批制度改革工作体系。全面清理规范涉及审批事务中介，梳理出市级行政审批中介服务事项93项，合并27项，取消21项，保留45项，编制完成《市级行政审批中介服务事项目录》《市级涉企行政审批前置中介服务收费目录》。稳步实施政府职能向社会转移，公布首批《市政府向社会转移职能事项目录》，涉及21个部门，涵盖行业管理与服务、社会事务管理与服务等四大类50项职能事项。年内，实现政府部门职能转移32项。盱眙县成立全国首家县域行政审批局，通过优化权力结构、整合部门职能、创新运行机制和强化权力监督，将审批印章由53枚替换为1枚，审批科室由75个精简为4个，审批人员由235名缩简为41名，审批环节和层次压缩50%，平均办结时限减少70%。改革做法受到国务院调研组和省审改办肯定。

【行政管理体制改革】 2015年，淮安市结合政府部门职责清单，重新梳理制订36个部门“三定”（定部门职责、定内设机构、定人员编制）规定，重点解决部门职能交叉扯皮等问题，厘清31个部门208个管理事项、867项具体工作职责边界；探索实行“区镇合一”管理模式，有序推进省级重点中心镇行政管理体制改革试点，在金湖县银涂镇试行行政事业机构整合设置、人员编制精干、管理扁平高效、运行机制灵活的新型政府架构；以农林、商务两个领域为综合行政执法试点部门，以淮安经济技术开发区和盱眙县为跨部门综合执法试点县（区），研究制订《淮安市综合行政执法体制改革试点实施方案》，推进综合行政执法体制改革试点。

【控编减编】 2015年，淮安市推进控编减编工作，对市、县两级事业编制基数进行测算核对，制订出台《淮安市控编减编工作实施方案》，完成政府部门行政编制精减10%、市直事业单位空编上收50%预期目标；建立完善机构编制领导职数预审制度，对市直部门和县（区）填报科级机构和领导职数预审情况进行审核确定。审核市直单位编制核定数、实有数和科级领导职务数，强化科级干部备案管理。8个县（区）及淮安经济技术开发区和市直所有部门机构和领导职数全部审核完毕，办理市直72个部门718名科级干部任免事后备案；建立用编联合审核机制，制定出台《淮安市机关和事业单位编制使用管理实施意见》《淮安市科级机构设置编制管理领导职数核定暂行办法》，对机关和事业单位实行用编统一管理。

【机关履职绩效管理】 2015年，淮安市开展市级机关履职绩效考核工作，建立市绩效管理联席会议制度，出台相关考核办法及细则，将机关履职绩效考核纳入市科学跨越发展目标考核体系，单列10分用于履职绩效和机构编制管理执行情况考核。督查指导各县（区）全面推行绩效管理，形成一套覆盖全市、导向明确、规范管用、具有淮安特点的机关绩效管理制度体系。 （马 荣）

信 访

【信访机制建设】 2015年，淮安市注重信访工作各个层面的机制建设，初步完成信访工作市级层面顶层设计，建立健全考核、约谈、督查、通报、问责、业务规范、信息预警、定期交流、分类处理、分类化解等20项制度。明确全年工作重点，出台《“信访基层基础工作上水平年”实施意见》《“信访

2015年，淮安市积极开展信访法制宣传。　　生态新城管委会　供图

工作法治建设年”实施意见》；压实信访工作责任，出台《关于进一步明确进京、赴省、到市府门前上访处理工作责任的有关规定》《关于落实重点人员领导包案责任的通知》；规范信访工作，出台《依法信访工作业务规范七项制度》《通过法定途径分类处理信访投诉请求工作方案》《关于市内跨县（区）进京访人员劝返接回稳控及信访事项处理工作责任认定的意见》；加强信息预警，出台《关于进一步规范进京访预警工作的通知》；强化沟通协调，出台市信访局领导班子成员挂钩联系县（区）制度、县（区）信访局长双月汇报例会制度。

【信访积案化解】 2015年，淮安市出台《关于信访积案分类攻坚化解工作的指导意见》，把重点人员划分为A、B、C、D四类进行管理，逐案落实领导包案，攻坚化解案件；在全市开展信访积案百日攻坚化解活动，把信访积案科学划分为Ⅰ、Ⅱ、Ⅲ类，分别明确不同层级包案领导，提出相应化解指导意见，做到合理诉求解决权益问题、无理诉求解决思想问题、行为违法解决惩戒问题、生活困难解决救助问题、主动作为解决“三跨”（跨地区、跨部门、跨行业）问题，使一大批重点信访案件得以有效化解。在全省集中开展化解信访积案期间，省联席办交办的71件案件全部结案，41件实现停诉息访，息访率57.7%，特别是43件求决类事项停诉息访33件，息访率76.7%。

【信访督查】 2015年，淮安市在信访工作中加强督查、落实责任，从6月开始，每个月明确一个督查主题，由市信访局领导带队到挂钩县（区）开展重复上访化解、包案责任落实、失职问责追究、初信初访处理等专项督查；在全国“两会”、抗战胜利70周年纪念活动等敏感时期，市委督查室、市政府督查室就分类处理、分类化解、重点人员稳控、关键措施落实、信息录入百日会战开展专题督查；市信访局中层干部组成7个工作组，每天定点到乡镇、街道开展明察暗访和现场督办，确保制订出台的各项机制在基层落到实处。

【“阳光信访”创新升级】 “阳光信访”是淮安市创造的全国知名信访工作品牌。2015年，淮安市打造“阳光信访”升级版。一是系统升级，初步完成阳光信访目标考核、访情分析系统和手机APP终端开发，拓展群众信访渠道，让群众通过手机APP随时随地反映诉求，丰富和拓展“信息网上录入、流程网上管理、工作网上督查、形势网上分析、绩效网上考评”信访工作模式。二是开展两期阳光信访系统6.0版本操作培训，使全市信访系统干部职工能够熟练运用系统，发挥系统考核管理、便民服务新功能。三是开展“阳光信访”系统录入使用百日会战活动，组织专人赴市、县、乡三级“阳光信访”网络单位开展现场指导，全面提高信访事项录入率、服务率、办结率和群众满意率。

（范　蓬）

外事 侨务 港澳事务

·概　述·

【概况】 至2015年底，淮安市与11个国家14个城市缔结国际友好城市关系，其中市本级11个、县（区）3个，另有50多个国际友好交流城市。全年出国、出境138175人次，其中批准因私出国申请57831人次，签发中国香港签证38024人次、中国澳门签证34777人次，赴港澳定居17人，批准到中国台湾7507人次，办理出入境通行证19人次。境外人员入境10294人次，其中外籍人士5686人次，中国台湾居民4087人次、港澳居民521人次。淮安市常住境外人员703人，其中中国台湾地区415人、韩国150人、美国48人、日本27人、越南12人、印度11人、加拿大10人、马来西亚10人、菲律宾7人。至年底，淮安市与38个国家和地区69个侨团建立联系，有归侨12人、华侨华人1.8万人、侨眷10万人。（刘　辉）

·外　事·

【概况】 2015年，淮安市团组出访179批501人次，其中党政干部出访95批218人次。制定《护照专办员工作纪律》《出国处护照管理规定》等制度。护照、签证手续办理准确率100%，护照回收率100%。开展外资企业人事代理、因私签证、出国留学等业务，全年为西门子、资生堂、阿迪达斯等100余家涉外企业提供招工、人事代理服务，受益人数2100人。为200多名市民代办学习研修、观光留学、探亲访友等因私签证，包括欧美、亚太等十几个国家，签证通过率100%。

【赴外经贸招商】 2015年3月，淮安市经贸考察团赴美国开展专题经贸

表52　　2015年淮安市友好城市名录

中方名称	外方名称			结好时间
	洲	国家	城市	
江苏省淮安市	欧洲	法国	韦尼雪市	1988-07-02
江苏省淮安市	南美洲	厄瓜多尔	昆卡市	1993-04-20
江苏省淮安市淮安区	亚洲	日本	柏崎市	1995-10-29
江苏省淮安市	欧洲	白俄罗斯	戈梅利市	1997-06-19
江苏省淮安市	北美洲	美国	亚伯林达市	1998-03-05
江苏省淮安市	亚洲	韩国	完州郡	1999-04-22
江苏省淮安市淮安区	亚洲	日本	吉备中央町	1999-11-26
江苏省淮安市	欧洲	意大利	卢卡省	2000-09-27
江苏省淮安市	欧洲	俄罗斯	圣彼得堡市科尔宾诺区	2003-09-08
江苏省淮安市	欧洲	德国	萨斯尼茨市	2007-06-09
江苏省淮安市	欧洲	波兰	普沃茨克市	2010-07-08
江苏省淮安市盱眙县	北美洲	加拿大	圣托马斯市	2012-06-12
江苏省淮安市	欧洲	俄罗斯	马格尼托哥尔斯克市	2012-10-24
江苏省淮安市	北美洲	加拿大	奥克维尔市	2015-12-15

招商活动。在纽约举行经贸招商恳谈会，中国驻纽约总领馆商务参赞刘怡、纽约州经济发展局国际部主任瑞兹、摩根士丹利亚洲私募股权基金董事总经理罗永祥等30多名政商界人士到会。考察团拜访麦肯锡咨询公司、英飞凌科技公司、康乐德医药有限公司等多家企业，结识客商100余名，与康德乐公司签署战略合作备忘录，共同打造“医在淮安”苏北医疗中心。5月，淮安市市长曲福田率团赴土耳其、以色列开展专题经贸招商活动。代表团在以色列特拉维夫、土耳其伊斯坦布尔分别举办经贸交流恳谈会，两国近80位工商界、企业界知名人士出席活动。以色列安道麦公司与淮安市盐化新材料产业园区签署总投资3亿元多用途农药合成车间项目投资协议。

【国际友城工作】 2015年，淮安市策应国家“一带一路”战略，分别与斯洛文尼亚马里博尔市、泰国清莱省、加拿大奥克维尔市、以色列贝尔谢巴市、土耳其伊斯坦布尔市马塔佩区5座城市缔结为友好交流城市，其中加拿大奥克维尔市、斯洛文尼亚马里博尔市与淮安市签订国际友城意向书，成为“准友城”。至年底，淮安市缔结国际友城14对、准友城15对、友好交流城市36个。主要发达国家都有城市与淮安建立国际友城关系；正式国际友城中，“一带一路”节点城市4个，“准友城”中，“一带一路”节点城市6个，位居全省前列。

【外国人到淮安】 2015年，淮安市邀请、接待外宾和华侨到访团组20多批200余人次。加拿大奥克维尔市市长、泰国清莱省政府总执行官、马里博尔市市长、国际食物政策研究所董事会主席等近20个国家10余名部、省、市级官员以及多国驻沪总领馆率团到淮安市访问，签署合作项目10余个。淮安市按照规定，制定和完善邀请外国人到淮安工作相关制度，从严审批敏感性国家人员工作邀请，坚决杜绝外国不法客商骗取签证事件发生。全年为77批122人次外国友人到淮安签发签证通知函电，未出现非法滞留等违法现象。

【APEC商务旅行卡申办】 2015年，淮安市主动向全市涉外企业宣传推介APEC（亚太经济合作组织）商务旅行卡业务，同时积极向外交部争取，免费为申请人申办自由出入加拿大、澳大利亚、韩国等16个APEC成员国三年免签证APEC商务旅行卡。全年为全市大中型企业45人次申办APEC商务旅行卡，为企业走出国门、拓展国际市场打造“绿色通道”。（刘　辉）

·侨　务·

【第十八届“海外江苏之友”活动】 2015年9月15~16日，由江苏省侨办和淮安市人民政府共同举办的第十八届“海外江苏之友”暨第六届侨领侨商“伟人故里淮安行”活动在淮安市举行，40个国家和地区200名海外侨胞、港澳同胞相聚淮安。活动达成项目合作意向23个，签约意向性项目协议12个，总投资额8亿元，项目涉及旅游、养生、商业街项目开发、军品、电线电缆、广告产业园、中草药深加工、欧洲风情小镇开发、淮扬菜美食推广及开发等。

【侨务专题招商】 2015年1月，淮安市组织华商企业家代表赴广东侨乡开展侨务交流考察活动，密切与当地侨务部门、侨商会之间联系，与珠海市侨务局和深圳市侨商会开展工作交流，到访金地集团公司、德豪润达电气公司、力嘉集团公司等多家全国知名上市公司和国际性集团企业，达成投资考察意向。7~8月，成立3个招商工作小组，分别赴福建、浙江、深圳、重庆、成都等地开展“一对一敲门”招商，进行“人盯人”项目推介，走访拜会30余家有投资意向的侨商企业，促成深圳拜博口腔医院在淮安投资兴建拜博口腔医院分院、福建融侨集团在开发区兴建国际幼儿园、意大利浙江侨商在淮安投资机器人自动焊接项目等合作意向。11月，深圳市侨商会会长孙启烈率该会企业家代表团一行13人到淮安考察、交流，就淮安市与深圳市侨商会企业家开展交流与合作达成共识。

【服务侨、港资企业】 2015年，淮安市开展以“情系侨商、服务发展”为主题的“侨、港资企业服务月”活动，组成6个工作组，对全市重点侨、港资企业开展工作调研，为侨、港资企业发展沟通信息、协调关系、拓展市场。在充分调研基础上，确定近20家重点侨、港资企业为挂牌服务企业，市外侨办领导班子成员每人挂钩服务至少2家以上侨、港资企业。成立侨、港资企业律师维权服务团，聘请知名律师为侨、港资企业解决法律范围内的问题，协助解决经济纠纷，维护侨、港资企业合法权益。发挥华商会联谊交流平台作用，通过召开会长联席会、华商会工作年会、华商会房地产上下游企业资源整合业务协调会以及组织会员企业赴闽浙粤重点侨乡考察学习等联谊活动，加强会员企业联系交流，为企业解决生产、经营实际困难。

【侨务宣传】 2015年，淮安市推进侨法“进社区、进企业、进学校”，通过举办基层专（兼）职侨务干部涉侨政策培训班，开展侨法知识考试、侨法知识竞赛等侨法宣传活动。活动期间，300多人参加专题培训，发放《侨务法律法规汇编》300余册、侨法宣传页2000余份。

【归侨侨眷帮扶】 2015年，淮安市开展“归侨侨眷关爱工程”，落实归侨生活困难补贴、大病救助等涉侨民生政策。开展“暖侨敬老”“助学圆梦”等活动，利用元旦、春节和中秋节等节假日，深入侨户走访慰问，帮助归侨侨眷解决实际问题。争取资金，向全市企业退休归侨和农村贫困归侨按月发放定额生活费。侨务信访做到事事有落实，满意率95%以上。继续实施基层侨务工作“123工程”，即要求每个县（区）联系1个侨情相对集中的社区、2家侨港资企业和3家归侨侨眷，各办成1件以上实事。淮安汤始建华管桩有限公司向淮安区慈善总会定向捐赠款项，用于帮助农村归侨侨眷增收，累计捐赠70万元，受惠农民超200人。淮安力博士集团出资帮助农村侨眷中聋哑儿童，改善聋哑儿童生活条件，改善聋哑学校办学条件，累计出资50万元。正大清江药业公司多次到淮阴区西宋集镇走访慰问困难侨眷，为困难群众送去价值数万元慰问品，并牵头建立“公司加工农户中药种植模式”，为乡村经济发展贡献力量。 （刘　辉）

·港澳事务·

【概况】 2015年5月，中共淮安市委书记姚晓东率团赴香港开展经贸招商活动。代表团参观访问香港中华厂商联合会及香港冠城集团、摩根士丹利亚洲公司等知名企业，签约项目3个，总投资额20.4亿港元。促成香港亿达动力科技有限公司、厦门融和实业集团有限公司与淮安市签署协议，投资10亿元在淮安开拓新能源专用车项目。将“漂母杯”母爱主题散文诗歌大赛颁奖典礼和第七届“淮阴·韩信杯”象棋国际名人赛五大洲巡回赛（亚洲站）办到香港、澳门。10月，市政府副市长窦立夫率团赴港澳招商，并参加第五届江苏—澳门·葡语国家工商峰会。代表团广泛拜会客商，达成一批项目投资及合作意向。在澳门期间，窦立夫陪同副省长张雷拜会全国政协副主席何厚铧、中央人民政府驻澳门联络办公室主任李刚，并陪同澳门特别行政区行政长官崔世安视察第20届MIF江苏形象展示馆等。邀请香港中华厂商联合会投资考察团一行20多人到淮安考察访问，探讨港淮两地经贸交流与合作新领域，与淮安经济技术开发区、洪泽县、盱眙县就项目合作进行探讨和交流，达成多项合作意向。11月，市长曲福田率团赴港澳招商，走访香港金轮集团、摩根士丹利公司、香港物流协会、香港明骏国际投资公司、香港国泰航空货运中心、香港诺贝尔国际教育机构等多家机构和企业，增进交流与合作，推动企业在淮安项目进展；参访澳门贸易投资促进局、澳门中联办等政府机构，通过澳门加强与海外，尤其是与葡语国家交流合作。 （刘　辉）

12月18日，香港冠城大通董事会主席韩国龙到淮安，和市开发区、市中医院初步达成建设淮安市中医院开发区分院三方合作协议。 市中医院　供图

政协淮安市委员会

综　述

【概况】 2015年，淮安市、县（区）政协有委员2181人，其中市政协委员415人、县（区）政协委员1766人。有十二届全国政协委员1人，有十二届省政协委员18人，其中党内6人、党外12人。市政协委员中，女性88人，党内委员166人，党外委员249人，大专以上学历占98.55%。政协淮安市委员会当年召开全委会议1次、常委会议4次、主席会议10次，编报《淮安社情民意》26期，审查立案提案285件。淮安市政协创建“委员之家”协商民主平台，推进协商民主向基层延伸拓展。各“委员之家”开展协商座谈、调研视察、走访基层等活动150多次，委员参与活动1300多人次。这一创新模式在全国产生广泛影响，《人民政协报》进行专题报道。

6月7日，全国政协副主席何厚铧率领驻澳门特别行政区全国政协委员到淮安考察。 余承洋 供图

【咨政建言】 2015年，淮安市政协把加强行政审批中介服务管理、加快构建现代医疗卫生体系作为政协常委会议协商议题，组织专题调研组深入县（区）和基层，听取意见和建议，召开政协常委会议充分协商讨论，形成《关于加强全市行政审批中介服务管理的建议案》《关于全面深化医改加快构建现代医疗卫生体系的建议案》，得到市委、市政府重视，有关部门及时采纳落实。推动地方特色文化成为城市品牌，组织委员视察周恩来故里旅游景区、里运河文化长廊、清江浦1415街区、西游记文化体验园等重点工程建设，提出有分量、可操作的意见和建议。

【交流接待】 2015年，全国政协副主席何厚铧率驻澳门全国政协委员到淮安考察经济社会发展情况，全国政协提案委到淮安专题调研行政审批制度改革工作，驻云南全国政协委员到淮安专题调研产业转型升级情况，全国政协学习文史委到淮安专题调研“大运河申遗成功后的保护和利用”，淮安市在做好接待工作同时，积极争取资源支持，宣传推介淮安，扩大淮安影响力。 （余承洋）

重要会议

【主席会议】 1月14日，淮安市政协召开七届二十七次主席会议。市政协主席王维凯，副主席朱毅民、王士高、朱友冬、程刚、李玉峰、范更生、刘学军，秘书长吉文海出席会议。会议协商讨论市政协常委会工作报告（讨论稿）和提案工作情况报告（讨论稿）；协商通过市政协七届十一次常委会议议程、日程安排；协商讨论市政协七届四次全委会议议程、日程（草案）；协商讨论政协淮安市七届四次全委会议执行主席、秘书长、副秘书长建议名单及其他人事事项；协商讨论关于召开政协淮安市七届四次全委会议的决定（草案）；协商通过表彰优秀提案、优秀社情民意信息等事宜。

2月12日，市政协召开七届二十八次主席会议，协商通过政协淮安市委员会2015年工作要点和重点工作安排。市政协主席王维凯主持会议，副主席朱友冬、李玉峰、范更生、刘学军，秘书长吉文海参加会议。

3月5日，市政协七届二十九次主席会议视察市政务服务中心工作。市政协主席王维凯，副主席程刚、仲波，秘书长吉文海参加。

6月3日，市政协召开七届三十次主席会议。市政协主席王维凯主持会议，副主席朱毅民、朱友冬、李玉峰、范更生、仲波，秘书长吉文海参加会议。会议协商通过政协淮安市七届十三次常委会议议程、日程；协商讨论市政协关于现代医疗卫生体系建设情况的调研报告及建议案；视察西游记主题公园建设情况。

9月15日，市政协七届三十一次主席会议视察交通运输工作。市政协主席王维凯，副主席朱毅民、李玉峰、仲波，秘书长吉文海等参加视察。

10月14日，市政协七届三十二次主席会议视察淮安报业传媒集团艺术馆及全市养老服务体系建设工作。市政协主席王维凯、副主席朱友冬、秘书长吉文海等参加视察活动。

10月26日，市政协七届三十三次主席会议召开。会议协商通过政协淮安市七届十四次常委会议议程、日程，讨论市政协关于行政审批中介机构服务管理情况的调研报告、建议案（讨论稿）以及协商讨论有关人事事项。市政协主席王维凯，副主席朱毅民、朱友冬、李玉峰，秘书长吉文海出席会议。

12月1日上午，市政协七届三十四次主席会议视察全市法院工作。市政协主席王维凯，市政协副主席朱毅民、李玉峰、范更生，秘书长吉文海等参加视察。

12月1日下午，市政协七届三十五次主席会议视察全市检察工作。市政协主席王维凯，市政协副主席朱毅民、李玉峰、范更生，秘书长吉文海等参加视察。

12月29日，市政协七届三十六次主席会议视察全市公安工作。市政协主席王维凯，副主席朱友冬、范更生，秘书长吉文海参加。副市长、市公安局局长宫文飞陪同视察并作全市公安工作情况汇报。

【常委会议】 1月15日，淮安市政协召开七届十一次常委会议。市政协主席王维凯主持会议，市政协副主席王士高、朱友冬、李玉峰、范更生、刘学军，秘书长吉文海出席会议。市长曲福田在会上通报《政府工作报告（征求意见稿）》主要内容和起草情况，市政府秘书长徐利华通报《关于市政协七届三次会议以来提案办理情况》。会议还听取并讨论《常委会工作报告（讨论稿）》和《提案工作情况报告（讨论稿）》；协商通过召开政协淮安市七届四次会议的决定；协商通过政协淮安市七届四次全委会议议程（草案）、日程；协商通过政协淮安市七届四次全委会议执行主席、秘书长、副秘书长名单及其他人事事项。

1月20日，市政协七届十二次常委会议第一次会议召开。市政协主席王维凯，副主席朱毅民、王士高、程刚、李玉峰、范更生、刘学军，秘书长吉文海出席会议。市委常委、组织部部长张彤代表市委作关于人事安排情况说明。会议协商讨论有关人事事项；审议选举办法（草案）；审议选举工作人员建议名单；审议市政协七届四次会议决议（草案）。

1月21日，市政协七届十二次常委会议第二次会议召开。市政协主席王维凯主持会议，副主席朱毅民、王士高、朱友冬、程刚、李玉峰、范更生、刘学军，秘书长吉文海出席会议。会议听取各小组审议和讨论情况综合汇报；通过候选人建议名单；通过《选举办法（草案）》；通过选举工作人员建议名单；通过市政协七届四次全委会议决议（草案）。

6月8日，市政协召开七届十三次常委会议。市政协主席王维凯主持会议，市政协副主席朱毅民、朱友冬、范更生、刘学军，秘书长吉文海出席会议。副市长王红红代表市政府通报有关情况。会议听取并分组讨论市政府关于现代医疗卫生体系建设情况的通报；审议并通过市政协关于现代医疗卫生体系建设情况的调研报告及建议案。

10月28日，政协淮安市七届十四次常委会议召开。市政协主席王维凯，副主席朱毅民、朱友冬、李玉峰，秘书长吉文海等出席会议。市委常委、常务副市长戚寿余通报该市行政审批中介机构服务管理情况。会议审议并通过市政协关于行政审批中介机构服务管理情况的调研报告和建议案；协商通过有关人事事项。

【七届四次全委会议】1月19~22日，中国人民政治协商会议淮安市第七届委员会第四次会议召开。会议听取和审议政协淮安市第七届委员会常务委员会工作报告；听取和审议政协淮安市第七届委员会常务委员会关于提案工作情况的报告；学习讨论中共淮安市委书记姚晓东在政协淮安市七届四次全委会议上的讲话；列席淮安市第七届人民代表大会第四次会议，听取和讨论《政府工作报告》和其他有关报告；协商通过有关人事事项；审议通过政协淮安市七届四次全委会议决议。市委书记姚晓东，市长曲福田，市政协主席王维凯，副主席朱毅民、王士高、朱友冬、程刚、李玉峰、范更生、刘学军，秘书长吉文海出席会议。姚晓东代表中共淮安市委致辞。王维凯代表政协淮安市第七届委员会常务委员会向大会作工作报告。李玉峰向大会报告提案工作情况。12位委员发言，就事关全市经济社会发展和人民群众切身利益的话题建言献策。曲福田在大会发言结束时讲话。

（余承洋）

参政议政

【政治协商】2015年，淮安市政协统筹主席会议、各专委会和政协各参加单位力量，围绕养老服务体系建设、现代有轨电车建设、休闲文化品牌创建、现代职业教育发展、农产品品牌培育、留守儿童关爱保护等10多个议题进行协商议政。围绕“发展区域经济，建设中心城市”“推进依法行政，建设法治淮安”“建设生态文明，打造美丽淮安”“提供优秀公共文化产品，丰富群众文化生活”等议题召开专题协商座谈会。选择创新驱动发展、经济转型升级、城乡统筹发展、社会文明建设、保障改善民生等议题，开展多形式调研视察和民主协商活动。邀请全国、省、市“三级政协委员”专题视察白马湖生态环境保护与开发工作，借助更高层次协商平台积极协商议政。

【民主监督】2015年，市政协主席会议先后视察市人民法院、检察院和公安局，就司法为民、阳光警务等工作进行民主监督。采取专委会对口视察、界别专项视察等形式，对依法加强安全生产、食品监管、环境保护等重点工作进行视察座谈，推动相关工作开展。先后推选委员92人次在政务公开、电视问政等方面积极履行监督职能，反映群众诉求，提出意见建议。注重发挥社情民意“直通车”作用，向市委、市政府编报《淮安社情民意》26期，反映经济社会发展中的热点、难点问题。

【提案办理】2015年，淮安市政协七届四次会议后，市政协委员、各参加单位和专门委员会提交意见、建议294件，经审查立案提案285件，不立案9件。在立案提案中，民主党派、工商联、人民团体和市政协各专门委员会集体提案59件，委员个人提案226件。对其中80多件重点、难点提案，采取主席跟踪督办、办理绩效第三方评议促办相结合的方式，增强提案办理实效。这些提案经过56个承办单位认真办理，于10月底办复完毕。

【合作共事】2015年，市政协邀请各党派团体负责人参加政协相关会议，

5月6日，全国政协常委、提案委员会主任孙淦率全国政协提案委员会专题调研组到淮安调研行政审批制度改革工作。　余承洋　供图

交流工作，增进团结。通过安排大会发言、联合开展调研、办理党派团体提案、反映社情民意信息等，鼓励他们积极提出意见建议，并协调办理，跟踪落实。市各党派团体以集体名义提交提案、大会发言和社情民意信息68件，都得到充分反映和及时办理。密切与社会各界团结联谊，围绕依法管理宗教事务开展调研，促进宗教工作健康发展。组织委员视察淮州中学新疆班和淮安区河下镇回民居住点，对加强民族团结、推进民族工作提出建议。根据全国政协关于"不断开创人民政协外事工作新局面"要求，市协商通过在港澳台侨委员会增挂外事委员会牌子。加强同港澳台同胞和海外侨胞的团结联谊，走访"三胞"亲属，组织参观考察和联谊活动，全年组织7次座谈、视察和文体联谊活动。

【文史研究与宣传】 2015年，市政协围绕大运河遗产保护利用开展调研，组织纪念清江浦开埠600周年历史文化研讨活动，推动地方历史文化进课堂、进社区，编辑出版《清江浦研究文集》《亲历者说——淮安抗战纪事》等书刊，扩大淮安历史文化在全市影响力。《以运河文化为纽带协同发展》论文在《中国社科报》发表，《淮安历史文化研究》杂志、《论"运河之都"的核心人文价值》论文分别获江苏省炎黄文化研究会组织评比会刊类优秀期刊奖、论文类优秀成果一等奖。密切与各相关媒体合作，协力办好专版专栏，改版升级政协网站，办好政协会刊，增强内容可读性和工作指导性。探索传统媒体和新兴媒体融合，除报纸、电视等传统媒体外，注重与江苏政协网、淮安视听网、淮安民声、淮安发布、淮海晚报客户端等网络平台合作，传播政协声音。全年在《人民政协报》《江苏政协》发表文章报道淮安市政协工作30多次。

（余承洋）

纪检监察

1月26日，市纪委召开六届四次全会，县区和部门一把手向市委递交党风廉政建设责任书。 卢东为 供图

【概况】 2015年，淮安市纪检监察机关接受信访举报3740件次，处置问题线索1794件，立案1553件，其中县处级干部案件29级，乡科级干部案件213件，挽回经济损失2.85亿元。花纯艳案例成为中央纪委组织的案例教学第一讲，环保系统窝案获全省纪检系统精品案例评比第一名。查处省、市、县（区）挂牌督办件550件，问责追究662人。全国百名"红色通缉令"外逃人员之一钱增德被遣返归案。全年函询242次，约谈947人次，其中县处级干部172名，为187名受到不实举报的干部澄清事实。全年廉政满意度94.89%，效能满意度93.63%，分别比上年上升11%、10%。

【党风廉政建设】 2015年，淮安市纪检监察机关贯彻省委、市委关于落实"两个责任"（落实党风廉政建设责任制，党委负主体责任，纪委负监督责任）实施办法，提请市委向市人大、政府、政协、法检两院党组，以及县（区）委、市直部门党委（党组）派发个性化、具体化"季度工单"，梳理公布市委常委、党员副市长党风廉政建设责任清单，《新华日报》头版头条予以报道。开展党风廉政巡查，市委常委会专题听取县（区）委书记落实主体责任情况汇报。组织市纪委委员对部分县（区）、市直部门党政主要负责人落实主体责任情况进行质询评议。用好问责制度，启动党风廉政建设责任追究63起，问责73人，公开曝光16起履责不力典型案件。

【专项整治】 2015年，淮安市纪检监察机关开展"为官乱为、为官不为""两为"专项整治，对"乱作为"严肃惩治、"不作为"严厉问责，举办公开问政29期，问责3538人次，通报曝光909次；督促78个部门明确行政权力清单5878项。秉持问题导向，集中开展党员干部在企业违规兼（任）职取酬、涉农专项资金、公有房屋租赁、拆迁安置房清理"四项整治"，共收缴违规兼（任）职取酬1263万元，纠正违规使用涉农专项资金4155万元，追缴"两房"违规收入9414万元。

【重点监督】 2015年，淮安市纪检监察机关制定出台县（区）党政正职重点权力制约监督若干规定，实现对市管干部权力制约监督全覆盖。开展"三清"（干部清正、政府清廉、政治清明）指数评价预警，对5名市管干部、4个市直单位、1个县（区）实施廉政预警，市委书记、市长、市纪委书记分别提醒约谈。严格执行拟提拔干部财产公示和核查制度，取消2名瞒报财产干部任职资格，至年底，全市有3037名拟提拔干部公示财产，其中县处级干部457人，问责处理56人。深化"阳光纪检"，开通"德正淮安"微信和手机"随手拍"举报平台，全年通过"阳光纪检"查实违纪违规问题81个，"阳光纪检"累计点击量超3亿人次。

【廉洁教育】 2015年，淮安市纪检监察机关面向全市开展"十佳'五德'

12月28日，市纪委召开“阳光纪检”点击3亿次新闻发布暨座谈会。
卢东为 供图

干部”和“十佳勤廉村官”评选活动，举办事迹报告会暨颁奖仪式。周恩来“五德”教育馆登陆中央纪委监察部网站“网上展馆”栏目首页，进一步放大“五德”教育影响力。举办2期县处级领导干部廉洁从政专题研修班，开展新任县处级领导干部廉政谈话，组织开展“学党章 守纪律 讲规矩”知识竞赛活动，唤醒党员干部党章、党规、党纪意识。打造“三个一”党纪教育品牌，每年编印一本违纪违法贪腐干部忏悔录，编发一本《德园释纪》口袋书，拍摄一部警示教育片。召开全市领导干部警示教育大会，持续开展“三警一线”（警示教育馆、警示教育片、警示教育报告，“两规”现场连线）警示教育，组织全市党员干部分批接受教育。（卢东为）

民主党派 工商联

中国国民党革命委员会淮安市委员会

【概况】 2015年，中国国民党革命委员会淮安市委员会（以下简称“民革淮安市委”）发展新党员18人。截至年底，民革淮安市委有总支6个，支部18个，盱眙县联系小组1个，党员367人。民革淮安市委稿件被《新华日报》采用2篇、《淮安日报》专版刊登2次，被《团结报》、民革省委网站、《江苏民革》《淮安统战》《淮安政协》《淮海晚报》采用96篇次。

【参政议政】 2015年，民革淮安市委在淮安市政协七届四次会议上作《关于进一步提升淮安市“国字号”开放平台发展水平的建议》《激发大学生创业活力，助力全民创业淮商崛起》2篇书面发言，提交集体提案8件。委员王敏提交的《关于促进全民阅读 建设书香淮安的建议》、张青春提交的《关于规范物业服务质量标准和物业服务收费的建议》被列为市政协七届四次会议主席督办提案，并被表彰为优秀提案。调研报告《关于加快推进小型水利工程管理体制改革的建议》作为民革省委集体提案提交省政协会议。先后就综合大市场、粮食加工业产能过剩等课题开展调研，完成调研报告7篇，其中《关于加强我市综合市场投资建设监管的建议》等3篇得到市长批示。

【社情民意信息】 2015年，民革淮安市委向市委统战部、市政协、中共市委、民革省委报送社情民意信息196篇，其中市政协采用4篇，中共市委采用1篇，民革省委采用118篇，省委统战部采用10篇，中央统战部采用2篇。林中正《建议取消单身证明，简化办事程序》、芮东舒《建立“审批后监管清单”制度》被中央统战部《零讯》采用。林中正《携手电商 打造淮安特色“互联网+农业”》、叶菲《加快粮油产业转型升级 提高粮油工业核心竞争力》、罗志《关于建设淮安市方志馆的建议》、宋川《建议我市在刘老庄烈士陵园举行抗日战争胜利70周年纪念活动》得到市主要领导批示。

【社会服务】 2015年，民革淮安市委继续开展“同心助推淮安科学跨越发展行动”，推进专家站工作上水平。淮安市博爱义工联合会在民政局注册为社会团体，拥有独立的法人、组织机构代码证和对公账号，并开通微信公众平台。2月，《新华日报》以《羊年新春的温馨一拍》为题，专题报道义工联活动。11月，义工联实施的“关爱孤残困难儿童行动”被市政府表彰为淮安市十大“最具影响力的慈善项目”。（张 洁）

中国民主同盟淮安市委员会

【概况】 2015年，中国民主同盟淮安市委员会（以下简称“民盟·淮安市委”）成立市直支部，完成金融支部、商校支部、一院支部、文化支部、司法支部换届，发展新盟员34名。截至2015年底，有基层组织58个，基层委员会3个，总支4个。全市共有盟员768人，其中教育界占43%，科技界占7.6%，医卫界占10.3%，文艺占3.8%，新社会阶层占13.6%，政府、党派、人大、政协机关占13.2%；高级职称占47.5%、中级职称占37%，平均年龄49.4岁。有101名盟员担任各级人大代表、政协委员。开展基层组织测评，达标率93.5%；特色基层率42.5%，其中优秀率25.8%。

【参政议政】 2015年，民盟淮安市委完成调研报告16篇，涉及城建、生态、教育、金融等方面，其中年度市委重点调研课题2篇，民盟省委重点调研课题3篇，教育论坛论文7篇，并获二等奖2篇、三等奖3篇、优秀奖2篇。《淮安龙虾产业的喜与忧》获市主要领导重要批示。在市政协大会上，完成大会发言2篇，提交集体提案7篇。在两次中共市委专题民主协商会上，就农业生产经营体制创新发言。民盟淮安市委还组织部分盟内人大代表、政协委员开展视察淮安水利、城市建设、旅游、金融为中小企业服务、卫生医疗事业发展、现代农业等活动，为淮安城市发展建言献策。

【宣传与社情民意信息】 2015年，民盟淮安市委在《人民政协报》《挚友》《淮安日报》等多家新闻媒体发表稿件290篇，改版《淮安盟讯》，对网站进行在线升级，建立淮安民盟微信公众号。3月，联合市水利局主办“水墨印象清江浦”——纪念清江浦开埠600周年淮安书画摄影作品展览并出版纪念画册。上报社情民意信息240多条，民盟省委采用61条，省委统战部采用15条，民盟中央采用3条，中央统战采用1条。《关于整治市区桥梁桥下空间违规占用问题的建议》得到市主要领导批示。

【社会服务】 2015年，民盟淮安市委开拓教育帮扶渠道，与淮阴区政府签订教师能力提升三年行动计划合作协议，在淮阴区实施“农村教育烛光行动”，提高淮阴区教育水平。继续打造农村教育“烛光行动”品牌，承担民盟中央帮扶点贵州省毕节市第六中学对口帮扶工作。组建专家工作站16家，涉及循环农业、文化产业、IT产业等近10个产业领域，专家由40名增加到45名，高级职称占90%，打造在全市有影响的品牌专家工作站。4月，组织民盟省委专家到淮安开展“现代农业专家淮阴行”活动，围绕淮安市农业现代化发展进行座谈。7月，由盟员左培生创办的淮安鸿升博爱基金会举行揭牌仪式，基金会向淮安市高级职业技术学校20名品学兼优家庭困难在校学生发放助学金，并募集到280多万资金作为基启动资金。

（刘 彦）

2015年，民建中央能源与资源环境委员会委员实地调研白马湖生态环境保护工程进展情况。 赵国咏 供图

中国民主建国会淮安市委员会

【概况】 至2015年底，中国民主建国会淮安市委员会（以下简称“民建淮安市委”）设有基层委员会1个、总支部7个、基层支部35个，全年发展新会员35人，会员总数755人。民建淮安市委向民建省委报送社情民意信息259篇，其中全国政协采用1篇，省政协采用1篇，民建中央采用4篇，民建江苏省委采用59篇。

【主题教育活动】 2015年，民建淮安市委结合中国民主建国会成立70周年纪念活动，在会员中开展主题教育活动。3月，组织女会员参观城市规划馆。4月，组织新会员赴上海瞻仰民建创始人黄炎培故居，参观中共一大会址博物馆。6月和11月，分别组织青年会员和参政议政骨干会员赴重庆开展寻根活动，接受民建历史优良传统教育；在会员中举办“纪念民建成立70周年征文活动”，张丽娟的《重温民建光辉历程 奋起建设富强中华》、刘标华的《缅怀民建先烈 传承民建伟业》被民建中央表彰为优秀作品。11月，举行“缅怀民建历史”专题报告会，邀请民建创始人黄炎培的堂侄女、民建常州市委老龄委主任黄卫到淮安作民建会史专题报告。

【参政议政】 2015年，民建淮安市委的《完善决策制度 规范决策行为 加快推进我市重大行政决策依法科学民主》和《树立“六次产业”理念 深化“互联网+”思维 加快构建富有淮安特色的现代农业产业体系》2篇调研报告分别在二、三季度“季季谈”上交流发言。在市政协七届四次会议上，民建市委集体提交大会发言2篇；提交集体提案8篇，其中1篇被列为主席督办提案；民建会员以个人名义提交大会发言10篇，委员个人提交提案39篇。《策应长江经济带国家战略 推动江苏沿海沿江联动发展》被列入省政协大会发言。

【社会服务】 2015年，民建淮安市委打造有淮安民建特色的社会服务品牌工程，设立建安、工业、商贸物流、餐饮旅游4个工作组，先后走访调研会员企业20余家，了解企业经营发展情况；举办“新三版上市”等培训8次，参训企业家会员380余人次；为仁和工贸、翔和羚物流等会员企业协调融资、担保金额2800余万元。民建会员及民建会员企业全年向社会捐赠48万余元，开展关爱大学生、“思源工程”、扶贫助学等活动。主要由民建淮安市委会员创办的淮安市现代物流学会举办第二届交通与物流发展论坛，开展全市物流调研活动，参与并起草市政府《关于加快现代物流业发展的意见》，举办四期“崛起江淮”专题学术研讨活动，与江苏财经学院、江苏食品学院签订战略合作协议。

（赵国咏）

中国民主促进会淮安市委员会

【概况】 2015年，中国民主促进会淮安市委员会（以下简称“民进淮安市委”）发展新会员27名，其中中、高级职称15名，研究生以上学历9名，平均年龄39.3岁。至年底，民进淮安市委共有会员562名。对淮安区委下属支部进行调整，原有的4个支部调整为5个支部。与支部签订目标责任状，指导基层组织开展自身建设、参政议政、社会服务等。

【参政议政】 2015年，在市政协七届四次全委会上，民进淮安市委作《构筑城市基层社会治理中善治的基础》和《打造地理标志农产品市场价值》两篇大会发言。向大会提交6件集体提案和30余件个人提案。开展农村"四民主两公开"、农产品品牌价值建设、医养融合、优化职教资源、"先照后证"改革、白马湖生态环保工程等专题调研，并形成调研报告。其中，调研报告《建议建立白马湖全流域生态环保监管体制》获得副省长许津荣批示，《淮安农村民主治理工作调研和建议》《关于将淮安掼蛋打造为全国知名城市文化品牌的建议》《策应先照后证改革，创新市场监管体制》等报告被市主要领导批示。

【宣传与社情民意信息】 2015年，民进淮安市委每个季度出版一期《淮安民进》内刊，报道民进市委和各级基层组织会务动态，探讨统战理论。全年在各级刊物、网站上发表宣传稿件460篇，其中被国家级媒体采用130篇，省级媒体采用285篇，市级媒体采用45篇。上报社情民意信息近400篇，被中央统战部采用2篇，民进中央采用12篇，省政协采用3篇，省委统战部采用24篇，民进省委采用263篇。

【社会服务】 2015年，民进淮安市委组织会员企业参加"淮安市统一战线服务企业用工专场招聘会"，为社会提供就业岗位73个，接待应聘人员190多人次。赴清浦区南港社区、涟水县桃园村走访慰问城镇特困户、就业困难人员、企业困难职工和贫困农户，送去生活用品及慰问金，捐资9000元帮助桃园村改造村部。专家工作站开展形式多样的技术服务，开展技术调研18次；举办技术培训讲座13次，培训600人次，其中政府、企事业单位中层管理人员和技术骨干占70%以上；提供技术咨询服务160余次。参与民进中央的"同心·彩虹行动"和民进省委的"同心·阳光助学"活动，分别于2月和12月向贵州省金沙县沙土镇捐款44620元，用于沙土镇中心小学校园文化墙建设和沙土镇常熟希望小学文化体育设施改造，购买2000册图书，捐赠给贵州省金沙县沙土镇各中小学校，支持校园图书室建设。两次走进泗洪县金锁镇中心小学校园，捐赠图书1800余册，向该校贫困学生赠送书包80个，并邀请教育专家为学校老师准备1场讲座和2节示范课。（何滨宇）

中国农工民主党淮安市委员会

【概况】 2015年，中国农工民主党淮安市委员会（以下简称"农工党淮安市委"）发展新党员15名，平均年龄38.13岁。至年底，有农工民主党党员452人，大学以上学历292人，平均年龄48.9岁；医卫界党员247人，占总数的54.6%；高中级职称401人，占总数的88.7%。推进基层组织换届，19家基层组织有17家完成换届。市二院支部、清河区支部升格为总支，新建技师学院支部，增设市直机关总支三支部。年内，举行纪念农工党建党85周年暨抗日战争胜利70周年文艺汇演活动。

【参政议政】 2015年，在市政协七届五次会议上，农工党淮安市委作《围绕淮安"十三五"规划目标 大力推进我市老年事业加速发展》《充分发挥PPP模式合作共赢优势 切实提升我市公共事业服务水平》2篇大会发言。在政协七届四次会议上提交的《关于农产品品牌建设的建议》被大会列为1号提案，得到市主要领导批示，并由市政协主席督办。《建议抢抓江北新区战略新定位的机遇 加快推进淮安苏北重要中心城市建设》被评为市政协优秀社情民意一等奖，被农工党省委评为2015年度统战信息工作二等奖。年内，农工党淮安市委有针对性地开展调研活动6次，形成《加快公立医院改革进程推进现代医疗卫生体系建设》《发挥社会组织作用 推进社会治理创新》《加强管理 完善机制 切实提升我市公共法律服务效能水平》《充分利用PPP模式合作共赢优势 切实提升我市公共事业建设水平》等调研报告。

【宣传与社情民意信息】 2015年，农工党淮安市委利用《淮安农工》杂志、微信公众号、QQ群等平台开展学习宣传。微信公众号共推送35期，关注人数130多人，出版四期《淮安农工》杂志，撰写各类宣传稿件50余篇，被省级以上媒体采用16篇，其中《新华日

2015年，农工党淮安市委举办"中国环境与健康宣传周"暨"农工党健康服务行"系列活动。
臧剑　供图

报》1篇,《团结报》头版2篇、其他版面10篇。上报社情民意信息197篇,增幅30%,其中《谁也不能在政协委员的帽子下顶风任性》被中央统战部《零讯》采用,农工党中央采用2篇,农工省委采用39篇。（臧　剑）

九三学社淮安市委员会

【概况】 2015年,九三学社淮安市委员会发展新社员21人,其中高级职称9名,其余均为中级职称或具有硕士以上学历,平均年龄35岁。截至2015年底,共有社员399人,平均年龄51岁。其中,具有高级职称240人,占60%;各级人大代表、政协委员79人次,其中省人大代表1人、省政协委员2人,市人大代表7人、市政协委员23人。设组工委、参政议政和社会服务工作委、妇工委、宣教委、经科委、老龄委6个工作委员会。开发区支社、机关支社提升为基层委员会,财经学院小组提升为支社。

【纪念"三个七十周年"系列活动】 2015年是中国人民抗日战争胜利暨世界反法西斯战争胜利七十周年纪念日,也是九三学社创建七十周年,九三学社淮安市委开展系列纪念活动。组织九三学社市委老领导、市委委员、基层组织主要负责人和县处级领导干部等举办纪念座谈会;开展文艺庆祝活动,社内书画家创作的12幅作品入选九三江苏画院纪念抗战胜利画展,王春芬的美声独唱和李湘珍的淮海戏表演等入选社省委"中国梦 九三情"大型文艺演出;组织纪念征文等活动,刘孝武撰写的《亲亲走过70年》获社中央"纪念成立70周年征文"二等奖;组织部分基层九三学社社员赴周恩来故居和纪念馆、刘老庄八十二烈士陵园等开展纪念活动。

8月27日,九三学社淮安市委召开纪念九三学社创建70周年、纪念中国人民抗日战争胜利暨世界反法西斯战争胜利70周年座谈会。　　刘铭铭　供图

【参政议政】 2015年,九三学社淮安市委在各级"两会"提出议案66件,其中市政协集体提案11件,《关于加强我市财政专项资金管理的建议》《关于进一步加强水产品安全生产管理的建议》得到市主要领导批示;提交大会发言材料2份,分别被评为一、二等奖。形成《完善确保依法独立公正行使司法权的建议》《整合财政支农资金完善使用方式提高使用绩效》等调研报告,得到市委主要领导肯定;向九三学社省委提交10份参政议政招投标课题,有4份中标;围绕市委市政府重要工作,面向全体社员开展社市委课题招标,有10份课题中标。其中贾士权撰写的《保护水资源 修复水生态 建设秀美淮安》获得市长批示。

【社情民意信息】 2015年,九三学社淮安市委有54名社员撰写信息312条,信息工作参与率14.63%。上报信息被社省委录用85条,社中央采用6条,全国政协采用1条。其中,刘孝武的《警惕存量资金变成地方政府隐性债务》得到中共中央政治局常委、国务院常务副总理张高丽批示;钱芳撰写的《妥善处理企业改制遗留问题 全力做好职工基本生活保障》得到市主要领导批示。

【服务社会】 2015年,九三学社淮安市委有专家工作站16个,开展各类活动63次,服务科技和管理人员1000人次以上,培训人员210人次,完成咨询项目40余项、科研立项3个、研发创新2项,直接或者间接产生经济效益3500万余元。在涟水县朱码镇开展第27届"国际科学与和平周"送科技、送文化、送医药"三下乡"系列活动,投入1万多元购买科普书籍、药品等免费赠送。组织春秋两场"服务中小企业专场招聘会",18家企业提供检验员、车床工、电工、缝纫工等250多个就业岗位,接待760多人次咨询,达成用工意向72个。赴市福利院看望孤残儿童,赠送洗衣机、儿童服装等生产生活物品,价值3万余元。

（刘铭铭）

淮安市工商业联合会

【概况】 2015年,淮安市成立市宿迁商会、市电梯商会、市装饰服务业商会。吸纳行业协会等经济社团加入工商联,扩大工商联组织覆盖面。至年底,全市新增会员企业1450家,全市企业会员总数17882个,有各类商会组织247个。完善工商联组织数据库、代表人士数据库,加强与常、执委企业负责人联系,创建市工商联微信公众号和微信群。淮商网访问量超过20万人次。

【营造淮商发展环境】 2015年,淮安市聚焦经济新常态下民营企业遇到的重点、难点问题,广泛开展调查研究。3月,市委常委、政法委书记张亚青率市工商联调研组就淮安市政务环境、小微企业发展扶持政策措施落实情况开展调研,形成《淮商就我市当前政务环境的意见和建议》调研报告,报告得到市委、市政府主要领导重视和批示,并要求市政府相关领导研究会办。会同省工商联开展民营企业"走出去"调研,召开淮安民营企业"走出去"座谈会。市工商联《关于解决民企贷款过桥资金及有关税收征缴

2015年，第三届淮商峰会举行。 叶光亚 供图

问题的建议》获市政协调研报告一等奖。

【淮商成长】 2015年，为打造淮商教育培训常态化基地，淮安市工商联在淮阴工学院成立淮商学院。学院成立后，以全市淮商企业负责人、中高层管理人员等作为培训主体，开展多专题、多形式、多层次的管理、实战、创业培训。推进大众创业、万众创新，市工商联与市高校合作搭建大学生创业就业孵化器，从全市选拔30多名优秀青年企业家走进大学校园担任大学生创业导师，鼓励和帮助在校大学生到感兴趣的行业和民营企业实习，为大学生毕业后创业和就业提供实践平台。通过商会拓展创业空间和领域，组织有实力的商会走进高校集中招聘或定向培养大学生。协助省工商联在淮安召开全省非公经济人士守法诚信主题教育辅导报告会。举办淮安首届高峰经济论坛，邀请著名经济学家郎咸平和企业管理专家余世维到淮安，为近3000名淮安市企业负责人和管理人员解读经济走势，指点管理方略。

【服务淮商】 2015年，淮安市工商联发挥商会组织和骨干企业会员资源优势，以商会与银行合作模式，筹集6000多万元资金；经市政府批准，与有关银行合作，建立"淮商贷"融资互助平台，为全市小微企业提供过桥资金。许多商会与银行建立集中授信等战略合作关系，市工商联引进南京银行到淮安开设分行。4月，副市长唐道伦召开企业家恳谈会，让司法部门和企业家专题对接，解决新常态下企业在转型升级过程中遇到的法律问题，探寻司法服务企业的新方式、新内容。推进专家工作站建设，继续在重点会员企业建立专家工作站，由总商会聘请相关专家为企业无偿提供科技创新技术支持，专家工作站采用专家定期、定点上门服务的形式，针对企业具体技术难题提供解决方案，为企业人员提供相关培训，为企业改善生产环节。联合市环保局实施"助力生态环保、淮商在行动"主题活动，开展"淮商为生态环保献良策""环保微调研及送法上门"等活动。以"引领及推动资本力量与企业实践深度融合"为主题，召开2015淮安"互联网+众筹"创新峰会，120余家企业负责人展开深入研讨。维护企业合法权益，建立健全淮商维权服务程序和体系，有效维护民营企业合法权益。

【交流合作】 2015年6月，淮安市在台湾举办青年企业家创新创业研习营，20多名优秀青年企业家在台湾中华大学聆听台湾教授《企业传承与创新》《物联网与大数据商机》等讲座，实地走访考察新竹科技园、台中出口加工区、新北创力坊、吉米文创园等台湾创新创业典型实体。两地青年企业家达成多项交流与合作计划，市新生代企业家商会与台湾新竹市青年创业协会结成友好商会。12月4~5日，举办第三届淮商峰会，来自全国各地的近400名淮商齐聚淮安，以"引智引财回馈桑梓，创业创新振兴淮商"为主题，共叙乡情乡谊，共谋发展新篇。省人大常委会副主任、省工商联主席许仲梓，市委书记姚晓东分别致辞。会上，市工商联和淮安经济技术开发区共同建立淮商产业园，与同程网正式签署旅游"互联网+"战略合作协议，提高淮安市旅游业"线上"知名度。同程网CEO吴志祥、西安翻译学院董事长丁晶等6名淮商企业家还同与会者分享创新、创业的经验。2015年，成立厦门市淮安商会和南京市淮安商会，济南市淮安商会完成筹备工作，苏州市淮安商会完成换届。

【光彩事业】 2015年，淮安市实施"淮商回归"工程，引导异地淮安商会组织会员企业家回乡考察、回淮创

11月11日，淮安市无党派知识分子联谊会、淮安增力爱心基金会组织企业界人士向洪泽10所小学现场捐赠"爱心图书角"。 叶光亚 供图

业，实施光彩事业反哺家乡。6月，厦门淮安商会组织40多位淮安籍企业会员到淮安考察，与有关县（区）联系对接招商项目。苏州市淮安商会多次组织会员到淮安慰问捐赠，为特困群众送去慰问金、慰问品合计80多万元。市工商联利用淮安结对帮扶新疆建设兵团农七师契机，邀请七师工商联代表团到淮安考察，七师企业家通过七师工商联向淮安市敬老院、福利院捐赠价值20多万元的28吨新鲜葡萄、300多床优质棉被等物资。创新慈善救助方式，与市一院、二院合作，实施重症贫困患儿定向救助项目，组织部分非公经济代表人士救助20名多名患有先天性心脏病、白血病的贫困家庭儿童。到淮阴区刘老庄乡南营村、涟水县小金圩村慰问近百户生活困难群众。全年淮商为光彩慈善事业合计捐款捐物1100多万元。

（叶光亚）

群众团体

综　述

【概况】 2015年，淮安市总工会、共青团、妇联、科协、社科联、文联等社会团体努力创新工作模式，积极履行职能，服务经济社会发展。淮安市总工会在职工素质、职工文化和基层工会组织创新建设上，做到真正为职工服务；在劳动监督和安全监控上加大力度，保护职工权益。共青团淮安市委员会在价值观教育、法律帮助、困难青少年帮扶等方面切实维护青少年权益；通过人才高地建设、服务阵地建设、校企结合等方式促进青年就业创业。淮安市妇联立足职能，多措并举，切实保障妇女儿童权益，妇女儿童生存发展环境不断优化。淮安市科协创新发展科技对接活动，服务淮安经济建设，做好科普惠农、科普基地建设和面向社会的科普服务等基础工作。淮安市社科联围绕抗战主题活动开展系列研讨活动，注重科研成果的推广和普及。淮安市文联在文艺作品创作和文艺研究上取得成果，并将文艺成果惠及基层群众。 （杨文文）

淮安市总工会

【概况】 2015年，淮安市职工数约95.86万人，工会组织6136个，覆盖法人单位2.04万个；工会会员92.23万人，其中女职工会员40.9万人；专兼职工会干部15924人，其中专职1114人、兼职14810人。推出职工会员普惠系列服务，出资150多万元，团购电影、游园、购书等优惠券8万多张，惠及职工4万多人。下发《关于进一步加强和完善基层民主管理工作的意见》，指导基层工会建立健全以职代会为基本形式的企事业单位民主管理制度。市总工会被中华全国总工会、国家安监总局授予全国“安康杯”竞赛活动优秀组织奖。

【劳动竞赛】 2015年，淮安市围绕交通、城建、文化、旅游、流通等重大工程项目，组织职工开展以“保增长、促发展，建精品、创一流”为主题“百万职工争先锋，建功立业促发展”劳动竞赛活动，全市有90%以上生产经营正常的企业开展劳动竞赛，职工参与率达92%左右。举办全市劳动竞赛总结表彰大会暨职工技能大赛开幕式，评选表彰市劳动竞赛先进集体60个、先进组织单位20个、劳动竞赛工作先进个人28名。400多家企业、5万多名职工参加十大工种技能竞赛，458人次晋升技术等级。建立劳模（职工）科技创新工作室50个，产生技术创新成果300多项，总结推广先进操作法80项。深化“千名技师为企业增效”行动，授予淮阴工学院“生物医用材料”科技创新团队等10个集体“淮安市十佳职工科技创新团队”、王江云等10名人员“淮安市十佳职工科技创新英才”称号。

【评选表彰】 2015年，淮安市严格按照面向基层一线和人员比例构成等要求，推荐评选全国劳动模范、先进工作者8名，省五一劳动奖章8名、省五一劳动荣誉奖章2名，4个单位、20个班组分别获省五一劳动奖状和省工人先锋号称号。评选表彰市五一劳动奖状57个、市五一劳动奖章100名、市五一劳动荣誉奖章5名、市工人先锋号299个。在淮安日报设置专栏宣传劳模事迹，联合市电视台拍摄三十集专题片《劳动美》，在全社会唱响“劳动光荣、知识崇高、人才宝贵、创造伟大”时代主旋律。

【职工素质提高】 2015年，淮安市广泛开展以爱岗敬业、诚实守信、艰苦奋斗、勇于奉献为主要内容的职工职业道德建设活动，联合市文明办评选孙成斌等10名市十佳文明职工和于从付等44名文明职工。推进职工素质提升工程，推进“职工书屋”和“书香企业”建设，选树全国职工书屋示范点4家、省职工书屋示范点6家。组织8万多名职工参加全省“中

4月28日，“五一”表彰大会暨十大工种职业技能大赛开幕，市委书记姚晓东一行在技能竞赛现场观摩。 白志锋　供图

国梦·劳动美”职工学法用法知识竞赛。

【工资集体协商】 2015年，淮安市政府转发《全市深化工资集体协商工作三年规划（2015—2017年）》和实施方案。召开淮安市工资集体协商“集中行动”动员会，指导企业结合实际，提高工资集体协商工作的质量和成效。举办工会劳动法律法规暨工资集体协商指导员培训班10期，培训工会干部1079人，提高工资集体协商指导员、谈判员能力水平。联合劳动关系三方，在全市开展工资集体协商典型案例征集活动，评选出一批优秀案例。全年新签订区域、行业工资集体合同115份，其中行业工资集体合同54份、区域工资集体合同61份。截至年底，淮安市有13523家企业开展工资集体协商。

【工会法律工作】 2015年，淮安市开展“五一劳动法律宣传服务月”和“12·4”法制宣传日活动，发放《江苏省“一办法七条例”法规汇编》等法律法规书籍4000多本，营造广大职工学法、用法的浓厚氛围。吸纳工会内部和社会力量参与，成立淮安市工会阳光法律援助志愿者服务支队，开展普法宣传、法律咨询和法律援助等服务，引导职工依法维护自身权益，推动用人单位依法规范用工行为。组织开展劳动人事争议调解员岗位业务技能竞赛，表彰淮安市劳动人事争议仲裁员（调解员）业务能手20名，授予6名人员“淮安市‘五一’创新能手”和“淮安市技术能手”。

【帮扶服务】 2015年，淮安市健全完善职工就业、生活、医疗、教育、住房、心理六大帮扶救助机制，推进各级服务中心规范化建设，形成内外协调、上下联动、便捷高效的职工服务体系。共为10342人次困难职工提供救助金2031万元。筹集资金800多万元，慰问困难职工、劳模9200多人次。组织开展“送清凉、送安全、送健康、送法律、送文化”活动，走访企业（基层）1200多家，发放防暑降温物资631万元，慰问职工11万人次。开展“金秋爱心助学”活动，为全市836名困难学子发放助学金292万元，为52名大学新生提供勤工俭学岗位。开展在职职工医疗互助互济，全年投入救助补贴资金640多万元，救助职工2000多人次。举办技能培训班24期，培训1300余人次。组织中国移动10086客服专场招聘会19场，输送大中专毕业生900余人。对全市所有县级以上帮扶中心进行督促指导，推进各级帮扶中心规范化建设。

【职工安全健康权益】 2015年，淮安市开展“安康杯”竞赛活动，市总工会、市教育局、市安监局开展“安康杯”进校园和“安全生产月”活动，全市参赛企业近2500家，参赛职工48万余人。表彰“安康杯”竞赛优胜单位41家、优秀班组25个、优秀组织奖21个。开展“查隐患、提建议、保安全、促发展”安全生产合理化建议活动，全市1.8万家企事业单位、近100万名职工参与，排查事故隐患3.5万个，并督促企业认真整改。开展“1+3”安全监控体系和“安全月”系列活动，超前介入职业危害防治工作，进一步增强职工安全生产意识，提高企业安全生产管理水平。市总工会连续11年获全国总工会、国家安监总局“安康杯”竞赛优秀组织奖。

12月29日上午，淮安市工会第七次代表大会开幕。 白志锋 供图

【工会组建】 2015年，淮安市督查各县（区）工会“党工联合之家”创建活动开展情况，加大县（区）小微企业党工共建和乡镇街道工会建设力度。推进“农民工入会集中行动”，将农民工入会纳入市委党建工作统一研究部署。完善市、县（区）、产业、基层工会四级管理体系，实现规模以上企业、社区（工业园区）全覆盖。开展以深化农合组织工会建设为重点的“工会组建突击月”活动，全市新建独立基层工会192个，新建联合工会10个，覆盖法人单位1033家，发展会员36802人。印发《淮安市主城区社会化工会工作者管理办法（试行）》，招聘社会化工会工作者19名。深化“职工之家”建设，推荐表彰一批全国、省市模范职工之家、小家和优秀工会工作者，推进“职工之家”建设。

【女职工关爱】 2015年，淮安市实施女职工素质提升建功立业工程，授予40个单位“淮安市五一巾帼标兵岗”、50名个人“淮安市五一巾帼标兵”称号，推荐评选“全国五一巾帼标兵岗”单位3个、“全国五一巾帼标兵”3名。实施女职工“关爱行动”，组织5000多名困难女职工免费体检和“两癌”筛查，为12名患病女职工免费手术，建立“爱心母婴室”20个。出台《关于实施阳光心灵工程“四大行动”的意见》和《关于开展创建阳光心灵工作室活动的意见》，组织122名女工干部参加心理咨询师（三级）培训、考级，命名“四星级阳光心灵工作室”12家、“三星级阳光心灵工作室”21家，为36户单亲特困女职工家庭提供心

理援助，引导职工树立理性、平和良好心态。（白志锋）

共青团淮安市委员会

【概况】2015年，淮安市有共青团组织8351个，其中团市委直属团组织27个、非公企业团组织2168个、共建乡镇直属团组织3790个、专业合作社团组织459个；团员269521人，其中大中专院校团员69611人、中学生团员101397人、14~28周岁青年120万人、29~35周岁团员51.2万人。淮安市团组织注重青年社会组织培育，加强青少年事务社工人才队伍建设，联系青年社会组织200余家，覆盖青年近10万人。有青年志愿者10万余人，青年志愿者服务队2000余支，参与文明宣传、扶贫助困、环境保护、大型赛会服务等志愿活动。

【价值观教育】2015年，淮安市组织开展"我们身边的好青年"推荐评选，选出省级好青年8人、市级好青年60人。开展各类分享活动25场。开展第十三届"淮安市十大杰出青年"评选，举办"为中华之崛起"纪念"五四"运动96周年暨第十三届"淮安市十大杰出青年"表彰大会。注重阵地培育，运用微博、微信等新媒体，整合《青春大联盟》电台节目、报纸等传统媒体，打造全媒体宣传格局。团市委门户网站改版上线，"青春淮安"微信粉丝数量突破6万人，"淮安学联"微信正式上线。组建1500余名网络宣传员、1.8万名网络文明志愿者队伍，在特定时间节点开展网络文明行动。打造公益国学启蒙班。汉韵淮安国学社获批首批十佳"江苏青少年国学堂"。注重以文化人，打造话剧《少年周恩来之寻梦》，拍摄《彭小草的春天》《3074》等微电影。举办多场"传统文化进校园·诵读学传展风采"等国学教育活动。注重实践育人，开展"勿忘历史·圆梦中华""我骄傲，我是周总理故乡红领巾""红领巾寻访抗战足迹"等主题团日队日活动50余场。举办第二届"科学小院士"评选，评选出60名"科学小院士"，2人获省"十佳科学小院士"称号，5人获省"科学小院士"称号，获奖人数及层次居全省第二。举办第四届大中专学生文化艺术节，近20所大中专院校、5000余人参与。在全市各中学开展"青春五月"系列活动100余场，参与学生近万人。

2015年，团市委举办"第四届淮安市——新疆第七师少先队员手拉手夏令营"系列活动。　团市委　供图

【志愿服务】2015年，淮安市整合共青团系统资源力量，挖掘青年社会组织、大中小学生、各级团干部及青年代表力量，2000余名大中专学生和百余个青年社会组织直接参加"五城"同创、世界粮食日纪念、文明交通志愿服务等全市重大活动，主动担当社会责任。创新"五城"同创活动载体，围绕文明城市创建，组织青年志愿者在交通路口、公交站台开展文明交通劝导志愿服务工作。开展关爱空巢老人、农民工、留守儿童和残疾人等重点群体志愿服务活动。整合志愿服务资源，常态化实施助残"阳光行动""淮安市青年志愿服务暨'流动青少年宫'社区行"系列活动等项目。围绕生态市创建、环保模范城市复核、卫生城市复审，以"保护母亲河"为主题，举行"践行绿色生活"全市生态环保纪念周启动仪式；组织开展"阳光之行·青春乐跑""绿色储蓄"等环保志愿活动90余场，参与人数12000余人。围绕争创双拥模范城，开展"寻找最可爱的人"2015淮安军地青年联谊会。

【青少年权益维护】2015年，淮安市开展青少年法制宣传、自护教育活动，新建500平方米青少年法治教育基地，组织开展"普法少年行""12355阳光备考""急救自护·与爱同行"等主题集中活动360余场，累计参与3.6万人次。组织第二届全市中等职业学校模拟法庭大赛，市级代表队获省级决赛银奖。打造"女童保护"项目之"淮安模式"。设计制作《"我把法律带回家"宣传手册》、微电影《不凋零的爱》以及漫画、书法等30余部自护教育文化产品，增强法律和自护知识传播的广度和深度。推进重点青少年群体"成长护航工程"，新建"青春加油站"83家。深化"爱心哥哥爱心姐姐""1+2结对帮扶""心田计划"等品牌。强化"面对面"活动等机制建设，开展省、市两级"青少年维权岗"创建工作，深化"共青团与人大代表、政协委员面对面"活动，开展"政协委员送法进校园"活动，开展倾听活动60余场，参与青少年2600余人。建立青少年利益诉求常设渠道58个，建成5个代表委员联系青少年工作站，提交相关提案议案24件。

【青年社会组织发展】2015年，共青团淮安市委联系凝聚全市青年社会组织226家，志愿者打卡器平台注册志愿者9万余名，志愿者组织928个，发起志愿服务活动4502个，服务时长48万小时，位居全国前列。在网站发布活动信息1000余条，组织开展"让爱传书""爱心速递"等各类公益活动100余次。组织开展淮安市首届青年社会组织骨干培训班、"说出我们的公益故事”骨干沙龙，参训人数150余人。邀请40余家青年社会组织代表走进“青春大联盟”节目，宣传公益活动。举办青春公益年会，推动青商企业家对接公益项目，对接项目15个，资助金额7.5万元。参与开展全省青年公益项目大赛、“全程造梦·公益阳光”优秀公益项目评选，22个优秀公益项目获奖，资助金额7万元；“致敬！抗战老兵”公益项目获全国第二届青年志愿服务项目大赛银奖。围绕青少年、残疾人、老人等重点服务群体，广泛开展包括“温馨课堂”“健残互助行”“欢乐舞台”“健康同行”“心灵充电”“志愿沙龙”等特色青年志愿服务项目，为社区量身定制个性化志愿服务“菜单”，累计开展服务2000余次，服务社区居民35000人次。

【青年就业创业】 2015年，淮安市通过选树创业典型、搭建创业载体、推动成果转化等方式促进青年创业，通过提供见习岗位、组织招聘会等形式服务青年就业。王伟伟获“2015 CCTV 中国十大三农创业致富榜样”。组建“淮安市青年电商创业宣讲团”，走进校园、企业开展宣讲活动90余场。举办培训大赛，举办“盱眙龙虾杯”“顺丰杯”等电商创业大赛12场。开展“淮安市青年电商创业示范培训班”“淮安市青年致富带头人互联网+农业专题研修班”等各类培训26场，培训人数3200人。联合驻淮高校成立“淮安市大学生电商创业联盟”，开设“青商大讲堂”，组建淮安市青年创业导师团，开展“问诊”活动5次。建立“淮安市返乡创业大学生人才库”及“项目库”。组织农商行、风投公司、青商企业家参与各类项目路演，为返乡创业青年提供贷款1000多万元。通过项目申报、大赛奖补等方式，为返乡创业大学生争取资金50余万元。建设“淮安市青年创业基地库”。建成茶遇创客工场、金石创客空间、智汇坞等一批青年创客空间，筹建大长江2.5万平方米青年创业基地与青少年活动基地，打造“淮安顺丰产业园区青年创业孵化平台”等创业孵化平台21个。建成大学生涉农创业示范基地3个，扶持建立大学生创业团队36个。收集创业项目36个，评选优秀创业项目13个，推动落地8个。其中“奇异鲜果”成为淮安首个股权制众筹项目，首轮募资30万元。实施“总经理助理见习计划”，启动青年就业上岗见习专项行动，为在校生提供100多个机关企事业单位1500余个暑期见习岗位。组织开展就业招聘会14场，提供岗位2万多个，5000多名青年实现就业。

【人才高地建设】 2015年，淮安市举办高层次人才交流活动，举办2015海外学人回国创业周暨中华青年菁英创业论坛。邀请国家“千人计划”专家联谊会副会长张辉、国民党青工总会荣誉总会长何庆纹、台湾中华青年企业家协会名誉理事长刘灿树以及台湾青创总会、电电公会、海外留学归国人员等60余位青年菁英到淮安，交流研讨“互联网+”背景下的青年创业。开展青年人才选树培养，承办江苏省少年儿童研究会少年科学院专业委员会第十四次年会。举办全市少先队辅导员风采大赛，继续深化“青年文明号”“青年安全生产示范岗”“青年岗位能手”评选创建活动。加强青少年事务社工队伍建设，联合开展国际社工日广场宣传活动。参加省少先队辅导员风采大赛，总分排名第2，获特等奖。市天津路小学、洪泽县总辅导员丁涛分别被团中央、教育部、全国少工委表彰为全国优秀少先队集体、优秀少先队辅导员。

【青少年服务阵地建设】 2015年，淮安市新建“希望来吧”2个；推进“青少年之家”建设，新建国家级“青少年之家”1个、省级9个、市级10个。强化阵地活动机制建设，整合高校社会实践队伍、青联、青商及青年社会组织力量，在全市“希望来吧”中实施公益冬令营和夏令营项目，开展“童梦课堂”等活动，服务农民工子女、困难家庭子女等各类青少年2.8万人次。

【困难青少年群体帮扶】 2015年，淮安市通过网络、微信等渠道发动贫困学生报名参与圆梦行动，构建与青年社会组织合作机制，掌握贫困青少年第一手信息，各级团干撰写走访日记，建立贫困青少年信息库。通过青春公益年会等形式，动员爱心企业家、爱心人士资助圆梦助学名额47个，认领爱心礼包116个，合计30余万元；开展以“圆梦进行时·微爱行动‘益起来’”为主题的“希望工程圆梦助学行动”。通过微信开展“为爱加蜜·圆梦大学”活动筹措圆梦助学资金5万元。筹集希望工程圆梦资金150余万元，按照4000~5000元标准，资助364名贫困学子圆梦大学。建成希望工程“阅览室”“快乐体育园地”“安利音乐教室”等服务困难青少年阵地。各县（区）积极开展“城乡少年手拉手”、关爱农村留守儿童和进城务工人员随迁子女活动。

【“团团互联·青春互助”行动】 2015年，淮安市打造以市直与乡镇、高校与企业、团市委部门与县（区）结对为主，以青联青商与青年社会组织、

2015年，市妇联为困境青少年提供专业社工服务。 市妇联 供图

青年社会组织与高校学生组织、青联副主席与县(区)团委、团干部与青年社会组织结对为辅的“三主四辅”共建格局,结成市镇对子33个、校企对子14个,开展各类公益关爱活动90余场,实现微心愿1100个,实现团团合作项目7个,共建企业为高校大学生提供1200个就业见习岗位。

(团市委办公室)

淮安市妇女联合会

【概况】 2015年,淮安市完成“十二五”妇女发展规划实施情况评估,妇女参与经济活动及享有社会保障程度普遍提高。完成“十二五”儿童发展规划实施情况评估,儿童健康水平显著提高。启动“十三五”妇女儿童发展规划编制,完成规划征求意见稿文字框架起草。市、县、乡三级妇女儿童活动中心建成率100%,市、县(区)全部建立法律援助中心,畅通“12338”妇女维权热线,建立“五位一体”维权模式。建立健全关爱留守流动儿童服务体系,建立市、县(区)、乡镇(街道)三级未成年人救助保护中心,基本实现救助网络全覆盖。

【妇女状况】 2015年,淮安市拓宽妇女就业渠道,加大妇女职业技能培训力度,全社会女性就业人员所占比重保持稳定,女职工特殊保护专项集体合同签订率99.2%,城镇登记失业人员中女性比例下降为42.9%。淮安市人大代表中有女性113人,占代表总数的26.6%;女政协委员88人,占委员总数的21.2%。市级党委、政府领导班子中女干部配备率继续保持100%。市级政府工作部门领导班子配有女干部的班子比例由上年的45.90%上升到48.65%。市级政府工作部门领导班子配有正职女干部的班子比例为10.81%。在加强基层政权建设过程中,组织动员广大妇女积极参政议政,增强基层妇女的民主参与意识。县(市、区)政协委员数1765名,其中女性政协委员数416名。适龄女童义务教育入学率100%,适龄女童义务教育巩固率100%。女生高中阶段毛入学率99.6%,提高0.2个百分点。女性高中阶段入学率98%,女性专业技术人员占比35.67%。妇女健康状况不断改善。妇女平均预期寿命达到78.16岁。制定《淮安市高危孕产妇管理办法(试行)》,明确高危孕产妇管理规范和危重孕产妇转诊的流程,提高产后访视工作质量。全市孕产妇系统管理率98.32%,产前检查率98.87%,住院分娩率100%、农村高危孕产妇住院分娩率100%,孕产妇死亡率1.62/10万。妇女生存发展环境进一步改善。城市生活垃圾无害化处理率100%,污水处理率91%;卫生厕所普及率93.99%。成立市男女平等基本国策宣教中心和市政策文件性别平等咨询评估委员会。

2015年,市妇联组织“春风送岗”女性专场招聘会。 市妇联 供图

【儿童状况】 2015年,淮安市新生儿出生缺陷发病率、新生儿死亡率、婴儿死亡率和5岁以下儿童死亡率分别为2.84‰、1.69‰、2.5‰、3.39‰,分别比“十一五”末下降36.03%、55.52%、83.04%、50.87%。儿童教育和普及程度不断提升。3岁学龄前儿童入园率得到较大幅度提高,弱势儿童享受平等教育,特殊教育范围扩大,家庭教育全面推进。至2015年,全市幼儿学前三年入园率达98%,九年义务教育巩固率、适龄流动儿童义务教育入学率、全市高中毛入学率分别达99.99%、99.99%、98%。儿童合法权益保障逐步加强。法律援助和违法青少年帮教工作成效明显,全市配备800余名法制副校长。儿童发展的环境更加优化。全市各地不断加大投入力度,加强儿童文化娱乐设施。建成独立的儿童图书馆或少儿图书阅读活动部的市、县(区)的比例达100%。儿童成长的自然环境不断优化,城市生活垃圾无害化处理率为100%,污水处理率为91%;卫生厕所普及率达93.99%,弱势儿童群体受关注程度普遍提高。

【妇女创业就业】 2015年,淮安市实施巾帼创业绿荫工程,为妇女创业就业提供培训、资金、推介服务。全年累计举办电子商务、农村妇女网上行、家政服务技能等各类创业就业培训班120期,培训妇女8500余人。开展岗位推介,组织女性专场招聘会10场次,提供1.2万个就业岗位。不断推动完善妇女小额担保贷款政策,扩大放贷合作银行范围、提高贷款额度,江苏银行、邮储银行、农商行、信用社均可办理妇女小贷业务,个人和企业最高贷款额度分别提高至10万元和200万元,贷款贴息也由微利项目延伸到非微利项目,逐渐形成“社区申请—妇联审核推荐—人社部门、担保公司审核担保—银行放贷”的运作模式,全年发放妇女小额担保贷款4393万元,辐射带动万余名妇女创业就业。加强巾帼示范基地培树工作,新建11个省级、40个市级巾帼示范基地。

【妇女儿童权益维权】 2015年,淮安市健全妇女儿童联席会议、“三工”(妇工、志工、社工)联动、重大案件会办、典型案件函告、特殊案件援助等

2015年，淮安市开展“舞动幸福 最美淮安”妇女健身操舞大展示活动。
市妇联　供图

工作机制，形成多元化、社会化、专业化的维权合力。和市中级人民法院联动实施“法护家园”妇女维权“六大行动”（“三位一体”护家园、“平安知识社区（乡村）行”、结对互助“1+1”、司法护民维权、司法救助、反家暴联合行动），切实维护妇女儿童合法权益。先后被《法制日报》《新华日报》等众多媒体宣传报道。以“建设法治淮安·巾帼在行动”为主题，广泛开展“法律快车进社区”“学法用法在家庭”等普法宣传活动35场次，覆盖人数1.2万人，直接受益1600人，发放各类宣传品和资料3万多份；综合运用淮安妇女网、淮安婚姻家庭维权网、12338维权微信公众号、《婚姻家事法苑》等多种载体同步宣传法律知识。市妇联共接待妇女来访、来电、来信165次件（次），结案率98%，为82名妇女提供法律帮助、纠纷调解、心理疏导、婚姻指导等维权服务。牵头会办、协调重大疑难案件8件，向法院系统发送工作函8次，为8名妇女提供法律援助。

【妇女儿童服务】 2015年，淮安市分解落实全省新一轮八件实事项目，重点做好由市妇联、市妇儿工委办牵头负责的实事推进。全市免费婚检率90.30%，为1485名单亲特困母亲发放救助金44.55万元，为32名贫困妇女“两癌”患者争取人均1万元救助金；新办“音乐种子”小学春蕾班7个、职教春蕾班2个、高中春蕾班1个，430名春蕾女童受益；实施“慈善助孤”项目，资助185名贫困孤儿每人1000元。

【妇女宣传教育】 2015年，淮安市评选表彰10名市“三八”红旗手标兵、100名市“三八”红旗手、50个市“三八”红旗集体、51名淮安“最美女性”以及30名优秀巾帼志愿者。在淮安日报、淮安电视台、淮安妇联微信公众号等平台广泛宣传淮安“最美女性”、“三八”红旗手（标兵）等优秀女性事迹，引导广大妇女学习典型争做典型。规范巾帼志愿服务管理工作，新增县级巾帼志愿者协会1个，指导市巾帼志愿者协会承接市慈善总会关爱孤儿公益项目，实施的“爱心护航——孤儿心理成长援助”项目为25名孤儿提供心理健康咨询援助服务。

【组织建设】 2015年，淮安市加大四级妇女儿童活动阵地建设，市新星幼儿园北园区重建项目主体工程完工，为2个示范县和46个乡镇妇女儿童活动中心争取省级奖补资金142万元，争创省级标准化妇女儿童之家208个。启动全市女性社会组织公益行动，组织开展“百团‘四送’进百家”活动（送科技、送教育、送文化、送服务）94场次，集中走访慰问单亲母亲1655人、困难家庭和空巢家庭150多户，发放慰问金160多万元、爱心保暖裤1700多条，指导、推荐24个女性社会组织承接政府服务妇女儿童项目。加大妇联干部培训力度，首次在中国人民大学举办全市中青年女干部培训班，全市70名女干部进行为期5天的集中培训。全面改版淮安妇女网，开通淮安妇联、淮安女性社会组织等微信公众号，推进多样化网络妇联建设，提升妇联网上服务妇女能力。

【最美家庭创建】 2015年，淮安市评出最美家庭1198户，其中1户入选全国最美家庭、4户入选江苏最美家庭。全市1680个妇女儿童之家参加“寻找最美家庭”活动，吸引2万多户家庭参与，累计晒出家庭照片9700幅，举办家风家训评议会685场、故事会1000多场次，同步开展最美家庭全媒体宣传。举行“美丽绽放 幸福淮安”——2015年淮安“最美家庭”“最美女性”颁奖典礼。推进“分享阅读·助我成长”家庭读书活动，全市近万户家庭参与。

【女童保护项目】 2015年，针对女童遭受性侵害等安全事件频发的态势，淮安市与中国少年儿童基金会女童保护项目合作，采取由基金会提供统一教案、选派公益讲师到淮安授课的方式，开展女童保护师资培训；与清河区曙光心理咨询中心合作，开展女童保护社区志愿者培训。全市累计举办培训班30期，覆盖9个县（区）129个乡镇（街道）妇联干部，270所小学、幼儿园老师和357名志愿者，其中24位志愿者通过女童保护基金公益讲师资格认证。推进女童保护课堂进社区、进学校、进阵地，相继在金湖、洪泽、涟水等地，通过召开女童保护工作现场推进会、开展儿童心理团体辅导、展演安全教育情景剧、举办安全主题中队会、播放儿童安全公益电影等方式强化安全教育。加强与教育部门联动，推动将女童保护课堂作为学校规定动作纳入教学计划，全市16万小学生接受教育。女童保护项目先后被《中国妇女报》《中国青年报》《新华日报》《京华时报》、凤凰网等众多媒体宣传报道。

（李轶婧　钱　明）

淮安市科学技术协会

【概况】 2015年，淮安市通过省全民科学素质工作领导小组“十二五”工作督查。全民科学素质指标由2010年的4.2%提升到2015年底的7%，达到中国科协和省科协指标要求。与媒体合作，开辟科普专栏（版）；与有线电视台合作，开辟《科普淮安》栏目。发行《科普淮安》杂志4期，免费赠阅15000多本。在全省率先试点开展企业科技专利信息服务项目，邀请中国科协专家到淮安开展项目应用辅导，承办全省应用工程师培训班，培训300多人次。推广服务企业200多家，新增科技专利应用案例60多个。启动淮安市自然科学软课题资助平台，确定一批重点选题方向。收到申报项目40项，评审确定一类项目10个、二类项目18个，资助经费近20万元。

【人才项目争取】 2015年，淮安市科协向中国科协和省科协争取淮安需要的重点科技人才。及时实现企业、专家双方对接。中国科协组织所属学会9名专家人才到淮安开展面对面服务，35家企业带来50多项科技需求，与专家签订服务协议26项。30多个省级学会、20多个省内外高校科协200多名顶尖人才与淮安市各大园区、相关企业沟通联系创新发展对接项目246个，签约并实施合作的项目213个。25个项目被省科协认定为协同创新基地、科技服务站和首席专家（工程师）项目。

【海智工作】 2015年，淮安市成立全欧华人专业协会联合会工作站、旅比华人专业人士协会工作站等5家海外招才引智工作站，引进海智人才6名，对接26个人才项目。举办5场海智分会场专题活动，海智专家进园区、入乡镇、下企业，进行具体项目考察和对接。市科协在全国海智大会上作经验介绍，被中国科协海智办表彰为海智计划工作先进单位。

【科普活动】 2015年，淮安市科协以科普周、科普日等活动为重点，以经常性科普展览、科技大讲堂、科普论坛为补充，实现科普活动全年不间断。举办贲德、李象益等科普大家讲座，航模比赛，机器人比赛，青少年创新大赛，科普淮安·全民科学素质知识“一站到底”挑战赛，开播12920科普淮安有线电视频道，巡展流动科技馆、开发科普旅游线路、科普剧巡演、科普志愿者联合行动等标志性活动30余项，重点活动169项，基层活动700多项。其中，科技进农村180余次、进社区200多次、进校园200多次、进企业100余次，免费开放科普场馆70个。30多个市内科普组织和科普机构参与，公众体验项目300多个，总受益人数达100万人次。

【科普基础设施建设】 2015年，淮安数字科技馆成为中国数字科技馆二级子站。指导建设涟水县空港花园社区科普馆、洪泽县地震科普馆和光影世界科普馆、食品药品科普馆、科普智慧社区科普馆，筹备建设盱眙县科技馆。清浦区、盱眙县科协获批两台科普大篷车。加大流动科技馆的巡展力度，专业讲解员现场讲解，现场组织观看者留言。

【科普惠农】 2015年，淮安市科协推荐淮安市淮阴区武梅蔬菜专业协会和金湖县荣誉农业服务专业技术协会2个协会，盱眙县绿源生态技术科普示范基地、涟水县梁岔镇鸿志高粱种植专业合作社科普示范基地等4个基地，范磊、仲伟云等4人参加省级项目评选。推荐淮安市清浦区清江街道南门社区、盱眙县盱城镇新湾社区等4个社区参加省社区科普益民项目评选。完成科普惠农服务站的推荐工作，推荐金湖县黎城镇黎东村科普惠农服务站、涟水县中达康农富硒水稻种植科普惠农服务站、淮安市淮阴区吴城冬枣科普惠农服站等11个单位。

【科普示范创建】 2015年，淮安市创建江苏省科普示范乡镇3个、街道1个、村6个、社区6个，省级科普惠农服务站9个，省级科普教育基地5个。推荐2016年基层科普行动计划协会3个、基地2个、科普带头人4名、科普示范社区4个。开展淮安市科学教育特色学校、科技辅导员和科技创新标兵评选。承办省“十三五”科学教育综合示范校评审研讨会。

【科技工作者服务】 2015年，淮安市科协推荐优秀成果申报淮海科学技术奖，共征集19个成果项目和5个人才项目，获一等奖2个、二等奖1个、三等奖4个。开展科技工作者站点状况调查，撰写《对科研项目的管理应从实际出发》等4篇调研文章。完成省科协270张网上问卷。编印《科技工作者意见与建议》。评选第十届优秀科技工作者。制订评选方案、草拟评选通知，从200多名申报者中初评出40名人选，邀请专家从中评审出20名，人选涉及理、工、农、医各行各业，主要向基层一线倾斜。向科技镇长团派送科技特派员10名。洪泽县科协人才引进服务工作明显提升，全年引进高层次人才45人。

【学术交流】 2015年，淮安市举办第五届中华医药五千年六大名家传人峰会暨陈可冀院士论坛。中国科学院院士陈可冀、南京医科大学副校长夏有兵、南京中医药大学博士生导师蒋卫民等专家作学术报告。全国各地名家代表共同研讨交流中医药事业的继承、创新与发展。举办“淮安市第二届交通与物流发展论坛”，市内各高校、交通物流企业近400名专家学者参加论坛，征集论文56篇。全年组织大型学术交流、研讨80多场次，开展科普活动150多场次，开展培训、竞赛、技术咨询服务100多项。

（市科协办公室）

淮安市社会科学界联合会

【社科研究】 2015年初，淮安市社科联对全市社科类课题进行征集、动员、评审，在近200项材料中，筛选出经济、文史、政治等不同领域项目65项。对发布的项目，尤其是15个重点资助项目，逐一把关。召开3次专题指导会议，从项目主题、课题组成员构成、调研报告结构等多方向进行讨论指导。12月23、25日，邀请市近30位专家，连续召开5场专家验收会，对当年立项成果进行结题验收。创新组织“‘互联网+’时代淮安面临的机遇与挑战”等社科类沙龙活动。淮安高校、市直机关、清河区顺丰电子商务产业园等近20位校、政、企相关人员参加座谈。

【抗战主题活动】 2015年,淮安市社科联联合市党史办、市党史学会共同开展纪念抗战胜利70周年主题征文活动。收到文章60篇,评选出优秀论文14篇。9月2日,纪念中国人民抗日战争暨"两淮"战役胜利70周年理论座谈会在淮安国际摄影馆举行。全市宣传、党史等市直机关领导及部分理论工作者等60余人参加座谈。徐忠、陈国民、郑毅、衡朝阳、王春香等撰写的5篇理论文章入选省委宣传部纪念中国人民抗日战争暨世界反法西斯战争胜利70周年理论座谈会材料汇编。

【社科普及】 2015年,淮安市社科联依托各县(区)社科联和各社科类学会、研究会统筹组织各种社科普及宣传活动30余场次。加强省级社科普及示范基地建设,扩大社科普及平台,新增新四军黄花塘军部纪念地等4家省级社科普及示范基地。9月,以"法治让生活更美好"为主题,与市家教研究会共同组织第十二届社科普及宣传周启动及广场咨询活动,围绕妇女及儿童维权等主题,邀请省、市专家开展10余场科普讲座,发放资料2000余份。全年编发8期《新视野》内刊。 (市社科联办公室)

淮安市文学艺术界联合会

【概况】 淮安市文联实行团体会员制,有淮安市作家协会、淮安市书法家协会、淮安市美术家协会、淮安市摄影家协会、淮安市音乐家协会、淮安市舞蹈家协会、淮安市曲艺家协会、淮安市戏剧家协会、淮安市民间文艺家协会、淮安市电视艺术家协会、淮安市文艺评论家协会11个专业协会。2015年,有会员3018人,其中国家级会员236人、省级会员889人、市级会员1893人。还有涟水县文联、洪泽县文联、金湖县文联、盱眙县文联、淮安区文联、淮阴区文联、清河区文联、清浦区文联8个县(区)文联,淮安检察文联、淮安公安文联2个行业文联。

【文艺作品创作】 2015年,淮安市有4人获紫金山文学奖,1人获全国十一届书法篆刻展最高奖,13人作品入展,获奖人数在全国地级市中位居前列;1人获"时代足迹——2015中国百家金陵画展(油画)"金奖;23幅作品入选江苏省首届美术奖,其中1人获美术最高奖、2人获提名奖;京剧剧目在第二届"江苏艺术展演月"活动中获文华大奖;2支代表队双获全省第二届紫金合唱节银奖(金银铜奖各1名),并获优秀组织奖。获全国小戏小品大赛银奖。全年全市在省以上入展、获奖、发表、出版的文艺作品超过300件。

【文艺研究成果】 2015年,淮安电视台《纪录》栏目制作《真水无香》《淮剧情缘》《歌声荡漾白马湖》《守望》《让我们走近诗歌》《让镜头告诉世界》《淡淡的忧伤》《尊严捍卫者》《格咚代》等多部电视专题片。《纪录》栏目创作《尊严捍卫者》《烽火岁月》《永不磨灭的记忆》《致敬老兵》《铁血金汤》等纪录片纪念抗战胜利70周年。出版由作家杨江淮执笔创作、以赵恺独特人生经历和文学创作生涯为脉络的赵恺传——《千山独行》。出版赵恺创作诗集《共同鸟》。淮安市作家赵恺,国家一级作家,系中国现当代知名诗人、作家,业绩被载入中国现代文学馆。

【艺术作品展览】 2015年1月2日,淮安区文联主办"放怀写心——夏碧波、李守卫、朱海澄三人书法作品展"在山阳美术馆举办,展出湖北、江苏淮安、两省三地青年书法家作品97幅。4月25日,"象外——戴继民探索摄影展"在淮安国际摄影馆举行。展览由中国艺术研究院摄影艺术研究所、江苏省文学艺术界联合会、中共淮安市委宣传部、《中国摄影家》杂志社主办,此前曾在北京今日美术馆展出。5月2日,"与君偕行——王玉海、钱鹏、张星星书画作品展"在金湖县图书馆举行,展出王玉海、钱鹏、张星星书画作品60余件。8月28日,"纪念抗日战争暨世界反法西斯战争胜利70周年书法美术摄影展"在淮安市博物馆举行。9月12日,纪念中国人民抗日战争暨世界反法西斯战争胜利70周年诗歌朗诵会在江苏省淮阴中学举行。10月16日,"苏风艺韵——淮安市书法篆刻晋省展暨优秀戏曲折子戏展演"在江苏现代美术馆开幕,汇集由淮安籍艺术家精心创作的120件书法篆刻作品和6个经典戏曲折子戏。11月,在淮安报业艺术馆举办"五德"教育专题书法摄影展,组织市、县、区摄影家会员拍摄创作全市优秀共产党员、十佳勤廉村官、十佳五德干部40人,共展出作品百余幅。11月12日,"庆祝清江浦开埠600周年——淮安书法篆刻精品展"在淮安报业艺术馆开幕,展出由淮安籍的艺术家创作的书法篆刻作品120件。

【文化艺术惠民】 2015年1月3日,省曲艺家协会副主席、秘书长芦明,相声表演艺术家吕少明等省曲艺家协会文艺志愿者和市文艺志愿者走进清河区长东街道办事处,开展文艺惠民演出。1月7日,书法家协会志愿者刘跃进、万玉龙、黄自强、杨鹏、经宇等人为农村居民写近500副春联,送200张"福"字;到市光华厂和工农兵社区为一线工人、社区居民义务书写春联近千副。5月21日,市书法家协会志愿者吴建华、冯勇、陈书国、曹文建等到清浦区黄码中心学校,举办书法创作讲座。6月2日,美术家协会主席华龙宝、副主席石鹏中等6位美术志愿者来到水渡口街道办事处,和美术爱好者作创作交流。9月19~20日,第三届文艺惠民大舞台暨"书画送劳模"在工人文化宫门前广场举办。28名知名书画家向淮安市10名全国劳模代表及"身边好人"赠送"道德传家宝"书画作品291幅,书画家们现场创作,并展示书法、美术艺术精品各85幅。10月21日,文联组织文艺评论家协会文艺志愿者到清江浦中学举办"美文赏析与作文写作"讲座。一级作家沙克、紫金山奖获得者杨海林和同学们进行交流。12月19日,"文化进万家共筑中国梦"在淮安月星家居广场开展惠民演出。

(张益民 任凯宁)

领导人名录

说明:名录中,涉及市委、市人大、市政府、市政协领导,市法院院长、市检察院检察长，淮安经济技术开发区党政正职，市纪委常委的，统计时间截至2016年9月30日；其他名录统计截至2015年12月31日。党委委员（党组成员）后面所列的人员，指仅任此一职务的同志，行政副职进党委（党组）的，没有重复列出。

中共淮安市委

书　　记　姚晓东
副 书 记　曲福田（2016年1月免）
　　　　　惠建林（2016年1月任）
　　　　　练月琴
常　　委　姚晓东
　　　　　曲福田（2016年1月免）
　　　　　惠建林（2016年1月任）
　　　　　练月琴
　　　　　张亚青（2016年1月免）
　　　　　葛　平（2016年9月免）
　　　　　张　彤
　　　　　肖本明（2016年9月免）
　　　　　戚寿余
　　　　　董　平（2016年5月免）
　　　　　陈　涛　张正军
　　　　　李晓雷（2016年9月任）
　　　　　唐道伦（2016年9月任）
　　　　　赵洪权（2016年9月任）
　　　　　李　森（2016年9月任）
秘书长　　肖本明（2016年9月免）
　　　　　李　森（2016年9月任）
副秘书长　江　山　吴　苏　戴淮玲
　　　　　董　跃　费香峰

淮安市人大常委会

主　　任　姚晓东
党组书记　陈洪玉
党组副书记
　　　　　葛　平（2016年9月任）
　　　　　陆长苏
　　　　　刘　华（2016年1月任）
副 主 任　陈洪玉　陆长苏　李　冰
　　　　　刘　华　王海平
党组成员　肖本明（2016年9月任）
　　　　　许步健（2016年9月任）
　　　　　肖进方（2016年7月任）
　　　　　应　群
秘 书 长　应　群
副秘书长　陈步公　葛恒展　潘效民
　　　　　左卫卫

淮安市人民政府

市　　长　曲福田（2016年1月免）
　　　　　惠建林（2016年1月任）
党组副书记　戚寿余
副 市 长　戚寿余
　　　　　唐道伦（2016年9月免）
　　　　　赵洪权（2016年9月免）
　　　　　窦立夫（2016年9月免）
　　　　　王红红　王兴尧
　　　　　宫文飞（2016年5月免）
　　　　　吉子俊
　　　　　刘必权（2016年5月任）
党组成员
　陈　涛（2015年8月免）
　徐振喜（副市级）（2016年4月免）
　李　森（2016年7月任、9月免）
　周　毅（2016年9月任）
　徐利华　杨昌生（挂职）
秘 书 长　徐利华
副秘书长　朱海波　王立华　秦　浩
　　　　　李久银　蒋继贵　彭少卿
　　　　　李　超（挂职）

政协淮安市委员会

主　　席　王维凯
党组副书记
　　　　　陈　贵（2016年1月免）
副主席　　陈　贵（2016年1月免）
　　　　　朱毅民（2016年6月免）
　　　　　朱友冬（2016年1月免）
　　　　　程　刚　李玉峰（不驻会）
　　　　　范更生（不驻会）　刘学军
　　　　　仲　波
　　　　　孙晓阳（2016年1月任）
党组成员　吴兆方
　　　　　陶光辉（2016年7月任）
　　　　　吉文海
秘 书 长　吉文海
副秘书长　姚顺忠　李庆林　李建明
　　　　　刘一红

中共淮安市纪律检查委员会

书　　记　葛　平（2016年9月免）
　　　　　李晓雷（2016年9月任）
副 书 记　范　青（2016年9月免）
　　　　　陈　灼　王连权
　　　　　叶　蓓（2016年9月任）
常　　委　葛　平（2016年9月免）
　　　　　李晓雷（2016年9月任）
　　　　　范　青（2016年9月免）
　　　　　陈　灼　王连权　叶　蓓
　　　　　陈旭东　陈孝红
　　　　　陈继业（2016年3月免）
　　　　　庄护林（2016年5月任）
　　　　　孙登涛（2016年5月任）
　　　　　江　迈（2016年9月任）

淮安市中级人民法院

院　　长　钱　斌
党组副书记　时恒支
副 院 长　时恒支　程　璇　潘昌锋
　　　　　赵　文
纪检组长　张年松
机关党委书记　黄素晴
审委会专职委员　侍　刚

淮安市中级人民法院执行局（准县级单位）

局　　长　郑　淮

淮安市人民检察院

检 察 长　成吉喜（2016年1月免）
　　　　　肖天奉（2016年1月任）
党组副书记　李　军
副检察长　李　军　刘月进　张剑斌
纪检组长　高　展
机关党委书记　施　展
检委会专职委员　王　刚　吴建政
党组成员　徐蔚敏

淮安市人民检察院反贪污贿赂局（准县级单位）

局　　长　徐蔚敏

淮安市人民检察院反渎职侵权局（准县级单位）

局　　长　吴建政

中共淮安市委工作部门及直属单位

市委办公室

主　　任　江　山
副 主 任　郭士贵　谢善智　张庭勇
　　　　　曾业桃
机关党委书记　吴丛江

市委研究室

主　　任　江　山
副 主 任　吉文爱

市接待办公室（准县级单位）
主　　任　戴淮玲

市委机要局（准县级单位）
局　　长　贾　明

市委保密委员会办公室（市国家保密工作局）（准县级单位）
主　　任（局长）　陆　军

市信访局
局　　长　骆四清
副 局 长　杨建华　卢东霞　张天祥
信访督查专员　梁　宏　周光萍

市档案馆（局）
馆　　长（局长）　金德海
副 馆 长（副局长）　王保山　史继军

市委组织部
部　　长　张　彤
副 部 长　魏宏庆　江泽清　应　群
　　　　　李　松　董国喜
部务委员　姜洪洋
机关党委书记　朱　钰

市委企业工作委员会
书　　记　李　松
副 书 记　马　雪

市委组织员办公室
副 主 任　罗高阳

市委党建办
副 主 任　王　锐

市委老干部局
局　　长　姜筱卉
副 局 长　刘　磊　顾　湘

市委宣传部
部　　长　陈　涛
副 部 长　金厚勋　杨恒忠
　　　　　赵志鹏　杨　静
部务委员　刘训杰

市精神文明建设指导委员会办公室
主　　任　杨恒忠
副 主 任　桑绍淮

市委讲师团
团　　长　戴淮玲

市委对外宣传领导小组办公室（市人民政府新闻办公室）
主　　任　金厚勋
副 主 任　赵　辉

市委统一战线工作部
部　　长　仲　波（2016年9月免）
　　　　　陈　涛（2016年9月任）
副 部 长　王子政　许夕保　陶　忠
机关党委书记　李晓秀

市委农村工作部
部　　长　严继林
副 部 长　胡岁年　仓义佳　杨玮业

市扶贫工作领导小组办公室
主　　任　严继林
副 主 任　谢永升

市委政法委员会（市综治办、市依法治市办）
书　　记　张亚青（2016年1月免）
　　　　　赵洪权（2016年9月任）
第一副书记
　　　　　宫文飞（2016年5月免）
副 书 记　成吉喜（2016年1月免）
　　　　　钱　斌　吴锦虎　章益雷
　　　　　王新阳
委　　员　蒋书庭　李　新　陶效春
政治部主任　陶效春
综治办主任　吴锦虎
综治办副主任　蒋书庭
依法治市办专职副主任　李　新

市机构编制委员会办公室
主　　任　张　锋
副 主 任　张家浩　陆　文

市委市级机关工作委员会
书　　记　陈　暄
副 书 记　李焕光　田益民　张安雷
　　　　　刘中山
纪工委书记　陈少波

市维护稳定工作领导小组办公室
主　　任　冯干林
副 主 任　钱鸿钧　张　滨

市经济发展软环境建设办公室
主　　任　陈旭东
副 主 任　熊志宁

市委台湾工作办公室（市人民政府台湾事务办公室）
主　　任　龚晓琴
副 主 任　徐宜祥　王国芹　周　鑫

市委党史工作办公室
主　　任　孙洪斌
副 主 任　马新文　张和生

市委党校
校　　长　练月琴
党委书记、常务副校长　沈在宏
党委副书记　张士高
副 校 长　石平洋　颜永志　耿庆彪
纪委书记　吉士忠
校务委员　史以功

市行政学院
院　　长　戚寿余

市社会主义学院
院　　长　王子政

淮安报业传媒集团（淮安日报社）
社　　长　王维国
总 编 辑　薛　涛
党委副书记　周　凌
副总编辑　王健全　陈晓平　梁宝华
　　　　　王欣欣
纪委书记　姚业林

淮海晚报社（准县级单位）
总 编 辑　张　林

淮海商报社（准县级单位）
总 编 辑　王欣欣

淮安市人大财经委及常委会办事机构

市人大财政经济委员会
主任委员　刘维林
副主任委员　魏　强　陈国庆

常委会预算工作委员会
主　　任　刘维林

常委会办公室

主　　任　陈步公
副 主 任　从家骅　贯书成
机关党委书记　崔启平

常委会研究室
副 主 任　王兆生

常委会人事代表联络工作委员会
主　　任　周成玉
副 主 任　陈　剑

常委会内务司法工作委员会
主　　任　陈建华
副 主 任　范秋云　杨　翔

常委会教科文卫工作委员会
主　　任　程大军
副 主 任　江海军

常委会环境资源城乡建设委员会
主　　任　周　平
副 主 任　李长青　袁家驭

常委会农业经济工作委员会
主　　任　张静洋
副 主 任　王　亚　张秀武

常委会民宗侨台（外事）工作委员会
主　　任　张　浩
副 主 任　李　谷

常委会法制工作委员会
主　　任　徐鹏羽

淮安市人民政府工作部门及直属机构

市人民政府办公室
党组书记　徐利华
党组副书记、主任　朱海波
副 主 任　郝道君　花　云　朱鹏程
　　　　　朱会武
纪检组长　俞金乐
机关党委书记　孙朝阳
党组成员　王苏君　张　伟　张延峰

市人民政府研究室
主　　任　王苏君
副 主 任　张　伟　张延峰

市应急管理办公室（市政府总值班室）（准县级单位）
主　　任　刘鹤春

市拥军优属拥政爱民工作领导小组办公室（准县级单位）
主　　任　宋德成

市市志编纂委员会办公室（准县级参照管理单位）
主　　任　周　平

市政务服务管理办公室（市公共资源交易监督管理办公室）
主　　任　张守美
党委副书记　周　曦
副 主 任　郭家刚　张青生　陈照新
　　　　　丁永祥
纪委书记　张建忠

市人力资源和社会保障局
局　　长　江泽清
党委副书记　张有前
副 局 长　徐承光　张　峰　张　岩
　　　　　王乃岩
纪委书记　徐大达
机关党委书记　周　焰
党委委员　陈树国

市人才服务中心（江苏省苏北毕业生人才市场）（准县级参照管理单位）
主　　任　陈朝晖

市劳动就业管理中心（准县级参照管理单位）
主　　任　翟传豹

市社会劳动保险基金管理中心（准县级参照管理单位）
主　　任　周晓波

市劳动保障监察支队（准县级参照管理单位）
支 队 长　王文龙

市社会医疗保险基金管理中心（准县级事业单位）
主　　任　陈树国

市监察局
局　　长　范　青
副 局 长　朱爱华　陈继业　庄护林
　　　　　孙登涛

市人民政府外事侨务办公室（市人民政府港澳事务办公室）
主　　任　王莉莉
党组书记　吴　勤
副 主 任　孙　醒　杨兴斌　方红艳
纪检组长　李明华

市旅游局
局　　长　陈兴红
副 局 长　鲁一伟　王贻文　席雨中
纪检组长　魏廷贵

市人民政府法制办公室
主　　任　王长根
副 主 任　王寅森　林建和
纪检组长　陈海峰

淮安仲裁委员会秘书处
秘 书 长　王长根
副秘书长　金　科　王　睿

市机关事务管理局
局　　长　刘天培
副 局 长　钱　明　景冬平
　　　　　郭冠中　宋会超　王玉成
纪检组长　朱华丽
机关党委书记　蔡金花

市民族宗教事务局
局　　长　许夕保
副 局 长　韩　群　朱德章　孙建龙
纪检组长　丁海涟

市发展和改革委员会
主　　任　黄克清
副 主 任　曹曙春　高金宝　李春林
　　　　　赵知春　陈建鹏（挂职）
纪检组长　王海亮
机关党委书记　赵联建
党组成员　徐洪云　王保和

市区域发展和经济合作办公室
主　　任　黄克清
副 主 任　徐洪云

市交通运输局
局　　长　徐效文
党委副书记　许正刚
副 局 长　张义贵　朱从耀　夏文坚

徐成东
纪委书记　王建华
机关党委书记　姜卫东
总工程师　许万根
党委委员　赵正刚　徐国林　王　耀

市国防动员委员会交通战备办公室
主　　任　徐效文
副 主 任　王　耀

市住房和城乡建设局(挂“市建筑工程管理局”牌子)
局　　长　王亦农
党委副书记　刘可壮
副 局 长　王守祥　黄富国　侍淮生
刘思岩
纪委书记　张亚刚
机关党委书记　耿良道
党委委员　张献生　刘　白

市建筑工程管理局
局　　长　王亦农
副 局 长　王守祥

市市政公用事业管理局(准县级单位)
局　　长　靳德勤

市园林管理局(准县级参照管理单位)
局　　长　刘　白

市规划局
局　　长　何　流
副 局 长　金兆成　孙邦宾
纪检组长　王余江
总规划师　朱旭枫

市规划管理监察支队(准县级参照管理单位)
支队长、政委　张孟玉

市城市管理局(市城市管理行政执法局)
局　　长　袁开锋
副 局 长　焦从太　费月兵　崔　璨
周伟芬
纪检组长　陶光忠
机关党委书记　曹会建

市城市管理行政执法支队(准县级单位)
支队长、政委　胡文斌

市统计局
局　　长　沙　杰
副 局 长　严夕夏　谢　华
纪检组长　曹仕凤
总统计师　姜耀武
机关党委书记　王　岭
党组成员　刘兴国　杨志刚

市物价局
局　　长　卞爱武
党组书记　张　华
副 局 长　苏简政　蒯　平　杨振龙
机关党委书记　张怀兵
纪检组长　张如中

市环境保护局
局　　长　周洪兵
副 局 长　曹新军　陈晓湘　王　江
高文学
纪检组长　葛高德
机关党委书记　戚善功

环境监察局(支队)(准县级参照管理单位)
局长(支队长)　朱　群

市民防局(市人民防空办公室)
副局长(副主任)　颜永平　严发根
刘立硕
机关党委书记　赵永在
纪检组长　张文兵
党组成员　唐忠明

市经济和信息化委员会(挂“市乡镇企业局、市中小企业局、市盐务局、市口岸办公室”牌子)
主　　任　赵　权
副 主 任　王兆文　陈大龙　李永祥
贾茂萱
纪检组长　严义明
机关党委书记　刘大浪
党组成员　王怀忠

市乡镇企业局
局　　长　赵　权
副 局 长　贾茂萱　王怀忠

市中小企业局
局　　长　赵　权
副 局 长　贾茂萱

市盐务局
局　　长　赵　权
副 局 长　陈小强

市口岸办公室
主　　任　赵　权

市技术改造办公室(准县级单位)
主　　任　秦道忠

市安全生产监督管理局
局　　长　崔　泉
副 局 长　刘洪九　李雪山　仲伟银
徐永刚
纪检组长　张亚洲

市安全生产监察支队(准县级参照管理单位)
支队长　范金成

市财政局
局　　长　韩海平
副 局 长　张继祥　王明伦　薛乐飞
总会计师　杨　军
机关党委书记　宋安祥

市财政监督稽查局(准县级单位)
局　　长　王明伦

市财政局财政支付局(准县级参照管理单位)
局　　长　胡继军

市人民政府国有资产监督管理委员会
主　　任　俞士让
副 主 任　徐爱平　李玉龙　吴耀淮
纪检组长　过向宏
市政府第一市属企业监事会主席
般之碧
市政府第二市属企业监事会主席
马为民

市审计局
局　　长　梁三元
副 局 长　徐增道　冯长尧　蒋启波
狄运中
纪检组长　贾洪军
总审计师　刘孝武

市商务局
局　　长　张冬来
副 局 长　倪建华　许志豪　王　凯
　　　　　毕丰书
机关党委书记　严　实
纪检组长　刘　旻
党组成员　江汉聪　丁　伟

市粮食局
局　　长　胡长青
副 局 长　高伏兵　郑贤明　张建中
　　　　　张新民
纪检组长　赵　进
机关党委书记　杨宝鹤

市供销合作总社
主　　任　王乃良
副 主 任　叶海军　董　峰　化登荣
监事会主任　匡明华
机关党委书记　陈　速

市农业委员会（挂“市林业局、市水产局”牌子）
主　　任　张进成
副 主 任　张希成　周伟丁　刘正柱
　　　　　王兴龙　江　蛟（挂职）
纪委书记　王学工
机关党委书记　耿　毅
党委委员　周必冬

市林业局
局　　长　张进成
副 局 长　周必冬

市水产局
局　　长　张进成
副 局 长　周伟丁

市农业资源开发局（准县级单位）
局　　长　刘正柱

市农业机械管理局
局　　长　印亚琴
党委副书记　包志坚
副 局 长　李　锐　郭明文　邓安存
纪委书记　周　杰

市水利局（市水务局）
局　　长　尤其中
党委副书记　俞晓春
副 局 长　张　谊　庄德勤　王亚华
　　　　　熊安腾
纪委书记　王业平
总工程师　董朝升
机关党委书记　于立忠
党委委员　潘光杰

市水政执法支队（准县级参照管理单位）
支队长、政委　徐海东

市文化广电新闻出版局（挂“市版权局、市文物局”牌子）
局　　长　杨　斌
党委副书记　庄建禾
副 局 长　李　倩　陈　静　徐　克
　　　　　许长坡
纪委书记　于　革
机关党委书记　寿新浩

市版权局
局　　长　杨　斌
副 局 长　陈　静

市文物局
局　　长　杨　斌
副 局 长　李　倩

市文化行政综合执法支队（准县级参照管理单位）
支队长　沈　军
政　委　孙　河

市教育局（市委教育工作委员会）
局　　长　张元贵
教育工委副书记　高　荣
副 局 长　席文武　谷玉红　程永清
　　　　　薛祝其
纪工委书记　叶晓峰
机关党委书记　徐　忠
教育工委委员　戴　铜

市人民政府教育督导室
主　　任　于建斌
副 主 任　戴　铜

市卫生和计划生育委员会
主　　任　朱亚文
党委副书记　张其虎
副 主 任　孙邦贵　俞伟男　于龙门
　　　　　赵国强
纪委书记　张　超
机关党委书记　吴云生

市卫生监督所（准县级参照管理单位）
所　　长　杨善文
党总支书记　郑洪超

市工商行政管理局
局　　长　蔡　莉
副 局 长　蒋长林　陆卫东　张　曦
　　　　　郭文昌　尤劲松
纪检组长　陈玉波

市工商行政管理局经济技术开发区分局（准县级单位）
局　　长　骆　强

市质量技术监督局
局　　长　吕春雷
副 局 长　吴林昌　王　淮　王　松
　　　　　刘近祺　刘广波
纪检组长　赵建宏

市质量技术监督局经济技术开发区分局（准县级单位）
局　　长　蒋洪涛

市食品药品监督管理局（市食品安全委员会办公室）
局　　长　邱金义
副 局 长　葛于元　陈　玮　田卫东
　　　　　申如龙
机关党委书记　周德会
纪检组长　陈雪峰
食品药品安全总监　王立军

市食品安全委员会办公室
主　　任　邱金义
副 主 任　陈　玮

市体育局
局　　长　卞　玉
副 局 长　徐冲冲　祁德霞
纪检组长　杨　韬

市科学技术局（市知识产权局）
局　　长　李太生
副 局 长　单宏业　陈寿青　朱海军
　　　　　汪永源
机关党委书记　万孝平
纪检组长　王正行

市公安局
局　　长　宫文飞（2016年5月免）
　　　　　刘必权（2016年5月任）
党委副书记　初　晓
副局长　崔　健　杨　林　潘家新
　　　　唐卫东　张　焱
　　　　张久栋（挂职）
机关党委书记　苏必伟
政治部主任　杨　林
警务督察室督察长
　　　　宫文飞（2016年5月免）
　　　　刘必权（2016年5月任）
党委委员　冯干林

市公安局指挥中心（准县级单位）
主　　任　鲍鹤兵
政　　委　尹　磊

市公安局交通警察支队（准县级单位）
支队长　尹志刚

市公安局治安警察支队（准县级单位）
支队长　郝　群
政　　委　颜志龙

市公安局刑事警察支队（挂“市公安局有组织犯罪侦查支队”牌子）（准县级单位）
支队长　戴海龙
政　　委　冯　华

市公安局经济犯罪侦查支队（准县级单位）
支队长　徐苏阳

市公安局水上警察支队（挂“市公安局水上分局”牌子）（准县级单位）
支队长　邵照华
政　　委　杨恒伦

市公安局国内安全保卫支队（准县级单位）
支队长　钱鸿钧
政　　委　耿福夏

市公安局技术侦察支队（准县级单位）
支队长　陈正清

市公安局巡特警支队（准县级单位）
支队长　王　彤
政　　委　顾　欣

市人民警察培训学校（准县级单位）
校　　长　黄　欧
政　　委　张　兵

市司法局
局　　长　邱华康
副局长　鲁正淮　张晓秀　黄兆海
　　　　吴政霖
纪检组长　万大权
机关党委书记　周　利

市民政局
局　　长　邵　明
党组副书记　关晓卫
副局长　徐　鹏　薄鼎才　张洪海
　　　　周为民　张　争
纪检组长　任　韬
机关党委书记　管曙东

市国土资源局
局　　长　岳春山
副局长　韩文军　陈海洋　高　鹏
　　　　鲍志良（挂职）
纪委书记　籍荣生
机关党委书记　王俊超
党委委员、土地储备中心主任
　　　　吴广儒

市地震局
局　　长　李正国
副局长　吕桂军
纪检组长　林　平

市人民政府金融工作办公室（市企业上市工作办公室）
主　　任　吴振华
金融办副主任　钱　军　姚家福
上市办副主任　姚文钧　徐子芹

周恩来纪念地管理局
局　　长　张　谨
副局长　陈　明　张凌云
纪委书记　周广峰

淮安经济技术开发区
党工委书记
　周　毅（2016年9月免）
　唐道伦（2016年9月任）
管委会主任
　陶光辉（2016年7月免）
　周　青（2016年7月任）
党工委副书记
　陶光辉（2016年7月免）
　周　青（2016年7月任）
　张玉和
管委会副主任　王立喜　徐业恕
　　　　　　　刘晓录　王晓霖
　　　　　　　张　明　刘　峰
　　　　　　　陈启旭　曹玉山
　　　　　　　刘　钢（挂职）
　　　　　　　彭刘生（挂职）
党工委委员　何　栩

党政办公室（准县级单位）
主　　任　胡鸿章

组织部（挂“机关工委”牌子）（准县级单位）
部长（书记）　郑　清

经济发展局（安监局）（准县级单位）
局　　长　赵正洪

招商局（准县级单位）
局　　长　李长友

财政与国有资产管理局（准县级单位）
局　　长　刘晓松

社会事业局（准县级单位）
局　　长　成志飞

城市管理局（准县级单位）
局　　长　许才荣

政务服务管理办公室（挂“外商投资促进局”牌子）（准县级单位）
主　　任（局长）　王玲玲

淮安经济技术开发区综合保税区管理办公室
主　　任　刘晓录
党组副书记　成向东
副主任　赵　阳　丁　川　陈光锋

淮安经济技术开发区科教产业发展办公室
主　　任　刘中阳

副 主 任　王爱东　周正荣　刘建华
　　　　　曾志鸿　彭刘生（挂职）

淮安经济技术开发区留学人员创业园管理办公室

主　　任　徐业恕
党组副书记　张　灏
副 主 任　张　灏　解满启　张小中
　　　　　刘　钢（挂职）
主任助理　何其伟（挂职）

淮安经济技术开发区空港产业发展办公室

主　　任　王晓霖
副 主 任　谢洪元　包成万　陈　刚

淮安经济技术开发区软件产业发展办公室

主　　任　张　明
副 主 任　郇习山　谢洪光　俞　虎

中共淮安市纪律检查委员会经济技术开发区工作委员会（淮安经济技术开发区监察审计局）

书　　记　何　栩
副 书 记　尹树文　陈传奇

淮安市人大常委会经济技术开发区工作委员会

主　　任　冯大勇
副 主 任　孙大高　包　杰

淮安经济技术开发区人民法院

院　长　薛　兵

淮安经济技术开发区人民检察院

检察长　杨小平

市公安局淮安经济技术开发区分局（准县级单位）

局　　长　陈启旭
政　　委　杨宗文

淮安工业园区

党工委负责人　曹曙春
管委会主任　沈晓红
党工委副书记　沈晓红　陈玉庆
管委会副主任　顾登生　袁　泉
　　　　　　　辜卫东　纪福连
　　　　　　　李善康（挂职）
纪工委书记　王兴国

管委会主任助理　章　莉（挂职）

淮安生态新城

党工委书记　周茂萱
管委会主任　方庆华
党工委副书记　方庆华　秦华明
管委会副主任　张大伟　程国民
　　　　　　　张　涛　蒋　峰
　　　　　　　陈延国
纪工委书记　程国民
管委会主任助理　嵇洪波（挂职）

淮安盐化新材料产业园区

党工委、管委会负责人　周守琴
党工委副书记　王道凯
管委会副主任　王立栋　季玉祥
纪工委书记　刘苏豫
管委会主任助理　张晓鸣（挂职）

宁淮现代服务业集聚区

党工委书记　杨昌生（挂职）
管委会（筹）主任　杨昌生（挂职）
党工委副书记　陈建鹏（挂职）
管委会（筹）副主任　陈建鹏（挂职）
　　　　　　　　　　史卫东（挂职）

政协淮安市委员会办事机构

办公室

主　　任　姚顺忠
副 主 任　嵇　路　马继峰
机关党委书记　成　锦

研究室

主　　任　刘一红

经济科技和城乡建设委员会

主　　任　朱　洁
副 主 任　潘万林

港澳台侨委员会

主　　任　许　斌
副 主 任　徐春年

提案委员会

副 主 任　肖坤莲

文史资料委员会

主　　任　季祥猛
副 主 任　时洪兵

文卫体和人资环委员会

主　　任　刘华庭
副 主 任　张美华

学习宣传委员会

主　　任　何春阳
副 主 任　于红琳

社会法制和民族宗教委员会

副 主 任　顾　晖　刘剑波

人民团体

市总工会

主　　席　张　彤
党组书记　金　珂
副 主 席　金　珂　刘海弘　李士壮
　　　　　耿志浩
纪检组长　朱金华
机关党委书记　张修和

共青团淮安市委员会

书　　记　王　娟
副 书 记　李义翠　朱书文

市妇女联合会

主　　席　顾逸芳
副 主 席　谢　谢　龚建新　倪晓玲
妇儿工委办主任　陈　莉

市文学艺术界联合会

主　　席　张益民
副 主 席　叶华洲

市工商业联合会

主　　席　范更生
副 主 席　马　彦　徐　震

市科学技术协会

主　　席　李顺英
副 主 席　夏善宏　张竹殿　刘　彬
　　　　　朱从实

市哲学社会科学界联合会

主　　席　赵志鹏
副 主 席　张　莹

市归国华侨联合会

主　　席　周　翔

市残疾人联合会

理 事 长　万立贵
副理事长　朱仲彦　康宏文

中国国际贸易促进委员会淮安支会（中国国际商会淮安商会）

会　　长　江汉聪
副 会 长　丁　伟　刘　锋

市红十字会
会　　长　王红红
党组副书记、副会长(常务)　张月芹
副 会 长　严　阵
纪检组长　吴素琴

市台湾同胞联谊会(准县级单位)
会　　长　方小青

民主党派

中国国民党革命委员会淮安市委员会
主　　委　程　刚(不驻会)
副 主 委　孙　蔚(不驻会)
　　　　　王林高(不驻会)
　　　　　徐冲冲(不驻会)
　　　　　张家欣

中国民主同盟淮安市委员会
主　　委　周伟丁(不驻会)
副 主 委　朱伊帆　王红红(不驻会)
　　　　　于永芳(不驻会)
　　　　　王应标(不驻会)

中国民主建国会淮安市委员会
主　　委　高岱明(不驻会)
副 主 委　王野云(不驻会)
　　　　　韩文军(不驻会)
　　　　　张惠扬(不驻会)
　　　　　庞进亮

中国民主促进会淮安市委员会
主　　委　朱毅民(不驻会)
副 主 委　王莉莉(不驻会)
　　　　　田　敏(不驻会)
　　　　　李晓薇(不驻会)
　　　　　张智勤

中国农工民主党淮安市委员会
主　　委　李玉峰(不驻会)
副 主 委　朱爱华(不驻会)
　　　　　周武军(不驻会)
　　　　　许兴友(不驻会)
　　　　　郑劲松

九三学社淮安市委员会
主　　委　李　冰(不驻会)
副 主 委　吴昌新(不驻会)
　　　　　陈伏涛
　　　　　王　樱(不驻会)
　　　　　张德顺(不驻会)

其他正处级以上事业单位

江苏省淮安技师学院
党委书记　张国兴
院　　长　徐海宁
党委副书记　徐海宁　杨宁淮
副 院 长　曹国平　刘云山　姜亚群
纪委书记　杨宁淮

市高级职业技术学校
校　　长　黄少基
党委副书记　史爱民
副 校 长　冀益萍　季　诺

淮安生物工程高等职业学校(江苏省淮阴农业学校)
党委副书记　张传明
副 校 长　孙　杰　周其林　赵守东
纪委书记　王　坚

江苏省淮阴商业学校
校　　长　季　军
党委副书记　钱爱成
副 校 长　傅毓海　石国安
纪委书记　顾芝梅

江苏省淮阴中学
校　　长　皇甫立同
党委副书记　孙　勤
副 校 长　朱留明　周长虹　蒋鼎宏
　　　　　万伯宏
纪委书记　黄沛淮

江苏省清江中学
校　　长　陈　欣
党委副书记　时正洲
副 校 长　王应标　周建洋　王耀松
　　　　　乔中云
纪委书记　王仁山

市第一人民医院
院　　长　孙晓阳
党委副书记　石西洋
副 院 长　李玉峰　张建淮　陈小飞
　　　　　于　亮　徐克平　吉雅玲

市第二人民医院
院　　长　解满平
副 院 长　王建营　郑东辉　李　坚
　　　　　郑玉龙
纪委书记　徐继凡

市白马湖规划建设管理办公室
主　　任　徐亚平
副 主 任　应　磊　刘书苏

市里运河文化长廊规划建设管理办公室
副 主 任　蒋维林　张献生

周恩来纪念馆
馆　　长　陈　明
副 馆 长　顾永丰　施春生

江苏徐淮地区淮阴农业科学研究所(淮安市农业科学研究院)
所　　长(院长)　彭　杰
党委副书记　章安康
副所长(副院长)　王伟中　赵桂东
　　　　　　　　汪国莲
纪委书记　章安康

市城市建设指挥部办公室
主　　任　孙广辉
副 主 任　张宇松　吉　林

市住房公积金管理中心
主　　任　胡锦尧
副 主 任　张宪龙　赵云军

市铁路建设办公室
主　　任　许正刚
副 主 任　徐国林　赵正刚
总工程师　丁天锐

市淮扬菜文化产业园管理委员会
主　　任　张　平(2016年9月免)
副 主 任　蒋士宽

市重大项目管理办公室
主　　任　曹曙春
副 主 任　王保和

市广播电视台(市广播电视传媒集团)
台　　长　陆志群
党委副书记　陈志雪
副 台 长　姚　凯　黄　诚　王小雯
　　　　　章海军
纪委书记　王　祥

(市委组织部机关干部处、企业干部处)

县（区）概况

XIANQU GAIKUANG

（张振平 摄）

清河区

清浦区

淮安区

淮阴区

涟水县

洪泽县

盱眙县

金湖县

清河区

【基本情况】1983年，江苏省实行市管县体制，设立淮阴市，原地辖清江市行政区域以里运河为界南北分治。里运河北曾是清河县的一部分，故名清河。清河区东是淮安市主城区。风景名胜有国家AAAA级旅游景区、江苏省自驾游基地——古淮河文化生态景区，全国重点文物保护单位清江大闸、清江古清真寺。历代名人有宋代著名诗人"苏门四学士"之一的张耒，抗金名将韩世忠，明清时期水利专家陈瑄、潘季驯、靳辅、陈潢、郭大昌，以"淮阴三范"著称的范希曾、范尉曾、范绍曾三兄弟，剧作家陈白尘，著名针灸专家、国家攀登计划"经络的研究"项目首席科学家程莘农等。2015年底，全区面积32.28平方公里，下设7个街道办事处、40个社区委员会（其中村居合一的12个）。常住人口33.73万人，较上年增加0.33万人，户籍总人口251681人，比上年增长1.77%。。

【地方经济】2015年，清河区实现地区生产总值172.25亿元，同比增长10.8%。其中，第二产业实现增加值31.13亿元，同比增长10.3%；第三产业实现增加值141.12亿元，同比增长10.9%。三次产业结构比例由0∶19.1∶80.9调整到0∶18.1∶81.9。人均地区生产总值143676元，按当年平均汇率折算为23068美元。民营经济实现增加值115亿元，占地区生产总值的66.8%。至年末，有内资企业412户，注册资本18.56亿元；私营企业6436户，注册资本1092亿元；个体工商户28762户，注册资本22.75亿元。全区有列统投资项目110个，比上年增加16个。全年完成规模以上固定资产投资173.07亿元，同比增长29.2%。在全部列统投资中，列入城镇固定资产投资的项目65个，其中工业项目22个、服务业项目43个，完成投资109.52亿元，同比增长56.9%；列入房地产开发投资的企业45户，完成投资63.54亿元，同比下降5.4%。商品房施工面积428.5万平方米，同比下降4.6%。

工业　全区实现规模以上工业总产值86亿元，比上年增长17.7%。轻、重工业总产值分别为59.6亿元和26.4亿元，分别增长10.6%和38.4%；股份制工业产值19.13亿元，同比增长67.2%；外商及港澳台投资企业工业产值31.91亿元，同比下降2.4%；私营工业产值16.58亿元，同比增长19.2%。在规模以上工业中，实现产品销售产值83.07亿元，同比增长22.7%，工业产品销售率96.6%。全年实现工业新产品产值3.79亿元，同比增长23.9%。全年规模以上工业实现主营业务收入77.98亿元，同比增长20.2%；完成利税总额14.92亿元，同比增长27.4%；完成利润总额11.36亿元，同比增长23.2%。

服务业　特色服务业加速发展，顺丰电子商务产业园等创成省级电子商务示范基地，兴业银行等多家金融机构落户。完成服务业增加值141.12亿元，其中现代服务业比重占地区生产总值的44%，较上年提高1个百分点。实现服务业入库税收22.8亿元（不含房地产），增长21.7%。申报规模以上服务业企业45户，增量居全市第一。

财政收支　全年实现财政总收入43.4亿元，增长8.1%；公共财政预算收入37.17亿元，增长8.2%。全年实现财政总支出30.58亿元，增长8.1%，其中公共财政预算支出26.95亿元，增长21.9%。

国内贸易　全年实现社会消费品零售总额159.05亿元，比上年增长12.4%。按行业类别分，批发和零售业实现零售额149.76亿元，增长13.0%；住宿餐饮业实现零售额9.29亿元，增长3.4%。按规模划分，限额以上企业实现零售额163.27亿元，增长13.3%；限额以下单位实现零售额22.64亿元，增长20.2%。全区有列统贸易企业268户，年末营业面积37.95万平方米，年末从业人数11771人。其中，批发零售业实现营业收入208.53亿元，住宿餐饮业实现营业收入4.30亿元，限额以上住宿餐饮业单位拥有客房数2520间、床位数4323张、餐位数14451个。

外向型经济　新批利用外资项目13个，全年协议利用外资10600万美元，比上年下降27.2%；实际利用外资1亿美元，增长67.8%。全区完成进出口总额21613.9万美元，比上年下降10.6%，其中出口总额15675.1万美元，比上年下降17.8%；对外劳务营业额878万美元，下降3%。

【社会事业】居民收入　2015年，清河区城镇居民家庭人均总收入38988元，增长10.6%。城镇居民人均可支配收入33907元，比上年增加2780元，增长9.0%；城镇居民人均消费支出19405元，比上年增加1357元，增长7.5%。

社会保障体系　全区参加城镇基本养老保险5.15万人，发放养老保险

3月24日，"世界防治结核病日"清河区宣传活动在清河区夕阳红广场举行。

市卫生局　供图

金17289万元。参加失业保险22362人，发放失业金315万元。参加城镇基本医疗保险15.32万人，其中职工医保3.25万人、居民医保12.08万人；发放保险金10445万元，其中职工3930万元、居民6515万元。年末，登记失业人员1671人，登记失业率2.08%。城市最低生活保障实行应保尽保，人均标准增至每人490元。至年底，有城乡低保2358户4519人，累计发放城乡低保金1775万元。全区救助困难家庭1601人次，累计发放救助金83万元；救助城乡无固定收入重度残疾人636名，累计发放救助金358万元；医疗救助4450人次，救助金额281万元；有1077人次接受慈善救助，救助金额116万元。至年底，全区有民办养老机构8家，新增床位380张，总计机构养老床位1323张，每千名老人拥有机构养老床位数30.05张。建成“城市居家养老服务中心”38家，覆盖率100%。累计发放尊老金601万元，开展各类老年人文体活动上千场次。

科技　全年研发投入1.86亿元，占地区生产总值的1.23%，高新技术产业产值31.4亿元，占规模工业产值的42.9%，超全省平均水平。列统企业研发机构建有率90%，百亿元地区生产总值发明专利申请量252件、专利授权量369件。新增省高新技术企业6家、省高新技术产品1项、市高新技术企业5家。长东街道获批省级创新型试点乡镇，江苏正大清江制药有限公司获批省级企业研究生工作站，江苏苏益电器有限公司“江苏省低压配电智能终端工程技术研究中心”获批省级工程技术研究中心，江苏微宁科技有限公司“淮安市阵列激光器芯片工程技术研究中心”、江苏顺泰包装印刷科技有限公司“淮安市环保型防伪包装材料工程技术研究中心”获批市级工程技术研究中心。全年完成专利申请1356件，其中申请发明专利366件，获得专利授权536件，申请PCT（专利合作条约）专利1件，万人拥有有效发明专利3.68件。

文化　“‘幸福清河 精彩生活’文化馆（站）志愿服务活动”被文化部表彰为2014年“文化志愿服务推进年”示范项目；区图书馆被中宣部、文化部表彰为第六届全国服务农民、服务基层文化建设工作先进集体。区文化广电新闻出版局被省全民阅读活动领导小组表彰为2014年度省全民阅读工作先进集体。“骨康外敷药酒炮制技艺”成功列入省级非物质文化遗产名录。辖区内有7个街道文化站、3个图书馆、2个文化馆、5个博物（博览）馆，万人拥有公共文化设施面积5747平方米。广播电视覆盖率100%。

卫生　至年末，全区拥有区属卫生医疗机构113个，其中疾病预防控制中心1个、妇幼保健所1个。卫生机构床位数1070个，卫生技术人员1650人，其中，执业医师、执业助理医师761人，注册护理师、护士889人。产妇住院分娩比例100%，婴儿死亡率2.06‰。

体育　成功创建成江苏省公共体育服务体系示范区，在江苏省青少年跳水比赛中，区跳水队获得4枚金牌、4枚银牌、1枚铜牌。

环境保护　实现全区工业源化学需氧量减排51.7吨，工业源氨氮减排9.9吨，分别削减1.14%、1.19%；全区二氧化硫、氨氮排放总量分别减排5.4吨、0.997吨，分别削减1%、1.12%，全年PM2.5平均浓度52微克/立方米，相比2013年数据下降29%，水功能区水质达标率100%。

【“幸福清河 精彩生活”志愿服务活动】 2015年3月，“‘幸福清河 精彩生活’文化馆（站）志愿服务活动”被文化部表彰为2014年“文化志愿服务推进年”示范项目。2012年4月，清河区文化志愿者招募工作启动，一大批热爱文艺的群众报名参加。2013年3月，清河区在区公共文化服务网站上开设专栏，围绕“与快乐携手 与文化同行”，通过网络招募文化志愿者，壮大志愿者队伍。至2015年底，全区有文化志愿者1000多名，其中注册志愿者150余人。7~9月，清河区文化志愿者们以“百场电影进社区”为平台，轮流到社区服务点为百姓提供电影免费放映服务。在3个月的时间里，全区38个社区居民都观赏到《焦裕禄》《张雅琴》《刘老庄八十二烈士》等近百场弘扬社会主义核心价值观、传递正能量的影片。

【淮台交流周清河文创专场举办】 4月29日，清河区政府在台湾举办文化创意产业专场交流活动。海基会副董事长周继祥、台湾通讯社董事长陈国祥、台中市政府参事张大春及台湾长城基金会、中卫发展中心、台湾观光旅游联盟总会、中华动漫出版同业协进会、中华文教创意产业发展协会、台湾联合报系等10余位嘉宾到场交流。活动中，台湾长城基金会董事长耿荣水、台湾动漫协会会长邓有立、中华文教创意产业发展协会理事长薛莉萍、台中市政府参事张大春、台湾观光旅游联盟总会总会长吴敏5位台湾政商人士被聘为清河区政府文化智库特聘顾问，为推动清河文化产业发展搭建良好交流合作平台。（章树林）

清河区领导干部名录

（2015年1月1日~12月31日）

清河区委

书　记　王海平（2015年8月止）
副书记　张冲林　朱维佳
常　委　王海平（2015年8月止）
　　　　仲凤笔（2015年8月任）
　　　　张冲林　朱维佳
　　　　蔡绍忠（2015年8月止）
　　　　顾晓芳（女，2015年1月止）
　　　　王建军
　　　　李海波（2015年1月止）
　　　　李金平（2015年1月任）
　　　　俞新昌（2015年8月止）
　　　　漆　宾
　　　　杨冬梅（女，2015年8月任）
　　　　马乃骏
　　　　王文为（2015年8月任）

清河区人大

主　任　王海平（2015年8月止）
副主任　安毅之　孙开明
　　　　徐乃明　孙　勤（女）

清河区政府

区　长　张冲林
副区长　王建军
　　　　高　山（2015年8月止）
　　　　邓爱华（女）
　　　　潘华春（2015年1月任）
　　　　祁素娟（女）
　　　　李仁明（2015年2月止）

汪　冲
陈志勇(2015年8月任)

清河区政协

主　席　梁学文
副主席　王应标　陆　宾
　　　　薛　睿(女)
　　　　张增元　高寿江

清河区纪委

书　记　蔡绍忠(2015年8月止)
　　　　杨冬梅(女,2015年8月任)

清河区法院

院　长　卢正苏

清河区检察院

检察长　赵春虎

(市委组织部县区干部处)

清浦区

【基本情况】 清浦区位于淮安市主城区南部,1983年设区。因清江浦河(今里运河)而得名。主要风景名胜有韩信城、韩母墓、城南高庄战国墓、城西运河村战国墓、文庙、慈云寺、清江大闸、清晏园、清江浦楼、苏皖边区政府旧址。历史名人有:金石学家张弨,清河知县吴棠,教育家李更生,京剧表演艺术家、教育家、梨园界"通天教主"王瑶卿,水利专家、爱国进步人士王叔相,电影导演谢铁骊,杰出新闻工作者、书法家谢冰岩,摄影家郎静山,剧作家陈白尘,京剧表演艺术家"麒麟童"周信芳等。主要特产是淮安红椒。淮扬美食有软兜长鱼、大烧马鞍桥、煨脐门、长鱼席、盐河烧老鹅、油煎水晶包、浦楼白汤酱油、清江浦辣汤、清江浦豆腐脑。2015年,全区面积277平方公里,下辖4个街道办事处、51个居民委员会、5个乡镇、28个村。年末,户籍总人口30.01万人,总户数98169户,男女性别比102.14。常住人口33.41万人,其中城镇人口25.90万人,城镇化率77.5%。

【地方经济】 2015年,清浦区实现地区生产总值180.18亿元,同比增长11.1%。其中,第一产业增加值9.71亿元,增长2.7%;第二产业增加值55.66亿元,增长11.9%;第三产业增加值114.81亿元,增长11.4%。三次产业增加值比由5.7∶32.4∶61.9调整为5.4∶30.9∶63.7。全年500万元以上规模企业完成固定资产投资142.63亿元,增长26.4%。全年城镇居民人均可支配收入34239元,增长8.4%;农民人均可支配收入16423元,增长8.7%。

农业　农林水事务支出6.67亿元,增长13.1%。全年实现农林牧渔业总产值17.91亿元,增长6.7%。其中农业总产值14.4亿元,增长7.5%;林业总产值0.17亿元,增长8.9%;畜牧业总产值1.88亿元,下降2.8%;渔业总产值0.91亿元,增长12.5%;农林牧渔服务业产值0.59亿元,增长11.5%。全区农机总动力22.2万千瓦,增长4.5%,农业综合机械化水平达88%,拖拉机拥有量9216台;新发展农机合作社8个。新增高效设施农业面积66.67公顷,总量140公顷。完成成片造林33.33公顷,村庄绿化5个片区,建设农田林网1066.67公顷,四旁植树51万株,完善绿色通道40公里,森林覆盖率27.5%。农业综合开发向上争取资金2300万元。全年完成水利投入1亿元,各类水利工程土方120万立方米。投入3800万元,新增7.5万人饮用上放心水。

工业　完成工业投资76.09亿元,增长28.1%。规模以上工业总产值271.3亿元,增长19.0%;完成工业增加值57.61亿元,增长12.8%。全区规模以上工业实现产品销售257.68亿元,增长16.8%;实现利税26.1亿元,增长15.0%,其中利润16.43亿元,增长17.0%。规模以上工业开票销售108亿元,实现利税25.4亿元,分别增长40%和18%。开票销售超亿元企业22户。新增江苏鑫源烟草薄片有限公司、淮安市扬子钢结构有限公司等列统企业12户,列统企业覆盖面10%;新增省级高新企业4户、省级工程技术研究中心2个,高新技术产业实现产值71亿元。

园区建设　工业园区实现公共财政预算收入4.02亿元,其中协护税完成5589万元。新增融资9.55亿元,列统工业开票销售收入54.7亿元,同比增长104%,新增列统企业4户,注册外资到账2002.5万美元,其中开工项目到账1242.5万美元,新签约金润印染有限公司、神工机械制造有限公司等亿元以上项目11个,新开工万邦物流、厚道药用生物技术等重点项目6个,新竣工金润印染等亿元以上项目4个,新注册总部经济企业103户。商务集聚区全年签约亿元以上项目10个,新开工项目6个,实现竣工项目验收5亿元。全年完成融资额8.3亿元,实现土地出让收入1.76亿元。

内贸外经　实现社会消费品零售总额97.07亿元,增长12.3%。其中,批发零售业82.18亿元,增长10.3%;住宿餐饮业14.91亿元,增长11.1%。限额以上批发和零售企业实现社会消费品零售额35.31亿元。全区商品交易额在亿元以上的重点商品交易市场3个,交易额5.89亿元。清江蔬菜批发市场引进港资易地重建,名为"宏进农产品物流中心",总投资7000美元,协议外资3500万美元。全年协议注册外资额7787万美元,下降27.7%;注册外资实际到账10373万美元,增长11%。全年进出口总额16447.7美元,下降11.9%。其中出口15773万美元,下降12.5%;进口647.7万美元,增长4.7%。

财政税收　完成财政总收入30.83亿元,增收1.44亿元,增长4.9%。公共财政预算收入26.92亿元,增加2.35亿元,增长9.5%。5个乡镇完成财政收入27.66亿元,增长10.73%,占全区的89.92%。4个街道完成财政收入6.78亿元。全年公共财政预算支出30.57亿元,增长13.0%。全年政府性基金收入54751万元,增收1031万元,增长2%;实际支出49060万元,增加9718万元,增长25%。

城乡建设　完成规模以上固定资产投资142.63亿元,增长26.4%,固定资产项目完成额124.71亿元,增长39.6%。全年新签亿元以上项目67个,其中10亿元以上项目6个;新开工亿元以上项目24个,其中10亿元以上项目2个;新竣工亿元以上项目22个。全年实施中心城市建设项目84个,完成投资109亿元。实施旧城改造基础项目29个,开工建设面积80万平方米。全年实现商品房销售额19.96亿元,增长51.4%;商品房销售面积30.55万平方米，增长17.6%。投入3005万元，整治改造14个老旧小区60.1万平方米。新建和整修12条背街后巷，完成5个农贸市场改造升级，新增公共停车泊位470个。新建新民路和延安路两处城市绿色小客厅，面积4000平方米，城市绿化覆盖率40.95%。在苏北率先获得“国家生态县（区）”称号。

【社会事业】 科技 2015年，清浦区实现高新技术产业产值71亿元，占规模以上工业产值比重的32%；获批省级高新技术企业4户，总数13户，获批省级工程技术研究中心2个，初步形成以生物医药、冶金机械、新材料产业为主体的高新技术产业格局。金长城农村小额贷款有限公司和淮安鑫辉建材新型有限公司两家企业成功挂牌上市。科技投入0.88亿元，同比增长13.8%。受理专利申请1082件，其中发明304件；专利申请授权547件，其中发明20件。有效发明专利拥有量90件。有各类专业技术人员2178人，其中从事研究与发展的655人，与全国31家高校院所合作项目100项。引进“千人计划”专家11人，入选省“双创博士”7人、省“苏北急需人才”20人、市“淮上英才计划”20人。

教育 教育投入3.96亿元，同比增长31.5%。全区有完全中学1所、高级中学2所、初级中学7所、九年一贯制学校6所、小学9所，在校学生41105人；幼儿园22所，在园幼儿10448人。有教师1802人。义务教育阶段巩固率100%，初中毕业生升学率100%，残疾儿童入学率100%。发放资助金499万元，资助困难学生3873名，为383名贫困大学生提供生源地贷款298万元，获批全国义务教育教师队伍“县管校聘”管理改革示范区，清浦中学等4所学校被授予“全国青少年校园足球特色学校”称号。投入850万元，完成10所中小学装备水平提升工程，全区有7个乡镇街道、12所中小学和4所幼儿园创成市教育现代化先进乡镇和先进学校，占总数的80%。

文化 公共文化服务设施覆盖率96.3%，人均拥有公共文化设施面积0.12平方米，新建成公共文化服务设施1100平方米。农家书屋配发29台电脑。送戏下乡101场、送电影下乡860场、送书刊下乡5000册、办专题展10次、文艺演出80场。组织“清江浦庙会”“五月赛歌会”等群众文化活动185场次，中央电视台《朝闻天下》栏目报道清江浦庙会盛况。新建4个社区文化活动中心，区文化馆创成国家一级文化馆，完成王瑶卿故居、李更生故居、昆庐庵、淮阴攻城将士纪念亭修缮工程，“守文斋”获批市非物质文化遗产宣传基地。举办清江浦开埠600周年系列活动。

体育 省射击个人冠军赛获得2金4银1铜；省青少年步手枪射击锦标赛获得2金2银1铜；省青少年射箭锦标赛获得1金2银1铜；省拳击锦标赛获得1金4铜；全国重点学校射箭比赛获得3金3银。承办2015年江苏省青少年射箭锦标赛。拳击运动员丁芸芸获全国女子冠军赛54公斤级冠军。花泳运动员梁馨平获世界游泳锦标赛冠军。投资4000万元建成清浦体育馆。完成城南体育场笼式足球场建设和篮球场升级改造。完成38个社区“10分钟体育健身圈”升级改造，完成二河骑行基地创建和14.3公里健身步道建设。

卫计 全区有各类卫生机构126家，其中医院12家、卫生院5家；各类卫生机构拥有病床2595张，其中医院2355张、卫生院240张；有卫生技术人员3863人，其中执业（助理）医师1334人、注册护士2046人。全年医疗卫生区财政投入1.54亿元，同比增长14.2%。新建标准化村卫生室、社区卫生服务站16个，新创2个省级示范村卫生室，5个乡镇卫生院全部创成省级示范卫生院，盐河镇卫生院成为全国首批群众满意乡镇卫生院。全年开放床位305张，门急诊诊疗人次、出院人数35.85万人次，增长20.35%。新农合参合人数118347人，参合率100%，被确定为全国首批计划生育基层群众自治示范县（区）。

民生 全年征收养老保险费17629万元，扩面净增1660人。城镇职工基本医疗保险参保24884人，征缴基金7835.89万元；城镇居民基本医疗保险参保92610人，工伤保险参保职工15745人，生育保险参保13315人，失业保险参保22856人。城乡居民基本养老保险征缴保费1254.64万元；60周岁以上城乡居民22652人，全部领取居民基本养老金，发放率100%。城镇新增就业7014人，农民创业1230人，被征地农民就业率97.1%，新增农村劳动力转移427人，城镇下岗失业人员就业再就业3135人，其中困难群体再就业589人。城市低保标准由450元提高到490人，农村低保由330元提高到370元。全区有低保户4660户8702人，其中城区2295户4290人、农村2365户4412人，全年发放低保金2815.83万元。区直部门帮扶城镇特困家庭367户，全年慰问支出36.7万元。救助大病患者2078人，发放救助资金422.04万元。全区60岁以上老人43000人，有养老床位1406张。新

2015年，清浦区组织多场次文化惠民文艺演出。 李斌 供图

建10个标准化社区居家养老服务中心，为300名经济困难家庭老人购买养老服务，居民养老每人每月发100元服务费。

【清浦体育馆建成使用】 4月20日，清浦体育馆开始建设。10月20日，体育馆建成并投入使用。该馆总投资4000万元，建筑面积9000平方米，内设1500个座位，集演出与比赛功能于一体。该项目为淮安市委、市政府2015年重大民生工程和清浦区委、区政府2015年十大重点民生实事项目。

【"江苏好人"顾春艳】 2015年11月，顾春艳被命名为"江苏好人"。她还曾获得"中国好人""淮安市最美教师""淮安市十大师德之星"等称号。顾春艳1999年加入教师队伍，2004年调到市一中任初三年级的班主任，学生备战中考的日子里，她坚持每晚给全班31个同学每人煮两个鸡蛋，整整120天，共7440个鸡蛋。由于长期超负荷工作，患上腰椎间盘突出等病，她边保守治疗边坚持上课，常常趴在床上备课、批改作业。被学生称赞为"顾坚强""最美老师"。

【乡村居民家门口享"三甲"服务】 2015年1月，淮安市第二人民医院与清浦区和平中心医院建立合作关系，在和平中心医院建立影像远程会诊中心，有专门专家团队为和平中心医院的病人进行会诊。和平镇及周边居民在镇医院即可享受三甲医院的对口服务，可检查、治疗大病，省钱、省力又方便。全年通过远程会诊2376例，节约群众往返里程12万公里，节省群众检查费用29万元。

（蒋长明）

清浦区领导干部名录

（2015年1月1日~12月31日）

清浦区委

书　记　周　青
副书记　张　笑
　　　　徐　克（2015年1月止）
　　　　史卫东（2015年1月任）
常　委　周　青　张　笑
　　　　徐　克（2015年1月止）
　　　　史卫东
　　　　王　勇（2015年8月止）
　　　　严继林（2015年1月止）
　　　　杨冬梅（女，2015年8月止）
　　　　赵洪涛
　　　　李海波（2015年1月任）
　　　　申如龙（2015年8月止）
　　　　韩高峰（2015年8月任）
　　　　蒋风云（2015年1月任）
　　　　颜成陆（2015年8月任）
　　　　高进锋（2015年8月任）
　　　　周海滨（2015年1月任，2015年8月止）

清浦区人大

主　任　周　青
副主任　杨惠纯（2015年1月止）
　　　　周子健　沈　潭　许晓平

清浦区政府

区　长　张　笑
副区长　史卫东（2015年1月止）
　　　　赵洪涛（2015年1月任）
　　　　周海滨（2015年1月止）
　　　　吴洪刚
　　　　戴向峰　李　萍（女）
　　　　朱从越
　　　　赵正府（2015年1月任）
　　　　朱卫东（援疆，2015年8月任）

清浦区政协

主　席　王留生（2015年1月止）
　　　　纪从德（2015年8月任）
副主席　伍光云　尹希海
　　　　章　侠（女）　杨长万

清浦区纪委

书　记　杨冬梅（女，2015年8月止）
　　　　韩高峰（2015年8月任）

清浦区法院

院　长　王新阳（2015年1月止）
　　　　朱介进（2015年1月任）

清浦区检察院

检察长　黄国梁

（市委组织部县区干部处）

淮安区

【基本情况】 淮安区位于淮安市东南部。南北朝齐永明七年（489）设淮安县，1987年建立县级淮安市，2001年撤市设淮安市楚州区，2012年更名为淮安市淮安区。境内有青莲岗文化遗址、古邗沟末口遗址、总督漕运部院遗址、淮安府署、镇淮楼、文通塔等名胜古迹，有周恩来故居及纪念馆、吴承恩故居、美猴王世家艺术馆、漕运博物馆等旅游景点，有淮扬名菜文楼蟹黄汤包、平桥豆腐、钦工肉圆、软兜鳝鱼、朱桥烩甲鱼、开洋蒲菜等。地方特产有麻油茶馓、老卤大头菜、天妃宫蒲菜、顺河百叶等。2015年，全区总面积1452平方千米。辖21个镇、5个乡、1个农场、272个村民委员会、74个居民委员会。年末，户籍人口118.94万人。创成"中国民间文化艺术之乡""中华诗词之乡""中国杂技之乡"。

【地方经济】 2015年，淮安区实现地区生产总值402.74亿元，同比增长10.3%。其中，第一产业增加值60.32亿元，增长2.3%；第二产业增加值159.57亿元，增长11.4%；第三产业增加值182.85亿元，增长11.5%。人均地区生产总值40873元。三次产业比由上年的15.5∶40.9∶43.6调整为15.0∶39.6∶45.4。服务业增加值比重提升1.8个百分点。全区私营企业9146户，新增2525户，注册资本355.69亿元，增长61.2%；个体户36059户，新增5410户。城镇化率49.9%，增长2个百分点。

农业　全区粮食总产量92.53万吨，增加6498吨，增长0.7%。其中，夏粮35.39万吨，增长1.2%；秋粮57.14万吨，增长0.4%。全年粮食播种面积12.72万公顷，油料面积2980公顷，蔬菜面积9340公顷。全年造林面积293.33公顷，增长25.7%。全年猪牛羊禽肉产量4.77万吨，下降5.4%；禽蛋总产量2.13万吨，增长16.13%；牛奶总产量0.16万吨，下降0.68%；水产品总产量5.98万吨，增长8.5%。围绕灌溉总渠北侧沿线、淮流路沿线、大运河沿线三大农业产业带，高标准推进苏嘴、流均等12个农业园区建设，南闸园区创成省级渔业精品园，施河万亩生态农业园、茭陵蓝水湾、钦工现代农业园等园区初具规模。建成高标准农田3.2万公顷，创成全市首个省级国土节约集约利用模范区。全区有效灌溉面积73.74平方千米，新增有效灌溉面积760公顷，新增节水灌溉面积940公顷；新增设施农业面积1万公顷。农业机械总动力98.87万千瓦，增长8.6%。

工业建筑业　全年规模以上工业实现总产值757.96亿元，增长18.3%，其中轻工业增长25%、重工业增长9%。全年规模以上工业实现增加值159亿元，增长11.8%。全年置换重组企业27家，盘活存量工业厂房面积7.3万平方米；江苏大成医药化工公司、江苏乔扬数控设备有限公司"新三板"挂牌，江苏井神盐化股份有限公司"主板"上市。全年规模以上工业企业实现主营业务收入715.57亿元，增长16.9%；利税58.36亿元，增长26.1%；利润28.26亿元，增长32.4%。企业亏损面6.3%，下降2.6个百分点。规模以上工业中，医药制造业产值12.02亿元，增长17.8%；专用设备制造业产值19.17亿元，增长43.6%；电气机械及器材制造业产值15.42亿元，增长28.5%；通用设备制造业产值46.74亿元，增长17.6%；计算机、通信和其他电子设备制造业产值23.69亿元，增长16.1%。全年实现建筑业总产值249.20亿元，增长21.5%；竣工产值152.79亿元，下降5.8%，竣工率61.3%；全区建筑企业实现利税总额11.99亿元，增长33.17%；建筑业劳动生产率18.62万元/人，下降4.2%；建筑业企业房屋建筑施工面积2414.74万平方米，增长52.3%；竣工面积633.14万平方米，下降10.5%，其中住宅竣工面积544.52万平方米，下降16.2%。

固定资产投资　完成规模以上固定资产投资（不含农户）295.51亿元，同比增长26.4%。其中，国有及国有经济控股投资55.85亿元，增长29.0%；外商及港澳台投资2.81亿元，增长59.6%；民间投资203.97亿元，增长31.1%，占固定资产投资的69.0%。按类型分，完成工业投资200.80亿元，增长28.1%；房地产开发投资35.83亿元，增长24.9%。第一产业投资1.19亿元，下降29.7%；第二产业投资201.72亿元，增长28.6%；第三产业投资62.77亿元，增长34.6%。

重点项目　全年新开工项目303个，增长27.3%；完成投资257.44亿元，增长33.6%。其中，亿元项目46个，增长35.3%；完成投资100.32亿元，增长6.7%。新签约亿元以上工业项目25个，到位资金28.7亿元，捷群电子科技（淮安）有限公司、日恒电子科技（淮安）有限公司、江苏永安制药股份有限公司等18个亿元项目开工建设，江苏井神盐化股份有限公司60万吨纯碱二期、江苏淮鑫棉纺织有限公司二期等项目通过竣工验收，新竣工设备投资超千万项目15个。城市产业加速集聚。新签约城市经营类项目35个，在建项目15个，玖珑湾商业广场、欣天地商业广场等项目开工建设，锦绣山阳步行街、新普京大酒店等项目通过竣工验收；淘实惠等3家电商项目投产运营；河下古镇、萧湖景区开发加快推进。

淮安区城市小客厅　　市住建局　供图

国内贸易　全年实现社会消费品零售总额153.57亿元，同比增长12.6%。按经营单位所在地分，城镇消费品零售额142.50亿元，增长12.9%；农村消费品零售额11.07亿元，增长8.9%。按消费形态分，商品零售额132.49亿元，增长10.9%；餐饮营业额21.08亿元，增长24.3%。全年实现限额以上社会消费品零售总额35.16亿元，增长17.2%。按行业分，批发零售业31.22亿元，增长17.6%；住宿餐饮业零售额3.94亿元，增长14.1%。

开放型经济　全年实现进出口总额2.58亿美元，下降11.3%。其中，出口2.47亿美元，下降11.2%；进口0.11亿美元，下降15.4%。注册外资到账1.23亿美元，增长9.9%，其中开工项目注册外资到账0.84亿美元，下降2%。新批外资项目22个，合同外资金额1.24亿美元。

交通运输　全年完成公路客运量500万人次、周转量5.5亿人/公里，分别增长5.4%、4.5%；完成公路货运量546万吨、周转量11.05亿吨/公里，同比分别增长10.9%、11.95%；完成水路货运量1132万吨、周转量32.95亿吨/公里，分别增长2.9%、9.9%；完成港口吞吐量1262万吨，增长18.05%。全区公路总里程2301.74公里，新增6.7公里，其中高速公路里程81.4公里、一级公路90.20公里。

旅游业　全年接待游客516.58万人次，增长11.5%；实现旅游综合收入61.27亿元，增长18.38%。周恩来故里旅游景区创成AAAAA级旅游景区，实现江苏北部地区AAAAA级旅游景区"零"的突破，仇桥恩赐山庄通过江苏省四星级乡村旅游区检查验收，古文楼饭店、淮安茶馓获得"江苏老字号"称号。影视基地、文博城等15项工程开工建设，完成龙窝巷、估衣街等历史街区保护改造。

财政金融　全年实现财政总收入（不含土地出让金）45.62亿元，增长13.3%。完成一般公共财政预算收入36.28亿元，增长11.9%；上划中央四税9.34亿元，增长19.3%；政府性基金预算收入1.20亿元，下降34.6%；社会保险基金收入8.34亿元，下降2.4%。全年公共财政预算支出70.29亿元，增长8.4%；缴库社保基金支出

6.52亿元，增长34.9%；政府性基金预算支出（不含土地出让金）1.06亿元，下降61.1%。公共财政预算支出中，一般公共服务支出5.68亿元，下降9.2%；教育支出12.02亿元，增长5.5%；社会保障和就业支出7.41亿元，下降14.3%；城乡社区事务支出21.20亿元，增长8.6%；农林水支出10.33亿元，增长37.5%；住房保障支出5.35亿元，增长6.7%。年末，金融机构人民币存款余额301.03亿元，增长17.0%；贷款余额211.10亿元，增长16.1%。

【社会事业】 科技　2015年，淮安区有各类专业技术人员4.65万人。全年专利申请受理量2019件，其中发明专利442件；专利申请授权量1403件，其中发明112件。全区有高新技术企业28家，认定省级高新技术产品16项。全年实现高新技术产业产值160.9亿元，同比增长36.7%。建成工程技术研究中心37个，省级以上孵化器孵化面积2.06万平方米。

教育文化　全区有各级各类学校232所，在校生14.63万人，教职工1.13万人。其中，幼儿园119所，在校幼儿3.42万人；小学76所，在校生5.95万人；普通中学33所，在校生4.09万人；中等职业学校3所，在校生1.16万人；特殊教育学校1所，在校生136人。全区学前教育毛入园率99.55%，义务教育阶段学生巩固率100%。实施义务教育“改薄”项目44个，完成校舍改造项目48个，改造面积超4万平方米，12所农村中小学配备装备达省一类标准，创成市级教育现代化乡镇2个、先进学校15所。全年有线电视用户32.03万户，新建公共文化设施2850平方米。广播、电视覆盖率100%，有线电视入户率97%。

卫生　新农合人均补助提高到380元，门诊报销比例提高到50%，政策性补偿比达76.5%；基础养老金标准提高至每人每月105元。有各类卫生机构35个，其中医院、卫生院31个，妇幼卫生保健机构1个；有病床4240张，其中医院、卫生院有病床4067张。有卫生技术人员4367人，其中执业医师、执业助理医师1623人，注册护士1906人。新型农村合作医疗人口覆盖率100%。

居民生活　全区居民人均可支配收入18069元，同比增长9.1%。按常住地分，城镇居民人均可支配收入24109元，增长9.1%；农村居民人均可支配收入13323元，增长9.2%。全区居民人均消费支出11184.2元，增长9.1%。其中，文教娱乐占消费支出比重18.3%，提高0.1个百分点。年末，城镇居民人均居住房屋面积44.1平方米，农村居民人均居住房屋面积45.6平方米。

就业　全年城镇新增就业8338人，下岗失业人员再就业3118人，其中困难群体再就业501人。年末，城镇登记失业率2.19%，保持较低水平；新增农村劳动力转移4753人，城乡劳动者就业技能培训3652人次。

社保体系　城乡基本养老保险覆盖率95.3%，城乡基本医疗保险覆盖率95.8%（不包含新农合），失业保险覆盖率95.5%。社会保险主要险种覆盖率95%以上。年末全区企业职工基本养老保险参保人数、城镇职工基本医疗保险参保人数、失业保险参保人数分别为9.2万人、9.95万人（含参保退休人员）、7.33万人，分别增长1.1%、0.01%和0.27%。年末，享受企业职工基本养老保险离退休人员3.49万人，享受城镇职工基本医疗保险退休人员3.36万人。年末城乡居民基本养老保险参保人数33.02万人。年末城镇居民基本医疗保险参保人数（含人社部门经办的新型农村合作医疗）13.34万人。城西花园、康马花苑等安置房竣工交付60万平方米、4606套；建设保障性住房3643套，改造农村危房720户。

生态建设　推进生态创建，林木覆盖率20.95%，秸秆综合利用率93.5%。PM2.5平均浓度较2013年下降25.2%，全年空气质量优良天数238天，优良率66.1%。污水集中处理率86.1%，城市水域功能区水质达标率100%。城区环境噪声平均等效声级53.6分贝，比上年降低0.1分贝。化学需氧量和二氧化硫排放量分别比上年削减692吨和2696吨。创成国家级生态镇21个、省级生态村8个。

【国信淮安工业园三方合作共建协议签署】 6月19日下午，江苏省国信集团、淮安市人民政府、淮安区人民政府在南京正式签署江苏省国信集团淮安工业园合作共建协议。国信淮安工业园由省国信集团和区政府于2011年8月合作建成。园区一纵三横道路网络基本形成，实现“九通一平”（通市政道路、雨水、污水、自来水、天然气、电力、电信、热力及有线电视管线，土地自然地貌平整），被授予“江苏省新能源汽车产业基地”称号，产业初步集聚，园区连续两年获评省南北共建先进园区，累计获得省以奖代补资金和奖励资金5700万元。

2015年，省国信集团、淮安市政府、淮安区政府三方决定将园区合作层次由区级提升至市级层面。将园区开发公司（江苏国信淮安新能源投资有限公司）注册资本金由8000万元增至6亿元；授权园区管委会行使省辖市管理职能和权限，建立独立财税体系，实行封闭运作，保证园区年度建设用地需求；将园区纳入淮安市中心城市规划范围，统筹落实产业、城建、交通、社会事业等各项规划；对符合园区新能源、新材料、高端装备制造、现代物流四大主导产业的招商引资项目优先安排到园区落户；寻求具有经济实力和园区开发经验的第四方参与园区开发。

【淮安现代物流园获批国家级电子商务示范基地】 淮安电子商务现代物流园成立于2012年。2015年，该基地先后创建成省级和国家级电子商务示范基地。全国10大快递物流企业中有8家落户园区，其中圆通速递、中通速递、韵达快递、国通快递、快捷快递建成运营，申通快递、天天快递和全峰快递加快建设。园区主要经营快件分拣配送、电子商务、仓储和呼叫中心等业务，服务苏北、鲁西南、皖北等地区。开通北京、上海、天津、长春等70多条直通线路，计划逐步辐射全国各地，是苏北唯一的高集聚度、高分拨等级快递物流园区。

【井神盐化在上海证券交易所上市】 12月31日，江苏井神盐化股份有限公司在上海证券交易所上市。井神股份A股代码为“603299”，股票简称“井神股份”。井神股份公司是江苏省盐业集团控股企业，总部位于淮安市淮安区，主要从事盐矿的开采，盐及盐化工产品的研发、生产和销售。公司下辖12个子(分)公司，在岗正式职工2800余人，总资产逾40亿元，年产盐及盐化产品总量超过500万吨。公司是集科研、生产、销售于一体的全国大型企业，旨在建设全国领先的中国健康食盐研发生产基地、新型“盐碱钙”循环产业基地、盐穴综合开发利用基地。 (钱 哨)

淮安区领导干部名录

(2015年1月1日~12月31日)

淮安区委

书　记　吉子俊(2015年8月止)
　　　　徐子佳(2015年8月任)
副书记　徐子佳(2015年8月止)
　　　　董国喜(2015年8月止)
　　　　施恩佩(2015年9月任)
　　　　孙志标(2015年8月任)
常　委　吉子俊(2015年8月止)
　　　　徐子佳
　　　　董国喜(2015年8月止)
　　　　施恩佩(2015年9月任)
　　　　孙志标(2015年8月任)
　　　　于明星　曹业慧(女)
　　　　颜　复　胡建武　刘月萍
　　　　葛　明　纪明珠
　　　　刘建平(2015年1月止)
　　　　崔步银(2015年1月任)

淮安区人大

主　任　吉子俊(2015年1月止)
　　　　蒋必海(2015年1月任)
副主任　孙一峰(2015年1月止)
　　　　端　政(2015年1月止)
　　　　刘家勇(2015年1月止)
　　　　刘建平(2015年1月任，2015年12月止)
　　　　韩仰超
　　　　颜廷飞(2015年1月任)

淮安区政府

区　长　徐子佳(2015年8月止)
　　　　施恩佩(2015年9月任)
副区长　颜　复
　　　　颜廷飞(2015年1月止)
　　　　谈效艳(女)
　　　　仇庆国　彭　凯
　　　　黄沛江(2015年1月任)
　　　　江剑峰
　　　　胡金浪(2015年8月任)

淮安区政协

主　席　王国权(2015年12月止)
　　　　刘建平(2015年12月任)
副主席　陈　峰(2015年11月止)
　　　　季玉华(女)　王宝玉(女)
　　　　王全宽

淮安区纪委

书　记　曹业慧(女)

淮安区法院

院　长　颜　赤(女)

淮安区检察院

检察长　张建龙(2015年1月止)
　　　　徐承业(2015年1月任)

(市委组织部县区干部处)

淮阴区

【基本情况】 淮阴区位于淮安市区北部。因地处古淮河之南而得名。原为淮阴县，2001年初撤县建区。风景名胜有码头古镇、新四军刘老庄连纪念园、东方母爱公园等。主要特产是洪泽湖野鸭、青蟹、苏粤乳鸽、码头羊肉汤、吴集花生、赵集粉丝、棉花西瓜等。区域面积1264平方公里，下辖14个镇、7个乡和1个省级高新技术产业开发区，261个行政村(居委会)，2057个村民小组。2015年末，全区总人口87.6541万人，男女性别比104.26，人口出生率8‰，死亡率4.96‰，自然增长率3.04‰。获评首批“全国民生改善十佳典范城市”。

【地方经济】 2015年，淮阴区实现地区生产总值400.56亿元，同比增长10.3%。其中第一产业增加值66.76亿元、增长1.8%；第二产业增加值169.47亿元、增长12.1%；第三产业增加值164.33亿元、增长11.5%；一、二、三产的构成比重为16.67∶42.31∶41.02。完成规模以上固定资产投资283.01亿元，增长26.4%。全年财政总收入51.49亿元，增长6.9%，其中公共财政预算收入43.94亿元，增长12%。全年财政总支出72.30亿元，其中公共财政预算支出66.36亿元，分别增长7.12%、7.66%。

农业　实现农业增加值67.88亿元，同比增长3.2%。农民人均纯收入12280.3元，增长9.5%。全区粮食总产64.45万吨。新增设施农业面积1033.33公顷，总面积1.5万公顷，占耕地面积的18.86%。新增千头猪场1个、万只禽场1个，大中型养殖比重分别达62.9%、66.3%。市级以上龙头企业发展到55户，新增市级以上农民专业合作社示范社33家，新组建土地股份合作社22家，新培育家庭农场121家，新发展村级土地耕作服务社133家，实现规模耕作6666.67公顷。全年发放水稻良种补贴资金663.8万元，水稻直补和农资综合直补7057.57万元，农业保险三麦和水稻投保率均100%，新开办生猪价格指数保险，高效农业保险保费收入占比达到56.64%。争取省一事一议财政奖补项目资金2235万元，建设村级道路158条115.6公里。疏浚区乡河道30条，整治村庄河塘205个，新改建泵站72座、农桥135座，农业开发治理土地3066.67公顷。

工业　新增规模企业43户，总数435户。规模工业实现增加值268.47亿元，同比增长12.4%，开票销售收入332.78亿元，同比增长63.06%，入库税金7.03亿元。开票销售收入超10亿元企业、超亿元企业以及入库税金超千万元企业分别发展到2家、30家、15家。食品加工、钢铁和机械制造、盐硝加工三大传统主导产业开票销售收入占全区工业经济总量的53.7%。

建筑业　完成建筑业总产值248.35亿元，外出施工产值140.36亿元，建筑业增加值25.23亿元，从业人数6.87万人，培训工匠等5035人，获省、市优工程20项，获省文明工地9个、市文明工地21个。

贸易及外向型经济　协议注册外资1.51亿美元，实际到账外资1.38亿美元，实现进出口总额2.85亿美元。其中，出口总额1.44亿美元，同比下降55.38%；进口总额1.4亿美元，下降11.31%。完成对外承包工程和劳务合作营业额242万美元。

服务业　年内区服务业入库税金20亿元，增量2.5亿元，增幅14.27%；

实现服务业增加值164.33亿元,增长11.5%,服务业增加值占生产总值比重提高到41.03%。建成义乌商贸城等市场类项目14个,电子商务、汽贸汽配产业初具专业特色;承办中国(淮阴)跨境电子商务年会,电商创业大厦入驻企业47家,阿里巴巴农村淘宝项目全市率先启动。日日顺一期等物流项目竣工投产,乐天玛特、大润发等大型超市投入运营,格林豪泰等品牌连锁店进驻。清口枢纽、双金闸被录入世界文化遗产名录;新四军刘老庄连纪念园创成国家AAAA级旅游景区,被国务院列入首批国家级抗战纪念设施、遗址名录;码头镇入选全国第三批特色景观旅游镇。年末,存、贷款余额分别为235亿元、193亿元,年均分别增长12%、15%。

招商引资 实施超5000万元项目57个,新开工、新竣工超亿元项目25个、23个;淮江科技、中业慧谷、江淮科技园等25个超亿元项目被列入市重大项目库,总数位居全市县(区)第四。新批外资项目13个、增资项目4个,实际到账注册外资1.38亿美元。

城乡建设 投入103.9亿元,实施项目144个。北京如意等精品小区进展顺利,竣工面积71.74万平方米。6个绿化项目建成开放,新增城市绿化面积67.61万平方米。全面开展“五城同创”,累计整治老旧小区18个、背街后巷162条,维修人行步道7.8万平方米,架设交通隔离栏16公里,新改建农贸市场5个,通过国家卫生城市复审,全国文明城市创建取得进展。完成4584个自然村庄环境综合整治。3月底,全面通过市级验收,实现以区为单位的村庄环境全域整治。竣工商品房71.74万平方米,改造老旧小区53.42万平方米;打造小营1~7号商住楼、芙蓉园精品项目2个。

交通基础设施 实施新许渡大桥及连接线、京沪高速老张集出口至机场连接线、黄河贯穿公路(码于线)、淮河路西延、运南第二通道等工程,其中京沪高速老张集出口至机场连接线、黄河贯穿公路(码于线)、淮河路西延等工程建成通车。237省道淮阴区段、淮阴台创园至205国道连接线(明远路西延段)等交通工程竣工,8公里县道改造工程建成通车,农村公路提档升级53.124公里,8座农桥工程竣工,全区等级公路1801.66公里,公路总里程数达2137.19公里。

生态宜居的美丽东城　　李玲　供图

【社会事业】 科技 2015年,淮阴区获批省级富民强县项目5个、省级工程技术研究中心1个、省级高新技术企业6家、省知识产权贯标优秀企业12家;引进开发新装置2项,新增市级科技基础设施4个,全区大中型工业企业研发机构建有率100%。获批江苏省高层次创新创业人才6名,新增省级高新技术企业7家。全年受理专利申请1965件,授权1171件,受理发明专利申请548件。

教育 创建省、市级优质园3所,实施教育布局调整,三所农村高中进城办学,近750名学生到城区上学;启动东城开明中学建设,完成长征小学幼儿园、银川路小学幼儿园主体工程建设;启用淮北路小学幼儿园、海通花园幼儿园等5所幼儿园。10所义务教育学校完成装备提升工程,城北开明中学建成并投入使用。创成教育现代化先进乡镇2个、先进学校10所。全区幼儿三年入园率、义务教育巩固率、初中毕业生升学率、残疾儿童入学率、高等教育毛入学率分别达 到98.4%、100%、98.8%、99.9%、56.87%。发放学前教育家庭经济困难儿童资助金324万元,资助贫困幼儿3200余人;发放义务教育阶段特困生资助金841万元,资助义务教育阶段贫困生7800余人;发放高中助学金315万元,资助高中贫困生1600余人。资助大学新生441名,计152.7万元。中等职业学校国家助学金发放以及减免学费监管工作取得成效。发放职中助学金89.6万元,中职免学费(全日制)1096.15万元,资助职教特困生4000余人。高考继续实现文化和体艺二本以上“双超千”;中考700分以上人数突破100人。淮阴区被授予“江苏省校园足球试点区”,全市26所“全国首批青少年校园足球特色学校”中,淮阴区有10所。承办淮安市第二届中小学校园体艺文化节开幕式。淮阴小学、淮师二附小的淮海戏《赶集》和《马灯舞》入选2015年央视元宵戏曲春晚。与民盟江苏省委缔结师能提升三年合作计划,年内培训区内教干、教师3000余人,与市教育部门签署战略合作协议,市区名校通过领办或挂钩帮扶形式与区内学校进行合作办学。

体育 在香港举办第七届“淮阴·韩信杯”象棋国际名人赛。举办江苏省青少年拳击锦标赛、淮安市“韩信杯”老年人象棋比赛、淮阴区“全民健身日”活动启动仪式暨“瑞安花园杯”广场舞大赛以及江苏省老年人体育节淮安市分会场闭幕式暨淮阴区老年人体育健身展示活动。邀请第七届淮阴·韩信杯国际名人赛前三名获得者王天一、孙逸阳、郑惟桐到澳门参加淮澳象棋文化交流活动。在新加坡举办的“楚河汉界·首届亚洲象棋文化博览会”上,“中国·淮阴韩信杯象棋文化展”亮相。亚洲象棋联合会授予淮阴区“亚洲象棋突出贡献奖”。通过省级公共体育服务体系示范区验收，被表彰为2014年度体育彩票工作先进单位。“淮阴·韩信杯象棋国际名人赛”入选“2014年度江苏省十大最具品牌价值体育赛事”。运动健儿在市以上各类比赛中获得奖牌19枚，其中全国金牌1枚、银牌2枚，省级金牌6枚、银牌5枚、铜牌5枚。蒋园夺得2015年全国女子拳击锦标赛69公斤级亚军。范玲玲获得2015年全国23岁以下女子拳击锦标赛69公斤桂冠。蒋园获得2015年全国女子拳击冠军赛69公斤亚军。全年向市以上运动队输送优秀体育后备人才28人。

卫生　创成国家级妇幼健康优质服务示范区。新建惠民医院9所、数字化医院11所，创成省级示范卫生院11所。赵集镇创成省级卫生乡镇。建成无害化卫生户厕145375座，完成率77.72%；体检60岁以上老人7.8万人，体检率95%；全面实施城乡居民健康档案电子化管理，建立城乡居民电子健康档案68.1万份，建档率87.53%。建立健康管理团队79个、家庭医生团队22个。

文化广电　新建社区文化活动中心6个，万人拥有公共文化设施面积0.063平方米，新增农村有线电视用户1.05万户，新整转数字电视用户1243户。

计划生育　年内计划生育率（出生政策符合率）91.02%，建成省级示范站7个、市级示范站13个。开展“情系革命老区，关爱计生家庭”“创建幸福家庭”等活动，实施0~14周岁独生子女父母奖励金提标工程。

环境保护　年内，全区空气优良天数264天，优良率72.3%，PM2.5浓度为59微克/立方米，比2013年下降26.3%；古黄河饮用水源水质良好，水质达标率100%；城区污水处理率85.15%；一氧化碳、二氧化硫净削减率分别为3.6 %、4.3 %；全区森林覆盖率30.7%，城市绿化覆盖率40.35%。创成国家级生态乡镇18个、省级生态乡镇实现全覆盖，获得省级生态区命名，国家生态区创建通过国家级技术评估；成片造林218公顷，新建绿色通道10公里；加强饮用水源地保护，青园污水处理厂投入使用，二河、张福河整治完成，疏浚河道540公里；实施蓝天工程，抓秸秆禁烧禁抛和综合利用，拆除燃煤锅炉215台，淘汰黄标车1280辆。

社会保障　城镇新增就业10977人，城镇失业人员再就业5498人，城镇登记失业率控制在2.28%。企业职工养老、城镇职工医疗、失业、工伤和生育五项险种参保人数分别为9.03万人、8.15万人、6.35万人、5.02万人和4.08万人，五项基金征缴总额6.2亿元。前三险覆盖率95.64%、96%和95.67%，达到小康标准。城镇居民医保补偿封顶线为23万元，城镇职工医保大病最高支付限额上不封顶。向9306户18610名城乡低保对象发放低保金（含物价补贴、过节费等）5434.19万元。投入715万元，其中省补357.5万元，区、乡两级配套357.5万元，对7所敬老院进行提档升级改造。向城乡18304名80周岁以上老人发放尊老金1256.225万元。

【第五届中国电子商务论坛在淮阴区召开】 12月5日，第五届中国电子商务运营模式创新发展论坛暨2015中国跨境电子商务年会在淮阴区召开，会议主题为“跨界融合、中外互通、互联网+跨境电子商务新起航”。论坛邀请行业主管部门、自贸区、跨境试点城市、跨境电商专家、跨境电商平台领导等行业精英，通过“政策解读、案件分析、理论探讨、企业互动、专家疑难解答”等形式，对影响中国跨境电子商务发展的一些因素进行全面探讨、深入分析，及时解决企业发展过程中的瓶颈问题，促进中国跨境电子商务健康、快速发展。

【淮安市宝岛母爱医院项目落户淮阴区】 12月1日，由淮安高新区招引、台湾同仁医院投资建设的淮安市宝岛母爱医院项目正式签约落户淮阴区。宝岛母爱医院位于淮安高新区。西至广州路绿化带，北至夏码路，南至佟洼路，东至规划预留用地，面积约10公顷，其中医疗用地约6.67公顷、社会福利（养老产业）用地约3.33公顷。注册资本5000万美元。

【淮安现代物流园项目签约落户】 11月13日，淮阴区和淮安现代物流园项目投资方正式签约，总投资11亿元的淮安现代物流园项目落户淮阴区。该项目为公路综合服务型物流园，主要功能包括公路港、城乡配送中心、电商快递物流中心、专业商贸物流及其他商业、办公与服务配套等，主要业态有零担专线、物流信息交易、仓储、商贸展示交易、停车场、司机之家及其他商业服务、办公、生活服务等配套设施。项目西至韩侯大道，北至长深高速，东至西安路规划线，南至纬三路，总投资11亿元，总注册资金5000万元，占地总面积45.33公顷，分为一、二期投资建设。

【“漂母杯”散文诗歌大赛】 2月，淮阴区启动第七届“漂母杯”全球华文母爱·爱母主题散文诗歌大赛，经过8个多月的征集、评审，收到作品2000余篇，评出优秀作品51篇。3月，启动首届淮安澳门两地“漂母杯”母爱·爱母散文诗歌大赛。收到讴歌母爱的作品106篇，评出获奖作品37篇。5月22日，首届淮（安）澳（门）两地“漂母杯”母爱·爱母主题散文诗歌大赛颁奖典礼在澳门科学馆举行。6月9日，第四届海峡两岸“漂母杯”母爱·爱母主题散文诗歌大赛颁奖典礼暨母爱·爱母主题散文诗歌作品品读会在台北世新大学举行。10月15日，第七届“漂母杯”全球华文母爱·爱母主题散文诗歌大赛颁奖典礼暨母爱·爱母主题散文诗歌品读会在淮阴区举行。

【第七届“淮阴·韩信杯”象棋国际名人赛】 5月18~21日，第七届“淮阴·韩信杯”象棋国际名人赛在香港举行。9个国家12位象棋顶级高手参赛。王天一获得冠军，孙逸阳获得亚军，郑惟桐与黄学谦分获三、四名。年内，淮阴·韩信杯象棋国际名人赛成功入选“2014年度江苏省十大最具品牌价值体育赛事”。（陈平平）

淮阴区领导干部名录

（2015年1月1日~12月31日）

淮阴区委

书　记　刘泽宇

副书记　朱晓波　杨维东

常　委　刘泽宇　朱晓波　杨维东
张在明(2015年1月任)
孙晓燕(女)　陈　张
曾志鸿(2015年8月止)
孙志标(2015年8月止)
张爱民　万旭东(女)
吴国飞(2015年1月任)
刘军洲(2015年8月任)

淮阴区人大

主　任　刘泽宇
副主任　陆益民　刘翠花(女)
穆文清
皇甫启全(2015年1月止)
韩国虎

淮阴区政府

区　长　朱晓波
副区长　陈　张　张　健　张春荣
于永芳(女)　殷　俊
谢　鹏(2015年1月任)

淮阴区政协

主　席　葛志胜
副主席　赵　欣(女)　张植林
朱靖军　谢华山

淮阴区纪委

书　记　张在明(2015年1月任)

淮阴区法院

院　长　尤铁梅(女)

淮阴区检察院

检察长　张洪斌

(市委组织部县区干部处)

涟水县

【基本情况】 涟水县地处淮安市北部、黄淮平原东部、淮河下游。汉武帝元狩六年(公元前117年),置淮浦县,属临淮郡,此为涟水建县之始。隋开皇五年(585),改襄贲县为涟水县,因境内有涟河而得名,涟水之名始见。境内风景名胜有五岛湖风景区、能仁寺、妙通塔、月塔等。主要特产有高沟捆蹄、涟水鸡糕、涟水千张、安东萝卜干、涟水草鸡、涟水荷藕、今世缘系列酒等。全县总面积1677.48平方千米,下辖19个乡镇、1个省级经济开发区、2个特色产业园区。年末,户籍人口114.97万人。

【地方经济】 2015年,涟水县实现地区生产总值340.87亿元,增长11.1%;一般公共预算收入33.32亿元,增长12.1%;规模以上固定资产投资276.32亿元,增长28%;城镇居民人均可支配收入2.33万元,增长9%;农村居民人均可支配收入1.23万元,增长9.4%;城乡居民存款余额160.93亿元,净增22.17亿元。一般公共预算收入、规模工业开票销售、社会消费品零售总额等21项指标考核全市第一。

工业　实施亿元以上工业项目42个,总投资100亿元的华昌新材料产业园、总投资40亿元的今世缘(中国)粮食循环产业园进入省重大项目"盘子",总投资20亿元的风力发电、总投资10.1亿元的高密度印制线路板、总投资超亿美元的PCB(印制电路板)数控机床等项目落户;鼎峰化工、沃格瑞特乐器等项目投产,形成新的经济增长点。全年实现工业开票销售收入284.73亿元,比上年增长15.3%;其中规模工业开票销售收入247.23亿元,增长18.67%;实现工业增加值145.77亿元,增长11%;工业用电8.88亿千瓦时,下降7.3%。规模以上工业实现总产值730.32亿元。规模以上工业中,有限责任公司完成产值235.94亿元,股份有限公司完成产值50.63亿元,外商及港澳台投资企业完成产值73.36亿元,其他经济类型工业完成产值368.39亿元。全县368家规模以上工业企业中,高新技术企业75家,实现产值147.15亿元,高新技术产业产值占规模工业产值比重20.4%。

农业　实现农业产值75.72亿元,实现农业增加值39.55亿元。全年粮食总产量90.86万吨,比上年减少0.37万吨;油料总产量3.43万吨,增加0.04万吨;蔬菜总产量88.23万吨,增加1.47万吨。全年粮食种植面积13.34万公顷,增加80公顷;油料作物种植面积10820公顷,减少380公顷;蔬菜种植面积2.25万公顷,增加340公顷。新增高标准农田6400公顷,累计5.83万公顷。新增农机总动力9.35万千瓦,累计118.22万千瓦;农业综合机械化水平达到83%,提高2个百分点。新增高效农业面积1633.33公顷,畜禽规模养殖比重88%。渔业养殖面积5533.33公顷,水产品产量1.76万吨,减少1200吨;家禽出栏1454万只,减少44万只;生猪出栏60.7万头,增加0.29万头;新植成片林456.67公顷,新植四旁植树86万株。实现林业产值2.75亿元,增长8.3%;实现渔业产值2.74亿元,增长5.8%。

服务业　全年新增规模以上服务业企业34家,总数161家。其中,交通运输仓储和邮政业66家,租赁和商务服务业31家,科学研究和技术服务业14家,水利环境和公共设施管理业6家。全年规模以上服务业企业实现营业收入85.81亿元,增长21.1%。其中,交通运输、仓储和邮政业实现营业收入43.98亿元,增长14.5%;信息传输、软件和信息技术服务业2.53亿元,增长69.4%;科学研究和技术服务业5.70亿元,增长24.1%;水利、环境和公共设施管理业3.49亿元,减少7.47%;居民服务、修理和其他服务业6.32亿元,增长59.4%;文化、体育和娱乐业1.31亿元,增长21.7%。

开放经济　全年实际到账外资12065万美元,比上年增长448.2%;外贸进出口总额37081万美元,下降8.1%;其中,出口总额31770万美元,下降9.3%。县台办被评为全省首批、全市唯一的"台商服务工作示范点"。

城乡建设　组织开展38项重大规划、控制性详规编制,稳步推进"多规合一",被列为国家新型城镇化综合试点县。滨河新城建设启动,安置小区、清涟大道、第二水源地等工程开工,搬迁居民724户,拆除房屋17.7万平方米。完成常青西大道等3处路段渠化改造和炎黄大道等15个节点绿化改造,整治老旧小区11个、30万平方米,五岛湖旅游区国家AAAA级旅游景区创建纳入全省计划。503、327等省道干线和薛行大桥、宋保大桥等"撤渡建桥"项目启动实施,连淮扬镇高铁涟水段开工建设,涟台直航正式开通。国家级经济技术开发区创建进入国家层面评审;空港产业园与淮安经济技术开发区签订战略合作协议,实现基础设施互联互通、功能配套共建共享;淮安(薛行)循环经济产业园更名获批。完成污水处理厂提标升级等系列工程,搬迁居民1000

余户。修编高沟、红窑等16个乡镇总体规划和县域村庄布局规划，完成今世缘小镇、今世缘非物质文化遗产保护核心区等项目方案论证，通过自然村庄环境整治整体验收，创建省级村庄建设示范村7个、市级康居示范村10个。

生态建设　建成省级生态县，建成国家级生态乡镇4家、省级生态乡镇12家、省级生态村6家、市级生态村319家、绿色学校135个、绿色社区14个。投资3800万元用于农村环境综合整治，在涟城、保滩等12个乡镇38个村铺设管网59公里，购置垃圾清运车辆34部，建设垃圾转运站6座，设置水源地标志牌16个。PM2.5比"十一五"末下降38%，整治燃煤锅炉104台，22家企业通过强制性清洁生产审核，44个加油站油气回收治理全覆盖。盐河、古淮河等地表水达三类水质标准，饮用水源一级保护区水质达标率100%；完成县生活污水处理厂二期项目，建成五港造纸产业园污水处理厂以及14家乡镇污水处理厂，全县18个污水处理厂日处理能力10.65万吨。划定省级自然保护区、饮用水源保护区、重要湿地保护区、生态公益林保护区4类16块生态红线区域，总面积259.05平方公里，占县域总面积的15.46%。污水处理率、生活垃圾无害化处理率分别达到83%和100%。全年空气质量达到及好于二级的天数243天；地表水好于Ⅲ类水质比例达到100%；建成区绿化覆盖面积1430公顷，城市绿化覆盖率40.9%；全县森林覆盖率23.6%。

【社会事业】 科技　2015年，涟水县新认定国家级高新技术企业4家、省级高新技术企业4家、市级高新技术企业37家；获批国家博士后科研工作站1家、省级工程技术研究中心1家、省级研究生工作站7家、市级院士工作站1家、市级工程技术研究中心10家；获批省级知识产权示范园区1个、省级创新型试点乡镇1家。全年专利申请量1823件，比上年增加283件；专利申请授权量999件，增加363件。其中，发明专利申请量427件，增加144件；发明专利申请授权量14件，增加5件。

教育　高分通过基本教育现代化省级验收，县域义务教育发展基本均衡通过国家督导认定。高考二本以上达线率上升6个百分点。有各级各类学校109所，其中普通中学37所、小学69所；在校学生13.52万人，其中普通中学4.36万人、小学8.18万人；学龄儿童入学率99.9%，初中毕业生升学率99.3%。有幼儿园110所，在园幼儿3.55万人。全县有专任教师8269人，其中普通中学专任教师3391人、小学专任教师4486人。

体育　承办2015年江苏省青少年自行车锦标赛（公路、山地项目）。王雪莲、张瑶代表江苏省参加全国第一届青年运动会，获得山地自行车第二名、第三名。2名体育后备人才被省体校录取，10名体育后备人才被市体校录取。在渠北路、渠南路建成健身步道4公里，在五岛湖旅游区建成健身步道4.2公里。投入100万元，在全县19个乡镇安装健身路径15套、篮球架63副，为多个社区健身房配备组合训练器、跑步机、乒乓球桌等体育健身器材。在南集、义兴、红窑、涟城4个乡镇分别建成2000平方米以上的多功能运动场一个。人均拥有体育场地面积2.8平方米。在县体育中心、县体育公园建成2个市级标准以上的体质测试和运动健身指导站，对3300人进行体质测试，开具运动处方，发布2015年国民体质监测公报。对约800名社会体育指导员开展3期3项（五套秧歌、农民健身操、广场舞）培训。

文化　县文化馆、涟水好人馆、夕阳红文化中心对外开放，创成"省诗词之乡"。广播电视覆盖率100%，有线电视入户率95.9%。有公共图书馆1个，图书总藏量133千册。

卫生　县人民医院等3所县级公立医院与东南大学附属中大医院等3所省级医院组成医疗联合体。年末，拥有各级各类医疗机构478个，其中医院7所、卫生院33所；拥有病床3761张，比上年增加6张；卫生技术人员4285人，增加109人，其中执业医师1864人、减少31人；注册护士1854人，增加159人；卫生防疫人员84人，增加2人。每万人拥有病床44.4张，每千人拥有执业医师2.2人。全县卫生服务体系健全率100%。

社会保障　纳入市政府十件实事的九大类23个项目和县十件实事全部完成。投入各类帮扶资金1.5亿元，实施各类帮扶项目143个，发放扶贫小额贷款2.04亿元，5.27万低收入人口全部脱贫。开展创业培训3059人次，扶持农村劳动力创业1127人，获"省级创业型城市"称号。城镇基本养老保险、城镇基本医疗保险、城镇失业保险参保人数分别为9.1万人、18.8万人、6.8万人，比上年末净增0.37万人、0.3万人、0.06万人，养老、医疗、失业保险覆盖面分别达95.5%、95.4%和95.5%。新型农村养老保险参保人数18.8万人。建立"医养融合，康复并重，先治后养，持续照料"的新型医养结合养老新模式。完成

2015年，涟水县举办"金秋涟水缘，两岸共月明"活动。　涟水县志办　供图

县第二社会福利中心（军民养老院）建设。新建养老床位1777张，累计7318张，其中乡镇敬老院2333张、民办养老机构2701张、县社会福利中心400张、居家养老服务站1884张，千名老人拥有床位41.11张。城镇保障性住房体系健全率92%。城镇居民最低生活保障人数1412人，农村居民最低生活保障人数3.29万人；城镇低保标准从450元提高到490元，农村低保标准从330元提高到370元。

【2015年省青少年自行车锦标赛（山地、公路）】 9月15~20日，2015年江苏省青少年自行车锦标赛（山地、公路）在涟水县举行。大赛由省文明办、省体育局、省教育局、团省委、省妇联、省发展体育基金会主办，涟水县人民政府承办。大赛设有14个比赛项目，其中公路10项、山地4项。淮安、徐州等8支代表队75名运动员参加。常州市代表队以8枚金牌名列金牌榜首位，南通市代表队以3枚金牌位列第二。泰州市代表队沈慧、南通市代表队冯家豪、常州市代表队徐兆亮、宿迁市代表队汪宇龙、连云港代表队张蕊、苏州市代表队张玲、徐州市代表队王薪雄和淮安市代表队胡浩然获“体育道德风尚运动员”称号，泰州市代表队和苏州市代表队获“体育道德风尚运动队”称号。

【今世缘产业园工程】 2015年9月，涟水县启动今世缘产业园工程。按照规划，到“十三五”末，今世缘酒业所在地——高沟镇将建成镇区占地10平方公里、常住人口10万人、辐射周边乡镇30万人的县域副中心和省级食品产业基地。高沟镇新型城镇化先行区指挥部在邀请专家充分调研和论证的基础上，决定实施今世缘产业园建设工程。首先启动今世缘产业园安置小区工程，该工程位于高沟镇今世缘大道北侧、大同路西侧，占地面积7.27公顷，总建筑面积11.1万平方米，总投资2亿元。安置小区配置4种户型，满足搬迁安置群众不同需求。

【获批全省首批省级台商服务示范点】 9月16日，涟水县通过省台商服务中心考核，与昆山、江阴、江宁等5个县（市、区）一起成为全省首批台商服务工作示范点。12月29日，省台办为涟水县授牌。涟水县对照省级台商服务工作示范点创建标准，践行101%服务理念，创新创优服务方式，维护和保障台商合法权益，优化服务台商环境，加快台资集聚步伐。2015年，坚尼饰、裕源纺织、源通制帽、大量科技、吉圣金属、宏保运动等10家在涟水台资企业实现新批项目和增资扩股。到年底，全县有台资企业38家，涉及纺织服装、机械加工、电子电气、餐饮服务等多个行业，解决全县2万多人就业问题。 （陈全昌）

涟水县领导干部名录

（2015年1月1日~12月31日）

涟水县委：

书　记　董　平（2015年6月止）
　　　　肖本明（2015年6月任）
副书记　吕春雷（2015年1月止）
　　　　王向红（女，2015年1月任）
　　　　时　勇（2015年1月任）
常　委　董　平（2015年6月止）
　　　　肖本明（2015年6月任）
　　　　吕春雷（2015年1月止）
　　　　王向红（女，2015年1月任）
　　　　时　勇（2015年1月任）
　　　　杨亚专
　　　　贾振旗（2015年1月止）
　　　　龚李萍（女）　陈　印
　　　　王　冰　洪　然　林　波
　　　　尹元兵
　　　　姜　杰（2015年1月任）
　　　　刘泽年（2015年1月任）

涟水县人大

主　任　别纯海
副主任　吴建峰　薛成实　方建中
　　　　张祝林

涟水县政府

县　长　吕春雷（2015年1月止）
　　　　王向红（女，2015年1月任）
副县长　王　冰　洪　然
　　　　丁　伟（女，2015年8月止）
　　　　沈　冰　王成明
　　　　姜　杰（2015年1月止）
　　　　邵　钧（2015年1月任）
　　　　蔡　昀（援疆，2015年8月任）

涟水县政协

主　席　杨天成（2015年1月止）
　　　　贾振旗（2015年1月任）
副主席　李亚夫　孙　辉（女）
　　　　刘志宽　薛　芹（女）
　　　　朱太伟

涟水县纪委

书　记　龚李萍（女）

涟水县法院

院　长　张　强

涟水县检察院

检察长　刘庆国

（市委组织部县区干部处）

洪泽县

【基本情况】 洪泽县，因湖得名。1942年建县，1947年撤销，1956年重新设置。位于江苏省西北部、淮安市中南部。水产丰富，尤以洪泽湖大闸蟹著名，被誉为“中国蟹都”。县境东西跨度63千米，南北跨度38.5千米，面积1273.41平方千米，其中湖面476.74平方千米，其他水面247.96平方千米，水域面积占57%。2015年，全县辖6个镇、3个街道、1个省级经济开发区，计32个居委会、94个村民委员会。年末，全县户籍人口39.65万人，比上年增加0.55万人；年末常住人口33.76万人，同比增加0.09万人。全年人口出生率9.04‰，死亡率6.99‰，人口自然增长率2.05‰。

【地方经济】 2015年，洪泽县实现地区生产总值226.5亿元，增长17.1%，人均地区生产总值10400美元，位列苏北各县（市）第3位。规模以上固定资产投资、一般公共预算收入、社会消费品零售总额分别为167.5亿元、25.2亿元和85亿元，分别增长19.1%、18.1%、16.1%。城乡居民人均可支配收入分别为2.82万元、1.45万元，分别增长11.2%、12.5%。亿元以上项目开工30个、竣工26个，签约落地10亿元以上项目4个。在全市率先建成2003版全面小康社会，2013版全面小康社会建设省定36个指标中，完成13个达标、15个超目标值的80%，完成度高于苏北和全市平均水平。获评中国全面小康成长型百佳县（市）。

工业　新增规模以上工业企业51户，总数329户，实现开票销售超230亿元，全部工业入库税收5.8亿元，工业主导产业产值占比68%。江苏宇天港玻新材料有限公司在香港上市，江苏德润环保科技股份有限公司、淮安吉辉塑胶制品有限公司等6家企业分别在“新三板”和省股权交易中心挂牌。累计获批国家高新技术企业31家，位居全市前列，高新技术产业产值160亿元，占规模以上工业产值的25%。全社会研发投入占生产总值比重超过1.4%，大中型企业研发机构建成率100%。

农业　粮食生产实现“十二连增”，小麦种植面积2.74万公顷，总产量16.445万吨；水稻种植面积3.01万公顷，总产量27.93万吨。高效种植业、设施渔业面积分别为2.67万公顷、1733.33公顷，创成省级“亩产吨粮县”。江苏食品科技产业园获批全国农业产业化示范基地和省级现代农业科技园区。洪泽银鱼等9个农产品获批地理标志证明商标，创成全市唯一的国家现代农业示范区，林果花卉一体化示范基地、紫山食用菌硅谷产业园建设有序推进，国蟹园获批全国休闲渔业示范基地。

服务业　全县服务业增加值占地区生产总值比重提高1个百分点。网络销售额突破9亿元，创成省级农村电子商务示范县。水釜城、大吉祥寺、渔人湾等36个重点旅游项目建成开放，洪泽湖大堤入选世界文化遗产名录，老子山镇龟山传统村落获批省三星级乡村旅游区。年内接待游客213万人次，实现旅游综合收入26.4亿元。成立环洪泽湖旅游和老子山温泉联盟，面向全球征集洪泽湖大闸蟹卡通形象，成功举办第十届中国洪泽湖国际大闸蟹节等系列活动，获批洪泽湖古堰国家AAAA级旅游景区、古堰省级森林公园，大湖旅游品牌影响力提升。编制完成《洪泽湖古堰省级森林公园规划》《古堰AAAA级景区创建规划》《洪泽湖古堰景区旅游总体规划（修编）（2015—2030）》《洪泽湖大堤节点改造方案》《洪泽湖大堤南北入口环境整治规划》《龟山传统村落保护与开发一体综合规划》等系列详规。逐步实施42个重点旅游项目。

水利建设　实施洪金灌区节水改造八期工程、小型农田水利重点县工程、农村河道疏浚整治工程、中小河流治理重点县、农村饮水安全、浔河整治等项目，完成投入1.72亿元，疏浚县乡河道38条，整治村庄河塘139面（个），新（拆）建农村桥梁70座，整治渠道285.36公里，配套建筑物1200多座。完成4.64万人的农村饮水安全工程建设任务。全县有效灌溉面积增加到3.47万公顷，占总耕地面积的95%，基本完成洪金、周桥等大中型灌区的续建配套和节水改造任务。

交通重点工程　完成交通重点工程6项，总投资3.85亿元。完成348省道洪泽县城南环段工程，完成洪泽湖大堤改造和彩色路面铺设。改造洪泽湖大堤周桥大塘至三河闸段道路16.15千米，铺设洪泽湖大堤欢乐园至三河闸段彩色路面26.65千米。完成农村公路提档升级67.54千米、农桥旅游改造12座，总投资3853万元。策应洪泽湖古堰AAAA级景区创建，投资341万元治理洪泽湖大堤欢乐园段沉降道路，投入820万元改造通往景区的浔河路。完成湖区3座横流标新改建工程。高良涧船闸扩容工程建成通航。

城乡建设　投入86亿元，实施城建重点项目142个，城区面积扩大到36平方千米。完成11个老旧小区和24个棚户区改造，180万平方米安置房竣工交付，新汽车站、洪泽湖文化广场等标志性工程建成开放。率先在全市完成新一轮行政区划调整，岔河、西顺河、老子山镇分别获批全国重点中心镇、全国一村一品示范村镇、全国文明镇，朱坝大刘、蒋坝彭城和黄集曹圩分别获评省级“美丽乡村”“江苏最美乡村”。投入33.7亿元，重点实施白马湖退圩还湖、尾水湿地二期等生态修复工程，新增造林1466.67公顷，城市建成区绿化覆盖率41%。

【社会事业】　科技　2015年，洪泽县全社会研发投入5.92亿元，占地区生产总值的2.61%。专利申请总量2067件，其中发明专利715件，专利授权量1214件，均列全市第一，被省知识产权局表彰为先进集体。通过省级科普示范县验收，并获批淮安市第一家国家级知识产权强县工程试点县。实现高新技术产业产值160亿元，占规模工业比重26.1%。新认定国家级高新技术企业11家、市级高新技术企业2家，新增省级高新技术产品16个、市级高新技术产品13个。对接产学研项目21个，成功申报1个省科技服务站、1个省首席专家、6个省科技副总，新增工程技术研究中心16个，其中省级2个，省级研究生工作站7个。

教育　至年末，全县有幼儿园23所、小学15所、初中8所、九年制学校1所、普通高中3所、中等专业学校1所、特殊教育学校1所。有在校生42942人，其中小学生18514人、初中生8473人、普通高中生4947人、中职生1787人、特校学生109人、在园幼儿9112人。小学、中学入学率和巩固率均达100%。中考总分700分以上187人。全县1921人参加高考，二本以上达线人数978人，二本以上达线率51%。职教对口单招本科达线7人，省技能大赛、创新大赛3人获奖。

文化　公共文化服务设施覆盖率100%，人均拥有公共文化设施面积0.2平方米，人均公共图书馆总藏量0.79册。创建惠民社区文化中心、越城居委会文化中心、浔河居委会文化中心3个面积不少于100平方米的社区文化活动中心。完成为民办实事项目——文化“四送”工作。全年送书2.6万余册，送电影1700场，送戏90场，送展览16场。开展较大规模联合集中执法专项行动10次，立案查处案件16起，下达整改通知书11份，出动执法人员3696人次，检查印刷复制企业116家次、出版物经营单位326家次、文化经营场所1321家次，收缴非法图书1963册、低俗读物167册、侵权盗版工具书62本，取缔无证经营书报刊摊点2个。完成全国第一次可移动文物普查，上传文物410件，申报历史文化名城、名镇、名村重点文物抢救工程项目。全县有线电视入户率98%，农村有线电视入户率97%。成功申报有线电视“户户通”县（区）。

卫生　全县有医疗卫生机构134

个，其中二级甲等医院2所，二级妇幼保健机构1所，每千人医师数、护士数、床位数分别为2.08、1.8 、3.1。有10万元以上医疗设备145台，完成门急诊112万人次，住院3.3万人次，开展新技术4项，申报二类技术项目7项。完成义务献血量86.38万毫升(2602人次)，临床用血100%来自无偿献血。完成县中医院"国医堂"项目建设，县人民医院司法鉴定所挂牌成立，通过国家爱婴医院复评审，与市一院建立紧密型医疗联合体。建成覆盖城乡的"十五分钟健康服务圈"，镇卫生院、村卫生室实现标准化建设、规范化分类管理，建成1个国家级"群众满意乡镇卫生院"、5个省级示范乡镇卫生院。发现活动性肺结核病人107例，完成艾滋病抗体检测37237人，开展监管场所被监管人员艾滋病病毒抗体检测237人次。接种一类疫苗6万余人次，对119名适龄儿童开展麻疹疫苗查漏补种，对1038名重点人群开展麻疹疫苗接种。对全县幼儿园、小学5648名新入托、入学儿童开展接种证查验。

体育　举办元旦长跑、冬泳、健身操、全民健身日等各类群众体育健身活动30余次。完成民生实事——"十分钟体育健身圈"提档升级，新建古堰梅堤8千米健身步道。参加江苏省武术套路锦标赛，获得2金、3银、4铜。至年底，全县有体育场地面积88.27万平方米，人均拥有体育场地面积2.62平方米。有体育社会组织29个(含民办非企)。有社会体育指导员1253人，其中三级社会体育指导员915人、二级社会体育指导员230人、一级社会体育指导员101人、国家级社会体育指导员7人，万人拥有社会体育指导员数37.21。完成国民体质测试3000人样本，总体合格达标率95%以上。培养龙舟、拔河项目国家一级裁判员3名。被省体育局命名为"第二批江苏省公共体育服务体系示范区"。

社会保障　征收养老保险费1.24亿元，征缴率99.8%，实地稽核率36%，清理历年欠费53万元。被征地农民社会保障覆盖率100%，城乡居民社会养老保险参保74712人，参保率99.7%；城乡居民社会养老保险征缴基金2968.62万元，累计为54119人发放养老金7746.46万元，发放率100%。城镇基本医疗保险参保人数13.25万人，新增参保近3000人，完成年目标的91.97%。其中，农民工参加医疗保险近1000人，城镇居民参加医疗保险6万余人，征收基本医疗保险基金1.83亿元。全县工伤保险参保人员42388人，征收工伤保险基金1143万元。生育保险参保职工32417人，征收生育保险基金422万元，完成年目标的100%。失业保险参保人员48339人，征缴失业保险基金1788万元，完成年目标的292%。

生态建设　推进"四城同创"(国家生态县、国家卫生城市、省级文明城市、省级园林城市)，创成国家生态县、省级文明城市，国家卫生县城通过省级评估，省级园林城市创建取得阶段性成果。投入2.6亿元，完成优化居民出行环境、改善农村生产生活条件等十大类36项民生实事。完成1180个村庄整治任务，初步通过省级验收，国家级生态镇实现全覆盖，获评省级村庄环境整治示范县、全省秸秆综合利用和禁烧工作优秀县。开展大气污染防治专项行动，实施节能技术改造项目26个、淘汰落后设备180台(套)，全面完成市下达的"十二五"节能减排任务。

【经济保障房建管】 2015年，洪泽县新开工建设各类保障性住房470套，基本建成600套，其中建成保障性住房小区四期经济适用住房60套。新开工建设龙庙城邦公共租赁住房五期工程，建筑面积4000平方米，计72套；基本建成公共租赁住房112套(间)，其中县保障性住房小区四期公共租赁住房24套，宏基铝业有限公司职工公寓88间。调整经济适用住房申请标准，低收入线标准由城镇家庭人均月收入低于990元调整到低于1080元，中等偏下收入线标准由城镇家庭人均月收入低于1500元调整到低于1700元。同时，将全县中等偏下收入家庭、新就业人员、进城务工人员和棚户区改造家庭纳入共有产权住房保障范围，对新申请经济适用住房的住户，实行房屋产权共有化。

【洪泽湖古堰景区获批国家AAAA级旅游景区】 12月30日，洪泽湖古堰景区通过江苏省旅游资源规划开发评定委员会评定，成为国家AAAA级旅游景区。该景区位于中国第四大淡水湖——洪泽湖畔。景区主要包括洪泽湖大堤、水釜城、渔人湾、欢乐园四大旅游片区，是融文化体验、养生休闲、大湖观光、森林探秘、现代游乐于一体的综合性生态文化旅游景区。至年底，景区内建成水釜城、中国印博物馆、中国掼蛋乐园、防震减灾体验馆、一公里长古堰梅堤等景点；提升洪泽湖碑、周桥大塘、信坝遗址等景点品质，推进洪泽湖渔文化博物馆、城市立体公园等新建项目进程。

12月18日，洪泽县公交公司30辆新能源公交车投入使用。　陈亮　供图

【全国首个湖区船舶交通管理系统投入运行】 7月21日，全国首个湖区船舶交通管理系统——洪泽湖VTS（船舶交通管理系统）投入运行，总投资500万元。该系统对湖区航道实施全覆盖监控，全面掌控进入洪泽湖湖区船舶的实时动态、航行轨迹。为水上交通事故的处理和船舶的违法行为取证提供第一手资料。在突发天气来临时掌握湖区内船舶数量和位置，便于海巡艇快速、准确组织搜寻救助。实现对湖区船舶动态监控、电子报港、安全检查、搜救指挥、电子警察、电子巡航、统计分析等业务功能，提高洪泽交通海事部门水上搜集和应急反应能力，提升服务船民质量。

（孙汉军　邵永芹　吕后臻）

洪泽县领导干部名录

（2015年1月1日~12月31日）

洪泽县委

书　记　徐东海
副书记　殷　强
　　　　施恩佩（2015年8月止）
　　　　顾祥悦（2015年8月任）
常　委　徐东海　殷　强
　　　　施恩佩（2015年8月止）
　　　　顾祥悦
　　　　杨国仁（2015年1月任）
　　　　江　迈（2015年8月止）
　　　　陈照新（2015年1月止）
　　　　董　蔚（女）
　　　　陈孝红（2015年8月任）
　　　　乐　翔　许根林
　　　　汪永源（2015年12月止）
　　　　郝朝勇（2015年8月止）
　　　　周海滨（2015年8月任）
　　　　朱玉生（2015年8月任）
　　　　张培刚（2015年12月任）

洪泽县人大

主　任　徐东海（2015年12月止）
　　　　杨步新（2015年12月任）
副主任　杨步新（2015年12月止）
　　　　曹文龙　黄　河　王建东
　　　　韩学红（女，2015年12月任）

洪泽县政府

县　长　殷　强
副县长　顾祥悦（2015年8月止）
　　　　杨国仁（2015年8月任）
　　　　吴国飞（2015年1月止）
　　　　潘华春（2015年1月止）
　　　　徐　琳（女）　王兆龙
　　　　张培刚（2015年12月止）
　　　　高　军（2015年1月任）
　　　　徐礼球（2015年1月任）
　　　　陶　陶（2015年12月任）

洪泽县政协

主　席　陈继信
副主席　陈炳峰　杨　皖　谢建东
　　　　王天林　薛良柱

洪泽县纪委

书　记　江　迈（2015年8月止）
　　　　陈孝红（2015年8月任）

洪泽县法院

院　长　韩　俊

洪泽县检察院

检察长　韩少芹（女）

（市委组织部县区干部处）

盱眙县

【基本情况】 盱眙县位于淮安西南部，地处淮河下游、洪泽湖南岸、江苏省中部，居于中国南北地理分界线。秦代置县。有第一山、明祖陵等4个国家AAAA级旅游景区，以及大云山西汉王陵、水下泗州城等众多历史文化遗存。2015年，全县总面积2497平方千米。辖14镇、3乡、3街道和255个行政村（居委会）。年末总人口80.25万。男女性别比104.44，人口出生率11.78‰、死亡率6.22‰，自然增长率5.56‰。被列为全国相对集中行政许可权改革试点县，被评为全国农技推广体系改革与建设示范县、全国残疾人体育先进单位等。

【地方经济】 2015年，盱眙县实现地区生产总值320.13亿元，同比增长12.8%；公共财政预算收入34.98亿元，增长13.7%；规上固定资产投资328亿元，增长26.1%；社会消费品零售总额111.07亿元，增长37.4%；农村居民人均纯收入13295元、增长9.2%，城镇居民人均可支配收入28359元、增长8.9%。

工业　全年规模以上工业企业开票销售370.96亿元，总量全市第二，增长27.5%。新增开票销售超亿元企业6家，昌盛电气江苏有限公司等5家企业开票销售超10亿元。新培育列统企业51家、累计达464家。用电量9.8亿千瓦时，增长14.0%。完成淮河化工等73户企业技改项目，技改投入63亿元。工业企业入库税收6.13亿元，增长7.8%，增幅全市第二。引进亿元以上项目28个。新批外资项目22个，其中马来西亚SNE、欧晨精密制造2个项目总投资1亿美元。落实集中会办、跟踪督办、亿元项目县领导挂包帮办等措施，推进在建项目快建设、快投产。当年开工3000万元以上项目68个、竣工项目117个。

农业　完成清水坝灌区改造、仇集大涧治理等重点水利项目12个，全县农田水利现代化率86.5%。新增各类新型农业机械700多台（套），秸秆机械化还田率81.2%，水稻机插率80%，马坝镇农技站获评全国五星乡镇农机推广机构。农业保险覆盖面60%以上。新增高效设施农业面积1453.33公顷、渔业面积533.33公顷。新培育市级以上农业龙头企业6家，新备案家庭农场233家，新成立农民合作社86家。构建盱眙龙虾“四位一体”发展新模式，推广“稻虾共作”面积333.33公顷，龙飞湖获批全国唯一龙虾（活体）出口基地，盱眙龙虾品牌价值166.8亿元。成立休闲农业指导站，发布休闲农业旅游重点线路，国际绿博园经营模式在全省推广，举办农业嘉年华、观光季、七彩秀等活动。

服务业　全年服务业入库税收19.22亿元，同比增长34%，服务业增加值占地区生产总值比重提高1.3个百分点。淮河水上航线投入运营，以上海市为重点的长三角至盱眙县旅游直通车开通，“外婆的家”等8个农家乐获批中国乡村旅游金牌农家乐，明祖陵村、陡山村获批中国乡村旅游模范村，新华村入选“江苏最美乡村”。72个农村淘宝服务站启动运行，建成全市首个县级电子商务产业园、苏北首家县级阿里巴巴特色中国馆，拥有各类网店2000余家，全年电商交易额突破5亿元，获评首批省农业电子商务示范县和省农村电子商务示范县。与省互联网金融协会、南京大学商学院签订互联网金融合作协议，苏州银行在盱设立分支机构，村级金融服务站实现全覆盖，澳吉尔在美国纽交所挂牌，汉邦投资等6家企业在四板挂牌，全市首家外资科技小贷公司营业。

城乡建设　实施城乡一体化项目103个，加快城乡统筹发展。完成新一轮城市总规修编，启动县域绿道系统规划，建成体育公园一期和“都梁花海”，完成山水大道等5个景观提升及8个老旧小区综合整治、12个老居民区燃气管网安装等工程，地下管线信息系统建成使用。全市率先建成数字城管，实现主城区全覆盖。获得绿色建筑设计标识项目11个，总面积100.77万平方米。按照东片、中南、河西三个片区特色风貌规划要求，启动10个重点村庄和4个特色村庄规划编制工作。河桥林场等4个村获批省三星级康居乡村。

幸福时光　　刘超　供图

【社会事业】 2015年，盱眙县实施十大类40项民生实事工程，增进民生福祉，全年民生支出33.2亿元，占财政支出62.8%。

民生保障　促进就业创业，开展“青年创业千人培训计划”等专项培训51次，2880人受益，新增私营企业1138家、个体工商户3760户，被批准为首批省级创业型城市。社会保险提标扩面，城乡社保覆盖率96.5%，新农合参合率100%，城乡低保标准分别提高到490元/月、370元/月，大病救助标准提高5个百分点，抚恤金增幅超10%。实行适度普惠型儿童福利制度，426名保障对象受益。16个敬老院达省星级敬老院标准，盱城新湾、兴隆红旗关爱驿站投入使用，建成居家养老服务中心（站）234个，覆盖率91.76%。完成城市棚户区改造400户，农村危房改造675户，建成保障房1010套。至年末，年纯收入低于4000元的贫困人口全部脱贫。

科技教育　构建人才创新高地，引进硕士以上高层次人才76人，获批省双创人才3人、双创博士5人。获批省凹土产业产学研协同创新基地和省凹土材料产品检测技术重点实验室，创成国家火炬计划凹土特色产业基地，获“中国凹土之都”称号。开展政产学研活动16次，26家企业与15所高校签署43个合作项目。培育省知识产权贯标企业6家，申请专利1936件，授权专利1228件。获省级科技项目立项10项，新增高新技术企业8家，全县科技进步贡献率52%。实施中小学校舍安全工程7.4万平方米，建成实验小学新校区，新增10所装备水平达省Ⅰ类标准学校。新创成省、市优质幼儿园4所。通过国家义务教育发展基本均衡县复检。

文化体育　举办“运动健身四季赛”等活动，推广“工间操”，创成省公共体育服务体系示范区。连续3年被教育部、体育总局、团中央授予“全国亿万学生阳光体育运动优秀组织单位”称号。文化基础设施提档升级，新建古桑林场、管镇双黄村、黄花塘瓦屋村3个村文化活动中心，数字农家书屋实现全覆盖。“文化四季歌”唱响城乡，举办新年音乐会、春节晚会和民俗文化展演等活动近千场。新四军军部纪念馆被列为省委“实境课堂”基地。入选第三批创建省级公共文化服务示范区。

医疗卫生　县人民医院新院区投入使用，马坝镇中心卫生院创成二级综合医院，并被国家卫计委表彰为“群众满意的乡镇卫生院”。建立县级医院与乡镇卫生院医护技术支援机制，乡村医生签约服务全面启动，全县20个乡镇（街道）组建健康管理团队79个，累计下村工作2037次。疟疾防治工作获世界卫生组织专家高度评价。开展健康教育和健康促进行动，中央公园健康主题公园、山水广场500米健康步道等健康促进场所建成使用。探索医养结合模式，管镇、桂五卫生院医养融合中心挂牌运行。建成省示范乡镇卫生院1个、示范村卫生室7个。省卫生县城和“十二五”省人口协调发展先进县通过复审。

生态环境　至年末，推广应用自衍花卉8万平方米，成片造林400公顷，城区新增绿地43.75公顷，城市绿化覆盖率44.2%，全县林木覆盖率30.96%。乡镇垃圾中转站全部投入运行，城乡垃圾实现日产日清，圣元环保垃圾焚烧发电厂并网发电。建成县级水质检测中心，龙王山水源地达标建设通过省级验收。开展大气污染综合治理，秸秆综合利用率95%以上，PM2.5浓度下降30.5%。在全市率先完成村庄环境全域整治，在苏北首家通过覆盖拉网式农村环境综合整治验收。高标准通过国家级生态县技术评估。

【相对集中行政审批权改革方案通过专家论证】 5月10日，全国相对集中行政审批权改革试点县——盱眙县召开相对集中行政审批权改革方案专家论证会。中国行政体制改革研究会副会长、国家行政学院教授、博士生导师汪玉凯和中央编办、省编办、中央人民大学、南京大学、省委党校的7位专家对盱眙县行政审批制度改革方案进行论证。专家组在听取行政审批改革工作总体设想、工作目标、具体举措和具体实施方案后，从专业角度论证推动这项改革的意义，肯定盱眙相对集中审批权改革方案，并针对不足提出建议。盱眙县相对集中行政审批权改革方案最终通过论证。

【盱眙县人民医院新院区启用】 6月8日，盱眙县人民医院新院区启用，并举行院校合作揭牌仪式。县人民医院新院区2009年启动建设，占地面积10.71公顷，规划建筑面积18.3万平方米，按三级现代化医院标准规划设计，分两期建设。新院区功能布局合理，设施设备先进。配备3.0T磁共振、双源CT、瓦里安直线加速器、全自动生化免疫流水线、双板悬吊DR、最新岛津全数字化胃肠机、四维彩超、全自动快速发药系统等一批先进医疗设备，建立先进的中心实验室、核医学中心、全自动化临床检验中心、全数字化介入诊疗中心、智能化手术室、物流传输系统等。

【第十五届中国·盱眙国际龙虾节】 6月12~28日，第十五届中国·盱眙国际龙虾节举行。龙虾节主题在延续以往"有滋有味好生活"的基础上，融汇"向上向善新风尚"新元素，首次推出"小盱""小眙"卡通形象吉祥物。龙虾节国际化元素突出"一带一路"国家战略，分别走进新加坡、马来西亚、斯里兰卡等国家进行合作交流。12月12日，"盱眙龙虾"成功入选2015年中国品牌价值评价信息发布名单，品牌价值166.8亿元，在地理标志产品品牌价值中位列第一。

【盱眙县行政审批局成立】 7月24日，经中央编办、国务院法制办和省委、省政府同意，全国首家县级行政审批局——盱眙县行政审批局挂牌运行。涉及全县22个部门、177项行政审批事项，连同部分审批工作人员全部划转至行政审批局，由行政审批局依法履行相关行政审批职责，并承担相应法律责任，实现"一个部门、一枚印章管审批"，审批事项办结时限缩短70%以上。 （朱延庆　刘亚飞）

盱眙县领导干部名录

（2015年1月1日~12月31日）

盱眙县委

书　记　李　森

副书记　贺宝祥
　　　　万立贵（2015年12月止）
　　　　陈俊祥（2015年12月任）

常　委　李　森　贺宝祥
　　　　万立贵（2015年12月止）
　　　　陈俊祥
　　　　何　栩（2015年8月止）
　　　　刘爱国　高为森
　　　　张晓红（女）
　　　　姚玉祥（2015年12月止）
　　　　江　迈（2015年8月任）
　　　　杨　军　魏宏亮

盱眙县人大

主　任　李　森（2015年12月止）
　　　　姚玉祥（2015年12月任）

副主任　宋志远（2015年12月止）
　　　　王恒亮　傅维林　朱正荣

盱眙县政府

县　长　贺宝祥

副县长　刘爱国
　　　　姚玉祥（2015年8月止）
　　　　雍　梅（女）　顾　强
　　　　郑海梁
　　　　章文凤（2015年1月任）
　　　　杨　忠（2015年8月任）

盱眙县政协

主　席　赵长桂（2015年5月止）
　　　　胡启新（2015年8月任）

副主席　成兆友　张本华
　　　　张瑞晴（女）　王行政
　　　　殷建春

盱眙县纪委

书　记　何　栩（2015年8止）
　　　　江　迈（2015年8月任）

盱眙县法院

院　长　王亚林

盱眙县检察院

检察长　潘建文

（市委组织部县区干部处）

金湖县

【基本情况】 1959年10月建县，先后属扬州专区、六合专区、淮安市（淮阴地区、淮阴市）。县境属水网地区，从东北部到东南部依次是白马湖、宝应湖、高邮湖，三河和淮河入江水道穿越腹地，贯通洪泽湖和高邮湖，是淮河泄洪的主要通道。县境湖河沟渠密布，水产、水禽、水生植物等水生资源丰富。特产有金湖龙虾、金湖大闸蟹、高邮湖银鱼、甲鱼、青虾、河蚬等。境内有金湖荷花荡、白马湖生态渔村、水上森林公园、柳树湾湿地公园等生态旅游景点。

2015年，县域总面积1393.86平方公里，其中水面420.08平方公里。下辖10个镇、1个省级经济开发区、1个市级经济开发区、99个村民委员会、45个社区居民委员会，有国有农林场圃7个，另有部队（武警）副食品基地3个。年末总人口35.96万人，比上年增加0.04万人。城镇化率50.88%，比上年提高1.94个百分点。

【地方经济】 2015年，金湖县实现地区生产总值216.53亿元，比上年增长10.8%。第一产业增加值30.94亿元，增长2.9%；第二产业增加值83.31亿元，增长11.7%；第三产业增加值102.28亿元，增长12.2%。人均地区生产总值65476元，增长14.4%。三次产业结构由14.6∶39.5∶45.9调整为14.3∶38.5∶47.2。全年服务业增加值占地区生产总值的47.2%，比上年提高1.3个百分点。全年新增私营企业1163家，新发展个体工商户4226户。年末，全县规模以上民营工业企业268家，占全县规模以上工业企业的93.1%。城镇居民人均可支配收入28454元，增长9.1%；农村居民人均可支配收入14352元，增长9.3%。城乡居民收入比从1.99∶1缩小为1.98∶1。

农业　农林牧渔业总产值58.09亿元，比上年增长9.2%。其中，农业产值34.21亿元，增长8.8%；林业产值1.74亿元，增长9.6%，牧业产值6.56亿元，增长7.4%；渔业产值13.92亿元，增长11.0%；农林牧渔服务业产值1.66亿元，增长8.5%。全年粮食总产量54.92万吨，增加0.43万吨，增长0.8%，实现总产"十二连增"。其中，夏粮总产20.13万吨，下降1.5%；秋粮总产34.79吨，增长2.2%。出栏肉猪12.91万头，增长0.2%；年末生猪存栏8.76万头，增长1.2%。家禽出栏380万只，下降0.5%；年末家禽存栏132万只，增长0.7%。水产品供应稳定，全年产量4.83万吨，增长0.5%。

新增设施农业453.33公顷，建设高标准农田2466.67公顷。新增设施渔业433.33公顷，培育家庭农场47家，获批省级农业龙头企业3家。

工业 建筑业 全县工业增加值73.23亿元，增长11.8%。规模以上工业实现产值504.02亿元，增长19.0%。其中，国有企业5.32亿元，增长22.3%；股份制企业419.39亿元，增长19.7%；外商及港澳台投资企业76.26亿元，增长16.3%；民营工业427.23亿元，增长19.6%。全县规模以上工业企业实现销售收入483.19亿元、利润总额21.49亿元，比上年分别增长18.9%、19.1%；主营业务收入利润率为4.4%；企业亏损面为3.5%，比年初收窄5个百分点。高新技术产业实现产值125.89亿元，比上年增长6.3%，占规模以上工业的25%，贡献率9.2%；战略性新兴产业发展势头强劲，节能环保、新能源、新材料、高端装备制造业等新兴产业产值增长74.0%，较上年提高近50个百分点。

全年建筑业增加值10.09亿元，增长11.3%。建筑业企业（总承包和专业承包）施工面积583.81万平方米，增长9.2%；竣工面积276.72万平方米，增长36.8%；工程结算收入47.33亿元，增长16.9%。从业人数2.94万人，至年末，全县拥有资质建筑企业33家。

固定资产投资 全年完成固定资产投资（不含农户）164.37亿元，增长27.9%。其中民间投资139.42亿元，增长25.9%，占全部投资的84.8%。完成工业投资115.43亿元，增长28.9%。完成服务业投资44.36亿元，增长22.5%。交通运输、仓储和邮政业投资增长94.4%，水利、环境和公共设施管理业增长141.7%。全县新开工项目236个，比上年增长34.9%；完成投资119.71亿元，增长42.7%。全县房地产开发投资16.31亿元，下降13.3%，其中住宅投资与上年持平。商品房新开工面积47.69万平方米，比上年下降16.1%，其中住宅新开工面积下降10.3%。全年商品房销售面积40.77万平方米，增长16.6%，其中住宅销售面积27.97万平方米，增长1.4%。

2015年7月，中国荷花博览园在金湖开园。 李义海 供图

国内贸易 社会消费品零售总额81.02亿元，增长12.6%。按消费形态分，批发和零售业消费品零售额71.8亿元，增长12.7%；住宿和餐饮业消费品零售额9.2亿元，增长12%。按经营单位所在地分，城镇消费品零售额72.4亿元，增长12.7%；乡村消费品零售额8.6亿元，增长11.6%。在限额以上企业商品销售额中，汽车类增长31.3%，石油及其制品增长19%；金银珠宝、五金电料、中西药品类分别增长101.2%、24.1%和38.7%。

旅游 争取到省级旅游业专项引导资金项目8个、320万元，项目数、资金总额连续两年全市第一。接待游客180.6万人次，实现旅游收入6.1亿元。其中荷花荡景区接待游客36万人次。水上森林公园接待游客10万人次。尧帝古城成功创成国家AAA级旅游景区。全县有AAA级旅游景区两家（荷花荡、尧帝古城）、AA级旅游景区6家，有旅行社6家，其中国际社2家，有全国农业旅游示范点2家、省级乡村旅游点4家。

开放型经济 全年进出口总额3.49亿美元，下降2%，其中出口总额3.44亿美元，下降0.8%；进口总额0.05亿美元，下降48.7%。新批外商投资项目19个，增资项目5个；实际到账注册外资1.27亿美元，增长26.1%。

交通 完成重点工程投资6.1亿元，神华大道西延段和金北接线建成通车；开工建设三河渡、淮湖渡大桥；通用机场完成选址报告；荷花荡旅游公路完成路基土方90%和水稳50%工程；乌龙渡大桥完成工程量的35%；人民路南延完成路基施工工程20%；完成110公里农村公路建设和6座农桥改造；完成森林公园内部道路和停车场建设；完成荷花荡主入口道路和荷信路建设。331省道金湖东段完成规划选址、工可审查、土地预审等前期工作，247省道（淮金线南延）进行线位调整，420省道金湖段取得省发展改革委工可批复。全县公路总里程1539.72千米，等级公路1424千米，其中高速公路8.4千米、一级公路83.5千米。全县有客运等级站12个，其中国家一级客运站1个、五级客运站11个；有港口1个，码头泊位15个，码头岸线总长850米；更新出租车147辆；新增10辆电动公交车。

财政金融 全年财政收入29.98亿元，增长5.7%。公共财政预算收入23.91亿元，增长11.7%。全年财政总支出42.08亿元，增长2.7%，其中，地方公共财政预算支出41.14亿元，增长22%。用于社会保障与就业、科学技术、教育、医疗卫生、环境保护等民生方面财政投入13.44亿元。全年金融机构新增贷款17.68亿元，年末各项贷款余额148.6亿元，比上年末增长13.5%；全年新增存款20.28亿元，年末存款余额186.24亿元，比上年末增长12.2%，其中储蓄存款余额105.44亿元，增长2.5%。

【社会事业】 科技 2015年，金湖县百亿元地区生产总值专利授权384

件,百亿元地区生产总值发明专利申请161件,万人发明专利拥有量5.19件,科技进步贡献率52%,新增省级以上高新技术企业15家,新增省级以上工程技术研究中心等企业研发机构3家,拥有研发机构的规模以上工业企业占比40%。

教育　全县有学校80所,在校学生3.59万人。其中,中等职业教育学校2所、在校学生0.29万人,普通高中2所、在校学生0.46万人,普通初中9所、在校学生0.58万人,小学26所、在校学生1.34万人,特殊教育学校1所、在校学生65人,各级各类幼儿园29所、在园幼儿0.71万人。学前三年幼儿入园率、义务教育巩固率、初中毕业生升学率、国家学生体质健康标准合格率分别为99.5%、100%、99.54%和96.87%。完成育才小学东迁工程,开工建设城南新区实验学校,启动银涂镇九年一贯制学校改扩建,创建教育现代化先进镇2个、教育现代化先进学校6所。

文化　举办2015年中国荷都赏荷季暨中国金湖国际荷花博览园开园活动、第15届中国金湖荷花美食节开幕式综艺晚会,创建戴楼、银涂2个公共文化服务体系示范镇,建成黎城镇西苑社区、陈桥镇郘桥社区、前锋镇同心社区3个面积超100平方米的社区文化活动中心;全县公共文化服务设施覆盖率92.2%,人均拥有公共文化服务设施面积0.18平方米。中心书屋每周确保40小时开放,藏书10000册以上;四星级农家书屋每周开放5个半天,藏书量5000册;三星级农家书屋每周开放4个半天,藏书量3000册。保护和传承国家级非遗代表性项目"金湖秧歌"。全县广播人口和电视人口综合覆盖率100%。

卫生　全县有卫生机构17个,其中医院、卫生院13个,妇幼保健院1个。全县卫生机构床位数1567张,卫生技术人员1623人,其中执业(助理)医师548人、注册护士738人。

体育　完成2015年江苏省青少年手球锦标赛(Z组)办赛任务。与江苏省体育产业集团签订战略合作协议,充分整合、利用各自资源优势,在全民健身、竞技体育和体育产业等方面开展战略合作,促进体育与健康休闲、乡村旅游、农业开发、生态建设等融合发展。

环境保护　落实农业源减排项22个,整治燃煤小锅炉31台,完成挥发性有机物治理项目3个,淘汰营运黄标车119辆,夏秋两季秸秆禁烧火点零报告、上级零通报、媒体零曝光,全年秸秆综合利用率92%。全县一氧化碳、二氧化硫削减率分别完成1.01%、3.1%。全年PM2.5浓度均值下降27.9%,优良天数306天,以83.8%的良好天数达标率在全省排名靠前;水源地和地表水水质达标率100%。

社会保障　全县新农合参合22.24万人,参合率100%。人均筹资标准400元,其中县财政人均补助192元,资金到位率100%。县、镇两级政策补偿比75%,其中镇卫生院政策补偿比85%。在全市率先实现大病保险、合作医疗和民政救助一站式服务,当年大病保险赔付2741人次,赔付金额561万元。发放社会保障卡12万张,全年企业职工养老保险、城镇职工医疗保险、失业保险、工伤保险和生育保险参保人数分别为6.97万人、7.19万人、4.65万人、3.97万人和3.77万人。城乡居民养老保险参保缴费率99%以上。企业退休职工养老金提高至人均1708.5元/月,失业金标准提高至846元/月。城市低保标准从每人每月450元提高至490元,农村低保标准从330元提高至370元。全县有城乡低保对象6822人,发放城乡低保金1688.09万元。五保集中供养标准从每人每年6840元提高至7440元,分散供养标准从每人每年6000元提高至6600元。为全县64名孤儿发放基本生活费84.29万元。开展困难群众医疗救助920人次,发放医疗救助金336万元;开展慈善大病医疗救助840人,发放救助金287万元。　(丁　兴)

金湖县领导干部名录

(2015年1月1日~12月31日)

金湖县委

书　记　肖进方

副书记　龚晓琴(女,2015年1月止)
　　　　张志勇(2015年1月任)
　　　　蒋东明(援疆)

常　委　肖进方
　　　　龚晓琴(女,2015年1月止)
　　　　张志勇(2015年1月任)
　　　　蒋东明(援疆)
　　　　蔡绍忠(2015年8月任)
　　　　李文银
　　　　毛文博(2015年12月止)
　　　　刘　盛　王海洋　张建闯
　　　　曹庆瑜　宋菊明　刘玉春

金湖县人大

主　任　肖进方(2015年12月止)
　　　　毛文博(2015年12月任)

副主任　马发荣
　　　　罗金昌(2015年1月止)
　　　　张小平
　　　　高昌萍(女)　梁喜洲

金湖县政府

县　长　龚晓琴(女,2015年1月止)
　　　　张志勇(2015年1月任)

副县长　毛文博(2015年12月止)
　　　　刘　盛(2015年8月止)
　　　　张　柏　沈启涛　徐红兵
　　　　何如进
　　　　陈明中(2015年8月任)

金湖县政协

主　席　王殿宏(2015年1月止)
　　　　罗金昌(2015年1月任)

副主席　殷舜文(2015年1月止)
　　　　吴耀平(2015年1月止)
　　　　杨发余　唐凤娥(女)
　　　　王　剑　王友俊
　　　　赵卫宇(2015年1月任)

金湖县纪委

书　记　王海洋

金湖县法院

院　长　朱介进(2015年1月止)
　　　　陈来强(2015年1月任)

金湖县检察院

检察长　葛　蕾(女)

(市委组织部县区干部处)

人　物

RENWU

（吕志滨　摄）

领导人物

模范人物

逝世人物

领导人物

中共淮安市委常委会成员

姚晓东

男，汉族，1962年4月出生，1982年7月参加工作，1986年3月加入中国共产党，研究生学历、博士学位，主任记者，江苏镇江人。现任淮安市委书记、市人大常委会主任。

1978年10月入复旦大学新闻系新闻专业学习；1982年7月为《新华日报》社政法处编辑；1984年4月为《新华日报》社南京记者站记者；1985年11月起先后任《新华日报》社南京记者站副站长、站长；1990年5月任《新华日报》社记者处副处长（其间：1992年3月至1993年1月参加省委工作队赴沭阳县扶贫；1992年12月获主任记者职称）；1993年3月任《新华日报》社副秘书长、外宣处处长；1995年8月任《新华日报》社社长助理、党委委员（其间：1996年3月至1996年6月参加省委党校第一期县处级干部培训班学习）；1996年9月任共青团江苏省委副书记（其间：1996年9月至1998年7月参加南京大学商学院领导干部研究生课程进修班学习；1998年9月至1998年12月参加南京大学、美国宾夕法尼亚大学全省第三期领导干部高级研修班学习）；1999年8月任省广播电视厅（局）副厅（局）长、党组成员，江苏人民广播电台台长；2000年12月任省委宣传部副部长；2001年6月任省委宣传部副部长、省广播电视总台党委书记；2001年8月任省委宣传部副部长，省广播电视总台党委书记、省广播电视集团有限公司董事长；2002年1月任省委副秘书长，省广播电视总台党委书记、省广播电视集团有限公司董事长；2004年4月任省委副秘书长（正厅级）、江苏预备役高炮第一师副政委（其间：2008年12月获南京农业大学土地资源管理专业管理学博士学位；2009年10月至2010年5月参加中组部“新世界高级公务员培训计划”赴外交学院、美国哈佛大学培训）；2011年7月任常州市委副书记，市人民政府代市长、市长、党组书记，市行政学院院长；2013年2月任淮安市委书记；2014年1月任现职。

十二届全国人大代表；省第十二次党代会代表；十二届省委委员；省十二届人大代表；十一届省纪委委员；八届、九届、十届省政协委员；十届省政协常委。

惠建林

男，汉族，1964年2月出生，1986年7月参加工作，1992年4月加入中国共产党，大学学历、学士学位，江苏苏州人。现任淮安市委副书记，市人民政府市长、党组书记。

1982年9月入南京大学中文专业学习；1986年7月为省建委办公室秘书；1988年12月任省建委办公室副科级秘书；1990年8月任苏州市建委办公室副科级秘书；1992年12月任苏州市建委办公室副主任；1994年3月任苏州市建委办公室主任；1995年5月任苏州市建委副主任、党组成员；2001年5月任苏州市平江区委副书记、代区长；2002年1月任苏州市平江区委副书记、区长；2006年6月任苏州市平江区委书记；2008年12月任常熟市委副书记、代市长、市长，常熟经济技术开发区党工委副书记、管委会主任；2011年10月任常熟市委书记、常熟经济技术开发区党工委书记；2016年1月任淮安市委副书记，市人民政府代市长、市长、党组书记。

省十二届人大代表。

练月琴　女，汉族，1971年8月出生，1993年8月参加工作，1993年1月加入中国共产党，研究生学历、博士学位，江苏金坛人。现任淮安市委副书记（正市级）、党校校长。

1989年9月入南京师范大学政教系思想政治教育管理专业学习；1993年8月为金坛市委党校教师（其间：1994年7月至1995年4月挂职任金坛市经济体制改革委员会办公室主任助理）；1995年4月任共青团金坛市委副书记；1997年7月任共青团金坛市委书记；1999年5月任共青团常州市委副书记（其间：1996年9月至1999年7月参加中央党校政治学专业在职研究生学习）；2001年7月任共青团常州市委书记；2003年4月任共青团江苏省委副书记（其间：2003年3月至2003年5月参加省行政学院第十五期处级公务员任职培训班学习）；2006年7月任徐州市委常委、组织部部长；2008年4月任共青团江苏省委书记；2008年11月任共青团江苏省委书记、党组书记（其间：2004年9月至2010年6月参加南京师范大学马克思主义理论与思想政治专业博士研究生学习；2009年11月至2010年1月参加美国马里兰大学江苏省第十一期高级管理人才经济研究班学习；2011年3月至2011年7月参加中组部第30期中央党校中青年干部培训班学习）；2011年7月任淮安市委副书记（正市级）；2011年8月任现职。

省第十一次、十二次党代会代表；省十一届人大常委；省十一届、十二届人大代表。

张　彤

女，汉族，1972年10月出生，1990年9月参加工作，1992年6月加入中国共产党，省委党校研究生学历，江苏宿迁人。现任淮安市委常委、组织部部长，市总工会主席。

1988年9月入淮阴师专中文系学习；1990年9月留校任教；1991

年10月为宿迁市(县级)委办公室秘书;1994年4月起先后任共青团宿迁市(县级)委副书记,共青团宿豫县委副书记;1997年2月任共青团宿豫县委书记(其间:1995年8月至1997年12月参加中央党校经济管理专业本科函授学习);2001年1月任共青团宿迁市委副书记、党组成员;2004年2月任泗洪县委常委、组织部部长(其间:2002年9月至2005年7月参加省委党校区域经济学专业在职研究生学习);2005年12月任共青团宿迁市委书记、党组书记;2007年10月任泗阳县委副书记、常务副县长(正县级);2008年12月任省妇联副主席、党组成员;2011年7月任徐州市委常委、宣传部部长;2013年5月任现职。

省十二届人大代表。

戚寿余

男,汉族,1962年8月出生,1981年7月参加工作,1984年9月加入中国共产党,省委党校研究生学历,江苏洪泽人。现任淮安市委常委,市人民政府常务副市长、党组副书记,市行政学院院长。

1979年9月入淮阴供销学校计划统计专业学习;1981年7月起先后为洪泽县供销社、县统计局统计员;1984年8月起先后任洪泽县政府办公室秘书、综合科长、副主任、主任;1995年7月任洪泽县委组织部副部长(正科级);1996年10月任淮阴县委常委、组织部部长;1998年5月任淮阴市政府副秘书长,市政府办公室副主任、党组副书记(主持办公室工作);1998年12月任淮阴(淮安)市政府副秘书长,市政府办公室主任、党组书记(其间:1999年8月至2001年12月参加中央党校经济管理专业本科函授学习);2002年1月任清河区委副书记、区长;2002年11月任清河区委副书记、区长、区政协主席(其间:2003年1月起主持区委工作);2003年7月任清河区委书记、区人大常委会主任(其间:2001年8月至2004年7月参加省委党校科学社会主义专业在职研究生学习);2005年7月任淮阴区委书记;2006年1月任淮阴区委书记、区人大常委会主任;2008年1月任淮安市人民政府副市长;2008年6月任淮安市人民政府副市长,淮安工业园区党工委书记;2011年8月任淮安市委常委、宣传部部长;2013年12月任现职。

省第十一次、十二次党代会代表;省十届人大代表。

陈　涛

男,汉族,1971年3月出生,1991年8月参加工作,1994年12月加入中国共产党,研究生学历、硕士学位,江苏启东人。现任淮安市委常委、宣传部部长、统战部部长。

1987年9月入南京大学强化部国际贸易专业学习;1991年8月起先后任省对外经济贸易委员会外资管理处科员、副主任科员、主任科员(其间:1996年9月至1999年6月参加南京大学国际商学院国民经济学专业在职研究生学习,获经济学硕士学位);2000年12月任省对外贸易经济合作厅外国投资管理处副处长(其间:2002年4月至2004年5月挂职任盐城经济开发区管委会副主任、党工委委员);2005年5月任省对外贸易经济合作厅境外投资管理处副处长(主持工作);2007年6月任省对外贸易经济合作厅外国投资管理处处长兼国际服务外包办公室主任;2010年2月任省商务厅外国投资管理处(服务外包处)处长;2010年10月任省商务厅副厅长、党组成员(其间:2010年4月至2011年4月参加省第二期中高级管理人才海外研修班赴美国马里兰大学公共政策管理学院学习);2012年5月任淮安市人民政府副市长、党组成员;2013年11月任淮安市委常委、宣传部部长,市人民政府党组成员;2015年8月任淮安市委常委、宣传部部长;2016年9月任现职。

张正军

男,汉族,1962年7月出生,1981年10月参加工作,1985年7月加入中国共产党,大学学历,江苏射阳人。现任淮安市委常委、淮安军分区司令员。

1981年10月为工程兵舟桥第三十一旅三营七连战士、副班长;1983年5月任工程兵舟桥第三十一旅三营七连班长;1983年9月入长沙工程兵指挥学校分队指挥专业学习;1985年7月起先后任工程兵舟桥第三十一旅四营十二连排长,十连副连长,十一连副连长、代理连长、连长(其间:1991年9月至1993年7月参加长沙工程兵指挥学校舟桥专业大专函授学习);1993年8月任工程兵舟桥第三十一旅司令部作训科正连职参谋;1993年12月任工程兵舟桥第三十一旅教导队副队长;1994年2月任工程兵舟桥第三十一旅四营副营长、代理营长;1994年8月任工程兵舟桥第三十一旅司令部作训科副营职参谋;1995年3月起先后任工程兵舟桥第三十一旅六营副营长、代理营长,营长;1998年3月任工程兵舟桥第三十一旅副参谋长;1999年12月任工程兵舟桥第三十一旅装备部部长(其间:1996年9月至2000年7月参加长沙工程兵学院舟桥专业本科函授学习);2001年3月任工程兵舟桥第三十一旅副旅长(其间:1999年2月至2002年6月参加南京陆军指挥学院合同战术指挥专业本科函授学习);2007年2月任工程兵舟桥第三十一旅旅长;2012年2月任江苏省淮安军分区司令员;2015年6月任现职。

李晓雷　男,汉族,1964年4月出生,1982年8月参加工作,1985年5月加入中国共产党,大学学历,江苏邳州人。现任淮安市委常委、市纪委书记。

1979年9月入徐州农校农学专业学习;1982年8月起先后为邳县碾庄乡农技员、团委副书记;1985年9

月入江苏省青年管理干部学院政治专业学习；1987年8月任共青团邳县县委副书记；1989年7月任共青团邳县县委书记、党组书记；1991年3月任邳县官湖镇党委副书记、镇长；1992年12月任邳州市官湖镇党委书记；1994年5月任共青团徐州市委副书记、党组成员；1997年7月任共青团徐州市委书记、党组书记（其间：2000年6月通过南京大学经济管理专业本科自考）；2001年1月任徐州市贾汪区委副书记、代区长，区长；2003年9月任徐州市园林风景管理局局长助理；2005年1月任徐州市园林风景管理局副局长、党委委员；2006年8月任徐州市住房公积金管理中心主任、党组书记；2008年12月任徐州市泉山区委副书记、代区长，区长，市住房公积金管理中心主任、党组书记；2009年5月任徐州市泉山区委副书记、区长；2010年9月任沛县县委副书记、代县长，县长；2013年12月任沛县县委书记、县长；2014年3月任沛县县委书记、县人大常委会主任；2015年1月任沛县县委书记；2016年7月任徐州市委秘书长；2016年9月任现职。

省十二届人大代表。

唐道伦

男，汉族，1961年10月出生，1985年7月参加工作，1984年6月加入中国共产党，大学学历、学士学位，江苏海安人。现任淮安市委常委、淮安经济技术开发区党工委书记，淮安市人民政府党组成员。

1981年9月入江苏化工学院化工机械与设备专业学习；1985年7月起先后任灌南县化肥厂机修车间技术员、主任，合成车间党支部书记，生产指挥办副主任；1986年10月起在淮阴市委组织部帮助工作；1987年2月起先后任淮阴市委组织部干部培训科干事、副科级组织员、副科长；1996年10月任淮阴市委组织部干部培训科科长；1997年6月任淮阴市委组织部组织科科长（其间：1996年9月至1998年10月参加东南大学哲学与社会科学研究生课程进修班学习）；1999年12月任淮阴县（区）委常委、组织部部长；2002年1月任淮阴区委副书记、副区长；2002年9月任淮安市交通局局长、党委书记（其间：2002年10月至2004年4月兼任淮安交通控股公司董事长、党委书记）；2007年1月任淮安市交通局局长、党委书记，市铁路办主任，市交通战备办主任；2010年4月任淮安市交通运输局局长、党委书记，市铁路办主任，市交通战备办主任；2011年9月任淮安市人民政府副市长，市交通运输局局长、党委书记，市铁路办主任，市交通战备办主任；2011年10月任淮安市人民政府副市长、党组成员，市交通运输局局长、党委书记，市铁路办主任，市交通战备办主任；2012年8月任淮安市人民政府副市长、党组成员；2016年9月任现职。

省第十次、十一次党代会代表。

赵洪权

男，汉族，1963年4月出生，1984年7月参加工作，1990年9月加入中国共产党，省委党校研究生学历，江苏涟水人。现任淮安市委常委、政法委书记，淮安市人民政府党组成员。

1982年10月入淮阴供销学校物价专业学习；1984年7月起先后任淮阴市供销社科员，涟水县河网中学讲师团成员；1992年11月任淮阴供销物资总公司总经理；1995年10月任淮阴市供销社人事劳动部主任；1996年12月任淮阴市供销社主任助理、人事劳动部主任，淮阴供销大厦股份公司总经理；1997年12月任淮阴市供销社副主任、党委委员；1998年7月任淮阴市供销社主任、党委书记，淮阴供销大厦股份公司党委书记、董事长、总经理；1999年12月任淮阴（淮安）市供销社主任、党委（党组）书记；2002年1月任金湖县委副书记、县长（其间：2000年9月至2003年7月参加省委党校政治经济学专业在职研究生学习；2002年1月至2002年6月参加南京大学、美国马里兰大学江苏省第五期高级管理人才经济研究班学习）；2006年1月任金湖县委书记、县人大常委会主任；2007年1月任楚州区委书记、区人大常委会主任；2011年9月任淮安市人民政府副市长，楚州区委书记；2011年10月任淮安市人民政府副市长、党组成员，楚州区委书记；2011年12月任淮安市人民政府副市长、党组成员；2016年9月任现职。

省第十一次、十二次党代会代表；省十届人大代表。

李 森

男，汉族，1968年3月出生，1992年5月参加工作，1996年10月加入中国共产党，研究生学历，硕士学位，江苏涟水人。现任淮安市委常委、秘书长。

1985年9月入成都科技大学计算机软件专业本科学习；1989年9月入南京航空学院计算机应用专业硕士研究生学习；1992年5月起先后为淮阴市档案馆办事员、馆员；1993年12月为淮阴市政府办公室办事员；1995年2月任淮阴市政府办公室助理秘书；1997年7月任淮阴市政府办公室副科级秘书；1999年2月任淮阴市政府办公室信息科科长；2000年12月任淮阴（淮安）市政府办公室副主任、党组成员；2003年8月任淮安市政府副秘书长；2006年6月任盱眙县委副书记、代县长；2007年1月任盱眙县委副书记、县长；2011年12月任盱眙县委书记、县长；2012年1月任盱眙县委书记；2012年3月任盱眙县委书记、县人大常委会主任；2016年1月任盱眙县委书记；2016年7月任淮安市人民政府党组成员；2016年9月任现职。

省十一届人大代表。

淮安市人大常委会副主任、党组成员

陈洪玉

男，汉族，1954年12月出生，1976年12月参加工作，1975年6月加入中国共产党，大专学历，江苏洪泽人。现任淮安市人大常委会常务副主任、党组书记(正市级)。

1976年12月起先后任洪泽县岔河公社团委书记、党委秘书；1978年3月入淮阴师范专科学校中文专业学习；1981年1月起先后任洪泽县文教局工作人员，县委办助理秘书、秘书、副科长、主任；1985年9月起先后任洪泽县委常委、办公室主任，淮阴市委政研室副主任，淮阴市委副秘书长；1993年6月起先后任淮阴市委副秘书长、政研室主任，市委副秘书长、办公室主任、政研室主任，市委副秘书长、办公室主任；1996年8月任淮阴市清河区委书记、人武部党委第一书记；1999年1月任淮安市(县级)(楚州区)委书记、人大常委会主任、人武部党委第一书记；2001年8月任淮安市委常委，楚州区委书记、区人大常委会主任、区人武部党委第一书记；2002年1月任淮安市委常委、秘书长；2008年12月任淮安市委常委、秘书长，市人民政府常务副市长、党组副书记；2009年5月任淮安市委常委、秘书长，市人民政府常务副市长、党组副书记，市行政学院院长；2011年4月任淮安市委常委，市人民政府常务副市长、党组副书记，市行政学院院长；2011年9月任淮安市人大常委会党组副书记；2012年1月任淮安市人大常委会常务副主任、党组副书记；2012年8月任淮安市人大常委会常务副主任、党组书记；2013年5月任现职。

省十二届人大代表。

葛　平

男，汉族，1959年4月出生，1981年1月参加工作，1978年2月加入中国共产党，省委党校研究生学历，江苏姜堰人。现任淮安市人大常委会党组副书记。

1978年3月入盐城师范专科学校中文科学习；1981年1月为阜宁县教师进修学校教员；1983年10月起先后任阜宁县委宣传部干事、副科长；1986年8月任阜宁县委办公室副主任；1988年8月任阜宁县委宣传部副部长；1989年8月任盐城市委组织部办公室副主任(其间：1990年10月明确为正科级组织员)；1993年4月任盐城市委组织部办公室主任(其间：1995年4月至1996年1月挂职任盐城市纺织工业局局长助理、化纤厂副厂长)；1996年1月任盐城市纺织工业局副局长、党委委员；2001年1月任响水县委副书记；2002年3月任省质量技术监督局基层工作处副处长；2002年11月任省质量技术监督局纪检组副组长、监察室主任(其间：2002年9月至2004年1月参加省委党校政治经济学专业在职研究生学习)；2007年9月任省纪委监察综合室主任(副厅级)；2012年4月任淮安市委常委、市纪委书记；2016年9月任现职。

陆长苏

女，汉族，1955年10月出生，1973年8月参加工作，1974年6月加入中国共产党，大学普通班学历，江苏泗洪人。现任淮安市人大常委会副主任、党组副书记。

1973年8月起先后为淮阴县棉花中心小学教师，县百货公司营业员、团支部书记；1977年2月入苏州丝绸工学院丝绸专业学习；1980年2月起先后任淮阴县丝织厂技术员、车间副主任、车间党支部书记；1983年4月任淮阴县丝织厂党总支副书记；1984年3月任共青团淮阴县委书记；1985年8月任共青团淮阴市委副书记；1988年10月任共青团淮阴市委书记；1990年11月任淮安市(县级)委副书记(正处级)(其间：1991年3月至7月参加省委党校青年干部培训班学习)；1992年12月任淮阴市清浦区委副书记(正处级)；1995年10月任淮阴市环保局党组书记、副局长；1996年11月任淮阴(淮安)市环保局局长、党组书记；2003年1月任淮安市人民政府副市长，市环保局局长、党组书记；2003年2月任淮安市人民政府副市长、党组成员；2012年6月任淮安市人大常委会副主任；2012年8月任现职。

李　冰

男，汉族，1958年10月出生，1982年1月参加工作，九三学社社员，大专学历，江苏张家港人。现任淮安市人大常委会副主任、九三学社市委主委(不驻会)。

1978年10月入南京工学院动力系发电厂及电力系统专业学习；1982年1月为淮阴供电局生产技术科绝缘监督专职工程师；1987年5月为淮阴市重点项目办公室办事员、工程师；1989年1月任淮阴市投资公司经营部副经理；1993年6月任淮阴市重点项目办公室二科副科长、工程师；1996年11月任淮阴(淮安)市重点项目办公室项目一科科长、高级工程师；2001年8月任九三学社淮安市委副主委(不驻会)，市重点项目办公室项目一科科长、高级工程师；2002年3月任九三学社淮安市委副主委(不驻会)、市投资公司总经理；2002年9月任九三学社淮安市委副主委(不驻会)、市投资公司总经理、市发展计划委副主任(挂职)；2004年4月任九三学社淮安市委副主委(不驻会)、市发展计划委副主任(其间：2002年9月至2004年6月参加南京大学行政管理专业研究生课程进修班学习；2005年1月至2006年1月任市委驻涟水县扶贫工作队队长、挂职任涟水县副县长）；2006年11月任九三学社淮安市委主委（不驻会）、市发改委副主任（其间：2006年1月至2008年1月任省委驻楚州区扶贫工作队副队长、市委驻楚州区扶贫工作队长、挂职任楚州区副区长）；2008年1月任现职。

刘 华

男，汉族，1960年8月出生，1977年8月参加工作，1985年6月加入中国共产党，省委党校研究生学历，江苏滨海人。现任淮安市人大常委会副主任、党组副书记，市人大法制委主任委员。

1977年8月为盐城地区盐城县龙岗公社插队知青；1978年9月入南京化工学院自动化专业学习；1982年8月起先后为淮阴西郊热电厂技术员、助工，清江石化厂团委书记；1986年3月任共青团淮阴市委工农青年部部长；1989年7月任淮阴供销大厦副总经理（正科级）；1993年3月起先后任淮阴供销大厦总经理、党总支书记，市供销社副主任、供销大厦股份有限公司董事长、总经理、党委书记；1995年5月起先后任淮阴市清浦区委副书记、代区长、区长，区委副书记、区长、淮阴外向型农业综合开发区管委会第一副主任（其间：1997年6月至1997年12月赴美国参加江苏省第二期高级管理人才经济研究班学习）；1998年3月起先后任淮阴（淮安）市清浦区委书记、淮阴外向型农业综合开发区党工委副书记，清浦区委书记、淮阴（淮安）外向型农业综合开发区党工委书记；2002年1月任淮安市中级人民法院副院长、党组副书记（正处级）；2003年1月任淮安市中级人民法院院长、党组副书记；2003年2月任淮安市中级人民法院院长、党组书记（其间：2004年9月至2007年7月参加省委党校宪法学与行政法学专业在职研究生学习）；2012年5月任淮安市中级人民法院党组书记；2012年6月任淮安市人大常委会副主任，淮安市中级人民法院党组书记；2012年8月任淮安市人大常委会副主任、党组成员；2016年1月任现职。

省第十次、十一次党代会代表，省九届人大代表。

肖本明

男，汉族，1965年7月出生，1985年7月参加工作，1985年6月加入中国共产党，研究生学历、硕士学位，江苏盐城人。现任淮安市人大常委会党组成员。

1982年9月入南京农业机械化学校农机化专业学习；1985年7月起先后为淮阴市农机公司办事员、团支部书记；1986年2月为淮阴市委整党办公室联络员；1987年3月任淮阴市农机公司政工科干事；1987年8月起先后任淮阴市委组织部县区干部科干事、副科级组织员；1995年1月任淮阴县徐溜乡党委副书记、乡长（其间：1993年8月至1995年12月参加中央党校经济专业本科函授学习）；1996年2月任淮阴市委组织部县区干部科副科级组织员；1996年5月任淮阴市委组织部组织科副科长、正科级组织员；1996年9月任淮阴市委组织部县区干部科科长；1997年11月任淮阴市委组织部部务委员、县区干部科科长；1998年6月任淮阴县委常委、组织部部长；1999年12月任共青团淮阴（淮安）市委书记、党组书记（其间：1998年9月至2000年6月参加南京大学国际商学院工商管理专业研究生课程进修班学习）；2002年1月任淮安市楚州区委副书记、区长（其间：2001年9月至2002年12月参加省委党校政治经济学专业在职研究生学习）；2005年7月任淮安市清河区委书记（其间：2005年6月至2005年9月参加德国海德堡大学江苏省第九期高级管理人才经济研究班学习）；2006年1月任淮安市清河区委书记、区人大常委会主任（其间：2009年6月至2011年6月参加沈阳工业大学在职工商管理硕士学习）；2011年3月任淮安市委常委，清河区委书记、区人大常委会主任；2011年4月任淮安市委常委、市委秘书长，清河区委书记、区人大常委会主任；2011年6月任淮安市委常委、市委秘书长；2015年6月任淮安市委常委、市委秘书长，涟水县委书记；2016年5月任淮安市委常委、市委秘书长；2016年9月任现职。

省十届人大代表，省第十一次、十二次党代会代表。

许步健

男，汉族，1958年10月出生，1980年8月参加工作，1985年6月加入中国共产党，中央党校研究生学历，江苏淮安人。现任淮安市人大常委会党组成员。

1978年9月入江苏商业学校财会专业学习；1980年8月为淮阴地区生育办公室会计（其间：1984年9月至1986年7月参加河北大学干部专修科人口财会专业学习）；1986年1月任淮阴市级机关讲师团副组长；1987年8月为淮阴市计划生育指导站会计；1988年2月为淮阴市监察局办事员；1989年9月任淮阴市监察局人教科副科长；1993年3月任淮阴市政府办公室综合二科副科长；1995年8月任淮阴市政府办公室综合二科科长；1996年11月任宿迁市政府办公室副主任；1998年3月任沭阳县委常委、组织部部长；2000年8月任沭阳县委副书记、组织部部长；2001年1月任沭阳县委副书记；2001年7月任宿迁市政府副秘书长、市体改办主任；2002年1月任宿豫县委副书记、县长（其间：1999年12月至2002年12月参加中央党校政治学理论专业在职研究生学习）；2003年1月任宿豫县委书记、县人大常委会主任；2004年3月任宿迁市宿豫区委书记、区人大常委会主任；2007年12月任宿迁市副市长；2011年9月任宿迁市委常委、宿迁经济技术开发区党工委书记；2016年5月任宿迁市委常委；2016年9月任现职。

王海平

男，汉族，1961年3月出生，1982年8月参加工作，1985年6月加入中国共产党，省委党校研究生学历，江苏淮安人。现任淮安市人大常委会副主任、党组成员。

1980年9月入淮安师范学校普师专业学习；1982年8月为淮阴县实验小学教师；1985年8月为淮阴县教研室教研员；1989年7月在淮阴县教育局秘书股帮助工作；1990年6月起先后任淮阴县委组织部干事，组织员，基层组织科副科长、科长；1994年3月明确副科级（其间：1992年8月至1994年12月参加中央党校政治专业本科函授学习）；1995年1月任淮阴县委组织部办公室主任（副科级）；1996年1月为淮阴市委组织部办公室干事；1996年4月起先后任淮阴市委组织部副科级组织员、办公室副主任；1997年9月任淮阴市委组织部研究室主任；1999年12月任淮阴（淮安）市委组织部办公室主任；2001年3月任淮安市委组织部部务委员、办公室主任；2001年9月任金湖县委常委、组织部部长；2002年11月任金湖县委副书记、常务副县长；2003年11月起先后任淮安市清河区委副书记、代区长、区长（其间：2001年9月至2004年7月参加省委党校科学社会主义专业在职研究生学习）；2011年6月任淮安市清河区委书记、区人大常委会主任；2015年1月任淮安市人大常委会副主任、党组成员，清河区委书记、区人大常委会主任；2015年8月任现职。

省第十二次党代会代表、省十一届人大代表。

淮安市人民政府副市长、党组成员

王红红

女，回族，1969年3月出生，1992年8月参加工作，民盟盟员，研究生学历、硕士学位，山西襄垣人。现任淮安市人民政府副市长，市红十字会会长，民盟江苏省委委员、民盟淮安市委副主委（不驻会）。

1988年9月入华东政法学院法律系学习；1992年8月为淮阴市对外经济律师事务所律师；1995年9月任淮阴市妇联办公室助理秘书；1997年4月任淮阴（淮安）市妇联办公室副主任（其间：1997年6月至1999年1月挂职任江苏金凤化纤集团股份有限公司总经理助理）；2002年4月任淮安市妇联宣教部部长；2004年2月任淮安市文化局副局长；2007年4月任淮安市司法局副局长（其间：2010年3月至2011年4月参加新加坡南洋理工大学公共管理硕士研究生学习）；2011年5月任淮安市清浦区政府副区长、民盟市委副主委（不驻会）；2012年6月任淮安市人民政府副市长、清浦区人民政府副区长，民盟淮安市委副主委（不驻会）（其间：2012年8月任民盟江苏省委委员）；2013年6月任现职。

王兴尧

男，汉族，1961年11月出生，1982年7月参加工作，1984年9月加入中国共产党，省委党校研究生学历，江苏沭阳人。现任淮安市人民政府副市长、党组成员。

1979年9月入淮阴农业学校农学专业学习；1982年7月为淮阴农业学校教师（其间：1985年9月至1987年7月参加沈阳农业大学农学专业学习）；1988年2月任淮阴农业学校团委副书记；1988年10月下派任盱眙县淮河乡乡长助理、副乡长；1992年7月起先后任淮阴农业学校团委书记、学生科副科长、办公室副主任；1994年3月起先后任淮阴市交通局办事员、科员、办公室副主任；1997年7月任淮阴市交通局办公室主任（其间：1995年8月至1997年12月参加中央党校经济管理专业本科函授学习）；1998年9月任淮阴（淮安）市委办公室副主任；2003年8月任淮安市委副秘书长；2003年11月任淮安市淮阴区委副书记、代区长、区长（其间：2002年9月至2005年9月参加省委党校政治经济学专业在职研究生学习）；2006年3月任洪泽县委副书记，代县长、县长；2007年11月任洪泽县委书记；2007年12月任洪泽县委书记、县人大常委会主任；2012年6月任淮安市政协副主席，洪泽县委书记、县人大常委会主任；2012年8月任淮安市政协副主席、党组成员，洪泽县委书记、县人大常委会主任；2013年9月任淮安市政协副主席、党组成员，市政府党组成员，洪泽县委书记、县人大常委会主任，淮安盐化新材料产业园区党工委书记、管委会主任；2013年12月任现职。

省第十二次党代会代表。

吉子俊

男，汉族，1962年7月出生，1981年7月参加工作，1986年9月加入中国共产党，省委党校研究生学历，江苏涟水人。现任淮安市人民政府副市长、党组成员。

1978年9月入淮阴师范专科学校数学系学习；1981年7月为涟水县南集中学教师；1984年1月为涟水县农机修造厂职工学校教师；1984年6月在涟水县司法局办公室工作（其间：1982年5月至1985年7月参加徐州师范学院数学专业本科函授学习）；1987年3月起先后任涟水县委

办公室助理秘书、秘书；1989年1月任涟水县委办公室副科级秘书；1989年8月任涟水县委办公室副主任；1991年6月任淮阴市检察院政治部副主任；1992年7月任淮阴经济开发区研究室主任；1993年3月任涟水县委办公室副主任（正科级）；1995年7月任涟水县委办公室主任；1997年1月任涟水县副县长；2002年1月任淮安市清河区委常委、副区长；2003年12月任金湖县委常委、常务副县长；2006年5月任金湖县委副书记、政法委书记；2007年1月任金湖县委副书记、政法委书记，经济开发区党工委书记（其间：2004年9月至2007年7月参加省委党校行政管理专业在职研究生学习）；2007年7月任金湖县委副书记、经济开发区党工委书记；2007年11月任淮安市楚州区委副书记、代区长、区长（其间：2011年10月起主持区委工作）；2011年12月任淮安市楚州区委书记、区长；2012年2月任淮安市楚州（淮安）区委书记、区人大常委会主任；2015年1月任淮安市淮安区委书记；2015年3月任淮安市人民政府副市长、淮安区委书记；2015年8月任现职。

刘必权 男，汉族，1969年10月出生，1991年8月参加工作，1993年7月加入中国共产党，大学学历，江苏射阳人。现任淮安市人民政府副市长、党组成员，市公安局局长、督察长、党委书记。

1988年9月入江苏公安专科学校公安管理系内勤专业学习；1991年8月为省公安厅预审处干部；1992年8月为省公安厅预审处科员（其间：1992年3月至1993年3月在淮阴市公安局城西派出所锻炼）；1996年12月任省公安厅预审处、监所工作管理处秘书科副科长；2000年2月任省公安厅监所工作管理处刑事羁押工作指导科副科长；2001年4月任省公安厅监所管理处刑事羁押管理科科长（其间：2002年9月至2004年9月参加北京师范大学行政管理专业研究生课程进修班学习）；2005年1月任省看守所（副处级建制）所长（其间：2008年6月通过中国人民公安大学公安管理专业大学自考）；2011年8月任省看守所（正处级建制）所长；2015年3月在省公安厅警务保障部主持工作；2015年6月任省公安厅警务保障部主任；2016年5月任现职。

周 毅 男，汉族，1964年8月出生，1985年8月参加工作，1986年9月加入中国共产党，省委党校研究生学历、学士学位，江苏常熟人。现任淮安市人民政府党组成员。

1981年9月入扬州师范学院物理系学习；1985年8月起先后任盱眙县黄花塘乡团委副书记、书记；1987年5月为共青团淮阴市委办事员；1989年2月任共青团淮阴市委宣传部副部长；1992年4月任共青团淮阴市委宣传部部长、《淮阴青年》副主编；1993年6月起先后任淮阴经济开发区政策研究室主任兼管委会办公室副主任，管委会办公室主任；1995年1月任淮阴经济开发区东湖办事处党委书记；1996年12月任淮阴经济开发区管委会主任助理兼东湖办事处党委书记；1998年6月任淮阴经济开发区管委会副主任、党工委委员兼东湖办事处党委书记；1999年7月任淮阴（淮安）经济开发区管委会副主任、党工委委员（其间：2001年9月至2002年12月参加省委党校政治经济学专业在职研究生学习）；2007年1月任淮安经济开发区管委会副主任、党工委委员、调研员；2008年6月任淮安经济开发区管委会主任、党工委委员；2009年5月任淮安经济开发区党工委书记、管委会主任；2010年12月任淮安经济开发区党工委书记；2011年11月任淮安经济技术开发区党工委书记；2016年9月任现职。

省第十二次党代会代表。

淮安市政协主席、副主席、党组成员

王维凯 男，汉族，1957年1月出生，1975年9月参加工作，1978年2月加入中国共产党，大学学历、硕士学位，江苏东海人。现任淮安市政协主席、党组书记。

1975年9月起先后为连云港市新坝公社插队知青、团总支书记，连云港港务局工人；1978年4月入江苏省海州师范学校中文专业学习；1980年1月起先后为连云港市海州中学教师、团委副书记；1983年10月起先后任连云港市委组织部干事、青年干部科副科长（其间：1979年2月至1984年9月参加徐州师范学院中文专业专科、本科学习）；1985年7月参加江苏商学院人事管理专业学习；1988年5月任连云港市委组织部青年干部科科长；1989年7月起先后任连云港市委组织部青年干部科科长（副处级）、干部一科科长（副处级）、干部二科科长（副处级）；1993年6月任连云港市委组织部副部长；1995年2月任连云港市委组织部副部长、组织员办主任（其间：1995年1月至1997年1月参加南京师范大学工商管理专业研究生课程进修班学习）；1997年12月任连云港市委常委、组织部部长（其间：1997年6月至2000年10月参加南京师范大学与澳大利亚麦考瑞大学联办经济学硕士研究生班学习）；2000年11月任徐州市委常委、组织部部长；2001年8月任徐州市委副书记、纪委书记；2003年12月任淮安市委副书记、纪委书记（其间：2004年10月至2006年6月兼任淮安市委政法委书记）；2008年1月任现职（其间：2006年10月至2008年8月兼任淮安市委党校校长）。

省第十次、十一次党代会代表；十届、十一届省政协委员。

程 刚 男，汉族，1959年12月

出生，1976年7月参加工作，民革党员，中央党校大学学历，江苏涟水人。现任淮安市政协副主席，民革市委主委（不驻会）。

1976年7月为清江市钵池公社插队知青；1979年2月入徐州医学院淮阴专科班医疗专业学习；1982年1月为泗阳县中医院医师；1983年12月为清河区人民医院医师；1985年10月入苏州医学院进修；1986年12月任清河区人民医院门诊部主任；1988年2月任清河区卫生局业务股股长；1990年5月任清河区卫生局副局长；1991年1月任清河区卫生局副局长兼清河医院院长（其间：1992年8月至1994年12月参加中央党校政治专业本科函授学习）；1995年5月任清河区区长助理；1996年10月任清河区副区长；2001年9月任清河区副区长、民革淮安市委副主委（不驻会）；2002年9月任淮安市卫生局副局长、民革市委副主委（不驻会）（其间：2005年6月至2006年6月挂职任南京市卫生局局长助理）；2006年11月任民革淮安市委主委（不驻会）、市卫生局副局长；2008年1月任现职淮安市政协副主席（不驻会），民革市委主委（不驻会）、市卫生局副局长；2013年12月任现职。

十届省政协委员。

李玉峰

男，汉族，1955年8月出生，1979年7月参加工作，农工民主党党员，研究生学历、博士学位，主任医师，江苏淮安人。现任淮安市政协副主席（不驻会）、农工民主党市委主委（不驻会）、市第一人民医院副院长。

1974年12月为淮阴县袁集乡袁集村赤脚医生；1978年4月入徐州医学院医学系学习；1982年12月为淮阴市第一人民医院内科住院医师；1986年9月入南通医学院血液专业研究生学习；1989年7月为南通医学院附属医院血液科主治医师；1992年1月为淮阴市第二人民医院血液科主治医师；1993年1月为意大利维琴察市SanBortolo医院访问学者；1994年3月起先后为淮阴市第一人民医院血液科主治医师、副主任医师、主任医师；1996年3月起先后任淮阴（淮安）市第一人民医院血液科副主任、主任；1999年10月赴法国作高级访问学者；2001年10月任农工民主党淮安市委副主委（不驻会）、市第一人民医院血液科主任；2002年1月起先后任农工民主党淮安市委副主委（不驻会）、市第一人民医院大内科副主任、主任；2002年9月任农工民主党淮安市委副主委（不驻会）、市第一人民医院副院长兼血液科主任；2006年10月任农工民主党淮安市委主委（不驻会），市第一人民医院副院长兼血液科主任；2008年1月任现职（其间：2006年9月至2009年7月参加东南大学血液肿瘤专业在职博士研究生学习）。

十一届、十二届全国政协委员。

范更生

男，汉族，1965年7月出生，1983年7月参加工作，九三学社社员，省委党校研究生学历，江苏淮安人。现任淮安市政协副主席（不驻会）、市工商联主席。

1981年9月入淮阴供销学校计划统计专业学习；1983年7月为淮安县城东供销社统计员；1984年4月为淮安县统计局综合统计股办事员；1985年4月任淮安县统计局综合统计股副股长（其间：1988年9月至1990年6月参加中国人民大学统计系干部专修科脱产学习）；1994年9月任淮安县（楚州区）统计局副局长；2001年11月任楚州区统计局局长；2002年12月任楚州区副区长（其间：2002年9月至2004年12月参加省委党校经济管理专业本科函授学习）；2006年11月任楚州区副区长、九三学社淮安市委副主委（不驻会）（其间：2004年9月至2007年7月参加省委党校行政管理专业在职研究生学习）；2010年12月任淮安市工商联主席；2012年6月任现职。

刘学军

男，汉族，1960年7月出生，1981年7月参加工作，1986年4月加入中国共产党，中央党校研究生学历，江苏淮安人。现任淮安市政协副主席、党组成员，援疆任新疆生产建设兵团第七师党委常委、副师长。

1979年9月入苏州市财经学校财税专业学习；1981年7月为淮阴县渔沟税务所税务员；1982年8月为淮阴地区（市）财政局办事员；1983年4月为淮阴市委经案办办事员；1984年9月入淮阴师范专科学校中文专业学习；1986年7月为淮阴市委经案办办事员；1986年11月起先后为淮阴市纪委办事员、副科级纪检员；1991年7月任淮阴市纪委信访室副主任（正科级）；1993年3月任淮阴市纪委信访室（举报中心）副主任；1996年3月任淮阴市纪委常委（其间：1995年1月至1996年3月挂职任县级淮安市三堡乡党委书记）；1997年2月任淮阴市纪委常委、监察局副局长；1997年10月任涟水县委副书记；2000年12月任淮阴（淮安）市政府法制局局长、党组副书记，淮阴（淮安）仲裁委秘书处秘书长；2001年6月任淮安市政府法制办公室主任、党组书记，淮安仲裁委秘书处秘书长（其间：1999年9月至2002年7月参加中央党校政治学理论专业在职研究生学习）；2003年2月任淮安市城管局局长、党组书记；2008年3月任淮安市淮阴区委书记、区人大常委会主任；2013年12月任淮安市政协党组成员、淮安盐化新材料产业园区党工委书记、管委会主任；2014年1月任淮安市政协副主席、党组成员，淮安盐化新材料产业园区党工委书记、管委会主任；2015年8月任淮安市政协副主席、党组成员，淮安盐化新材料产业园区党工委书记、管委会主任，援疆任新疆生产建设兵团第七师党委常委、副师长；2015年11月任现职。

省第十一次、十二次党代会代表。

仲　波

男，汉族，1959年3月出生，1980年2月参加工作，1984年6月加入中国共产党，大学学历，副研究员，江苏沭阳人。现任淮安市政协副主席、党组成员。

1978年4月入淮安师范学校中文专业学习；1980年2月为沭阳县庙头中学教师；1982年9月入淮阴教育学院中文专业大专进修班学习；1984年9月为淮阴教育学院中文系教师（其间：1985年9月至1988年6月参加徐州师范学院中文系学习；1988年9月至1989年6月参加复旦大学比较文学助教班脱产学习）；1990年8月起先后为淮阴市委宣传部干事、副科级干事、宣传科副科长、党教科科长、宣传科科长；1997年1月任淮阴市委宣传部副处级宣传员；1997年11月任淮阴市委宣传部副部长、外宣办主任；1998年12月任淮阴体校党总支书记；1999年12月任淮阴市政协副秘书长；2000年12月任淮阴（淮安）市政协文教卫体委主任；2002年9月任淮安市委副秘书长、研究室主任；2006年3月任淮安市委副秘书长、办公室主任；2012年8月任淮安市委统战部副部长、调研员（主持日常工作）；2013年2月任淮安市委统战部部长；2015年1月任淮安市政协副主席、党组成员，市委统战部部长；2016年9月任现职。

省第十一次党代会代表，十一届省政协委员。

孙晓阳

男，汉族，1960年9月出生，1982年12月参加工作，1991年12月加入中国共产党，大学学历、学士学位，主任医师、副教授职称，博士研究生导师，江苏淮安人。现任淮安市政协副主席、党组成员，市第一人民医院院长、党委书记。

1978年3月入南京医学院医学专业学习；1982年12月起先后为淮阴市第一人民医院住院医师、主治医师、副主任医师、主任医师；1994年8月起先后任淮阴市第一人民医院大外科副主任、脑外科副主任；1997年10月任淮阴（淮安）市第一人民医院脑外科主任、大外科副主任、设备科副科长（其间：1999年9月至2001年6月参加苏州大学行政管理专业研究生课程进修班学习；2000年10月至2001年3月公派加拿大多伦多大学附属医院访问学者）；2002年7月任淮安市第一人民医院副院长、脑外科主任；2004年6月任淮安市第一人民医院副院长、大外科主任、脑外科主任；2005年11月任淮安市第一人民医院院长、党委副书记；2007年1月任淮安市第一人民医院院长、党委书记；2016年1月任现职。

吴兆方

男，汉族，1957年2月出生，1974年12月参加工作，1978年2月加入中国共产党，中央党校大学学历，江苏盱眙人。现任淮安市政协党组成员。

1974年12月起先后为北京8770、00069部队战士、文书、师助理员；1983年1月起先后为泗洪县兴隆乡党委组织干事、秘书（其间：1984年9月至1986年7月参加淮阴市委党校大专班学习）；1986年7月起先后为盱眙县委组织部秘书、科长；1990年4月任盱眙县委办副主任；1991年10月起先后任盱眙县委组织部副部长、组织员办主任、人事局局长兼编委办主任（其间：1993年8月至1995年12月参加中央党校党政管理专业本科函授学习）；1996年4月任盱眙县委办主任；1996年10月起先后任淮阴市委组织部办公室主任、机关党委书记、部务委员；1998年12月任淮阴市政府办副主任、党组成员；1999年12月任淮阴（淮安）市政府副秘书长；2001年10月任淮安市计生委主任、党组书记；2004年12月任淮安市教育局局长、市委教育工委书记；2008年1月任江苏财经职业技术学院党委书记；2014年5月任现职。

陶光辉

男，汉族，1962年9月出生，1984年7月参加工作，1984年1月加入中国共产党，中央党校大学学历，江苏淮安人。现任淮安市政协党组成员。

1980年7月入淮阴农业学校畜牧兽医专业学习；1984年7月为淮阴市多种经营管理局技术员（其间：1987年6月至1988年4月挂职任洪泽县共和乡乡长助理）；1988年4月起先后任共青团淮阴市委办事员，青农部副部长、部长，学少部部长；1995年1月任淮阴市清浦区和平镇党委书记（其间：1994年9月至1996年7月参加中央党校党政专业本科函授学习）；1996年12月任淮阴市清浦区委常委、宣传部部长；1998年12月任淮阴市清浦区委常委、副区长；2002年1月任涟水县委副书记、副县长；2002年12月起先后任涟水县委副书记、代县长、县长；2007年1月任金湖县委书记、县人大常委会主任；2010年12月任金湖县委书记、县人大常委会主任，淮安经济开发区管委会主任；2011年11月任淮安经济技术开发区管委会主任、党工委副书记；2016年7月任现职。

省十届人大代表。

淮安市中级人民法院院长、人民检察院检察长

钱　斌

男，汉族，1967年12月出生，1988年8月参加工作，1988年5月加入中国共产党，省委党校研究生学历、学士学位，江苏大丰人。现任淮安市中级人民法院院长、党组书记，市委政法委副书记。

1984年9月入苏州大学法律专业学习；1988年8月起先后为连云港市司法局秘书科、公证律师管理科科员；1992年5月任连云港市司法局宣传科副科长；1994年4月任连云港市司法局教育科副科长；1995年2月任连云港市司法局教育科科长（其间：1996年10月至1996年12月参加连云港市委党校第16期中青年干部培训班学习；1997年9月至1998年1月参加省委党校第4期中青年干部培训班学习）；1998年3月任连云港市司法局副局长、党组成员（其间：1999年2月至2001年1月任连云港市委驻灌南县扶贫工作队副队长）；2001年7月任连云港市中级人民法院副院长、党组成员（其间：2001年9月至2004年7月参加省委党校政治经济学专业在职研究生学习；2003年9月至2003年12月参加省委党校第18期中青年干部培训班学习）；2005年5月任连云港市中级人民法院副院长（正处级）、党组成员；2009年7月任连云港市中级人民法院副院长、党组副书记（正处级）（其间：2010年3月至2010年6月参加省委党校第38期中青年干部培训班学习；2011年12月至2012年4月参加江苏省第一期公共行政与管理高级研修班赴美国斯坦福大学学习）；2012年5月任淮安市中级人民法院副院长、代院长、院长；2012年8月任淮安市中级人民法院院长、党组书记；2013年6月任现职。

肖天奉

男，汉族，1965年1月出生，1986年7月参加工作，1985年7月加入中国共产党，省委党校研究生学历、学士学位，江苏泰兴人。现任淮安市人民检察院检察长、党组书记。

1982年9月入中国刑警学院文检专业学习；1986年7月为扬州市公安局刑警大队办事员；1988年10月为扬州市公安局刑警大队科员；1990年11月任扬州市公安局刑警大队技术中队副中队长；1993年7月任扬州市公安局刑警大队侦察中队指导员；1996年8月任扬州市公安局刑警支队侦察大队大队长；1996年12月为泰州市公安局干部；1997年7月任泰州市公安局刑警支队副支队长；1998年11月任泰州市公安局刑警支队副支队长、经侦支队副支队长；2000年11月任泰州市公安局刑警支队支队长；2002年10月任泰州市公安局海陵分局局长、党组书记（副处级）；2003年2月兼任泰州市海陵区委政法委副书记（其间：2002年9月至2005年7月参加省委党校区域经济学专业在职研究生学习）；2005年9月任泰州市公安局政治部主任、党委委员；2009年4月任泰州市公安局副局长、党委委员；2012年9月任泰州市公安局副局长、党委副书记（正处级）；2016年1月任现职。

淮安经济技术开发区管委会主任

周　青

男，汉族，1966年3月出生，1988年7月参加工作，1991年7月加入中国共产党，大学学历、学士学位，江苏涟水人。现任淮安经济技术开发区党工委副书记、管委会主任。

1984年9月入苏州大学中文系学习；1988年7月起先后为淮阴师范学校教师、语文教研组组长；1993年7月为淮阴日报社记者；1996年4月任淮阴日报社记者部主任助理（其间：1996年5月至1996年10月下派任金湖县塔集镇副镇长）；1996年11月调入淮阴市委办公室工作；1997年10月任淮阴市委办公室信息科副科级秘书；1998年3月任淮阴市委办公室综合二科副科长；2000年7月任淮阴（淮安）市委办公室综合二科科长；2001年12月任淮安市委办公室综合三处处长；2003年8月任淮安市委办公室综合一处处长；2004年6月任淮安市委办公室副主任；2009年5月任淮安市委副秘书长、研究室主任；2010年6月任清浦区委副书记、代区长；2011年1月任清浦区委副书记、区长（其间：2011年7月起主持区委工作）；2011年9月任清浦区委书记、区长；2012年2月任清浦区委书记、区人大常委会主任；2016年4月任清浦区委书记；2016年6月任淮安经济技术开发区管委会主任、清浦区委书记；2016年7月任淮安经济技术开发区党工委副书记、管委会主任，清浦区委书记；2016年9月任现职。

省第十二次党代会代表。

（市委组织部机关干部处）

模范人物

全国劳动模范

孙晓阳　男，中共党员，市政协副主席、市第一人民医院院长、党委书记。2015年4月，被中共中央、国务院被表彰为“全国劳动模范”。

孙晓阳在医院人文管理、公立医院药品改革等方面有深入的研究，其文章在《凤凰周刊》《健康报》等媒体有专版刊登，是卫生部西部讲坛的资深专家。2009年以来，他4次受中国社会科学院邀请赴北京参加公立医院改革研讨，他的“释放大型公立医院

优质资源”和“付费方式研究”等改革观点被上报国务院，被国家医改政策吸收利用。他关于药品改革观点在《健康报》头版刊出。他以强烈的事业心和责任感，把淮安市第一人民医院创建成全市首家三甲医院，顺利建成5个省级重点专科和17个市临床重点专科。该院医、教、研、防等各项工作取得飞跃发展，综合评价指标多年位居全省前列。该院的建筑面积由9万平方米增加到22万平方米，实现整体南扩。认真落实主体责任，激发、锻炼、提升人才队伍，用“选聘竞争”淘选干部队伍，不断提高医院核心竞争力。淮安市第一人民医院获得“全国医院文化建设先进单位”“全国‘五一’劳动奖状”“全国文明单位”等多项高层次荣誉。

他研制的“全封闭亚低温治疗床”获得国家专利，主持的“5-氨基乙酰丙酸介导光动力学治疗人脑胶质瘤”技术通过江苏省科技厅科技计划项目验收，“颞下经下颌入路显露侧颅地区的应用解剖研究”获得市科技进步奖。他一心一意为患者，坚持上门诊、查病房、做手术，具有精湛医术和高尚的医德，深受患者好评。他是江苏省“333工程”人才，淮安市“533英才工程”领军人才。他曾获得淮阴市“十大杰出青年”、“江苏省‘五一’劳动奖章”、“江苏省先进工作者”“江苏省优秀院长”“江苏省有突出贡献的中青年专家”“中国医院服务改革创新人物奖”等诸多荣誉。

陈建龙 男，中共党员，江苏沙钢集团淮钢特钢股份有限公司工会主席。2015年4月，被中共中央、国务院被表彰为“全国劳动模范”。

陈建龙坚持围绕企业改革、发展、稳定的大局开展工作。充分运用“两争一树”活动、“超三赶一”劳动竞赛、职工职业技能大赛、技师创新增效、小改小革、合理化建议等活动载体，组织技师队伍和企业高技能人才深入开展和推进技师科技创新工程。在他的推动下，以淮钢职工名字命名的“杨庚豹技能大师工作室”被评为“国家级技能大师工作室”。在关爱职工方面，坚持做好“春送慰问、夏送清凉、秋送助学、冬送温暖”工程，并充分利用淮钢职工爱心救助会大力实施爱心救助活动。在职工文化建设方面，紧紧围绕企业改革发展稳定的大局，把职工文化建设作为构建和谐企业的重要内容来抓，通过开展丰富多彩的职工文化活动，提升职工文化素养，丰富职工精神生活，增强企业凝聚力。在他的努力下，淮钢特钢股份有限公司获“全国五一劳动奖状”“全国模范职工之家”“全国企业文化建设百佳贡献单位”等多项荣誉。

戴 铜 男，中共党员，淮安市实验小学校长、党委书记。2015年4月，被中共中央、国务院被表彰为“全国劳动模范”。

戴铜是第七届江苏省教育学会副会长，江苏省人民政府教育督导团专家组成员，主持多项国家、省、市级课题研究，获得省首届教学成果二等奖，主编的校本教材荣获省一等奖，主持申报的“关于幸福学校建设的实践研究”入选“江苏六大人才高峰”资助项目，个人教育实践收录于江苏省教育厅主编的《著名特级教师教学思想录》。他管理的淮安市实验小学发展为“五区布点、幼小联动、资源共享、特色发展”的超万人规模的教育集团，为促进区域教育均衡发展做出积极贡献。他在国家级、省级专业刊物上发表论文40多篇，编著20余本书籍，为安徽、上海、天津、新疆、贵州、广东、河南等近10个省的学校管理人员开设专题讲座30余场。他是省教育学会副会长中唯一的小学代表，也是苏北地区唯一入选首批“江苏人民教育家培养工程培养对象”的小学校长。他多次参加教育部、省教育厅专家座谈会，被云南省教育厅聘为“荣誉校长”，受聘担任淮阴师范学院兼职教授。他提出“幸福教育”的办学主张，努力“让每一个学生都拥有成长的快乐，让每一位教师都享受职业的幸福”。由他牵头组建的“幸福教育学校联盟”得到13个省份34所学校的响应，他参与发起成立的“全国幸福学校共同体”得到20个省份70余所学校的支持。2014年5月，淮安市实验小学成功举办江苏省“首届幸福教育论坛”。2014年11月，淮安市教育局组织专场“戴铜教育思想报告会”，在省内产生广泛而积极的影响。

他曾被评为“江苏省师德先进个人”“淮安市劳动模范”“淮安市首批小学数学学科带头人”、淮安市“十百千人才培养计划第二层次人选”。

关 军 男，中共党员，江苏中烟工业有限责任公司淮阴卷烟厂党委书记、厂长。2015年4月，被中共中央、国务院被表彰为“全国劳动模范”。

关军在工作中善于运用长远的眼光和过硬的经营管理能力，冷静分析企业形势，全面开展“创新活动”，通过管理创新、技术创新、制度创新，解决管理和技术上的难题。在日常管理中，关军坚持心怀大局通盘谋划，将精益管理和对标创优贯穿于生产经营各个环节，全面提升企业管理水平。在抓好现代管理项目建设，提升科学化、标准化、信息化管理水平的同时，推进安全管理、质量管理、成本费用控制等重点工作。近年来，在以关军为核心的领导班子带领下，淮阴卷烟厂综合实力迈上新的台阶，2014年上缴税金82.04亿元，销售收入、实现税利双双突破百亿元大关。淮阴卷烟厂获得全国“创先争优”先进基层党组织、“全国厂务公开民主管理示范单位”“全国安全文化建设示范企业”等多项荣誉，并连续三次蝉联“全国文明单位”称号。

唐真亚 男，中共党员，洪泽县邮政局老子山支局邮递员。2015年4月，被中共中央、国务院被表彰为“全国劳动模范”。

唐真亚16年如一日，披星戴月，划着小船，不管风吹浪打，把邮件送到散居在洪泽湖湖面和滩头的渔民手中，全身心服务湖区渔民，水路、陆路行程累计20多万公里，投递报刊101.2万件、信件5.2万件无差错，被誉为“大湖鸿雁”。他救助生病用户，给孤儿送去温暖，为困难大学生求助学费，自费订阅书刊帮助渔民掌握养殖技术和了解市场行情，自费替老人订报，帮助老人读信、写信等。用辛勤汗水和敬业奉献精神将“水上邮路”演绎成“爱心邮路”“便民邮路”“信息邮路”和“致富邮路”。

他曾获得“江苏省劳动模范”、全国“五一”劳动奖章、第七届江苏省“十佳”文明职工、“江苏省道德模范”、“全国优秀共产党员”、“全国十佳最美邮递员”等多项荣誉，是江苏省“三创三先”典型并当选党的十八大代表。

汪　洋　男，中共党员，涟水县供电公司班长。2015年4月，被中共中央、国务院被表彰为“全国劳动模范”。

汪洋自参加工作以来，爱岗敬业，任劳任怨。在担任班长以后，他积极创新班组管理理念，积累“三个平台”创新管理流程及“三勤、三竞、三化”创新工作法等典型经验。2012年~2014年，他被江苏省电力公司评为“优秀班组长”，所在班组连续三年获得省公司“标兵班组”称号。

工作15年来，他始终战斗在配电网改造及运维一线，参与420公里架空线路，35公里电缆线路，105台环网柜，68只开关，566台配变设备的标准化改造，涉及总容量约为69000千伏安；他每年带领班员徒步巡线1000余公里，月均巡查近90个配电房和供电台区，供电可靠性指标稳定在99.99%的优异水平。班组服务范围涉及20余万户；他和团队积极履行社会责任，免费为敬老院检修线路开关上千次，为困难群众义务维修线路、电器近800余次，为32名困难学生累计捐款6万余元，并与其中6人结成帮扶对子。

在完成日常工作的同时，他充分利用“汪洋劳模创新工作室”，积极带领公司员工开展技术创新活动。该工作室吸引120余名员工参与，培养出6名工程师、8名技师，年均开展电缆、断路器、变压器等业务及实践培训300余次。截至2015年1月，该工作室取得36项成果，每年产生经济效益1500余万元，其中10项成果获得国家专利。

2008年，他被表彰为“淮安市劳动模范”，2011年，被表彰为“江苏省劳动模范”。

张　涛　男，中共党员，金湖县五星水生蔬菜专业合作社理事长兼党支部书记。2015年4月，被中共中央、国务院被表彰为“全国劳动模范”。

2002年，他的组织成立涂沟镇五星村水产品营销协会，兼任会长，带领五星村10多户农民从事水产营销。2007年，成立五星水生蔬菜专业合作社，从起初10多户发展到168户，覆盖全村80%农户，会员近1000名。从单一营销鱼虾到经营水生产品，他带领的合作社带动周围村民每户平均增收2万元以上。他主要进行芡实种植和营销，自己的专业合作社种植芡实3000多公顷。还指导帮助省内外种植户进行科技种植芡实，投资800万元兴办芡实加工企业，用于对当地收购的芡实进行深加工，让广大种植户增加收入。

张涛为镇政府排忧解难，主动为镇招商引资企业海华机械所排出的废渣寻找解决方法。南京青奥会期间，从砖瓦厂购买价值20万元砖头，使该企业能够发出工资。他致富不忘众乡邻，也不忘回报社会，积极参加公益事业。10多年来，出资20万元帮助村里铺设水泥路，为敬老院孤寡老人捐款捐物10多万元；作为“党员爸爸”，为涂沟镇孤儿和残疾儿童资助近3万元，捐出2万多元帮助特困家庭孩子上大学；为金湖县弱势群体提供帮扶资金近10万元。张涛曾获得“江苏省脱贫致富标兵”和“江苏省劳动模范”等多项荣誉。

全国五一巾帼标兵

杨后玉　女，淮安市第一人民医院产科主任。2015年4月，被中华全国总工会表彰为“全国五一巾帼标兵”。

淮安市第一人民医院产科为淮安市危重症孕产妇救治中心，承担淮安市及周边地区危重症孕产妇的救治工作。产科工作应急性强、风险性大。作为学科带头人，吕述彦意识到只有通过提高医疗质量和服务水平，才能赢得患者的信任。她充分发挥科研基础好、知识面宽厚的优点，掌握本学科专业的前沿知识和相关学科的知识，特别是交叉渗透的知识。她精于管理，不断加强专科建设，强化学习，开展创新，带好团队，培育新人，始终把病人的生命安全放在第一位，落实三级查房制度，开展疑难病例讨论，践行医院核心制度，使专科整体实力得到提高，全科人员的综合素质得到加强，服务群众的能力齐头并进，产科成为淮安市重点临床专科。

她坚持实干促管理，努力学习新理念新技术并应用于实践中，提高对病情综合判断及处理能力。作为项目主持人，她获得多项科技进步奖。通过这些课题研究，积累很强的科研能力和丰富的科研管理经验，带出一个科研团队。她撰写20多篇医学论文，既形成自己“学与做”的宝贵记录，又为他人提供重要的参考资料。特别是在解决临床疑难病例救治中，她积累丰富的经验。她每年参加全市急危重孕产妇症救治300余例、重大抢救100余次，无论是白天黑夜、严冬酷暑随时待命，经常深更半夜被急救的电话铃声惊醒，奔赴现场主持抢救工作。她曾获得4次市科技进步奖以及省科学技术优秀奖、“市优秀青年标兵”、省“优秀女医务工作者”“江苏省‘三八红旗手’”等多项荣誉。

第五届全国道德模范提名奖

李银江　男，中共党员，淮安市盱眙县桂五镇敬老院院长。2015年，当选为德耀中华·第五届全国道德模范助人为乐模范候选人。

桂五镇敬老院由李银江创建，建院30年来，供养老人105名，年龄最大的100岁，其中64位老人先后离世。每位老人离世，李银江都会为老人守灵、办丧事，送老人走完人世间的最后一程。他主动联系医院为敬老院的老人们进行身体检查，并建立定期检查机制，对于每一位患病老人制定详细的治疗方案，并教给老人应对流行疾病的知识。几十年里，他走乡串户探望全镇老人，屋顶越低、条件越差的地方去得越多，从而对桂五镇老人的情况了如指掌。在他的带动下，桂五镇尊老爱老蔚然成风。李银江不仅是空巢老人的“亲儿子”，还是乡村孤儿的“好爸爸”，是流浪人员的“家里人”。30年来，在李银江的帮助下，有64名流浪乞讨人员踏上归途，回到亲人身边。

李银江曾获得中华孝亲敬老楷模提名奖、“江苏省道德模范”、江苏省“五一”劳动奖章等多项荣誉。

逝世人物

谢铁骊（1925.12—2015.06），江苏省淮安市人。是中国第三代电影导演的代表人物，国家有突出贡献的50位电影艺术家之一，第14届金鸡百花电影节终身成就奖获得者。

谢铁骊13岁开始参加抗日救亡文艺活动，15岁参军并在参加新四军后成为一名文艺战士。1940年，谢铁骊进入淮海军政干部学校学习，1942年加入中国共产党，曾任新四军文工团戏剧教员、第三野战军第三十军文工团团长等职。中华人民共和国成立后，在中央电影局表演艺术研究所任教员，1959年开始独立拍片。谢铁骊少小失学，完全靠天资聪颖和刻苦自学成长为一位著名电影艺术家。代表作有《暴风骤雨》《早春二月》《智取威虎山》《海霞》《知音》等。他还是第五、六、七、八、九届全国人大常委。

2015年6月19日10点40分，谢铁骊因病医治无效，在北京协和医院逝世。

荀涤民（1923.08–2015.06），江苏省金湖县人。1944年1月参加革命工作，1947年3月加入中国共产党。1944年1月至1944年11月，在宝应曹甸鲁庄从事财经税务工作；1944年12月至1945年12月，任宝应鲁庄区财经分局股长；1946年1月至1948年12月，任宝应柳堡财经分局副主任；1949年1月至1949年7月，任射阳区区长、区委书记；1949年7月至1957年3月，任宝应财贸部科长、副部长；1957年3月至1958年1月，任宝应泾河区委书记；1958年2月至1959年12月，任宝应县副县长兼财贸部长；1960年1月至1966年10月，任金湖县委副书记；1966年11月至1980年1月，任“五七”干校党委会副主任；1980年1月至1982年1月，任金湖县人大副主任；1982年2月至1983年6月，任金湖县政协主席。1983年6月离休，享受副地局级待遇。

薛立人（1924.05–2015.06），江苏省涟水县人。1940年8月参加革命工作，1942年10月加入中国共产党。1940年8月至1942年2月，任涟东县一区署办事员；1942年3月至1942年7月，在盐阜区联立中学读书；1942年9月至1943年1月，在涟水县立中学读书；1943年3月至1943年5月，任涟水县二区交通局副局长；1943年6月至1944年12月，任涟水县四区交通局局长；1945年1月至1945年6月，参加中共盐阜地委党校第三期整风学习；1945年7月至1945年9月，在华中建设大学民运系学习；1945年10月至1946年1月，任两淮盐场徐圩办事处股长；1946年2月至1946年4月，任淮北盐务管理局民交科副科长；1946年5月至1946年10月，任苏北盐垦公司圩务处主任；1946年11月至1947年2月，任淮北盐场武工队队长；1947年3月至1947年7月，任中共灌东区委副书记；1947年8月至1948年11月，任中共新滩区委书记；1948年12月至1949年2月，任中共灌西盐场书记；1949年3月至1949年5月，任中共灌河分区委副书记兼民运部长；1949年6月至1950年2月，任中共淮北盐特区委民运部长；1950年3月至1953年5月，任淮北盐特区总工会主席；1953年6月至1958年12月，任淮北盐管局第一副局长；1959年1月至1963年2月，任江苏省轻工业厅科技处处长、研究所所长；1963年3月至1964年10月，任淮阴市社教队副队长、工作组组长；1964年11月至1968年7月，任中共清江市委副书记；1968年8月至1977年7月，任中共清江市委副书记、市革委会副主任；1977年9月至1983年3月，任淮阴专署卫生局局长；1983年7月至1987年12月，任淮阴市政协文卫体和人资环委员会主任。1987年12月离休，享受副地局级待遇。

靳育广（1921.12–2015.12），江苏省涟水县人。1942年5月参加革命工作，同年同月加入中国共产党。1942年5月至1942年7月，任官荡乡农会长；1942年8月至1945年3月，任官荡区王圩乡乡长、官荡乡副乡长、朱楼乡乡长；1945年4月至1945年11月，任官荡区公安股长；1945年12月至1950年5月，任淮阴县公安局办事员、公安股长、内勤科长、治安科长；1950年6月至1953年9月，任淮阴专署公安处副科长、秘书科长；1953年10月至1956年4月，任淮阴县公安局局长；1956年5月至1957年2月，任淮阴专署公安处治安科长；1957年3月至1958年8月，任淮阴县公安局局长；1958年9月至1961年12月，任淮阴市公安局副局长、局长；1962年1月至1969年5月，任淮阴地区检察分院副检察长；1969年6月至1970年1月，在“五七”干校学习；1970年2月至1973年9月，下放淮阴县棉花公社劳动；1973年10月至1981年4月，任淮阴县人民法院院长；1981年5月至1984年3月，任淮阴县人大副主任。1984年6月离休，享受副地局级待遇。

唐维芝（1924.10–2015.11），江苏省泗阳县人。1944年1月参加革命工作，同年6月加入中国共产党。1944年1月至1944年10月，任唐道口小学教员；1944年10月至1945年1月，任淮海军区独立营一连排政训员；1945年2月至1945年3月，任新四军三师七旅十九团四连排政训员；1945年4月至1945年10月，任新四军三师七旅司令部机要员；1945年11月至1946年7月，任新四军三师七旅司令部文书；1946年8月至1946年12月，任六纵队十六师教导队学员；1947年1月至1947年2月，任十六师井口营二连副政指；1947年3月至1947年6月，任十六师教导团一连政指；1947年7月至1947年12月，任东北海伦独立团一连政指；1948年1月至1950年8月，任十六师解放营一连政指；1950年9月至1951年6月，任四十三军一二七师供给部政指；1951年7月至1952年10月，任一二七师医院政治协理员；1952年11月至1953年2月，任东北锦州炮兵基地学员；1953年3月至1954年6月，任一二七师军械主任室主任；1954年7月至1959年10月，任海南军区兼四十三军司令部军械主任；1959年11月至1970年3月，任海南军区后勤部军械处处长；1970年4月至1974年3月，任五机部广州供应站政委；1974年4月至1976年5月，任海南军区后勤部军械处处长；1976年6月任江苏清江拖拉机制造厂党委副书记、副厂长。1985年8月离休，享受副地局级待遇。

胡德仁（1921.07–2015.04），江苏省涟水县人。1939年9月参加革命工作，1940年7月加入中国共产党。1939年9月至1940年5月，参加涟东抗日独立中队；1940年5月至1944年5月，任群治乡副支书、支书；1944年5月至1945年8月，在三师抗大政治学校学习；1945年8月至1954年8月，任大东区办事员、守阳乡支部书记、南集区组织干事、科长、副书记；1954年8月至1955年1月，在省委党校学习；1955年1月至1958年1月，任南集区、黄营区区委书记；1958年1月至1963年2月，任涟水县人事科长、法院院长、组织副部长、监委副书记；1963年2月至1973年2月，任涟水县组织部副部长、纪委副书记；1973年2月至1975年1月，任涟水县政工组、鉴定组副组长；1975年2月至1978年10月，任涟水县委组织部副部长；1978年11月至1983年12月，任涟水县纪律检查委员会副书记。1983年12月离休，享受副地局级待遇。

笪　生（1926.05–2015.04），江苏省涟水县人。1944年9月参加革命工作，1948年6月加入中国共产党。1944年9月起在涟水中学光明肥皂厂任技师；1948年6月起在华中化工专科学校学习；1949年至1954年，历任光华化学厂技术管理员、工务科副科长、生产技术科长、淮北分厂党总支书记；1954年至1960年，历任公私合营复兴隆锅厂、清江机器厂副厂长，淮阴通用机械厂副厂长、厂长；1960年至1965年，任淮阴化工机械厂党支部书记、厂长；1965年至1969年，任市化肥生产指挥部副指挥；1969年至1970年，任市生产指挥组筹建拖拉机办公室副主任；1970年至1982年，历任清江拖拉机制造厂副主任、副厂长、厂长、党委副书记；1982年至1983年，任淮阴地区行政公署经济协作办公室副主任；1983年至1986年，任淮阴市乡镇企业管理局副局长。1986年12月离休，享受副地局级待遇。

陈　振（1920.06–2015.03），江苏省盐城市人。1942年10月参加革命工作，同年同月加入中国共产党。1942年10月至1943年7月，任盐东县南洋区南川乡副乡长；1943年8月至1944年3月，任盐东情报站洋南分站站长；1944年4月至1945年4月，任盐东县南洋区区委兼乡支书；1945年5月至1945年10月，任盐东县清思区区长；1945年11月至1946年7月，任盐东县永丰区区长；1946年8月至1947年3月，任盐东县南洋区民兵大队副兼联防主任；1947年4月至1948年9月，任盐东县敌工部洋南分处副主任；1948年10月至1949年8月，任盐东县支前科科长；1949年9月至1952年5月，任射阳县棉政所主任、盐城专区棉政科科长；1952年6月至1954年12月，任阜宁县政府农林科科长；1955年1月至1958年6月，任阜宁县委委员、合作部副部长；1958年7月至1959年2月，任盐城专区煤矿筹备处副主任；1959年3月至1963年2月，任徐州煤矿基建处副处长；1963年3月至1966年12月，任洪泽县支农组组长、社教队队长、社教团副团长；1967年1月至1968年11月，任洪泽县革委会副主任；1968年12月至1970年5月，任洪泽县水产公司主任；1970年6月至1972年1月，任洪泽县水产科科长；1972年2月至1976年9月，任洪泽县水产局局长；1976年10月至1981年3月，任洪泽县社队工业局局长。1983年12月离休，享受副地局待遇。

陈一同（1925.06–2015.04），江苏省淮阴区人。1944年6月参加革命工作，1945年10月加入中国共产党。1944年6月至1945年8月，在四师卫校学习；1945年9月至1947年6月，任华东军区司令部卫生所医助；1947年7月至1948年12月，任三野司令部参二科卫生所军医、副所长；1949年1月至1950年10月，任三野司令部卫生处助理员；1950年11月至1953年8月，任三野司令部通联处卫生队副队长；1953年9月至1962年9月，任南京军区后勤卫生部直属卫生处助理员；1962年10月至1975年8月，任南京军区军事医学研究所副主任；1975年9月至1978年10月，任南京军区后勤122医院医务处副主任；1978年11月至1981年4月，任淮阴县卫生防疫站站长；1981年5月至1985年5月，任淮阴县人民医院院长。1985年5月离休，享受副地局级待遇。

陈孝儒（1921.01–2015.01），江苏省泗阳县人。1940年11月参加革命工作，1942年5月加入中国共产党。1940年11月至1941年10月，任泗阳县中杨乡财政助理；1941年10月至1942年9月，任泗阳县耿中乡财政助理；1942年10月至1942年12月，任泗阳县耿桥乡副乡长；1943年1月至1943年4月，任中杨乡农救会主任、乡支书；1943年5月至1943年11月，任泗阳县中杨区委联会主任；1943年12月至1945年10月，任中杨区委组织部长；1945年11月至1946年11月，任泗阳屠元区委副书记、书记；1946年12月至1947年6月，任泗阳县、淮北地委、淮宝县工作队长和武工队长；1947年7月至1948年3月，任泗阳县委组织部科长兼县委秘书；1948年4月至1948年8月，任泗阳县曹庙区委副书记；1948年9月至1952年6月，历任中共泗阳县委界集区、洋河区、营门区区委书记；1952年7月至1953年8月，任共青团泗阳县委书记；1953年9月至1956年6月，任淮阴地区交通运输管理局副局长；1956年7月至1958年10

月，任淮阴地区交通科副科长；1958年11月至1960年12月，任淮阴地区交通局副局长；1961年1月至1962年9月，任淮阴地区交通局副局长兼汽车运输公司经理；1962年10月至1968年9月，任淮阴地区交通局副局长；1968年10月至1973年4月，任淮阴区干校学员、连书记、党校委员；1973年5月至1983年3月，任淮阴地区交通局副局长。1983年5月离休，享受副地局级待遇。

王名山（1923.08–2015.01），江苏省淮阴区人。1943年5月参加革命工作，同年同月加入中国共产党。1942年11月起在中共淮阴县委古寨武装训练班学习；1943年7月起在淮阴县委支委训练班学习；1943年8月至1944年1月，任淮阴县新渡区新渡乡边防队分队长；1944年2月至1945年1月，任淮阴县新渡区观音堂乡副书记、乡农会长；1945年2月至1945年8月，任淮阴县新渡区盐坝村指导员；1945年9月至1946年5月，任淮阴县新渡区练湖乡指导员；1946年6月至1946年11月，任淮阴县新渡区长兴乡指导员；1946年12月至1947年5月，北撤新渡区任东南边防指导员；1947年6月至1948年2月，任淮阴县新渡区武装队指导员；1948年3月至1949年6月，任淮阴县新渡区宣传科长；1949年7月至1949年11月，任淮阴县渔沟区区委委员、副区长；1949年12月至1950年6月，任淮阴县文科区委员、副区长；1950年7月至1952年5月，任淮阴县张集区委员、副区长；1952年6月至1954年12月，任淮阴县张集区委副书记、书记；1955年1月至1956年6月，任淮阴县委党校副校长；1956年7月至1957年1月，任淮阴县拖拉机站副站长；1957年2月至1958年8月，任淮阴县新渡乡党委书记；1958年9月至1960年9月，任淮阴县新渡公社党委书记；1960年10月至1964年8月，任淮阴市委农村工作部部长；1964年9月至1966年9月，任淮阴县委农村工作部部长；1966年10月至1968年2月，在淮阴县人武部生产办公室生产组工作；1968年3月至1969年12月，在淮阴县“五七”干校劳动；1970年1月至1974年12月，任淮阴县工会政工组副组长；1975年1月至1977年6月，任中共淮阴县委组织部部长；1977年7月至1982年10月，任中共涟水县委组织部长、涟水县人大副主任；1979年9月至1980年3月，在浙江农业大学学习；1980年9月至1981年3月，在江苏省委党校学习；1982年11月，任淮阴县人大副主任、党组副书记。1983年1月离休，享受副地局级待遇。（千国宇）

1月

4日　市委召开全市领导干部警示教育大会，教育广大党员领导干部进一步增强廉洁自律意识和拒腐防变能力。

△　中国科学院水生生物研究所桂建芳院士工作站在市高科技渔业产业园挂牌成立。

6日　淮安涟水机场航空口岸对外开放通过国家验收，正式迈入国际机场行列，拥有执飞国际航班的资格，成为对外开放口岸机场。

7日　召开《淮安市现代农业发展规划》《淮安市食品产业发展战略规划》《环白马湖生态观光农业示范区规划》《淮安市黄河故道综合开发规划》等四个规划评审会。

8日　周恩来逝世39周年纪念日当天，淮安市组织开展纪念周恩来逝世39周年系列活动。

9日　市委书记姚晓东率队赴张家港拜会沙钢集团董事局主席沈文荣，就进一步加强合作，推动淮钢特钢加快、提质、清洁、安全发展深入交换意见。

△　“向人民报告”——淮安公安2014年度报告会举行。

13日　淮安市省级生态市创建通过省级考核，成为苏北首个通过省级生态市考核验收的地级市。

18日　省委常委、副省长徐鸣到盱眙县调研推进农业农村及农村电子商务发展工作。

19~22日　中国人民政治协商会议淮安市第七届委员会第四次会议召开。

20~22日　淮安市第七届人民代表大会第四次会议召开。

22日　由泰国清莱省政府总执行官蓬莎琳、副总执行官邦杰率领的代表团一行到淮安友好访问，与淮安市签署友好交流合作意向书。

23日　市委、市政府召开全市农村工作会议。

24日　2015淮安电子商务发展论坛举行，主题为“畅谈淮安农产品电商新形态和跨境电商发展之路”。

26日　中共淮安市第六届纪律检查委员会第四次全体会议召开。

△　副市长赵洪权及金湖县、市农委主要负责人在上海与大闽集团董事长蒋艾青进行交流和洽谈，就大闽集团与康师傅集团共同在金湖县投资4000万美元的饮料项目达成合作意向。

29日　淮安市与北京化工大学签署全面合作框架协议，联合共建北京化工大学苏北研发中心。

30日　淮安华希广场项目签约仪式举行。

30~31日　全省第七批科技镇长团工作座谈会在金湖县召开。

31日　市委书记姚晓东到新华报业传媒集团参观考察，与新华日报社党委书记、社长，新华报业传媒集团董事长周跃敏等共商发展大计。

2月

2~3日　省台办主任杨峰到淮安市调研对台工作。

5日　淮安市与青岛科技大学合作项目签约会举行，青岛科技大学技术转移中心淮安分中心、青岛科技大学与淮安华能再生资源利用有限公司粉煤灰聚合物水泥无机胶凝材料研发等5个项目签约。

6日　省委常委、省纪委书记弘强带领省有关部门负责人到淮安，深入敬老院以及劳动模范、老党员、低保户和困难群众家中，开展春节走访慰问活动。

7日　市委、市政府召开工业大会、开放型经济工作会议和中心城市建设工作会议。

9日　县（区）部门党政正职向市纪委全委会“述责述廉述德”评议会在德园举行，相关县（区）、市直部门的8位党政主要负责人向市纪委全委会进行述责述廉述德，现场接受市纪委委员质询评议，并现场公布测评结果。

10日　“麒韵流芳荀艺长荣”纪念周信芳诞辰120周年京剧演唱会在淮安人民大会堂举行，拉开第二届淮安周信芳戏剧节帷幕。

11日　市委书记姚晓东走进时政民生类访谈栏目《共话淮安》，与社会各界人士代表畅谈突破之路，共谋明日辉煌。

△　市长曲福田主持召开市政府七届第36次常务会议，传达中纪委、省纪委、市纪委全会及国务院第三次廉政工作电视电话会议精神，部署政府系统廉政建设。

12日　市委书记姚晓东带队考察山东金岭集团。山东金岭集团董事长赵曰岭会见考察团一行并陪同考察，双方进行深入交流。

△　全市社会事业工作会议、重大项目建设工作会议分别召开。

13日　南水北调东线一期淮安市截污导流工程征迁安置完工验收会议召开。专家组经过查验和评议，同意通过完工验收。

25日　市委市政府召开全市“为官乱为、为官不为”专项整治暨软环境建设大会。

26日　市委书记姚晓东主持召开市委常委会，听取网络安全和信息化工作、党内规范性文件第二阶段清理情况汇报。

27日　市政府召开全体（扩大）会议和廉政工作会议。

28日　淮安市召开新型城镇化土地使用制度改革推进会。

△淮安市被中央文明委确定为第四届全国文明城市提名城市，取得创建全国文明城市“入场券”。

3月

1日　新疆生产建设兵团第七师投资说明会（淮安）在市区举行。

3日　淮安市召开专题会议，迎接清江浦开埠600周年。

4日　副省长张雷一行到淮安调研综合医改工作。

5日　淮安市举行首支“践行周恩来精神模范团队”命名暨“文明淮安”志愿服务行动启动仪式。

△　全国人大代表、市委书记姚晓东接受中央电视台采访，就“我们需要怎样的经济增速”，专题介绍淮安的做法和成效。

7日　在市体育中心体育馆举行“舞动幸福·最美淮安”妇女健身操舞大展示活动。

9日　北京大学淮安市经济发展培训班开班。

12日　西游记集团组建成立。古淮河·西游记文化旅游区国家AAAAA级景区创建工作同时启动。

19日　省铁路办在淮安召开徐宿淮盐铁路第五次前期工作推进会，徐宿淮盐铁路项目10月前做好开工准备，确保年内实现开工建设，与连淮扬镇铁路同步建成。

21日　纪念23届世界水日、28届中国水周暨第五届淮安水文化周活动媒体见面会召开，第五届淮安水文化周活动拉开帷幕。

24~25日　国家民政部副部长邹铭到淮安调研民政工作，省民政厅厅长侯学元、淮安市市长曲福田等陪同调研。

26日　省农业资源开发局局长唐铁飞、副局长黄非等到涟水县调研高标准农田整县推进工作。

△　农业部总农艺师孙中华先后到金湖县金北镇、银集镇两个乡镇，调研了解农村土地流转和确权登记颁证工作情况。

30日　市委书记姚晓东率市经贸考察团在美国考察访问。

29日~30日　市委常委、常务副市长戚寿余率队赴杭州市开展首场“4+3”服务业特色产业招商活动。

31日　姚晓东率考察团拜访中国驻新加坡大使馆、新加坡总理公署兼文化、社区及青年部政务部长陈振泉、新加坡国际企业发展局副局长蔡特鑫等。

4月

2日　北京恩源科技有限公司与清河区就恩源江淮科技园项目签约。

△　淮安第一家由外国人担任法定代表人的公司——杜卡蕾餐饮企业投资有限公司委托代理人张飞在淮安区行政服务中心市场监督管理局窗口领取了公司营业执照。

2~3日　省委组织部副部长、省委党建办主任盛克勤率省委办公厅、省委组织部联合调研组一行到淮安就全面从严治党工作进行调研。

7日　盐城市副市长王荣率盐城市党政代表团到淮安考察市生态新城。

△　淮安市被列入第一批江苏省公共体育服务体系示范区名单。

8日　里运河文化长廊清江浦景区项目之一的青龙寺工程开工建设。

△　司法部、民政部联合评选的第六批“全国民主法治示范村（社区）”出炉。清河区富强社区、淮阴区刘老庄乡刘老庄村入选。

10日　市工商联和淮阴工学院共同组建的淮商学院正式成立。

△　金湖县“四百工程”（百名书记素质提优、百家机关驻村联建、百件实事强基惠民、百个典型示范引领）强基品牌入选全国“党的群众路线工作法100例”，在全国宣传推广。

12日　城市资产经营有限公司12亿元企业债券成功获得国家发展改革委批复。

△　出台《淮安市知识产权（专利）战略推动三年行动计划》。

△　市环保局开展2015年环境执法“铁拳行动”。

△　美国国家地理频道拍摄的《古之奇迹今之传奇——中国大运河》纪录片，部分内容在洪泽县老子山镇拍摄，记录“大湖鸿雁”唐真亚一天的工作情况。

13日　国家防汛抗旱总指挥部秘书长、水利部副部长刘宁率领国家防总检查组到淮安视察防汛抗旱工作。

△　淮安市出台2015年进一步简政放权加快转变政府职能工作要点。

14日　中编办审改办副司长王铁良率国务院调研组到盱眙县就推进简政放权，加快政府职能转变进行座谈调研。

△　省政府公布2014年度江苏省有突出贡献中青年专家名单，淮安5人上榜。

15日　民盟江苏省委与淮阴区政府签订教师能力提升三年行动计划合作协议。

16日　上海交通大学与淮安市签署共建上海交大苏北研究院协议。

△　副省长曹卫星一行赴淮阴区、涟水县调研教育现代化建设工作。

△　国家智慧城市2014年度试点名单公布，洪泽县入选第三批国家智慧城市试点，为淮安市唯一一个试点城市。

18日　淮安市与南京审计学院战略合作框架协议在南京签署。

19日　市委书记姚晓东率队在上海开展经贸招商活动。

20~21日　在河北举行的全国拳击锦标赛上，淮安市选手高美玲获得女子57公斤级冠军。

21日　市政府部门行政权力最终确定5460项。主要职责372项、具体工作事项1988项，并经市政府常务会议审议通过，正式对外公布。

23日　市长曲福田将首份市级“三证合一”营业执照递到江苏华艺网络科技有限公司培训部负责人吕飞手中。

△　淮安至韩国首尔国际航线首

航取得成功。这是淮安机场开通的首条国际航线，标志着淮安机场正式成为国际开放机场。

23~24日　省国土资源厅厅长李侃桢率调研组到淮安市调研指导土地使用制度改革工作。

△　市商务部门赴广州开展对韩小分队招商活动，举行2015淮安·广州（韩企）交流会。

25日　淮安市安装城市形象标识。

26日　教育部教师司公示首批19个义务教育教师队伍“县管校聘”管理改革示范区名单，清浦区榜上有名。

27~28日　为纪念抗日战争胜利70周年，电视文献纪录片《热血丰碑——淮安抗战风云录》开机。

28日　市委市政府召开百万职工劳动竞赛总结表彰大会。

△　淮台经贸交流合作推进周开幕式在台北圆山大饭店淮安轩举行。

28~29日　全国人大常委、致公党中央副主席杨邦杰、严以新，省政协副主席、致公党江苏省委主委麻建国一行到淮安，就淮河流域发展及入海水道航运进行专题调研。

△　淮安市以“为中华之崛起”为主题，纪念“五四”运动96周年，表彰第十三届“淮安市十大杰出青年”。

△　淮安市工商局城区工商工作职能交接会议召开。

30日　市长曲福田在台北会见两岸企业家峰会台湾方面理事长、两岸共同市场基金会荣誉董事长萧万长。

5月

4日　淮安市第三届全民健身运动会开幕式暨第八届万人自行车环市行活动在市体育中心举行。

△　省商务厅、财政厅公布省级农村电子商务示范县名单，洪泽县、盱眙县榜上有名。

6日　全国政协常委、提案委员会主任孙淦率全国政协提案委员会专题调研组到淮安调研。

7日　新疆生产建设兵团第七师党政代表团到淮安考察，淮安市和七师举行团县（区）融合对接会，并签署团县（区）融合备忘录。

8日　淮安市委召开常委（扩大）会议，传达贯彻全省贯彻落实“一带一路”国家战略、大力拓展对内对外开放新空间工作会议精神。

9日　全国政协常委、云南省政协常务副主席白成亮率领的驻云南全国政协委员考察团，到淮安就“产业转型升级”进行专题调研考察。

△　清河区市场监督管理局正式成立，该局整合原工商、质监、食药的行政审批业务，在全市率先实现机构实质性整合到位。

12日　淮安市举办“最美家庭”暨“最美女性”颁奖典礼，对“淮安最美家庭特别奖”“淮安市最美女性特别奖”、十佳“淮安最美家庭”、十佳“淮安最美女性”予以表彰。

13日　“涟水掼蹄”“涟水千张”等6件地理标志商标获得国家工商行政管理总局商标局初审公告。

14日　省经济和信息化委公布2014年度江苏省科技小巨人企业名单，淮安市的江苏淮河化工有限公司、江苏红光仪表厂有限公司两户企业榜上有名。

15日　省委常委会集体瞻仰周恩来纪念馆，学习周恩来的革命精神和崇高风范，汲取践行“三严三实”，迈上新台阶、建设新江苏的强大力量。

△　省委常委、副省长徐鸣考察淮安市南水北调调水情况。

16日　按照中央和省委部署要求，市委对市“三严三实”专题教育进行动员部署。

△　连淮扬镇铁路初步设计获铁路总公司、省政府联合批复，徐宿淮盐铁路可行性研究报告上报国家发展改革委。

△　国际食物政策研究所董事会主席许姆·安德森和所长樊胜根率该所董事会成员、高管到淮安市考察农业发展情况。

17日　扬州、盐城、连云港、徐州、宿迁、淮安等地及省外的300多名骑行爱好者参加2015年首届环白马湖自行车赛。

18日　中组部全国组织干部学院“中央和国家机关部委、人民团体、中管高校组织人事部门负责人任职培训班”在淮安市举办。

△　首届淮港两地“漂母杯”母爱·爱母主题散文诗歌大赛在香港浸会大学举行颁奖典礼。

△　第七届“淮阴·韩信杯”象棋国际名人赛五大洲巡回赛（亚洲站）赛事在香港拉开帷幕。

19日　市委书记姚晓东率团在香港开展经贸交流活动，与香港中华厂商联合会联合举行淮安（香港）投资环境推介会，并考察香港科学园。

20日　市委书记姚晓东在香港考察拜访知名企业集团。

23日　省长李学勇带领省有关部门负责人到淮安，就落实国家“一带一路”重大战略，加快推进苏北重要中心城市建设进行调研。

25日　淮安经济技术开发区在北京与北京大学数字中国研究院签署合作协议，共建院地合作示范基地，双方共建的北京大学数字中国研究院航空遥感（淮安）基地项目同时签约。

26日　2015中国淮医“三严三实”惠民大行动（第七届中国淮医惠民大行动）正式启动。

31日　河南省开封市市委书记吉炳伟率开封党政考察组到淮安市考察，实地试乘淮安现代有轨电车。

6月

1日　市长曲福田率招商团在土耳其开展经贸活动。

4日　省文化厅党组书记、厅长徐耀新率厅党组成员一行到淮安，共同商讨继续支持淮安市文化建设具体事宜，推进省市文化合作进一步深化。

5日　共青团江苏省委书记万闻华带领团省委机关全体人员到淮安开展“三严三实”教学实践活动。

7日　全国政协副主席何厚铧率领的澳门特别行政区全国政协委员一行近50人到淮安，就淮安经济社会发展、旅游资源开发、城市规划建设、留学生归国创业等情况进行考察。

△　省交通运输厅下达429省道淮安段可行性审查批复意见。

10日　省委常委、南京市委书记黄莉新，南京市委副书记、市长缪瑞林率南京市党政代表团到淮安考察。推进宁淮挂钩合作工作，共商宁淮合作发展大计。

11日 市委书记姚晓东、市长曲福田率领市党政代表团赴连云港市、盐城市考察。

△ 淮安市开放大学建设推进会暨淮安市开放大学挂牌成立仪式举行。

12日 第十五届中国·盱眙国际龙虾节群众广场文化活动在盱眙县山水广场举行。

△ 市长曲福田会见斯洛文尼亚马里博尔市市长费斯特拉维奇一行。双方签署关于建立友好城市关系谅解备忘录和旅游合作协议书。

△ 淮安市连续第六次获"全国无偿献血先进城市"称号。

15日 淮安市组织参演的淮海戏《借靴》在江苏、上海、浙江三地国家级非物质文化遗产传统戏剧类展演中获得优秀剧目奖、优秀演员奖。

16日 周恩来纪念馆讲解接待科被中华妇女联合会授予全国"巾帼文明岗"称号，周恩来纪念馆成为全市首家获此荣誉的旅游景区。

19日 省检察院检察长徐安到淮安市调研检察工作。

△ 总投资1.5亿元的软通动力跨境电商项目落户淮安软件园。

29日 省发展改革委党组书记、主任陈震宁率该委处级以上干部到淮安开展"三严三实"教育活动，了解并推动淮安市对接"一带一路"战略和"十三五"重大事项等工作。

△ 纳入国家大气污染防治行动计划的重点输电通道——山西晋北—江苏南京±800千伏特高压直流输电工程在盱眙县王店乡正式开工建设。

30日 徐州市政协主席庄华平率徐州市政协机关全体人员到淮安开展"三严三实"教育实践活动。

7月

1日 市人社、财政、教育、工商、国税、地税、商务、科技等12个部门联合制定《淮安市大学生创业引领计划》，并经由市政府办公室转发。

2日 副省长张雷带领省住建厅副厅长刘大威一行到淮安市调研村庄环境整治工作。

3日 市委书记姚晓东、市长曲福田分别带队对全市"十三五"时期重大战略、重点板块、重要载体的相关项目进行实地考察，并召开座谈会专题讨论研究"十三五"规划编制工作。

△ 淮安经济技术开发区管委会和涟水县人民政府签署《合作共建淮安（涟水）空港产业园协议书》。

△ 淮安市与中国银行淮安分行、广发银行淮安分行签约组建的地方性特色金融机构——淮安文化银行正式挂牌成立。

4日 由淮安西游产业集团有限公司等联合出品的全球首部西游记题材3D动画片《西游记之大圣归来》在淮安市提前点映。

7日 2015年淮安招商引资恳谈会在上海延安饭店举行。

△ 金湖县"江苏省石油机械出口基地"通过省商务厅考核。

9日 市委召开常委（扩大）会。传达贯彻省委书记罗志军在省委常委会和省委中心组学习会上关于公共安全工作的讲话精神；讨论市委六届七次全会报告和会议方案；讨论《关于加快"4+1"现代农业产业转型升级提质增效发展的实施意见》。

△ 2015年全国青少年"未来之星"阳光体育大会（江苏分会场）暨江苏省首届青少年体操节在淮安拉开帷幕。

10日 淮安市与江苏第二师范学院、江苏省教育科学研究院在南京签署教育战略合作协议。

9日~11日 市长曲福田、副市长窦立夫率团在广东推进招商引资和项目建设。

13日 两岸青年菁英特训营在淮安开营。国台办经济局局长徐莽宣布两岸青年菁英特训营开营，并为特训营授旗。

12~15日 由盱眙县人民政府承办的2015年江苏省橄榄球青少年女子橄榄球锦标赛在盱眙奥体中心体育场落幕。

15日 省委常委、宣传部部长王燕文到淮安开展"三严三实"专题教育调研。

16日 宁波康鑫集团与淮安经济技术开发区签署合作协议，该集团森鑫高分子材料有限公司投资的年产40万吨高分子材料项目落户淮安市。

17日 中国共产党淮安市第六届委员会第七次全体会议召开。

18日 2015荷都金湖赏荷季暨中国荷花博览园开园仪式在金湖荷花荡景区举行。

19日 淘宝淮安馆落户金湖县。

20日 淮安市政府七届第40次常务会议研究决定成立市政府行政复议委员会。

21日 国税部门和江苏银行携手打造的淮安市首款"互联网+"税收信用金融产品正式上线运行。

25日 第十届中国凹土高层论坛暨2015中国凹土产业博览会在盱眙县开幕。

26日 盱眙县获省财政厅、水利厅联合下达2015年小型水库库区建设投资资金3540万元。

27日 省新闻广电出版局局长周琪一行到淮安市就新闻广电出版工作、书香城市建设等进行调研。

△ 江苏冲浪软件科技有限公司在上海股权托管交易中心成功上市。该企业是淮安市首家在上海Q版挂牌的软件公司。

30日 省交通运输厅党组书记、省铁路办主任刘广忠率领厅党组全体成员到淮安市调研座谈。

△ 淮安市首获国家水生态文明建设项目补助资金，清浦老城区除涝综合整治工程获得中央2015年度河湖水系连通项目补助资金700万元。

31日 中共中央委员、国家行政学院常务副院长马建堂率国家行政学院第三方评估调研组到淮安市，专题调研盱眙县行政审批制度改革工作。

8月

4日 市经济和信息化委员会与涟水县人民政府签署《淮安（薛行）循环经济产业园合作共建协议书》。

△ 中国石化青宁输气管道工程在淮安市规划选址。

5日 世界银行贷款淮安市里运河渠北洼地治理月湖泵站二程全面完工并正式投入使用。

6日 淮安区人民政府与中国水电建设集团新能源公司在北京签署战略合作框架协议。

△ 佳一教育在“新三板”挂牌上市。成为软件园首家“新三板”挂牌上市企业。

7日 市委组织部、市妇联在中国人民大学联合举办2015年全市中青年女干部培训班。全国妇联党组副书记、副主席，书记处书记孟晓驷出席开班仪式，全市70名女干部参加集中培训。

△ 清河区委组织部和长东街道联合摄制的科技镇长团微电影《年成》在淮安澳洋顺昌光电技术有限公司开机拍摄。这是全省首部关于科技镇长团工作的影片。

△ 洪泽县朱坝街道办马棚村30户村民与中国人民财产保险公司签订首批社会治安综合保险保单，这也是全省首笔社会治安综合保险保单。

8日 淮阴区码头镇入选第三批全国特色景观旅游名镇名村示范名单。

9日 省发展改革委对淮安市提出的20个需要省解决的重大事项给予逐一答复。其中，明确表示将淮河生态经济带、苏北重要中心城市等重大事项纳入省“十三五”规划纲要，将盐化新材料、高端装备制造、新能源汽车及零部件、健康养生和文化创意等重点产业纳入省“十三五”重点产业专项规划，对基础设施、重大项目、园区载体、重大政策等方面建设给予具体支持。

12日 省人大常委会副主任张艳一行到淮安检查《江苏省保护和促进台湾同胞投资条例》贯彻实施情况。

△ 盱眙县获评2015年江苏省农村电子商务示范县。

△ 市主城区污水处理及再生利用设施建设、江苏纳沛斯半导体有限公司晶圆片级芯片封装进口免税、金湖县陈桥粮食储备直属库新建仓库、涟水南集粮管所新建收纳仓建设等4个项目获国家发展改革委批复。

14日 省委常委、副省长徐鸣到淮安看望慰问省委驻淮安区和淮阴区帮扶工作队队员。

18日 淮安市与省农发行签订“政策性金融战略合作协议”。

19日 省政府督查室主任邹宁华带领督查组到淮安市，对国务院办公厅下发的《关于税收等优惠政策相关事项的通知》精神贯彻落实情况开展专项督查。

24日 中央电视台《新闻联播》栏目推出“重访抗战战场”专栏，开篇以《刘老庄连：生命不息 战斗不止》为题，报道刘老庄战斗经过和刘老庄连英雄事迹。

25日 淮安市在台北举行两岸园区对接暨企业合作推进会。

25~26日 中科院院士、清华大学材料科学与工程研究院院长南策文一行到淮安，考察推进淮安新能源材料技术研究院建设。

26日 “2015淮安周”在台北圆山饭店开幕。

△ 重庆市渝北区区委常委、常务副区长张德宽一行到淮安考察经济社会发展、城市规划建设管理、多规合一、“十三五”规划编制工作。

△ 省政协常委、民建江苏省委副主委孙大亮率民建中央能源与资源环境委员会视察组一行，赴白马湖视察生态环境保护工作。

28日 503省道淮安涟水机场连接线工程正式开工。

30日 2014年度全省南北共建园区考核评价结果公布。江宁—淮阴工业园、国信—淮安工业园、南京—涟水工业园3家共建园区进入全省先进行列。

△ 淮安市在福建漳州举行农业招商对接推进活动。

31日 淮安市连续第四年获评台商投资“极力推荐城市”。

△ 省邮政管理局批准同意在淮安市设立苏北快递产业园区。

9月

1日 新建徐州至淮安至盐城铁路可行性研究报告经国家发展改革委批复。

△ 清河区率先全市组建一支由区内道德模范为主的人民调解志愿者队伍——“道德模范人民调解帮帮团”。

△ 市名牌产品认定委员会公布2015年淮安名牌产品。

4日 在盱眙县黄花塘镇举办纪念中国人民抗日战争暨世界反法西斯战争胜利70周年活动。

△ 省总工会主席邢春宁到淮安市调研工会工作。

5日 “中国好人榜”发布，淮安市交警李春潮当选“中国好人”。

6日 数字淮安地理空间框架建设项目通过验收。

7日 市委书记姚晓东在北京会见中国冶金科工集团有限公司董事长、党委书记国文清。

8日 淮安市在台北成功举行两岸园区对接暨企业合作推进会。

9日 2015淮安市“最美教师”和“功勋教师”颁奖典礼在市广播电视台演播厅举行。

△ 江苏纳沛斯半导体有限公司开业典礼在淮安工业园区举行。

△ 商务部公布全国66家基地为第二批国家电子商务示范基地，淮安电子商务现代物流园入选。

11日 市委书记姚晓东会见鲁道夫沙尔平战略咨询交流有限责任公司董事长、德国前国防部部长鲁道夫·沙尔平一行。

14日 省高级人民法院党组书记、院长许前飞带领省高院相关部门负责人到淮安区调研试点法庭司法改革工作。

△ “缘聚淮安 共谋发展”海外侨领侨商投资合作洽谈会在淮安举行。

16日 淮安市首家村级便民服务站在涟水县黄营乡九堡村揭牌。

17日 市委常委、常务副市长戚寿余带队赴南京考察对接江北新区建设工作。

△ 淮安市获教育部授权，于9月18日起正式开办国(境)外学历学位认证申请材料验证业务。

18日 淮安阳光慈善网应邀在民政部、中国慈善联合会等主办的第四届中国公益慈善项目交流展示会上亮相。

19日 第十届台商论坛开幕。大陆首个两岸信息家电产业园落户淮安。

20日 首期投资1亿美元的中国优材爱美森全球第二生产基地在淮安工业园区开业投产。

△ 原化工部副部长、现任中国石油和化学工业联合会会长李勇武一行到淮安考察盐化新材料产业园区。

△ 2015全国武术套路冠军赛在市体育中心落幕。

22日 由江苏中远助学帮老基金会在苏北捐资设立的首个“圆梦班”在涟水中学启动。

△ 市长曲福田主持召开市政府七届第43次常务会议。

△ 洪泽县被省发展改革委列为国家新型城镇化综合试点县。

△ 华夏银行淮安分行开业暨政银战略合作协议签约仪式举行。

24日 副省长徐南平到涟水、清河、淮安经济技术开发区等地调研淮安工业经济发展及科技创新推进情况。

△ 中国淮安首届江淮广告节在淮安国际摄影馆开幕。

25日 全省“法润江苏·德法同行”活动推进会在淮安召开。

27日 保部部长陈吉宁在云南主持召开水质较好湖泊生态环境保护座谈会。淮安市市长曲福田参加会议并就白马湖生态环境保护工作作交流发言。

28日 中兴(淮安)智慧产业园开工仪式举行。

30日 淮安市举行向革命烈士敬献花篮暨英烈墙揭碑仪式。

10月

1日 市工商系统启动市场主体“一照一码”登记模式。

10日 香港中华厂商联合会副会长吴清焕率团到淮安考察。

△ 新安旅行团建团八十周年庆祝大会在淮安举行。

10~17日 德国萨斯尼兹市文化官员拉尔夫·伯格先生率萨斯尼兹青年代表团到淮安友好交流访问。

11日 淮安市与四川省雅安市结成文化执法对口交流协作城市。

13日 宁淮商务(粮食)合作对接会在淮安市举行。

△ 淮安市政府和社会资本合作(PPP)中心正式获批。

13~14日 由省人大常委会党组书记、常务副主任蒋定之,省人大常委会委员、法制委员会主任委员张新民等组成的省人大调研组到淮安市专题调研县乡人大建设情况。

14日 国家食品药品监管总局对淮安市贯彻落实国务院食品药品监管体制改革、加强食品药品安全监管等工作进行督查。

15日 第七届“漂母杯”全球华文母爱·爱母主题散文诗歌大赛颁奖典礼暨母爱·爱母主题散文诗歌品读会在淮阴区举行。

△ 全国旅游资源规划开发质量评定委员会发布公告,周恩来故里旅游景区达到国家AAAAA级旅游景区标准,被批准为国家AAAAA级旅游景区。

19日 盱眙县桂五镇敬老院院长、民政办主任李银江获第五届全国道德模范提名奖,受到中央精神文明建设指导委员会表彰。

20日 全市“三严三实”专题教育工作推进会召开。

△ 淮安市首批5家海外招才引智工作站正式建立并获得授牌。

21~23日 省人大常委会常务副主任、党组副书记蒋宏坤带执法检查组到淮安开展《江苏省耕地质量管理条例》执法检查。

22日 全国各省市自治区和中央各部驻沪办事处主任、有关商会会长、上海企业家代表组成的考察团,到淮安市开展“三严三实”教育活动并进行经济合作交流考察。

23日 洪泽湖大闸蟹香港经贸合作对接会暨香港洪盈有限公司揭牌仪式在香港江苏会展中心举行。

△ 江苏报业社长总编“金秋看淮安”活动启动,“掌上淮安”移动客户端正式上线。

△ 2015年(第八届)中国软件行业信用评价发布会在淮安举行。

△ 市长曲福田会见到淮安市考察的戴姆勒集团全球外饰件采购总监Steffen Mauersberger、敏实集团董事长秦荣华等一行。

24日 由国务院国资委新闻中心和中国国资国企产业创新战略联盟共同主办、淮安市国资委承办的“深化国有企业改革与创新发展研讨会”在淮安开幕。

24~25日 河北省沧州市市长王大虎率沧州市政府代表团到淮安市考察里运河文化长廊建设情况。

25日 全国政协委员、文史和学习委员会副主任陈光林、周国富率全国政协文史和学习委员会调研组一行,到淮安市就“大运河申遗成功后的保护和利用”作专题调研。

△ 淮安市在全省率先完成不动产统一登记职责和机构整合。

26日 省妇联主席缪志红率领省妇联机关全体人员走周恩来纪念馆开展党风廉政教育活动。

△ 中国地震局“地震科普下基层”活动启动仪式在淮安市举行。

27~29日 日本安城市日中友好协会会长都筑光哉率安城市友好交流代表团,到淮安市开展友好交流访问。

29日 中组部副部长陈向群及组织二局副局长张金豹、组织一局副巡视员徐南鹏,到淮安市调研基层党建工作。省委常委、组织部部长王炯,省委组织部副部长、省委党建办主任盛克勤,市委书记姚晓东,市委常委、组织部部长张彤参加座谈。

△ 江苏省首届地理标志商标产品及优质农产品展销会在淮安开幕。

31日 首届江苏“美丽经济”发展高峰论坛暨洪泽县旅游经济发展推介会在南京举行。

11月

2日 市委书记姚晓东、市长曲福田在南京会见两岸企业家峰会理事会台湾方面副理事长江丙坤一行。

3~4日 省委农工办主任赵旻一行到淮安调研农业农村和扶贫工作。

4日 省政府金融办、人行南京分行、省银监局和市委、淮安市政府共同主办的“科技金融园区行——走进淮安”活动举行。

5日 235省道(327省道~规划343国道段)改扩建工程可行性研究报告通过省发展改革委和省交通运输厅联合组织的审查。

6日 市慈善总会和市广播电视台共同主办的淮安市首届慈善晚会举行。

7日 淮安至台北直达航线正式开通。

△ 今世缘2015中国淮安·丝绸之路户外运动挑战赛在市新体育中心举行。

7~9日 市长曲福田率队在台湾

推进经贸文化交流合作。

8日　中国致公党淮安市支部委员会成立大会召开。

△　淮安市13个项目入围第四批省级非物质文化遗产名录推荐项目。

△　淮安软件园获“全国版权示范园区（基地）”称号，为苏北首家。

10~11日　市长曲福田率经贸代表团赴香港，走访香港金轮集团、摩根士丹利公司、香港物流协会、香港明骏国际投资公司、香港国泰航空货运中心、香港诺贝尔国际教育机构等多家机构和企业。

12日　市长曲福田率经贸代表团赴澳门开展招商考察活动。

△　省安监局局长陈正邦到淮安市调研安全生产工作。

14~15日　省委第九巡视组巡视涟水县、清河区、淮阴区、清浦区。

15日　“海聚千人·智汇淮安”助推淮安市电子信息产业升级发展活动在市区举行。

19日　埃及、伊朗、美国、泰国、墨西哥、尼日利亚等14个国家驻沪总领事馆的总领事、副总领事、商务参赞等到淮安市规划馆参观。

△　淮安市航空口岸核心能力建设通过国家质检总局验收组验收。

20日　2015CBSA洪泽9球国际公开赛在洪泽县老子山镇开幕。

22日　白马湖生态旅游度假区建设全面启动。

△　洪泽县被农业部认定为国家农业产业化示范基地。

12月

1日　淮安（涟水）空港产业园获批省级特色产业园。

2日　淮安市在罗马尼亚、挪威、法国、澳大利亚、新西兰等5个国家设立首批海外侨务工作联络站。

5日　举办第三届淮商峰会暨淮商产业园建设启动仪式。

6日　省委副书记、代省长石泰峰到淮安调研经济社会发展情况。

7~8日　省委宣讲团在盱眙县、洪泽县、涟水县宣讲中共十八届五中全会精神。

8日~9日　副省长许津荣到淮安开展“三解三促”活动。

9日　由山东金岭集团投资200亿元兴建的江苏富强新材料项目正式开工。

15日　市政府在南京组织召开“十三五”规划省级咨询论证会。

17日　10家单位被命名为淮安市首批市级众创空间。

19日　第十届中国洪泽湖国际大闸蟹节压轴活动——2015江苏省“体彩大乐透”掼蛋大奖赛总决赛在洪泽县开幕。

20日　淮安市“构建透明餐饮，让饮食安全看得见”项目入选“2015中国十大社会治理创新”项目，成为全国食品药品监管系统首个入选项目。

21日　中共淮安市第六次代表大会第五次会议开幕。

△　市农科院牵头建设的“淮安稻米产业技术协同创新联盟”通过专家论证。

24日　淮安经济技术开发区“国家生态工业示范园区”创建通过环保部专家组技术核查。

25日　市公共资源交易中心组织首次经营权转让拍卖会——淮阴师范学院学生用房使用权拍卖会。

28日　省委副书记、代省长石泰峰到徐宿淮盐铁路淮安段施工现场调研慰问。

△　淮安现代有轨电车一期工程开始载客试运营。

△　淮安市召开公车制度改革工作会议，对全市公车改革作出部署。

△　中央电视台《焦点访谈》栏目对淮安市地税系统利用“互联网+”思维、推进大数据治税、推动“国地税合作”的做法进行报道。

△　清城创意谷入选省级众创空间。

29日　市总工会第七次代表大会在淮安人民大会堂开幕。

△　淮安市第一家不动产登记局和不动产交易中心在涟水县挂牌。启动不动产登记系统，发出淮安市第一本不动产权证书。

30日　市委、市政府召开全市领导干部会议，传达贯彻全省经济工作会议精神。

△　淮安市国家级集成电路产业园暨清河区8英寸集成电路芯片生产线项目签约仪式在市区举行。

（市档案局）

2015年度淮安市创新创优优秀项目

一、特等奖

1.创成周恩来故里国家5A级景区（市旅游局、淮安区、周恩来纪念地管理局）

2.创新开展“多规合一”试点 科学编制“十三五”规划（市发展改革委）

二、一等奖

（一）经济建设类

1.全面推进农村土地承包经营权确权登记颁证（市委农工部）

2.创新融资管理新模式 打造淮安经济发展新引擎（市财政局）

3.对接“一带一路”战略 构筑集装箱枢纽港（市交通运输局）

4.创成国家级电子商务示范基地（市商务局）

5.突出商标引领 促进农业增效（市工商局）

6.推进农机化服务助农增收（市农机局）

7.打造清江浦景区城市新名片（市里运河办）

8.打造西游文化“文旅+文创”产业发展新模式（淮安经济技术开发区）

9.创新村级土地流转耕种新模式（淮阴区）

10.获批国家农业产业化示范基地（洪泽县、市农委）

11.推进“一主四辅”新型城镇化建设（金湖县）

12.创成国家级绿色建筑园区示范工程（淮安生态新城）

（二）公共管理类

1.构建“1234”重大项目督查工作新模式（市委办）

2.构建“101%服务流动红旗”新机制（市软建办、市监察局）

3.白马湖打造湖泊修复“江苏样板”（市政府办、市白马湖办）

4.阳光警务平台建设（市公安局）

5.建设城乡综合便民服务点（市人社局、市人行、市邮管局）

3.法护家园：1＋1＞2的联动效应（市中级人民法院、市妇联）

7.农村产权交易市场规范化建设（涟水县）

8.成立全国首家县级行政审批局 推进相对集中许可权改革试点（市编办、盱眙县）

（三）党建和精神文明类

1.开展“为官乱为、为官不为”专项整治（市纪委）

2.季度工单压实主体责任（市纪委、市委办）

3.服务市委“六大战略”年轻干部素质培优工程（市委组织部）

4.“指尖上的引导”网络空间清朗行动（市委宣传部）

5.“四借”模式：创新举办清江浦开埠600周年纪念活动（清浦区）

三、二等奖

（一）经济建设类

1.实施淮台青年创梦工程（市委台办）

2.企业挂牌上市实现新跨越（市政府办、市金融办）

3.“四千工程”助推工业经济逆势企稳（市经济和信息化委）

4.创新实施“三税”工程（市国税局）

5.实施“放心水”工程（市水利局）

6.培植壮大农业龙头企业（市农委）

7.组建苏北首家文化银行（市文广新局）

8.“啄木鸟”进园区百家企业“问诊”安全促发展（市安监局）

9.兴粮惠农进万家”亲民服务工程（市粮食局）

10.策应“一带一路”战略 拓展我市国际交流与合作新空间（市外侨办）

11.搭建海内外高端人才合作平台（市科协）

12.建设农业“四新”科技成果应用展示基地（市农科院）

13.创成省级新能源汽车产业基地（淮安经济技术开发区）

14.构建五链联动创新创业新生态（清河区）

（二）公共管理类

1.执法监督“百百千”听评工程（市委政法委）

2.信访工作队伍培优工程（市信访局）

3.推动义务教育学校管理标准实验区工作（市教育局）

4.村庄环境乡镇全域整治（市住房和城乡建设局）

5.完善分级诊疗制度 (市卫计委)
6.实施查毒素雷霆行动 保障餐饮食品安全 (市食药监局)
7.创新安置房审计模式 (市审计局)
8.举办户外运动挑战赛 (市体育局)
9.构建公共资源交易体制机制新模式 (市政务办)
10.建成"无线淮安"城市公众信息服务平台 (市广播电视台)
11.获批国家第三批智慧城市试点 (洪泽县)
12."两提两知"工作法走实群众路线 (盱眙县)
13.建立政府投资工程廉政风险防控机制 (金湖县)
(三)党建和精神文明类
1.机关服务型党组织"三大平台"建设 (市委市级机关工委)
2.建成预防职务犯罪网上警示教育基地 (市检察院)
3.实现建家建会"双突破" (市总工会)
4.创新"三前平台" 创优"三项服务" (市委党校)
5.办优《共话淮安》访谈栏目 (市广播电视台、市委宣传部)
6.建立"一正三负"清单 压实党建责任 (淮安区)
7.农村党员队伍"向心力"工程 (涟水县)

四、三等奖(16个)

(一)经济建设类
1.建立洪泽湖流域生态环境保护协调新机制 (省洪泽湖渔管办)
2.创新社会参与机制 构建"大扶贫"格局 (市扶贫办)
3.科技政策落实专项行动 (市科技局)
4.建成江苏凹土材料产品检测技术重点实验室 (市质监局)
5.搭建新淮商培育六大平台 (市工商联)
6.建成淮安报业艺术馆 (淮安报业传媒集团)
7.打造中国淮扬菜文化全面展示新平台 (淮扬菜管委会)
(二)公共管理类
1."两地同心 让爱飞扬"淮港青少年领袖培育行动 (市委统战部)
2.创新依法履职新载体 (市人大办)
3.创建"委员之家"新式协商民主平台 (市政协办)
4.建成国家饲料安全检测重点实验室 (淮安出入境检验检疫局)
5."互联网+税务"工程 (淮安地税局)
6.打造"互联网+捐赠"阳光慈善新模式 (市民政局)
7.大气污染防治体系建设 (市环保局)
8.创建"数据淮安"管理服务平台 (市统计局)
9.建立市行政中心"大数据"智慧管理模式 (市机关事务管理局)
10.建设和完善政府法制监督"网上平台+"工程 (市法制办)
11.推动证照登记制度改革 (清河区)
12.社会公共管理集成创新工程 (清浦区)
13."法官参与党群议事会"活动 (淮阴区)
(三)党建和精神文明类
1.建成老干部史料馆 (市委老干部局)
2.建成淮安市党史陈列馆(市委党史工办、市档案局)

2015淮安功勋企业家

关　军　江苏中烟工业有限责任公司淮阴卷烟厂厂长

2015淮安年度经济人物

季永新　江苏沙钢集团淮钢特钢股份有限公司董事长
束长好　淮安清江石油化工有限责任公司总经理
李　理　江苏爱美森木业有限公司总经理
刘金平　江苏天士力帝益药业有限公司总经理
宋红亮　淮安双汇食品有限公司厂长
高寿松　江苏井神盐化股份有限公司副总经理
周素明　江苏今世缘酒业股份有限公司董事长
王进东　江苏宇天港玻新材料有限公司董事长
徐克成　昌盛电气江苏有限公司董事长
郑余雪　圣固(江苏)机械有限公司董事长
杨卫龙　江苏和兴汽车科技有限公司总经理

2015年度淮安市市长质量奖获奖企业

淮安清江石油化工有限责任公司
江苏神华药业有限公司

2015淮安十大新闻

1、淮安市第六次党代会第五次会议制定《"十三五"规划纲要建议》,引领淮安向着更高层次科学跨越发展

2、主要经济指标增幅连续十年保持全省前列

3、弘扬周恩来精神,淮安"三严三实"专题教育严实相济特色彰显

4、全面深化改革蹄疾步稳按下"快进键"

5、淮安"组合拳"扎实开展"为官不为、为官乱为"整治

6、淮安社会治理创新工程发展指数跃居全省第一

7、民生幸福底色鲜亮,淮安"十件实事"让市民"获得感"满满

8、淮安"五城同创"打造城市综合创建的"淮安样本"

9、水陆空铁提质扩面,"枢纽淮安"建设加速

10、我市周恩来故里实现苏北5A级旅游景区"零"的突破

2015淮安市十大经济新闻

1、经济增速连续10年位居全省前列 三次产业比重实

现由“二三一”到“三二一”的历史性转变

2、行政审批制度改革再上新水平

3、周恩来故里旅游景区成功晋升为国家5A级

4、淮安单体投资最大工业项目—总投资达200亿元的江苏富强新材料开工建设

5、现代有轨电车载客试运营

6、枢纽淮安建设再上新台阶

7、电子信息产业产值率先突破千亿元

8、我市地理标志商标达百件 居全国地级市首位

9、淮台直航助力台资高地加速崛起

10、创成苏北首个国家级电子商务示范基地

2015年度重要文件目录

淮发〔2015〕6号 中共淮安市委 淮安市人民政府关于深化财税体制改革加快建立现代财政制度的实施意见（2015年2月4日）

淮发〔2015〕14号 中共淮安市委关于加强县（区）委书记抓基层党建工作责任考核的意见（2015年4月21日）

淮发〔2015〕15号 中共淮安市委关于加强市直部门党组（党委）书记抓基层党建工作责任考核的意见（2015年4月21日）

淮发〔2015〕17号 中共淮安市委 淮安市人民政府关于深化医药卫生体制改革建设现代医疗卫生体系的实施意见（2015年6月30日）

淮发〔2015〕19号 中共淮安市委 淮安市人民政府关于加快“4+1”现代农业产业转型升级提质增效发展的意见（2015年7月17日）

淮发〔2015〕21号 中共淮安市委 淮安市人民政府关于推动文化建设迈上新台阶的实施意见（2015年8月21日）

淮发〔2015〕22号 中共淮安市委 淮安市人民政府关于培养文艺名家打造精品名作工程的意见（2015年8月21日）

淮发〔2015〕25号 中共淮安市委 淮安市人民政府关于加强县（区）党政正职重点权力制约监督的若干规定（2015年8月21日）

淮发〔2015〕27号 中共淮安市委关于贯彻落实中共江苏省委《关于实施党风廉政建设责任追究的办法（试行）》的通知（2015年9月30日）

淮发〔2015〕30号 中共淮安市委关于加强全市县乡人大工作和建设的意见（2015年10月8日）

淮发〔2015〕32号 中共淮安市委关于进一步加强少先队工作的意见（2015年12月1日）

淮政发〔2015〕32号 市政府关于深化行政审批制度改革加强事中事后监管的意见（2015年2月28日）

淮政发〔2015〕106号 市政府关于进一步加强新时期爱国卫生工作的实施意见（2015年6月16日）

淮政发〔2015〕121号 市政府关于深入推进依法行政加快建设法治政府的实施意见（2015年7月12日）

淮政发〔2015〕122号 市政府关于印发淮安市人民政府重大行政决策程序规定（试行）的通知（2015年7月12日）

淮政发〔2015〕123号 市政府关于进一步推进户籍制度改革的实施意见（2015年7月15日）

淮政发〔2015〕133号 市政府关于印发淮安市行政机关合同管理办法的通知（2015年8月24日）

淮政发〔2015〕143号 市政府关于印发淮安市促进慈善事业发展实施办法的通知（2015年8月14日）

淮政发〔2015〕154号 市政府关于进一步加强和改进社会救助工作的意见（2015年9月6日）

淮政发〔2015〕170号 市政府关于构建市场综合监管体系的实施意见（2015年9月22日）

淮政发〔2015〕171号 市政府关于推进投资建设项目“四联合”工作的意见（2015年9月22日）

淮政发〔2015〕172号 市政府关于印发淮安市政府向社会转移职能工作实施细则的通知（2015年9月23日）

淮政发〔2015〕175号 市政府关于加快现代物流业发展的意见（2015年9月25日）

淮政发〔2015〕215号 市政府关于进一步加强市级财政专项资金管理提高资金使用效益的指导意见（2015年12月22日）

淮政发〔2015〕230号 市政府关于积极推进“互联网+”行动的实施意见（2015年12月30日）

淮办发〔2015〕5号 市委办公室 市政府办公室印发《关于推进落实减轻城乡社区负担提升为民服务效能的实施意见》的通知（2015年1月22日）

淮办发〔2015〕36号 中共淮安市委办公室印发《关于完善村党组织书记队伍建设制度的意见》的通知（2015年3月31日）

淮办发〔2015〕64号 中共淮安市委办公室印发《关于贯彻落实〈2014-2018年全国党员教育培训工作规划〉的实施办法》的通知（2015年5月22日）

淮办发〔2015〕79号 市委办公室 市政府办公室印发《关于培养文艺名家打造精品名作工程的实施细则》的通知（2015年8月21日）

淮办发〔2015〕83号 市委办公室 市政府办公室关于印发《法治淮安建设指标体系（试行）》的通知（2015年8月31日）

淮办发〔2015〕97号 市委办公室 市政府办公室关于印发《淮安市市本级行政事业单位公有房屋出租管理暂行办法》的通知（2015年12月15日）

淮办发〔2015〕103号 市委办公室 市政府办公室关于加快农村电子商务发展的实施意见（2015年12月22日）

淮办发〔2015〕104号 市委办公室 市政府办公室关于印发《淮安市市属国有企业公有房屋出租管理办法（试行）》的通知（2015年12月30日）

淮政办发〔2015〕16号 市政府办公室关于推进公共体育服务体系示范区建设的实施意见（2015年3月2日）

淮政办发〔2015〕34号　市政府办公室关于实行“三证合一”登记制度的实施意见（试行）（2015年4月23日）

淮政办发〔2015〕48号　市政府办公室关于金融服务“三农”发展的实施意见（2015年5月6日）

淮政办发〔2015〕57号　市政府办公室关于印发淮安市未成年人社会保护工作实施方案的通知（2015年4月30日）

淮政办发〔2015〕63号　市政府办公室关于印发加快老旧小区整治实施方案的通知（2015年5月25日）

淮政办发〔2015〕64号　市政府办公室关于印发淮安市困境儿童分类保障实施方案的通知（2015年5月26日）

淮政办发〔2015〕83号　市政府办公室关于印发淮安市航空口岸突发事件主体应急预案的通知（2015年6月24日）

淮政办发〔2015〕84号　市政府办公室关于印发淮安市航空口岸管理暂行办法的通知（2015年6月24日）

淮政办发〔2015〕109号　市政府办公室关于进一步完善城乡居民基本养老保险制度的意见（2015年8月10日）

淮政办发〔2015〕112号　市政府办公室关于印发淮安市促进台湾青年创业优惠政策的通知（2015年8月13日）

淮政办发〔2015〕118号　市政府办公室关于清理规范市级行政审批中介服务工作的实施意见（2015年8月18日）

淮政办发〔2015〕123号　市政府办公室关于培育发展农村产权流转交易市场的实施意见（2015年8月28日）

淮政办发〔2015〕133号　市政府办公室关于进一步加强社会保险费征缴管理工作的通知（2015年9月28日）

淮政办发〔2015〕139号　市政府办公室关于进一步提升国土资源保障能力积极服务稳增长促转型的实施意见（2015年10月21日）

淮政办发〔2015〕140号　市政府办公室关于进一步加强城镇燃气安全管理工作的通知（2015年10月30日）

淮政办发〔2015〕150号　市政府办公室关于印发淮安市土地利用总体规划调整完善工作方案的通知（2015年12月1日）

淮政办发〔2015〕158号　市政府办公室关于进一步促进农业保险规范发展的意见（2015年12月11日）

淮政办发〔2015〕159号　市政府办公室关于印发淮安市市级国有资本经营预算管理办法的通知（2015年12月17日）

淮政发〔2015〕212号　市政府关于进一步做好新形势下就业创业工作的实施意见（2015年12月7日）

说　明

一、本索引采用分析索引方法，按汉字拼音字母（同音字按声调）顺序排列。部分首字符为特殊字符或符号的，未按音序排列，而是单独置于前面。

二、索引名称后的阿拉伯数字表示内容所在的页码，数字后的字母a、b、c表示该页码的左、中、右版面区域。

三、空一字起排的款目为上一主题的附见内容。

A

B

C

D

E

F

G

H

K

L

M

N

P

Q

R

S

Y

Z

审图号:苏S(2013)041号

淮安市地图

淮安市志编纂委员会办公室 监制　　淮安市测绘勘察研究院有限公司 编制